Bailleu, Paul

Preussen und Frankreich von 1795 bis 1807

Diplomatische Korrespondenzen

Bailleu, Paul

Preussen und Frankreich von 1795 bis 1807

Diplomatische Korrespondenzen

Inktank publishing, 2018

www.inktank-publishing.com

ISBN/EAN: 9783747774946

Preußen und Frankreich

von 1795 bis 1807.

Diplomatische Correspondenzen

herausgegeben

von

Paul Bailleu
Kgl. Archivsecretär.

Erster Theil.
(1795—1800.)

Veranlaßt
und unterstützt

durch die
K. Archiv-Verwaltung.

Leipzig
Verlag von S. Hirzel
1881.

Vorrede.

Die Sammlung diplomatischer Correspondenzen, deren erster Band hiermit der Öffentlichkeit übergeben wird, ist dazu bestimmt vorzugsweise diejenigen Aktenstücke in sich aufzunehmen, welche die Geschichte der Beziehungen Preußens und Frankreichs zwischen den Friedensschlüssen von Basel und Tilsit enthalten. Es sind der Ursprung und der Verlauf des großen Krieges, in dem das alte Preußen unterging, für deren politische Geschichte eine zuverlässige und umfassende urkundliche Grundlage geboten werden soll. Dabei durften auch die Schriftstücke nicht vernachlässigt werden, die, ohne auf die Beziehungen Preußens und Frankreichs unmittelbaren Bezug zu haben, doch durch originale Mittheilungen unsere Kenntniß von den leitenden Persönlichkeiten und den Zuständen beider Länder bereichern und erweitern. Denn wie wäre es möglich, ohne diese Kenntniß die Ursachen und den Ausgang des preußisch-französischen Conflictes zu verstehen?

Für alle diese Verhältnisse bot sich in den Akten des Geh. Staatsarchivs zu Berlin ein fast überreiches Material dar. Neben dem Schriftwechsel des preußischen Ministeriums mit der Gesandtschaft in Paris, dessen Bedeutung bereits von den älteren Forschern gewürdigt war, fanden sich in den leider so lückenhaften Kabinetspapieren König Friedrich Wilhelm's III. noch wichtige und unbekannte Aktenstücke, die namentlich über die Krisis des Jahres 1799 ein helleres Licht verbreiteten. Indem aber der Herausgeber seine Aktenstücke sammelte und aus den Archiven zu Wien und Weimar soviel möglich ergänzte, wurde er erst recht inne, wie wenig doch das Zusammengebrachte für das historische Verständniß ausreichend war. Die vorliegenden Papiere gaben über die preußische Politik von 1795 bis 1807 allen Aufschluß, den man wünschen kann; allein nicht die preußische Politik, die sich durch den in allem Wechsel der Dinge festgehaltenen Gedanken der Neutralität selbst zur Unfruchtbarkeit verurtheilt hatte, war es, durch deren Aktion sich die geschichtliche Entwicklung fortbewegt hätte: nur an der Stelle, wo die Gedanken entsprangen, die zur Umbildung Europas und besonders Deutschlands den Anstoß gegeben haben, konnte auch der Wunsch nach vollem historischen Verständniß seine Befriedigung finden.

Es glückte, durch Vermittelung der deutschen Botschaft in Paris von Herrn von Freycinet die Erlaubniß zur Benutzung der Akten des französischen Ministeriums des Auswärtigen über die Politik Frankreichs gegenüber Deutschland für die hier in Betracht kommende Periode zu erhalten. Mit liebenswürdiger Bereitwilligkeit, ohne alle Beschränkung, wurden dem Herausgeber die Akten zur Verfügung gestellt, die jedem Deutschen bisher unzugänglich geblieben waren: der Schriftwechsel Talleyrand's mit den französischen Gesandten und Agenten in Deutschland, seine Berichte an das Direktorium und Napoleon u. s. w. In diesen Schriftstücken, namentlich in den Denkschriften Talleyrand's und seinem Briefwechsel mit Siéyès, erschienen denn die Keime, aus denen der Krieg von 1806 hervorgegangen ist.

Der Herausgeber will nicht schließen, ohne allen denen, die in Berlin und Paris, in Wien und Weimar, die vorliegende Veröffentlichung gefördert haben, seinen Dank auszusprechen.

Berlin, Oktober 1881.

Paul Bailleu.

Die Aktenstücke preußischen Ursprungs beruhen, wenn nicht anders bemerkt, in Repositur XI. Frankreich des Geh. Staatsarchivs. Die zwischen dem preußischen Ministerium und der preußischen Gesandtschaft in Paris gewechselten Schriftstücke sind im Originale chiffrirt, wenn nicht das Gegentheil angegeben ist. Eckige Klammern bezeichnen Zusätze des Herausgebers.

Inhalt.

Einleitung.

I. Preußens deutsche Politik im Jahre 1795.

Der Friede von Basel war geschlossen.

Nach einem Kriege, der ohne feindselige Gesinnung unternommen und ohne nationalen Haß geführt war, hatten sich Preußen und Frankreich über einen Frieden verständigt, der mit der einzigen Ausnahme, daß ein kleiner Theil preußischen Gebietes bis zum Reichsfrieden von den Franzosen militärisch besetzt bleiben sollte, den Zustand vor dem Kriege einfach wieder herstellte. Beide Theile hatten den Frieden lebhaft ersehnt und begrüßten den Abschluß desselben mit aufrichtiger Freude, um so mehr, da weder der Verlauf des Krieges noch irgend eine der Friedensbedingungen einen Stachel in einer der beiden Nationen zurückließ. In beiden Ländern gefiel man sich in dem Gedanken, daß der Friede die Rückkehr zu den alten freundschaftlichen Beziehungen einleite, daß selbst vielleicht früher oder später wieder ein Bündniß zu Stande kommen werde.

In der That schien ein derartiger Gang der Entwicklung den politischen Überlieferungen und den augenblicklichen Interessen Preußens wie Frankreichs gleichmäßig zu entsprechen.

Die nationale Politik Frankreichs, wie sie sich im Laufe des 17. Jahrhunderts herausgebildet hatte, beruhte auf dem Gegensatz zu den andern Großstaaten Europas, England und Österreich, zu denen sich im 18. Jahrhundert noch Rußland gesellte. Dieser Gegensatz bedingte für Frankreich die Verbindung mit den Mächten zweiten und dritten Ranges in Europa: gegen England richteten sich die Allianzen mit Spanien und Holland, gegen Österreich die mit den kleineren Staaten Deutschlands, namentlich Preußen und Bayern; dem Anschwellen der russischen Macht suchte Frankreich im Verein mit Schweden, Polen und der Türkei entgegenzutreten. Feindseligkeit gegen die großen Mächte, Freundschaft mit den kleineren — dies erscheint als der beherrschende Grundsatz der Politik Frankreichs im 17. und 18. Jahrhundert. Auch der Versailler Traktat, hervorgegangen aus der persönlichen Politik Ludwig's XV., vermochte jenes System nicht völlig hinwegzuräumen; die nationale Überlieferung, begründet auf das wohlverstandene Interesse Frankreichs, erwies sich mächtiger als der Wille des Königs. Die Revolution ließ es sich dann angelegen sein, die alte Politik Frankreichs wieder aufzunehmen. Im Kriege mit den meisten Staaten Europa's begriffen, unterschied sie unter ihren Gegnern zwischen England und Österreich, mit denen Frankreich um große und bleibende Interessen kämpfte, und den andern Staaten, die wie Preußen und Spanien durch zufällige Verwicklungen und vorübergehende Anlässe in den Krieg hineingezogen schienen. Diese von jenen zu trennen, England, Österreich und Rußland zu isoliren, im Westen durch die Verbindungen mit Spanien und Holland, im Norden und Osten durch Schweden, Preußen, Polen, Türkei das System der alten Allianzen Frankreichs wiederherzustellen, das war das Ziel der französischen Staatsmänner im Jahre 1795.

Dieser Entwicklung der französischen Politik war eine ähnliche in Preußen zur Seite gegangen. Der Gegensatz zu Österreich bildete das beherrschende Prinzip der preußischen Politik und zugleich das Interesse, das Frankreich und Preußen mit einander verknüpfte. Wie Ludwig XV. mit dem Versailler Traktat die altfranzösische, so durchbrach Friedrich Wilhelm II. mit den Verträgen von 1791 und 1792 die altpreußische Politik. Allein hier wie dort legte sich die ganze Wucht der staatlichen Interessen der persönlichen Politik des Fürsten in den Weg. Der Verlauf der Dinge in den Jahren 1793 und 1794 stellte die Unmöglichkeit für Preußen heraus, zugleich im Osten das eigene Staatsinteresse gegen das österreichische zur Geltung zu bringen, und im Westen für das österreichische Interesse die Waffen zu führen. Denn noch war der Krieg mit Frankreich nicht so sehr ein Kampf um die Rheingrenze, den das deutsche und das französische Volk ausgefochten hätten; es war eher wie eine Art Fortsetzung des spanischen Erbfolgekrieges, ein Kampf, in dem der französische und der österreichische Staat um die Beherrschung Belgiens und Luxemburgs und um den überwiegenden Einfluß in Italien mit einander rangen. Wenn Preußen sich durch den Frieden von Basel aus diesem Kriege zurückzog, und damit von Österreich sich ebenso viel abwandte, als es sich Frankreich näherte, so konnte das an sich die Rückkehr zu der Politik bedeuten, durch welche Friedrich der Große Preußen in die Reihe der ersten Staaten Europa's erhoben und die sein Nachfolger nicht zum Vortheile Preußens durch die Theilnahme an dem Kriege von 1792 verlassen hatte.

Wenn aber Preußen und Frankreich mit Abschluß des Friedens ohne Zweifel die Bahn betraten, die ihnen von ihren alten Beziehungen, wie von ihren augenblicklichen Interessen vorgezeichnet wurde, so hing das Zusammengehen auf derselben zunächst davon ab, wie die im Frieden angeregte, aber nicht entschiedene territoriale Frage gelöst werden würde. Der Vertrag selbst, welcher die endgiltige Bestimmung über das linke Rheinufer dem Reichsfrieden vorbehielt, eröffnete noch die Aussicht auf eine die Entwicklung freundschaftlicher Beziehungen fördernde Entscheidung. Noch war in Frankreich der Anspruch auf die Rheingrenze nicht zu einem nationalen Dogma geworden; es gab eine angesehene Partei, welche die Ausdehnung der französischen Grenzen nach der deutschen Seite hin verwarf. Es war demnach erlaubt darauf zu rechnen, wie das denn in Preußen fast allgemein geschah, daß Frankreich nicht durch das unbedingte Festhalten der Forderung des linken Rheinufers einen Streitpunkt zwischen den beiden Nationen für alle Zukunft schaffen werde. Frankreich, so hatte einer seiner großen Minister am Vorabend der Revolution gesagt, Frankreich bedarf weder Vergrößerung noch Eroberungen. Konnten die Männer von 1795 sich entschließen, zu diesem Grundsatz Deutschland gegenüber zurückzukehren, so ebneten sie damit den Boden, auf dem die Herstellung eines friedlichen Verhältnisses zu Deutschland und die Erneuerung der alten Allianz zwischen Frankreich und Preußen möglich war.

Um aber jenen Keim zu dauernden Verwicklungen im Westen nicht aufkommen zu lassen, dazu mußte auch Preußen an seinem Theile dadurch mitwirken, daß es den französischen Übergriffen in Deutschland mit mehr Festigkeit als bisher entgegentrat.

Eine größere Entschiedenheit Preußens bei den Verhandlungen von Basel hätte, das kann kaum mehr bezweifelt werden, auch die Hindeutung auf die Möglichkeit einer territorialen Abtretung aus dem Friedensvertrage entfernt. Schwer, aber nicht unmöglich war es, das Versäumte nachzuholen, sobald einmal der Staat durch Herstellung des Friedens im Westen und die Regelung der polnischen Verhältnisse im Osten wieder Luft geschöpft hatte. Bei der sichtlichen Neigung der Revolution, den Weg der Eroberungen einzuschlagen, auf dem sie früher oder später mit Preußen wieder zusammenstoßen mußte, war es fast eine Pflicht der preußischen Politik, Frankreich von dem Betreten dieses Weges zurückzuhalten. Denn daß im Übrigen die Interessen Preußens und Frankreichs so weit zusammengingen, daß eine Allianz der richtige Ausdruck dieses Verhältnisses sein würde, wurde von den preußischen Staatsmännern, selbst von dem am wenigsten zu Frankreich neigenden Hardenberg, ebenso anerkannt, wie es seit Jahren einen Grundsatz der republikanischen Politik bildete. Aber einleuchtend ist, daß Preußen, eben aus einem erschöpfenden Kriege aufathmend, nicht mit einem erobernden Frankreich Hand in Hand gehen konnte. Wenn demnach die auf beiden Seiten ins Auge gefaßte preußisch-französische Allianz die Herstellung des Friedens zum mindesten auf dem Festlande zur Voraussetzung hatte, so bedurfte es dazu einer maßvollen Politik in Frankreich, einer festen Politik in Preußen. Inwieweit diese Erfordernisse auf beiden Seiten vorhanden waren, das mußte zunächst bei den Verhandlungen über den Reichsfrieden zu Tage treten.

In Preußen hatte man von allem Anfang an den eigenen Friedensschluß nur als den ersten Schritt zu einer allgemeinen deutschen, ja wenn möglich, europäischen Pacifikation aufgefaßt[1]). Das lag nicht nur an sich in dem Verhältniß Preußens zum deutschen Reiche; der Wunsch nach einem baldigen Reichsfrieden entsprang fast noch mehr aus der Überzeugung des Berliner Kabinets, daß ohne denselben der Bestand des preußischen Friedens mehr als zweifelhaft werde. Um den Gefahren vorzubeugen, denen Preußen bei der Fortsetzung des Krieges im Reiche durch die Zerrissenheit seiner Territorien ausgesetzt war, hatte man vorläufig durch eine Demarkationslinie die norddeutschen und einen großen Theil der süddeutschen Stände gradezu in den Frieden hineingezogen. Indeß dies war nur ein Nothbehelf, den man durch Erweiterung des preußischen Friedens zu einem Reichsfrieden bald überflüssig zu machen dachte. Kaum war deshalb die Unterzeichnung des Friedens in Berlin bekannt geworden, so beeilte man sich die befreundeten Stände davon zu benachrichtigen und zugleich vertraulich anzufragen, ob sie nicht auch ihrerseits diese günstige Gelegenheit zum Frieden ergreifen wollten. Aber so lebhaft und aufrichtig auch allenthalben die Freude darüber sich äußerte, daß nun endlich mit dem ersehnten Frieden ein Anfang gemacht sei, so zeigte sich doch überall nur geringe oder gar keine Neigung, dem selbstwilligen und eigenmächtigen Vorgehen Preußens sich ohne weiteres anzuschließen. Ein „Reichsconstitutionsfieber", wie ein preußischer Diplomat es bezeichnete[2]), ergriff gleichsam die Stände. Noch in ihrem tiefsten Verfalle erschienen die alten Formen der Reichsverfassung majestätisch genug, um die bei weitem größte Anzahl der Stände an die Rücksicht auf Kaiser und Reichstag zu mahnen. Fast alle Stände, in besonders ernsten Worten die Kurfürsten von Köln und Sachsen, beantworteten die preußischen Mittheilungen und Einladungen mit dem Hinweis auf die Nothwendigkeit einer verfassungsmäßigen Berathung des Reichsfriedens am Reichstage.

Diesen Weg einzuschlagen, war man ohnehin in Preußen entschlossen gewesen. Am 1. Mai, nach Auswechselung der Ratifikationen, erfolgte die Erklärung des Königs von Preußen an seine „höchsten und hohen Reichsmitstände" über den preußischen Friedensschluß, eine Erklärung, in der nichts bemerkenswerther ist als das Geständniß, daß Preußen ohne ein „unmittelbares", ohne ein „eigenes" Interesse an dem Kriege gegen Frankreich Theil genommen habe. Kurmainz, welches am 8. Mai diese Erklärung in Regensburg zur Diktatur brachte, beantragte gleichzeitig die Eröffnung von Friedensunterhandlungen durch den Kaiser und den König von Preußen. Nachdem noch ein kaiserliches Hofdekret, welches den Reichstag zur Beschleunigung des so allgemein gewünschten Reichsfriedens aufforderte, erschienen (19. Mai) und zur Diktatur gebracht war (23. Mai),

---

1) Nach dem Berichte von Reuß vom 5. März 1795 bezeichnete Haugwitz die Unterhandlung von Basel als die »planche« für die allgemeine Pacifikation.

2) Hochstetter an Hardenberg, Frankfurt, 13. April 1795.

raffte man sich wirklich in Regensburg zu einer unerhörten Schnelligkeit und Thätigkeit auf. Unter vielseitigen Entschuldigungen für ein so formwidriges Verfahren, wurde auf Veranlassung von Mainz vereinbart, daß man schon am 1. Juni die Protokolle zu den Abstimmungen eröffnen und außer an den Montagen und Freitagen, wie bisher üblich, auch noch an den Mittwochen Rathstage halten wolle. Einmüthiger und schneller als sonst schienen sich die Reichsstände zu einem gemeinsamen Vorgehen zusammenzufinden.

Es versteht sich, daß dieser Gang der Dinge, den man nur noch etwas rascher gewünscht hätte, in Berlin lebhafte Genugthuung erweckte.

So wenig auch die Mehrzahl der Stände, dies verhehlte man sich in Berlin keineswegs, an eine offene Trennung von Österreich und Ersetzung desselben durch Preußen dachte, so lag doch das Bedürfniß des Reiches nach Frieden zu klar am Tage und zu vielfach zeigte sich eine überraschende Hinneigung zu Preußen[1]), als daß man nicht in Berlin auf einen gewissen Erfolg der preußischen Politik am Reichstage gerechnet hätte. Man erwartete mit Bestimmtheit, wenn auch nicht die Übertragung einer eigentlichen und förmlichen Vermittelung an Preußen, in dem Conclusum doch die Anbahnung einer ernstlichen Friedensunterhandlung und die ausdrückliche Anrufung der preußischen Verwendung und guten Dienste zu finden.

Während das preußische Ministerium auf dieser Seite eifrig bestrebt war, durch seinen Vertreter am Reichstage und durch besondere Verhandlungen mit einzelnen Ständen die verschiedenen Glieder des Reiches zu gemeinsamen Schritten in der Richtung des Friedens zusammenzubringen, arbeitete es gleichzeitig nicht minder angelegentlich dahin, auch auf der anderen Seite, in Frankreich, einen ernsten Willen zum Frieden hervorzurufen und die Nothwendigkeit billiger Bedingungen einleuchtend zu machen. Denn das Eine — so begann man inne zu werden — bildete die Voraussetzung des Anderen: nur bei einer Herstellung der alten Grenzen Deutschlands im Westen gab es eine Aussicht auf den Erfolg der preußischen Politik im deutschen Reiche.

Es war nun zwar an sich vielleicht ein unpolitischer Gedanke, nach unterzeichnetem Frieden von Frankreich den Verzicht auf die Rheingrenze zu verlangen, den es eben nur zur Erreichung des Friedens zugestanden hätte. Indessen war trotz des Friedens von Basel im Sommer 1795 die Lage Frankreichs, wo politische, militärische und finanzielle Schwierigkeiten den revolutionären Geist herabstimmten, eine derartige, daß sich einer raschen

1) Lehrbach an Thugut, Darmstadt 6. Juni 1795: „es herrschet in Deutschland zu Preußen ein Hang, eine Neigung und Blindheit, die unbeschreiblich ist". Ebenso berichtet auch der hannoversche Resident in Frankfurt, Schwarzkopf, von der Beliebtheit Preußens bei vielen Reichsständen.

und kühnen Politik Preußens noch immer reiche Aussichten auf Erfolg darboten. Auch fehlte es in Preußen keineswegs an Staatsmännern, die eine solche Politik befürworteten und in einem kräftigen und scheinbar kriegerischen Auftreten Preußens das sicherste Mittel zum Frieden erblickten. Aber dem eigentlichen Leiter der preußischen Politik, dem Grafen Haugwitz, lagen solche Gedanken fern. Er seinerseits hoffte immer durch eine möglichst friedfertige Haltung auch auf die andern Staaten in friedlichem Sinne einzuwirken und durch freundnachbarliche Gefälligkeiten und gutes Zureden Dasjenige zu erlangen, wofür die Waffen zu ergreifen er Preußen zu schwach hielt. Es hat wohl kaum jemals eine Politik gegeben, deren innerstes Wesen so ganz in einer grenzenlosen Friedfertigkeit bestanden hätte, wie die des Grafen Haugwitz im Jahre 1795. Seine Politik war, wie er selbst es einmal bezeichnete, im Grunde nur eine negative: von allem spontanen Eingreifen in die europäischen Verhältnisse völlig Abstand nehmend, beschränkte sie sich darauf, auch bei einer ausdrücklichen Einladung eines andern Staates nur insoweit sich irgendwo einzumischen, als sich dadurch die Herstellung des allgemeinen oder deutschen Friedens fördern ließ [1]).

Es begreift sich, daß diese Politik, die vor jedem festen Worte als einer Gefährdung des ersehnten Friedens zurückschreckte, der rücksichtslos realistischen Politik des Convents gegenüber keine Erfolge davontragen konnte. Haugwitz hatte für die Behauptung der linksrheinischen Gebiete nur gute Worte und freundschaftliche Vorstellungen, deren Wirkung überdies durch die stets hinzugefügten Betheuerungen von der unerschütterlichen Friedfertigkeit Preußens nicht eben erhöht wurde. Wenn nur eine Demarkationslinie engeren oder weiteren Umfangs den Krieg von den Grenzen Preußens fern hielt, so war Haugwitz im Übrigen zur Nachgiebigkeit ganz geneigt: gegen Rußland im Osten, gegen Österreich in Polen und Deutschland, gegen Frankreich in der im Westen sich erhebenden territorialen Frage. Schon im Laufe der Verhandlungen von Basel hätte er nichts dawider gehabt, daß die Abtretung des linken Rheinufers endgiltig festgesetzt würde, wenn man nur zunächst im deutschen Reiche nichts davon erführe. Er tröstete sich über diesen Verlust mit der Aussicht, bei der dann unvermeidlichen Umwälzung den Westen des Reiches in einen Zustand größerer Vertheidigungsfähigkeit zu setzen [2]).

1) Haugwitz an Hardenberg, 25. Mai 1795. »Il nous convient plus que jamais de nous tracer les règles d'une conduite sage et modérée, qui, plutôt négative, nous fasse la loi de ne nous immiscer le moins du monde dans les affaires d'autrui; nous ne le ferons désormais qu'autant que nous y serons expressément appelés, et encore ce ne sera qu'en tant que nous serons en état de contribuer par nos bons offices au rapprochement des puissances en guerre.«

2) »La cour de Berlin a eu depuis le moment de la paix de Bâle, et même plus tôt, la persuasion que les circonstances du temps exigeaient une défensive respectable de l'Allemagne; qu'est-ce qui peut donner cette défensive depuis que

Die Nachgiebigkeit und Schwäche, die Haugwitz in den Beziehungen zu Frankreich walten ließ, fand glücklicherweise ein gewisses Gegengewicht in dem Staatsmanne, der zur Führung der ferneren Unterhandlungen in Basel verblieben war. Hardenberg empfand wenig von dem Zwange der polnischen Verwicklung oder von dem Drucke der finanziellen Bedrängnisse, die so lähmend auf Haugwitz einwirkten. Die Gesichtspunkte für sein Vorgehen schöpfte er aus einer Betrachtung der Verhältnisse im Westen. Haugwitz hatte mehr das eigentlich preußische Interesse im Auge, für das die Behauptung der Weichsel wesentlicher war als die des Rheines; umgekehrt sah Hardenberg in Preußen zuerst den deutschen Staat, der die Grenzen des Reiches im Westen zu hüten berufen war. Zur Aufrechthaltung des preußischen Ansehens in Deutschland wie zur Begründung eines guten Verhältnisses zu Frankreich selbst hielt er es für nothwendig, in die Verhandlungen mit Frankreich eine größere Festigkeit und Bestimmtheit zu legen, als man ihm von Berlin aus gestatten wollte. Er ging von der Überzeugung aus, daß Preußen dabei keinerlei Gefahr laufe, weil die revolutionäre Bewegung zurückschreite, weil Frankreich den Frieden noch mehr bedürfe als Preußen[1]). Diese seine Ansichten hatten bei den Unterhandlungen über den Frieden zu unerwarteten Erfolgen geführt; es ist kein Zweifel, daß man sich in Berlin mit ungünstigeren Bedingungen zufrieden gegeben hätte, als Hardenberg sie durchzusetzen wußte. Die bedrängte Lage Frankreichs, der das maßvolle und besonnene Auftreten des französischen Bevollmächtigten in Basel Barthélemy angemessen war, schien ihm neue Erfolge zu versprechen, als er nun nach Unterzeichnung des Friedens die Verhandlung über die Ausdehnung desselben auf das deutsche Reich und über die Behauptung des linken Rheinufers für Deutschland in Angriff nahm.

In der That gelang es ihm zunächst, die bereits in dem Friedensvertrage stipulirte Demarkationslinie, auf die man in Berlin mit Recht das größte Gewicht legte, in einem besonderen Vertrage noch bestimmter und ausdrücklicher festzusetzen (17. Mai). Die Linie wurde so gezogen, daß sie am rechten Ufer des Rheines und des Maines den Armeen der kriegführenden Mächte möglichst freien Raum zur Bewegung ließ. Aber das war der letzte Erfolg, den Hardenberg's diplomatische Thätigkeit zu verzeichnen hatte, alles Weitere mißlang. Gleich der Wunsch Preußens, Barthélemy als Gesandten in Berlin zu erhalten, fand keinen Anklang in Paris; man erwiderte, Barthélemy könne für die ferneren Friedensunterhandlungen nicht ent-

la rive gauche est cédée aux Français, si ce n'est le renforcement des princes les plus puissants de l'Allemagne et leur rapprochement de la nouvelle frontière?« So äußerte Haugwitz sich später, nach einem Berichte Stadion's vom 13. Mai 1802.

1) Schon am 25. März 1795 schrieb Hardenberg an Haugwitz: „Sehen Sie nur, wie die Revolution retrogradirt. Glauben Sie mir, diese Menschen haben den Frieden nöthiger als wir."

behrt werden. Ebenso wenig wollte es mit der Vertretung der großen deutschen Interessen glücken. Der Befehlshaber der zum Schutze der Demarkationslinie aufgestellten preußischen Truppen, Prinz von Hohenlohe-Ingelfingen, hatte Hardenberg empfohlen, die Ausdehnung der Neutralität auf das ganze Land zwischen Rhein und Main und selbst auf Mainz und Ehrenbreitstein zu erwirken; er knüpfte daran die Hoffnung, daß das Neutralitätssystem durch den Beitritt der Reichsstädte in Franken und Schwaben sich immer weiter ausbreiten und schließlich ganz Deutschland in sich werde aufnehmen können. So wenig das eigentlich in den Absichten der Berliner Politik lag, so ließ es doch Hardenberg an Bemühungen im Sinne dieses Gedankens nicht fehlen. Gleichzeitig brachte er, wie ihm denn dies von Berlin aus wiederholt aufgetragen wurde, bei Barthélemy eine Erklärung über die Rückgabe der linksrheinischen deutschen Lande in Anregung [1]. Aber weder die Neutralisation von Mainz noch eine Zusicherung wegen Herstellung der alten Grenzen ließ sich bei der französischen Regierung durchsetzen. Jenes lehnte man mit dem Einwande ab, daß dadurch nur der Friede verzögert werde; die Entscheidung über die Grenzen verwies man auf die zukünftige Friedensverhandlung.

Diese unfruchtbaren Unterhandlungen erlitten gegen Ende Mai 1795 dadurch eine Unterbrechung, daß Hardenberg, beunruhigt durch die Mittheilungen französischer Repräsentanten wegen einer besonderen Verhandlung Frankreichs mit Österreich, zu persönlicher Rücksprache mit König und Ministerium nach Berlin eilte, während er gleichzeitig seinen alten Lehrer den Geh. Legationsrath F. Gervinus [2] nach Paris schickte.

In Berlin traf Hardenberg die leitenden Kreise in gespannter Erwartung, welches Conclusum aus der am 1. Juni in Regensburg wirklich eröffneten reichstäglichen Berathung hervorgehen werde. Unter dem heftigen Gegeneinanderwirken der preußischen Partei, welche dem Könige einen entscheidenden Antheil an der Friedensverhandlung sichern wollte, und der österreichischen Partei, welche den abtrünnigen Reichsstand ganz davon auszuschließen trachtete, kam erst am 3. Juli ein Reichsconclusum zu Stande, welches zwar der in Deutschland herrschenden Friedenssehnsucht öffentlich Ausdruck gab und Frankfurt als Ort für den Friedenscongreß empfahl, aber zugleich die thatsächliche Einleitung der Verhandlungen dem Kaiser übertrug und dem König von Preußen nur den Wunsch aussprach, er möge „zu Erreichung eines allgemeinen die Integrität und die Verfassung des Reichs sichernden Friedens... seine beihilfliche Verwendung und Mitwirkung eintreten lassen“.

Das Conclusum war noch einmal ein Sieg Österreichs. Preußen hatte seinen Frieden in der Hoffnung geschlossen, damit den Anstoß zu einer baldigen Verhandlung über einen Reichsfrieden zu geben, bei der es

1) Urk. Nr. 2. 5. 6.
2) Vgl. Nachtrag 1.

eine entscheidende Rolle als friedestiftender Reichsstand zu spielen erwartete; aber innerhalb der alten Reichsformen überwog noch immer das hundertjährige Ansehen Österreichs den Einfluß des neu aufstrebenden Preußens. Indem es die nähere Bestimmung über die Einleitung der Verhandlungen dem Kaiser anheimgab, warf sich das alte Reich zum letzten Male Österreich in die Arme. Zugleich aber, wie sich bald herausstellen sollte, schloß diese Entscheidung gegen Preußen für Österreich die Entscheidung gegen den Frieden für die Fortsetzung des Krieges in sich.

Der unleugbare Mißerfolg der preußischen Politik, der hierin lag, wurde in Berlin nicht von Allen in gleicher Schärfe empfunden. Wenn Alvensleben, der in der Politik eine sehr nüchterne, realistische Richtung vertrat und deshalb bei allen wichtigen Anlässen seinem Kollegen Haugwitz erfolglos zu opponiren liebte, schon vor dem Eintreffen des Reichsgutachtens die Ansicht ausgesprochen hatte, daß bei einer zweifelhaften Fassung desselben Preußen sich am besten jeder ferneren Schritte enthalte[1]), so glaubten Haugwitz und Hardenberg durch die Erwähnung der preußischen Verwendung genug erreicht zu haben, um eine Änderung ihrer deutschen Politik für unnöthig zu halten. Sie hörten so wenig auf den Einspruch von Alvensleben, als auf die warnende Stimme Lucchesini's, der längst aus den europäischen Beziehungen Österreichs zu Rußland und England die Unmöglichkeit einer Verständigung in der deutschen Friedensfrage für Preußen gefolgert hatte[2]). Während Thugut den Versuch einer Ausgleichung mit Preußen mit dem Versuche einer Mohrenwäsche auf Eine Linie stellte[3]), trugen sich Haugwitz und Hardenberg mit dem sentimentalen Gedanken, den Gegensatz der österreichischen und preußischen Interessen durch eine persönliche Zusammenkunft zwischen Thugut und Haugwitz aus der Welt zu schaffen. Beide Staatsmänner waren unmuthig darüber, daß in dem Conclusum vom 3. Juli die Integrität des Reiches, das ja auch Belgien und Lüttich umfaßte, so stark betont, daß die preußische Verwendung nur als eine beihilfliche bezeichnet und damit der Initiative des Kaisers untergeordnet wurde. So sehr sie sich dagegen sträubten, die unangenehme Lage, in die Preußen durch beide Bestimmungen gerieth, fest und klar ins Auge zu fassen, so hatten sie immerhin ein gewisses Gefühl davon, daß dadurch eine Verhandlung so gut als aussichtslos und die preußische Politik zur Unthätigkeit verurtheilt werde. Denn Frankreich gegenüber die Integrität der alten Reichsgrenzen zu behaupten, war doch gar keine Hoffnung; und was von der Initiative des Kaisers zu erwarten stand, hatten die Berathungen in Regensburg gelehrt. Dennoch aber, selbst von den besten und reinsten Absichten beseelt, glaubten sie, daß schließlich auch Österreich und Frankreich

1) Denkschrift vom 29. Juni, Urk. Nr. 9.
2) Berichte aus Wien, 1. April 1795 u. a.
3) An Colloredo, 24. Mai 1795.

B

Vernunft annehmen und zu einer ernstlichen Friedensunterhandlung sich herbeilassen würden.

Diesen Gesinnungen der beiden Minister entsprachen die Weisungen, mit denen Hardenberg im Juli 1795 Berlin wieder verließ, um das Friedensgeschäft in Basel von neuem in Angriff zu nehmen. Er wurde beauftragt, den Franzosen von der Anrufung der preußischen Verwendung im Reichsconclusum Kenntniß zu geben und zunächst den Abschluß eines Waffenstillstandes in Anregung zu bringen. Als fernere Gegenstände der Unterhandlung bezeichnete man eine vorläufige Vereinbarung über die Friedensgrundlage. Man wünschte das Princip der Herstellung der Grenzen vor dem Kriege angenommen zu sehen, war jedoch ganz bereit zu Modifikationen desselben die Hand zu bieten, durch welche die Grenzen der betheiligten Staaten in ihrer Vertheidigungsfähigkeit verstärkt würden — wir wissen, woran Haugwitz bei dieser Andeutung dachte.

Auf der Reise nach Basel traf Hardenberg in Bayreuth mit Goertz zusammen. Der Feldzugsplan, den sie für ihre fernere Thätigkeit vereinbarten und schriftlich feststellten[1]), ist ein Denkmal zugleich ihrer gut deutschen Gesinnung und ihrer unklaren politischen Anschauungen. Sie einigten sich dahin, die Unterhandlungen über den Reichsfrieden nur in völliger Übereinstimmung und Gemeinsamkeit mit dem Wiener Hofe zu führen; die größte Zuvorkommenheit gegen die kaiserlichen Minister sollte die Erreichung dieses Zieles ermöglichen. Die Unterhandlung sollte sich nur auf einen Reichsfrieden richten, jedes besondere Abkommen vermieden werden. Unter den Bedingungen des Friedens selbst betonten sie besonders die Integrität der vier rheinischen Kurfürstenthümer und die Behauptung der österreichischen Herrschaft in Belgien. War es möglich, sich politische Ziele zu stecken und Mittel zu ihrer Erreichung zu wählen, denen alle Wirklichkeit der Dinge mehr widersprochen hätte?

Kaum in Basel angelangt, begann Hardenberg seine Unterhandlung damit, daß er Barthélemy eine Note überreichte, in der er unter Hinweis auf das Reichsgutachten vom 3. Juli die guten Dienste Preußens für einen Reichsfrieden anbot und den Abschluß eines Waffenstillstandes beantragte. Den letzteren Vorschlag wies die französische Regierung mit der Begründung zurück, daß ein Waffenstillstand den Friedensschluß nicht beschleunigen, sondern nur verzögern werde; sie fürchtete in der That, daß ein Waffenstillstand die Kriegslust im französischen Heere ebenso wie die Friedenssehnsucht bei den deutschen Fürsten verringern werde[2]). Die guten Dienste Preußens dagegen versicherte man bereitwillig zulassen zu wollen, sobald das Reich nur erst eine Unterhandlung wirklich angeknüpft habe (10. August).

---

1) Plan de conduite concerté à Baireuth avec le comte de Goertz. 13. Juli 1795.

2) Vergl. die Instruktion für Caillard, 10. September. Urk. Nr. 15.

Hardenberg verhehlte sich doch nicht ganz, daß hierdurch die preußische Politik mit ihren weitausgreifenden Entwürfen zum Stillstand gekommen war. Mit nicht geringen Anstrengungen hatte Preußen ein Reichsgutachten durchgesetzt, in welchem der preußischen Verwendung wenigstens gedacht wurde; indem man diesen anscheinenden Erfolg wirklich auszunutzen suchte, zeigte sich erst die völlige Bedeutungslosigkeit desselben: es stellte sich als unzweifelhaft heraus, daß es allein von Österreich abhänge, ob und wann Preußen seine guten Dienste irgendwo werde anbringen können. Wenn die österreichische Politik damit der preußischen unverkennbar eine Niederlage bereitet hatte, so erblickte Hardenberg darin vielmehr eine Aufforderung, dem Ministerium in Wien mit doppelter Zuvorkommenheit und Nachgiebigkeit zu begegnen: er bat Haugwitz inständigst, doch die Zusammenkunft mit Thugut zu Stande zu bringen[1]). Gleichzeitig aber, indem er die Nothwendigkeit der Verständigung mit Österreich in den stärksten Worten hervorhob und alle andern Gesichtspunkte diesem einen unterordnete, that er selbst Schritte, die Österreich auf das Empfindlichste verletzen mußten. Da von einer Verwendung für das Reich nicht wohl mehr die Rede sein konnte, so kam er wieder auf die Sonderverträge einzelner Stände zurück, die er zu hintertreiben noch eben mit Goertz verabredet hatte, und suchte die preußische Vermittelung für Hessen-Cassel, Baden und andere Stände zur Geltung zu bringen[2]).

In Berlin erfaßte man dies Mal die Lage der Dinge doch klarer als Hardenberg. Man erwog namentlich, daß das kaiserliche Hof-Ratifikations-Dekret (Wien, 29. Juli) auf das Reichsgutachten vom 3. Juli bei allem „Aufwand von schwankenden und nichtssagenden Worten“ doch die „Abneigung dem Friedenswerk schleunigen Fortgang zu verschaffen“ deutlich verrathe; man erwog ferner, daß die Verhandlung mit Frankreich für das deutsche Reich nicht so günstig verlaufen werde, um die Rolle eines Vermittlers dabei besonders wünschenswerth zu machen, und man kam endlich zu dem Entschlusse, den Dingen ihren Lauf zu lassen und auf die preußische Verwendung weder für das Reich in seiner Gesammtheit noch für einzelne Stände weiter zu bestehen[3]).

Indem Graf Haugwitz so an der Erreichung des Zieles verzweifelte, das ihm bei Abschluß des Friedens von Basel vorgeschwebt hatte, wurde auch dieser Friede selbst, dessen Sicherheit die Demarkationslinie verbürgen sollte, durch die Verletzung derselben auf das Ernstlichste gefährdet.

In der Nacht vom 5. zum 6. September überschritten die Franzosen unter Jourdan in der Nähe von Düsseldorf den Rhein, indem sie einen

1) Hardenberg an Haugwitz, 14. August: »Dussiez-vous aller en secret jusqu'aux portes de Vienne, dussiez-vous offrir la conférence vous-même à Thugut, je ne balancerais pas«.

2) Urk. Nr. 11.

3) Urk. Nr. 12. Erlaß an Goertz, 19. August.

B*

zum Schutze der Demarkationslinie bei dem Eichelkamp aufgestellten preußischen Posten zurückdrängten. Es war das nicht eigentlich eine Verletzung der Demarkationslinie, — denn der Eichelkamp im Herzogthum Berg gehörte zur Pfalz, die auf Neutralität um so weniger Anspruch hatte als ihr Kontingent noch bei der Reichsarmee stand, — aber doch eine empfindliche Schädigung des preußischen Ansehens in Deutschland und ein Bruch der von den preußischen und französischen Truppen an der Grenze getroffenen Verabredungen. Dazu kam dann noch, daß die Österreicher bei ihrem Rückzuge die wirkliche Demarkationslinie durchbrachen und von den Franzosen über dieselbe hinweg verfolgt wurden. Auf die Nachricht von diesen Vorfällen gab das militärische Cabinet des Königs sogleich dem Prinzen Hohenlohe die Weisung, die Überschreitungen der Demarkationslinie in Zukunft ruhig geschehen zu lassen und nur die davon betroffenen Gegenden vor Verwüstung zu schützen [1]). Hohenlohe war unglücklich über diese und ähnliche Befehle, die ihm von Potsdam aus zugingen; denn er war ganz der Ansicht Hardenberg's, daß nur durch nachdrückliches Auftreten und eine „ferme Sprache" das Ansehen Preußens bei den deutschen Ständen und bei Frankreich sich aufrecht erhalten lasse. Ohne deshalb jene Weisung besonders zu beachten, bemühte er sich vielmehr, von Clerfait, dem Oberbefehlshaber des österreichischen Heeres, und von Jourdan eine Anerkennung der Demarkationslinie zu erlangen. Clerfait gab anfangs nur ungenügende Versprechungen und erklärte endlich, daß ihm von seinem Hofe wegen einer Demarkationslinie nichts zugekommen sei. Jourdan, mit dem Hohenlohe am 10. Oktober eine Zusammenkunft in Höchst hatte, machte dem Prinzen Mittheilung von der bestimmten Weisung seiner Regierung, gegen diejenigen Stände auch hinter der Demarkationslinie, die ihre Kontingente noch nicht von der Reichsarmee zurückgezogen hätten, ohne alle weitere Rücksicht zu verfahren und besonders die von den Preußen besetzte Stadt Frankfurt zu occupiren. Es gelang den Vorstellungen Hohenlohe's nur, den französischen General von der Frankfurt betreffenden Forderung abzubringen; dafür verpflichtete er sich, eine jede Verletzung der Demarkationslinie durch die Österreicher sogleich zur Kenntniß zu bringen. Dieser Fall trat noch an demselben Tage ein: die Österreicher, die sich übrigens sehr rücksichtsvoll und freundschaftlich betrugen, überschritten den Main bei Seligenstadt und durchbrachen damit von neuem die Demarkationslinie. Hohenlohe benachrichtigte sogleich die Franzosen von diesem Vorfalle und zog sich weiter zurück, indem er ihnen die Stellung von Höchst überließ [2]). Glücklicherweise verhütete das siegreiche Vordringen der Österreicher, durch welches der Kriegsschauplatz aus der Umgegend von Frankfurt nach dem Rhein verlegt wurde, noch weitere Verletzungen der Demarkationslinie.

---

1) Zastrow an Hohenlohe, Potsdam 16. September.

2) Nach den Schreiben Hohenlohe's an Hardenberg, 14. und 20. Oktober.

Während Hohenlohe und besonders Hardenberg über die französischen Erklärungen nicht genug Worte der Entrüstung finden konnten, hielt man es in Berlin nicht für ein Interesse Preußens, in dieser Verwerfung der Demarkationslinie zugleich von französischer und österreichischer Seite Handlungen der Feindseligkeit zu erblicken. Die Rücksicht auf die polnischen Verhältnisse, über die eben die entscheidenden Unterhandlungen in Petersburg gepflogen wurden, schien ein neues Zurückweichen im Westen nothwendig zu machen. Auf den Rath von Haugwitz ertheilte der König am 24. Oktober dem Prinzen Hohenlohe den bestimmten Befehl, die Gegend von Frankfurt zu räumen und seine Truppen nach Ansbach zurückzuziehen[1]). In der That begann am 8. November der Abmarsch der preußischen Truppen; am 11. November verließ Hohenlohe selbst Frankfurt. Hardenberg dagegen wurde angewiesen, an Barthélemy zu erklären, daß Preußen auf die Strecke der Demarkationslinie bei Frankfurt verzichte, aber an der zum Schutze Westfalens gezogenen Linie festhalte, wobei man freilich die Nothwendigkeit nicht verkannte, hierüber eine nähere Vereinbarung zu treffen. —

Überblickt man den Gang der Dinge seit dem 5. April 1795, so kann man als das Ergebniß desselben bezeichnen, daß Preußen in dem Versuche deutsche Reichspolitik zu treiben gescheitert und auf eine partikularistisch preußische Politik zurückgeworfen war. Ich wiederhole: Preußen hatte in Basel Frieden mit Frankreich geschlossen, nicht um sich von dem Reiche zu trennen, sondern in dem Wunsche und in der Erwartung, dadurch dem Reiche den Anstoß und die Möglichkeit zu einem baldigen Frieden zu geben. Aber wie ganz anders waren die Dinge gekommen, als man im Frühjahr hatte hoffen dürfen. Österreich, zur Zeit der Einleitung der preußischen Unterhandlungen selbst dem Frieden nicht abgeneigt, hatte sich mit England und Rußland zur Fortsetzung des Krieges verbunden; das deutsche Reich, bei allem seinem dringenden und eingestandenen Bedürfniß nach Frieden, hatte sich von neuem in die kriegerischen Strömungen der österreichischen Politik hineinziehen lassen; Frankreich endlich, das einer maßvollen und friedfertigen Politik gewonnen schien, war seit dem 5. Oktober der Herrschaft der revolutionären und erobernden Tendenzen wiederum verfallen.

Bei dieser Entwicklung der Dinge hatte Preußen, das davon aufs Empfindlichste betroffen wurde, zwar nicht unthätig, aber ohnmächtig zur Seite gestanden. Wenn das zum nicht geringen Theile durch Verhältnisse bedingt wurde, die außerhalb des Machtbereiches der preußischen Politik lagen, so fällt doch ein vielleicht noch größerer Theil der Verschuldung dem Grafen Haugwitz zu, der nur zu oft die Verwirklichung seiner besten Gedanken durch seine Schwäche und Nachgiebigkeit unmöglich gemacht hat. Der Friede, die Sicherung desselben durch die Demarkation, seine Ausdehnung auf das Reich, waren im Wesentlichen Ideen von Haugwitz gewesen; aber

1) Haugwitz an Finckenstein und Alvensleben, 24. Oktober 1795.

andrerseits war auch er es, der die Ausführung dieser Ideen schon im Beginne verdarb, indem er durch sein ängstliches Drängen nach Frieden den beklagenswerthen Artikel über die Rheingrenze in den Baseler Vertrag hineinbrachte und der dann endlich den Frieden selbst durch die Preisgebung der Demarkationslinie gefährdete. Wir sprechen hiermit nicht ein eigenes Urtheil aus: wir wiederholen nur die Anschauungen, die man in den Briefen der betheiligten preußischen Staatsmänner und Generale jener Zeit allenthalben vorfindet. Hardenberg und Lucchesini, Hohenlohe und Gervinus, so sehr sie sonst in ihren Ansichten auseinander gehen, treffen doch in den bitteren Klagen über die Schwäche des Grafen Haugwitz zusammen. Sie wollten es nicht gelten lassen, daß die innere Erschöpfung Preußens und die Unsicherheit seiner auswärtigen Beziehungen Nachgiebigkeit in jedem Konflikte gebiete; sie bemerkten, daß auch in den fremden Staaten, besonders in Frankreich und Österreich, dieselben Schwierigkeiten im Inneren und nach Außen obwalteten. Sie verlangten ein festes und entschiedenes Auftreten Preußens, das allein den Frieden sichern und dem Sinken des preußischen Ansehens ein Ziel setzen könne.

In der That wurde es im Herbst 1795 nothwendig, sich zu bestimmten und entscheidenden Entschlüssen für ein neues politisches System aufzuraffen. Die Abmachungen von Basel, die aus Rücksicht auf den so bald erwarteten Reichsfrieden eine unfertige Form erhalten hatten, mußten einer festeren Regelung der preußischen und französischen Beziehungen Platz machen; die Neutralitätslinie, deren weiter Umfang ebenfalls aus Rücksicht auf die Reichsstände gewählt war, mußte so gezogen werden, daß ihre Aufrechthaltung Preußen möglich wurde. Das Reich, unter dem Einfluß von Österreich, hatte sich geweigert, Preußen auf dem von diesem Staate eingeschlagenen Wege zu folgen: die Vertheidigung der deutschen Interessen in Gemeinsamkeit mit dem Reich, die man auch in Basel immer im Auge gehabt, war damit vor der Hand unmöglich geworden. Die deutschen Gesichtspunkte mußten vor den preußischen zurücktreten: es galt nun, die Kräfte des Staates zum Schutze der preußischen Interessen allein zusammenzufassen.

II. Der Berliner Vertrag vom 5. August 1796.

Mit diesem Wechsel in der allgemeinen preußischen Politik und in dem Gegenstande der Verhandlungen zwischen Preußen und Frankreich traf es auch zusammen, daß durch die formelle Wiederanknüpfung der diplomatischen Beziehungen zwischen beiden Staaten die bisher in Basel von Hardenberg und Barthélemy geführte Verhandlung in andere Hände überging. Von französischer Seite ersah man zum Gesandten in Berlin Antoine Bernard Caillard, der bisher nur in untergeordneten Stellungen in Kopenhagen, Petersburg und im Haag thätig gewesen war. In Berlin hätte man, wie berührt, Barthélemy vorgezogen; gegen Caillard war man noch besonders mißtrauisch, da er einst im Haag gegen die Erbstatthalterin, Schwester König Friedrich Wilhelm's II., gewirkt hatte. Indessen war die Haltung des neuen republikanischen Gesandten, der am 20. Oktober 1795 in Berlin anlangte, von Anfang an so maßvoll und versöhnlich, so ganz verschieden von dem herausfordernden Auftreten vieler seiner Kollegen, daß es ihm gelang, sehr bald das Vertrauen des Berliner Hofes und Ministeriums zu gewinnen und während der ganzen Dauer seiner Mission zu behaupten. Daß er desselben in vollem Maße würdig war, zeigen die von ihm aus Berlin erstatteten Berichte, deren wohlwollender, eine Verständigung aufrichtig fördernder Ton sich auf das günstigste unterscheidet, sowohl von den Berichten seiner französischen Nachfolger, als auch von denen seines österreichischen Kollegen.

Die Instruktionen, die Caillard nach Berlin mitnahm, eine der letzten Arbeiten des Wohlfahrtsausschusses, entworfen noch vor der Niederlage der gemäßigten Parteien am 5. Oktober, bewegten sich im Ganzen auf einer Linie, auf der eine Verständigung mit Preußen nicht unmöglich war[1]). Wenn darin der Anschluß Preußens an das französische Allianz-System bestimmt in Aussicht genommen ist, so werden gleichzeitig die beiden Fragen, die dabei hauptsächlich zur Sprache kommen mußten, in einem für Preußen annehmbaren Sinne behandelt. Der Anspruch auf die Rheingrenze erscheint noch keineswegs als ein unbedingter; hauptsächlich aber: die Vereinigung der deutschen Fürsten um Preußen wird als ebenso sehr dem französischen wie dem preußischen Interesse entsprechend anerkannt.

Ein wenig später als die Sendung Caillard's nach Berlin erfolgte das Eintreffen des preußischen Gesandten in Paris, Alfons von Sandoz-Rollin (15. Dezember 1795[2]). Den allgemeinen Tendenzen der preußischen Politik gemäß, ging sein Auftrag vor allem dahin, die französische Regierung zum Verzicht auf das linke Rheinufer zu bestimmen, und erst wenn dies nicht zu erreichen sei, für Preußen eine möglichst vortheilhafte Entschädigung auszuwirken.

Indessen, bei der Fortdauer des Krieges zwischen Frankreich und dem deutschen Reiche, lag die Entscheidung über diese territoriale Frage noch in weiter Ferne; dringender und unerläßlich war es, nach dem unzweifelhaften Bruche des Vertrages vom 17. Mai 1795 die Demarkation und Neutralität des nördlichen Deutschland aufs neue und unantastbarer als bisher festzustellen.

---

1) Vergl. Urk. Nr. 15 und das Schreiben Hardenberg's Nr. 20.

2) David Alfons von Sandoz-Rollin, geboren 1740 in Neuenburg, 1767 als Legations-Sekretär im Ministerium des Auswärtigen zu Berlin angestellt, 1768 in derselben Eigenschaft nach London und 1769 nach Paris geschickt, wo er sich die Zufriedenheit Friedrich's II. erwarb, hatte seit 1784 den Gesandtschaftsposten in Madrid bekleidet. — Nach seiner Abberufung aus Frankreich hielt er sich theils in Paris, theils in Neuenburg auf, wo er am 28. März 1809 starb.

Aber die Unterhandlungen, zu denen Sandoz-Rollin noch im Dezember 1795 angewiesen wurde, fanden bei der französischen Regierung anfangs nicht die Aufnahme, auf die man nach den Erklärungen Barthélemy's in Basel gerechnet hatte. Die allgemeinen Einwendungen zwar, die namentlich von der Beengung der militärischen Operationen durch eine Neutralitätslinie hergenommen wurden, ließen sich unschwer beseitigen; ernster und bedenklicher, weil einen neuen Keim zu Zwiespalt enthüllend, war es, daß als der wahre Grund der ablehnenden Haltung Frankreichs die Absicht einer Besetzung Hannovers und damit eines Übergreifens nach Norddeutschland hervortrat[1]).

Die Nachrichten von dieser Wendung der französischen Politik, die alle Errungenschaften des Friedens von Basel in Frage zu stellen schien, an sich höchst geeignet, eine tiefgehende Beunruhigung zu erregen, trafen überdies zu Berlin in einem Augenblick ein, wo eine mächtige Strömung dahin arbeitete, den preußischen Staat wieder zu einer entschiedenen Feindseligkeit gegen Frankreich fortzureißen. Von Rußland war Kalytschew, von England Lord Elgin geschickt, um in diesem Sinne auf den König einzuwirken. Gleichzeitig kamen Hardenberg aus Basel, der Prinz von Hohenlohe aus Ansbach-Bayreuth herbei, und empfahlen, der erste wenigstens ein entschiedenes Auftreten, der andere geradezu die Erhebung der Waffen gegen Frankreich[1]). Aber weder der König selbst, ungeachtet aller Aufwallungen seines deutschen und monarchischen Gefühls gegen die französischen Republikaner, noch auch die Männer, auf deren Rath er zu hören pflegte, Graf Haugwitz und General Bischoffwerder, neigten zu einem erneuten Anschluß an die Coalition. Sie waren entschieden, an dem einmal geschlossenen Frieden festzuhalten, ohne sich doch andrerseits die Nothwendigkeit zu verhehlen, gegen eine Verletzung desselben durch einen Angriff auf Norddeutschland unzweideutige Vorkehrungen zu treffen.

Während deshalb zugleich der französischen Regierung in Paris und ihrem Vertreter in Berlin unumwunden angekündigt wurde, daß Preußen in einem Angriff auf Hannover einen Friedensbruch sehen werde, wandte sich Graf Haugwitz, nicht ohne Widerspruch des Freiherrn von Alvensleben, an die vornehmsten Stände Norddeutschlands, um sie zum Schutze ihrer bedrohten Neutralität aufzurufen (15. Februar 1796). Die Antworten, die man erhielt, waren nicht eben entgegenkommend: Sachsen lehnte ganz ab; andere, namentlich Kurköln, gaben zu verstehen, daß ihr Vertrauen auf Preußen erschüttert sei, und unterzogen dessen Verhalten einer scharfen und treffenden Kritik. Selbst der am meisten bedrohte und zugleich militärisch und finanziell leistungsfähigste Staat, Hannover, zeigte

1) Vergl. Urk. Nr. 28.

1) Vergl. Hardenberg an Bischoffwerder S. 56, Berichte von Caillard und Reuß S. 433, 527 fg.

sich widerwillig und ablehnend. Indeß ließ sich Graf Haugwitz nicht zurückschrecken: er beharrte bei dem Gedanken, die Neutralität Norddeutschlands unter den Schutz eines von den norddeutschen Ständen aufgebrachten und verpflegten Heeres zu stellen. Da es sich dabei wesentlich um den niedersächsischen Kreis handelte, so kam man auf den Gedanken, den seit 1682 nicht versammelten niedersächsischen Kreistag nach Hildesheim zu berufen und durch ihn die Sache ins Werk setzen zu lassen. Es glückte, erst die kleineren Stände namentlich Hildesheim selbst und Braunschweig dafür zu gewinnen; endlich, nachdem das Fürstenthum Calenberg durch seine Vertreter sich energisch für Preußen ausgesprochen hatte, erklärte sich auch Hannover zur Theilnahme bereit. Der Kreisconvent trat in der That zu Hildesheim zusammen und übernahm zunächst die Verpflegung der Truppen, die Preußen bereits in Minden zusammengezogen hatte. So leistete die Kreisverfassung, auf der das Reich beruht hatte, in Norddeutschland ihren letzten Dienst in einer Sache, die vom Reich verurtheilt war.

Inzwischen hatten die Verhandlungen zwischen Preußen und Frankreich ihren Fortgang genommen. In Paris waren die lebhaften Agitationen für einen Wiedereintritt Preußens in die Coalition nicht unbekannt geblieben; man wußte, daß dem König nahestehende Männer, wie Hohenlohe, daran theilnahmen, und hatte nur um so weniger Neigung, sich zur Achtung der Neutralität Norddeutschlands zu verpflichten. Indessen begann allmählich die entschlossene Haltung Preußens, das mit einer gewissen Ostentation seine Rüstungen betrieb, ihre Wirkung auszuüben. Dazu kam, daß auch Caillard seinerseits wiederholt empfahl, den preußischen Wünschen Rechnung zu tragen; es stehe sonst, schrieb er, zu besorgen, daß Graf Haugwitz, der allein den Sieg der kriegerischen Strömungen verhindere, durch seine Gegner gestürzt werde. Indem die französische Regierung bei dieser Lage der Dinge die Nothwendigkeit fühlte, die Neutralität Norddeutschlands ausdrücklich anzuerkennen, dachte sie doch gleichzeitig, dies Eingehen auf den hauptsächlichsten Gesichtspunkt der preußischen Politik zu einem festeren Heranziehen Preußens an das eigene System zu benutzen. Sie schlug zwei Verträge vor, deren einer die Anerkennung der norddeutschen Neutralität, deren anderer die Abtretung des linken Rheinufers und Entschädigungen für Preußen und den ehemaligen Statthalter Hollands festsetzen sollte; sie fügte hinzu, daß Frankreich sich zu dem einen nicht ohne den andern verstehen könne (4. April)[1]. In Berlin, wo Caillard diese Verträge vorlegte, erhob sich der lebhafteste Widerspruch eben gegen diese Combination, durch welche die Neutralität Norddeutschlands von der Abtretung des linken Rheinufers abhängig gemacht wurde. Man zeigte sich bereit, unter gewissen Modifikationen den Vertrag über die Neutralität Norddeutschlands zu unterzeichnen, weigerte sich aber zugleich, über die Rheingrenze und die etwaigen

---

1) Urk. Nr. 42.

Entschädigungen durch Säcularisationen vor dem allgemeinen Frieden bindende Verpflichtungen zu übernehmen (10. Mai).

Trotz dieser Erklärung wurden indeß die Verhandlungen zwischen Haugwitz und Caillard in Berlin keinen Augenblick abgebrochen; vielmehr kam man einander allmählich näher. Wenn einerseits die französische Regierung sich den preußischen Wünschen in Beziehung auf die Ausdehnung der Demarkationslinie entgegenkommend zeigte, so begann andrerseits, unter dem Drucke der allgemeinen Weltverhältnisse, die preußische Regierung ihren Widerstand gegen den von Frankreich vorgeschlagenen Doppel-Vertrag fallen zu lassen. In Deutschland konnte der Kampf, der für Frankreich überraschend günstig verlief, jeden Tag das offen daliegende Norddeutschland ergreifen; in Italien hatten die siegreichen Waffen Bonaparte's den Bund zwischen Österreich und Sardinien gesprengt und das letztere zu einem Waffenstillstand genöthigt, der einen baldigen Frieden erwarten ließ. Wie, wenn Österreich, gezwungen oder freiwillig, diesem Beispiel folgte?

Es scheint besonders diese letzte Erwägung gewesen zu sein, die den Grafen Haugwitz veranlaßte, dem Drängen Caillard's nachzugeben und die Geneigtheit Preußens zum Abschluß beider Verträge zu erklären (21. Mai)[1]. Die Verhandlung, die im Übrigen wenig Schwierigkeiten darbot, drehte sich dann hauptsächlich um die Entschädigung Preußens für die Abtretungen am linken Rheinufer. Frankreich hatte, wie Sieyès schon vor Jahresfrist in Aussicht genommen[2], das Herzogthum Westfalen und Paderborn angeboten; Preußen beanspruchte Münster, wogegen Caillard aus Rücksicht auf die batavische Republik Einwendungen machte. Eine Verzögerung des Abschlusses trat noch dadurch ein, daß von Paris aus Sandoz-Rollin berichtete, das Direktorium sei einverstanden, das Übereinkommen wegen der Abtretungen und Entschädigungen bis zum Reichsfrieden zu vertagen, und halte eine gegenseitige Erklärung über die norddeutsche Neutralität ohne förmlichen Vertrag für ausreichend[3]. Mag nun, wie Caillard meint, diese Meldung von Sandoz-Rollin auf einem Mißverständniß beruht, mag das Direktorium einen derartigen Gedanken gefaßt und bei dem günstigen Fortgang der Verhandlungen in Berlin wieder aufgegeben haben, gewiß ist, daß im Laufe des Juni das Direktorium sowohl bei seinem Vertreter als bei der preußischen Regierung auf den endlichen Abschluß hindrängte. Zugleich that es den preußischen Forderungen einen ferneren Schritt entgegen, indem es die Entschädigung durch Münster bewilligte, doch nicht ohne einen Theil davon für die batavische Republik vorzubehalten[4]. Auf dieser Grundlage kamen die Verhandlungen, die Anfang Juli in Berlin zwischen Haug-

1) Bericht Caillard's, 24. Mai S. 443.

2) Vgl. die durch Sorel veröffentlichte Denkschrift von Sieyès aus dem Jahr 1795 (Revue historique 17, 31).

3) Urk. Nr. 53.

4) Erlaß an Caillard vom 9. Juni 1796.

witz und Caillard wieder aufgenommen wurden, am 16. Juli zum Abschluß [1]). Frankreich erkannte in dem einen der beiden Verträge die Neutralität Norddeutschlands an; in dem anderen verzichtete Preußen auf allen Widerstand gegen die Abtretung des linken Rheinufers an Frankreich und empfing dafür das Versprechen, falls dieselbe wirklich erfolge, in Münster und Recklinghausen Entschädigungen zu erhalten. In derselben Weise wurden auch für den Prinzen von Oranien und den Landgraf von Hessen Entschädigungen vereinbart.

Diese beiden von Haugwitz und Caillard am 16. Juli 1796 vorläufig und am 5. August endgiltig unterzeichneten Verträge sind für die Geschichte der Beziehungen zwischen Preußen und Frankreich von der allergrößten Wichtigkeit. Im Allgemeinen angesehen, bezeichnen sie den höchsten Grad von Einverständniß, zu dem beide Staaten seit den Tagen vor dem siebenjährigen Kriege je gelangt sind. Für die Zeit, in der sie abgeschlossen wurden, bezeichnen sie die Linie, an der die preußischen und französischen Interessen und Tendenzen sich berühren konnten, ohne doch sich zu bekämpfen. Preußen hatte, über den Frieden von Basel hinausgehend, die Abtretung des linken Rheinufers an Frankreich genehmigt; denn in dem Verbleiben desselben bei Deutschland sah man mehr ein deutsches, als ein preußisches Interesse. Hierin den französischen Tendenzen nachgebend, hatte Preußen nur um so entschiedener an dem festgehalten, was wirklich ein preußisches Interesse in sich schloß: die Unverletzlichkeit der norddeutschen Neutralität. Preußen, so schien es, blieb Preußen, auch wenn das linksrheinische Deutschland mit der französischen Republik vereinigt wurde; aber seine staatliche Existenz wurde in Frage gestellt, wenn die von seinem Gebiete umschlossenen deutschen Staaten von einem französischen Heere besetzt oder auch nur dem preußischen Einfluß politisch entzogen wurden.

Bei einem gegenseitigen ehrlichen Festhalten an den in den Verträgen vom 5. August 1796 niedergelegten Anschauungen war ein friedliches Nebeneinanderbestehen Preußens und Frankreichs nicht unmöglich. Daß Preußen seinerseits an einem Abkommen nicht zu rütteln dachte, in welchem ihm für unbedeutende Verluste reichliche Entschädigungen versprochen und eine hegemonische Stellung in Norddeutschland zuerkannt wurde, leuchtet unschwer ein. Alles hing deshalb davon ab, inwiefern sich die mit der Revolution emporgekommenen erobernden Tendenzen in die ihnen von Preußen gezogenen Grenzen finden würden.

1) Eine Einwirkung des Prinzen Heinrich auf den König, von der die Berichte des französischen Agenten Parandier zu erzählen wissen (Sybel IV², 245), hat dabei nicht stattgefunden. Eine Unterredung, um die der Prinz den König im Juni 1796 hatte bitten lassen, wurde abgelehnt; die Denkschrift, die er daraufhin dem König durch Bischoffwerder zustellen ließ (11. Juli), ist, wenn überhaupt, erst in Pyrmont zur Kenntniß des Königs gelangt.

III. Französische Allianz-Anträge an Preußen. 1797. 1798.

Man kann sagen, daß der Vertrag kaum unterzeichnet war, als auch schon von französischer Seite in die Beziehungen zu Preußen Bestrebungen hineingetragen wurden, welche über die am 5. August vereinbarten Grenzen hinausgingen.

In der Denkschrift von Sieyès, deren wir eben gedachten, war es als ein Gesichtspunkt der französischen Politik für die Neugestaltung der deutschen Verhältnisse bezeichnet worden, daß Österreich und Preußen so weit als möglich von der französischen Grenze entfernt werden müßten. Bei den Verhandlungen, die dem Vertrage vom 5. August vorangingen, hatte man diesen Gesichtspunkt keineswegs aus den Augen verloren. Wenn die französische Regierung den Absichten Preußens auf das Bisthum Münster nachgegeben hatte, so waltete dabei immer die Voraussetzung vor, daß Münster den Herzögen von Mecklenburg zur Entschädigung für die einstige Abtretung ihrer Lande an Preußen dienen solle. Man hätte am liebsten eine dahin zielende Bestimmung in den Vertrag aufgenommen; nur die Erwägung, die besonders Caillard geltend machte, daß durch die Verhandlung mit Mecklenburg der Abschluß des Vertrages zu sehr verzögert werde, hatte das Direktorium von einer solchen Forderung Abstand nehmen lassen. Unmittelbar nach Unterzeichnung des Vertrages eilte es jedoch darauf zurückzukommen: Carnot selbst stellte dem preußischen Gesandten in Paris die Nothwendigkeit des Tausches von Münster und Mecklenburg vor[1]). In Berlin fand Caillard, wie er versichert, mit diesem Vorschlage bei Haugwitz williges Gehör; er behauptet sogar, das preußische Ministerium habe den Gedanken gefaßt, sich der jenseit der Weser gelegenen preußischen Gebietstheile überhaupt zu entledigen[2]). In den Schriftstücken preußischen Ursprungs findet sich nichts von einer derartigen Absicht, so wenig wie von ernstlichen Tauschverhandlungen mit Mecklenburg. Indessen, wie dem auch sei, unbestreitbar ist, daß das Bestreben der französischen Politik, den preußischen Staat so viel als möglich vom Rheine zu verdrängen und den territorialen Zustand Norddeutschlands im französischen Interesse umzugestalten, die eben geschlossene Verständigung in ihrer Grundlage gefährdete.

Überhaupt aber genügte der Vertrag vom 5. August, mehr ein Werk Caillard's als der leitenden Männer in Paris, keineswegs den Erfordernissen des französischen Systems. Wenn Preußen durch denselben für den fortdauernden Krieg seine Neutralität und für den künftigen Friedensschluß seine territorialen Interessen hatte sicher stellen wollen, dabei aber fest entschlossen war, keinen Schritt über denselben hinauszugehen, so blieb das Bestreben Frankreichs nach wie vor dahin gerichtet, die Macht Norddeutsch-

1) Bericht von Sandoz-Rollin, 25. August 1796. S. 86.
2) Berichte vom 19. Juli und 24. September 1796.

lands zu dem Kriege gegen Österreich in der einen oder der anderen Weise heranzuziehen. Man ließ es weder in Paris bei dem preußischen Gesandten noch in Berlin bei dem Ministerium an Anstrengungen in dieser Richtung fehlen. Man behauptete, es läge im eigensten Interesse Preußens, sein Gewicht für Frankreich in die Wagschale zu werfen; denn es sei andernfalls nicht ausgeschlossen, daß Frankreich aus Erschöpfung in einen Frieden werde willigen müssen, der auch für Preußen bedenkliche Folgen haben könne. Historisch vielleicht am merkwürdigsten ist es, daß Preußen dabei von französischer Seite zugleich aufgefordert wurde, die größeren Staaten Norddeutschlands, besonders Sachsen und Hessen, durch enge Bündnisse fester an sich zu schließen[1]. Man begünstigte eben die Ausbreitung der preußischen Macht über Norddeutschland, für die mit dem Vertrage vom 5. August eine feste Grundlage geschaffen war: in der Voraussetzung freilich, daß der so erstarkte preußische Staat sich in den Dienst der französischen Interessen stellen werde. Man wünschte gleichzeitig, denn man sah einem Angriff von russischer Seite entgegen, daß Preußen auch mit der Pforte und Schweden in Allianz trete.

Es versteht sich, daß alle diese Gedanken und Entwürfe, so angelegentlich sie von Paris aus empfohlen wurden, in Berlin auf eine Abneigung stießen, die alle Beredsamkeit Caillard's vergebens zu überwinden strebte. Der Gegensatz, der bei aller Interessengemeinschaft die Politik der beiden Staaten schied, war zu tiefgehend, als daß er durch Verhandlungen hätte ausgeglichen werden können. In Paris suchte man die Verbindung mit Preußen, um den Krieg mit Österreich durchzuführen und zu einem vortheilhaften Frieden zu gelangen; in Berlin wünschte man die Verbindung mit Frankreich, um sich dem ungestörten Genusse des Friedens hingeben zu können: dort wollte man erst Allianz und dann Frieden, hier erst Frieden und dann gute Freundschaft.

Die Verhandlungen zwischen Frankreich und Preußen, die sich innerhalb des eben bezeichneten Gedankenkreises langsam und unfruchtbar fortbewegten, nahmen erst mit dem Beginn des Jahres 1797 wieder einen lebhafteren Gang an. Der Tod der Kaiserin Katharina, der erfolgte, als sie sich eben zum Angriff gegen Frankreich rüstete, hatte die Gestalt der europäischen Verhältnisse mit Einem Schlage verändert: Österreich sah sich der Hoffnung auf russische Hülfe vorläufig beraubt, für Frankreich eröffnete sich die Möglichkeit auf Ausgleichung seines Zerwürfnisses mit Rußland, Preußen gewann durch die Freundschaft des neuen Kaisers von Rußland eine erhöhte politische Bedeutung. Diese Lage der Dinge glaubte man in Frankreich zu einem erneuten und ernstlichen Friedensversuche benutzen zu

---

1) Bericht Caillard's, 8. November 1796: «Je ne perds pas de vue d'unir par une alliance étroite la Saxe et la Hesse à la Prusse et toutes les trois à la République». Vergl. auch Bericht Caillard's vom 4. Oktober 1796 S. 447.

können. Während — es war um die Mitte Januar 1797 — in Italien Clarke zu unmittelbaren Verhandlungen mit Thugut bevollmächtigt wurde, erging gleichzeitig an Caillard in Berlin die Weisung, das Berliner Kabinet zu einer Einwirkung auf Österreich im Sinne des Friedens zu bestimmen. Die Hauptsache war dabei, daß man andeutete, Frankreich wolle im Interesse des Friedens nicht mehr unbedingt auf Abtretung des linken Rheinufers bestehen[1]).

So gern man sich dies Zugeständniß Frankreichs, auf das man trotz des letzten Vertrages nie aufgehört hatte zu dringen, in Berlin gefallen ließ, so war man darum doch keineswegs gesonnen, von der Linie der Neutralität einen Schritt breit abzuweichen. Auf das Verlangen von Caillard, Preußen möge im Verein mit Sachsen und Hessen durch eine energische Erklärung Österreich zum Frieden nöthigen, erklärte sich Graf Haugwitz zwar bereit, in freundschaftlicher Weise Österreich von den friedlichen Gesinnungen Frankreichs zu verständigen, verlangte indeß, ehe Preußen eine wirkliche Vermittelung übernehme und Friedensbedingungen vorschlage, die ausdrückliche Anerkennung der Integrität des deutschen Reiches. Überdies aber hob er die Nothwendigkeit hervor, einen ähnlichen Schritt wie in Wien auch in London zu unternehmen, da ohnehin Österreich ohne Theilnahme Englands sich nicht auf Verhandlungen einlassen werde[2]). Man kann sich denken, wie wenig Caillard mit den Bedingungen, die Haugwitz an eine preußische Vermittelung knüpfte, einverstanden war. Er hatte sich geschmeichelt, wenn nicht Preußen allmählich in den Krieg gegen Österreich militärisch hineinziehen, doch wenigstens durch das politische Gewicht Preußens Österreich von England trennen und zu einem besonderen Frieden nöthigen zu können. Es stellte sich aber vielmehr heraus, daß Preußen, getreu dem Systeme, das Haugwitz 1795 aufgestellt hatte (vgl. S. XIV) zu keinem Schritte zu verleiten war, der es über die Grenzen der Neutralität hätte hinausführen können. Das einzige, was Caillard erreichte, war, daß Preußen zur Herstellung der guten Beziehungen zwischen Frankreich und Rußland die Hand bot, indem es eine darauf bezügliche französische Note nach Petersburg beförderte.

Um nichts glücklicher war die französische Regierung mit einem zweiten Versuche derselben Art. Von einigen diplomatischen Korrespondenzen, die den Franzosen in die Hände gefallen waren und feindselige Gesinnungen Rußlands und Österreichs gegen Preußen offenbarten, nahm man Anlaß, Preußen zu einem energischen Vorgehen gegen Österreich aufzufordern (Mitte April)[3]). Allein in Berlin machte die Sache keines-

1) In diesem Punkte stimmen die Erlasse an Caillard vom 24. und 26. Januar 1797 (S. 451) mit der Instruktion für Clarke vom 17. Januar überein, (Correspondance inédite de Napoléon, II, 412).

2) Vgl. die Berichte Caillard's S. 451 ff.

3) Vgl. S. 475.

wegs den Eindruck, auf den Frankreich gerechnet hatte; man wußte längst, daß namentlich Kaiser Paul von Rußland durch die Nachricht von dem preußisch-französischen Vertrage in eine heftige Aufregung gegen Preußen gerathen war, und zeigte sich deshalb von den Äußerungen seiner Feindseligkeit durchaus nicht überrascht. Noch weniger hätte man einen Kriegsgrund darin finden mögen.

Inzwischen hatte, wie Haugwitz richtig vermuthet, das österreichische Ministerium die Mittheilung Preußens über die friedlichen Äußerungen des Direktoriums mit dem Hinweis auf die Allianz zwischen Österreich und England erwidert, und in Berlin erwartete man noch eine Erklärung der französischen Regierung über die Friedensbedingungen für das deutsche Reich, als plötzlich die Nachricht von der Unterzeichnung der Friedenspräliminarien zwischen Frankreich und Österreich eintraf. Die Freude darüber war in Berlin, wie Caillard versichert, allgemein und aufrichtig. Man war besonders zufrieden, daß dabei die Integrität des deutschen Reiches von Frankreich anerkannt wurde, denn man zog die Wiederherstellung des Zustandes vor dem Kriege einer Umwälzung vor, die vielleicht für Preußen Ruhm und Vergrößerung mit sich geführt, aber auch ein entschlossenes und thatkräftiges Eingreifen erfordert hätte. Man sprach den Wunsch aus, daß Frankreich so bald als möglich die linksrheinischen Besitzungen Preußens räumen möge, behielt sich dabei aber übrigens einen Anspruch auf Entschädigungen für die erlittenen Verluste an Einkünften vor. Ebenso unterließ man nicht, die Ausstattung des Hauses Oranien, deren übrigens auch in den Friedenspräliminarien gedacht war, in Erinnerung zu bringen.

Indem sich nun aber die Unmöglichkeit herausstellte, diese und ähnliche Ansprüche anders als vermittelst der Säcularisationen zu befriedigen [1]), denen Österreich immer noch widerstrebte, so trat damit wieder dasjenige Moment in den Vordergrund, bei dem die Interessen Preußens und Frankreichs zusammentrafen. Die Folge war, daß, während die Ergebnißlosigkeit der letzten Verhandlungen zu einer gewissen Entfremdung geführt hatte, die beiden Staaten im Sommer 1797 wieder einander näher zu kommen schienen. Haugwitz äußerte sich in den freundschaftlichsten Ausdrücken gegen den französischen Gesandten: er sprach die Hoffnung aus, wenn es zu dem allgemeinen Friedenskongresse komme, als Vertreter Preußens daran theilnehmen zu können; sollte aber der Krieg wieder ausbrechen, so stellte er das Eingreifen Preußens gegen Österreich in Aussicht. In Paris eilte man von dieser veränderten Stimmung Vortheil zu ziehen. Man erhob die Forderung, daß Preußen in einer amtlichen Erklärung sich unumwunden für das Princip der Säcularisationen ausspreche, indem man zu verstehen gab, daß auch der Kaiser sich damit bereits einverstanden erklärt habe. Finckenstein, dem Caillard zuerst dies Ansinnen vortrug, erhob Einwendun-

1) Vgl. Erlaß an Sandoz-Rollin 15. Mai, S. 126.

gen[1]; Haugwitz dagegen, der bei dem König in Pyrmont weilte, nahm keinen Anstand, die gewünschte Erklärung auszustellen. In derselben Zeit erfüllte Preußen, durch Wiederanknüpfen der diplomatischen Beziehungen mit der holländischen Republik, noch einen zweiten Wunsch der französischen Regierung.

Die Annäherung der beiden Staaten, die in diesen Schritten unzweifelhaft lag, war ermöglicht worden durch das Emporkommen einer maßvolleren Politik in Frankreich, wie sie auch in dem Eintritt Barthélemy's in das Direktorium ihren Ausdruck gefunden hatte; sie mußte zum Stillstand kommen, als mit dem Staatsstreich am 18. Fructidor die revolutionären Tendenzen sich mit neuer Kraft erhoben und in den Beziehungen zum Auslande die Gedanken der Eroberung zur Herrschaft brachten. Den Friedensverhandlungen mit England wurde eine Wendung gegeben, die den Abbruch herbeiführen mußte; an Napoleon Bonaparte erging die Aufforderung, die Österreicher ganz aus Italien zu verdrängen und ihnen Venedig nicht preiszugeben; von einem Verzicht auf das linke Rheinufer war nicht mehr die Rede.

Es ist natürlich, daß diese Wandelung auch auf die Beziehungen Frankreichs zu Preußen zurückwirkte: je energischer die Republik den Kampf gegen England und Österreich wieder aufnahm, um so mehr mußte sie die Unterstützung Preußens für denselben zu gewinnen suchen. Am 13. September erhielt Caillard von neuem den Auftrag, mit aller Entschiedenheit in Berlin auf den Abschluß eines offensiven und defensiven Bündnisses gegen Österreich zu dringen. Es bezeichnet dabei die fortschreitende Entwicklung der französischen Eroberungsgelüste, die allmählich auch Norddeutschland zu umfassen anfingen, daß damals zum ersten Male gleichsam als Preis der Allianz die Abtretung Wesel's von Preußen gefordert werden sollte. Es war ein so übel angebrachtes Verlangen, daß Caillard es auf sich nahm, dasselbe überhaupt nicht zur Sprache zu bringen. Aber auch so noch waren die französischen Anträge nicht derart, daß sie in Berlin hätten Anklang finden können. Es war vergeblich, daß Caillard in wiederholten Zuschriften und Unterredungen die Momente geltend machte, deren Wirkung auf die preußischen Staatsmänner sich so oft bewährt hatte: die Feindseligkeit Österreichs, die drohende Gefahr für Bayern; das preußische Kabinet begnügte sich, die Übereinstimmung der Interessen Preußens und Frankreichs namentlich in der Frage der Säkularisationen bereitwillig anzuerkennen und eine gewisse politische Unterstützung auf dem bevorstehenden Congresse in Aussicht zu stellen; eine militärische Mitwirkung zur Überwältigung Österreichs wurde von neuem abgelehnt. Es mag sein, daß dazu auch, wie Caillard bemerkt[2], der Gesundheitszustand des Königs, die schlechte

1) Urk. Nr. 110.

2) Vergl. Bericht vom 11. Oktober, S. 462.

Finanzlage und die Besorgniß vor Rußland beigetragen haben. Noch schwerer aber fiel unzweifelhaft ins Gewicht, daß die maßlosen Übergriffe der französischen Regierung, ihre schwankende und unzuverlässige Politik, ihre Rücksichtslosigkeit gegen Verbündete, wie Spanien und Sardinien, für jeden seine Selbständigkeit achtenden Staat eine Allianz mit Frankreich zur Unmöglichkeit machten[1]).

Wie recht man im übrigen daran gethan hatte, dem französischen Andringen nicht nachzugeben, stellte sich sogleich heraus, als noch in demselben Monat die Nachricht von der Unterzeichnung des Friedens von Campo Formio in Berlin eintraf. Über die Bedingungen, unter denen Österreich und Frankreich mit einander abgeschlossen hatten, wurde das preußische Ministerium weder von der einen noch von der andern Seite unterrichtet. Doch kam von Paris aus die Mittheilung, daß es nur bei Preußen stände, seine linksrheinischen Besitzungen zurückzufordern und wieder zu erhalten. Dabei gaben indeß zugleich Rewbell in Paris und Caillard in Berlin den freundschaftlichen Wink, daß eine solche Forderung keineswegs dem preußischen Interesse entsprechen würde.

Es ist gewiß, daß diese widerspruchsvolle und zweideutige Haltung der französischen Regierung ganz geeignet war, die schon vorhandene Abneigung und Unzufriedenheit in Berlin noch zu steigern. Wenn von französischer Seite die Erwartung ausgesprochen wurde, daß die preußischen Bevollmächtigten auf dem Congresse, der zur Vermittelung des Reichsfriedens in Rastatt zusammentrat, im Verein mit den protestantischen Reichsständen für Frankreich gegen Österreich Partei ergreifen würden, so beschloß man in Berlin vielmehr, in den zwischen Frankreich und dem deutschen Reiche schwebenden Streitfragen im ganzen Zurückhaltung zu üben, im einzelnen sich der deutschen Interessen so viel als möglich anzunehmen. Man äußerte trotz des Vertrages vom 5. August 1796 nach wie vor den Wunsch, daß Frankreich seine Ansprüche auf das linke Rheinufer auf ein möglichst geringes Maß herabsetze; die eigenen Besitzungen jenseits des Rheines forderte man zwar vorläufig nicht zurück, aber man weigerte sich doch auch, dieselben ausdrücklich abzutreten und, wie von französischer Seite aus angeregt wurde, die vereinbarten Entschädigungen einfach in Besitz zu nehmen. Dagegen begann Preußen mit wachsender Entschiedenheit in Paris die Forderung zu stellen, Frankreich möge seine Truppen vom rechten Rheinufer zurückziehen[2]).

So konnte denn auch der Verlauf der Berathungen in Rastatt, bei aller Übereinstimmung in der Frage der Säcularisationen, keineswegs zu einer Annäherung der beiden Staaten führen. Grade indem alle die Ansprüche und Forderungen, die Frankreich gegen Deutschland erhob, und die

1) Vergl. Erlaß an Sandoz-Rollin, 2. Oktober, S. 153.

2) Erlaß an Sandoz-Rollin vom 23. März 1798 und öfter.

mannichfachen zwischen beiden Reichen streitigen Rechte und Interessen zur Verhandlung kamen, trat es vielmehr zu Tage, durch wie viele Fäden Preußen noch mit dem deutschen Reiche verknüpft werde. Die deutschen Interessen Preußens machten sich noch einmal mächtig geltend. Es entsprach diesem Verhältniß und den mehr und mehr erkaltenden Beziehungen zu Frankreich, daß im Frühjahr 1798 zum ersten Male wieder ein ernstlicher Versuch gemacht wurde, mit Österreich in den deutschen Fragen zu einer Verständigung zu gelangen.

Diese allmälige Abwendung Preußens von Frankreich ist in Paris doch nicht völlig unbemerkt geblieben, und das Direktorium hat es an Anstrengungen nicht fehlen lassen, um Preußen bei dem französischen Systeme festzuhalten. Man suchte auf der einen Seite Preußen über das revolutionäre Vorgehen Frankreichs in der Schweiz und Italien zu beruhigen, indem man die Verantwortlichkeit dafür untergeordneten Persönlichkeiten zuschob; auf der anderen Seite warnte man Preußen vor einer Annäherung an Österreich, durch die es sich nur Frankreich entfremden werde, ohne dafür bei Österreich Anerkennung und Entschädigung zu finden. Endlich, als sich die europäischen Verhältnisse immer mehr verwickelten und die eifrigen Verhandlungen zwischen England, Rußland und Österreich eine neue Coalition erwarten ließen, der auch Preußen nicht ganz fern zu stehen schien, kam man ungeachtet aller erfahrenen Zurückweisungen doch wieder darauf zurück, der preußischen Regierung den Abschluß einer Allianz vorzuschlagen. Am 22. April ergingen an Caillard die Schreiben, die ihn zu neuen Verhandlungen bevollmächtigten.

Caillard verbarg sich die Unmöglichkeit nicht, das preußische Kabinet zu einem Bündnißvertrage in dem Sinne zu bestimmen, wie man ihn in Paris verstand; er kannte die friedlichen Gesinnungen, von denen der neue König Friedrich Wilhelm III. und seine Rathgeber gleichmäßig beseelt waren. Indem er dem Grafen Haugwitz den Antrag seiner Regierung vorlegte, hob er zur Empfehlung desselben hervor, daß ein Bündniß zwischen Preußen und Frankreich, dessen Vorzüge ja in Berlin nicht bestritten würden, in dem dermaligen Augenblicke den Frieden und nichts als den Frieden bedeute. Ein solches Bündniß werde ein Glück für Preußen, ein Glück für ganz Europa sein. Mit den Schmeicheleien, wie gewöhnlich, die Drohungen verbindend, fügte er hinzu, daß eine abermalige Ablehnung seiner Anträge das Direktorium nöthigen werde, bei den ferneren politischen Combinationen auf Preußen nicht weiter Rücksicht zu nehmen[1]).

Das preußische Ministerium gerieth durch diesen Antrag der französischen Regierung in eine gewisse Verlegenheit. Denselben einfach von der Hand zu weisen, schien bei dem zweifelhaften Zustand der europäischen Beziehungen höchst bedenklich. Andrerseits hatte Preußen noch eben den von Eng-

1) Vergl. Schreiben u. Berichte Caillard's S. 193 fg. und S. 469 fg.

land ausgegangenen russischen Vorschlag zu einer großen conservativen Allianz zwar für den Augenblick abgelehnt, aber doch im Princip ausdrücklich gebilligt, und namentlich Graf Haugwitz hatte sich mündlich ohne Rückhalt über die Nothwendigkeit einer Verständigung mit Rußland und Österreich geäußert [1]). Es kam über diese Frage um die Mitte Mai in Berlin und Potsdam zu Berathungen, bei denen sich zunächst der Freiherr von Alvensleben nachdrücklich für Annahme der französischen Allianz aussprach [2]). Unter den Gründen, die er dafür geltend machte, erscheint im Hinblick auf die spätern Ereignisse besonders einer bemerkenswerth. Er erklärte die preußische Armee in ihrer damaligen Verfassung für unfähig, der französischen erfolgreichen Widerstand zu leisten, und folgerte daraus die Unumgänglichkeit freundschaftlicher Beziehungen zu Frankreich. Ganz anderer Anschauung war aber Graf Haugwitz, der Minister, dessen Rath auch bei dem neuen Monarchen das meiste Gewicht hatte. Die Zeit war vorüber, wo er in einem — richtigen oder übertriebenen — Gefühle der finanziellen und politischen Schwäche Preußens, Nachgiebigkeit gegen Frankreich zu befürworten liebte. Preußen, das zum Mittelpunkt des nordischen Handels und Geldverkehrs geworden war, erholte sich sichtlich von den Verlusten der Kriegsjahre und stand im Verein mit den norddeutschen Ständen politisch kräftiger da als zur Zeit des Baseler Friedens. Auf der anderen Seite hatten die wiederholten Bedrohungen der Neutralität Norddeutschlands, die Schwankungen und Widersprüche der Politik des Direktoriums, die Ausbreitung der revolutionären Bewegung über die Schweiz und Italien, allmählich in dem Grafen Haugwitz die Überzeugung erweckt, daß mit der französischen Republik, wie sie damals war, ein dauerndes Einvernehmen sich nicht aufrecht erhalten lasse. Alle diese Momente hatten einen Umschwung in seinen Anschauungen hervorgerufen, der jetzt deutlich und deutlicher zu Tage trat. Unterstützt von dem Herzog von Braunschweig, der sich grade bei dem Könige aufhielt und in dem dieselben Wandlungen wie in ihm selbst vorgegangen waren, brachte es Graf Haugwitz dahin, daß König Friedrich Wilhelm die Anträge der französischen Regierung zurückwies, ohne der letzteren doch die Hoffnung auf eine dereinstige Verständigung ganz zu nehmen. Mündlich eröffnete Haugwitz dem französischen Gesandten, daß die Herstellung eines Einvernehmens mit dem deutschen Staate Preußen so lange unmöglich sei, als noch irgend eine Streitfrage zwischen Frankreich und dem deutschen Reiche unausgeglichen bleibe.

Mit diesem Hinweis auf Preußen als einen deutschen Staat hatte Graf Haugwitz eben dasjenige Moment berührt, das einer Verständigung zwischen Preußen und Frankreich immer hindernd in den Weg trat. Preußen, in-

1) Vergl. u. a. Bericht von Reuß, 31. März 1798, S. 538.
2) Vergl. seine Denkschrift vom 12. Mai, S. 197.

wiefern es ein Glied der europäischen Staatenfamilie war, hatte mit Frankreich gemeinsame Interessen, die zu einem Bündniß führen konnten; inwiefern es aber zugleich dem deutschen Reiche angehörte, hatte es wiederum mit den deutschen Staaten und besonders mit Österreich Berührungspunkte, durch die es von einer Allianz mit Frankreich zurückgehalten wurde. Man würde irren, wenn man glauben wollte, daß die französische Regierung dies Verhältniß verkannt hätte: wir werden sehen, wie ihre Absicht und ihr Streben vielmehr grade dahin ging, Preußen von aller Verbindung und aller Interessengemeinschaft mit dem deutschen Reiche loszulösen und zu einem rein europäischen Staate zu erheben.

IV. Sendung von Sieyès nach Berlin. 1798.

Es scheint, daß man nach Allem, was vorangegangen war, in Paris kaum etwas anderes als eine ablehnende Antwort von Preußen erwartet hatte. Es war deshalb ohne allen Grund, aber freilich höchst bezeichnend für das Verhältniß Preußens zu Frankreich, wenn König Friedrich Wilhelm III., in der Besorgniß, daß die Franzosen sich nun zu einer Verletzung der norddeutschen Neutralität hinreißen lassen würden, dem Herzog von Braunschweig Vollmacht gab, einem derartigen Unternehmen ohne weitere Anfrage mit den Waffen entgegenzutreten[1]). In Paris war man von einer solchen Absicht weit entfernt; nach wie vor suchte man die innigste Verbindung mit Preußen, die bei der Lage der europäischen Verhältnisse täglich unerläßlicher wurde.

Einen Tag nach Absendung des eben erwähnten Erlasses vom 22. April war in Paris die Nachricht von der Demonstration der Wiener Bevölkerung gegen Bernadotte eingetroffen, wodurch den schon vorhandenen Streitpunkten mit Österreich ein neuer höchst peinlicher hinzugefügt wurde. Rußland hatte die Friedensverhandlungen, die in Berlin zwischen Panin und Caillard gepflogen waren, plötzlich abgebrochen, und alles deutete darauf hin, daß es demnächst thatkräftig in die europäischen Verwicklungen eingreifen werde. England stand, nach dem Mißlingen der irischen Expedition und dem Scheitern der Verhandlungen in Lille, der französischen Republik so mächtig und feindselig gegenüber als nur je vorher. Dabei rüstete sich eben der beste Feldherr Frankreichs, sein erprobtes Heer nach Ägypten, vielleicht nach dem Orient zu führen. Es leuchtet ein, daß unter solchen Umständen die Republik mehr als je einer Allianz bedurfte, die entweder, was man ohne Frage am liebsten gesehen hätte, die sich bildende Coalition im Keime erstickte, oder für den Kriegsfall eine ausgiebige Unterstützung verbürgte. Abermals sah man sich deshalb genöthigt, seine Zuflucht zu Preußen zu nehmen; selbst die letzte Zurückweisung änderte daran nichts. Denn man war geneigt, die Ergebnißlosigkeit der bisherigen Ver-

1) Denkschrift von Haugwitz für den Herzog von Braunschweig, 17. Mai 1798. S. 206.

handlungen mehr der zu maßvollen, zu wenig energischen Persönlichkeit Caillard's zuzuschreiben, als der Friedfertigkeit der preußischen Regierung und ihrer Abneigung gegen die revolutionären Gewalten.

In dieser Lage und in diesen Erwägungen war es, daß man in Paris auf den Gedanken kam, den bisherigen französischen Gesandten in Berlin Caillard abzuberufen und eine der markantesten Persönlichkeiten der Revolution, den Ex-Abbé Sieyès, an den preußischen Hof zu senden. Die Absicht, welche dabei vorwaltete, war, in der einen oder andern Weise eine Entscheidung herbeizuführen. Es war davon die Rede, daß Sieyès, wenn er in Berlin nicht zum Ziele komme, nach Wien gehen und dort die obschwebenden Fragen mit Österreich zum Austrag bringen werde. Aus der umfangreichen Denkschrift [1]), die Durant de Mareuil im Auftrage Talleyrand's als Instruktion für Sieyès ausarbeitete und die am 23. Mai die Genehmigung des Direktoriums erhielt, läßt sich entnehmen, in welcher Weise man auf Preußen einzuwirken dachte. Man geht davon aus, daß Preußen durch die Rücksichten auf seine augenblickliche Ruhe und auf seine dereinstige Vergrößerung zu der engsten Allianz mit Frankreich genöthigt werde. Denn von Österreich, das Preußen nie für einen gleichberechtigten Staat anerkennen, nie den Abfall von der Coalition verzeihen werde, habe es nichts zu erwarten; würden ihm wirklich Vergrößerungen zugestanden, so werde Österreich für sich selbst bei weitem beträchtlichere in Anspruch nehmen. Im Bunde mit Frankreich dagegen könne Preußen seine Besitzungen abrunden und neue Erwerbungen machen, ohne daß sich Österreich in gleichem Maße vergrößere. Das alles aber lasse sich erreichen, ohne Krieg, durch die bloße Thatsache der Allianz. Denn dem preußisch-französischen Bunde würden Spanien, Holland, die Schweiz, Schweden, Dänemark, die italienischen Republiken und ein großer Theil der deutschen Reichsstände sich anzuschließen eilen; welcher Staat aber würde dem ausgesprochenen Willen dieses Bundes sich zu widersetzen wagen? In der Allianz mit Frankreich liege also für Preußen zugleich Vergrößerung und Friede.

Mit diesen Aufträgen, die nicht ungeschickt auf die Bedürfnisse des preußischen Staates berechnet waren, machte sich der Abbé Sieyès im Juni 1798 nach Berlin auf den Weg. Es wäre kaum möglich gewesen, eine Unterhandlung von so schwerwiegender und für Frankreich entscheidender Bedeutung in die Hände eines Mannes zu legen, der zur glücklichen Durchführung derselben weniger geeignet gewesen wäre, als der Abbé Sieyès. Alle Welt kennt und kannte schon damals das harte schneidende Wesen dieses revolutionären Doktrinärs, dessen selbstbewußte Starrheit einer diplomatischen Unterhandlung unüberwindliche Hindernisse in den Weg legte. Es bezeichnet die Anschauungen, von denen er bei seiner staatsmännischen Thätigkeit sich damals leiten ließ, daß er die Furcht für das wahre Aktions-

1) Vergl. S. 473—480.

prinzip zwischen Regierungen erklärte[1]). Von vornherein war es für die ihm übertragene Aufgabe von der ungünstigsten Vorbedeutung, daß man in Berlin auf die erste Nachricht von seiner Ernennung sogleich energische Schritte that, um dieselbe rückgängig zu machen. Man hätte am liebsten Caillard behalten, mit dem man alle Ursache hatte zufrieden zu sein. Der Ankunft von Sieyès sah man mit besonderer Unruhe entgegen, da man von ihm Auftritte besorgte, wie sie mit den französischen Gesandten damals so häufig vorkamen. Allein es gelang nicht, den Widerruf der Ernennung durchzusetzen: in der Nacht vom 22. zum 23. Juni traf Sieyès in Berlin ein.

Gleich in der Antrittsaudienz, die er am 5. Juli bei König Friedrich Wilhelm III. hatte, ließ Sieyès durchblicken, daß seine Sendung die Herstellung inniger Beziehungen zwischen Preußen und Frankreich zum Ziele habe. Der König begnügte sich mit der Versicherung zu antworten, daß er das zwischen beiden Staaten bestehende freundschaftliche Verhältniß aufrecht zu erhalten wünsche. Mehr Anklang schien Sieyès mit seinen Andeutungen bei dem Generaladjutanten des Königs, der zugleich für seinen Günstling galt, dem Obersten Zastrow, zu finden. Er erklärte demselben, Frankreich werde Frieden schließen mit, ohne oder gegen Preußen, und die Antworten des Obersten lauteten so freundschaftlich für Frankreich, daß er eine Allianz thatsächlich, wenn auch nicht formell, zu erreichen Hoffnung faßte. Graf Haugwitz dagegen, mit dem Sieyès gleichzeitig in die Unterhandlung eintrat, zeigte sich den Eröffnungen des französischen Gesandten nur wenig zugänglich. Haugwitz blieb dabei, daß vor allen weiteren Verabredungen mit Preußen Frankreich sich in Rastatt nachgiebig zeigen und den Frieden mit dem deutschen Reiche zum Abschluß bringen müsse. Infolge einer Äußerung des Gesandten, daß man sich darüber in Berlin verständigen könne, ließ ihm Haugwitz eine ausführliche Denkschrift überreichen, in der alle zwischen Frankreich und dem deutschen Reiche schwebenden Streitpunkte ausführlich erörtert und das deutsche Interesse mit Entschiedenheit wahrgenommen wurde[2]). So aber hatte es Sieyès nicht gemeint. Ihm kam es nicht darauf an, durch Ausgleichung der einzelnen Streitfragen den Frieden anzubahnen; seine Absicht ging vielmehr dahin, durch eine Allianz mit Preußen die widerstrebenden Reichsstände und besonders Österreich zur Nachgiebigkeit und zum Frieden zu zwingen. Er erklärte, die von Haugwitz angeregten Fragen gehörten nach Rastatt, und weigerte sich, die Denkschrift seiner Regierung zu übersenden. Überhaupt aber war er höchst unzufrieden mit Haugwitz. Er fand, daß der preußische Minister seine Andeutungen nicht verstehen wolle, daß die Antworten, die derselbe ihm gebe,

1) An Talleyrand, 14. August 1798: »Je crois à la maxime que la peur est le véritable principe d'action entre gouvernements«.

2) Vergl. die Denkschrift vom 3. August 1798, S. 221.

inhaltleer seien[1]). Nach einigen Besprechungen, in denen er vergeblich versuchte, das politische System des Grafen zu erschüttern, überzeugte er sich, daß er auf diesem Wege nicht zu seinem Ziele gelangen werde. Er wandte sich deshalb wieder an den Obersten Zastrow, indem er ihm eröffnete, die Frage sei jetzt nur, ob Preußen eine Vergrößerung Österreichs zugeben oder sich mit Frankreich derselben widersetzen wolle. Er fügte die Drohung hinzu, daß Frankreich, wenn es sich von Preußen im Stich gelassen sehe, sich mit Österreich werde verständigen müssen, so sehr es einer Vereinbarung mit Preußen den Vorzug gebe[2]). Da er gleichzeitig in derselben Weise, wie früher Caillard, die Nothwendigkeit einer Verständigung zwischen Frankreich und Preußen damit begründete, daß dieselbe den Frieden auf dem Festlande zur Folge haben werde, so nahm König Friedrich Wilhelm, dem Zastrow über seine Unterredungen mit Sieyès berichtet hatte, davon Anlaß, seine Vermittlung zwischen Frankreich und Österreich anzubieten[3]). Man deutete an, daß man Grund habe anzunehmen, Österreich werde sich entgegenkommend zeigen und auf fernere Vergrößerungen verzichten, sprach dabei aber die bestimmte Erwartung aus, daß Frankreich nun auch seinerseits alle über das Princip der Rheingrenze hinausgehenden Ansprüche fallen lassen werde. Sieyès, ohne die Vermittelung anzunehmen oder abzulehnen, begnügte sich, seinen Dank dafür auszusprechen und das Anerbieten nach Paris zu übermitteln. Er machte übrigens kein Hehl daraus, daß er etwas anderes als einen Vermittelungsantrag erwarte; seiner Regierung aber bezeichnete er diesen Schritt des preußischen Ministeriums geradezu als lächerlich, abgeschmackt und hinterlistig.

Inzwischen war man in Paris über den langsamen Gang der Dinge in Berlin bereits ungeduldig geworden; wiederholt und entschieden drängte man den Gesandten, die Verhandlung mit Preußen zu irgend einem Abschluß zu bringen. Man fühlte, daß bei dem dermaligen Zustande, bei der Ungewißheit zwischen Krieg und Frieden, das Interesse der Republik auf das ernstlichste gefährdet sei und eine Entscheidung in der einen oder der andern Richtung nicht länger hinausgeschoben werden könne[4]). Preußen möge sich, so wurde dem Gesandten geschrieben, endlich entschließen, ein aufrichtiger und thätiger Bundesgenosse Frankreichs zu werden, und die Republik werde ihre Erkenntlichkeit beweisen; im andern Falle werde Frankreich wissen, ohne Preußen fertig zu werden.

Mit diesem dringenden Wunsche, Preußen doch noch zu einer Verständigung zu bestimmen, hing es zusammen, daß sich in der französischen Politik unter der Leitung Talleyrand's damals eine Wendung im Sinne eines gemäßigteren Systems vollzog (August 1798). Talleyrand, der alle-

1) Vergl. den Bericht vom 28. Juli, S. 483.
2) Vgl. Aufzeichnung von Zastrow, S. 230.
3) Vergl. Urk. Nr. 196ff.
4) Vergl. Erlaß an Sieyès, 24. Juli 1798, S. 482.

zeit und allen Regierungen, denen er diente, Besonnenheit und Maßhalten gepredigt hat, lebte der Überzeugung, daß die Republik zu ihrer inneren Festigung vor allem des Friedens bedürfe. Er war auf der einen Seite ebenso sehr gegen die Einmischung in die Verhältnisse Italiens, wo die republikanische Staatsform schwerlich Wurzel fassen werde, als er andrerseits Zugeständnisse in der Verhandlung mit Deutschland befürwortete, die im Interesse des Friedens unerläßlich seien. Rewbell, der sonst die gewaltsamsten und leidenschaftlichsten Entschlüsse zu vertreten pflegte, war gerade durch Krankheit von den Geschäften ferngehalten. Aus Rastatt war der besonnenste der französischen Bevollmächtigten, Roberjot, nach Paris gekommen und hatte sich ganz im Sinne Talleyrand's für eine versöhnliche Politik ausgesprochen. Dazu kamen dann die Berichte von Sieyès über seine ersten Unterredungen mit Zastrow, aus denen man die besten Hoffnungen für die Herstellung einer Übereinkunft mit Preußen schöpfte. Die Folge war, daß man sich dazu verstand, in mehreren Punkten, die namentlich den Ehrenbreitstein, die Schulden der linksrheinischen Lande, die Emigrantengesetze, den Besitz von Kehl und Kastel betrafen, den von Preußen lebhaft unterstützten Forderungen der deutschen Friedensdeputation nachzugeben. Freilich aber war Talleyrand keineswegs gemeint, diese Zugeständnisse ohne Gegenleistung zu machen. Talleyrand war ein überzeugter und ehrlicher Anhänger der Allianz mit Preußen in höherem Grade als irgend einer der französischen Staatsmänner, vielleicht Caillard ausgenommen; aber auch er sah in dem norddeutschen Gemeinwesen, wie es sich unter dem Schutze und der Leitung Preußens zu bilden anfing, doch nur eine Masse von Kraft und Macht, die unter allen Umständen und mit allen Mitteln für die Zwecke der französischen Republik in Bewegung gesetzt werden müsse.

Talleyrand richtete demgemäß an die preußische Regierung die Forderung, im Verein mit Österreich eine Erklärung zu erlassen, nach welcher beide Staaten auf alle Entschädigungen und Vergrößerungen innerhalb des deutschen Reiches verzichten würden. Zugleich ließ er für den Reichsfrieden die Bestimmung in Vorschlag bringen, daß nur die weltlichen Fürsten Entschädigungen erhalten sollten. Beide Forderungen fanden in Preußen eine günstige Aufnahme: man war es zufrieden, selbst keine Entschädigungen zu erhalten, wenn nur auch Österreich deren verlustig gehe.

Indem nun aber Talleyrand durch diese Verabredungen mit Preußen und durch jene Zugeständnisse den Weg zum Reichsfrieden gebahnt zu haben meinte, faßte er gleichzeitig das Verhältniß Österreichs und Frankreichs zu Italien ins Auge. Er begünstigte, wie berührt, in keiner Weise die revolutionären Bewegungen in Italien; aber noch wichtiger erschien es ihm, auch Österreich jede Möglichkeit einer Gebietserweiterung in Italien zu nehmen. Zu diesem Zwecke kam er auf den Gedanken, wie er den territorialen Zustand Deutschlands durch eine Vereinbarung mit Preußen gegen Österreich sicher zu stellen dachte, auch den Bestand der italienischen Staaten durch einen Garantievertrag mit Preußen, Spanien und der helvetischen Republik zu gewährleisten. Wohl bemerkt: der Vertrag sollte nur den Gebietsstand der betreffenden Staaten, nicht ihre Regierungsform verbürgen[1]).

Der französische Gesandte in Berlin, Sieyès, dem diese Gedanken und Entwürfe im Laufe des August und September übermittelt wurden, war im Ganzen mit den Anschauungen seines Ministers keineswegs einverstanden: das versöhnliche, ausgleichende Element in Talleyrand widersprach ganz seinem eigenen schneidenden und despotischen Wesen. Er mißbilligte die Zurückhaltung, die Talleyrand für Italien empfahl, und war gegen alle Zugeständnisse in Deutschland; er erklärte es selbst für unpolitisch, das revolutionäre Vorgehen Frankreichs auch nur rechtfertigen zu wollen[2]). Sein Ideal war und blieb die Ausbreitung „des repräsentativen Systems", wie er es nannte; er hielt Frankreich für mächtig genug, dafür den Kampf mit der ganzen Welt aufzunehmen. Von Preußen und den preußischen Staatsmännern wollte er überhaupt nichts wissen; er war erbittert über den Mißerfolg, der seine in so hohen Erwartungen unternommene Sendung begleitete, und donnerte gegen die Franzosen, die sich darauf steiften, in Preußen ihren natürlichen Verbündeten zu erblicken[3]).

Man kann sich danach denken, in welchem Geiste er die Ausführung der ihm übertragenen Aufgabe in Angriff nahm. Es würde müßig sein, in die Einzelheiten der Unterhandlung einzugehen, die im Herbst 1798 zwischen ihm und dem preußischen Ministerium gepflogen wurde, um so mehr, da die Verhandlungen sich schließlich ganz in einen Streit um Worte, in gegenseitige Anklagen auf Mißverständnisse u. s. w. verloren. Es genügt zu bemerken, daß Preußen die unter der Hülle eines Garantie-Vertrages für Deutschland und Italien angetragene Allianz gegen Österreich entschieden von der Hand wies. Darauf hin wurde von französischer Seite jede Unterhandlung überhaupt abgebrochen (Oktober 1798). Wichtiger ist es, die Rückwirkung hievon auf das Verhältniß zwischen Preußen und Frankreich ins Auge zu fassen. Die Folge war auf preußischer Seite, bei der persönlichen und sachlichen Ungeschicklichkeit, mit der Sieyès die Verhandlung führte, eine wachsende Abneigung gegen den Gesandten und die Regierung, die er vertrat; eine Abneigung, welche mit einer immer engeren Annäherung an die Coalition gleichen Schritt hielt und den preußischen Staat fast in die Verwicklungen des Jahres 1799 hineingezogen hätte.

1) Vergl. Denkschrift Talleyrand's vom 9. September 1798, S. 487.

2) »Dès que vous entreprenez de prouver que vous avez raison, un Allemand croit que vous reculez ... Quand une cause a été jugée par la victoire, c'est la remettre en question que d'imprimer des phrases«. An Talleyrand, 12. März 1799.

3) »Je ne puis trop vous le répéter: les Français s'opiniâtrent mal à propos à considérer la Prusse comme leur allié naturel dans tous les temps«. An Talleyrand, 13. Oktober 1798.

In Frankreich aber brachte das vollständige Scheitern der seit dem Baseler Frieden und mit besonderer Lebhaftigkeit im Jahre 1798 betriebenen Allianz-Verhandlung eine politische Richtung zur Herrschaft, die sich bereits im Laufe des Jahres 1798 bemerkbar gemacht hatte, die aber erst jetzt wirklich ins Leben trat. Um es kurz zu sagen: man wandte sich von Preußen ab und suchte in den deutschen Mittelstaaten den Bundesgenossen gegen Österreich zu finden, zu dem sich Preußen nicht bequemen wollte. Zuerst, so viel wir wissen, im Jahre 1794 haben die französischen Staatsmänner ihre Aufmerksamkeit auf die deutschen Mittelstaaten gerichtet, in der Absicht, dieselben zu einem besonderen Bunde außerhalb des deutschen Reichsverbandes zu vereinigen. Indessen war dieser Gedanke vor den so ungleich wichtigeren Beziehungen, die durch den Frieden von Basel mit Preußen angeknüpft wurden, in den Hintergrund getreten. Das Verhältniß Frankreichs zu Preußen war auch für das Verhältniß zu den deutschen Kleinstaaten immer maßgebend. So lange man die Hoffnung hegte, und man ließ dieselbe erst im Oktober 1798 endgiltig fallen, Preußen selbst zu einer Allianz zu vermögen, so lange war man auch gar nicht abgeneigt, den Einfluß Preußens bei den deutschen Staaten zu begünstigen. Allein je mehr man sich davon überzeugen mußte, daß Preußen nicht daran denke, sich als Werkzeug gegen Österreich gebrauchen zu lassen, um so mehr faßte man den Gedanken ins Auge, selbständig mit den deutschen Kleinstaaten in Verbindung zu treten und in altfranzösischer Weise den germanischen Körper an Frankreich anzuschließen. Es waren vorzüglich Talleyrand, und noch mehr Sieyès, die sich eifrig mit diesem Plane beschäftigten; sie knüpften daran die Hoffnung auf eine vollständige Umgestaltung der deutschen Verhältnisse.

Wie wir schon berührten, ging die Absicht der französischen Staatsmänner dahin, Preußen und Österreich möglichst weit von der französischen Grenze zu entfernen. Man glaubte dabei annehmen zu dürfen, daß Preußen auf das schwer zu vertheidigende Gebiet links der Weser selbst Verzicht leisten würde. Allein damit war man noch keineswegs zufrieden. In dem erbitterten Kampfe mit England war schon wiederholt der Gedanke aufgetaucht, daß man England gänzlich von dem europäischen Festlande ausschließen, alle Häfen gegen dasselbe sperren müsse; der Plan einer Continentalblockade erschien bereits an dem Horizonte Europas. Wie hätte man, bei solchen Entwürfen, die wichtigen Küstenlande zwischen Elbe und Weser dem beherrschenden Einfluß Preußens überlassen mögen? Sieyès zuerst sprach es aus: Preußen muß hinter die Elbe zurückgeworfen werden. Er war durchaus gegen die Begründung einer großen norddeutschen Macht unter Preußen, die noch Caillard immer begünstigt hatte. In der Existenz einer solchen erkannte er eine Gefahr für die Erwerbungen, die Frankreich auf Kosten des deutschen Reiches machte. Er empfahl, statt die deutschen Fürsten auf den Bund mit Preußen zu verweisen, dieselben um Frankreich zu schaaren, das ihr natürlicher Verbündeter gegen Preußen und Österreich sei. Talleyrand stimmte ihm darin im Wesentlichen bei; auch sein Wunsch wäre es gewesen, Preußen durch Entziehung des rein deutschen Gebietes links der Elbe möglichst aus Deutschland zu verdrängen und etwa durch eine dynastische Verbindung mit dem wiederherzustellenden Polen zu entschädigen. Er glaubte, damit den Interessen Preußens und Frankreichs gleichmäßig zu dienen; die Hindernisse, meinte er, würden dann fallen, die infolge der Eigenschaft Preußens als eines deutschen Staates einer französisch-preußischen Allianz im Wege ständen. Was dann, nach Hinausdrängung Preußens und Österreichs, von Deutschland noch übrig blieb, das sollte, sei es in einem einzigen, sei es in einem norddeutschen und einem süddeutschen Bunde vereinigt werden. Durch jenen sollten dem preußischen Staat feindliche Berührungen mit Frankreich ebenso unmöglich gemacht werden, als freundschaftliche Verbindungen mit England; dieser sollte Frankreich von Österreich trennen. Talleyrand scheint noch gemeint zu haben, daß sich eine derartige Umwälzung ohne Kampf mit Preußen werde ins Werk setzen lassen; Sieyès seinerseits war scharfblickend genug vorherzusehen, daß schon das wetteifernde Streben nach Beeinflussung der norddeutschen Staaten zu einem Conflicte zwischen Preußen und Frankreich führen müsse [1]).

In der That, wie weit gingen diese Entwürfe, die, so chimärisch sie im Augenblick erscheinen mochten, doch eines Tages ihre Verwirklichung finden sollten, über die Grenzen hinaus, die Preußen im Vertrage vom 5. August 1796 dem Vordringen Frankreichs gezogen hatte. Man kann sagen: Frankreich hatte mit diesen Plänen den Krieg gegen Preußen in der Idee bereits eröffnet. Deutschland in vier Theile geschieden, ein österreichisches, ein preußisches, ein nördliches und ein südliches Deutschland, die sich unter einander für immer im Gleichgewicht halten und ihre Kräfte gegenseitig paralysiren sollten; Preußen durch die Verbindung mit Polen in einen unversöhnlichen Gegensatz zu Rußland gebracht; Österreich im Süden und Westen von dem süddeutschen Bunde, der helvetischen und den italischen Republiken, im Norden von Preußen-Polen in Schranken gehalten; England von dem Festlande ausgeschlossen; überall sonst Trennung und Theilung, Gegensätze und Feindseligkeiten, daneben aber in dem durch die Rheinlande, Belgien und Savoyen vergrößerten Frankreich die straffste Einheit und Zusammenfassung, — das war die Gestalt, welche die französischen Politiker Europa zu geben dachten.

Diese Entwürfe für die Gründung eines norddeutschen und eines süddeutschen Bundes, die bereits im Sommer 1798 zwischen Talleyrand und Sieyès lebhaft erörtert, aber aus Rücksicht auf Preußen noch bei Seite gelassen waren, wurden jetzt im Herbst 1798 von der französischen Regierung ernst-

1) Bericht vom 2. Oktober 1798, S. 491.

lich in die Hand genommen. Nach Süddeutschland wurde Theremin geschickt, ein ehemaliger preußischer Diplomat, der sich durch eine Flugschrift über die Rheingrenze einen Namen gemacht hatte und von dem Direktorium in den deutschen Angelegenheiten häufig zu Rathe gezogen wurde[1]). Für Norddeutschland wurde der französische Gesandte in Cassel, Rivals, beauftragt, den Landgrafen von Hessen aufzufordern, sich unter französischem Schutze an die Spitze eines Bundes norddeutscher Fürsten zu stellen[2]). Allein beide Unterhandlungen blieben gleich erfolglos.

In Süddeutschland wurde Theremin, der besonders auf die Theilnahme der Tübinger Philosophen gerechnet hatte, nach ergebnißloser Wirksamkeit bald durch den wiederausbrechenden Krieg vertrieben. In Cassel zog sich die Verhandlung den ganzen Winter über hin und blieb endlich daran haften, daß der Landgraf den Franzosen, diese aber jenem die Einzelbesprechungen mit den norddeutschen Ständen zuweisen wollten. Indem man noch darüber hin- und herstritt, ohne sich verständigen zu können, denn der Eifer war auf keiner Seite sehr groß, trat ein Ereigniß ein, das den Franzosen eine ganz andere Aussicht eröffnete.

Am 16. Februar 1799 starb der alte Kurfürst Karl Theodor von Pfalzbayern. Auf seinen Nachfolger Maximilian Josef hatte die französische Regierung schon immer die größten Hoffnungen gesetzt; sie schienen sich jetzt überraschend verwirklichen zu sollen. Wenige Tage nach seinem Regierungsantritt, am 23. Februar, gewährte er dem französischen Geschäftsträger eine Audienz, in der er ihn aufforderte, dem Direktorium zu melden, daß es keinen besseren Freund haben werde als ihn. An der Freude, die er bei jedem Erfolge der französischen Waffen empfunden, habe er gefühlt, daß er ein Franzose sei. Er bat den Geschäftsträger, ihn als Franzosen zu betrachten[3]).

Man kann sich leicht vorstellen, wie dieser Bericht in Paris wirkte. Man gab sich der Hoffnung hin, nach allen den vergeblichen Unterhandlungen mit Preußen und Hessen in Maximilian Joseph endlich den Fürsten gefunden zu haben, der das alte deutsche Reich zersprengen und den neuen Rheinbund begründen werde. In zwei Erlassen vom 15. und 17. März 1799, mit ausdrücklicher Genehmigung des Direktoriums, beauftragte Talleyrand den französischen Geschäftsträger, sogleich mit dem Kurfürsten eine Unterhandlung über die Stiftung eines Rheinbundes anzuknüpfen[4]). Es schwebte dabei zugleich der Gedanke vor, den Frieden mit dem deutschen

1) Theremin hat damals in einer seiner höchst merkwürdigen Denkschriften das Direktorium an den Rheinbund Ludwig's XIV. erinnert. »Bases générales pour régler la conduite d'un agent secret à envoyer en Allemagne.« Pariser Archiv, Allemagne 698.

2) Vergl. Erlaß an Rivals, 26. September 1798, S. 485, Note.

3) Nach dem Berichte Alquier's (24. Februar 1799), der ausdrücklich bemerkt, daß er die Äußerungen des Kurfürsten wörtlich wiedergebe. Pariser Archiv, Bavière 178.

4) Vergl. S. 498.

Reiche doch noch zu Stande zu bringen und das letztere von der Theilnahme an dem eben ausbrechenden Kriege zurückzuhalten. Allein jene Erlasse sind nicht mehr nach München gelangt: schon am 11. März hatte Alquier vor den heranziehenden Österreichern nach Straßburg flüchten müssen. Ganz Süddeutschland kam binnen kurzem in die Gewalt des Erzherzogs Karl. Der Plan eines Rheinbundes mußte auf eine günstigere Zeit vertagt werden.

Von allen diesen Entwürfen und Verhandlungen hat man in Berlin keine Kenntniß erhalten. Das Verhältniß zu Frankreich war auch nach dem Abbruch der Unterhandlung mit Sieyès anscheinend das alte geblieben: auf französischer Seite ließ man es an gelegentlichen Betheuerungen der freundschaftlichsten Gefühle für Preußen nicht fehlen; auf preußischer Seite aber war ein Umschwung eingetreten, der zu einem ernstlichen Zerwürfniß mit Frankreich führen zu sollen schien.

V. Drohendes Zerwürfniß zwischen Preußen und Frankreich. 1799.

Wir haben bereits bemerkt, welche Wandelung sich im Laufe des Jahres 1798 in den politischen Anschauungen des Grafen Haugwitz vollzogen hatte. Nicht als ob das Grundprincip derselben ein anderes geworden wäre: der Gedanke der Neutralität Norddeutschlands, der bei den Verhandlungen über den Frieden von Basel und den Berliner Vertrag maßgebend gewesen war, blieb nach wie vor der beherrschende Gesichtspunkt seiner Politik. Aber wenn er bis zum Jahre 1798 die Meinung gehegt hatte, daß neben dem revolutionären Frankreich eine Gemeinschaft der norddeutschen Stände im Frieden fortbestehen könne, so war er von dieser Ansicht allmählich zurückgekommen. Haugwitz hatte immer geglaubt, durch die Trennung von der Coalition in einem für Frankreich sehr gefahrvollen Augenblick auf eine gewisse Erkenntlichkeit bei dem Direktorium Anspruch zu haben: in Paris fanden die preußischen Wünsche in den meisten Fällen kaum Gehör, geschweige denn eine günstige Aufnahme; er hatte immer und immer wieder erklärt, daß Preußen an seinem neutralen Systeme unter allen Umständen festhalten wolle: die französische Regierung war unabläßig bemüht, Preußen in ein offensives Bündniß gegen Österreich hineinzuziehen. Die Verhandlungen mit Sieyès hatten dann noch dazu beigetragen, den politischen Gegensatz durch persönliche Mißstimmung zu verschärfen; es war stadtkundig, daß zwischen dem Minister und dem Gesandten die größte Erbitterung herrsche[1]).

Mehr aber noch als die besonderen Beschwerden Preußens, deren einer wir gleich näher gedenken werden, wirkte auf den Grafen Haugwitz das gesammte Vorgehen der revolutionären Regierung, wie sie seit dem Staatsstreich vom 4. September 1797 geworden war. Im Hinblick auf die trotz

1) Die Berichte des Fürsten Reuß sind voll von den Mißhelligkeiten zwischen Haugwitz und Sieyès.

aller Versicherungen ununterbrochen fortschreitende Überfluthung der französischen Nachbarländer hatte sich die Überzeugung in ihm Bahn gebrochen, daß die revolutionäre Bewegung früher oder später auch Norddeutschland ergreifen werde. Graf Haugwitz war keineswegs gemeint, diesen Augenblick ruhig kommen zu sehen; eben um die Neutralität Norddeutschlands dauernd sicher zu stellen, dachte er daran, mit anderen Mächten Vereinbarungen zu treffen, durch welche die Macht Frankreichs auf ein für die Nachbarn erträgliches Maß herabgemindert würde.

Die Verhandlungen, die, wie wir oben berührten, im Sommer 1798 unter russischer Vermittelung mit Österreich angeknüpft waren, hatten zu einem befriedigenden Ergebniß nicht geführt, immerhin aber Preußen wieder in ein näheres Verhältniß zu Rußland und Österreich gebracht. Als dann die Hoffnung auf Erhaltung des Friedens mehr und mehr schwand, war es zu neuen Besprechungen gekommen, namentlich über die Art und Weise, wie sich die Neutralität des deutschen Reiches in dem bevorstehenden Kampfe aufrecht erhalten lasse (Oktober 1798). Man einigte sich im Ganzen dahin, daß Österreich den Süden, Preußen wie bisher den Norden vor einem französischen Angriff schützen solle. Von einer bei weitem größeren Bedeutung aber waren die Anträge, welche von russischer Seite dem Berliner Kabinet vorgelegt wurden. Wir müssen der Verhandlungen, die daraus hervorgingen, bei ihrer engen Verflechtung mit den Beziehungen Preußens zu Frankreich etwas näher gedenken.

Um die Mitte Januar 1799 machte der russische Gesandte Graf Nikita Panin zuerst allein, nach einiger Zeit in Gemeinschaft mit dem außerordentlichen Botschafter Englands, Thomas Grenville, der preußischen Regierung den Vorschlag, mit Rußland und England zusammen einen Versuch zur Befreiung Hollands und Brabants zu unternehmen. Preußen sollte dabei durch englische Subsidien unterstützt und später durch Gebietserwerbungen auf Kosten Frankreichs belohnt werden. Graf Haugwitz nahm sich dieser Vorschläge mit Eifer und Beredsamkeit an. In lebhaften Farben schilderte er dem König die Gefahren, mit denen die gigantische Macht des revolutionären Frankreichs grade Preußen bedrohe. Die alten Bollwerke des deutschen Reiches, die Schelde, die Maas, der Rheinstrom seien in der Gewalt Frankreichs, des Feindes aller sozialen Ordnung. Es sei die höchste Zeit, daß Preußen sich mit England und Rußland verständige, um Europa von dem Elend zu erlösen, unter dem es schmachte. Unmöglich sei es, daß Preußen bei dem Kampf zwischen Frankreich und Europa neutral bleiben könne, ohne seine Sicherheit zu schädigen, ja ohne seine Existenz zu gefährden[1]). Der Herzog von Braunschweig, der herbeigerufen war, unterstützte die Ansicht des Grafen Haugwitz. Er entwarf bereits einen Plan, wie Preußen nach dem wirklichen Ausbruch des Krieges eingreifen solle, und empfahl

1) Denkschrift vom 15. Januar 1799, S. 265—272.

bringend, die Yssel und Vechte als Grenze zu erobern[1]). Von den andern preußischen Ministern war Graf Finckenstein für den Anschluß an England und Rußland, nur Alvensleben beharrte noch in einer gewissen Hinneigung zu Frankreich. Alles kam deshalb auf die Entscheidung des Königs an.

König Friedrich Wilhelm III. war anderer Ansicht als die Mehrzahl seiner Minister und Räthe. Er sah in der Erhaltung des Friedens das höchste Gut der Welt und den einzigen Weg zur Glückseligkeit des menschlichen Geschlechtes. In früher Jugend hatte er an den Feldzügen in der Champagne (1792) und in Polen (1794) theilgenommen und dabei einen lebhaften Widerwillen gegen den Krieg gefaßt. Als er den Thron bestieg, nahm er sich vor, seinem Lande den Frieden so lange als möglich zu erhalten, um die Ordnung der Finanzen gründlich herstellen und die neuen Erwerbungen in Polen dem Staate fester angliedern zu können. Er theilte nicht die Abneigung seines ersten Ministers gegen Frankreich; vielmehr blieb er dabei, in diesem Staate einen natürlichen Verbündeten Preußens zu sehen. Die politischen Angriffe, deren sich die Republik gegen die preußischen Interessen schuldig machte, die Gefahren, die das Anwachsen der revolutionären Macht auch für Preußen in sich schloß, achtete er wenig; erst bei einem militärischen Angriff Frankreichs war er entschlossen zu den Waffen zu greifen: nur dann glaubte er auf die begeisterte Theilnahme seines Volkes rechnen zu können[2]).

Dieser Gesinnung entsprach sein Verhalten bei den Anträgen Rußlands und Englands. Er war weit entfernt, sich auf irgend ein Unternehmen einlassen zu wollen, das einen Krieg mit Frankreich zur Folge gehabt hätte. Da aber andererseits ein Angriff von französischer Seite doch nicht ganz außer aller Möglichkeit lag, so wünschte er, für einen solchen Fall sich im voraus mit den anderen Mächten zu verständigen. Es lag in dieser Politik unzweifelhaft ein innerer Widerspruch: wenn der König seine Hilfe für den Krieg Englands und Rußlands gegen Frankreich verweigerte, wie durfte er hoffen, die Unterstützung jener beiden Mächte für einen Krieg Preußens mit Frankreich zu erlangen? Indeß König Friedrich Wilhem III. ging darüber hinweg; ihm kam es vor allem darauf an, die Verhandlung möglichst lange fortzuspinnen, bis sich, so hoffte er, Frankreich vielleicht freiwillig zum Aufgeben Hollands bereit finden lasse. Er wies seine Mi-

---

1) Denkschrift vom 23. Januar 1799.

2) Friedrich Wilhelm III. an Prinz Heinrich, 16. Oktober 1798: »Tout le monde sait que j'abhorre la guerre et que je ne connais de plus grand bien sur la terre que la conservation de la paix et de la tranquillité comme le seul système propre à la félicité du genre humain; ainsi donc, si je me voyais forcé de reprendre les armes malgré moi, ce ne serait plus une guerre de caprice, mais une guerre de nation contre la nation; la nation combattrait pour ses foyers, et je n'ai pas le moindre doute qu'en ce cas toute la nation se lèverait pour repousser une agression aussi téméraire.« (Eigenhändig). Vgl. auch die Denkschrift des Herzogs von Braunschweig, 25. August 1799, S. 322.

nister an, die Anträge von Panin und Grenville abzulehnen, dabei aber die Erklärung abzugeben, daß Preußen seinem defensiven System eine größere Ausdehnung zu geben und sich darüber mit Rußland und England ins Einvernehmen zu setzen wünsche. Überhaupt sei Preußen im Princip mit beiden Höfen einverstanden und geneigt, ihre Bestrebungen an seinem Theile zu fördern; nur müsse dabei festgehalten werden, daß die möglichste Wahrung der Ruhe des Nordens der vornehmste Gesichtspunkt bleibe[1]). Grenville begnügte sich auf diese Erklärungen zu erwidern, daß seine Aufträge auf eine offensive Verständigung gegen Frankreich lauteten; Panin verlangte zu wissen, in welchem Augenblicke Preußen etwa aus der Defensive in die Offensive überzugehen denke. Der König ließ anfangs nur im Allgemeinen antworten, daß das allein im Falle eines französischen Angriffs geschehen werde. Auf die Bitte um genauere Angaben, eine Bitte, die von Haugwitz lebhaft befürwortet wurde, verstand er sich zu der Erklärung, daß bei einem Angriff der Franzosen gegen Hannover, Hamburg, Sachsen oder Franken der Kriegsfall für Preußen eintrete. Der König, den das Drängen der Russen und Engländer überhaupt höchst ungeduldig machte, glaubte damit schon fast zu weit zu gehen: den beiden Gesandten genügte seine Erklärung noch keineswegs. Sie machten darauf aufmerksam, daß die bezeichneten Punkte noch alle in den Bereich der norddeutschen Neutralität gehörten, während Preußen doch versprochen habe, über dieselbe hinausgehen zu wollen. Nach einigen fruchtlosen Besprechungen, an denen auch ein inzwischen herbeigekommener außerordentlicher Botschafter Österreichs, Graf Dietrichstein, theilnahm, brachen sie die Verhandlungen mit der Erklärung ab, daß sie erst neue Instruktionen von ihren Regierungen abwarten müßten (April 1799).

In der That erschienen im Anfang Mai, nachdem der Krieg in Italien und Deutschland wirklich zum Ausbruch gekommen war, Grenville und Panin mit neuen Anträgen. Sie schlugen zunächst wiederum vor, daß Preußen, auf Grund seiner alten Verträge mit Holland, die Franzosen zur Räumung dieses Landes auffordern und bei einer ablehnenden Antwort Holland mit Waffengewalt befreien möge. In zweiter Linie brachten sie einen gegenseitigen Garantie-Vertrag und eine Verständigung über die wichtigsten Punkte, die bei dem zukünftigen Frieden zur Sprache kommen würden, in Anregung. Graf Haugwitz begnügte sich nicht, diese Vorschläge bei dem König mündlich zu empfehlen (4. Mai); in einer ausführlichen Denkschrift entwickelte er dem König noch einmal alle Gründe, die für Annahme derselben sprachen. Er machte wiederholt auf die Gefahren aufmerksam, von denen Preußen bedroht werde, so lange Holland in französischer Hand bleibe. Er wies auf die bedenkliche Lage hin, in die Preußen gerathe, wenn Österreich bei seinen großen Erfolgen gegen Frankreich einen vor-

1) Schreiben vom 28. Februar und 2. März.

theilhaften Separatfrieden schließe. Er bat den König dringend, das Ministerium zur Fortsetzung der Verhandlungen mit den beiden Gesandten zu bevollmächtigen [1]).

Der König zögerte eine Entscheidung zu treffen. Unter den Männern, auf deren Rath er zu hören liebte, erhoben sich doch nicht wenige Stimmen, die der Politik des Grafen Haugwitz widersprachen. Der General-Adjutant Oberst Köckritz, der ihm von allen am nächsten stand, sprach sich entschieden für Erhaltung des Friedens aus. Auch der General-Major Rüchel, der nicht gerade gegen die Theilnahme am Kriege war, hielt doch den Augenblick zum Eingreifen Preußens noch nicht für gekommen [2]). Am meisten aber fiel wohl ins Gewicht, daß auch der Geh. Kabinets-Sekretär Lombard, der den Vortrag über die auswärtigen Angelegenheiten hatte, den König in seinen friedfertigen Gesinnungen bestärkte. Lombard erkannte an, daß die Sicherheit Preußens durch das Anschwellen der französischen Macht ernstlich gefährdet sei, aber er schilderte zugleich die Gefahren, denen Preußen bei einem Kriege mit Frankreich ausgesetzt sei, in einer Weise, die auf den bedenklichen und zaghaften Sinn des Königs ihren Eindruck nicht verfehlen konnte [3]).

Als sich demnach Graf Haugwitz am 12. Mai bei Friedrich Wilhelm III. in Charlottenburg einfand, um die Antwort desselben persönlich entgegenzunehmen, erklärte ihm der König rund heraus, daß er von einem Unternehmen gegen Holland ein für allemal nichts hören wolle; dagegen genehmigte er, wie auch Lombard gerathen hatte, die Fortsetzung der Verhandlungen, um mit England und Rußland einen Garantie-Vertrag und ein Übereinkommen für den Frieden zu Stande zu bringen.

Die Minister, denen Haugwitz diese Entscheidung mittheilte, ließen sich dadurch nicht abschrecken. In einer Conferenz am 16. Mai einigten sie sich dahin, dem Könige erneute Vorstellungen zu machen; sie beschlossen dabei zugleich ein neues Moment zur Sprache zu bringen, von dem sie sich einige Wirkung auf den König versprechen durften.

In dem fünften Artikel des Friedens von Basel war vereinbart worden, daß die französischen Truppen die linksrheinischen Besitzungen des Königs von Preußen besetzt zu halten fortfahren sollten. Diese Bestimmung hatte den Anlaß zu unendlichen Auseinandersetzungen zwischen Preußen und Frankreich gegeben. Preußen behauptete, daß den Franzosen damit nur eine militärische Besetzung eingeräumt sei, und beanspruchte die bürgerliche Verwaltung selbständig in alter Weise fortzuführen. Frankreich konnte um so weniger bestreiten, daß der Artikel nur von einer rein militärischen Besetzung rede, als es gerade deshalb statt der Wendung „die französi-

1) Denkschrift vom 5. Mai 1799, S. 283.
2) Denkschrift Rüchel's, Urk. Nr. 250.
3) Denkschrift Lombard's Urk. Nr. 249.

D

schen Truppen" den Ausdruck „die französische Republik" beantragt hatte[1]. Man war damit bei den Unterhandlungen nicht durchgedrungen; nach dem Frieden suchte man sich damit auszureden, daß jener Wortlaut nur aus Rücksicht auf die öffentliche Meinung in Deutschland gewählt sei, ohne daß Frankreich dadurch verpflichtet werde. Im Einzelnen wurde den preußischen Wünschen nach einer milden Behandlung der linksrheinischen Lande zuweilen Rechnung getragen: im Ganzen hielt man an dem angeblichen Rechte fest, dieselben noch vor ihrer endgiltigen Abtretung wie das französische Gebiet selbst verwalten zu können.

Bei den Verhandlungen in Berlin, deren wir eben gedachten, machte nun der Freiherr von Alvensleben den König darauf aufmerksam, daß nach dem Bruche des Congresses von Rastatt und bei der unabsehbaren Fortdauer des Krieges Preußen seine linksrheinischen Lande nicht länger in der Gewalt der Franzosen lassen dürfe. Er stellte den Antrag, von den Franzosen nicht nur die sofortige Herausgabe dieses Gebietes, sondern auch Entschädigungen für die seit dem Frieden von Basel daselbst widerrechtlich erhobenen Einkünfte und Contributionen zu verlangen; würde Frankreich darauf nicht gutwillig eingehen, so sollte der König sich sein Recht mit den Waffen in der Hand selbst suchen[2]. Die andern Minister traten dieser Anschauung bei. In der erwähnten Conferenz vereinbarten Haugwitz, Finckenstein und Alvensleben eine gemeinsame Eingabe, in der sie dem König vorstellten, daß Preußen ein Recht habe seine Provinzen zurückzufordern, nachdem durch den Bruch des Congresses von Rastatt die eventuelle Abtretung derselben null und nichtig geworden sei. Unter keinen Umständen dürfe man sich der Möglichkeit aussetzen, daß die preußischen Gebiete links des Rheins durch die Waffen der Österreicher und Russen zurückerobert würden. Da aber ein Angriff auf das linksrheinische Land nothwendig zu einem Angriff gegen Holland führe, so wünschten sie zu neuen Verhandlungen mit Grenville und Panin und zugleich zu einer Verhandlung mit dem Direktorium wegen der linksrheinischen Besitzungen Preußens bevollmächtigt zu werden[3]. Allein auch diese Vorstellungen, so geschickt sie auf das landesväterliche Herz Friedrich Wilhelm's III. berechnet waren, blieben erfolglos. In der Alternative zwischen Neutralität und Theilnahme am Kriege entschied sich der König für die erstere, weil, wie er, oder, man darf wohl sagen, wie Lombard schreibt, die Neutralität immer noch die Theilnahme am Kriege vorbehalte, während diese die Rückkehr zu jener unmöglich mache[4].

1) Vergl. den von Merlin de Douai verfaßten Erlaß des Wohlfahrtsausschusses vom 22. März 1795 bei Sorel in der Revue historique 7, 63.

2) Denkschrift vom 12. Mai 1799. Urk. Nr. 253.

3) Der Entwurf zu dieser Eingabe an den König (18. Mai) ist von Haugwitz im Sinne größerer Entschiedenheit durchcorrigirt worden.

4) Schreiben an Alvensleben, S. 302.

Auch nach dieser Zurückweisung indessen stand Graf Haugwitz keineswegs davon ab, den König doch noch in der einen oder anderen Form zum Anschluß an die Bestrebungen der Coalition zu überreden. Auf einer Reise, die der König unmittelbar nach den eben erzählten Verhandlungen in seine westfälischen Lande unternahm, kam es in Petershagen, am 2. Juni, zwischen dem König, dem Herzog von Braunschweig, Haugwitz und Köckritz zu einer Besprechung, bei der die Gründe für einen Beitritt Preußens zu der Coalition nochmals in Erwägung gezogen wurden. Auf den Vorschlag von Haugwitz, dem sich der Herzog von Braunschweig eifrig anschloß, genehmigte der König endlich die militärische Mitwirkung Preußens zur Befreiung Hollands. Er knüpfte aber, wie seine Minister schon früher empfohlen hatten, die Bedingung daran, daß Preußen nicht eher in die Aktion einzugreifen habe, als bis die Verbündeten die bei dem Abschluß des Friedens von Campo Formio innegehabten Stellungen am Rhein und Main wieder eingenommen hätten. Als jedoch am folgenden Tage Graf Haugwitz den König um eine formelle Vollmacht ersuchte, auf Grund deren er die Verhandlungen mit Grenville und Panin führen könne, schreckte der König abermals vor der letzten, unwiderruflichen Entscheidung zurück. Er erklärte dem Grafen, er fühle zu sehr die Schwere der Verpflichtungen, die er damit auf sich nehme; er wünschte vorher mit Sachsen und Hessen sich für den Kriegsfall ins Einvernehmen zu setzen, und lud den Grafen ein[1]), ihm zu dem Landgrafen von Hessen zu folgen. Aber weder in Cassel, wo das gedankenvolle und zurückhaltende Wesen des Königs allseitig bemerkt wurde, noch auf der ferneren Reise in die fränkischen Provinzen vermochte Haugwitz von dem König einen endgiltigen Bescheid zu erlangen. Friedrich Wilhelm zeigte sich im ganzen weniger abgeneigt als bisher zur Befreiung Hollands in einem gewissen Zeitpunkte thatkräftig mitzuwirken; nur wollte er jedenfalls vorher einen Versuch machen, auf dem Wege der Unterhandlung dasselbe Ziel zu erreichen. Hauptsächlich aber widerstrebte es ihm durch irgend einen schriftlich fixirten Vertrag, in welcher Form es auch sein mochte, sich die Hände im voraus zu binden.

Bei der Rückkehr nach Berlin fand man die Weltlage einigermaßen verändert vor. Der ununterbrochene Siegeszug Suworow's in Italien, der eben Macdonald an der Trebbia geschlagen hatte, machte einerseits die Theilnahme an dem Kriege weniger bedenklich und andererseits eine Verständigung mit der siegreichen Coalition dringender. Abermals begann Haugwitz mit Grenville — Panin war nach Carlsbad gegangen — eine Unterhandlung. Man kam einander so weit nahe, daß ein Vertrag formulirt wurde, der im Wesentlichen auf den von Haugwitz in Petershagen gemachten Vorschlägen beruhte. Am 10. Juli überreichte ihn Haugwitz mit einem empfehlenden Anschreiben der Minister dem König, der sich zustimmend

1) Graf Haugwitz an Graf Finckenstein, Minden, 3. Juni.

darüber äußerte. Man eilte, Panin aus Carlsbad herbeizurufen. Allein, noch ehe derselbe in Berlin anlangte, war die Stimmung bei König Friedrich Wilhelm wieder umgeschlagen. Haugwitz hatte, auf das Andringen seiner beiden Kollegen[1]), dem König die Nothwendigkeit vorgestellt, das Ministerium mit einer schriftlichen Vollmacht für die Unterhandlung über den Vertrag zu versehen. Er hatte zugleich in einer neuen Denkschrift noch einmal — es war das letzte Mal — alle die Gründe angeführt, die sich für den Anschluß an die Coalition geltend machen ließen[2]). Der König sträubte sich lange, etwas schriftliches darüber von sich zu geben; er war nachdenklich und unruhig, ganz erfüllt von der Schwere der Verantwortlichkeit, die auf ihm lastete. Endlich wies er den Grafen schriftlich an, keinerlei bindende Verpflichtungen gegen England und Rußland zu übernehmen[3]).

Es ist möglich, daß, wie behauptet wird, abermals Lombard auf die Sinnesänderung des Königs, — wenn man von einer solchen überhaupt sprechen darf — eingewirkt habe[4]). Gewiß ist, daß Friedrich Wilhelm III. sehr zufrieden war, als daraufhin von Seiten der Verbündeten alle fernere Verhandlung mit Preußen abgebrochen wurde (24. Juli). Wenn übrigens der König auch eine thatkräftige Theilnahme an dem Kriege gegen Frankreich verweigert hatte, so verkannte er doch keineswegs, daß Preußen in dem dermaligen Augenblicke irgend etwas für Holland und die linksrheinischen Lande thun müsse. Indem er also dem Grafen Haugwitz die Weisungen gab, die den Abbruch der Verhandlungen mit Rußland und England veranlaßten, befahl er ihm gleichzeitig es dahin einzuleiten, daß sich Frankreich freiwillig zur Räumung Hollands und der linksrheinischen Lande verstehe.

Es ist Zeit, einen kurzen Blick darauf zu werfen, wie sich inzwischen die Beziehungen zu Frankreich gestaltet hatten.

Von eigentlichen Unterhandlungen war seit dem Oktober 1798 zwischen beiden Staaten kaum die Rede gewesen; die Thätigkeit der beiderseitigen Gesandten beschränkte sich im Wesentlichen darauf, das politische Verhalten des Staates, bei dem sie beglaubigt waren, aufmerksam zu beobachten. Der Abbé Sieyès konnte sich dabei nicht verhehlen, wie sehr die Abneigung gegen Frankreich in Berlin zunehme[5]); aber er kannte andererseits die friedfertige Gesinnung des Königs und seiner nächsten Umgebung zu gut, um etwa eine Wendung der preußischen Politik im kriegerischen Sinne zu be-

1) Aufzeichnungen von Alvensleben, in seinem Nachlaß.

2) Vergl. Urk. Nr. 267.

3) Erlasse vom 17. und 21. Juli. Urk. Nr. 268. 270.

4) So behauptet Schöll in der französischen Bearbeitung der Hardenberg'schen Memoiren (Manuskript des Geh. Staatsarchives). Der französische Geschäftsträger Otto nennt Zastrow als denjenigen, der die Entscheidung im Sinne des Friedens gegeben habe. (Bericht vom 27. Juli 1799.)

5) »L'excommunication pour nous est générale et la proscription de quiconque ose avoir des rapports avec nous est sûre« (6. Mai 1799).

fürchten. Er sowohl wie sein Nachfolger Otto waren immer auf das Trefflichste von allem unterrichtet, was am preußischen Hofe und im Ministerium vorging. Man wußte bis ins Einzelnste, mit welchem Eifer Graf Haugwitz den König zu kriegerischen Entschlüssen fortzureißen suchte; aber man wußte auch ebenso, daß der König sich durch nichts in seinem Systeme der Neutralität erschüttern lasse. Diese genaue Kenntniß der Lage der Dinge am Berliner Hofe, wie sie bei der französischen Regierung vorhanden war, muß man sich gegenwärtig halten, wenn man den Gang der Unterhandlung verstehen will, die das preußische Ministerium wegen der linksrheinischen Lande und Holland damals in Angriff nahm.

Am 20. Juli sprach Graf Haugwitz dem französischen Geschäftsträger den Wunsch aus, daß die Republik den Holländern ihre Unabhängigkeit zurückgeben möge; ohne das sei ein Verständniß zwischen Preußen und Frankreich unmöglich. Um Holland die Hand zu bieten und die Freiheit dieses Landes zu sichern, müsse Preußen auch auf Herausgabe seiner linksrheinischen Besitzungen bestehen[1]). In ähnlicher Weise äußerte sich der Oberst Zastrow; auch er bezeichnete als Wunsch des Königs die Herstellung eines unabhängigen Holland, durch das Preußen von Frankreich getrennt werde; auf die linksrheinischen Gebiete, so behauptete er, lege der König wenig Gewicht. Übrigens versicherte er den Geschäftsträger, daß der König nicht entfernt daran denke, die Coalition zu unterstützen.

Die Forderung Preußens gelangte nach Frankreich in einem Augenblick, wo die Siege der Verbündeten eine gewisse Nachgiebigkeit nahe zu legen schienen. Gleichwohl wies man das Verlangen Preußens mit der Bemerkung von der Hand, daß Holland sich bereits voller Unabhängigkeit erfreue. Über das linksrheinische Land vermied man es sich überhaupt zu äußern, da Graf Haugwitz eine bestimmt formulirte Forderung darüber nicht ausgesprochen hatte und das Schicksal jener Provinzen von der Entscheidung über Holland abhängig zu machen schien.

Es hatte doch einen Augenblick das Ansehen, als ob nach dieser abschlägigen Antwort Preußen sich zu energischen Entschlüssen aufraffen werde. Graf Haugwitz erklärte dem französischen Geschäftsträger, daß er nach einem derartigen Bescheide ihm nichts mehr zu sagen habe; der König werde durch den preußischen Gesandten in Paris seine Forderung wiederholen und inzwischen seine Truppen an den Rhein vorrücken lassen[2]). Das geschah in der That: von der Weser aus setzte sich eine kleine Truppenmacht langsam gegen Wesel in Bewegung, um für den Fall eines Heranrückens der Russen und Engländer, deren Landung in Holland erwartet wurde, den Rhein zu überschreiten und das preußische Gebiet zu besetzen.

Auch diese drohenden Erklärungen und Schritte aber brachten in Paris

---

1) Vergl. Urk. Nr. 271 und Bericht Otto's vom 20. Juli, S. 502.

2) Bericht von Otto, S. 507 f.

um so weniger Wirkung hervor, als die Umgebung des Königs es sich gleichzeitig angelegen sein ließ, die Tragweite derselben möglichst abzuschwächen. Man kannte den Zwiespalt, der zwischen den Anschauungen des Königs und seines Kabinets auf der einen Seite und der Politik des Ministeriums, wie sie durch Haugwitz vertreten wurde, auf der andern Seite obwaltete. Es ist überhaupt eine eigenthümliche Erscheinung, wie oft in der Geschichte des alten Preußen gerade in entscheidenden Augenblicken ein Gegensatz zwischen den Ansichten des absoluten Königs und des Ministers, der die auswärtigen Angelegenheiten leitet, zur Erscheinung kommt und auf den Gang und Charakter der preußischen Politik nachtheilig einwirkt. So war es einst in den letzten Jahren des Grafen Hertzberg gewesen; so war es jetzt im Jahre 1799 bei den Verhandlungen mit den Mächten der Coalition und besonders mit Frankreich. Die Verhandlungen waren dadurch von vornherein so gut wie aussichtslos. Wie hätte Frankreich sich zur Nachgiebigkeit gegen die von Haugwitz ausgehenden Forderungen verstehen sollen, wenn es mit aller möglichen Bestimmtheit wußte, daß der König denselben niemals thatkräftig Nachdruck verleihen werde?

So zogen sich in dem unverhüllten Gegensatz zwischen König und Minister die Unterhandlungen mit Frankreich im September und Oktober widerspruchsvoll und ergebnislos hin. Einen Augenblick — gegen Ende September — trug man sich in Frankreich mit dem Gedanken, den Forderungen Preußens wenigstens insoweit nachzugeben, als man die preußische Kammer in Cleve und damit die preußische Verwaltung wieder herstellen wollte [1]). Da aber strömten die Siegesnachrichten von allen Seiten herbei: bei Zürich hatte Massena das russische Heer zertrümmert, in Holland Brune den Engländern und Russen Niederlagen beigebracht, die zur Räumung des Landes durch die Verbündeten führten.

Die Einwirkung dieser Ereignisse auf die preußische Politik war durchschlagend: die Forderung einer Räumung der linksrheinischen Lande schränkte man ein auf das Verlangen nach Rückgabe der Verwaltung; von einer Verwendung für Holland war nicht mehr die Rede. Graf Haugwitz, der alle seine Bestrebungen hatte mißlingen sehen, zog sich wieder ganz auf das System vollständiger Neutralität zurück, wie er es von 1795 bis 1798 verfochten hatte [2]). Von aller Feindseligkeit gegen Frankreich sah er ab: bald trat ein Ereignis ein, welches ihn sogar wieder zu einer Annäherung an den eben noch befehdeten Staat veranlaßte.

1) Erlaß an Otto, 29. September 1799.

2) Vergl. Aufzeichnung des Grafen Haugwitz, 28. Oktober 1799. Urk. Nr. 291.

VI. Wiederannäherung Preußens an Frankreich. 1800.

Am 9. Oktober 1799 war Napoleon Bonaparte nach einer raschen und glücklichen Fahrt in Frejus gelandet; am 9. November bemächtigte er sich durch einen Staatsstreich der Regierung von Frankreich.

In Berlin, wo die Masse der Bevölkerung ohnehin eher zu Frankreich als zu Österreich neigte, war der Eindruck dieser Ereignisse ein ungemein günstiger. Das Volk freute sich der Rückkehr des Mannes, der die Österreicher so tüchtig geschlagen hatte, und trank auf seine Gesundheit[1]). Auch am Hofe und im Ministerium wurde der Umschwung mit einer gewissen Genugthuung aufgenommen. Man hatte schon immer und selbst bei der kriegerischen Wendung der Dinge in den letzten Monaten den Staat Frankreich von dem revolutionären Regiment, das ihn augenblicklich beherrschte, unterschieden: wenn man auch die Übergriffe des letzteren bekämpfte, so erblickte man in jenem doch nach wie vor einen natürlichen Verbündeten Preußens. Jetzt begann man zu hoffen, daß in Frankreich sich eine Regierung bilden werde, mit der sich ein freundschaftliches Einvernehmen herstellen und aufrecht erhalten lasse. Der außerordentliche Botschafter, General Duroc, durch den Napoleon die Einrichtung der Konsular-Regierung in Berlin anzeigen ließ, fand die freundlichste Aufnahme; der König drückte ihm seine Hoffnung aus, daß nun bald Friede werde, und äußerte den Wunsch, dazu mitzuwirken.

Auf französischer Seite war eine solche Neigung zu einer Annäherung vorerst nicht in gleichem Maße vorhanden. Die schwankende und widerspruchsvolle Politik, die Preußen in dem Gedränge zwischen der Coalition und Frankreich und in dem Gegensatz zwischen König und Ministerium zuletzt innegehalten, hatte in Paris einen Eindruck hervorgebracht, dessen ungünstige Nachwirkung sich lange geltend machte. Der neue Gesandte, General Beurnonville, der im Januar 1800 nach Berlin geschickt wurde, empfing den Auftrag, sich auf die aufmerksame Beobachtung der preußischen Politik, namentlich der Beziehungen zu den norddeutschen Ständen zu beschränken. Zu Anträgen in alter Weise war er nicht bevollmächtigt[2]).

Inzwischen nahm aber die Lage der Dinge in Europa eine solche Gestalt an, daß für Preußen wie für Frankreich ein besseres Verhältniß zu einander immer wünschenswerther wurde. Wenn auch Holland und die Schweiz wieder in die Hände der Franzosen gefallen waren, so behaupteten sich doch die Österreicher als Herren in Süddeutschland und Italien. Das Anwachsen ihrer Macht begann in Berlin lästig zu werden; von ihnen am allerwenigsten hatte Preußen bei den etwaigen Friedensverhandlungen Rücksicht für seine Interessen zu erwarten. Die Hauptsache aber war, daß Kaiser Paul, der die Seele des Krieges gegen Frankreich gewesen war, mit

1) Bericht Otto's, 26. Oktober 1799.

2) Vergl. Instruktion für Beurnonville, S. 514.

Österreich und bald auch mit England in Streitigkeiten gerieth, infolge deren er sich ganz von der Coalition zurückzog. Damit zerfiel die europäische Kombination, die einen Augenblick nahe daran gewesen war, auch Preußen in ihren Kreis hineinzuziehen. Preußen konnte seine alten freundschaftlichen Beziehungen zu Rußland erneuern, ohne darum seine neutrale Haltung in dem immer noch fortdauernden Kriege aufgeben zu müssen.

Eben diese Abwendung Rußlands von der Coalition und seine Annäherung an Preußen wurde nun auch für die Beziehungen zwischen Preußen und Frankreich maßgebend. In den ersten Tagen des Monat Januar 1800 sprach Talleyrand dem preußischen Gesandten in Paris den Wunsch aus, daß Preußen eine Annäherung zwischen Frankreich und Rußland vermitteln möge. Das Ministerium in Berlin, das im allgemeinen gern dazu bereit gewesen wäre, hielt doch die Lage der Dinge für ungeeignet zu einem derartigen Versuch. Allein der König dachte anders. Er meinte, daß man mit einer solchen Ansicht vielleicht gerade den geeigneten Augenblick verpasse, und befahl dem Grafen Haugwitz, die friedfertigen Gesinnungen der neuen französischen Regierung nach Petersburg zu übermitteln und von diesem Schritte in Paris Mittheilung zu machen [1]).

Die Nachricht von dieser Annäherung Preußens war in Paris um so willkommener, als die Verhandlungen, die Frankreich inzwischen mit Österreich und England unmittelbar angeknüpft hatte, keine Aussicht auf Erfolg eröffneten. Wie es deshalb drei Jahre vorher geschehen war, so drängte man jetzt wieder eifrig in Preußen, die Rolle eines bewaffneten Vermittlers zu übernehmen. Bei einem längeren Festhalten an seinem neutralen Systeme, so stellte man vor, werde Preußen sein Ansehen gefährden und alle Früchte seiner langen Ruhe verlieren. Österreich bedrohe das Gleichgewicht in Deutschland und Europa mit dem Umsturz [2]). Aber die nämlichen Momente, die früher alle derartigen Unterhandlungen scheitern gemacht hatten, traten auch diesmal wieder hindernd in den Weg. Von einer bewaffneten Vermittelung wollte man in Berlin überhaupt nichts hören; jedenfalls verlangte man vorerst nähere Angaben über die Bedingungen, unter denen sich Frankreich zu einem Frieden verstehen wolle.

Der erste Consul selbst war es, der diese Frage beantwortete. Er erklärte dem preußischen Gesandten in Paris, daß er an der Erwerbung Belgiens und des linken Rheinufers festhalte. „Nie", sagte er, „werde ich meine Unterschrift unter einen Vertrag setzen, der nicht diese beiden Bedingungen enthält." Dagegen verzichtete er bereitwillig auf alle Ansprüche, die das Direktorium auch auf Kosten des rechten Rheinufers erhoben hatte; von Kehl, Kastel, Ehrenbreitstein sollte nicht mehr die Rede sein. Von

1) Vergl. Erlasse des Königs an Haugwitz, Urk. Nr. 310. Zu Beurnonville sagte der König am 27. Januar bei einem Ball: »Je suis prêt à vous aider à faire la paix«.

2) Vergl. Erlaß an Beurnonville, 15. Februar 1800, S. 522.

Preußen aber verlangte er ein energisches Auftreten gegen Österreich; zugleich sollte es seinen Einfluß bei Rußland und Bayern geltend machen, damit sich dieselben völlig von Österreich lossagten[1]).

In Berlin fand Graf Haugwitz die Erklärungen Napoleons unvollständig und hinterlistig; sie seien ganz ungeeignet, zu irgend etwas Nützlichem zu führen[2]). Dem französischen Gesandten gegenüber erklärte er es für eine Unmöglichkeit, daß Preußen die Rheingrenze als Friedensgrundlage vorschlage. Der König selbst sagte zu Beurnonville: was können wir Österreich erwidern, wenn es seine Eroberungen behalten will, sobald ihr die eurigen nicht herausgebt? Gleichwohl ließ man den ersten Consul wiederholt der Bereitwilligkeit Preußens versichern, mit Rußland zusammen vermittelnd aufzutreten, wenn sich Frankreich nur zu gemäßigteren Friedensbedingungen bequemen wolle. Man glaubte selbst, daß eine solche Nachgiebigkeit im eigenen Interesse Frankreichs liege, da im nächsten Feldzuge die Österreicher leicht auch noch das linke Rheinufer erobern könnten[3]). Die Unterhandlung, die sich solcherweise noch eine Zeit lang fortbewegte, ohne je aus den allgemeinsten Fragen herauszukommen, hatte für Preußen zunächst nur den Einen Vortheil, daß sich Frankreich in dem Streite über die linksrheinischen Lande zu einigen Zugeständnissen herbeiließ. Beurnonville, der sich überhaupt im Ganzen fast ebenso maßvoll zeigte, wie früher Caillard, rieth ernstlich dazu, den preußischen Klagen durch Rückgabe der Civil-Verwaltung ein Ende zu machen. Auch Talleyrand wäre an sich nicht dagegen gewesen; man fürchtete jedoch, daß eine derartige Maßregel von der öffentlichen Meinung als ein Verzicht auf die Rheingrenze überhaupt aufgefaßt werden könne, und beschränkte sich deshalb darauf, den preußischen Beschwerden über Verwüstung der Forsten, Härte und Bedrückungen durch die französischen Beamten u. dergl. abzuhelfen.

In eine neue Phase trat die Verhandlung zwischen Preußen und Frankreich erst, als durch den Sieg von Marengo das Übergewicht wieder auf französische Seite übergegangen war. Am 30. Juni, auf die erste Nachricht von dieser Entscheidung, beeilte sich König Friedrich Wilhelm, dem ersten Consul seine Vermittelung, sei es für einen allgemeinen, sei es für irgend einen besonderen Frieden, abermals anzubieten. Er ließ zugleich andeuten, daß er bei seinen Bestrebungen auf die Unterstützung des Kaisers von Rußland rechnen könne[4]). In Paris herrchte nur sehr geringe Neigung, auf diesen Antrag einzugehen. Man tadelte bitter die Politik der unbedingten Neutralität und versprach sich von einer preu-

1) Bericht von Sandoz-Rollin, 5. März 1800. Urk. Nr. 325. Damit übereinstimmend ist ein Erlaß an Beurnonville, gleichfalls 5. März.

2) Vergl. die Note auf S. 371, wo statt 7. März 17. März zu lesen ist.

3) Vergl. Erlaß an Sandoz-Rollin, 1. Mai 1800. Urk. Nr. 333.

4) Note vom 30. Juni, Urk. Nr. 342.

ßischen Vermittelung keinerlei Wirkung[1]). Allein wenn man Preußen nicht mehr gegen Österreich brauchte, dessen Widerstand durch die Niederlage von Marengo gebrochen schien und das eben in Paris über den Frieden unterhandelte, so konnte Preußen doch den Weg zur Verständigung mit Rußland bahnen, dessen Frankreich gegen England bedurfte. Indem man also für das Anerbieten der preußischen Vermittelung dankte, ohne durch ein näheres Eingehen dem Antrage Folge zu geben, forderte man Preußen dringend auf, sich für die Aussöhnung zwischen Frankreich und Rußland zu verwenden[2]). Eben das war es, was auch den Gesinnungen des Königs von Preußen am meisten entsprach: es lag ihm daran, sein politisches System auf die freundschaftlichsten Beziehungen zu den miteinander ausgesöhnten großen Nachbarstaaten zu begründen[3]). Auf seine Anregung und anfangs auch unter seiner Vermittelung, kam es im Herbst 1800 zwischen Rußland und Frankreich zu Verhandlungen, die für die allgemeinen Verhältnisse Europas ebenso wie für die besonderen Beziehungen Preußens zu Frankreich eine neue Epoche einleiteten.

1) Talleyrand an Beurnonville, 16. Juni 1800: »Je ne pense pas que si le rien-faire est un système en politique, il ait jamais été poussé plus loin que par M. de Haugwitz.«

2) Talleyrand an Sandoz-Rollin, 7. August 1800; Urk. Nr. 349.

3) Beurnonville hörte von Struensee, »que le Roi désirait de bonne foi que la Prusse, la France et la Russie se tinssent par la main.« (Bericht vom 1. Juli.)

1795.

1. Bericht Hardenberg's.[1]) Basel 1795 April 10.

Rheingrenze. Freude im Elsaß über den Friedensschluß.

. . . [Nicht chiffrirt] Il me paraît de plus en plus probable que les 1795
Français renonceront finalement à la rive gauche du Rhin, à moins que April 10.
des événements heureux et brillants ne remontent l'exaltation des têtes. La publication de la paix a fait une grande sensation et causé beaucoup de joie en Alsace . . .

2. Erlaß an Hardenberg. Berlin 1795 April 20.

Concept vom Geh. Legationsrath Le Coq; gez. Finckenstein, Alvensleben, Haugwitz.

Rheingrenze.

. . . Si le besoin de la paix et les dispositions modérées qui paraissent April 20.
prévaloir en France, engageaient cette puissance à renoncer à la rive gauche du Rhin, la paix avec l'Empire ne serait pas éloignée, et je me trouverais hors de tout embarras à l'égard de mes provinces d'outre-Rhin. Je désire donc beaucoup que vos espérances sur ce point essentiel, qui me paraissent s'accorder avec les nouvelles publiques, se confirment par l'événement . . .

3. Bericht Hardenberg's. Basel 1795 April 20.

Die Anknüpfung von Friedensunterhandlungen für einzelne Reichsstände ist möglichst zu beschleunigen. Grundlage dafür: Rückgabe des linken Rheinufers.

. . . [Nicht chiffrirt] Il me paraît qu'on ne peut assez se presser d'en- April 20.
tamer les négociations pour les états de l'Empire en vertu des articles 7 et 11 du traité et du 3e art. séparé, et de faire une déclaration à la Diète pour empêcher que la cour de Vienne ne prévienne V. M., soit par des négociations qui peut-être avancent dans le plus grand secret par le canal du comte Carletti, soit par des opérations militaires en passant le Rhin.

---

1) Die Berichte Hardenberg's und Harnier's nach den an König und Ministerium geschickten Originalen.

1795 April 20. Celles-ci pourraient, vu l'état de la France et de ses armées, tourner à l'avantage de l'Autriche et lui faire reconquérir les pays au delà de ce fleuve. S'il m'est permis de soumettre encore mon opinion aux hautes lumières de V. M., je crois que ces négociations devraient avoir pour base la restitution de la rive gauche et le statu quo avant la guerre, d'autant plus que cela me paraît plus conforme aux vrais intérêts de V. M. et même de la France, que tout ce qui pourrait résulter du bouleversement de la constitution germanique, inévitable du moins à un certain point, supposé que la rive gauche restât à la France, et des risques, complications et incertitudes que cela entraînerait. Je crois qu'un grand parti en France envisage la chose sous ce point de vue, et le sentiment particulier du sieur Barthélemy est bien le même. La France acquerrait une influence très prépondérante en Allemagne; elle la donnerait entièrement à V. M., si elle se pressait de consentir par votre médiation, Sire, à l'intégrité de l'Empire . . .

Le Comité, dans une dépêche du 11 avril au sieur Barthélemy, vient encore de renouveler le raisonnement: qu'il serait de l'intérêt de V. M. de ne regarder, comme lui, le traité qui vient d'être conclu que comme le préliminaire d'un autre beaucoup plus important, et qu'il ne tiendrait qu'à vous, Sire, en concourant aux vues du Comité, de vous élever à un point de grandeur et de stabilité qu'il vous importait infiniment d'atteindre, et d'exercer, conjointement avec la République française, la plus utile influence sur le sort de l'Europe entière. J'ai répondu à ces ouvertures réitérées d'après les instructions et les hautes intentions de V. M. . . .

Vgl. Sybel, Gesch. der Rev.-Zeit, Bd. 3, vierte Aufl. S. 376.

4. Erlaß des Comité de salut public an Barthélemy. Paris 3. Floreal III.

Abschrift, am 15. Mai von Hardenberg nach Berlin geschickt.

Heilsame Folgen einer innigen Verbindung zwischen Frankreich und Preußen.

April 22. . . . Nous ne voyons pas sur quel fondement M. de Hardenberg, tout en convenant de l'intérêt pressant qu'a la Prusse de se serrer à nous, peut penser qu'il serait nécessaire avant tout que la paix fût rétablie dans le continent. Ne serait-ce pas plutôt pour rétablir, disons mieux, pour commander la paix dans le continent, que le gouvernement prussien devrait s'entendre avec le gouvernement français? Leur union dans les circonstances actuelles aurait une force irrésistible, procurerait satisfaction aux états de l'Empire, surtout aux princes laïcs, et en mettant à sa place l'ambitieuse maison d'Autriche, la réduirait à l'impuissance de troubler dorénavant le repos de l'Europe . . .

5. Erlaß an Hardenberg. Berlin 1795 April 27.

Concept von Le Coq; gez. Finckenstein. Alvensleben. Haugwitz.

Die Friedensunterhandlungen für einzelne Reichsstände. Die Frage der Rheingrenze. Die Allianzanträge Frankreichs.

. . . Il n'est pas douteux que nombre d'états s'empresseront de faire 1795
entamer à Bâle des négociations particulières avec la France, pour pro- April 27.
fiter de l'intervention dont vous êtes chargé. Mais à l'égard de ceux de la rive gauche du Rhin, je ne vois pas, en tant qu'il sera question de leurs possessions sur cette rive, qu'il y ait d'autre parti à prendre dans ces négociations partielles et particulières, que de renvoyer cette question comme je l'ai fait moi-même à la pacification avec l'Empire en corps; sauf pourtant à y soutenir toujours, autant que faire se pourra, la thèse de la restitution de cette partie de l'Allemagne. Vous jugerez sans peine combien je serais charmé que cette pacification avec l'Empire pût avoir lieu sur le principe du *statu quo avant la guerre*, en y ajoutant tout au plus quelques modifications que la France peut-être exigera. Si, par le concours des circonstances et les bonnes dispositions du sieur Barthélemy, vous voyiez jour à obtenir ce principe pour base de la paix, il importerait de saisir le moment, en annonçant avec assurance ma persuasion intime de la prompte conlusion de cet ouvrage salutaire sur un pareil fondement et en y promettant ma coopération la plus prompte et la plus efficace [1]) . . .

Je suis bien aise que vous ayez répondu, comme vous l'avez fait, aux ouvertures réitérées du plénipotentiaire français, concernant des liaisons plus étroites à contracter entre moi et la France, et vous aurez soin d'écarter toute proposition pareille, comme ne pouvant avoir lieu avant l'époque de la pacification générale. Toutefois il sera nécessaire, dans les circonstances compliquées où nous nous trouvons, de ne pas en faire perdre entièrement l'espérance aux Français pour l'avenir, et j'abandonne à vos lumières de vous expliquer à ce sujet d'une manière conforme à la bonne intelligence rétablie entre les deux puissances et qui ne paraisse qu'éloigner et suspendre les relations dont il s'agit jusque vers l'époque susdite, sans en rejeter absolument l'idée pour la suite . . .

6. Note Hardenberg's an Barthélemy. Basel 1795 Mai 14.

Abschrift, am 15. Mai von Hardenberg nach Berlin geschickt.

Gründe für den Verzicht auf die Rheingrenze.

. . . Il paraît en effet qu'une saine politique devrait éloigner en- Mai 14.
tièrement l'idée de vouloir conserver les pays de l'Empire sur cette rive

1) In dem Erlasse vom 3. Mai wurde Hardenberg noch bestimmter aufgefordert, den Verzicht der Franzosen auf die Rheingrenze als das wichtigste Ziel seiner Unterhandlung zu betrachten.

1*

1795 gauche, et que même la République française devrait ne pas tarder à se
Mai 14. prononcer sur cette question. Il n'est pas besoin d'appuyer sur les principes de modération et de générosité propres à ce concilier l'admiration et la confiance des nations d'après lesquels la France a déclaré à la face de l'univers qu'elle ne voulait point de conquêtes; son propre intérêt semble l'inviter particulièrement à renoncer à celles-ci. Le moyen le plus sûr et le plus prompt de parvenir à une pacification pour tout l'Empire germanique qui amènerait bientôt une paix générale appelée à grands cris par le peuple français comme par tout autre, à ce bienfait dont tous sentent le besoin le plus pressant, d'effectuer le rétablissement du commerce, et la facilité de faire succéder l'abondance au défaut des subsistances, d'assurer la conservation de la constitution germanique, la confiance et l'attachement des états pour la France qu'ils regarderont désormais comme leur bienfaitrice et leur appui et pour la Prusse dont elle assure vouloir augmenter l'influence, d'obtenir l'affermissement même de son gouvernement actuel, et enfin l'avantage d'avoir étouffé d'avance un germe infaillible de guerres futures, voilà ce que la France gagnerait indubitablement en abandonnant un système plus digne d'un conquérant ambitieux que d'une République fondée sur la justice et les droits de l'homme. Quel vrai profit capable de contrebalancer les maux auxquels elle s'exposerait en voulant conserver ces conquêtes, en retirerait-elle au contraire? Les Français en seront-ils plus heureux, plus sûrs de jouir d'un paisible repos, des fruits de leur sol et de leur industrie? Il serait sans doute très superflu de prouver que la France n'a pas besoin d'étendre ses frontières pour sa sûreté. Voudra-t-elle verser, malgré toutes ces considérations, le sang de ses citoyens uniquement pour la gloire d'avoir ajouté à l'étendue de son grand et superbe domaine, le voudra-t-elle en s'exposant aux événements incertains d'une guerre trop longtemps prolongée, en exposant l'Allemagne aux suites incalculables du bouleversement total de sa constitution, inévitable dès que les pays de la rive gauche se verraient enlevés de cet édifice compliqué, en mettant en jeu l'intérêt que presque tous les États de l'Europe prendront plus ou moins à un démembrement de cette nature, en s'occupant d'indemnités incertaines toutes encore à conquérir et à maintenir pour ceux des princes possessionnés sur la rive gauche du Rhin qu'elle veut favoriser et regarde comme ses amis?[1] . . .

---

1) Haugwitz lobte diese Note sehr; er fand darin »un langage mâle et une force de vérité qui ne saurait manquer de produire le plus grand effet«. (An Hardenberg, 25. Mai.)

7. Bericht Hardenberg's. Berlin 1795 Juni 6.

Verhalten Frankreichs bei den Friedensunterhandlungen mit einzelnen Reichsständen.

Die Weigerung der Franzosen, in dem Vertrage mit Hessen die preußische Vermittlung zu erwähnen, ist durch die Vorstellungen Hardenberg's und des hessischen Ministers Waitz beseitigt. . . . Nous avons cru voir, dans la répugnance des négociateurs français d'attmettre la mention expresse des bons offices de V. M., soit des ménagements pour la cour de Vienne, soit peut-être une suite du plan de détacher partiellement les états d'Empire des liaisons avec son chef et de les attacher plutôt, avec la Prusse, au gouvernement français qu'à la Prusse même. Ces dernières vues paraissent celles du Comité de salut public, qui désire sans doute plutôt des paix particulières avec les princes prépondérants de l'Empire, une scission en Allemagne et le bouleversement de la constitution germanique, qu'une pacification générale avec tout le Corps . . . 1795 Juni 6.

8. Bericht des Legations-Secretär Harnier. Basel 1795 Juni 8.

Eröffnungen der französischen Bevollmächtigten über die territorialen Bedingungen für einen Frieden mit Deutschland.

[Nicht chiffrirt] Je crois de mon devoir de rendre très respectueusement compte à V. M. de plusieurs données et raisonnements qui m'ont été confidentiellement manifestés par les négociateurs français, relativement à la voie qui semble devoir être ouverte incessamment à une négociation directe pour la pacification définitive avec l'Empire, ainsi qu'aux bases sur lesquelles elle pourra être assise. Juni 8.

Le principe du statu quo avant la guerre se trouve être mis en avant et étayé des raisons solides et concluantes dont il est susceptible par S. E. M. le ministre d'état baron de Hardenberg. Soit que le sieur Barthélemy ait déjà des instructions précises sur cet objet (dont cependant il m'a témoigné le contraire), soit qu'au delà de son opinion particulière suffisamment prononcée contre l'idée primitive de l'extension des limites de la France jusqu'au Rhin, le plénipotentiaire soit indirectement informé des principes moderés de la majorité des membres du gouvernement, c'est du moins cette tournure que le sieur Barthélemy a jugé à propos de donner aux pourparlers dont les points suivants contiennent le résumé. Il m'a fait comprendre: 1° que le gouvernement français paraissait décidément disposé à laisser tomber l'idée, quelque crédit qu'elle ait antérieurement acquis dans l'opinion publique, de la limite stricte du Rhin; 2° que cette même opinion et le vœu général suffisamment exprimé de la nation, sans compter les considérations majeures fondées dans les

1795 Juni 8. sacrifices faits et dans le droit et le devoir de faire servir à les compenser une partie des avantages que le sort des armes avait mis dans le pouvoir de la République, ne permettrait jamais à son gouvernement d'accueillir une proposition strictement bornée à demander le statu quo avant la guerre; on a ajouté que le Comité serait dans le cas de ne pas pouvoir même délibérer sur une proposition pareille; qu'ainsi 3° en consultant et les intérêts et l'honneur de la nation, le Comité croyait pouvoir s'attendre qu'une proposition quelconque propre à ouvrir la voie à la pacification générale, fût conçue de manière à l'inviter pour ainsi dire explicitement de se prononcer sur les modifications sous lesquelles la France pourrait s'entendre à restituer en partie et même en majeure partie ses conquêtes sur la rive gauche du Rhin; restitution dont l'Empire devrait surtout être redevable aux bons offices de V. M. et au désir sincère de la République à les accueillir avec toute la condescendance possible; en conséquence de quoi 4° une proposition ainsi formée et faite par V. M. au nom de l'Empire, lequel ne pourrait lui-même se faire illusion au point de prétendre à ravoir gratuitement tout ce que le sort de la guerre lui a fait perdre et ce que la France avait légitimement acquis par droit de conquête et au prix de tant de sang et de tant de sacrifices, offrait le moyen terme le plus convenable pour entamer, et avec espoir réciproque de succès, la négociation directe et définitive pour la pacification avec le Corps germanique.

J'ai tâché de provoquer à propos quelques explications plus précises sur le plan peut-être déjà formé, à ce que ces développements semblaient indiquer, par rapport à la partie des conquêtes sur la rive gauche du Rhin, qu'on se proposait soit de rendre, soit d'exclure de la restitution. En me répétant que si on me parlait sur ces objets, ce n'était sous aucune autorisation ni d'une manière authentique et positive, mais simplement par confiance, sur des données préalablement connues et dans la vue sincère de frayer la voie au but, on est entré dans les détails suivants, savoir 5° que, d'après les vues actuelles du Comité, la partie des trois électorats de Mayence, de Trêves et de Cologne située sur ladite rive, pourrait être rendue dans toute son intégrité; 6° qu'on était également disposé à se dessaisir en général du reste des pays d'Empire conquis sur la rive gauche du Rhin qui ne se trouveraient pas compris dans les exceptions suivantes; 7° cette partie de ses conquêtes sur l'Empire germanique que le gouvernement français compte réunir dans tous les cas au territoire de la République serait: a, la partie de l'évêché de Bâle sur la rive en question, comprenant le pays de Porentrui etc.; b, les morceaux enclavés dans l'Alsace et quelques arrondissements de l'ancienne frontière de France du côté de Landau; c, le comté de Mont-

beillard; d, la principauté de Saarbrücken; e, l'évêché de Liége etc.; 1795
de même que probablement f, la ville d'Empire Aix-la-Chapelle. Juni 8.

A ma question hasardée [de savoir] ce que, en suivant cette ligne, on réserverait aux Pays-Bas autrichiens? la réponse fut, qu'ils n'étaient point comptés dans la catégorie des objets à régler avec l'Empire, mais qu'il en serait question dans la pacification particulière avec l'Autriche et surtout avec l'Angleterre etc. Enfin on observa que quoiqu'au fond il ne pût pas s'agir d'indemnisations proprement dites pour ceux que le hasard de leur position géographique exclurait du bénéfice d'une restitution entièrement gratuite, 8° le gouvernement français serait néanmoins disposé à en faire avoir, autant que les circonstances pourraient s'y prêter, aux princes et états protestants plus particulièrement attachés à V. M. dont les possessions tomberaient dans la ligne de l'exclusion; que sans parler du Hanovre et sans vouloir mettre sur le tapis l'à-propos, en soi sans doute épineux, de sécularisations, on reconnaissait qu'il y avait des états ecclésiastiques dont l'existence comme tels survivrait difficilement à cet arrangement général. On cita à cette occasion vaguement l'évêché de Spire etc.

Loin de m'avanturer dans aucune espèce de discussion sur ces ouvertures, je me suis borné à y prêter une attention assez complaisante, pour les encourager plutôt que de les repousser. Ce sont les sieurs Barthélemy, Bacher et le secrétaire de confiance du premier, Maraudet, qui m'ont successivement et dans des entretiens séparés parlé sur cette matière. Les deux premiers cependant, en se bornant aux observations générales et en se référant pour ainsi dire au dernier, dont je tiens les détails sur les conquêtes qu'on entend s'approprier. Mais je me suis fait répéter l'aveu qu'il me parlait du su et de la part de son chef. Le bon esprit des négociateurs français a dû leur faire pressentir qu'un plan d'agrandissement pareil ne saurait être analogue à l'attente de V. M., quelque persuadés qu'eux-mêmes sont ou professent d'être de sa justice et même de sa nécessité pour les intérêts de leur État, et en même temps de sa non-opposition à ceux de la Prusse. Je dois ajouter, pour compléter ce récit, que le point de vue sur lequel ils se sont appliqués à diriger constamment les pourparlers et qu'ils en ont même fait valoir comme le principal et unique motif de leur part, c'est la crainte que la cour de Vienne, qui moyennant la Bavière a déjà offert son assentiment à la limite du Rhin, pendant qu'elle travaille assidûment à brouiller, par des démonstrations feintes et par des bruits contradictoires, les cartes en Empire, ne gagnât quelque chance favorable en faveur de son plan astucieux de s'emparer de la négociation pour l'Empire, si, à la suite d'une première proposition inadmissible, elle se trouvait paralysée

1795 Juni 8. peut-être du premier abord. Alors elle mettrait sans doute tout en œuvre pour pousser ses arrangements particuliers (dont toutefois, selon les principes de la saine majorité du gouvernement français, l'idée de l'acquisition de la Bavière resterait invariablement exclue), aux dépens du reste de l'Allemagne, dont elle aurait soin de s'attacher plus intimement au moins les électeurs ecclésiastiques, et par eux tout le corps des Catholiques, et pour usurper, tout en se déchargeant sur la Prusse des reproches des sacrifices inséparables de la paix de l'Empire avec la France, le mérite dû uniquement à V. M. et le rôle aussi bienfaisant que glorieux dans lequel, selon le vœu du gouvernement français, V. M. est appelée à présider à une pacification dont dépendra peut-être le repos et le bien-être de toute l'Allemagne, et qui en même temps, loin de tourner au profit de l'Autriche et de servir ses plans, devait aboutir à la mettre finalement à sa place . . .

Vergl. Sybel 3^4, 417; Häusser 2, 20.

9. Denkschrift des Barons Alvensleben.[1] Berlin 1795 Juni 28..

Eigenhändig, gez. Alvensleben.

Politik Preußens nach dem Reichsconclusum. Vorzüge einer passiven Haltung bei der etwaigen Anknüpfung von Friedensunterhandlungen für das Reich, wenn die Vermittlung Preußens nicht ausdrücklich verlangt wird. Für den letzteren Fall, Vorschläge zu Modifikationen des status quo ante, den Frankreich nie annehmen wird.

Juni 28. Les rapports entrés hier de Ratisbonne d'abord constatent que le Reichsgutachten ne saurait être que fort tardif; que probablement la majorité, au moins dans le collége électoral, exclura la médiation, intervention et bons offices du Roi, ou au moins pèsera les termes de manière qu'il restreindra entièrement l'influence du Roi; qu'enfin les mieux intentionnés commencent à avoir peur et à vaciller, et que, pour y mettre le comble, le décret de Vienne qu'on attendra longtemps, sera tel qu'il détruira ou atténuera encore ce qu'on aura bien voulu attribuer par ce Reichsgutachten à S. M.

En partant de ces données, je crois qu'on peut poser en fait que l'intervention légale et générale pour la pacification de l'Empire ne sera point attribuée au Roi, et qu'il s'agit de fixer la manière d'agir de notre cour sous le point de vue de cette première supposition, tandis que je me réserve de donner mon opinion sur les deux autres chances possibles

---

1) Diese Denkschrift, die namentlich Finckenstein's Beifall hatte, wurde besonders in ihrem letzten Theile einer ministeriellen Berathung vom 29. Juni zu Grunde gelegt, aus der dann der Erlaß vom 3. Juli an Hardenberg hervorging. Vergl. Ranke, Denkwürdigkeiten des Staatskanzlers Fürsten von Hardenberg, 5, 105.

qui se présentent également, savoir l'intervention du Roi pour chaque état de l'Empire en particulier en tant qu'il s'adressera à S. M. dans le terme prescrit, et celle qui pourrait avoir lieu si, contre l'attente présente, la Diète dans son Reichsgutachten appuie sur une intervention réelle du Roi et que l'Empereur fût obligé d'y consentir. 1795 Juni 28.

1° Pour en revenir à la première supposition, qui, au moins pour le moment, paraît la plus probable, savoir que par le Reichsgutachten le Roi soit mis directement ou indirectement hors de toute relation relativement à la paix, (car s'accrocher à des phrases duplicites, comme quelques princes dévoués à notre parti paraissent le désirer, serait, selon moi, contre la dignité de S. M.), je suis d'avis que les instructions du ministre plénipotentiaire du Roi à Bâle doivent être dirigées sur le principe de se tenir entièrement passif, ce qui d'ailleurs est aussi conforme aux déclarations antérieures du comte Goertz. A prendre la chose en vrai, et si on ne veut pas s'arrêter à la gloriole d'être médiateur, c'est même peut-être le parti le plus avantageux pour S. M.; car 1° personne ne pourra lui disputer le mérite d'avoir par sa paix ouvert la voie à la négociation, 2° d'avoir non seulement annoncé les intentions les plus favorables pour l'Allemagne, mais même de les avoir réalisées par le fait en sauvant le Nord de l'Allemagne; ainsi que tout ce qui est avantageux tombe sur notre compte, tandis que le disgracieux de cette négociation, qui ne pourra se développer que par la discussion des détails, tombera sur l'Empereur, qui s'est érigé malgré l'Empire en médiateur unique; car d'abord ce serait se faire illusion que 3° cette paix puisse être glorieuse pour l'Allemagne, au contraire elle sera toujours dérogatoire à ses titres réels, mais plus encore aux chimères de chaque état individuel de l'Allemagne, et à qui le blâme alors? à l'Empereur. 4° S'il est impossible plus ou moins de séparer entièrement les négociations sur la possession des Pays-Bas de celles de l'Allemagne, elles s'enchevêtreront tellement, que je n'en vois pas trop l'issue, et si une partie des Pays-Bas est conservée aux dépens de quelque autre possession allemande, ce sera un tort de plus à la charge de la maison d'Autriche. 5° Enfin la possibilité que l'Angleterre, vis-à-vis de laquelle l'Autriche sera forcée de porter la parole, en contradiction avec l'alliance tout nouvellement contractée, s'oppose à la pacification ne pouvant convenir du sort des Pays-Bas et des autres intérêts entre ces deux pays rivaux, et que la guerre continue avec tous les désavantages probables, les cris contre l'Empereur deviendront si violents, qu'il serait très possible que l'Allemagne, sans s'embarrasser de la constitution, pût par le danger déférer au Roi la médiation par un accord général et unanime. 6° Le Roi évite par cette marche toute question délicate sur le sort de la Hollande, puisque l'ayant exclu de la

1795 Juni 28. médiation de l'Empire et que le sort de la Hollande sera plus ou moins dépendant de cette pacification, il ne saurait également y intervenir, et le rôle de S. E. M. de Hardenberg se réduirait 7° en dernière analyse à veiller 1° que les provinces d'outre-Rhin nous fussent rendues, et que 2° si l'Empereur et l'Empire consentaient par la pacification à la cession de la gauche du bas Rhin (dont l'odieux tomberait entièrement sur le chef de l'Empire), le Roi fût indemnisé complètement par des provinces de ce côté du Rhin, dédommagement dont l'odieux, s'il était réalisé par des sécularisations, tomberait encore sur l'Empereur, 3° que la Bavière ne tombe pas dans les mains de l'Autriche, et 4° que l'Autriche ne contracte aucune liaison avec la France, mais au contraire [il faut] tâcher d'entretenir la haine entre ces deux nations, ce qui pourra être extrêmement facilité par les questions désagréables auxquelles une négociation si épineuse prêtera journellement. 8° Enfin tous les princes allemands comparant leurs idées chimériques avec les conditions qu'ils auraient vraiement obtenues, décidément croiraient que sous la médiation du Roi ils en auraient eu de meilleures, ce qui ne laisserait pas d'augmenter encore indirectement le crédit du Roi en Empire.

2° En même temps, S. E. M. de Hardenberg pourra être autorisé à remplir la seconde chance, qui n'est pas exclue par la première, mais qui au contraire peut aller de pair avec elle, savoir celle de s'intéresser pour les princes d'Allemagne qui s'adresseront ou se sont adressés au Roi dans le terme prescrit, lequel, si je ne me trompe, expire à la mi-juillet.

3° La troisième chance qui est celle où le Reichsgutachten et le décret de l'Empereur autorisent le Roi, également comme le chef de l'Empire, à intervenir pour le corps de l'Allemagne, prêterait, selon moi, à l'instruction suivante pour S. E. M. de Hardenberg, que, sur la demande faite en dernier lieu par le Comité de salut public de donner un plan de pacification qui embrasse aussi l'Autriche, il aurait à répondre verbalement à M. Barthélemy, qu'à moins de vouloir perdre confiance et influence en Allemagne, on ne saurait annoncer par écrit pour base de pacification d'autre principe que le statu quo, et S. E. M. de Hardenberg serait autorisé à y joindre une note conçue simplement dans ce sens, tandis qu'il y ajouterait de bouche qu'on sentait que telles ou telles modifications devraient y être apportées pour assurer les frontières de la France, et qu'on ne serait pas contraire à les appuyer et à y intervenir, pourvu qu'elles puissent se réduire aux points suivants, et qu'elles fussent mises en avant par la France: 1° que le pays de Nassau-Saarbrücken fût cédé à la France, et le prince indemnisé par des sécularisations en Souabe; 2° que Montbeillard fût cédé à la France, et que les possessions de l'évêché de Strasbourg à la droite du Rhin fussent cédées en retour à la maison de Wurtemberg en tant qu'elles suffiraient, sauf à égaliser les lots encore par quelques sécularisations; 3⁰ que pour arrondir le pays de Landau, le Palatinat et une partie de Deux-Ponts entre la Lauter et la Queich serait cédé à la France également, et qu'en retour l'évêché de Spire serait sécularisé et cédé respectivement à l'Électeur Palatin et au duc de Deux-Ponts; 4⁰ que la possession des Pays-Bas et le sort de la Hollande tenant à l'issue de la guerre avec l'Angleterre qui n'avait rien de commun avec cette pacification, on se bornait simplement à mettre en avant l'idée que peut-être l'Empereur se déciderait à ne plus former, lui, de prétentions sur le pays d'outre-Meuse sans déroger à celles d'autrui, si on lui rendait les provinces de la gauche de la Meuse et qu'également on lui donnât en échange la partie de l'évêché de Liége et l'abbaye Stabló du côté gauche de la Meuse, y joint la ville impériale d'Aix-la-Chapelle, l'archevêché de Salzbourg et l'abbaye de Berchtesgaden, bien entendu que tous les pays ecclésiastiques soient sécularisés avant; 5⁰ que les Français, comme il apert par cet article, rendent tous les pays non compris dans les cessions exprimées individuellement; 6⁰ que S. M. soit indemnisée de la perte et du sacrifice qu'elle a été obligée de faire de ses provinces d'outre-Rhin durant la pacification de l'Allemagne simplement arrêtée par les lenteurs de l'Empire et par les entraves que l'Empereur a mises à la pacification, et également indemnisée des prétentions à la caisse de l'Empire par les pays et territoires subséquents, en tant qu'il sera possible d'en obtenir la cession et respectivement la sécularisation: l'abbaye de Werden, la ville de Dortmund, la ville de Nuremberg et son territoire, l'abbaye d'Essen; 7⁰ qu'on arrête par un des articles de la paix que tous les évêques, chanoines et bénéficiers des pays sécularisés seraient indemnisés par des pensions vie durant à donner par les propriétaires des nouvelles acquisitions; 8⁰ que sans vouloir pressentir sur le sort de la Hollande, et encore plus particulièrement de la maison stathoudérienne, pourtant stipulation serait arrêtée que la France l'indemnisât de manière ou d'autre à la pacification générale; 9⁰ que S. E. M. de Hardenberg, à l'occasion de la pacification germanique, tâche d'obtenir de la cour de Vienne le jus de non appellando pour les principautés d'Anspach et de Baireuth; 10⁰ enfin que l'article de la paix de Ryswyk relatif aux Protestants soit arrangé à la satisfaction des derniers. 1795 Juni 28.

10. Denkschrift des Grafen Haugwitz.

Mundum, gez. Haugwitz; ohne Datum.

Gründe für Wiederherstellung des status quo vor dem Kriege, vorbehaltlich einiger Modifikationen zu Gunsten Frankreichs.

... La seule base qui admettrait la perspective d'une paix solide et [Ende Juni].
durable serait le statu quo ante bellum. L'Empire, en passant l'éponge

1795 [Ende Juni.] sur les tracasseries amenées par les infractions des droits de différents princes en Alsace, doit s'estimer trop heureux s'il peut se tirer de cette guerre sans de plus grands sacrifices. Peut-on cependant se flatter que les Français souffriront aisément qu'on leur propose un statu quo ante bellum strict et sans toute exception? Ne seraient-ils pas choqués d'une telle proposition de notre part, et ne faudrait-il pas tâcher de l'adoucir en leur marquant un intérêt vif et sincère de rapprocher autant que possible les convenances des puissances en guerre contre elle, avec le soin d'assurer à la France même le repos qui lui est si nécessaire pour son propre salut, en renforçant ses frontières de tous les points de défense qui ont pu manquer encore à ses anciennes frontières? Il faudrait donc, à mon avis, mettre en œuvre tout l'art de la persuasion pour convaincre les Français que toute extension qui surpasse la solidité complète de leurs anciennes limites, multiplie pour eux les embarras de se donner un gouvernement solide, augmente les points d'attaque de la France, paralyse ses forces dans l'intérieur, et sera, quand même les puissances en guerre avec elles fussent forcées maintenant à souscrire à un tel arrangement, un germe de discorde et de guerre future. Ce n'est pas que les bonnes têtes en France ne soient déjà convaincues d'une partie de ces vérités; mais pour se maintenir dans l'opinion, ceux qui y gouvernent actuellement ont besoin de s'étayer de l'opinion publique, et ils sont perdus si elle leur prête l'idée de sacrifier aux besoins de la paix la gloire de la nation. Si on parvient à présenter à la France une base de pacification générale qui flatte son amour-propre, intéresse la générosité nationale, la tranquillise sur sa sûreté future, et fasse paraître le gouvernement actuel sous un jour favorable, on peut espérer peut-être de les voir plus coulants sur les restitutions qu'ils ont à faire à la maison d'Autriche, à l'Empire et à la Sardaigne . . .

11. Bericht Hardenberg's. Basel 1795 August 13.[1])

Verzögerung der Unterhandlungen über einen Reichsfrieden. Beabsichtigte Unterhandlungen einzelner Reichsstände. Verhalten Preußens dabei.

Aug. 13. . . . [Nicht chiffrirt] La paix sur le continent et surtout avec l'Empire est sans doute un des vœux les plus prononcés en France. L'on sent très bien cependant que sans avoir la paix avec l'Autriche, on ne tirera guère d'avantage de celle avec l'Empire; que celle-ci sera même très difficile à obtenir, à moins que l'Empereur n'y concoure sincèrement; que, dans le cas contraire, il n'y aurait d'autre mesure à prendre que de recourir à des paix partielles avec ceux des états de l'Empire avec lesquels on a intérêt

1) In der Nacht vom 23. zum 24. Juli war Hardenberg wieder in Basel angekommen.

de s'arranger. Le système que la cour de Vienne, guidée par l'Angleterre, suit visiblement: de traîner l'affaire de la pacification de l'Empire, éloigne l'idée de l'armistice, qu'on croit d'autant moins acceptable, que le cabinet autrichien y trouverait toutes les facilités de poursuivre ce système, pendant que la France se verrait forcée de ne pas moins entretenir ses armées à grands frais. Le conclusum de la Diète ayant entièrement remis à l'Empereur le soin de faire au nom de l'Empire les ouvertures pour les négociations et de choisir tel endroit pour le congrès qu'il jugera à propos, en recommendant toutefois Francfort sur le Mein, le gouvernement français croit ne pouvoir rien faire avant de voir les négociations véritablement entamées par le chef de l'Empire; il ne croit pas même pouvoir se prononcer sur le lieu du congrès, et si, d'un côté, il continue de manifester la plus grande attention à l'intervention et aux bons offices de V. M., s'il déclare vouloir les accueillir durant les négociations, tant pour l'Empire en général que pour ses membres en particulier, il prétend de l'autre, non sans raison, qu'avant toute chose l'Empire entame ces négociations, et du reste il ne faut pas se dissimuler qu'on cherche à ménager la cour de Vienne. Je ne serais pas du tout étonné qu'on négociât secrètement avec elle, et que tout d'un coup il parût un arrangement tout fait entre l'Autriche et la France, auquel, pour la forme, on ferait succéder la paix de l'Empire . . .

1795 Aug. 13.

Rüstungen der Franzosen, um den Rhein zu überschreiten.

. . . Les appréhensions que le refus de l'armistice et les préparatifs des Français font naître chez les états de l'Empire, combinées avec la lenteur extrême des délibérations de la Diète de Ratisbonne, plus encore celle que la cour de Vienne met dans l'affaire de la pacification, vont sans doute motiver de nouveau des négociations de paix séparées, surtout de la part des princes les plus exposés, et la réclamation des bons offices ou de la médiation de V. M. Les plénipotentiaires des membres du Corps germanique, présents ici à Bâle, M. de Waitz de la part du landgrave de Hesse-Cassel, Kappler de Hesse-Darmstadt, Abel de Wurtemberg, de Reizenstein de Bade, Reibeld de l'Électeur Palatin, après avoir pris connaissance du décret de ratification de l'Empereur et de la note du sieur Barthélemy,[1]) que j'ai cru devoir leur communiquer, ont témoigné tous qu'ils allaient faire des propositions à cet effet à leurs

1) Als Antwort auf eine Note Hardenberg's vom 24. Juli, welche Mittheilung vom Reichsconclusum machte, versicherte Barthélemy am 10. August die Bereitwilligkeit der französischen Regierung, die Verwendung Preußens für das Reich, so wie für einzelne Stände desselben zuzulassen. Beide Noten wurden veröffentlicht im Moniteur vom 21. Sept. 1795. Vergl. auch Häusser II[4], 22, 24; Hüffer 1, 296.

1795 Aug. 13. cours. Personne ne pourra non plus blâmer les états de l'Empire d'avoir recours à ce moyen; personne ne pourra le trouver inconstitutionnel après tout ce qui a précédé. Conformément au système de ménagement adopté par V. M. envers la cour de Vienne, il convient sans doute que les paix partielles ne soient pas favorisées de sa part, mais j'ose croire cependant qu'elle ne peut se refuser aux réclamations qui lui parviendraient à cet égard, lorsqu'il sera facile de prouver à l'Empire et à toute l'Europe que sans cela sa protection et son intervention en faveur de ses co-états deviendraient absolument illusoires. Les mesures suivantes m'ont paru les plus propres d'après mes faibles lumières:

1⁰ de communiquer sans délai à la Diète de l'Empire, tant la note que j'ai remise au sieur Barthélemy le 24 juillet, que sa réponse du 10 août, afin de prouver le plus tôt possible à l'Empire l'empressement que V. M. a eu d'agir en sa faveur, et qu'il ne tient qu'à lui et à son chef ou même à ses membres d'entamer les négociations et de mettre à profit votre intervention, Sire;

2⁰ de ne pas montrer trop d'empressement pour la suite, et d'insérer dans la déclaration que le comte de Goertz ferait en même temps à la Diète, ... que V. M. attendrait tranquillement les démarches qu'on jugerait à propos de faire, et que, ne discontinuant pas de désirer pouvoir être utile à ses co-états, elle croyait cependant au-dessous d'elle d'aller au-devant de ceux qui ne jugeraient pas son intervention nécessaire ou salutaire—ceci pour répondre d'une manière modérée aux phrases tout aussi maladroites qu'offensantes du décret de ratification;

3⁰ cette déclaration ne peut que faire naître, ou bien des démarches plus promptes et plus prononcées de la part de tout l'Empire, ou faire réclamer partiellement la protection de V. M., ou enfin, comme je le crois, produire l'une et l'autre mesure. Quoi qu'il en soit, l'effet de celles que l'Empire en général pourra prendre ne saurait jamais être bien prompt et sera toujours dépendant du système particulier de l'Autriche. Je croirais par conséquent qu'il faudrait: 1⁰ appuyer par la médiation ou les bons offices de V. M. les négociations partielles avec la France de ceux des états germaniques qui s'adresseraient à elle, 2⁰ ne pas moins travailler à faire accélérer l'ouverture des négociations pour la paix générale de l'Empire, 3⁰ continuer de tenir sur toutes les démarches qu'on ferait le langage le plus franc et le plus ouvert à la Diète;

4⁰ en cas que les Français passassent en effet le Rhin, de recommander le plus que possible les intérêts des états qui se sont adressés à V. M. pour sa protection . . .

L'article 15 de la paix entre la France et l'Espagne . . . stipulant la m é d i a t i o n de S. M. Catholique pour le Portugal ... et les États de

l'Italie, j'ai cru devoir faire sentir au sieur Barthélemy, d'abord après 1795
en avoir eu connaissance, que V. M. s'attendait à être également re- Aug. 13.
connue par la France comme **médiateur** pour les états de l'Allemagne. Le Comité a répondu qu'il serait difficile que cela pût avoir lieu, parce que la cour de Vienne ne s'y prêterait pas et que vous étiez trop intéressé, Sire, comme co-état et surtout à l'égard de vos provinces d'outre-Rhin et de leur sort futur, à la négociation même pour pouvoir être **médiateur** de la paix de l'Empire. Il m'a paru malgré cela ne pas devoir laisser d'abord tomber cette prétention très juste, du moins pour le cas des négociations particulières et pour ceux des états qui réclameraient expressément la **médiation** de V. M. Dans la réponse... que j'ai donnée au sieur Barthélemy, j'ai insisté sur cet article avec les limitations susdites[1]), et je me flatte que V. M. ne désapprouvera pas ma conduite...

H. empfiehlt, Gervinus mit einer lettre de créance zu versehen.

Ranke-Hardenberg 1, 320, 321.

12. Erlaß an Hardenberg. Berlin 1795 August 25.

Concept vom Geh. Legationsrath Le Coq; gez. Alvensleben, Haugwitz.

Preußen wird den Friedensunterhandlungen gegenüber eine Politik der Zurückhaltung beobachten.

... Je ne puis, quant à la déclaration à faire par le comte de Goertz Aug. 25.
à Ratisbonne, et quant aux négociations particulières que plusieurs états effrayés par le refus de l'armistice et par la probabilité d'un passage du Rhin par les Français pourraient vouloir entamer dès à présent sous mes auspices, que me référer aux instructions séparées que vous recevrez sur ce sujet en langue allemande, et qui vous feront voir qu'on est entré avec de très légères modifications dans vos idées sur la teneur de cette déclaration.[2]). Je dois pourtant répéter ici une observation qui dans ce moment me paraît importante: c'est que, vu le peu de vraisemblance d'une issue avantageuse pour l'Empire et pour ses membres, je n'ai dans le fond aucun intérêt à me presser de paraître comme médiateur (sauf toutefois l'influence que je dois tâcher de conserver), soit dans une pacification du Corps germanique en général, soit de tel ou autre état en

1) Dies geschah in einer Note vom 11. August.

2) Goertz wurde angewiesen, den Reichstag von dem allgemeinen Inhalt der Note Hardenberg's vom 24. Juli und der Antwort Barthélemy's vom 10. August in Kenntniß zu setzen. Zugleich sollte er erklären: „daß der König dem Reich die weiter zweckmäßig findenden Maßregeln lediglich überlassen müsse und eigentlich für dasselbe vor der Hand nichts weiter thun könnte, daß er jedoch gesonnen sei, in Gefolge des 11. Art. des Baseler Friedens-Tractats, seine Verwendung und bona officia einstweilen für einzelne Mitstände, welche sie wünschen und verlangen, auf das Wirksamste eintreten zu lassen." (Erlaß an Goertz, 25. August.)

1795 particulier, l'essentiel étant seulement pour moi de recouvrer le plus tôt
Aug. 25. possible la tranquille possession de mes états sur la rive gauche du Rhin. De plus, il importe de ne pas aigrir davantage la cour impériale en s'emparant du titre de médiateur; et par toutes ces considérations, je désire que vous laissiez tomber les sollicitations par rapport à ce même titre renouvelées dans votre note du 11 de ce mois . . .

H. wird bevollmächtigt, die Ernennung von Sandoz-Rollin zum preußischen Gesandten in Paris anzuzeigen.

13. Bericht Hardenberg's. Basel 1795 August 26.

Ziele Preußens bei Übernahme der Verwendung oder Vermittlung in den Friedensunterhandlungen. Annäherung an Österreich. Vorschläge für die fernere Politik Preußens, falls eine Annäherung an Österreich unmöglich ist.

Aug. 26. . . . [Nicht chiffrirt] Je crois pouvoir partir du principe qu'en se chargeant des bons offices ou de la médiation, soit pour l'Empire en corps, soit pour ses membres en particulier, (car il ne sera pas question probablement d'autres puissances) V. M. veut jouer un rôle utile et honorable pour elle et sa monarchie, ou ne point s'en mêler du tout. Je crois pouvoir me persuader de plus que le but de V. M. se réduit: 1° à procurer et conserver à ses États le repos et les moyens si nécessaires pour se refaire et pour regagner, tant à l'égard des finances que de l'armée et de toutes les branches de l'administration, cette force intérieure qui, avec une politique loyale et modérée, peut uniquement faire la base solide de la grandeur et du bien-être de sa monarchie; 2° qu'il s'agit de ne pas la voir diminuée et affaiblie par aucune cession de territoire; 3° de lui conserver le poids qu'il lui faut pour sa sûreté dans la balance relativement aux autres puissances et aux acquisitions qu'elles vont faire.

Il sera sans contredit très difficile d'atteindre au premier de ces trois points, qui est le plus désirable, en même temps qu'aux autres. Pour cela, il faudra: 1° ravoir les provinces d'outre-Rhin encore occupées par les troupes françaises, ou obtenir une indemnité territoriale pour ces provinces; 2° s'assurer la possession de la Prusse méridionale; 3° s'il n'est pas possible de conserver, entre les États de V. M. et ceux de la Russie et de l'Autriche, une Pologne quelconque, ce qu'à plusieurs égards je croirais le plus conforme à ses intérêts, d'acquérir, autant que les circonstances épineuses du moment pourront le permettre, telle partie de ce pays qui, en lui conservant son poids dans la balance, exposera le moins que possible la sûreté de ses frontières futures; 4° de conserver de l'influence dans la pacification, afin de pouvoir, dans la grande incertitude où se trouvent tant les affaires générales que celles de l'Allemagne, tirer parti des circonstances, soit qu'on adoptât le statu quo ou approchant, soit que la France conservât la rive gauche du Rhin, et qu'un bouleversement de la constitution germanique, qui dans ce cas paraît inévitable, dût s'ensuivre. Le statu quo semble toujours ce qu'il y aurait de plus sûr et de plus désirable pour les intérêts de V. M. et même pour ceux de la France, parce qu'il faut la paix pour atteindre le principe fondamental : le repos . . . 1795 Aug. 26.

Les points 3 et 4 sont les motifs qui peuvent faire désirer à V. M. la médiation ou les bons offices pour les négociations de paix en Empire, supposé toujours qu'elles puissent avoir lieu efficacement et honorablement. Voyons s'il est encore possible de se flatter de cette espérance, ou si plutôt cela paraît devenir de jour en jour moins vraisemblable.

1° La France se méfie de la Prusse; elle ne favorise pas décidément ni sa médiation, ni ses bons offices, pas même pour les états d'Empire séparément; elle ménage la cour de Vienne et traite peut-être secrètement avec elle; elle écoute les propositions de l'Empereur par le canal de la cour de Copenhague. Elle paraît du reste hausser le ton, et la vraisemblance d'obtenir des conditions favorables pour l'Empire, du moins pour le moment, n'est pas grande; la médiation deviendrait par conséquent odieuse.

2° L'Empire en corps, toujours sous l'influence prépondérante de son chef, ne se prononcera que d'une manière insuffisante ou du moins beaucoup trop tardive pour ce parti.

3° Les états séparément, ou faibles ou mal intentionnés, manqueront, pour la plupart, de l'énergie ou de la bonne volonté qu'il faudrait pour faire des démarches décisives . . .

Ein dem Reiche ungünstiger Friede unter preußischer Vermittlung wird nur Anklagen gegen Preußen veranlassen. . . . Dans la position actuelle, le rôle de médiateur ou les bons offices pour l'Empire ne peuvent plus vous convenir, Sire, que dans la supposition 1° ou d'un concert avec la cour impériale même sur la pacification et de son consentement à la médiation ou l'interposition des bons offices de V. M. énoncé bien différemment et de meilleure grâce que dans le décret de ratification et par toutes ses démarches; 2° ou de démarches beaucoup plus prononcées, tant de la part de l'Empire ou de ses membres séparément, que de la France même. Celle-ci allègue, parmi les raisons pourquoi elle n'a pu répondre que vaguement aux ouvertures faites par V. M., que l'Empire, dans le dernier conclusum, ne vous a pas donné les pleins pouvoirs nécessaires pour traiter, Sire; qu'il s'en est remis au contraire à l'Empereur seul, et n'a envisagé la coopération et l'intervention de V. M. que comme une mesure collatérale et presque surérogatoire à prendre durant les né-

1795 Aug. 26. gociations entamées par l'Empereur. L'on ne peut disconvenir du fait; les intrigues des ministres impériaux ayant effectivement donné cette tournure au conclusum.

J'ai encore appuyé, dans mon très humble rapport du 14 août, sur la nécessité de se rapprocher de la cour de Vienne et d'établir un concert avec elle,[1]) et je suis encore de ce sentiment si la chose est possible, vu que sans doute ce serait ce qu'il y aurait de plus désirable et de plus sûr, surtout en considérant l'état précaire où se trouve la France, et le danger que la Prusse courrait si elle se voyait assaillie par la force des deux cours impériales. Je serais même d'avis que V. M. devrait consentir à l'acquisition de la Bavière si elle paraît inévitable, pourvu qu'elle obtienne un équivalent proportionné à cette superbe province; je crois encore que même le changement de la constitution germanique, quoique toujours dangereux par la grande complicité d'intérêts, pourrait offrir des avantages pour V. M., et qu'elle pourrait s'y prêter, pourvu que ce ne soit pas elle qui le causât.

Mais si tout se réunit pour rendre illusoires les espérances qu'on pourrait concevoir à l'égard d'un concert avec l'Empereur? Si V. M. risque d'être absolument isolée, pendant qu'elle a des intérêts aussi compliqués à débattre pour elle-même que le sont les affaires de la Pologne et celles des provinces d'outre-Rhin, pendant que ses propres forces se trouvent affaiblies? Elle jugera mieux que moi ce qui en est, mais elle me pardonnera que je prenne la liberté de tracer la marche qui, dans ces suppositions, resterait peut-être à suivre relativement aux objets dont elle a daigné me charger, afin de savoir ses hautes intentions d'avance.

1° Sans entrer avec la France dans des liaisons offensives ou dans ses vastes plans d'agrandissement, il faudrait toutefois se rapprocher d'elle afin d'établir, s'il est possible, un concert sur la pacification et les affaires qui vous intéressent, Sire, afin de maintenir et faire respecter la neutralité du Nord de l'Allemagne, ou d'abandonner d'un commun accord cette mesure; il faudrait du moins ménager la France et ne rien faire qui pourrait contrecarrer ses vues. Je connais la juste répugnance de V. M. contre des liaisons plus intimes avec le gouvernement actuel de la République, et ce n'est aussi que pour le cas seulement où elle y serait absolument forcée par la conduite des autres puissances que je les croirais admissibles et indispensables. Des notions sûres et plus précises sur des vues hostiles des cours impériales ou de celle de Londres contre V. M., ou des démarches même qui les annonceraient, produiraient, il me semble, la nécessité de prendre avec la France des arrangements purement dé-

1) Vergl. Häusser, II⁴, 22. Note.

fensifs pour ce cas. Les circonstances décideraient ce qu'il y aurait à 1795
faire alors envers les autres puissances, qu'un intérêt commun rallierait Aug. 26.
pour le même but, comme l'Espagne, la Porte, la Suède etc.

2° Quoi qu'il en soit, il s'agirait toujours de se mettre dans l'avantage et dans une position qui ne compromette pas V. M. relativement à la médiation pour l'Empire et ses membres, en semblant s'y refuser et en ne reprenant les négociations pour cet effet qu'en tant que l'Empire ou ses états séparément prononcent leurs démarches à cet égard d'une manière bien décisive et pressante. V. M. prendrait les mesures suivantes: 1° elle enverrait le plus tôt possible un ministre à Paris et recevrait celui qu'on lui destine, pour influer sur le système de la France, ce qui peut-être sera d'autant plus faisable, pourvu qu'on s'y prenne bien, qu'on aura à faire à des hommes nouveaux et que la Prusse sera la première; 2° elle me rappellerait d'ici, en exposant les motifs à la France et lui prouvant que cette démarche, loin de reculer les affaires, ne ferait que les avancer, ce qui est déjà le sentiment du sieur Barthélemy . . .

De cette manière V. M. ne pourrait jamais être compromise par les circonstances, qui semblent menacer depuis peu de très grands inconvénients, la médiation ou les bons offices dont elle s'est chargée; elle se verrait en pleine liberté de reprendre ce rôle dès qu'il deviendrait glorieux et utile; elle déterminerait, d'après les événements si incertains encore, ce qui lui conviendrait, et quand le congrès serait fixé: si et comment elle y enverrait un ministre? En attendant elle pourrait toujours faire recommander par moi, avant mon départ, ceux des princes de l'Empire qui méritent, par leur attachement et leur conduite, plus que les autres qu'elle s'y intéresse. Elle conserverait toujours des facilités pour cet effet par son ministre à Paris et par celui de France à Berlin. J'ose encore observer que ces mesures me paraissent à présent les seules propres à déterminer l'Empire en corps, ou plusieurs de ses membres réunis, ou enfin les états les plus prépondérants, à rechercher d'une manière convenable la médiation de V. M. . . .

Ranke-Hardenberg 1, 323.

14. Erlaß an Hardenberg. Berlin 1795 September 7.

Concept vom Geh. Legationsrath Le Coq; gez. Alvensleben. Haugwitz.

Billigung der Ansichten Hardenberg's. Die Politik Preußens hängt von dem Ausgang der polnischen Verwicklung ab.

. . . Je reconnais parfaitement la justesse et la solidité de vos ré- Sept. 7.
flexions sur la situation très critique et difficile où je me trouve dans ce moment entre la France et les puissances coalisées et sur les mesures qui deviendraient indispensables, si celles-ci venaient à manifester contre

2*

1795 Sept. 7. moi des vues hostiles. Ce cas pourtant n'existe pas jusqu'à présent . . . Comme j'ai épuisé tout ce qui dépendait de moi pour établir une sorte de confiance avec la cour de Vienne par rapport à l'affaire de la pacification, je ne vois pas qu'il me reste rien à faire pour cet effet, et ce sera uniquement d'après le résultat des affaires de Pologne que je pourrai arrêter ma conduite future et les principes que j'aurai à suivre à son égard et vis-à-vis de la Russie et prendre mon parti en conséquence. Ce n'est qu'alors aussi que je serai en état de me décider relativement à votre rappel de Bâle, d'autant plus que vous jugerez vous-même des inconvénients qui pourraient en résulter si vous quittiez cette ville, tandis que mon ministre destiné pour Paris n'y serait pas encore, et que j'aurais ici sur les bras le nouveau ministre de France avec ses insinuations et peut-être ses propositions indiscrètes et embarrassantes. Mais je n'en suis pas moins d'accord avec vous sur les raisons de ce rappel que vous tirez de l'état actuel de l'affaire de la pacification, et vous aurez vu par ma précédente combien j'entre dans vos idées sur le peu d'avantage et de gloire que le rôle de médiateur pour l'Empire m'offrirait dans les circonstances présentes, et sur les motifs qui en résultent pour moi de n'y montrer aucun empressement quelconque . . .

15. Instruktion für den Gesandten Frankreichs in Berlin, Caillard. Paris 1795 September 10.

Abschrift in Manuscript Nr. 98 des Geh. Staats-Archivs.

Preußen und die deutschen Fürsten. Der Kurfürst von Bayern. Ablehnung eines Waffenstillstands. Die Rheingrenze. Säcularisationen.

Sept. 10. . . . La cour de Berlin est trop éclairée pour ne pas sentir que, dans sa position par rapport à l'Autriche, l'amitié des princes et états de l'Empire et une influence puissante sur leurs délibérations sont pour elle un besoin de première nécessité. De leur côté ces princes, justement effrayés de l'ambition autrichienne, de cet esprit d'agrandissement qui jamais ne repose et qui met dans un péril imminent les libertés germaniques, portent naturellement leurs regards vers la Prusse, et semblent disposés à réclamer ses secours pour arrêter le torrent qui menace de les inonder. C'est donc ici le moment où la Prusse doit chercher à s'acquérir de grands droits à la reconnaissance de ces princes, pour les fortifier dans ces heureuses dispositions et les attacher solidement à sa propre cause. La circonstance ne peut être plus favorable. Ces princes, imprudemment engagés dans une guerre désastreuse contre la France, reconnaissent, un peu tard à la vérité, leur erreur, et ne demandent que du repos et la paix, et la Prusse peut contribuer puissamment à leur rendre ce précieux avantage. Fidèles au traité que nous venons de conclure à Bâle

avec elle, nous accueillerons avec les plus grands égards tous ceux qui se 1795
serviront de son intervention auprès de nous. Nous lui accorderons tout ce Sept. 10.
qui sera compatible avec l'intérêt et la dignité de la République, et en leur donnant la paix, loin d'affaiblir auprès d'eux le mérite de l'intervention du roi de Prusse, nous ne négligerons au contraire aucune occasion de leur faire connaître tout le prix que nous attachons à ses bons offices, pour conserver dans son entier la reconnaissance qu'ils lui devront d'un service aussi important. C'est par une conduite calculée sur ces principes que la Prusse acquerra en Empire une influence que toute celle de l'Autriche ne pourra plus balancer; et nous croyons la cour de Berlin trop sage pour laisser échapper une occasion qui se représenterait difficilement dans la suite.

Parmi les princes de l'Empire, il en est un en particulier qui par la position géographique de ses États, par les anciennes prétentions de la maison d'Autriche et les efforts qu'elle a faits récemment pour s'en emparer, mérite toute l'attention non seulement de la Prusse, mais de l'Allemagne entière. C'est l'électeur de Bavière dont nous voulons parler. Ce sont ces prétentions dangereuses qui suggérèrent au grand Frédéric la première idée de cette ligue germanique dont il devint le chef, et c'est ce même système abandonné mal à propos que la Prusse doit chercher à renouveler, si elle ne veut pas laisser prendre à sa rivale une prépondérance dont rien ensuite ne pourrait arrêter les effets. Il faut avouer cependant que cette réunion de la Prusse et des princes de l'Empire contre ce débordement de l'ambition autrichienne serait encore insuffisante, sans le concours, et, à plus forte raison, contre le gré de la France. Et c'est ainsi que, dans les combinaisons qui importent le plus au salut et à la prospérité de la Prusse, la raison, disons plus, la nécessité et la force des choses la conduisent irrésistiblement au système de la République française . . .

La cour de Berlin, flattée de la marque de confiance que lui ont donnée les princes et états de l'Empire à la Diète de Ratisbonne en réclamant dans un conclusum solennel l'intervention du roi de Prusse dans l'ouvrage de la pacification du Corps germanique avec la France, aurait désiré que nous prêtassions l'oreille à la proposition d'un armistice qui, suivant elle, était très propre à préparer les voies à la conciliation. Son objet était de gagner la bienveillance de l'Empire en justifiant sa confiance par une démarche qu'elle savait lui être très agréable. Nous ignorons si le ministère a renoncé entièrement à cette idée depuis que le citoyen Barthélemy s'est expliqué positivement sur ce point avec M. de Hardenberg. Il serait donc possible que cette proposition se reproduisît dans les premières conférences du citoyen Caillard avec les mini-

1795 stres prussiens, et il l'écartera par les mêmes raisons qui ont été allé-
Sept. 10. guées par notre ambassadeur en Suisse à M. de Hardenberg.

Il est clair en effet qu'un armistice, même limité, ne nous convient en aucune manière. Nous croyons qu'il ne servirait qu'à ralentir le courage et l'ardeur de nos troupes; que nos braves républicains, condamnés désormais à l'inaction, auraient besoin de grands efforts pour résister au désir d'aller revoir leurs foyers; que les princes allemands, délivrés d'une crainte présente, profiteraient de la circonstance pour nous entraîner dans un dédale inextricable de négociations, de difficultés, de demandes, de prétentions, qui se croisant en mille manières les unes avec les autres, ne nous présenteraient d'issue que dans un grand lointain; en sorte que la mesure proposée pour accélérer la paix, ne servirait au contraire qu'à la retarder davantage. Ainsi la Prusse ellemême aurait manqué son but, qui, ainsi que le nôtre, n'est pas seulement de procurer la paix à l'Empire, mais de la lui procurer aussi prompte qu'il sera possible, et rien ne saurait y conduire plus efficacement les princes d'Allemagne que le parti que nous avons pris de rester en armes et d'ouvrir aux pacifications particulières une voie dont chacun d'eux est le maître de profiter. Et la cour de Berlin ne doit pas craindre de voir par là diminuer son mérite auprès des princes de l'Empire, ni son influence à la Diète de Ratisbonne. Elle peut toujours intervenir dans ces paix particulières, certaine que ses bons offices seront bien accueillis de notre part. Et lorsqu'elle aura par ce moyen acquis de grands droits auprès de chacun d'eux en particulier, il est impossible qu'elle ne jouisse pas de toute leur confiance au moment où, rassemblés par leurs ministres en congrès, il sera traité de la paix générale de l'Empire. Le citoyen Caillard aura soin de donner à ces raisons tout le développement dont elles sont susceptibles; et ses efforts pour y amener le ministère prussien doivent être d'autant plus soutenus, que c'est de notre part un parti sur lequel nous ne pourrions revenir que par des événements très extraordinaires et impossibles à prévoir.

Ces discussions en amèneront infailliblement une autre plus importante encore, et on s'empressera de chercher à connaître auprès du citoyen Caillard les intentions du Comité sur la démarcation qui nous donnerait la rive gauche du Rhin pour limite. Nous n'avons pas d'instructions précises à lui donner sur ce problème politique, qui présente, de quelque côté qu'on l'envisage, de grandes raisons et de grandes difficultés, et dont la solution complète est attachée à des événements plus ou moins soumis à un certain degré d'incertitude. Il aura donc soin de laisser jusqu'à nouvel ordre cette question dans le vague, de manière cependant à ne se permettre aucune expression de laquelle on pourrait inférer quelque disposition de notre part à rentrer dans notre ancienne enceinte. Mais en puisant toujours ses raisonnements dans l'hypothèse que nous conserverons toujours la ligne du Rhin, il recueillera soigneusement les objections qui lui seront faites; il les pèsera, les discutera et nous les fera parvenir accompagnées de ses propres réflexions, afin que nous puissions balancer les unes par les autres et juger en pleine connaissance de cause. Lorsque la question aura été pleinement éclaircie, politiquement et militairement, et que la discussion nous aura fourni des lumières suffisantes pour prendre un parti décidé, nous aurons soin d'envoyer au citoyen Caillard un supplément d'instructions sur lequel il règlera sa conduite et son langage. Nous croyons en attendant devoir lui fournir une base de raisonnements qui parait propre à repousser beaucoup d'objections.

1795 Sept. 10.

Les princes d'Allemagne possessionnés sur la rive gauche du Rhin étaient avant la guerre en pleine discussion avec la France sur les indemnités qui leur étaient dues par rapport aux revenus et aux privilèges qu'ils perdaient par l'effet de la révolution française. Ils ont été le prétexte dont la coalition s'est servie pour nous déclarer la guerre. Au lieu d'entrer en accommodement avec nous, ils ont rejeté toutes nos propositions; ils ont accédé à la coalition; c'est le terrible jeu de la guerre qu'ils ont voulu jouer contre nous, et leurs États ont été leur enjeu; ils ont perdu la partie, que pensent-ils nous demander? l'enjeu ne nous appartient-il pas légitimement? et croit-on que s'ils eussent gagné le nôtre, si nous eussions perdu l'Alsace et la Lorraine, nous les eussions trouvés bien disposés à nous en faire la restitution? et les trésors que nous a consumés cette expédition? et le sang de nos braves républicains qui y a été prodigué? ces pertes retomberont-elles sur nous en entier, et sans aucune sorte de dédommagement? et quelle indemnité pouvons-nous demander plus naturellement que celle que nous avons déjà sous la main, ce territoire dont la valeur de nos troupes nous a rendus les maitres?

On ne peut donc rien nous demander avec fondement, et si jamais nous nous déterminions à abandonner nos conquêtes de ce côté, cet abandon serait chez nous, ou un acte de grande générosité, ou un sacrifice que nous ferions à des convenances générales et particulières. Tels sont les principes sur lesquels s'expliquera le citoyen Caillard avec le ministère prussien, jusqu'à ce qu'il reçoive de notre part les instructions nouvelles que la chaine des événements pourra rendre nécessaires.

Cépendant, pour ne pas rester sans réponse à la question si les princes privés d'une partie de leurs États lorsque nous conservons la

1795 Sept. 10. ligne du Rhin doivent rester absolument sans dédommagement, le citoyen Caillard fera naître l'idée d'une grande sécularisation des états ecclésiastiques d'Allemagne, qui présente un moyen très étendu de compenser les pertes de ces princes sur la rive gauche du Rhin . . .

16. Bericht Hardenberg's. Basel 1795 Oktober 13.

Französische Erklärungen und Schritte gegen die Demarkationslinie bei Frankfurt. Verlegenheit Hardenberg's. Französische Politik.

Okt. 13. . . . [Nicht chiffrirt] Le sieur Barthélemy, en me témoignant la peine sensible qu'il ressentait de me faire une communication désagréable, me fit part d'une dépêche qu'il venait de recevoir du Comité de salut public, en date du 6 octobre, et de la lettre y annexée dudit Comité au représentant Joubert près de l'armée de Jourdan, du 7 de ce mois, de la teneur suivante: »que le Comité partageait vivement les sollicitudes du représentant à l'égard des subsistances pour la brave armée de Sambre et Meuse, dont ledit représentant attribuait principalement le défaut aux difficultés qu'il rencontrait par la neutralité que voulaient faire valoir les états situés dans la ligne de démarcation fixée par le traité du 17 mai entre la France et la Prusse; qu'il importait, tant sous ce rapport, que pour ne pas arrêter les succès ultérieurs et les opérations militaires qui devaient être les suites des victoires de cette armée, de se prononcer le plus tôt possible sur ce traité; qu'il était incontestable que la neutralité ne pouvait être accordée aux états qui n'en avaient pas rempli les conditions en retirant leurs contingents; que la ville de Francfort, dont la possession était nécessaire aux troupes de la République, était du nombre, mais comme il y avait garnison prussienne, faisant partie du corps d'armée laissé par V. M. sur la ligne de démarcation pour son maintien, que le général Jourdan devait incessamment écrire au prince de Hohenlohe d'une manière polie et avec les ménagements qu'exigeaient les liens d'amitié entre la République et la Prusse, mais ferme en même temps, pour lui demander qu'il évacuât Francfort, et que, dans le cas d'une réponse dilatoire, il eût à écrire une seconde fois et déclarer: que si l'évacuation n'avait pas lieu dans les vingt-quatre heures, on entrerait de vive force, en rendant le prince responsable auprès de V. M. des suites que cela entraînerait«. En même temps il est prescrit au représentant »de tirer les subsistances pour les armées des pays neutres, (par lesquels on ne peut entendre que ceux du landgrave de Hesse et peut-être le comté de Sayn-Altenkirchen), en promettant de rendre en nature ou de payer, à mesure que les contributions entreraient des pays qu'on ne regarde pas comme tels.«

La dépêche du Comité au sieur Barthélemy, en se référant à celle 1795
adressée au représentant Joubert, lui enjoint simplement de me faire Oft. 13.
part de tout ceci et de me prouver la justice de ces démarches. En réitérant cependant les assurances si souvent rebattues et jamais accomplies le moins du monde des sentiments d'amitié de la République pour la Prusse, on finit par me faire insinuer: qu'en considération de l'intercession interposée au nom de V. M. pour les princes d'Ysenburg et de Hohenzollern, on userait de tous les ménagements que permettraient les opérations de l'armée et ses besoins.

Je n'ai pu obtenir une copie littérale de ces dépêches, mais j'ai eu le temps de m'en bien imprimer le contenu pour l'essentiel, et la phrase menaçante relative à la ville de Francfort est mot pour mot telle que je viens de l'écrire plus haut.

V. M. daigne sans doute rendre trop justice à mon zèle pour sa gloire et sa dignité, pour ne pas se dire d'avance que, vivement ému de la manière indécente et tout à fait inattendue dont ce gouvernement de scélérats ose la traiter, j'ai marqué personnellement et avec chaleur mon étonnement et mon indignation au sieur Barthélemy, qui paraissant lui-même sensiblement affecté et peiné de la tournure que les choses prennent en général à Paris, et nullement d'accord, ni avec le système qu'on adopte, ni particulièrement avec ces procédés envers vous, Sire, convint de la justesse de toutes les observations que je lui fis, et gémit avec moi qu'au lieu de penser sérieusement à se donner le repos si nécessaire et à suivre un système modéré et sage, on se laisse aller à des plans vastes et ambitieux, qui ne tendent qu'à embrouiller et bouleverser; que le parti jacobin ou terroriste, coalisé de nouveau avec les violents républicains Sieyès et compagnie, reprend de plus en plus le dessus, et que les bons esprits n'osent plus se prononcer et en seront encore plus empêchés depuis la funeste victoire sur les Parisiens . . .

Des lettres du sieur Gervinus, que je reçois dans ce moment de Paris par une voie sûre, confirment ce que j'ai déjà vu depuis assez longtemps dans la conduite des meneurs en France envers V. M.: que leurs assurances d'amitié ne sont qu'illusoires; qu'on rétrograde de plus en plus quant aux liaisons avec la Prusse; qu'on ne veut pas lui donner l'influence dont on l'a bercée dans le commencement. Après avoir d'abord réussi à paralyser les opérations des armées de V. M. et d'empêcher, par des moyens qui ne me sont que trop connus[1]), qu'on ne mît des bornes à leurs conquêtes, et surtout à l'envahissement de la Hol-

1) Je ne connais que le manque d'argent absolu. (Randbemerkung des Grafen Haugwitz.)

1795 Okt. 13. lande, l'événement le plus funeste qui jamais aurait pu arriver pour les affaires de l'Europe et qui empêchera plus que tout autre la paix générale, après avoir réussi à détacher V. M. de la coalition,[1]) et de lui ôter par là une de ses forces principales dans le moment le plus critique pour la France malgré tous ses avantages, on aurait voulu se servir des forces de la Prusse pour parvenir au but que l'ambition et l'exaltation frénétique du parti dominant se propose. S'apercevant bientôt qu'on n'y parviendrait pas, on a changé de système, on n'a déféré à aucune des justes réclamations ou intercessions de V. M., ni pour ses provinces d'outre-Rhin, ni pour d'autres objets . . .

Dans ce moment, mon embarras n'est pas petit. Quel langage tenir, quel rôle jouer ici, tant vis-à-vis des Français, que des envoyés et agents des états d'Empire déjà à Bâle ou pouvant arriver d'un jour à l'autre, pour réclamer mon intervention au nom de V. M., si l'esclandre a lieu à Francfort et si je ne suis pas exactement muni de vos ordres, Sire? Heureusement que j'avais déjà annoncé depuis plusieurs jours une petite course dans l'intérieur de la Suisse, devenue absolument nécessaire pour faire faire quelques arrangements dans la maison où je suis . . . Je trouverai là une prétexte honnête et naturel de me tirer de cet embarras. Je me rendrai à Berne, d'où je ferai quelques petites excursions, et où j'attendrai les événements et ce que V. M. jugera à propos de me prescrire d'après les circonstances. Si les affaires s'arrangent à Francfort d'une manière qui me paraît convenable, je retournerai ici. Sinon, je ne manquerai pas de prétextes plausibles pour prolonger mon absence jusqu'au retour du courrier. En l'alléguant, le sieur de Tarrach, qui restera à Bâle, pourra suivre les affaires, sans rien compromettre . . .

Il faut ajouter encore que même la manière dont les négociations particulières des états d'Empire se traitent de la part des Français, n'est nullement satisfaisante. Jamais le sieur Barthélemy ne m'en parle, à moins que ce ne soit moi qui l'y engage en entamant la matière. V. M. se rappellera ce qui eut lieu déjà lors de la négociation du landgrave de Cassel, où l'on n'aurait pas fait mention de vos bons offices, Sire, sans la fermeté du baron de Waitz, où les sieurs Maraudet et Bacher lui avaient même insinué qu'il n'en était pas besoin. Le sieur Barthélemy n'a jamais donné aucune réponse par écrit aux notes remises par moi pour appuyer les négociations de paix de qui que ce soit. Il n'y a pas un mot des bons offices de V. M. dans les pleins pouvoirs du duc de Wurtemberg. Le système français est de faire des paix particulières sans aucune intervention, d'isoler, de diviser les états de l'Empire, de s'arranger séparé-

1) Le manque d'argent nous a détachés. (Haugwitz.)

ment avec eux sur les cessions qu'ils exigent, au moins provisoirement, 1795
comme avec V. M. et avec le landgrave de Cassel. Ils s'embarrassent Okt. 13.
bien peu de la pacification générale de l'Empire germanique, à laquelle ces arrangements provisoires sont renvoyés. Toutefois les pleins pouvoirs pour traiter avec le sieur Abel ne sont pas encore arrivés au sieur Barthélemy, et le Comité ne donne aucune réponse relativement à l'électeur de Mayence. Apparemment veut-on encore attendre des événements guerriers pour se prononcer et avoir plus de facilités pour traiter les pays en ennemis . . .

Häusser 2, 46. Ranke-Hardenberg 1, 328.

17. Instruktion für den Gesandten Preußens in Paris, Sandoz-Rollin. Berlin 1795 Oktober 21.

Concept vom Geh. Legationsrath Le Coq; gez. Finckenstein. Alvensleben. Haugwitz.

Die allgemeinen Beziehungen Preußens zu Frankreich. Der Reichsfriede. Die linksrheinischen Lande Preußens.

1° Verhalten des Gesandten gegen die französische Regierung, besonders bei Überreichung seines Beglaubigungsschreibens.[1])

2° . . . Quant aux liaisons plus étroites qu'on a cru être résultées de Okt. 21.
la paix entre le Roi et la France, elles n'ont jamais existé. A la vérité, le gouvernement français a fait sonder à plusieurs reprises les dispositions de S. M. à ce sujet et n'aurait pas demandé mieux que de l'engager à des liaisons pareilles. Mais on s'en est constamment tenu au principe de les décliner poliment pour le présent, sans en rejeter entièrement la possibilité et l'utilité réciproque pour les temps futurs, après que, par une pacification générale, le gouvernement aurait acquis plus de consistance et de force intérieure. En effet, S. M. le Roi se trouvant en alliance avec l'Angleterre, l'Autriche et la Russie, elle est résolue de maintenir le système de ses anciennes liaisons, à moins que des événements imprévus et invraisemblables ne la forcent à agir en sens contraire. Elle compte donc en rester, au moins pour le présent, avec la France aux relations de bonne intelligence rétablies par la paix et que l'accord effectif des intérêts fondamentaux des deux empires pourra affermir de lui-même sans aucune stipulation expresse; influer, autant qu'il dépendra d'elle, sur la pacification de l'Empire, surtout en vue du recouvrement de ses États d'outre-Rhin, et ne contracter des engagements formels avec la France que pour les rapports de commerce, que S. M. ne demandera pas mieux que de pouvoir étendre et vivifier entre ses sujets et

1) Es wird ihm hauptsächlich der Umgang mit Boissy d'Anglas und Cambacérès empfohlen.

1795 Okt. 21. la nation française. La base principale de son système politique actuel étant le maintien de la paix nécessaire à sa monarchie pour reprendre des forces après trois années de sacrifices continuels, il en résulte que toutes ses démarches doivent se rapporter à ce grand but et qu'elle ne saurait par conséquent entendre à aucunes liaisons capables de le lui faire manquer, tant que des circonstances impérieuses ne la forceront pas à se départir à cet égard des principes que sa sagesse et son amour pour ses sujets lui dictent également.

3° Avec un tel système, le retour de la paix, principalement sur le continent et surtout en Allemagne, doit attirer sur toutes choses l'attention et les vœux du Roi. L'intervention de S. M. ayant été réclamée par l'Empire en corps, elle a fait tout ce qui dépendait d'elle pour inspirer au gouvernement français, par les insinuations du baron de Hardenberg, des principes de modération à cet égard, et pour lui faire agréer, s'il était possible, le statu quo avant la guerre pour base de la pacification avec le Corps germanique . . . Mais le gouvernement français ayant témoigné, par la note remise le 10 août par le sieur Barthélemy au baron de Hardenberg [1]) et par les explications verbales de cet ambassadeur, qu'il croyait devoir attendre préalablement l'établissement d'une négociation directe de la part de l'Empire avec la France, telle qu'elle a été résolue par le conclusum de la Diète, et cet établissement étant encore soumis à de nombreux délais, le Roi, pour ne pas augmenter l'humeur que cette réclamation a déjà causée à Vienne, s'est prescrit pour règle à cet égard de ne plus montrer aucun empressement pour une intervention, qui d'ailleurs, dans les circonstances présentes, offre si peu d'apparence de succès. C'est dans ce sens qu'ont été rédigées les dernières déclarations du comte de Goertz à la Diète, d'après lesquelles S. M. a témoigné vouloir attendre tranquillement que le Corps germanique lui-même juge l'emploi ultérieur de ses bons offices utile pour ses intérêts, et elle se borne en conséquence pour le moment à assister de son entremise, conformément à l'art. 11 de la paix de Bâle, ceux de ses co-états qui l'ont formellement réclamée pour entrer en négociation avec la France, tels que le duc de Deux-Ponts, l'électeur de Mayence, le duc de Wurtemberg etc., se réservant toutefois, comme il a déjà été dit, d'influer plus ou moins directement sur la pacification de l'Empire en corps, supposé qu'elle trouve moyen de le faire d'une manière honorable et avantageuse.

Il s'agira donc pour le sieur de Sandoz de s'appliquer de pénétrer de plus en plus les conditions sous lesquelles cette paix de l'Empire pourra enfin être conclue, . . . et de concourir de plus, autant qu'il dé-

1) Vergl. Bericht Hardenberg's vom 13. August 1795, S. 13.

pendra de lui, à faire goûter le principe modéré du statu quo ou approchant. Jusqu'à présent il s'en faut bien qu'on y voie clair sur le système qui prévaudra finalement à cet égard en France, et sur lequel il paraît qu'on ne se décidera en dernier ressort qu'après l'établissement de la nouvelle forme de gouvernement. Un parti, à la tête duquel se trouve l'abbé Sieyès, voudrait l'extension des limites de la France jusqu'au Rhin. Un autre plus sage, consultant ses vrais intérêts, professe des principes beaucoup plus modérés et rendrait sans difficultés les pays conquis, à l'exception de Luxembourg et des Pays-Bas. Indépendamment de l'intérêt général que le Roi peut avoir à prévenir autant que possible le bouleversement entier de la constitution germanique, qui résulterait probablement de la susdite extension jusqu'au Rhin, il en a surtout un très direct à empêcher cette dernière relativement à ses États sur la rive gauche de ce fleuve, dont la restitution ne peut que lui tenir infiniment à cœur, d'autant plus que l'indemnisation éventuelle stipulée par le 2e article secret serait sans doute hérissée de difficultés. Le Roi saura un gré infini au sieur de Sandoz de tous les soins qu'il prendra pour obtenir le recouvrement de ces provinces; mais si, contre meilleure attente, la France parvenait à étendre ses frontières jusqu'au Rhin, il ne resterait qu'à insister sur le dédommagement promis et à tâcher de l'obtenir aussi avantageux que possible. Il faut observer encore que le Roi serait, de plus, intéressé à cette extension par rapport au pays de Juliers, qui dans ce cas resterait à la France, et sur lequel S. M. a des droits de réversibilité, à la vérité très éloignés, mais qu'il serait juste cependant de transférer sur le pays qui serait cédé en compensation à la maison palatine. (1795 Okt. 21.)

4° Dem Gesandten wird anempfohlen: Aufmerksamkeit auf etwaige Unterhandlungen Frankreichs mit Österreich, und 5° mit England; 6° und 7° auf die neue Regierung und deren Mitglieder, sowie überhaupt auf die Parteien in Frankreich; 8° das Verhältniß zur dritten Theilung Polens; 9° zu Holland und dem Hause Oranien; 10° die Civil-Verwaltung der linksrheinischen Besitzungen Preußens; 11° Unterhandlung über einen Handelsvertrag; 12° die Interessen preußischer Unterthanen in Frankreich.

H. Hüffer. Diplomatische Verhandlungen aus der Zeit der französischen Revolution, I, 298.

18. Erlaß an Hardenberg. Berlin 1795 Oktober 26.

Concept vom Geh. Legationsrath Le Coq; corr. von Haugwitz; gez. Finckenstein, Alvensleben, Haugwitz.

Nach den Vorgängen bei Frankfurt verzichtet Preußen auf die Demarkationslinie in jener Gegend.

... [Nicht chiffrirt] Je me serais attendu aussi peu que vous à la déclaration que le sieur Barthélemy a été chargé de vous faire au sujet de la (Okt. 26.)

1795 Okt. 26. ligne de démarcation, ni surtout à la manière catégorique et tranchante dont le général Jourdan a dû exiger du prince de Hohenlohe l'évacuation de Francfort, que ce prince lui a nettement et constamment refusée. Mais je vous avouerai d'un autre côté que je ne saurais en convenir et qu'il n'est pas de mon intérêt de chercher dans ces démarches ni un caractère de perfidie, ni une rupture de la convention de Bâle. C'est dans le dénuement et le besoin extrême où l'armée française se trouvait, qu'il faut chercher le mot de l'énigme, ainsi que vous l'avez très bien observé. Il faut considérer de plus que les Autrichiens avaient été les premiers à donner l'exemple de l'infraction de la ligne de neutralité, lors du premier passage du Rhin par les Français, et qu'enfin, à prendre les choses à la rigueur, les états qui n'avaient pas rempli les conditions de la neutralité ne pouvaient pas non plus en réclamer le bénéfice, sans compter que par rapport à Francfort le droit de passage par cette ville était expressément réservé aux parties belligérantes, et que ce droit même a été contesté aux Français par le prince de Hohenlohe. Quoi qu'il en soit, l'embarras que la susdite déclaration des Français pouvait faire naître cesse de lui-même, les affaires ayant entièrement changé de face dans ces contrées, par les événements dont vous aurez été successivement informé dans le plus grand détail. Mais s'il n'y a plus, pour le présent, des violations de la ligne à craindre de leur part, elle a eu lieu dans le fait par les opérations du maréchal Clerfait, qui a traversé cette ligne avec ses troupes non-obstant les protestations du prince de Hohenlohe, tout en observant cependant envers celui-ci et le petit corps prussien posté dans ces contrées les égards et les ménagements auxquels je devais m'attendre. Ces circonstances réunies m'ont déterminé à une démarche qui me paraît la seule propre à couper court à toute difficulté ultérieure et à prévenir tel événement qui pourrait me compromettre. Je viens d'ordonner au prince de Hohenlohe de quitter tout de suite avec les troupes sous son commandement Francfort et la position qu'elles tenaient dans ces environs pour les ramener dans mes provinces de Franconie, mesure dont il est chargé de faire part, tant au maréchal Clerfait qu'au général Jourdan, en leur témoignant que le but de la ligne de démarcation étant évidemment manqué dans cette contrée par les événements qui venaient de se passer, il ne me restait, après avoir épuisé de mon côté les démarches et les protestations qui avaient dépendu de moi pour la maintenir, que de m'en désister également dans cette partie de l'Allemagne.

Il s'agira donc de faire officiellement part de cette résolution au sieur Barthélemy, en la lui représentant comme motivée, ainsi que je viens de le dire, par les demandes et la conduite prescrites au général

Jourdan par les ordres du Comité, et par la direction que l'armée au- 1795
trichienne a tenue dans la marche en traversant la ligne de démarcation. Okt. 26.
Mais vous y ajouterez l'observation que ce changement, nécessité par les circonstances et amené par les Français eux-mêmes sans qu'il eût dépendu de moi de l'empêcher, n'en apportait aucun au maintien de la ligne du côté de la Westphalie; que j'étais au contraire résolu de la maintenir strictement de ce côté-là, et que je doutais d'autant moins qu'elle ne fût aussi scrupuleusement respectée par les Français, vu l'accession plénière du gouvernement hanovrien aux stipulations de la neutralité, accession que j'avais réussi à obtenir par mes sollicitations énergiques et qui avait aussi déjà été acceptée par le gouvernement français. Je sens bien toutefois que si par quelque nouveau revirement les Français venaient à repasser le Rhin du côté de la Westphalie, il faudrait encore une fois s'entendre avec eux sur la direction précise de cette ligne . . .

Berichte Hardenberg's aus Basel.[1])

19. Nothwendigkeit und Vortheile einer festen Haltung gegen Frankreich. Rücksichtslosigkeiten der Franzosen gegen Preußen.

. . . [Nicht chiffrirt] J'ai remis à l'ambassadeur de France la note ci- Nov. 14.
jointe.[2]) . . . Soumettant toujours très respectueusement mes opinions à la haute sagesse de V. M. et au jugement éclairé de son ministère, j'ai arrangé ma note en conformité de ses ordres; mais je n'ai pas cru agir dans un sens qui leur fût contraire, en marquant en même temps dans des termes très mesurés la surprise et le mécontentement de V. M. relativement aux procédés du gouvernement français . . .

L'intérêt de V. M. exige sans contredit d'éviter toute brouillerie avec la France et surtout dans un instant où, peu sûre des sentiments des autres puissances, elle voit encore ses provinces d'outre-Rhin entre les mains de la nouvelle République; où les affaires de Pologne ne sont pas encore finalement arrangées; où enfin chaque jour peut amener des événements de la plus haute importance pour sa monarchie et pour l'Europe entière. Mais plus je suis convaincu de cette vérité, plus je me persuade aussi, d'après mes faibles lumières, que pour se conserver les égards de la France et surtout des hommes de la trempe de ceux qui y dominent, il est essentiellement nécessaire de s'en faire estimer et

---

1) Am 9. Nov. kehrte Hardenberg nach Basel zurück.

2) Diese Note (vom 12. Nov.) enthält die Erklärung des Königs, daß er die Demarkationslinie in der Gegend von Frankfurt aufgebe, dagegen bei Westfalen an derselben festhalte. Zugleich wurde Frankreich eingeladen, sich mit Preußen über die Linie einer neuen Demarkation zu verständigen. Barthélemy beantwortete diese Note am 13. mit einer Erklärung, welche das französische Verfahren rechtfertigte. Vergl. Häffer 1, 299.

1795 Nov. 14. craindre, et de ne pas donner lieu à rien qui puisse être interprété comme une faiblesse. Je suis sûr, à n'en pas douter, que l'idée de voir la Prusse de nouveau au nombre de ses ennemis, qu'un langage et un maintien ferme et conforme à votre dignité, Sire, toujours en montrant des vues amicales, mais justes et modérées, fera la plus vive impression; que celle-ci ne peut être qu'augmentée par la situation infiniment précaire dans laquelle la France se trouve, malgré tous les succès qu'elle a eus jusqu'aux derniers revers. Il est incontestable qu'à la rigueur les états qui n'avaient pas retiré leurs contingents, ne pouvaient réclamer le bénéfice de la neutralité; mais dès le commencement des négociations, le sieur Barthélemy avait témoigné qu'on ne regarderait qu'à ce qu'ils auraient pu faire . . . Pourquoi faire des déclarations et agir en sens contraire et induire par là V. M. à se compromettre par le soutien de la ligne de démarcation et à finir par se donner un démenti à la face de l'Europe? Si V. M. daigne considérer en outre que, quelle que soit l'explication très naturelle et conforme à la lettre du traité qu'on a donnée au premier passage des Français à l'Eichelcamp, il s'est toujours effectué en forçant un poste de vos troupes, Sire, placé là du su des généraux français;[1]) que vos sauvegardes ont été maltraitées, insultées et pillées à la retraite de l'armée française; que le comté de Sayn-Altenkirchen a essuyé des traitements hostiles et qu'il a été saccagé dans plusieurs endroits; que les États de la maison d'Orange ont eu le même sort malgré les assurances positives contenues dans la note du sieur Barthélemy au sieur Harnier du 5 juillet; que tout cela est généralement connu, débité et exagéré par le parti autrichien; que les entours du sieur Barthélemy, et nommément le sieur Bacher, n'ont eu rien de plus pressé que de parler tout uniment des ordres tranchants donnés au général Jourdan par le Comité de salut public au bourgmestre Schweitzer de Francfort, et qu'on ne les a pas cachés à d'autres personnes encore; si V. M. y ajoute que de tous les objets portés de sa part au gouvernement français, depuis les justes réclamations à l'égard de ses provinces d'outre-Rhin que les Français n'ont cessé de traiter d'une manière tout à fait contraire à la bonne foi et à ce qui était convenu, . . . jusqu'aux moindres objets, soit publics, soit particuliers, aucun presque n'a atteint son but, et que toutes ces réclamations sont restées ou sans suite ou sans réponse; que la nomination même du ministre qui réside près de vous,

1) Nach der Auffassung des Grafen Haugwitz war der Eichelkamp vertragsmäßig von der Demarkation ausgeschlossen, und nur durch eine militärische Verabredung, welche von der französischen Regierung nicht berücksichtigt zu werden brauchte, hineingezogen. (Schreiben an Hardenberg, 4. Okt. 1795.) Vergl. dagegen Häusser II, 30; Vivenot, Herzog Albrecht von Sachsen-Teschen II, 2, 207; 487.

Sire, de la part de la République, a été faite malgré votre désapprobation expresse, si V. M. daigne considérer tout ceci, j'ose me flatter qu'elle ne pourra trouver la chaleur avec laquelle j'ai envisagé la déclaration enjointe au général Jourdan repréhensible ou déplacée . . . 1795 Nov. 14.

Il n'est pas plus question de négociations de paix ici, que si jamais il n'en avait existé. Les agents des princes de l'Empire se gardent même d'en parler; les succès des impériaux ont fait changer de sentiment ou intimidé tout le monde . . . Il n'est pas du tout vraisemblable non plus que le congrès ou même des paix particulières aient lieu de sitôt[1]) . . .

20. Nothwendigkeit einer festen Haltung gegen Frankreich. Vortheile einer näheren Verbindung mit einzelnen Ständen zur Aufrechthaltung der Neutralität Norddeutschlands.

. . . Je vous prie instamment de croire, Sire, que toutes les données concourent à prouver que le nouveau gouvernement français ne peut être amené par des condescendances continuelles au but que V. M. se propose sans doute, de ravoir d'abord ses provinces d'outre-Rhin, et puis de se ménager dans la France un appui et un remède contre les vues ambitieuses des deux cours impériales; mais qu'on y réussira uniquement par une conduite très ferme, en commençant par le forcer d'avoir pour V. M. cette considération qui lui est due, et en lui imposant et lui montrant en même temps qu'il ne tiendrait qu'à lui de se ménager l'amitié de la Prusse. V. M. n'a pas à craindre pour cela ni brouillerie ni nouvelle guerre avec la France, qui est dans le plus grand épuisement et à peine en état de soutenir celle qu'elle a encore sur les bras. Elle ne la ferait pas à V. M. quand même elle en aurait les moyens; mais il serait possible qu'elle portât ce fléau jusqu'à ses frontières, qu'elle y entraînat avec lui tous les dangers révolutionnaires, soit qu'un revirement lui donnât des succès, soit qu'une diversion dans le Nord de l'Allemagne lui parût utile. C'est ce que je crains, Sire . . . Je suppose que V. M. jugera peut-être à propos, dans sa haute sagesse, de se concerter sans délai avec les cours de Saxe, de Brunswick, de Hanovre et de Cassel sur les mesures à prendre en cas de besoin . . . Nov. 22.

Si les affaires de la Pologne sont arrangées, ne conviendrait-il pas aux intérêts de V. M., en ménageant également les cours impériales et la France, de s'unir étroitement avec ses co-états des cercles de haute et de basse Saxe, surtout aux deux cours électorales qui y ont la prépon-

1) Während Haugwitz seine Zufriedenheit über das Betragen Hardenberg's aussprach, erklärte Alvensleben den obigen Bericht für eine »dissertation sans résultat«.

1795 Nov. 22. dérance et au landgrave de Cassel, pour la défense de ces cercles et états et pour le maintien de la plus stricte neutralité contre tous? Une partie du cercle de Westphalie du moins devrait également entrer dans ce plan. Reste à savoir s'il conviendrait, d'après les circonstances, d'y faire entrer l'Électeur Palatin pour le duché de Berg, que le baron de Reibeld... voudrait faire jouir des bénéfices de la ligne de démarcation. Cette ligue deviendrait formidable; les moyens de défense ne me paraissent pas difficiles à combiner, et en écartant le danger, elle ne menacerait personne de vues offensives; elle mettrait V. M. en état d'attendre avec plus de sécurité les événements qui peuvent encore avoir lieu et d'en profiter. Les pays qu'on voudrait considérer comme neutres seraient probablement reconnus comme tels par le gouvernement français sur la base de la convention additionnelle du 17 mai, et il s'agirait de n'en pas renfermer dans cet arrangement où des collisions avec les troupes autrichiennes pourraient donner lieu à des difficultés du côté de la cour de Vienne, et où il serait de son intérêt de violer la neutralité. Le danger auquel le pays de Hanovre serait exposé le premier par une invasion de la part des Français, la retraite du contingent saxon, la paix de la Hesse,[1] les sentiments manifestés par le parlement britannique, par les ministres anglais mêmes sur la pacification de l'électorat de Hanovre, voilà autant de facilités. Du reste un intérêt commun et des pactes de confraternité et d'union particuliers attachent à la Prusse la plupart de ces maisons, et ces nouvelles liaisons amèneraient pour la suite le système qui, d'après mes faibles lumières, convient le plus à la Prusse, de s'attacher le Nord de l'Allemagne et la Maison Palatine, sans compter sur le reste de l'Empire, et de s'assurer l'amitié et l'appui de la France; mais il me paraît qu'il ne faudrait pas perdre de temps, et qu'il conviendrait de prévenir, tant par une déclaration au gouvernement français que par des démarches auprès des cours intéressées, des événements fâcheux qui pourraient tout gâter...

Ranke 1, 330, 331.

21. Französische Erklärungen über die Demarkationslinie; Entgegnung Hardenberg's. Entschlossene Haltung Preußens gegenüber Frankreich. Französische Politik.

Dec. 5. ... [Nicht chiffrirt] Le sieur Barthélemy m'a remis une note dans laquelle il s'exprime de la manière suivante: [chiffrirt] Le Directoire exécutif estime qu'il est constaté que le respect de la République française pour les engagements contractés par elle a été seul la cause du revers

1) 28. August.

qu'elle a essuyé; que la ligne de neutralité a tourné totalement au profit de ses ennemis; et que ces événements n'eussent jamais eu lieu si dès le principe S. M. Prussienne eût pris des mesures efficaces pour la faire aussi respecter par eux, surtout à l'époque où ils occupèrent les forts de Königstein et de Falkenstein . . . Quant à la partie de la ligne de neutralité qui concerne la Westphalie, le gouvernement français consentira volontiers à la regarder comme intacte, si S. M. Prussienne consent également de son côté à prendre les mesures nécessaires pour dissiper efficacement, pour le présent et pour l'avenir, pendant la durée de la guerre actuelle, soit en Westphalie, dans le pays de Hanovre ou ailleurs, tout rassemblement quelconque de troupes anglaises, hanovriennes, d'émigrés français ou de mécontents hollandais. Un concert mutuel entre les deux puissances, guidé par une détermination bien précise à cet égard, ne pourra que leur être respectivement fort utile. Cette note est la réponse à celle que j'ai donnée au sieur Barthélemy le 12 novembre . . .

1795 Dec. 5.

En lui disant que je ne manquerais pas de transmettre à V. M. la déclaration du gouvernement français, j'ai ajouté qu'en attendant que je reçoive les ordres nécessaires pour lui répondre relativement au concert mutuel à prendre sur la détermination bien précise de tout ce qui regarde la neutralité du Nord de l'Allemagne, je souhaite que pour faciliter et accélérer la chose il puisse engager le gouvernement à s'expliquer de son côté bien clairement sur ce qu'il désire, tant de la part de V. M. que de celle des différents états que cette ligne renfermerait, de même que sur son extension; que le nouveau concert à prendre ne saurait être trop précis, afin d'éviter tout mésentendu quelconque pour la suite; que du reste, quant au principe sur les rassemblements, nous étions d'accord, de manière que je ne voyais aucune difficulté . . .

J'ai cru, Sire, qu'il serait avantageux pour V. M. que le Directoire s'expliquât le premier. Il me paraît toujours infiniment nécessaire de déterminer avec certitude ce qui concerne cette neutralité, d'obtenir des déclarations positives des états qui y seront compris, de ne laisser aucun prétexte au gouvernement français de l'enfreindre, enfin et surtout de prendre des mesures conjointement avec les autres états ou avec les principaux d'entre eux pour le maintien de la neutralité. J'ose hardiment avancer, Sire, que la fermeté avec laquelle j'ai parlé sur les intentions de V. M. relativement à ce maintien, que la crainte de la voir de nouveau au nombre de ses ennemis, jointes au succès des Autrichiens, ont beaucoup influencé sur les résolutions du gouvernement français. J'ose lui assurer, d'après les notions les plus positives et multipliées, que ce n'est que par ce langage ferme et par une conduite semblable, menaçante même selon les circonstances, que V. M. parvient à son but

3*

1795 Dec. 5. avec la France; que cela seul peut opérer sur tant d'objets encore en suspens, surtout sur le plus important de tous, la restitution de vos provinces d'outre-Rhin, Sire, qui, d'après la mauvaise foi avec laquelle on agit contre tout ce qui a été convenu durant les négociations de paix, pourront d'ailleurs encore rester longtemps en proie aux déprédations, courir à leur ruine, et V. M. se voir toujours privée d'un revenu considérable. A la conclusion de la paix entre V. M. et la France, la paix générale était envisagée comme très prochaine, la possession de ces provinces comme purement militaire. La paix générale est peut-être encore très éloignée; les Français ont donné l'explication la plus défavorable à leur possession de ces pays, Sire; ils les déclarent pays conquis et les traitent comme tels. Peut-être le moment n'est-il pas éloigné où il conviendrait de leur dire que cet état des choses ne peut durer jusqu'à un terme indéfini, qu'ils reculent eux-mêmes, n'ayant non seulement point donné de suite à l'intervention et aux propositions de V. M. pour tout l'Empire, mais pas même à celle qu'elle a interposée pour les états qui ont entamé séparément des négociations, dont aucune n'a été acceptée par le gouvernement français. La raison est connue et avouée: c'est la même qui a fait donner les ordres d'expulser vos troupes de Francfort, Sire, et de violer la ligne de démarcation. Le système des conquêtes et des bouleversements avait prévalu avec le jacobinisme; on ne voulait plus de paix séparées afin de vivre à discrétion; et tandis qu'on voit de jour en jour les Jacobins reprendre plus le dessus depuis la composition du nouveau Corps législatif et directorial, il n'y a que la plus grande nécessité et la peur qui puissent faire changer ces principes. Si ces deux puissants agents n'opèrent pas, nous devons encore nous attendre aux plus grands malheurs pour l'humanité; l'Allemagne, par un nouveau revirement, peut devenir l'année prochaine le théâtre de la guerre la plus affreuse et des révolutions; et voilà encore une raison de plus, d'après mes faibles lumières, pour bien consolider et rendre respectable la neutralité des États de V. M. et de ceux qui les environnent, afin de leur garantir le repos dans ce cas et éloigner ces fléaux de leurs frontières. Sous le régime des Jacobins et de ce parti qui domine actuellement, on ne pourra s'attendre à voir une saine politique établie; ils sacrifieront au contraire toutes les considérations qui peuvent en être déduites à l'égard de la Bavière, de la conservation du Corps germanique, de la Prusse même dans le besoin, à leur existence personnelle et à leur système favori et révolutionnaire. Jamais on ne pourra se reposer sur eux, à moins d'entrer dans celui-ci[1]) . . .

---

1) Am 13. Nov. beantragte das Ministerium die Abberufung Hardenberg's von Basel

22. Legationsrath von Bohm an den Geh. Cämmerier Ritz.[1]) Paris 1795 December 10.

Unterschied der neuen Zeit von der alten. Die Theater. Das Palais royal. Preisverhältnisse. Besuch von den Damen der Halle und den Blumenmädchen des Convents.

. . . Pour ce qui est de la manière de vivre et des usages des Pa- 1795
risiens d'aujourd'hui, vous jugez bien qu'on ne doit plus les reconnaître. Dec. 10.
Ce luxe qui faisait vivre tant de bras qui maintenant mendient le pain aux portes des boulangers; ces sociétés où l'allégresse et l'enjouement ne faisaient rien perdre à la décence; ces productions de l'art et du génie, dirigées par le goût le plus éclairé; cette politesse fine et prévenante qui caractérisait les Français, tout cela a disparu. Il ne reste de l'ancienne splendeur de Paris que les spectacles et la bonne chère que les gens aisées trouvent chez ces restaurateurs dont la ville fourmille.

On a élevé pendant la révolution encore deux maisons spacieuses et fort belles pour les spectacles. Il y a plus de dix théâtres ouverts par jour, dont il y a plusieurs occupés par des troupes assez bonnes et dont les décorations et l'attirail sont très riches et fort soignés. On y donne beaucoup de pièces qui ont paru pendant la révolution; cependant on évite avec soin celles qui étaient en vogue du temps du terrorisme, dont on paraît revenu. Pour ce qui est des pièces anciennes que l'on voit représenter, on semble s'attacher de préférence à celles de Voltaire et de Molière. En vous parlant des théâtres, je ne saurais passer sous silence les ballets; on y met le plus grand soin; Vestris en fait toujours l'ornement. Mais quelque beau que soit l'aspect de tout cela, je ne saurais vous dépeindre la sensation que j'éprouve quand je viens à détourner mes yeux du théâtre et que mes regards tombent sur la foule des spectateurs. Vous ne voyez que des filles publiques, des femmes et des hommes d'une basse extraction, qui occupent les premières places,[2]) et toute la salle est si remplie qu'il ne saurait plus y entrer âme qui vive. L'entrée aux spectacles étant à un prix auquel on ne verrait pas chez

---

und erhielt am 16. die Genehmigung des Königs. Am 27. wurde Hardenberg davon benachrichtigt, der alsbald Basel verließ und über Ansbach nach Berlin reiste.

1) Christian Wilhelm von Bohm, geboren 1764, zum Legations-Sekretär ernannt 7. Januar 1791, Legationsrath 6. April 1793, geadelt 26. Sept. 1794, Legationsrath bei der preußischen Gesandtschaft in Paris seit dem 23. November 1795. Er vermählte sich später in Paris mit einer Tochter des Marquis Girardin, verwittweten Bassy.

2) Ebenso spricht Lord Malmesbury, nach einem Besuch der Oper, von den Zuschauern als einer bad-looking company. (Diaries, III, 294). Vergl. auch Meyer, Fragmente aus Paris, Hamburg 1797, I, 70 flg. u. Schmidt, Tableaux de la Révolution française II passim. Goncourt, Société franç. s. le Directoire, chap. 11.

1795 Dec. 10. nous les lanternes magiques dans les rues, l'affluence est énorme. Il paraît qu'on a voulu dédommager les Parisiens, par cet étalage illusoire, de la misère réelle qui les accable.

En parlant de misère, je n'entends que la majorité des habitants. Il y a toujours un grand nombre de gens assez aisées à Paris, mais qui n'osent faire paraître au grand jour leur fortune. Tout le monde, hommes et femmes, est simplement vêtu. Point de bijoux, point d'or, aucun ornement dans la parure qui pût attirer l'attention. Comme par là les femmes qui sont d'un état au-dessus du commun risquent d'être confondues avec la foule, elles se tiennent la plupart chez elles, et l'on ne voit presque dans les rues que des gens que leur état oblige de sortir.

Le palais royal, nommé maintenant maison Égalité, qui, à ce qu'on m'a dit, était ouvert, illuminé et fréquenté par le beau monde jusque bien avant dans la nuit, est presque tout désert vers les onze heures du soir. La plupart des boutiques qui remplissent cette vaste enceinte se ferment même beaucoup plus tôt, faute d'acheteurs et de peur de vols. En général, si l'on excepte les négociants en gros et ceux qui entretiennent leur trafic avec les étrangers, le commerce, ainsi que l'industrie qui animait autrefois cette grande ville, ne présentent plus l'ombre de ce qu'ils étaient autrefois. Le luxe a disparu; on réduit ses besoins au nécessaire, et tous les objets qui ont une certaine valeur intrinsèque sont d'une cherté bien au-dessus de la proportion qui existe entre la valeur des signes qui représentent actuellement l'argent et d'autres objets moins importants. Vous achèterez bien à un prix modique des modes, des confitures etc.; mais on vous demandera pour des montres par exemple, pour du drap, pour de la toile, un prix au delà du double de ce que ces mêmes objets coûtent chez nous; d'autant plus qu'il n'y a pas de prix fixe pour quelque chose que se soit. Il est vrai que les assignats baissent presque tous les jours, et un louis vaut peut-être aujourd'hui un tiers de plus de ce qu'il valait hier, mais les marchandises montent à proportion. Aujourd'hui un pain coûte 50 L., demain il en coûtera 60. Jugez par ce que je viens de vous dire de l'extrême discrédit des assignats et du délabrement dans lequel doivent se trouver les finances du pays. Aussi il n'y a pas de séance, tant des Anciens que des Cinq-Cents ou du Directoire exécutif, où cet objet ne fasse la matière principale de la discussion. On enfante un projet après l'autre, mais on aura beau projeter; tant que la guerre dure, le gouvernement actuel ne saurait prendre consistance, ni sortir de l'embarras où il se trouve à cet égard. Je crains fort que je ne sois, cet hiver encore, témoin de bien des scènes funestes. Il est vrai qu'il règne dans ce moment une tranquillité apparente à Paris; mais je crois qu'elle est forcée, puisque, lors des derniers troubles, on est parvenu à désarmer toute la ville. Cependant il ne m'appartient pas de préjuger sur l'avenir; c'est au temps seul d'éclairer et de débrouiller la situation critique et incertaine où l'on se trouve ici. 1795 Dec. 10.

Au reste, comme avec Robespierre le système du terrorisme est tombé, on ne fait plus tant de cas de ces dehors austères et quelquefois révoltants dont chacun était obligé de s'encroûter dans ce temps, s'il ne voulait risquer d'être déchiré par les griffes de ce monstre sanguinaire. On fait revivre plusieurs coutumes proscrites de son vivant. On nous appelle indifféremment monsieur ou citoyen. Les beaux équipages recommencent à paraître, quoiqu'ils soient encore rares.

Il y a encore un usage qui existe de l'ancien temps. Le lendemain de mon arrivée, à mon réveil, je trouve la porte et les fenêtres de mon appartement bloquées par un nombre considérable de femmes. Dès qu'elles m'aperçoivent, elles se mettent à faire des compliments et à me sourire tendrement. Je leur dépêchai mon domestique, qui me rapporta de leur part une lettre dont voici à-peu-près le contenu. Les femmes de la halle et les bouquetières de la Convention vous félicitent, citoyen, et vous témoignent leur joie de votre heureuse arrivée, et attendent votre réponse. Ma réponse fut quelques milliers d'assignats. C'est une galanterie que, je crois, ces dames ont observée de tout temps à l'arrivée d'un ministre étranger ou des personnes de sa suite . . .

23. Bericht von Sandoz-Rollin aus Paris.[1])

Stimmung in Frankreich.

. . . Qu'ai-je vu dans la partie de la France que j'ai parcourue? Dec. 21.
Un mécontentement presque général des peuples sur la disparité subite et énorme du papier avec le numéraire. Qu'ai-je entendu? Un vœu presque aussi général de sacrifier la dixième partie des fortunes particulières pour rétablir cette balance et assurer les propriétés. L'espérance seule de voir sonder et guérir la plaie profonde des assignats a fait supporter l'arbitraire du dernier emprunt de 600 millions de livres de France. Cependant la tranquillité et l'ordre semblent avoir pris une sorte de stabilité dans la République, et... vouloir en rechercher la cause est d'autant plus fondé qu'on n'aperçoit ni les moyens ni les forces de les maintenir. Eh bien! on obéit parce que le système de la terreur pèse encore sur toutes les têtes; on obéit parce qu'une soumission monarchique aux décrets républicains surnage visiblement; enfin, on obéit

1) Sämmtliche Berichte nach den an den König und das Ministerium in Berlin geschickten Originalen.

1795 Dec. 21. parce que chacun, s'isolant des affaires publiques, cherche à raccommoder ses affaires particulières. Bientôt Paris, si cela continue, n'offrira plus qu'un peuple de marchands boutiquiers et qu'un vaste entrepôt des productions du royaume . . .

Freilassung der Prinzessin Maria Theresia. Sieyès.

Dec. 23. . . . [Nicht chiffrirt] C'est . . . dans la nuit du 20 au 21 de ce mois[1]) que la prisonnière du Temple est sortie, pour être conduite et échangée à Bâle. Le secret a été si bien gardé, que le peuple de Paris n'en a été instruit que le lendemain fort tard. Une voiture attendait cette princesse à la porte dérobée du jardin, et une autre voiture se trouvait à l'entrée du Temple. Elle est montrée dans la première avec la dame de Soucy et deux autres personnes de sa suite. Une force armée à cheval escortait les deux voitures et devait être relevée en route, jusqu'à son arrivée à Bâle. [Chiffrirt] Lorsque le ministre de l'intérieur a annoncé à cette princesse l'heure de son départ, elle a été fortement émue et s'est mise à pleurer. Qu'irai-je faire à Vienne? disait-elle, mieux eût valu m'oublier entre ces murs et dans ma douleur que de me montrer au monde d'une cour brillante. Qu'irai-je y faire? Je n'oublierai de ma vie les scènes de malheurs dont j'ai été témoin en France et auxquelles je ne survivrai guère. Sa fermeté, sa fierté et son courage ont étonné ceux qui la servaient, et ne se sont jamais démentis . . . L'abbé Sieyès disait ces jours-ci (et les paroles de cet homme doivent être relevées): »je suis le seul en France capable d'être employé à la pacification génerale; mais l'Europe me haït trop pour m'accorder quelque confiance«. Il disait encore, à propos de ce qu'on avait changé les commis du bureau qui lui étaient attachés: »on veut s'occuper de négociations, et l'on s'entoure de bêtes; qu'on juge des traités qui en sortiront« . . .

24. Erlaß an Sandoz-Rollin in Paris.

Frankreich soll durch eine offene Erklärung die Neutralität Hannovers anerkennen.

Dec. 25. . . . Vous[2]) aurez sans doute appris directement du baron de Hardenberg . . . que le gouvernement français a déclaré, dans une note remise par le sieur Barthélemy, qu'il consentirait volontiers à regarder la ligne de neutralité du côté de la Westphalie comme intacte et à se concerter sur ce sujet avec moi, et que sur cela le baron de Hardenberg a témoigné le désir qu'on s'expliquât d'une manière claire et précise sur

1) Vielmehr am 19. December früh 9 Uhr.

2) Die Concepte der Erlasse sind ausnahmslos von der Hand des Geh. Legationsraths Ludwig Daniel Le Coq; gez. von Finckenstein, Alvensleben, Haugwitz. Von den Unterschriften der drei Minister fehlt bisweilen die eine oder die andere.

l'extension de cette ligne et sur les stipulations qui s'y rapporteraient. 1795
Une pareille explication doit résulter naturellement de la demande ex- Dec. 25.
presse dont je vous ai chargé[1]), que la République française déclare son acceptation de la neutralité du pays de Hanovre. La susdite réponse du sieur Barthélemy est assez satisfaisante et ouvre la perspective de s'entendre sur cet objet; mais il faut avant toutes choses qu'on se prononce d'une manière catégorique et formelle sur l'acceptation dont je viens de parler, et après cela, il ne sera pas difficile de s'arranger sur l'extension ultérieure et la démarcation précise de la ligne . . .

25. Bericht von Sandoz-Rollin aus Paris.

Gespräch mit Sieyès.

. . . Les dispositions pour la paix se montrent chaque jour davan- Dec. 28.
tage, et j'en ai la confirmation de la bouche de plusieurs députés. Le cri général de Paris est celui-ci: faites la paix, et vous aurez de l'argent et du pain[2]) . . .

J'ai vu l'abbé Sieyès dans une maison tierce. C'est l'homme du temps dont il est le plus difficile d'avoir une idée juste; ses partisans l'élèvent comme un dieu, et ses détracteurs le rabaissent comme un diable. Cet homme misanthrope et plein de fiel possède une âme forte, de la capacité et des préventions extrêmes. La conversation est tombée sur la paix. »Si la France«, ai-je observé, »conquiert un pouce de terrain du côté du Rhin, elle commet la faute de se faire un ennemi de l'Empire et de le jeter entièrement dans les bras de l'Autriche. Si la France au contraire veut s'attacher le roi de Prusse, elle doit prendre le statu quo pour base de ses négotiations et attribuer par ce moyen à ce monarque la principale influence en Allemagne; ce qui est la partager«. »Vous tairai-je«, reprit Sieyès, »ce qui arrête la France de suivre ce système? Je ne veux pas dissimuler: c'est qu'elle n'est pas aussi assurée de l'attachement du roi de Prusse à son égard, qu'elle en aurait besoin. Elle le voit hésiter dans sa politique entre la Russie et l'Autriche, et entre celle-ci et la France. Tout dépend de ce doute«. »Comment nous entendre?« ai-je répondu, »qu'ont de commun les fausses préventions contre le roi de Prusse et la paix de l'Empire?« »Si fait«, a-t-il répliqué, et il s'est enveloppé dans un raisonnement que ni moi ni lui n'avons pu entendre. »Ceux qui m'ont accusé d'être ami de l'Autriche«, a-t-il repris, »ont menti; ceux qui me représenteraient ami des Prussiens, mentiraient également: je ne suis que Français« . . .

1) Durch Erlaß vom 7. December.

2) »La paix et les subsistances: voilà . . . le désir des habitants de Paris« Polizei-Bericht vom 1. December bei Schmidt, Tableaux 2, 497; vergl. 3, 8.

1796.

Berichte von Sandoz-Rollin aus Paris.

26. Erste Audienz bei dem Direktorium. Gegenseitige Ansprachen.

1796 Jan. 3. [Nicht chiffrirt] Mes audiences de présentation ont eu lieu ici le 31 décembre . . . A onze heures et demie du matin, je me suis rendu chez le ministre des relations extérieures [Charles Delacroix], accompagné du chargé d'affaires Gervinus et des conseiller et secrétaire d'ambassade de Bohm et Roux, ce qui était me conformer à son invitation. Les compliments d'usage terminés, j'ai remis à ce ministre mes lettres de créance [1]), autant pour lui en laisser prendre lecture, que pour m'éclaircir si la forme qui y était donnée n'élèverait point quelque difficulté. Je le craignais. Le sieur Delacroix n'a eu aucun sentiment à lui sur cet objet; mais il est convenu de prendre celui du Directoire exécutif, peu de moments avant l'audience.

Midi avait sonné, lorsque je suis sorti de l'hôtel de ce dernier, pour me rendre au petit Luxembourg, dans ma voiture et avec les mêmes personnes. Celle du ministre des relations extérieures suivait. Là j'ai été conduit avec plusieurs ministres étrangers dans une pièce indépendante de la maison principale. Alors le ministre a requis ma lettre de créance, pour en donner communication au Directoire exécutif. Rentré peu de temps après, il m'a dit que ce tribunal ministériel ne s'arrêtant point à la forme de la lettre en question, serait fort empressé de m'accréditer comme ministre de V. M., et que mon audience serait publique. Quatre huissiers, vêtus dans un costume à-peu-près semblable à celui des anciens hérauts d'armes, ont paru ensuite et ont averti que tout était prêt pour me recevoir. Le ministre, me donnant la droite, m'a conduit de cette pièce à l'hôtel du petit Luxembourg. Une foule de monde en remplissait les avenues et les appartements. Des soldats rangés en file s'étendaient jusqu'au centre même de la salle où le Directoire exécutif m'attendait. Ici les six ministres des départements étaient

---

1) Die lettres de créance sind vom 1. bezw. 23. Oktober datirt.

placés en demi-cercle et debout et étaient costumés de leurs robes de 1796
velours noir, doublées de satin rouge de feu. Présenté au président du Jan. 3.
Directoire, Rewbell, je lui ai remis mes lettres de créance. Puis j'ai adressé au Directoire un compliment dont je joins ici la copie; compliment bien conçu peut-être, mais mal débité pour avoir voulu me fier trop à ma mémoire. Le président y a répondu avec précision. Il a dit en substance que la République française avait une bienveillance générale pour toutes les nations de l'Europe, mais qu'elle distinguerait toujours l'amitié du roi de Prusse de celle des autres puissances, et qu'elle aurait infiniment à cœur de cultiver ses liaisons et sa bonne intelligence; enfin que le Directoire donnerait confiance au caractère de son ministre plénipotentiaire. Cette audience ainsi terminée, j'ai été présenté individuellement à chacun des six ministres, et chacun d'eux m'a accueilli avec intérêt et affabilité . . .

[Chiffrirt] Voilà pour ceux qui me liront en France. Présentement la vérité. Rien n'était plus mal disposé relativement à la représentation de cette audience; nul ordre, nulle décence et nulle étiquette n'y étaient observés. A peine le ministre Delacroix savait-il à qui et quand il devait me présenter; à peine ai-je su quand je devais parler. D'ailleurs la foule affluait sur le Directoire et sur les assistants, de manière à embarrasser et à se mouvoir difficilement. L'expression de bienveillance de la nation française pour les autres nations a étonné; mais elle a échappé au président, qui en est convenu avec ses amis et qui aurait bien voulu la retirer. Où j'ai trouvé plus de décence et de convenance, c'était dans une pièce attenante à la salle d'audience, destinée uniquement aux membres des tribunaux et aux étrangers de distinction. Là j'ai pu m'entretenir avec plusieurs des ministres [?], parmi lesquels j'ai distingué facilement les sieurs Rewbell et Carnot comme les principaux meneurs du Directoire exécutif. On ne saurait s'y tromper: le premier montre de la force et de l'impétuosité dans le caractère, le second montre plus de ductilité dans l'esprit et infiniment plus de connaissances; son maintien n'a décelé en rien le jacobinisme qu'on lui connaît dans l'âme . . .

Sandoz-Rollin's Ansprache an das Directorium:

Monsieur le président. La mission que je remplis aujourd'hui près la République française recommence des liaisons d'amitié qui n'avaient été qu'interrompues. Je suis très flatté en mon particulier d'être un des premiers organes à vous assurer de leur sincérité. L'amour de l'humanité qui caractérise dans ce jour la politique du roi mon maître ne se démentira point. Il y restera fidèle, et continuera d'employer son inter-

1796 Jan. 3. vention toutes les fois que les circonstances l'y appelleront. Pénétré de ce système le roi mon maître élève des souhaits pour qu'une paix glorieuse mette bientôt la République française au-dessus de ses victoires [1]). C'en doit être le terme! Pacifier l'Europe, c'est s'agrandir de l'amour des peuples. Interprète comme je le suis de l'amitié qui rapproche déjà les deux nations, je chercherai, messieurs, à mériter votre confiance par la droiture et la franchise de mes démarches. Je la sollicite d'avance.

Hüffer 1, 299. Vergl. auch Häusser 2, 69 Note 1.

27. Gespräch mit Delacroix über die Demarkationslinie.

Jan. 7. [Nicht chiffrirt] Hier j'ai remis entre les mains du ministre des relations extérieures une note officielle, concernant la ligne de neutralité à établir tant du côté de la Westphalie, que du côté de l'électorat de Hanovre. J'y ai ajouté de vive voix toutes les considérations qui doivent déterminer la République française à reconnaître ladite neutralité... [Chiffrirt] D'abord le ministre Delacroix m'a laissé voir quelque répugnance à y souscrire. »A quoi bon ces lignes de neutralité«, a-t-il dit, »qu'on ne peut pas soutenir? Ne les avons-nous pas vu transgresser par les Autrichiens, puis par les Français, et tout récemment encore par les premiers près de Düsseldorf«. »Tout récemment?« repris-je; »c'était apparemment depuis que le roi de Prusse a fait déclarer hautement qu'il se désisterait de la neutralité en question, ne voulant tenir qu'à celle proposée du côté de la Westphalie et du Hanovre«. »Qui nous garantit«, reprit-il, »qu'elle sera plus respectée?« »Le roi de Prusse en prend l'engagement; c'est à la République française à en prendre un semblable de son côté; et j'ose croire qu'une neutralité aussi imposante ne sera pas violée«. »Nous verrons«, reprit le ministre; »en attendant je ferai une réponse à votre note qui pourra vous convaincre que le gouvernement français actuel a un désir sincère de complaire en tout ce qui dépendra de lui à S. M. Prussienne. On lui a donné des préventions contre nous, je le sais; mais elle en reviendra peut-être. Quant à la ligne de démarcation à tirer par cette neutralité, elle pourra être traitée et convenue à Berlin. C'est une affaire plutôt militaire que politique, et où le ministre de la guerre interviendra plus que moi« . . .

Vergl. Hüffer 1, 300.

1) Diese Stelle fand in Berlin große Mißbilligung und gab Anlaß, daß Sandoz-Rollin wiederholt zur Vorsicht in seinen Äußerungen und Schritten ermahnt wurde.

28. Debatten im Schoße des Directoriums über die Demarcationslinie; Gespräch darüber mit Delacroix.

. . . La réponse du Directoire exécutif sur la neutralité qui intéresse 1796
V. M. se fait attendre; elle est devenue, je le sais, un sujet de débats Jan. 12.
entre les membres Carnot, Aubert-Dubayet[1], et Rewbell et Delacroix. Les premiers, séduits par les rapports de Jourdan, combattent et rejettent la ligne de démarcation comme resserrant l'armée française dans un espace trop étroit et paralysant toutes ses opérations; les seconds, par des considérations politiques, appuient au contraire ladite démarcation comme un moyen de s'approprier l'amitié du roi de Prusse . . . Le ministre Delacroix que j'ai vu et pressé avant-hier matin d'arrêter cette neutralité, m'a dit: »s'il n'était question que de la Westphalie pour la démarcation, nous tomberions bientôt d'accord, et le roi de Prusse en dicterait les articles; mais il s'agit de l'électorat de Hanovre, dont la possession pourrait servir à racheter nos Iles Sous-le-vent« . . .

29. Erlaß an Sandoz-Rollin in Paris.

Der Gesandte wird angewiesen, auf ungesäumte Anerkennung der Neutralität Norddeutschlands zu bringen.[2]

. . . [Nicht chiffrirt] La neutralité du Nord de l'Allemagne forme la Jan. 29.
base du traité de paix de Bâle et le motif principal de la conclusion de ce traité, qui a si heureusement rapproché les deux puissances. Je regarde ce principe comme fondamental et immuable . . . [Chiffrirt] Ma détermination est tellement prise à ce sujet, que je ne pourrais envisager un refus du gouvernement français de souscrire à la neutralité du pays de Hanovre et à la ligne de démarcation qui en est une suite que comme une violation de la paix de Bâle et aviser en conséquence aux mesures qui me resteraient à prendre . . . Pourvu qu'il me déclare d'une manière authentique et formelle son acquiescement à cette neutralité, il ne sera pas difficile de convenir, soit à Paris, soit à Berlin, sur la direction précise de la ligne à fixer, laquelle pourrait, sans inconvénient et sans nuire à l'objet principal, se rapprocher plus que l'ancienne du corps de mes États[3]) . . .

1) Kriegsminister.

2) Alvensleben hat auf diesem Aktenstücke bemerkt: Nach dem mündlichen Decret des Herrn Grafen v. Haugwitz Exc., welches derselbe auf immediaten Befehl S. M. angegeben.

3) In dem Erlaß vom 15. Februar heißt es: si le gouvernement français se prête à ma juste demande sur le maintien intact de la neutralité du Nord de l'Allemagne, suivant la ligne que je vous en ai tracée, et qu'il me fasse parvenir bientôt sur ce sujet une déclaration précise et propre à lever tout soupçon sur la pureté de ses vues, vous pouvez être parfaitement sûr que rien au monde ne

Berichte von Sandoz-Rollin aus Paris.

30. Politik des Direktoriums gegen Preußen. Gespräch mit Delacroix. Das Zwangsanlehn.

1796 Jan. 18. . . . Aussi longtemps qu'il existera une probabilité de mener à une bonne issue les premiers pourparlers avec l'Autriche et l'Angleterre, on ne sera pas pressé de rien arrêter à l'égard de la ligne de neutralité; dès que cette probabilité au contraire s'évanouira, on la reprendra et on conviendra d'en stipuler les conditions. Ainsi la résolution du Directoire exécutif sur cette affaire peut devenir une boussole politique qui fera juger du haut et du bas desdites négociations [1]). Tout semble appuyer au moins mes conjectures; chaque jour le ministre Delacroix me tient un nouveau langage sur cette neutralité; avanthier il soutenait par ex. que l'électorat de Hanovre ne devait pas inspirer autant d'intérêt à V. M. qu'elle le manifestait; que c'était du démembrement même de celui-ci qu'elle trouverait un jour des arrondissements convenables à ses États; enfin que V. M. ne pouvait pas vouloir affaiblir les moyens de pacification de la République française en comprimant ses avantages . . .

»Sachez surtout«, se mit à dire Delacroix, »et vous pouvez en prévenir le roi votre maître, que nous aurons dans un mois de temps 320 mille hommes sur le Rhin et 80 mille en Italie, sans compter les forces que nous entretiendrons en Hollande; sachez aussi que l'emprunt forcé remplira parfaitement notre attente; 922 millions de livres en assignats et 227 millions en numéraire sont entrés déjà dans la trésorerie nationale, et avant la fin du mois, nous pouvons compter sur 300 millions. Et véritablement, ajouta Delacroix, quand, dans une république telle que celle de France, on peut trouver en si peu de temps une somme de cette nature, elle peut en imposer fièrement à ses ennemis et les réduire à la paix. Nos conditions sont connues et elles sont justes«. Quoique mes dernières notions sur ce même emprunt ne s'accordent pas entièrement avec celle-ci, je crois les miennes plus exactes. Il ne faut pas prendre à la lettre toutes les assertions des gouvernants français dont la forfanterie et l'orgueil composent en partie le langage [2]) . . .

31. Gespräch mit Rewbell: Politik des Direktoriums gegenüber Preußen; die Feier des Jahrestages der Hinrichtung Ludwig's XVI.

Jan. 25. . . . Le sieur Rewbell, qui est franc de caractère et ostentieux d'es-

---

m'engagera à me départir du système de neutralité que j'ai embrassé pour le bonheur de mes peuples.

1) Vergl. das bei Häusser II^4, 69 mitgetheilte Billet des Königs Friedrich Wilhelm vom 6. Febr. 1796.

2) In der That scheiterte bekanntlich die Zwangsanleihe fast vollständig.

prit, . . . m'a dit : »J'aime à vous répéter ce que le ministre Delacroix a été chargé de vous exprimer à différentes reprises. Le Directoire est unanime à envisager l'amitié du roi de Prusse comme infiniment utile et avantageuse aux intérêts de la République française; il cherchera à la cimenter par tous les moyens imaginables, et les circonstances de la pacification générale lui fourniront l'occasion d'en donner des preuves à ce monarque. Patience seulement; on nous accusera dans l'étranger, je le prévois, poursuivit-il, de professer de bonnes dispositions individuelles, mais d'y déroger dans nos dispositions publiques. La célébration de l'anniversaire de la mort de Louis XVI pourrait être envisagée sous cet aspect. Qu'avait-on besoin, demandera-t-on, de réveiller des sentiments pénibles et de provoquer des haines?[1]) Eh bien, sachez, me dit-il, que [cette célébration de] l'anniversaire a été l'effet de deux grandes mesures du gouvernement: de ranimer l'enthousiasme pour la République et de parvenir d'autant plus promptement à compléter l'emprunt forcé et enfin de rapprocher l'esprit public de la nation de celui des armées, sans quoi leur retour, au moment de la paix générale, serait une occasion de troubles et de discorde« . . . Le sieur Rewbell est un homme de talents et de caractère, dont je cultiverai la liaison, parce que son opinion doit prévaloir dans le Directoire . . . 1796 Jan. 25.

32. Anwesenheit Jourdan's in Paris.

. . . Toute espérance de paix semble être aujourd'hui évanouie; Febr. 2.
on s'en aperçoit déjà par le renchérissement des denrées de première nécessité. D'ailleurs le motif de l'arrivée du général Jourdan n'est plus un mystère; on sait qu'il a été appelé à Paris pour rendre compte de l'état des armées du Rhin, de celui des magasins, et pour concerter avec Carnot un autre plan de campagne; mais, ce que peu de personnes savent, le tableau qu'il a donné desdites armées est effrayant: elles manquent d'habillement, de fusils, de souliers et de munitions; il n'a consolé un peu que par l'assurance que celles des Autrichiens n'étaient pas dans un meilleur état. Chaque jour le général Jourdan va au Directoire, travaille avec Carnot, et est de plus en conférence avec les membres qui le composent. La guerre n'en fait pas le seul objet, à ce que l'on soupçonne, et la politique doit y entrer aussi pour quelque chose . . .

33. Gespräch mit Delacroix über die Demarcationslinie.

. . . Pressé de faire connaître ici les dispositions de V. M. concer- Febr. 11.

1) Dies wurde in der That in Paris selbst bemerkt; vergl. Schmidt, Tableaux 3, 61.

1796 nant la ligne de neutralité, j'avais rédigé une note verbale, composée
Febr. 11. en majeure partie des raisons énoncées dans ses ordres, et en partie de quelques réflexions qui m'étaient propres. Le ministre français en a entendu la lecture avec beaucoup d'attention; puis il m'a dit: »Je suis charmé de voir que les sentiments du roi votre maître à l'égard de la République soient bien différents de ceux qu'on lui attribue en Allemagne et ailleurs; la guerre était annoncée comme inévitable entre les deux puissances; j'ai plus de foi en ceux-ci et je m'y tiendrai. Eh bien, reprit-il encore, le Directoire n'attend que d'être instruit de la ligne de démarcation que S. M. Prussienne déterminera pour lui donner une réponse prompte et satisfaisante. C'est un sacrifice, je ne vous le dissimule pas, qu'il fera à ses intérêts politiques; mais il s'y résoudra pour raffermir l'amitié entre les deux puissances et pour préparer avec le temps des liaisons plus étendues. Encore une fois: dès que ce monarque nous aura tracé les limites de cette ligne de neutralité, le Directoire avisera aux moyens de lui complaire sans délai« . . .

34. Gespräch mit Rewbell: Mißtrauen gegen den König von Preußen; der Krieg mit England und Oesterreich.

Febr. 16. . . . J'ai eu occasion de féliciter Rewbell sur sa convalescence et de causer avec lui. Que n'y ai-je pas appris! »Voulez-vous savoir,« me dit-il, »ce qui tourmente et ce qui inquiète le Directoire et principalement ce qui l'arrête souvent dans ses bonnes dispositions envers le roi de Prusse? Eh bien, c'est la crainte de le voir se ranger du côté des ennemis de la France; toutes les lettres et toutes les dépêches qu'il reçoit de différents lieux de l'Allemagne sont pleines de ces soupçons. Ce n'est pas assez, continua-t-il, de se faire mutuellement des compliments d'amitié; il vaudrait mieux s'expliquer avec cordialité pour se rapprocher sans aucun vestige de défiance« . . . Je rompis ce sujet de conversation pour passer à celui des ressources de la République propres à continuer la guerre. Ici il s'expliqua avec autant de franchise que de sincérité. »La guerre contre l'Autriche nous inquiète moins«, dit-il, »que celle contre l'Angleterre; nos moyens pour soutenir l'une sont trouvés, et ce n'est pas sans avoir épuisé toutes les ressources de la République; c'est un dernier effort, et ce sera probablement aussi celui des deux puissances belligérantes. Mais j'en ai presque l'assurance: nous en sortirons triomphants et glorieux... L'Angleterre... ignore ce qui se passe dans son intérieur et qui déconcerte tous ses projets ambitieux. Le sieur Pitt en sera ébranlé et étourdi probablement de manière à être forcé de donner sa démission. Souvenez-vous de ce que je vous confie ici: nous n'y aurons aucune part ni directe ni indirecte, et je me plais à vous répéter que notre gouvernement n'a plus besoin de recourir à ces malheureux expédients.[1]) Notre plan de campagne est presque arrêté, ajouta-t-il de plus; la guerre sera défensive du côté de l'Allemagne et entièrement offensive du côté de l'Italie. Il importe de détacher l'Autriche de l'Angleterre et la Sardaigne de l'Autriche, comme il importe d'agrandir la Sardaigne aux dépens de la dernière; nous y réussirons peut-être« . . . 1796 Febr. 16.

35. Denkschrift des Freiherrn von Alvensleben. Berlin 1796 Februar 21.

Mundum, gez. Alvensleben.

Bedenken gegen die Demarkations-Linie und die Verhandlungen mit den Ständen Norddeutschlands. Geldmangel. Vorschläge für den Fall eines Angriffs auf Norddeutschland.

Der Hauptgrund und vielleicht der einzige, welcher Seine Königliche Majestät bewogen, den Baseler Frieden zu schließen, war: Mangel an Mitteln, den Krieg fortzusetzen, und die erwiesene Unmöglichkeit, dieselben herbeizuschaffen. Febr. 21.

1) Die schon vor diesen Friedens-Negociationen bestimmte, dem Departement durch des Herrn Grafen von Haugwitz Exc. als beschlossen bekannt gemachte armirte Demarcations-Linie, um den Norden Deutschlands zu decken, schien mir gleich in ihrem Ursprung ganz unzulänglich und unzweckmäßig, da die berechneten Mittel, dieselbe zu vertheidigen, auf idealen Hypothesen beruhten, welche auch sogleich bei Realisirung des Projects sich in ihrer ganzen Blöße zeigten, so wie ich solches gleich in der Conferenz vom 30. Jaunar, wo dem Departement dieser Plan bekannt gemacht wurde, vorhersagte. Indessen ward dieses Project einer noch mehr erweiterten Demarcations-Linie bei den Baseler Friedens-Negociationen zu Grunde gelegt und machte einen Theil der Friedensbedingungen aus. Auch hier äußerte ich meine Meinung dahin, daß der eine Zweck, die Demarcations-Linie von beiden Theilen respectiren zu lassen, durch die schwachen Corps, welche wir in Franken und Westfalen auf einem mobilen Fuß ließen, nicht erreicht werden könnte, und daß der Hauptzweck, unsere Finanzen zu erleichtern und uns der drückenden Bürde der Kriegskosten zu entledigen, als erster und eigentlicher Grund des Friedens, durch die Mobil-Erhaltung der für unsere Finanz-Lage nur zu beträchtlichen Corps ganz verfehlt würde. Endlich trat noch der für unsere politische Lage sehr bemerkenswerthe Umstand hinzu, daß wenn wir diesen Augenblick benutzt hätten, die sehr gegründete Furcht vor dem Einfall der Franzosen den ganzen nördlichen

1) Über die Verbindung des Direktoriums mit den aufständischen Iren vergl. Sybel 4, 321.

1796 Theil Deutschlands vermocht hätte, Frieden zu schließen und ihn auf eine be-
Febr. 21. stimmte Art von der österreichischen Partei abzuziehen, und uns ohne die mindesten Kosten Ruhe und Sicherheit zu gewähren, auch allen den unangenehmen Verhältnissen, in welche wir dadurch gekommen sind, entzogen haben würde.

2) Der Friede mit Frankreich besteht, und es ist darüber keine Frage; nur eigentlich über die Erfüllung und nähere Bestimmung zweier Artikel dieses Friedens herrscht Verschiedenheit der Meinungen. Der erste hat die Behandlung unserer Provinzen jenseit des Rheins zum Gegenstande. Die Franzosen behandeln sie als Eigenthum; wir aber behaupten, es sei bloß militärisches Depositum. Art. V »Les troupes de la République française continueront d'occuper la partie des États du Roi située sur la rive gauche du Rhin«. Wir gingen von dem Standpunkt aus, daß unsere westfälischen Provinzen jenseit des Rheins nie an Frankreich überlassen werden, die Franzosen aber behaupteten selbst während der Negociation auf das Bestimmteste, daß es unveränderlicher Grundsatz sei, daß sie nie zurückgegeben werden sollten. Wir sehen also beide die Provinzen als Eigenthum an, und die Franzosen glauben sich vielleicht durch das Wort continueront berechtigt, diese Provinzen zum wenigsten so wie vorher zu behandeln, da die Art der Behandlung nicht stipulirt ist, und da sie sich ferner auf die Art, wie wir Sachsen als dépôt im siebenjährigen Kriege behandelt, würden gründen können, mithin im Wege des Feder-Streits nicht viel bewirkt werden dürfte, um so mehr, da nach den Äußerungen des Herrn Caillard man von dem angenommenen System nicht abzugehen Willens ist. Es würde aber meines Erachtens, dieses Umstandes allein wegen, der Friede nicht als gebrochen angesehen werden müssen, vielmehr hätten wir uns bis zur gänzlichen Finalisirung des Krieges mit Protestationen zu verwahren.

Der zweite Punkt, welcher eine nähere Bestimmung zu erfordern scheint, betrifft die Demarcations-Linie, um den Frieden im nördlichen Theil Deutschlands zu erhalten, und man hat die Erhaltung derselben als conditio sine qua non der Beibehaltung des Friedens aufgestellt. Die Franzosen sind in der Hauptsache mit uns eins, und wird es nur auf die Modificationen derselben ankommen. Ich habe zu der Zeit behauptet, daß unsere Äußerungen über diese Linie in Absicht der hinzugefügten Reticenz wegen der kaiserlichen Anerkennung derselben zu wenig befriedigend für die Franzosen sein würden, weil auf keine Weise verlangt werden kann, daß die Franzosen die Neutralitäts-Linie respectiren sollen, wenn sie nicht vergewissert werden, daß ihr Feind, das Haus Oesterreich, sie auch respectirt; und ich behaupte daher noch heute, daß das kleinste Übel, was daraus entstehen kann, eine Prolongation der Negociation ist, wie ich denn überhaupt die Erklärung, daß der König es nie zugeben werde, daß der Norden Deutschlands angegriffen, viel zu entscheidend in unserer Lage halte, um so mehr, da man nie den Satz aus den Augen ver-

sieren muß, daß Mangel an Gelde den Baseler Frieden nothwendig gemacht 1796
hat, nicht aber die Sicherheit des Nordens Deutschlands als Grund des Frie- Febr. 21.
dens anzusehen ist.

Bestehen wir also auf diesen Satz und wollen denselben durch Observations-Corps unterstützen, welches indirecte Drohungen sind und wieder zum Kriege führen können, so verwechseln wir den Neben-Effect des Friedens, die Ruhe des Nordens, mit dem wahren und einzigen Grunde desselben, dem Mangel an Gelde. Dieser Mangel an Gelde existirt noch in seinem ganzen Umfange, ist auffallender wie jemals, und die zu ergreifenden Mittel, denselben zu heben, eigentlich Null, wie dieses das Schreiben des Herrn von Struensee Exc. [1]) nur zu bestimmt darlegt.

So wie die ersten Declarationen an Frankreich, worüber ich hier meine schon mündlich gethane Äußerung schriftlich wiederhole, ohne Zuziehung des Departements von S. Majestät durch des Herrn Grafen von Haugwitz Exc. bestimmt vorgeschrieben worden, so ist auch der Entschluß, welcher Gelegenheit zu dem Schreiben des Herrn von Struensee und meinem schriftlichen Voto giebt, von S. Majestät durch des Herrn Grafen von Haugwitz Exc. dem Departement bloß zur Ausführung bekannt gemacht worden. Dieser Entschluß besteht darin: durch Correspondenz mit den interessirten Staaten Deutschlands auf den eventuellen Fall einer den Erwartungen S. Majestät nicht entsprechenden Antwort von Seiten Frankreichs, ein provisorisches Einverständniß wegen der nöthigen Vorkehrungen, um das nördliche Deutschland zu schützen, zu treffen, nachdem dem Herrn von Struensee aufgegeben worden, die für uns erforderlichen Geldbedürfnisse herbeizuschaffen.

Unsere Correspondenz mit den interessirten Staaten Deutschlands, welche gegen den Herzog von Braunschweig bis zur Aufforderung zum Mobilmachen ausgedehnt ist, kann und wird den Franzosen kein Geheimniß bleiben. Sie wird Mißtrauen, aber keine Furcht erregen, und die Negociationen des Herrn von Sandoz wo nicht ganz unnütz, zum wenigsten äußerst schwer machen; denn die Franzosen werden gewiß so gut wie wir unterrichtet sein, daß es uns an Gelde fehlt und daß das Militärische ohne diese Hülfe gelähmt ist. Also halte ich in politischer Rücksicht diese démarche für höchst schädlich. In militärischer Rücksicht scheint sie mir ganz unzulänglich zu sein, da eine alliirte Armee von 45,000 Mann, als so hoch man sie in dem Projecte annimmt, keineswegs hinreichend sein kann, die Neutralitäts-Linie gegen die Franzosen zu schützen, wenn sie sie überschreiten wollen; und hier berufe ich mich auf Erfahrungen, die uns dieses hinlänglich bewiesen haben sollten.

---

1) Schreiben Struensee's vom 19. Februar, worin es u. A. heißt: Unsere Kassen sind erschöpft und mit allen im Lande zu machenden Ersparungen sind gewiß nicht die Gelder zu gewinnen, die ein auf dem Kriegsfuß stehendes Corps von 25000 M. erfordert.

1796 Febr. 21. 3) Um dieses Project aus einem kameralistischen Gesichtspunkt zu beurtheilen, so muß es uns hinlänglich durch die von Hannover und Braunschweig aus verlangten Korn-Pässe bekannt sein, zu welcher Höhe der Mangel des Getreides in diesen Ländern gestiegen ist, und der lange Aufenthalt der Armeen in Westfalen ist sicherer Beweis für dortigen Mangel; mithin vor der Erndte im September nicht daran zu denken, eine Armee dort zu erhalten, wenn man auch die größten Summen daran wenden wollte.

4) Nach Finanz-Rücksichten ist aus dem Schreiben des Herrn von Struensee zu ermessen, daß wir im Verhältniß mit dem entworfenen Plane auf nichts Rechnung machen können.

Wenn nach diesem 4. Artikel, in Gemäßheit des Briefes des Herrn von Struensee, unsere Geld-Ressourcen nicht hinreichend sind, dem Plane Wirklichkeit zu geben, und die Erfahrung uns hinlänglich belehrt hat, daß auf den Geld- und Militär-Beistand aller kleinen Fürsten wenig oder gar nicht zu rechnen, so würde nach den drei zuerst angeführten Gründen, statt den Krieg von dem nördlichen Theile Deutschlands zu entfernen, derselbe dahin gezogen werden, und wir so wenig wie im vorigen Jahre im Stande sein, die Neutralitäts-Linie intact zu erhalten, vielmehr aus Mangel an Gelde und Magazinen gezwungen sein, den Vorsatz aufzugeben, dieselbe zu erhalten; mithin würden so wie damals, und noch gegenwärtig durch die Mobil-Erhaltung verschiedener Truppen in Franken und Westfalen, auch in der Zukunft große Summen ohne Erreichung des Zwecks aufgeopfert werden.

Bei dieser Lage der Umstände würde ich, wenn ich befragt würde, dahin stimmen: 1) daß dem von Sandoz aufgetragen würde, sich ohne Reticenz dahin zu erklären, daß man unbedingt von Oesterreich, Kaiser und Reich die Anerkennung der Neutralitäts-Linie, und von den darin eingeschlossenen Ständen Enthaltung aller Geld- und Mannschafts-Hülfe an Oesterreich, Kaiser und Reich nicht nur zu verlangen, sondern auch zu erzwingen wissen werde; 2) daß, da die schriftliche Communication mit den verschiedenen Ständen schon stattgehabt hat und nicht wieder zurückgenommen werden kann, dem Herrn Caillard in allem Detail Kenntniß davon gegeben werde; 3) daß wenn die Sachen von Seiten der Franzosen auf das Äußerste kommen, man sich dahin einschränke, ein Corps an den Grenzen von Halberstadt und der Altmark zusammen zu ziehen, um das Innere des Staats zu vertheidigen, als welche Zusammenziehung doch nur erst, selbst bei den äußersten Unglücksfällen, im Herbste statthaben dürfte, und wozu die westfälischen Garnisonen, welche zu schwach zur Vertheidigung der dortigen Provinzen wären, mit Nutzen gebraucht werden könnten, da überdem, wenn die Franzosen wirklich feindselig gegen uns agirten, diese Garnisonen nur der Gefahr ausgesetzt sein würden, einzeln und en détail ruinirt zu werden; mithin würden auch, um gegenwärtig die Kosten für die Zukunft zu ersparen, alle Truppen in Franken und Westfalen zu demobilisiren sein, da diese Truppen dort von keinem wirklichen Nutzen sind; 4) daß alle Kassen aus dortigen Provinzen gleich hieher geschickt, und jeder monatliche Rest nach Abschluß der Rechnung hieher verabfolgt werde, überhaupt dahin antragen, daß diese Provinzen wie im siebenjährigen Kriege nicht vertheidigt, sondern im Fall der Fortdauer des Friedens mit Frankreich und einer Invasion der Franzosen in den übrigen nördlichen Theil Deutschlands, ohne alle Garnison der Treue und Glauben der Franzosen, welche sie nicht berühren dürften, anvertraut würden, sollten wir aber selbst wieder mit Frankreich in Krieg verwickelt werden, diese Provinzen doch ohne Garnison, und diese vielmehr zu den Grenz-Corps bei Halberstadt stoßen zu lassen, da wir einen Theil aufopfern müssen, um das Ganze zu vertheidigen. 1796 Febr. 21.

Diese Art zu handeln würde um so nothwendiger, wenn, wie des Herrn Grafen von Haugwitz Exc. sich darüber in der Conferenz vom 11. Januar dieses Jahres geäußert haben, des Königs Majestät bestimmt entschlossen sind, im Fall die Österreicher bei der Demarcation von Krakau uns denjenigen Distrikt, welchen wir verlangen, nicht cediren sollten, Truppen marschiren zu lassen.

Wenn es zu erwarten wäre, daß man den einmal entworfenen Plan auf- und meinen Vorschlägen Gehör gäbe, so würden gegenwärtig, statt Anleihen und mehrerer Ausgaben, Ersparnisse durch die Demobilisirung der Truppen in Westfalen und Franken bewirkt werden können; dahingegen bei dem jetzt befolgten Plane man sich ein wahres und gegenwärtiges unübersehbares Übel, ohne Nutzen und Erfolg, zuzieht, um einem entfernten und ungewissen Übel auszuweichen, welches sowohl nach logischen als diplomatischen Grundsätzen mir ein Irrthum zu sein scheint.

Häffer 1, 127.

36. Graf Finckenstein an Graf Haugwitz. Berlin 1796 Februar 22.

Nothwendigkeit der Aufrechthaltung der Neutralität Norddeutschlands. Die Geldfrage.

En envoyant à V. E. le mémoire que S. E. M. le baron d'Alvensleben vient de m'adresser, je me bornerai à observer qu'il me paraît inutile de vouloir revenir aujourd'hui à ce qui s'est passé avant et pendant les négociations de la paix de Bâle, et que je ne toucherai par conséquent pas cet article. Mais quant au maintien de la neutralité du Nord, (car il n'est pas question, que je sache, de vouloir assembler le corps d'armée dont il s'agit pour soutenir à tout prix la possession civile des États d'outre-Rhin), je ne puis que persister dans le sentiment que j'ai manifesté dans nos conférences, savoir: qu'il me parait qu'on ne saurait y renoncer sans que la gloire et la considération du Roi, qu'il importe tant de ménager, n'en souffre, et qu'il me paraîtrait également contraire aux Febr. 22.

1796 Febr. 22. intérêts de S. M. et de l'État de permettre que le pays de Hanovre, enclavé dans les États de S. M., devienne le théâtre d'une guerre qui, en approchant l'ennemi jusqu'à nos frontières, le mettrait dans le cas de nous donner des lois, et propagerait infailliblement les principes révolutionnaires et démocratiques dans nos provinces adjacentes, comme cela s'est fait partout où les armées françaises ont agi.

Personne ne sent mieux que moi que ce serait un grand malheur si nous devions recommencer la guerre en rentrant dans la coalition, et je crois que nous sommes tous également pénétrés de cette vérité. Mais si ce cas malheureux venait à exister, ce qui, j'espère, n'arrivera pas, et que la France voulût nous y forcer, il est plus que probable que l'Angleterre saisirait à pleines mains cette occasion pour nous offrir les subsides nécessaires pour subvenir aux frais de cette guerre. Je le répète: je regarderais cette situation comme très fâcheuse, et je n'en parle ici que pour prouver: 1° que tout moyen de faire la guerre, s'il le fallait absolument et si nous y étions contraints par la rupture de la paix de Bâle par les Français, ne nous manquerait probablement pas; 2° que cette conviction, que nous pouvons supposer au gouvernement français, par les inquiétudes que l'apparition de milord Elgin a déjà données au ministre de France, doit naturellement porter ce gouvernement à ne pas se refuser à une demande juste et équitable par elle-même, moyennant quoi tout sera dit.

Quant aux moyens pécuniaires, il faudrait, pour en parler avec précision, savoir au juste la somme nécessaire pour rendre mobile le corps d'armée dont il s'agit, et le plus ou moins de facilité ou de difficulté pour se procurer cette somme par voie d'emprunt. C'est proprement l'affaire de M. de Struensée, et dont personne de nous, à ce que je crois, peut juger d'avance avant d'avoir tous les renseignements nécessaires pour cet effet . . .

37. Bericht von Sandoz-Rollin aus Paris.

Unterredung mit Delacroix über die Rheingrenze. Bewegung in Paris. Unterredung mit Rewbell.

Febr. 22. . . . Un des chapitres favoris du ministre [Delacroix] est de parler des nouvelles limites de la France jusqu'au Rhin. Il y revint encore. Je combattis de nouveau ce système par les raisons mêmes qui servent ici à l'établir. »Vous croyez contrebalancer l'agrandissement de la Russie par des conquêtes en Allemagne? Vous n'y réussirez pas; elles ne seront pour vous, au présent et au futur, qu'un moyen d'embarras et de discorde. Vous croyez de plus, continuai-je, en imposer par ces nouvelles limites aux projets d'envahissement de la Russie contre la Porte Otto-

mane? Vous vous trompez encore. Soyez bien persuadés que plus 1796
l'Europe s'épuise par la continuation de la guerre, et plus la Russie se Febr. 22.
fortifie pour consommer ses vastes projets sur Constantinople. Une paix prompte, conclue demain, peut rendre à l'Europe et à vous ses forces. Laissez donc là ces prétentions gigantesques qui ne feront de votre négociation qu'un chaos interminable. C'est la paix qui doit sauver la Turquie et l'Europe d'un bouleversement général, et non pas vos misérables conquêtes«. Comme la Russie est ici le point central de la haine du Directoire, mes réflexions parurent faire la plus forte impression sur le ministre Delacroix. Au moins n'eut-il rien à alléguer pour combattre cette opinion. Tout n'est pas dit au reste sur ce système politique de la République. Un grand tiers du Corps législatif partage entièrement mon sentiment, et j'ai engagé, sans y paraître directement, quelques-uns de ses membres de répandre leurs idées à ce sujet dans les journaux, ce qui a déjà été effectué. L'essentiel serait de ramener le Directoire à ce système raisonnable, et j'y coopérai avec le plus grand zèle.

La cessation de la distribution à bas prix du pain et de la viande au peuple de Paris avait causé beaucoup de mécontentement. La taxation de ces mêmes denrées à un prix plus haut qu'on ne s'y attendait, a produit la plus grande fermentation [1]. Des aventuriers, des Jacobins et des royalistes, mettaient tout en œuvre pour l'augmenter encore et exciter le peuple aux derniers excès; leurs cris de soulèvement étaient perfides: sous Robespierre, disaient-ils, les assignats avaient de la valeur; sous le Directoire ils n'en ont aucune. On s'attendait à un mouvement dans Paris; un bruit sourd semblait l'annoncer; mais les mesures vigoureuses et imposantes du gouvernement ont contenu les mécontents et les brouillons: tout est resté dans l'obéissance et dans l'ordre . . .

J'ai vu hier au soir le sieur Rewbell. »Votre agent Caselli à Clèves«, lui ai-je dit, »est aussi actif à inquiéter les peuples des provinces prussiennes de la rive gauche du Rhin, qu'à provoquer mes réclamations. Je perds mon entendement et mon temps à vous remettre mémoire sur mémoire à son sujet. Quand cela finira-t-il?« »Taxez-nous d'inactivité, mais ne nous taxez jamais de mauvaise volonté envers le roi de Prusse«, répondit-il, »le vrai est qu'à force d'affaires majeures, nous négligeons presque toujours celles d'une moindre importance. Nous sommes débutants en affaires d'administration; nous croyons gouverner une république, et nous gouvernons un monde. Priez le roi, votre maître, de vouloir bien nous excuser et d'être bien persuadé que nous arrangerons

1) Mit dem 20. Februar wurde die Vertheilung von Brod und Fleisch so gut wie aufgehoben und eine Taxe dafür eingeführt.

1796 toutes choses dans ces provinces d'une manière à lui prouver nos dis-
Febr. 22. positions à lui complaire«. »Pas même un sursis pour l'emprunt?« reprisje, avant de nous séparer. »Impossible de nous en occuper dans ce moment«, répondit-il, »nous sommes des pauvres qui rassemblons toutes nos guenilles«.[1])

38. Hardenberg an Bischoffwerder. Berlin 1796 März 9 »au soir«.

Eigenhändiges Concept in Hardenberg's Nachlaß.

Rechtfertigung gegen das Mißtrauen des Königs.

März 9. J'imagine avoir approfondi la vraie raison du mécontentement que le Roi a paru me témoigner, très cher ami, et je ne puis m'empêcher de vous en parler le plus tôt possible à cœur ouvert, en vous conjurant de rendre compte de ce que je vais dire à S. M., parce que, si je ne me trompais pas dans mes conjectures, le motif de cette disgrâce serait pour moi des plus affligeants. Mais venons au fait. Plusieurs combinaisons me font croire que S. M. me soupçonne de vouloir travailler, de concert avec le prince de Hohenlohe, à la faire rentrer dans la coalition et d'intriguer pour obtenir la place du comte de Haugwitz. Des propos trop favorables que le prince a peut-être tenus, sans doute dans les meilleures intentions, sur mon compte, la proposition qu'il convient avoir faite au Roi d'envoyer le comte Haugwitz ou moi à Vienne, la lettre du baron de Jacobi au comte Haugwitz que vous connaissez[2]), mon cher général, et dont le comte Haugwitz m'a fait part lui-même, enfin plusieurs autres circonstances trop longues à exposer dans ce moment peuvent avoir donné lieu à ces soupçons. Vous savez, mon cher général, que j'ai suivi scrupuleusement dès mon arrivée le principe de ne me mêler de rien qui ne fût de ma sphère, de ne parler des objets qui n'y entrent pas directement que lorsque je serais questionné; que j'ai cru seulement devoir vous donner, à vous et au comte Haugwitz comme à mes amis, mon sentiment par écrit sur notre situation politique, afin de prévenir par là que mon opinion ne fût pas citée à faux[3]): que loin de vouloir dans les circonstances présentes entraîner le Roi dans la coalition, et quelle que soit ma façon de penser sur ce qu'on aurait dû et pu faire dans le cours de la guerre, mes idées sont conformes au système que S. M. a adopté et qu'on poursuit d'après ses ordres et d'après les circonstances impérieuses qui le commandent.

Mais, la présomption à part qu'il faudrait que j'eusse, ne serais-je pas l'être le plus méprisable, si, lié comme je le suis d'amitié avec le

---

1) Die linksrheinischen Besitzungen Preußens wurden zur Theilnahme an dem Zwangsanlehn angehalten.

2) Über diesen Brief hat sich nichts ermitteln lassen. 3) Vergl. Häusser 2, 46—48.

comte Haugwitz, je pouvais avoir un instant l'idée de le supplanter? 1796
J'ose me persuader que lui-même est plus éloigné que personne de me März 9.
croire capable d'une telle noirceur. Nous avons plusieurs fois parlé sur cette matière; il forme les mêmes conjectures que moi sur le mécontentement de S. M.; il sait que je vous écris sur cet article, et j'ai trouvé une grande consolation dans la justice qu'il me rend. Toutefois vous sentez bien, cher ami, qu'il m'importe plus que je ne puis l'exprimer que le Roi n'ait pas l'ombre d'un doute à cet égard. Que penserait-il de mon caractère moral et de ma probité si cela pouvait être? Et tous les bienfaits, toutes les distinctions dont S. M. me comble et que j'envisage avec un cœur pénétré de la plus vive gratitude, ne sont rien en comparaison de l'estime et de la confiance d'un souverain que je sers avec l'attachement le plus pur et le zèle le plus ardent. C'est là la récompense principale que j'ambitionne. Si je pouvais perdre ces sentiments de sa part, je serais affecté d'une douleur d'autant plus extrême que je suis fort de mon innocence. Puisse donc le Roi me connaître plus particulièrement! il verrait que je suis absolument incapable d'intriguer; que très content du poste que j'occupe, je ne connais que le vif désir de le bien servir et d'obéir à ses ordres là et comment il le juge à propos; que lorsque j'aurai quelque chose à demander à ses bontés, j'y aurai recours avec une confiance illimitée et sans détours; que quand je croirai devoir lui dire mon sentiment sur les affaires, ce ne sera ni en m'ingérant d'une manière indiscrète dans celles dont S. M. ne me confie pas le soin, ni par des voies sourdes, mais avec franchise, d'après ma conviction et en soumettant mon opinion à ses lumières et à sa haute décision. Encore une fois, mon cher général, représentez ceci au Roi; il est juste, il est bon; je ne serai en repos que lorsque je serai sûr que S. M. me rend justice sur ces objets. Peut-elle me blâmer? Non; je ne mériterais aucune de ses bontés, si je n'envisageais cette affaire avec la plus vive sollicitude.

Berichte von Sandoz-Rollin aus Paris.

39. Gespräche mit Delacroix und dem Directorium über die Demarkationslinie.

... »Vous pouvez être assuré«, me dit le ministre des relations ex- März 7.
térieures, »que mon rapport au Directoire exécutif sur la ligne de neutralité sera entièrement favorable aux désirs du roi de Prusse. Vous pouvez être assuré également du suffrage du sieur Rewbell; mais je ne vous en promettrai pas autant de Carnot, de Petiet, ministre de la guerre[1]), ainsi que de Ramel, ministre des finances; tous ont à ce sujet

1) Seit dem 6. Februar Nachfolger des oben erwähnten Aubert-Dubayet.

1796 März 7. des idées différentes. Je crains surtout que cette ligne de neutralité ne se trouve en opposition avec un plan militaire qu'a fourni le général Jourdan, et qui a eu la sanction d'une commission de guerre. Écrivez-moi une lettre ostensible sur ce même objet et déduisez-y les raisons que vous jugerez les plus propres à entraîner le Directoire dans cette opinion et dans la mienne; j'en ferai usage. Seulement je dois vous prévenir que la réponse pourra tarder 6 jours avant de vous être rendue. Trois affaires occupent dans ce moment le Directoire, et qui devront être terminées avant de prendre en considération la demande du roi de Prusse; mais fiez-vous à mon exactitude, vous la recevrez au terme indiqué«. »Puis-je y croire?« interrompis-je, »tant de fois j'ai parlé à ma cour de vos réponses, j'en attends encore la majeure partie«. Un moment de silence succéda ici à cette scène assez vive de ma part. Le sieur Delacroix l'interrompit pour me dire: »j'ai une idée, et ce serait celle de faire entrer dans ce même arrangement de neutralité celui d'un dédommagement pour la Maison d'Orange: tout sujet d'ombrage et de défiance cesserait dès cet instant entre les deux puissances; par ex. si dès à présent le roi de Prusse pouvait désigner les sécularisations propres à former à la paix un arrondissement convenable à ladite Maison, nous n'y donnerions pas seulement notre consentement, mais de plus notre garantie; cela deviendrait même un moyen de faire agréer au Directoire la ligne de neutralité« . . .

»Vos intentions sont bonnes«, repris-je, »mais toutes vos idées de dédommagement sont bien futures; j'ignore même si vous aurez la possibilité à la paix de pouvoir les réaliser«. »Oui! nous l'aurons«, interrompit-il avec fierté, »si la République de France et le roi de Prusse veulent bien s'entendre à cet égard, je ne sais pas où est la force qui pourrait y mettre empêchement. Ce ne sera pas l'Autriche, soyez-en sûr« . . . Il alla jusqu'à me dire qu'il serait possible de faire des paix particulières dans l'Empire au gré de V. M., en exceptant néanmoins l'électeur de Hanovre. Il alla plus loin encore, qu'on pourrait très bien garantir les nouvelles possessions prussiennes en Pologne, et de manière à en consolider l'acquisition. Ces citoyens législateurs embrassent l'univers dans leur politique, et peuvent à peine prévoir les événements les plus rapprochés . . .

Gespräch mit dem Directorium und den Ministern über die Demarkations-linie. [Nicht chiffrirt] Les sentiments de plusieurs de ses membres furent très favorables à cet arrangement; ils me le témoignèrent à plusieurs reprises. D'autres y montrèrent plus d'opposition, en ce qu'une ligne semblable pouvait gêner les opérations des armées: mais tous convinrent du grand

intérêt que la République avait de consolider la meilleure intelligence avec 1796
V. M. [Chiffrirt] »Oui! la République doit consentir«, disait Rewbell, »à cette März 7.
ligne de neutralité, afin de montrer à l'Europe entière l'estime et l'amitié qu'elle porte au roi de Prusse; elle le doit en dépit même de la fluctuation de ses sentiments à notre égard: ce monarque envisage peut-être notre gouvernement comme éphémère et peu stable, et notre République comme ne pouvant pas lui offrir les mêmes moyens de forces que les puissances qui l'avoisinent. Assurez-le qu'il est dans l'erreur; assurez-le que notre gouvernement acquerra un degré de vigueur et de puissance inconnu au reste de l'Europe. Assurez-le surtout qui il trouvera plus de fidélité dans notre amitié que dans les promesses feintes de ses voisins. Quel rôle plus glorieux peut-il désirer que d'être le médiateur de l'Allemagne et du continent?« Les sieurs Benezech et Larevellière-Lepeaux partagèrent entièrement ces sentiments. Jusqu'ici je n'avais pas entendu parler de l'accession de la cour de Vienne à cette ligne de neutralité; aucun des membres dont j'ai transmis les opinions ne m'en avait touché le plus léger indice. Il n'en fut pas de même des sieurs Carnot, Barras et Letourneur; et ce fut à cet objet que le premier s'arrêta davantage. Selon lui, la République pourrait difficilement donner son consentement à la ligne de neutralité, sans que la cour de Vienne en fît autant de son côté. C'était un aveu mutuel bien caractérisé de leur part qui devait en faire la garantie. Agir autrement, cette ligne tomberait à la charge de la puissance qui serait seule à l'observer; d'ailleurs, autant qu'il en pouvait juger, la ligne de neutralité proposée gênait en totalité le plan de campagne du général Jourdan, de ce général qui avait tant à se plaindre de la partialité du prince de Hohenlohe en faveur des Autrichiens. Letourneur et Barras répétèrent, comme par écho, ces objections et s'exhalèrent en imprécations contre les derniers . . .

Le sieur Delacroix est accusé dans le public de ne pas marcher avec activité, et de laisser une multitude d'affaires en arrière. C'en serait assez pour qu'on s'occupât de le remplacer. J'en serai fâché pour ses bonnes intentions et pour l'attachement qu'il a voué aux intérêts de V. M. . . .

40. Diner bei dem amerikanischen Gesandten. Toast auf die Frankreich befreundeten Könige.

. . . [Nicht chiffrirt] Avanthier, . . . à un dîner diplomatique chez le mi- März 14.
nistre d'Amérique [Monroe], j'ai eu l'avantage d'entendre les présidents du Conseil des Anciens [Regnier] et du Corps législatif [Thibaudeau] me témoigner les assurances les plus expressives de leur attachement aux

1796 März 14. intérêts de V. M. C'est le second dîner de ce genre qui a été donné aux principaux membres du gouvernement français. Une santé a été remarquée dans ce dernier, et que je ne puis me résoudre de passer sous silence: c'est celle des rois amis de la France, portée par le président du Conseil des Anciens. Tous les convives y ont répondu avec acclamation; elle peut donner une idée du changement qui s'opère ici dans les idées et qui est un effet de l'ascendant que le gouvernement acquiert . . .

41. Unterredung mit Delacroix: Annahme der Demarkationslinie im Princip; Gervinus; Tauschpläne.

März 24. Mittheilung einer Note des Ministers Delacroix vom 24. März, wonach die französische Regierung die Neutralität Norddeutschlands und die Demarkation anerkennt; Caillard wird zu den näheren Verhandlungen hierüber bevollmächtigt. Certainement le sieur Delacroix a tenu tout ce qu'il m'avait promis. Il m'a donné communication de son rapport, qui était bien rédigé pour le style et pour le raisonnement. J'aurais à cœur que V. M. pût lui faire dire quelques paroles obligeantes à ce sujet. Ces grands législateurs sont vains et sensibles aux éloges . . . Mais le début de notre conversation a eu de quoi me surprendre. »Le Directoire a pris hier«, me dit-il, »la résolution de signifier à M. Gervinus de sortir de la France; il m'a chargé de vous en prévenir. Le Directoire se plaint de ce qu'il ne garde plus aucune mesure dans ses discours, dans ses relations et dans ses écrits contre le gouvernement; les preuves lui en sont acquises de la manière la plus formelle«. En témoignant ma surprise et mes doutes au sieur Delacroix de ce que j'entendais, je m'attachai au moins à écarter la violence et la publicité. Le renvoi du sieur Carletti me vint à la mémoire. »Les égards que vous devez au roi, mon maître, et les ménagements usités entre les puissances exigent que vous vous borniez à charger le sieur Caillard de demander son rappel, et qu'il se retire sans bruit; vous ne pouvez rien vouloir davantage«[1]. Ces réflexions firent impression sur Delacroix et le ramenèrent à des sentiments plus modérés. Il me promit de déterminer le Directoire à suivre cette marche . . .

Le sieur Delacroix revint ensuite aux projets tant de fois rapportés du Directoire d'agrandir la puissance de V. M.: c'est son vœu et c'est

1) Caillard that dann in Berlin Schritte, um die Abreise von Gervinus zu beschleunigen; er bemerkt, derselbe sei längst als ein »intrigant actif et dangereux« bekannt gewesen. 1796 April 9.

sa politique. Entrant même en quelques détails à ce sujet, il me dit que si V. M. jugeait de sa convenance de réunir le duché de Mecklembourg à ses États et [ou?] de l'ériger en électorat pour servir de dédommagement à la Maison d'Orange, le Directoire serait prêt à y donner les mains et à en garantir la stabilité de la manière la plus formelle . . .

1796 März 24.

Avanthier j'ai vu les sieurs Rewbell et Letourneur, et je les ai trouvés obstinément résolus de continuer la guerre, en convenant que les fonds déposés à la trésorerie nationale ne seraient pas suffisants pour la terminer. Il attendent des chances et des moyens fortuits[1], et puis ils comptent aussi sur l'impuissance des efforts de l'Autriche. Telle est la situation présente des affaires: Ramel, ministre des finances, est dans la détresse; Petiet, ministre de la guerre, est aux abois; on résume, on calcule, on vend des marchandises, on bat monnaie, et on n'avance rien, le numéraire paraît s'engloutir à mesure qu'il se montre sur la place . . .

Häffer 1, 301. 302.

42. Die französischen Vertrags-Entwürfe. Carnot. Drouet.

April 5.

. . . [Nicht chiffrirt] Le ministre Delacroix . . . me communiqua les pleins pouvoirs dont le Directoire l'avait muni, pour signer avec moi les pièces dont il devait me faire lecture, si j'y étais autorisé de mon côté. La première comprenait un traité en forme, relatif à la ligne de démarcation, dont tous les articles m'ont paru conformes, à quelques expressions près, aux intentions de V. M. La seconde offrait des articles secrets, rédigés également en traité, qui embrassaient des arrangements éventuels de la dernière importance; traité qui fut aussi imprévu pour moi, qu'étranger à la question de la neutralité. Je ne pensais pas que l'une et l'autre de ces pièces eussent tant d'analogie entre elles que l'acceptation de la première entraînait celle de la seconde: je me trompais. En effet, ayant consenti de signer la ligne de neutralité sauf la ratification de V. M.[2]), le ministre Delacroix m'observa que les arrangements éventuels devaient l'être également; celle-là était selon lui une preuve des dispositions du Directoire de complaire et d'agréer à V. M., et ceux-ci servaient à tranquilliser les alliés de la République sur les vues pacifiques de V. M. pendant la durée de cette guerre. Ici je refusai de me

1) Rewbell äußerte einmal: »nous sommes des fous aguerris et heureux«; Delacroix: »une certaine fortune préside aux affaires de notre gouvernement«.

2) In einem Erlaß vom 22. April wurde dem Gesandten das Erstaunen des Königs kund gegeben, daß er einen Vertrag habe unterzeichnen wollen, dessen Bestimmungen den preußischen Interessen diamétralement entgegengesetzt seien.

1796 April 5. prêter aux propositions du sieur Delacroix et de signer . . . Le seul expédient auquel je me résumai fut de lui proposer de charger un courrier qui était resté ici à ma disposition de ces nouveaux arrangements, afin de mettre le sieur Caillard en état de les discuter avec le ministère de V. M. . . . Le ministre Delacroix y consentit . . . Ce ne fut pas sans me montrer un air froid et de l'humeur, que ce ministre se sépara de moi . . .

[Chiffrirt] Quelques propos vagues du Directoire m'avaient fait soupçonner qu'on ne serait pas fâché de s'assurer dès à présent de la possession des provinces prussiennes de la gauche du Rhin; cela était entendu à différentes reprises; mais je ne croyais pas que cela fût si près d'être mis en exécution; les embarras de soutenir la guerre et l'incertitude de conclure une paix me semblaient être des obstacles propres à éloigner une pareille idée. Je me suis trompé. Toutes mes réflexions pour démontrer le peu de fond que la France devait mettre sur les chances de la guerre n'ont abouti à rien: les sénateurs français ne veulent écouter que ce qui flatte leurs passions et leurs idées de grandeur; ils échafaudent en politique, et ne savent distinguer ni les convenances ni le temps. Certainement l'intention du Directoire, dans tout ce qui est proposé à V. M., est de vouloir lui complaire; je puis en certifier l'assurance; il pense même donner dans cette occasion à V. M. une preuve de son attachement et de l'intérêt qu'il attache à la prospérité de son royaume. »Il n'est aucune puissance«, disait le sieur Delacroix, »à qui nous ayons fait des offres semblables et pour qui nous voudrions stipuler et garantir à la paix les arrangements proposés« . . . Carnot était revenu à opiner pour la ligne de neutralité lorsqu'il en a été question dans le Directoire, ce qui a donné dès ce moment la majorité pour l'affirmative . . . Quelle idée n'a-t-il pas, ce Carnot! Il me disait il y a peu de jours: »nous aurons en Hollande, en Allemagne et en Italie 850 mille hommes sous les armes; certainement nous forcerons dans cette campagne l'Autriche et la Sardaigne à faire la paix. L'Angleterre restera seule en guerre; il faudra voir alors comment elle supportera un débarquement de 200 mille hommes sur ses côtes. On ne sait pas assez que la guerre rallie et ranime nos ressources, notre courage et nos forces«. Il me disait encore: »le roi de Prusse doit prendre confiance à nos engagements et à nos moyens de les soutenir; s'il laisse échapper l'occasion que nous lui offrons de s'agrandir, il ne la retrouvera plus jamais«. Nulle possibilité d'ailleurs de faire ici une objection: tout cela était dit, parlé et confirmé avec une assurance qui étonne et en impose. Drouet, un des otages mis en liberté par les Autrichiens, disait à haute voix et avec le même ton: »j'ai entendu ces Autrichiens assurer que deux années ne se passeraient pas sans que l'Empereur ne déclarât la guerre au roi de Prusse et ne le fît repentir de sa dernière paix« . . . 1796 April 5.

Häusser 2, 70. Hüffer 1, 302 flg. Sybel 4, 243. 244.

43. Rheingrenze. Friedensgerüchte. Pichegru.

. . . »Oui«, me disait hier Carnot, . . . »nous tiendrons invariablement au système des limites du Rhin« . . . Le système des limites prévaut dans le Directoire, je ne saurais plus en douter. Ce n'est pas le sieur Rewbell seul . . . qui le soutient: ce sont les membres les plus accrédités du gouvernement actuel; il n'y a que Larevellière-Lepeaux et Barras dont les sentiments soient modérés et portés pour le statu quo. Mais dans le Corps législatif, comme dans celui des Anciens, la majorité est toujours pour le système de préférer le bien d'une paix prochaine à des conquêtes qui deviendront un foyer de discorde et de divisions . . . April 12.

Des bruits de paix sont répandus et imprimés ici avec la plus grande affection; on criait même avanthier dans les places publiques de Paris: arrivée de 5 courriers extraordinaires au Directoire avec la nouvelle de la signature des préliminaires entre la République française et l'Empereur. Le peuple crédule y était trompé et en montrait sa joie. Je croyais ces bruits sortis du gouvernement même, pour disposer les esprits à quelque récidive de l'emprunt forcé. Il n'en était rien. Delacroix et Carnot, que j'eus occasion de voir le même jour, m'en ont montré au contraire beaucoup d'humeur, disant qu'ils étaient semés par les émissaires de Pitt et par une faction ennemie, dans le but de relâcher le courage des armées; »mais nous y remédierons et nous déploierons, à l'égard de ces traîtres et de ceux qui les soufflent, des actes de sévérité qui dans d'autres temps passeraient pour despotiques« . . .

Dans une grande fête donnée ces jours passés chez le ministre de l'intérieur [Benezech], j'eus occasion de m'entretenir avec le général Pichegru. Je l'ai trouvé tel que sa réputation l'annonce: modeste, parlant peu, mais parlant bien et jamais de lui. Il se répandit en louanges sur la bravour personelle de V. M. et sur la confiance qu'elle inspirait à son armée. »La tactique prussienne a fondé la nôtre«, disait-il; »nous n'en avons différé que par des combinaisons audacieuses et peu soigneuses de la vie des hommes. Cela a réussi, mais cela doit avoir un terme, si l'on veut organiser une armée« . . .

44. Heftige Scene bei den Fünfhundert. Die Parteien und das Directorium.

. . . [Nicht chiffrirt] Jusqu'à ce jour les délibérations du Conseil des April 18.

1796 April 18. Cinq-Cents avaient été calmes et décentes. L'influence des tribunes y était absolument inconnue. La séance du 23 germinal ou du 12 de ce mois a reproduit une scène fâcheuse, et réveillé les passions et l'animosité des partis qui divisent le Corps législatif [1]).

Il était question de vérifier les troubles du Midi; la commission chargée d'en faire le rapport a représenté qu'elle avait besoin de nouveaux renseignements à ce sujet; ce texte a fourni matière à des discours très vifs entre plusieurs des membres, et entre autres entre Isnard, Jourdan, Rovère et le parti modéré. Ne voulant rien écrire que de vrai sur cette matière, je transcrirai les paroles d'une personne sage qui y était présente. »A peine le président Doulcet était-il découvert«, m'a-t-elle dit; »le Conseil est jeté de nouveau dans le plus grand trouble; on voyait dans un coin de la salle Jourdan au milieu de plusieurs députés et dans la plus vive agitation. Tout à coup les cris: »à l'Abbaye, à l'Abbaye« se font entendre. Tous les députés sortent de leurs places et se précipitent vers l'endroit du désordre. Le président se couvre pour la troisième fois. Enfin la tranquillité renaît et les délibérations sont reprises.« On conclut à ce qu'une nouvelle commission soit formée. Le lendemain, on criait publiquement dans les rues: »grand combat à mort entre plusieurs députés du Corps législatif«. Il n'y avait pas eu une seule voie de fait; mais les malveillants font usage du mensonge et des calomnies pour décrier le gouvernement. Le souhait à faire serait qu'on ne leur fournît pas tant d'aliments pour exercer leur perfidie . . .

[Chiffrirt] Une grande discorde agite dans ce moment le Corps législatif. Quelques membres du Midi de la France, tels que Isnard, Jourdan et Rovère, ont le projet de ressusciter la Montagne et les Jacobins pour incendier l'anarchie; mais ils n'y parviendront pas. Ces têtes exaltées et folles ne sauraient être sous aucun rapport dangereuses. Le parti de Boissy d'Anglas, également opposé au Directoire, manque d'énergie et de caractère pour prendre une certain consistance; il se consume en cris, en murmures et en mesures inutiles. Cependant il était résulté de toutes ces divisions dans le Corps législatif des attroupements et des rassemblements parmi le peuple; on les a vus même, pendant 3 jours, se multiplier et grossir considérablement. Le gouvernement en a senti le danger. Il était temps en effet: il a fait passer une loi dans les deux chambres de législature qui prononce la peine de mort contre ceux qui ne se disperseraient pas à la première réquisition, ou ceux qui opposeraient la résistance à la force armée [2]). Dès ce moment ces attroupe-

1) Vergl. u. A. die Schilderung dieser Scenen bei Meyer, Fragmente I, 193 flg.; er behauptet, Augenzeuge gewesen zu sein. Rovère wird oben irrthümlich genannt.

2) Gesetz vom 27. Germinal (16. April).

ments ont été dissipés. Le Directoire s'est trop prononcé dans ce 1796
moment de crise pour pouvoir reculer et pour ne pas sévir avec la der- April 18.
nière rigueur contre les ennemis de la constitution. Il y réussira : le peuple, las et excédé de révolutions, obéira et sera subjugué plus facilement qu'un autre peuple. C'est une opinion que je ne cesserai de répéter . . .

45. Vorgehen des Direktoriums gegen die Jacobiner. Volksstimmung. Unterredung mit Delacroix.

. . . Depuis que la loi contre les rassemblements a été mise en April 26.
exécution, et depuis que la police surveille les factieux, les royalistes et les terroristes, tout est soumis et la plus grande tranquillité règne dans cette ville. Aussi, n'en déplaise aux législateurs modernes, on ne peut mettre en activité et fonder un gouvernement que par des voies de vigueur et de force; la justice n'est, hélas, qu'une œuvre secondaire. Mais la grande mesure qui occupe sérieusement dans ce moment le Directoire est de saper et d'anéantir le parti jacobin ou la Montagne; il ne peut plus exister d'intermédiaire ou de ménagements : il faut ou qu'il l'expulse entièrement du Corps législatif, ou qu'il voie son autorité toujours contrariée et souvent compromise. Rien n'annonce davantage, selon moi, les moyens d'énergie et de puissance du Directoire que de former ce projet, et il y réussira. Deux camps, de six mille hommes chacun, viennent d'être établis, l'un dans la plaine de Grenelle, et l'autre dans celle des Sablons, dont l'objet est d'en imposer et d'être employés au besoin. La ruine du parti jacobin entraînera nécessairement celle d'un grand nombre de fonctionnaires publics, ce qui deviendra très agréable au peuple. Le sieur Delacroix y sera compris, comme étant un des membres cachés et honteux de ce parti. Les sieurs Maret et Bourgoing sont ceux que le public désigne et appelle pour lui succéder . . .

La constitution s'affermit chaque jour davantage depuis que l'autorité est resserrée en peu de mains, et je ne cesserai de répéter de plus que le peuple est mille fois plus las des révolutions, qu'il n'est mécontent du gouvernement . . .

Lorsque j'ai vu le sieur Delacroix, c'était le jour où l'on venait de recevoir la nouvelle de la première victoire remportée sur les Autrichiens près des frontières de Gênes.[1]) Il en était transporté de contentement et de joie; »encore un avantage de ce genre«, disait-il, »et nous verrons le roi de Sardaigne déserter la coalition; encore une seconde victoire sur

1) Treffen von Montenotte, 12. April.

1796 April 26. les Autrichiens, et nous verrons l'Empereur reprendre la négociation que l'Angleterre lui a fait abandonner. C'est de l'armée d'Italie et de ses opérations que nous devons attendre la paix« . . .

46. Systemlosigkeit und Wandelbarkeit der französischen Regierung.

April 29. . . . On se perd à chercher et à trouver le système politique de la France. Il n'en existe point: chaque ministre décide souverainement dans sa partie, de manière que rien n'est lié à la chose publique. Je ne connais aucun envoyé étranger qui ne se plaigne de la variabilité de penser et d'agir des employés comme des ministres, et qui ne se plaigne surtout de la dureté des formes dont on fait usage ici dans les moindres affaires . . .

47. Mißtrauen gegen Preußen. Unterredung mit Carnot und Rewbell. Französische Absichten gegen Hannover.

Mai 6. [Nicht chiffrirt] De ces soupçons sur les dispositions de V. M. on est passé ici à la plus terrible défiance; j'en ai eu la preuve hier en conversant avec le sieur Delacroix, et ensuite avec les sieurs Rewbell et Carnot. »Que veut dire ce départ du ministre d'État comte de Haugwitz pour Brunswick«[1]? m'ont-ils demandé chacun séparément; »que signifie ce rassemblement d'une armée de 80 mille hommes, dont le général prince de Hohenlohe doit être le chef? Serait-il vrai que le roi de Prusse a le projet d'entrer en Hollande et d'y rétablir le stathouder? Et serait-il vrai qu'il est résolu de rompre la paix de Bâle et de se déclarer contre la France? Tant d'avis nous ont été transmis à ce sujet, . . . qu'il est impossible de les mépriser et de ne pas surveiller sérieusement les démarches de la Prusse.« Ma réponse fut de repousser ces bruits et ces soupçons, comme sortis de la même source et répandus dans le même esprit de semer la défiance et de brouiller. Je le vis: je fus écouté comme un homme qui dissimulait.

[Chiffrirt] »Entendons-nous mieux«, reprit le sieur Rewbell, »je voudrais qu'il n'existât plus de politique sur la terre. Le roi de Prusse requiert la neutralité du Nord de l'Allemagne, y compris spécialement celle de Hanovre; il la requiert pour la seconde fois et pour la seconde campagne; c'est un grand sacrifice et le plus grand que ce monarque puisse exiger de notre part. La République consent à lui faire ce sacrifice moyennant quelques arrangements particuliers et quelques engagements propres à rassurer le Directoire sur toute entreprise contre la Hollande. Le roi de Prusse rejette ces derniers comme éventuels, comme

1) Am 14. April hatte Haugwitz Berlin verlassen.

étrangers et comme devant être renvoyés à la pacification générale; 1796
mais il rejette d'un côté, et prétend de l'autre ce qui est contraire à une Mai 6.
bonne réciprocité et même à l'équité. Pourquoi le roi de Prusse, en refusant de se prêter à celles des propositions qui lui ont été faites, n'a-t-il pas exprimé clairement ses souhaits et ses modifications? Il eût été possible de se rapprocher et de se concerter peut-être. Encore une fois, il serait bien à souhaiter qu'on s'expliquât franchement et nettement, et qu'on déposât dans des affaires de quelque importance toute espèce de politique« . . . »Enfin,« reprirent encore Rewbell et Carnot, »pourquoi le roi de Prusse mettrait-il une grande armée sur pied, si ce n'était pour nous en imposer et pour nous contrecarrer dans nos opérations militaires? Nous en avons les soupçons«. »Pourquoi ai-je besoin de vous le dire«? répondis-je: »le roi mon maître lève une armée d'observation pour faire respecter la neutralité du Nord de l'Allemagne; le maintien de la constitution de l'Empire lui tient d'autant plus à cœur qu'il en est devenu, à bien des titres, le garant et le protecteur; son influence et sa considération dans l'Empire en dépendent« . . .

Le sieur Rewbell parut adopter mon opinion; le sieur Carnot s'y montra d'un autre côté entièrement opposé. Son argument fut de dire: »le seul moyen qui soit en notre pouvoir pour forcer le roi d'Angleterre à la paix, c'est d'attaquer le Hanovre, c'est de le mettre à contribution; et puis ce serait aussi de détacher entièrement cet électorat de l'Angleterre. Le peuple de Hanovre y est déjà entièrement disposé, et sa haine contre les Anglais est bien prononcée«. »À quoi cela aboutira-t-il«? objectai-je; »convient-il à la République de révolutionner le Nord de l'Allemagne pour arracher quelques misérables contributions de Hanovre, et enfin de bouleverser des États qu'elle ne veut ni ne peut conserver, et dont elle se fera autant d'ennemis irréconciliables? Qu'y gagnera-t-elle? Il y a de quoi beaucoup méditer selon moi avant de l'entreprendre«. »Mais comment tirer vengeance de ceux qui nous provoquent audacieusement«? reprit Carnot; »comment punir, par exemple, la ville de Hambourg de l'affront qu'elle vient de nous faire essuyer à la face de l'Europe[1])? Ces gens-là sont trop riches, et il est indispensable qu'ils achètent chèrement leur neutralité«.

On le voit et on l'entend: l'occasion de rançonner et de ramasser quelque argent, fait céder ici toute autre considération, et devient le mobile de leurs entreprises, et j'oserai dire, de leur politique . . .

N'ai-je pas entendu le sieur Rewbell me dire avec son ton de franchise et de brusquerie: »nous aimons le roi de Prusse et nous détestons

1) Hamburg hatte einen von Frankreich geschickten Residenten zurückgewiesen.

1796 Mai 6. l'Autriche; mais si l'on veut prendre notre amitié pour un pis-aller, et si l'on veut la mépriser, nous serons forcés d'y renoncer; d'autres sauront en faire plus de cas, et nous reviendrons à ceux que nous n'avons pas pu estimer« . . .

Vergl. Häusser 2, 71; Hüffer 1, 305.

48. Erlaß an Sandoz-Rollin in Paris. Berlin 1796 Mai 23.

Wiederholte Forderung der Anerkennung der Neutralität Norddeutschlands und der Festsetzung einer Demarkations-Linie.

Mai 23. . . . Il est fâcheux qu'on ait eu tant de peine à se persuader à Paris que c'est tout simplement la tranquillité du Nord de l'Allemagne que j'envisage dans les mesures dont je m'occupe, sans que ni l'Empereur ni le roi d'Angleterre y entrent pour rien; que j'agis pour moi seul . . . et que c'est uniquement à sa situation locale que le pays de Hanovre doit sa participation à la neutralité. Mais je compte qu'enfin on aura cessé de mettre cette vérité en doute. La Prusse a été la première de toutes les puissances coalisées qui ait désiré de se rapprocher de la France et qui ait effectué ce rapprochement auquel doit être attribué en très grande partie la situation avantageuse où la France s'est trouvée du depuis. J'ai stipulé par la paix de Bâle la neutralite du Nord de l'Empire, et j'y insiste aujourd'hui afin d'écarter tout ce qui pourrait altérer entre nous le maintien inaltérable de l'harmonie et de la bonne intelligence; je viens de restreindre considérablement la ligne de démarcation, afin de laisser, comme la France le désire, la liberté nécessaire aux mouvements des armées; enfin je viens de réitérer . . . la déclaration la plus positive que je n'ai pas la moindre vue hostile contre la Hollande . . . Que puis-je faire davantage pour convaincre la République de la sincérité de mes intentions et de mon désir d'entretenir et de cimenter de plus en plus les relations d'une parfaite amitié avec elle? J'ai témoigné en outre, dans la réponse remise au sieur Caillard[1]), que j'étais très disposé à me concerter et à m'entendre avec la France sur les objets qui se rapportent à la pacification future, pourvu que nous fussions préalablement d'accord sur la neutralité, et je n'ai différé ces autres objets que

---

1) Preußische Note vom 10. Mai, als Antwort auf Caillard's Note vom 26. April (s. diese bei Häusser 2, 71). In jener Note ist noch folgende Stelle merkwürdig: il est presque superflu d'observer que ce n'est qu'en faveur de ses propres États que le Roi est entré dans les susdites stipulations (Neutralität und Demarkation); que c'est uniquement leur repos, leur sûreté parfaite pendant la durée de la guerre actuelle, qu'il avait en vue à cet égard . . . Si d'autres pays de l'Allemagne en profitent, c'est leur situation topographique qui en est la seule cause, puisqu'ils se trouvent comme enclavés dans ces mêmes États.

parce que celui-ci, infiniment pressé par sa nature, semble n'admettre aucun retard. Si effectivement le gouvernement français n'a pas de vues offensives contre l'Allemagne, ... je puis me flatter que cet arrangement sera d'autant plus facile à conclure, et nos explications sur les bases de la future paix ne pourront qu'en devenir plus actives . . . 1796 Mai 23.

Berichte von Sandoz-Rollin aus Paris.

49. Klagen des sardinischen Gesandten Revel über Delacroix.

. . . Un ministre qui éprouve combien il est difficile de traiter avec le gouvernement français, c'est le sieur Revel[1]). Avant-hier il est venu à moi et m'a dit: »j'ai l'ordre exprès de ma cour de vous consulter sur ce qui doit faire l'objet de ma négociation; j'en ai le plus grand besoin du monde . . . Le Directoire abuse de son triomphe et nous met le couteau sur la gorge. Rien de plus humiliant et de plus insultant que l'accueil du sieur Delacroix; ce n'est pas à vous, m'a-t-il dit, d'ouvrir des propositions de paix; vous n'avez à faire autre chose qu'à écouter les nôtres, vous y soumettre y signer«. Puis entrant en matière, il m'a déclaré que la Savoie et Nice devaient être réunies à la France, et que toutes les places fortes piémontaises du côté de celle-ci seraient démolies sans aucun délai. Vainement veux-je demander du temps pour consulter l'Espagne, notre médiatrice, il s'y refuse non seulement, mais il me presse au contraire sans interruption de signer et de signer promptement, afin de mettre entièrement de côté ladite médiation, ce qui est son but. Le roi mon maître avait à cœur de sauver Nice et de céder la Sardaigne pour le racheter; mais cela a été rejeté avec le dernier mépris et avec beaucoup d'aigreur. Offensé à mon tour, je n'ai pas pu m'empêcher de dire au sieur Delacroix: agissez donc, monsieur, de manière à ce que nous ne regrettions pas les Autrichiens, et agissez encore de manière que nous puissions devenir vos amis, et non pas vos prisonniers«[2]) . . . Mai 16.

50. Babeuf's Verschwörung. Unterzeichnung der Allianz zwischen Frankreich und Sardinien. Sieyès.

. . . Le Directoire, en exagérant l'histoire de ladite conspiration [de Babeuf], a dû exagérer aussi ses mesures et ses arrêts; ce qui est une faute qui a accumulé d'autres fautes. Des soupçons ont tenu lieu Mai 20.

---

1) Revel und Tonso waren von der sardinischen Regierung zu Friedensunterhandlungen nach Paris geschickt.

2) Vergl. Bianchi, Storia della Monarchia Piemontese (1878) 2, 321: »Trattateci per modo que possiamo diventare vostri amici, e non già vostri prisonnieri« . . . »A voi non spetta imporre condizioni, bensì udire e sottoscrivere le nostre«.

1796 Mai 20. de faits, et des actes d'un despotisme outré ont tenu lieu de formes judiciaires; l'emprisonnement même de Drouet de Varennes est devenu une infraction à la constitution: car les propos violents et menaçants de cet anarchiste contre le Directoire n'étaient pas un délit de conspiration, et l'inculpation de l'avoir pris en flagrant délit, sans articuler en quoi et comment, étant une accusation vague et frivole, a porté le peuple à en porter ce jugement[1]). Le Corps législatif, intéressé à donner une grande importance à la représentation[?] d'un de ses membres, et intéressé surtout de se mettre hors de la juridiction du Directoire, ne se prêtera pas à le trouver coupable; il cherche des preuves et n'en trouve pas encore. La situation du Directoire est assez embarrassante: si d'un côté il est allé trop loin, il achèvera d'aliéner la nation, et si de l'autre il a prétendu essayer son autorité par désir de vengeance, il élèvera entre lui et le Corps législatif une défiance et une désunion qui ne sauraient qu'être funestes. Je crois l'avoir dit: le Conseil des Anciens est le grand médiateur et le pacificateur entre le Directoire et le Corps législatif, et entre celui-ci et le peuple, et en tout sens il est le palladium de la constitution de 1795.

Trois jours après ma conversation avec le chevalier de Revel, le traité de paix a été arrêté le 15 au matin, sans attendre la médiation de l'Espagne. Il n'y avait plus moyen de reculer: »signez«, disait le sieur Delacroix, »autrement le courrier chargé de l'ordre de recommencer la guerre part demain«; »signez«, dis-je, »autrement Turin est attaqué, pris et pillé«. Le négociateur piémontais a donc été forcé d'y consentir, et il n'a pu obtenir d'autre adoucissement que la démolition de deux [trois] places fortes au lieu des cinq exigées; car, »à qui en appeler«? m'observa-t-il, »au Directoire? J'en ai vu les principaux membres; je les ai trouvés inflexibles; l'arrêt était prononcé au Corps législatif; la commission ne m'a pas permis d'avoir aucun accès auprès d'elle; ainsi ne voyant plus aucun moyen de rien changer, j'ai été forcé d'obéir et de signer«. »Bien vous en a pris«, lui disais-je, »de n'avoir pas eu d'accès auprès de la commission; l'abbé Sieyès, qui en était le rapporteur, vous aurait dit ce qu'il a fait entendre en plein conseil, savoir qu'un des premiers articles dudit traité aurait dû stipuler d'amener le roi de Sardaigne à la barre de l'assemblée, langage qui a excité un mouvement d'indignation générale[2]). N'y a-t-il pas dit encore que les traités avec la Prusse et avec l'Espagne couvraient de honte la République de France, et décelaient l'ineptie de leur auteur Barthélemy«? Le sieur Rewbell, que

1) Vergl. Schmidt, Tableaux 3, 206, 215.

2) Diese Äußerung wird bestritten.

j'ai vu hier, m'a confié, à propos de ce discours, que l'abbé Sieyès ne serait plus jamais rapporteur dans une commission diplomatique, et qu'il n'y aurait pas été admis sans la basse complaisance d'un représentant... 1796 Mai 20.

Sybel 4, 190.

(An Graf Haugwitz.)

51. Preußische und französische Politik.

... [Nicht chiffrirt] Je dois répéter à V. Exc. ce que j'ai rapporté à différentes reprises au Roi et au ministère: les dispositions du Directoire exécutif sont des plus favorables aux intérêts de la Prusse; j'en suis témoin et je puis en garantir la vérité. Mais malheureusement on ne s'entend pas bien sur la manière et le temps de s'en donner des preuves. Ici, on voudrait s'assurer de l'attachement de la Prusse par des arrangements anticipés; là, on voudrait attendre l'issue de la guerre pour juger de la prépondérance que la République française pourra acquérir. Tel est en deux mots le précis de la situation politique des deux puissances. Mais celui qui, comme moi, est placé entre des intérêts si divers et si agités, est en butte à tous les désagréments imaginables: il ne saurait adopter les idées de l'un sans déplaire à l'autre, et il ne saurait tenir une exacte impartialité sans devenir passif et nul... Mai 22.

52. Unterredung mit Delacroix über die französischen und preußischen Vertragsentwürfe.

... Avant-hier matin, j'ai remis au sieur Delacroix la réponse du ministère de V. M. à la note du sieur Caillard et le projet de convention sur la ligne de démarcation [1]). Il fit lecture en ma présence de l'une et de l'autre de ces pièces; son observation fut de me dire ensuite: »le roi de Prusse veut que nous contractions des engagements sur la ligne de démarcation, et ce monarque de son côté n'en veut prendre aucuns avec la République de France. Où est la réciprocité et la justice? Nous traitons néanmoins de puissance à puissance«. Puis entrant dans une discussion assez verbeuse, il s'efforça de me prouver que les sécularisations proposées en dédommagement contribueraient essentiellement à augmenter l'influence de la Prusse dans l'Empire; tout dépend, selon lui, de fortifier le parti protestant dont V. M. était le chef. »Pour parvenir à cette fin, notre intérêt politique et celui de nos alliés exigent que la Prusse se décide sur une indemnisation à procurer à la maison d'Orange, et nous Mai 25.

---

1) Note Caillard's vom 26. April; preußische Antwort vom 10. Mai. Der bei Häusser 2, 71 angeführte Erlaß vom 6. Mai an Sandoz ist ein nicht vollzogener Entwurf.

1796 sentons que la bonne intelligence ne sera jamais bien affermie aussi
Mai 25. longtemps que cette pierre d'achoppement subsistera. J'insiste encore et de nouveau à ce que S. M. Prussienne s'explique clairement sur les propositions qui lui ont été faites, et je ne suspendrai ma réponse définitive que dans l'espérance que les deux pièces remises ici ne sauraient être considérées pour son ultimatum« ... »Séculariser d'avance, disais-je, c'est ébranler la constitution de l'Empire, et c'est élever un cri général de réprobation contre la Prusse. Tous les princes de l'Empire se rallieront dès ce moment à l'Empereur«. »Séculariser d'avance, observait-il de son côté, c'est ôter à l'Autriche les moyens de placer et d'enrichir ses archiducs, et puis c'est miner son influence et affaiblir le parti catholique. Il est de l'intérêt d'un roi protestant de saisir cette idée . . . D'ailleurs la forme militaire de la République de France la rapproche du gouvernement militaire de la Prusse [1])« . . .

53. Neue Unterredung mit Carnot und Rewbell über die Neutralität Norddeutschlands. Eintracht zwischen Directorium und Räthen.

Juni 1. Auf die Nachricht von der Kündigung des Waffenstillstandes in Deutschland, begiebt sich Sandoz-Rollin zu Carnot und Rewbell, um die Unterhandlung über die Demarkationslinie zum Abschluß zu bringen. Carnot prit la parole en sa qualité de président: »Vous dirai-je que le Directoire est attaché au roi de Prusse; qu'il a à cœur d'agrandir sa puissance et de le mettre en état de résister un jour aux deux cours colossales qui l'avoisinent? Ce monarque ne saurait le mettre en doute; vous en êtes chaque jour le témoin. Nous ne pouvons pas consentir dans cette guerre à une convention publique sur la ligne de neutralité, sans l'accompagner d'une autre secrète qui nous garantisse au moins les faits [?] du roi de Prusse à notre égard, et nous ne pouvons pas renoncer aux avantages d'intimider nos ennemis en leur laissant la crainte d'être envahis, sans en être dédommagés par d'autres avantages bien déterminés. Tout cela est d'une bonne et juste prévoyance, et c'est en ceci que consiste le mobile secret de notre politique; mais si nous voulons laisser ignorer à notre plus cruel ennemi, le roi d'Angleterre, nos prétendus projets sur le Hanovre, nous ne voulons rien dissimuler au roi de Prusse à cet égard, et nous pouvons prendre avec lui l'engagement secret de ne rien entreprendre sur le Nord de l'Allemagne, ni sur l'électorat de Hanovre, pendant la durée de cette guerre. C'était déjà notre plan, et votre maître peut être assuré que le Directoire l'observera avec le plus grand scrupule; nous en prendrons acte devant vous . . . Si cet engagement

1) Den Erlaß (6. Juni) auf diesen Bericht s. bei Häusser II⁴, 72 Note.

agrée au roi de Prusse, nous pourrons de notre côté renvoyer à la pacification la convention secrète. On se contenterait de part et d'autre d'assurances tacites qui vaudraient celles écrites et signées formellement; d'assurances de la part du roi de Prusse de contenir l'armée d'observation dans les limites de la ligne de neutralité, et de la part des Français, de respecter la ligne de démarcation et d'en réitérer les ordres les plus formels à leurs généraux. Ce monarque voudra seulement nous faire connaître ses dispositions par une note verbale dont vous nous donnerez communication[1]). Cent fois et mille fois, et nous ne cesserons jamais de le répéter: notre intérêt politique est d'entretenir la meilleure amitié avec la Prusse, et de saisir toutes les occasions d'augmenter ses forces et sa puissance. Ce doit être également celui de la Prusse, qui tôt ou tard aura besoin peut-être des secours de la France. Telle qu'elle est, cette politique ne saurait jamais lui être suspecte. Un mot encore, dit Carnot avant de rompre cet entretien: s'il convenait mieux au roi de Prusse que les deux conventions fussent signées en même temps, je veux parler de celle de la ligne de démarcation et de celle des arrangements secrets, nous attendrons sa réponse à cette dernière, et nous ne contreviendrons en rien au plan déjà projeté«[2]) . . .

1796 Juni 1.

»Ne pensez pas«, dit le sieur Rewbell, »que nous ayons un système de paix bien arrêté: nous tenons peu ou point par ex. aux conquêtes sur le Rhin; mais nous serons entraînés par l'opinion publique qui domine présentement la France; elle seule décidera des conditions de la paix prochaine, si tant est que les chances de la guerre n'y influent en rien. En quoi notre système est arrêté invariablement, c'est que tels succès que nous puissions avoir, nous nous enfermerons toujours dans les bornes du Rhin, et même dans nos anciennes limites« . . .

L'union est rétablie entre le Directoire et le Corps législatif. J'ai pu m'en convaincre à la fête de la victoire[3]), où j'ai assisté avec tout le corps diplomatique. Les membres du Directoire m'ont assuré plus ou moins confidemment que la dernière conspiration avait produit le bon

1) Das preußische Ministerium ging, durch eine Note vom 11. Juni, auf diesen Vorschlag ein. Vergl. Häusser, II⁴, 72.

2) Caillard, der von Delacroix Weisungen erhielt, welche diesem Bericht widersprachen, schreibt über denselben: Je suis tenté de croire que dans les conférences de M. Sandoz avec le Directoire, le cours de la conversation aura amené quelques propos fugitifs et sans conséquence que le ministre prussien aura sur-le-champ convertis en propositions formelles; qu'il aura vu des faits là où le Directoire n'aura voulu présenter que de simples possibilités, et que donnant à tout cela une importance à laquelle on n'avait pas songé, il aura établi son rapport sur cette base et aura induit en erreur le cabinet de Berlin et moi par conséquent. (25. Juni.)

3) 29. Mai, fête de la Reconnaissance, zugleich Siegesfest.

1796 Juni 1. effet de leur faire connaître leurs amis et leurs ennemis, comme aussi de rallier autour d'eux les provinces et les honnêtes gens de Paris. J'en suis certain; on sent bien que le gouvernement a acquis dès ce moment plus de force et plus d'autorité: aussi tout obéit et tout cède à l'impulsion de ses décrets. Si l'on entend des murmures, ce sont de vains cris qui sont étouffés dans l'immensité du mouvement et du bruit de cette capitale. Dirai-je, d'après les journaux, que la fête de la victoire était pompeuse et magnifique? Non certainement; le peuple en a été exclu, par crainte et toutefois sous prétexte de maintenir l'ordre. Au reste les différentes évolutions militaires étaient pitoyables en tout, dans l'ensemble, dans l'alignement et dans le maniement des armes. On y avait poussé l'oubli des bienséances jusqu'à inviter les ministres de Sardaigne, c'est-à-dire jusqu'à vouloir les rendre témoins des drapeaux pris sur leur maître. Ce n'était point l'effet d'aucune jactance ou de mépris; non, c'était tout simplement celui d'une gaucherie indiscrète . . .

Hüffer 1, 306, 307. Sybel 4, 244.

54. Die Agioteurs.

Juni 5. . . . [Nicht chiffrirt] Paris continue à jouir de la plus grande tranquillité. Il n'y existe d'autre bruit que celui des agioteurs, dont les uns s'efforcent à discréditer l'échange des assignats en mandats, les autres à spéculer sur la hausse et la baisse du papier pour s'enrichir ou se ruiner. En vain la police emploie la plus grande vigilance à dissiper les groupes de ces agioteurs; ce sont des frelons qui se reproduisent et s'agitent sans cesse [1]) . . .

55. Das Directorium mißbilligt die Proklamationen Napoleon Bonaparte's.

Juni 11. . . . Il est important . . . de connaître combien l'esprit du Directoire est différent de celui de ses agents dans l'étranger. Observant dernièrement aux sieurs Rewbell et Letourneur que la déclaration du général Bonaparte était d'un style qui rappelait le vandalisme de Robespierre, ils furent les premiers à en convenir: »nous n'en sommes pas moins indignés que vous«, reprirent-ils, »et vous pouvez compter que nous avons à cœur d'extirper un langage aussi révoltant« . . .

1) Am 17. September schreibt Sandoz: L'amour de l'argent, et puis l'amour de l'argent, et toujours l'amour de l'argent, corrompent et absorbent déjà les affections du peuple parisien. L'histoire de la liberté passée et celle de la liberté présente ne seront bientôt pour lui qu'un objet d'indifférence et de réminiscence des songes. Wie man weiß, spielen die Agioteurs in den von Adolf Schmidt veröffentlichten Polizei-Berichten aus dieser Zeit die Hauptrolle.

56. Napoleon Bonaparte und Venedig. Unterredung mit Carnot.

1796 Juni 20. ... Si le général Bonaparte a étonné d'un côté les provinces d'Italie par la rapidité de ses victoires, il les a irritées de l'autre par la dureté de ses exactions. J'ai eu communication de deux dépêches du sénat de Venise à son ministre ici, qui représentent ce général comme un Attila et comme un fléau destructeur ...

Je viens dans ce moment même de voir Carnot et de lui faire lecture de la déclaration de V. M. sur la neutralité du Nord de l'Allemagne. Il en a été parfaitement satisfait. »Nos intérêts réciproques«, m'a-t-il dit, »doivent donner confiance à nos engagements de paroles, comme à nos engagements par écrit... La neutralité du Nord de l'Allemagne est assurée, ... et il ne doit plus être question de s'en occuper. Je conseillerai donc à votre cour dès à présent des arrangements, qui feront partie de la convention secrète. Des propositions de paix peuvent être faites incessamment par l'Empereur, et il ne sera plus temps alors d'y revenir. Pourquoi ne prendriez-vous pas le Hanovre«? a-t-il questionné. »Parce que nous voulons être les protecteurs de l'Allemagne, et non pas des conquérants«.

Häusser 2, 72. Hüffer 1, 308.

57. Verhandlungen über die Neutralität Norddeutschlands und den geheimen Vertrag.

Juni 30. Mittheilung der preußischen Deklaration vom 11. Juni in einer Sitzung des gesammten Direktoriums. La lecture en fut entendue avec beaucoup d'intérêt; tous y reconnurent la franchise et la sincérité des procédés de V. M. et furent à désirer que les affaires politiques se traitassent de cette manière; mais les opinions si l'on pouvait renvoyer la convention secrète à l'époque de la paix générale, devinrent épineuses et partagées ... Carnot resta à son avis, Rewbell tint à sont opposition[1]. Cependant on se rapprocha pour conclure et pour dire assez unanimement: qu'à la vérité le Directoire ne voyait aucun empêchement à ce que la convention tacite de la neutralité ne tînt lieu d'une plus expresse et à ce que celle des arrangements éventuels et secrets ne fût renvoyée à la pacification générale, mais que lui, Directoire, était à deviner comment V. M. trouverait plus ses avantages dans des arrangements de pure indifférence à ceux d'une amitié bien prononcée. »Qu'y gagnera en effet le roi de Prusse«, se mit à dire le sieur Rewbell, »le système d'étendre les limites de la République jusqu'au Rhin n'est plus assujetti

---

1) Carnot hatte sich gegen Sandoz für den preußischen Vorschlag, Rewbell dagegen ausgesprochen. (Sandoz, Juni 25.)

1796 Juni 30. à aucune variation; ce monarque a donc le plus grand intérêt d'arrêter dès à présent l'échange de ses provinces de Clèves et de Gueldres et les dédommagements pour le prince d'Orange. Des délais peuvent les exposer aux menées et aux tracasseries que Vienne suscitera parmi nous au moment de sa paix, et dont nous ne serons peut-être pas les maîtres de nous garantir . . . La convention de la neutralité du Nord de l'Allemagne peut être maintenue par un engagement verbal, mais la convention éventuelle et secrète exige d'être signée; celle-ci aura besoin d'être sanctionnée à la pacification générale; cella-là n'a besoin que de notre engagement, et les ordres donnés au général Jourdan sont bien positifs à cet égard [1]) . . . Je le vis clairement: le sieur Delacroix, rentré en faveur, avait ramené la majeure partie du Directoire à son opinion invariable. J'étais instruit d'ailleurs que peu de jours auparavant il avait fait un rapport, où il s'était plaint de ce que l'on avait pu abandonner son système pour se prêter à quelques idées isolées de ma part . . . Delacroix m'a reproché . . . d'avoir gagné deux membres du Directoire pour contrarier et arrêter des arrangements qui touchaient au moment d'être conclus et des arrangements qui n'avaient été proposés de sa part que pour la prospérité de la Prusse . . .

58. Denkschrift des Freiherrn von Alvensleben. Berlin 1796 Juli 6.

Mundum (Kriegsrath Paul Ludwig Le Coq) gez. Alvensleben.

Vorschläge für die Bedingungen des Vertrags mit Frankreich.

Juli 6. Les exhortations pressantes du Directoire et du ministre des affaires étrangères M. Delacroix, les représentations redoublées de M. de Sandoz, les démarches de M. Caillard, les succès des armées françaises, la défense insuffisante de la maison d'Autriche qui le deviendra encore plus depuis le subside manqué en Angleterre, enfin le contenu de la dernière dépêche de M. de Brockhausen de Dresde [2]), rendent selon moi très urgent de penser à fixer: 1° non seulement nos indemnités pour nos provinces transrhénanes, 2° mais aussi d'arrêter définitivement tous les autres intérêts que nous avons à démêler avec la France, quand ce ne serait qu'éventuellement, comme j'ai déjà osé le proposer lors de notre traité de Bâle, où je crois même que nous aurions eu sur

---

1) In dem Erlasse an Sandoz heißt es mit Bezug hierauf: Je sens bien que dans les circonstances présentes il n'est guère à supposer que la France se relâche du principe de la rive gauche du Rhin, et qu'ainsi la nécessité exige de fixer bientôt mon indemnisation éventuelle pour mes provinces au delà de ce fleuve. (11. Juli.)

2) Der Bericht Brockhausen's vom 2. Juli enthielt Nachrichten über geheime Friedensverhandlungen zwischen Österreich und Frankreich.

plusieurs objets des facilités qui nous seront disputées aujourd'hui; mais toujours n'y a-t-il à mon avis plus un instant à perdre. 1796 Juli 6.

Après que la France s'est si souvent prononcée sur le désir qu'elle a d'agrandir et de rendre plus puissant le roi de Prusse, je crois pouvoir partir de ce principe dans les propositions à faire, n'y ayant rien de plus facile que de prouver au gouvernement français que tous les articles qu'on voudrait régler tiennent à ce but. Enfin en posant en principe que tout ce qui serait arrêté ne le serait qu'en autant que par la paix avec l'Empire le Rhin soit stipulé comme frontière entre la France et l'Empire et que les principes de sécularisation etc. fussent adoptés, (même réserve que je comptais mettre aux négociations si elles avaient d'après ma proposition été entamées à Bâle):

I⁰ le Roi céderait à la France: 1⁰ la partie transrhénane du duché de Clèves, 2⁰ la partie prussienne du duché de Gueldres, 3⁰ la principauté de Meurs.

II⁰ La France se chargerait en retour 1⁰ des dettes hypothéquées sur ces différents États en tant qu'il en existe; 2⁰ elle accorderait liberté plénière à tous les habitants de ces trois provinces d'émigrer dans les autres États du Roi leur ancien maître, leur accordant un délai de 3 années pour vendre leurs bienfonds et retirer leurs capitaux, sans qu'on puisse leur en disputer la propriété ni en diminuer le montant sous aucun prétexte quelconque, et sans les molester de manière ou d'autre par des droits de sortir ou autres vexations personnelles; 3⁰ en supposant éventuellement le Rhin comme frontière, tous les droits acquis au Roi sur ce fleuve lui resteraient naturellement; 4⁰ le Roi recevrait en échange des provinces susmentionnées, afin de se mieux arrondir, de lui donner plus de corps et pour lui rendre en quantité de sujets ce qu'il perd en qualité par l'attachement à lui voué par les habitants de Clèves, Meurs et Gueldres: l'évêché de Münster, die Feste Recklinghausen, l'évêché d'Osnabrück, l'abbaye de Werden, l'abbaye d'Essen, l'abbaye de Herford, le comté de Gehmen, le comté de Limburg, la seigneurie de Rheda, la ville de Dortmund, le comté de Steinfurt, en sécularisant ces provinces et abbayes, ou en soumettant les terres immédiates qui ne le sont pas à la supériorité territoriale du Roi.

L'evêché de Münster et la Feste Recklinghausen ont déjà été censés par le département nous convenir, et c'est en consultant la carte qu'il apert que le tout reste un pays coupé si celui d'Osnabrück n'y est joint, et que les avantages qui résultent d'un arrondissement seraient perdus pour ainsi dire si, hors cet évêché, on n'y ajoute encore les abbayes de Werden, Essen, Herford, le comté de Gehmen, le comté de Steinfurt, le comté de Limburg, la seigneurie de Rheda et la ville de Dortmund,

1796 Juli 6. qui toujours soutenus par l'Empereur, ne seraient là que pour nous chicaner et traverser toutes nos démarches tendantes au bien de l'État, principe général que la République doit reconnaître à d'autant plus forte raison, que toute sa guerre avec l'Allemagne ne dérive que de ce principe de ne pas vouloir tolérer une autre puissance ou pouvoir dans le centre de ses États. De plus, si nous n'obtenions pas un si grand arrondissement, nous ne serions pas indemnisés pour des provinces aussi riches que bien organisées et attachées au Roi, tandis que celles que nous recevrions en échange sont en partie mal organisées, en partie très incultes, donnant peu de droits au souverain et beaucoup aux états, imbus d'une ancienne haine contre la maison de Brandebourg et d'un bigotisme si brut, qu'il fera échouer par fanatisme beaucoup de nos arrangements.

5° Mais ces provinces ne sont rien si on n'y joint et si la France ne s'oblige à nous faire tenir respectivement de l'Empereur et de l'Empire: 1° le droit de non appel pour toutes ces provinces, comme nous le tenions déjà dans les pays de Clèves, Meurs et Gueldres, ce qui au fond ne fait donc que rendre nos nouvelles acquisitions de condition égale avec celle des États que nous perdons, 2° le droit de séance à la Diète pour lesdites provinces.

6° D'après le principe adopté par la République française de rendre le Roi aussi indépendant que possible de la maison d'Autriche, il serait nécessaire qu'elle concourût: 1° à faire réaliser par l'Empereur la promesse déjà si souvent faite au Roi de lui accorder le jus de non appellando pour les provinces de Franconie; et 2° à faire passer sous la domination de S. M. la ville de Nuremberg, seul moyen de mettre de l'ensemble dans ces pays et d'éviter, vu l'état délabré des finances de cette ville, d'y voir établie une commission impériale, qui serait un manequin dans les mains de l'Empereur pour chicaner le Roi dans toutes ses opérations.

7° La France nous garantirait toutes les parties de la Pologne qui nous sont échues dans les différents partages.

8° Elle promettrait que dans le cas éventuel où il y aurait un changement dans la position de la maison du prince d'Orange, le gouvernement français se chargerait de procurer au Roi toutes les sûretés pour 1° les douaires de LL. AA. RR. mesdames les princesses d'Orange et 2° pour les sommes avancées au prince stathouder.

9° Elle promettrait de plus que dans le cas éventuel de changements possibles dans les États Palatins et de Deux-Ponts, il soit garanti à S. M.: 1° sûreté des capitaux avancés au duc de Deux-Ponts, 2° sûreté pour les droits de confraternité entre la maison de Brandebourg et la maison palatine, notamment pour les duchés de Juliers et de Berg. 1796 Juli 6.

Ce n'est qu'en posant ces bases que je crois qu'on pourra, sans faire tort aux intérêts de S. M. dans ce débâcle général où l'ancien ordre des choses change absolument, établir un arrangement qui convienne pour le moment, en mettant de côté tous les autres objets, tels que les échanges etc. qui compliqueraient cette négociation de manière à n'y pas voir d'issue, à l'exception qu'on pourrait d'abord fixer l'indemnité de l'évêque d'Osnabrück de manière à transférer l'alternative de cet évêché sur celui de Hildesheim. Je crois au reste que vu les succès rapides des Français, il n'y a pas un moment à perdre, puisque l'Autriche une fois aux abois, toutes les puissances présenteront un intérêt égal aux Français, et alors ils dicteront la loi, tandis qu'aujourd'hui ils seront peut-être plus coulants vis-à-vis de nous, mais sans doute l'auraient-ils été infiniment plus lors du traité de Bâle, moment dont je proposai de profiter, la France n'ayant alors pas eu autant de chances par devers elle qu'elle en a aujourd'hui.

Quand mon opinion n'influerait pas, j'ai pourtant cru de mon devoir de la manifester et de la donner ad acta, comme je l'ai fait dans les grandes crises politiques qui ont déjà eu lieu [1]).

Häusser, Deutsche Geschichte 2, 73. Hüffer 1, 309.

Berichte von Sandoz-Rollin aus Paris.

59. Besetzung Livorno's durch die Franzosen. Finanzielles Ergebniß des Feldzugs in Italien.

. . . Souvent ce sont les généraux d'armée qui prennent de leur chef des mesures violentes, et ce n'est pas le Directoire. L'entrée des troupes françaises à Livourne en est une preuve. Il y a quelques semaines que l'archiduc [2]), inquiet du voisinage des troupes françaises sur ses frontières, avait requis une déclaration qu'on n'émpiéterait pas sur Juli 7.

---

1) Graf Finckenstein äußerte sich über diese Denkschrift folgendermaßen: »Je crains bien qu'en demandant trop, nous ne courions risque de ne rien obtenir, outre que l'acquisition d'Osnabrück, dont le duc d'York, gendre du Roi, est le possesseur actuel, et celle de l'abbaye de Herford, dont la collation appartient en quelque manière au Roi, mettrait le comble à l'odieux, qui ne rejaillira déjà que trop sur la Prusse d'un renversement aussi complet de la constitution germanique, qui, pourvu qu'on ne le pousse pas trop loin et qu'il soit étayé par l'exemple de l'Empereur, paraîtra excusable, mais qui, à mon avis, ne le serait plus, si on voulait s'approprier à droite et à gauche tout ce qui pourrait faire notre convenance« (6. Juli).

2) Großherzog Ferdinand III. von Toscana.

1796 Juli 7. son territoire. Le Directoire y avait consenti; peu de temps après, on apprend que Bonaparte y avait fait entrer des troupes pour y rétablir, disait-il, la police. Certainement il aurait été désavoué de cette violente entreprise, s'il ne l'avait pas appuyée de l'espérance d'y lever 60 millions de livres. L'appas de l'argent subjugue les suffrages comme les décisions du Directoire [1]) . . . Carnot m'a assuré que la campagne d'Italie vaudra 215 millions de livres à la République française, et l'on demande où est la recette . . .

60. Äußerung Delacroix's über das Verhalten Frankreichs in Italien.

Juli 12. . . . J'étais en discussion avec le sieur Delacroix, lorsqu'il a été averti que le ministre de Toscane et celui de Gênes attendaient l'avantage de le voir. »Chacun d'eux aura des plaintes à me faire, se mit-il à dire, l'un pour la police exercée par ordre du général Bonaparte à Livourne, et l'autre pour celle exercée dans le golfe de la Spezzia. Le système en est arrêté: nous chasserons les Anglais de la Méditerranée, et nous y réussirons infailliblement, ou en mettant garnison française dans lesdits ports, ou en exigeant leur fermeture à tout bâtiment anglais. Ce n'est pas à la République à respecter des propriétés neutres que les Anglais n'ont jamais voulu reconnaître et ménager« [2]).

61. Sendung des Oberst-Lieutenant Karl Christian Erdmann von Le Coq an den General Jourdan.

Instruktion für Le Coq. Berlin 1796 August 2.

Concept vom Geh. Legationsrath Le Coq; corr. Haugwitz; gez. Alvensleben. Haugwitz.

Anlaß und Gegenstand der Sendung.

Aug. 2. L'électeur de Saxe venant de réclamer, par son ministre à Berlin [3]), l'intervention et les bons offices de S. M. pour obtenir de la République française la neutralité de ses États et du cercle de haute Saxe en général et ayant en conséquence rappelé son contingent de l'armée impériale, . . . le ministère du Roi s'est adressé tout de suite au sieur Caillard, . . . pour faire passer le plus promptement possible cette réclamation au gouvernement français et l'appuyer des considérations les plus propres à en faire réussir l'objet . . .

---

1) Am 29. Juli schreibt Sandoz: Toutes les puissances d'Italie envoient successivement ici des ministres pour dire: j'ai failli et je payerai!

2) Rewbell sagte damals zu dem toscanischen Gesandten Corsini: Le soldat ne sait pas ce que c'est qu'un neutre.

3) Note Zinzendorff's, vom 1. August.

Cependant . . . pour prévenir l'effusion inutile du sang entre les troupes fraçaises et saxonnes, S. M. a résolu d'envoyer le lieutenant colonel de Le Coq . . . au quartier du général Jourdan, commandant l'armée française de Sambre et Meuse, afin de prévenir que, durant la négociation qui vient de s'entamer, les troupes françaises n'entreprennent rien contre le cercle susmentionné . . . Pour s'acquitter de sa commission, il reçoit à la suite de celle-ci . . . un passeport, ainsi qu'une lettre du sieur Caillard pour le général Jourdan . . . 1796 Aug. 2.

Bericht des Oberst-Lieutenant von Le Coq. Plauen 1796 August 13.

Erfolg seiner Sendung. Jourdan und seine Armee.

Avec tout l'empressement à m'acquitter des ordres de V. M., je n'ai pu joindre le général Jourdan que le 10 à Erlangen. Après lui avoir exposé les motifs de ma mission et ceux qui devaient le porter à se prêter aux vues de V. M., il témoigna d'abord quelque ressentiment contre la conduite de l'électeur de Saxe (qu'il nommait faible) d'avoir renvoyé son contingent à l'armée impériale au commencement de cette année; mais après quelques discussions à ce sujet, j'obtins de lui une déclaration de ne rien entreprendre contre les États de l'électeur de Saxe et de tous les princes de sa maison pendant la durée de la négociation entre V. M. et le gouvernement français, attendu que . . . les généraux commandant les troupes saxonnes s'engageassent également de ne rien entreprendre pendant ce terme contre les armées françaises . . . J'ai fait en conséquence, Sire, toute la diligence possible pour me rendre à l'armée saxonne et hâter la contre-déclaration de ses généraux. C'est le général de Lindt, auquel l'électeur a confié le commandement en chef de toutes ses troupes, qui l'a adressée et envoyée au général Jourdan . . . Aug. 13.

Je dois ajouter quelques observations faites à l'armée de Jourdan . . . Le général Jourdan arriva le soir à 6 heures à Erlangen où il prit son quartier. Renfermé avec une partie de ses aides de camp, avec le commissaire du gouvernement Gaubert, l'intendant des vivres et quelques officiers chefs de différents départements, il expédia tout de suite les ordres pour l'opération du lendemain, toute la correspondance de la journée et la réponse à mon mémoire. A 9 heures, tout était fait et les officiers d'ordonnance partis pour les différentes divisions. Chaque général de division est mis au fait de l'objet principal de la manœuvre et plus particulièrement de ce qui regarde sa division, et c'est lui qui à son tour règle le détail de la besogne qui lui est assignée. Je n'ai pu qu'admirer l'ordre qui règne dans cette partie . . . Avec le silence qui

1796 Aug. 13. règne au quartier général de Jourdan sur les opérations militaires et politiques, il est surprenant que par rapport à la paix il n'y ait qu'une voix: on en parlait hautement, et j'ai été tenté de croire que c'était une mesure concertée, sans en entrevoir le motif. Jourdan même, assez silencieux, ne cachait pas ce désir.

J'ai trouvé, Sire, l'armée de Jourdan en très bon état, si l'on excepte les mauvais vêtements de toutes les couleurs qui couvrent l'infanterie... La cavalerie a de beaux hommes et d'assez bons chevaux; les grenadiers sont d'une belle taille, l'infanterie petite, mais composée de jeunes gens vigoureux propres aux fatigues. L'attelage de l'artillerie est excellent. Cette armée, presque sans équipages, est capable des mouvements les plus rapides; tandis que les Autrichiens prennent des positions pour couvrir la retraite de leurs équipages, les Français ne cessent de les harceler . . .

Nach Empfang eines Erlasses vom 13. August, worin ihm eine ähnliche Verwendung für Nassau-Oranien-Dillenburg aufgetragen war, begab sich Le Coq aufs Neue zum General Jourdan.

Bericht des Oberst-Lieutenant von Le Coq. Amberg 1796 August 23.

Mißerfolg seiner neuen Sendung. Politisches.

Aug. 23. . . . Je trouvai le général Jourdan à Amberg le 20, et je fus moins étonné que fâché . . . de ne pas le trouver disposer à acquiescer entièrement aux propositions que je lui fis de la part de V. M. . . . Il paraît en général, Sire, que dès qu'il s'agit de sacrifier des contributions ou des réquisitions, on craint de déplaire au gouvernement et de se priver des avantages de finances qui dans les succès présents des armées entrent principalement en ligne de compte. Le général Jourdan . . . se disait dans l'impossibilité de se relâcher quant aux contributions en numéraire, la répartition en ayant été envoyée au gouvernement, approuvée par lui, et que de nouveaux ordres le forçaient même d'insister sur le payement aux termes fixés, sous peine d'exécution militaire et d'un haussement des sommes demandées. Par rapport aux réquisitions, je le trouvai plus facile . . .

Sans vouloir m'immiscer dans la politique, je crois seulement de mon devoir d'observer très humblement à V. M. qu'il y a dans cette armée plusieurs individus qui ne croient pas qu'il serait de la politique du gouvernement français d'agrandir certaines puissances de l'Allemagne. Le général Jourdan lui-même me dit qu'il n'était pas informé des vues de son gouvernement, mais qu'il avait, lui, ce sentiment; »parce que«,

disait-il, »ces soldats des contingents dont nous nous moquons à présent 1796
seraient autant de guerriers valeureux sous les drapeaux d'une grande Aug. 23.
puissance«. D'autres en revanche paraissent convaincus que, pour entretenir la balance au Nord et à l'Est de l'Europe, il est de l'intérêt de la France de contribuer à l'agrandissement de la monarchie prussienne...

Bericht des Oberst-Lieutenant von Le Coq. Baireuth 1796 August 25.

Ausschreitungen der französischen Soldaten.

Mes derniers efforts en faveur du malheureux pays de Nassau- Aug. 25.
Orange n'ont pas eu de meilleurs succès que les premiers . . . Il a fallu . . . prendre le parti de s'en aller, dans l'espérance que le ministre de V. M. à Paris . . . obtiendra un ordre au général et aux commissaires de ménager ce pays et de le dispenser entièrement des contributions et réquisitions. Jusque-là, malheureusement, il aura souffert beaucoup par les exactions et excès incroyables qui se commettent en général à une armée où l'individu n'est entretenu que de rapine, sans que l'État contribue la moindre chose à son entretien. Voilà le cas à l'armée française, dont le soldat depuis deux mois ne reçoit pas le sou, et malgré cela il y en a très peu qui n'aient 10 écus en poche. Pour se les procurer, il est facile de s'imaginer à quels excès on se porte; j'ai eu la douleur de les voir pendant quelques jours. Le Palatinat en gémit; mais les paysans poussés au désespoir commencent à se défendre contre les maraudeurs; ils les tuent et estropient sans miséricorde lorsqu'ils se trouvent les plus forts . . .

Berichte von Sandoz-Rollin aus Paris.

62. Mangel eines Systems in der französischen Politik. Theremin.

. . . Ce n'est pas un système politique que la France constituée prend Aug. 2.
pour guide dans ses négociations et dans ses relations avec les puissances de l'Europe: ce sont de simples combinaisons, fruits des circonstances et de ses succès; elle n'a pas encore de système. Carnot et Rewbell, les plus influants dans la partie politique, n'ont ni le temps ni les lumières nécessaires pour le fixer; le sieur Delacroix est trop minutieux et trop scholastique pour embrasser des objets d'une vaste étendue. Selon ce que je vois et ce que j'entends, la politique est menée présentement comme les finances: du jour au jour et d'événements en événements. Toute la prospérité de la France provient de la guerre; les généraux français ont été pour leur patrie autant de financiers doués des plus grandes ressources: le général Pichegru a valu cent millions de

1796 Aug. 2. livres dans l'invasion de la Hollande; Bonaparte 215 millions de livres dans celle de l'Italie; et les généraux Jourdan et Moreau 72 millions dans leurs derniers avantages en Allemagne. La paix avec l'Autriche ne sera donc point l'effet d'aucun système politique, mais uniquement le résultat des succès et des revers. Le sieur Rewbell me disait hier: »il faut reléguer l'Empereur dans ses États héréditaires et le dépouiller de tout le reste; le jour de l'humiliation de la maison d'Autriche est arrivé, on doit s'en réjouir«. Son langage était celui de la passion, de la vengeance et de la haine, et ne sera pas vraisemblablement celui qui prédominera dans les négociations de la paix . . .

Ma crainte est que les succès inouis des armées françaises ne réveillent le projet de refondre la constitution de l'Empire, et de faire une seconde paix de Westphalie. Une paix prompte avec l'Autriche serait le seul moyen de détourner cette idée; autrement je ne voudrais plus répondre de rien. Theremin [1]) est devenu le grand publiciste qui est consulté dans cette partie, et sa mauvaise tête et sa mauvaise logique sont de nature à tout embrouiller et à tout décomposer . . .

63. Äußerungen Carnot's über Napoleon Bonaparte und den Frieden mit Österreich und dem deutschen Reiche.

Aug. 17. . . . »Nos succès«, m'a dit Carnot, »sont grands et décisifs [2]), et ils ont tenu néanmoins à peu de chose. Le général Bonaparte a eu besoin de tout son sangfroid et de toute sa capacité pour n'être pas déjoué par la fortune; il a failli être la victime de deux fautes: d'avoir trop dispersé son armée et d'avoir trop méprisé son ennemi«. Entrant plus intimement en matière, il m'a confié sous le sceau du secret les conditions transmises en dernier lieu à Vienne, et qui devraient servir de base à la paix. Tout est changé pour la restitution de l'Italie [3]); l'incertitude prolongée de l'Empereur de mettre fin à une guerre malheureuse a développé l'indépendance de ces contrées d'une manière rapide et décidée. Milan, Bologne, Ferrare et d'autres la demandent à grands cris, et menacent de la défendre contre les forces autrichiennes. D'après cela,

---

1) Über Theremin vergl. Hüffer 1, 197.

2) 5. August, Schlacht bei Castiglione. Auf die ersten ungünstigen Nachrichten über das Zusammentreffen von Bonaparte und Alvintzy bei Arcole, äußerte Carnot zu Sandoz: Bonaparte est brave, mais il est bien jeune, il ne prévoit pas assez le danger, et il n'agit que par impétuosité. (24. Nov.); auf die Nachricht von dem schließlichen Siege dagegen lobte ihn Carnot wegen seiner »présence d'esprit, ses ressources et l'impétuosité de ses attaques« (2. Dec.).

3) Nach den Berichten von Sandoz aus dem Anfang Juli hätte das Direktorium daran gedacht, dem Kaiser die Lombardei als Entschädigung für Belgien zurückzugeben.

le Directoire avait déclaré franchement au ministère de Vienne que la 1796
Belgique, le Brisgau et l'Italie seraient détachés de sa domination, et Aug. 17.
composeraient, pour l'Italie, des États indépendants, et pour le Brisgau, des objets d'échange; autant de conditions, interrompit-il, dures à entendre et pénibles à répondre. Le Directoire a déclaré encore que l'empressement de l'Empereur à rendre la paix à l'Empire et à l'Europe pourrait lui faire trouver des dédommagements dans la cession d'une partie de la Bavière; que tout dépendrait à cet égard de la diligence qu'il y mettrait. »Vous devez penser«, a observé ici Carnot, »qu'il n'est aucun des membres du Directoire qui n'ait répugné fortement à cet article, je puis vous en faire l'aveu; mais de deux choses l'une: ou il faut ôter moins à l'Empereur, si on veut lui refuser toute espèce de compensation; ou il faut lui en trouver de proportionnées, si on veut lui prendre beaucoup. Le besoin que le Directoire a de la paix le forcera nécessairement à des sacrifices pour l'obtenir. Cependant il serait possible encore de sortir de cet embarras: le moyen consisterait en ce que le roi de Prusse fît mine de menacer l'Autriche, en faisant approcher de ses frontières un corps considérable de troupes; dès ce moment cela produirait l'effet de presser l'Empereur à conclure la paix, et cela rendrait le Directoire plus difficile sur les conditions et à refuser toute cession trop importante. C'est présentement au roi de Prusse à examiner s'il peut tenter une manœuvre de cette espèce, qui dans le vrai ne le compromettrait pas et ne l'exposerait à rien«[1]) . . .

»Les frontières de la République de France seront reculées jusqu'au Rhin«, continua Carnot; »tout en assure aujourd'hui la stabilité. Les changements qui en seront la suite exigeront nécessairement d'autres arrangements et un nouveau traité. Celui de Westphalie deviendra sans vigueur et ne pourra plus servir de base à la constitution de l'Empire; *ce chaos* de gouvernement a duré trop longtemps pour qu'on ne désire pas de le voir débrouillé. Une révision de cette nature ne sera point préjudiciable au roi de Prusse, bien loin de là: ce monarque peut être assuré que le Directoire n'agira que de concert avec lui dans tout ce qui aura rapport à cette grande œuvre. Ce qui tient au protestantisme y sera principalement favorisé« . . .

Hüffer 1, 313.

64. Flucht Drouet's aus dem Gefängniß.

[Nicht chiffrirt] Le 17 août, la nouvelle de l'évasion de Drouet a été Aug. 20.

1) In dem auf diesen Bericht erfolgten Erlaß heißt es über diesen Vorschlag Carnot's: Je suis très éloigné d'entendre le moins du monde à cette proposition. (9. Sept.)

1796 Aug. 20. annoncée au Directoire. Ce représentant accusé de conspiration[1]) s'était sauvé la veille à huit heures du soir des prisons de l'Abbaye, au moyen d'une scie pour briser des barreaux de fer et d'une corde pour se dévaler; évasion qui paraît avoir été bien plus l'ouvrage de la corruption que d'aucun autre moyen.

[Chiffrirt] On devait croire qu'un événement de cette nature aurait causé une sensation extrême, surtout à la veille d'un jugement imposant. Eh bien! il en a produit aussi peu sur les deux Conseils législatifs que sur le public; on aurait dit que cela était prévu et calculé d'avance. Il l'était en effet pour le Conseil des Cinq-Cents; la crainte que Drouet ne ménageât point ses complices pendant la tenue de la haute cour de justice, a fait résoudre et favoriser cette évasion; trop de représentants dudit Conseil, et Barras lui-même représentant du Directoire[2]), étaient fortement soupçonnés d'avoir trempé dans cette conjuration. Cela n'empêchera pas que le jugement de Drouet ne soit suivi et prononcé avec toute la célérité imaginable, et qu'il ne soit condamné par contumace. Babeuf et quelques autres conjurés subalternes ne trouveront pas les mêmes moyens d'évasion et expieront vraisemblablement de leurs têtes le complot dans lequel ils étaient entrés. Je l'ai déjà dit, la fuite de Drouet a fait aussi peu d'impression qu'elle a donné d'inquiétude; sa mauvaise tête et son incapacité sont bien reconnues . . .

65. Unterredung mit Carnot und Rewbell über den Vertrag vom 5. August.

Aug. 25. . . . Le résumé que j'ai tiré avant-hier d'une conversation avec Carnot et Rewbell sur la convention secrète signée entre le ministère de V. M. et le sieur Caillard, se réduit à ce qui suit. On aurait désiré que V. M. eût mis de côté dans le préambule de la convention le titre de prince d'Orange, comme de nature à réveiller l'ombrage et la défiance de la République batave . . . On aurait infiniment à cœur que le duché de Mecklembourg pût être échangé contre la Westphalie[3]), afin d'éloigner les frontières de la Prusse de celles de la Hollande; »car«, ajouta Carnot, »on ne saurait se dissimuler qu'une certaine distance est nécessaire à la tranquillité des deux pays«. Je ne suis pas resté de mon côté sans réponse . . . Mais mes observations firent peu d'impression: on est dis-

1) Drouet war seit dem 10. Mai wegen Theilnahme an Babeuf's Verschwörung in Haft. Vergl. oben S. 70.

2) Vergl. hierüber die Mittheilungen von Larevellière-Lepeaux, Revue historique, 10, 78.

3) Am 31. August bemerkt Sandoz hiezu: L'échange du Mecklembourg devait se faire, si V. M. y consentait, avec l'évêché de Münster, et non pas avec les États de Westphalie.

trait ici sur les représentations, sur les allégués et sur les raisons; on 1796
ne les écoute pas. C'est l'effet de l'ivresse où les victoires en Allemagne Aug. 25.
et en Italie ont plongé les membres du gouvernement. »Ce n'est pas, observa Carnot en sortant de son indifférence, que le Directoire prétende affaiblir par ces arrangements les convenances du roi de Prusse, rien moins que cela: il est toujours dans la ferme résolution de porter la puissance de votre maître, à l'égard de celle de l'Autriche, à l'égalité; sa politique ne variera jamais sur ce point« . . .

Hüffer 1, 312.

66. Ansichten Delacroix's über das deutsche Reich.

. . . L'opinion du sieur Carnot sur la réunion prochaine de Nurem- Sept. 4.
berg à la domination de V. M. n'a pas été celle du sieur Delacroix, tant s'en faut[1]: si l'un y trouvait peu d'inconvénients, l'autre y apercevait au contraire des difficultés insurmontables. »Ce serait offrir un exemple fâcheux; ce serait fouler trop ouvertement aux pieds les franchises et les immunités desdites villes, et enfin ce serait jeter parmi elles l'alarme à la nouvelle d'une semblable entreprise«. Ces arguments me surprirent dans la bouche d'un homme qui s'est montré ardent à échanger, à aliéner et à conquérir. Je fus étonné surtout de lui voir envisager les villes impériales comme autant de petites démocraties répandues sur la surface de l'Allemagne . . . A mesure que le sieur Delacroix rédige et conclut des traités particuliers de paix, il amplifie ses idées et ses rêves politiques; chaque jour en voit éclore de nouveaux: tantôt il veut ériger un grand nombre de principautés d'Allemagne en républiques indépendantes et les faire servir de barrière entre l'Autriche et la République française; tantôt il veut agrandir les États du duc de Wurtemberg et du margrave de Bade, et les opposer pour barrière à l'Autriche . . .

67. Mittheilungen Rewbell's über den Angriff auf das Lager von Grenelle.

. . . [Nicht chiffrirt] Les mêmes brouillons et terroristes qui avaient Sept. 11.
essayé de soulever le peuple de Paris au moyen de drapeaux blancs[2]), ont tenté dans la nuit du 9 au 10 de ce mois de soulever le camp de Grenelle. Leur projet était de s'emparer des armes, de l'artillerie et de

1) Carnot äußerte sich zustimmend zu der Einverleibung Nürnberg's in Preußen, vorausgesetzt, daß dieselbe mit dem freien Willen der Einwohner erfolge.

2) In der Nacht vom 29. zum 30. August wurde an der Thüre des Hotel Beauvau eine weiße Fahne aufgehängt mit der Inschrift: vive le roi, mort aux républicains.

1796 Sept. 11. marcher ensuite sur le Directoire. Six à sept cents de ces terroristes armés de sabres et de pistolets se sont portés sur les gardes avancées et ont massacré deux sentinelles. Puis pénétrant dans l'intérieur du camp, ils ont crié: mort au Directoire et aux deux Conseils, et ont chanté l'air des Marseillais, signes convenus sans doute avec ceux qu'ils croyaient être de leur parti. Mais ici ils ont été trompés dans leur attente et dans leur complot. Bien loin qu'aucun des soldats fît mine de se joindre à eux, tous au contraire se sont réunis, infanterie et cavalerie, pour les repousser et les punir de la manière la plus terrible. Le choc n'a pas été long: c'était la valeur militaire d'un côté, et c'étaient la lâcheté et la trahison de l'autre. Dix-huit à vingt ont été tués et cent trente-deux ont été arrêtés et jetés dans les prisons. Un général ex-conventionnel et deux autres chefs du même parti sont du nombre des derniers. Leur jugement remis à une commission militaire ne sera pas long, et on attend que dans ce jour ils seront fusillés.

[Chiffrirt] Je tiens ces détails du sieur Rewbell, que j'ai vu hier au soir. »La tentative du camp de Grenelle«, m'a-t-il dit, »est une suite de celle des drapeaux blancs, ce sont les mêmes brouillons et les mêmes brigands. On voudrait nous faire croire que les royalistes l'ont tramée et exécutée. Nous ne prenons pas ainsi le change: nous connaissons parfaitement ceux qui sont les leviers invisibles de ces mouvements, et je puis vous confier que ce sont tout simplement deux représentants du Conseil des Cinq-Cents[1]). Heureusement ils sont impuissants en capacité et en fortune et ne nous inspirent aucune crainte; toutes leurs machinations et tous leurs efforts n'aboutiront qu'à les dévoiler et à les dénoncer de mieux en mieux. La constitution est fondée et rien ne saurait plus l'ébranler« . . .

68. Barras. Das Direktorium und die Räthe. Delacroix. Unterredungen mit Carnot und Delacroix über die Besetzung Nürnbergs. Jourdan.

Sept. 17. Angriff auf das Lager von Grenelle. Qui a fourni aux dépenses des conspirateurs? quelques agents obscurs de l'Angleterre et plusieurs membres du Corps législatif, ennemis secrets du gouvernement, en sont accusés. On doit même en avoir acquis des renseignements non équivoques dans la dernière affaire du camp de Grenelle. Croirait-on surtout que Barras, Tallien, Lessard et Camus sont ceux qui contrecarrent toutes les opérations du gouvernement? Rien n'est plus vrai. Carnot me l'a donné à entendre assez clairement dans un de mes derniers entre-

1) Tallien und Freron.

tiens. Mais qui est Barras, et d'où vient sa haine contre le corps même 1796
dont il est membre? . . . En octobre de l'année dernière, il se montra Sept. 17.
le défenseur valeureux de la Convention nationale et fut appelé pour récompense au Directoriat. Nul autre titre ne l'y appelait. Dès lors, piqué et aigri du rôle subalterne qu'il y joue et du peu d'influence dont il y jouit, il s'est lié avec tous les détracteurs de la constitution présente pour chercher à la renverser. Ses moyens de capacité sont faibles; mais sa valeur est reconnue, et ses liaisons sont dangereuses. Toute la stabilité du gouvernement actuel consiste dans l'union du Conseil des Anciens avec le Directoire, et dans l'attachement bien prononcé du militaire à ce dernier; c'est être assez fort. Le Conseil des Cinq-Cents est en inimitié avec le Directoire, et il ne laisse échapper aucune occasion de le manifester . . . Cette mésintelligence date des principes annoncés de part et d'autre pour la paix: le Conseil la veut promptement, généreuse et telle qu'elle convient à une grande République; le Directoire veut la continuation de la guerre, plutôt que de ne pas la conclure selon ses idées et selon ses victoires. Dans ce choc contradictoire d'opinions, où l'aigreur a souvent sa part, le Conseil des Cinq-Cents a l'avantage de ce que, trésorier de la République, il conteste et rejette toutes les demandes d'argent que le Directoire lui adresse. Il est même à soupçonner qu'il forcera peut-être le Directoire, par pénurie, de signer la paix avec l'Autriche . . .

J'ai été condamné à entendre les rêveries politiques du sieur Delacroix dans une conversation: »échanger les deux Lusaces«, me montra-t-il sur la carte, »acquérir en Pologne, obtenir le Mecklembourg contre la Westphalie et Münster; puis s'arranger à prix d'argent de la Poméranie suédoise; cet arrangement procurerait une prépondérance marquée à la Prusse sur la Baltique, doublerait sa puissance et ses moyens de force, *et la* mettrait en état de résister à la Russie« . . .

Aussitôt après l'entrée du courrier qui m'a été dépêché par le baron de Hardenberg [1]), je me suis rendu dans la soirée du même jour chez le sieur Carnot, et je lui ai donné connaissance de la réunion libre de la ville de Nuremberg à la domination de V. M. Cette nouvelle l'a surpris et affecté en même temps; je n'ai pas pu m'y méprendre; il pensait que cette réunion aurait été renvoyée à la pacification générale. Ses observations furent de me dire: »mais l'occupation de cette ville n'est-elle pas bien hasardée dans les circonstances présentes? Mais sera-t-elle regardée comme légitime et fondée sans le consentement de l'Empereur et de l'Empire? Mais l'anéantissement d'une ville impériale ne jettera-t-

1) Vergl. Ranke, Hardenberg 1, 362 flg.

1796 elle pas l'épouvante dans les autres en Allemagne? Mais enfin, la prise
Sept. 17. de possession de cette ville met le Directoire dans l'embarras sur le reste des contributions à payer et sur le passage des troupes françaises« . . . Je le rassurai principalement sur les arrangements à prendre, tant pour le payement des contributions, que pour le passage des troupes. L'argent est présentement ici un objet sacré, auquel il faut se garder de toucher . . .

Le général Jourdan est tombé entièrement dans l'esprit du Directoire; un jour de revers ternit à la guerre deux années de succès. Carnot me répéta, mot pour mot, ce que Rewbell m'avait dit de ce général, qu'il s'en laissait imposer et effrayer trop facilement . . .

Avant-hier j'ai entretenu également le sieur Delacroix sur l'objet de la réunion volontaire de Nuremberg, et je n'éprouvai point de sa part les difficultés auxquelles je m'attendais d'aprés une de mes conversations précédentes. La considération que cet événement déplairait à coup sûr à la cour de Vienne, et celle que c'était une manière de se déclarer formellement en faveur de la France, décidèrent son suffrage. Il se résuma à me dire que le Directoire avait lieu de s'attendre à ce que V. M. ne le frustrât pas des contributions qui restaient à solder, et à ce que la ville ne fût pas fermée au passage des troupes françaises. Je lui dis que cela pourrait faire l'objet d'un arrangement particulier . . .

Hüffer 1, 314.

69. Klagen gegen Delacroix.

Sept. 30. . . . Le comité du Conseil des Cinq-Cents a adressé au Directoire des plaintes contre le sieur Delacroix et a demandé son remplacement; il représente ce ministre comme dangereux dans sa politique, en ce que, écrasant les États faibles et leur imposant des paix humiliantes, il en fait autant d'ennemis irréconciliables de la République. On pense que le Directoire pourra difficilement se refuser à éloigner ce ministre, et l'on destine déjà pour son successeur le sieur Lehoc, revenu, il y a peu de temps, de son ambassade de Suède[1]) . . .

70. Anklagen Carnot's gegen Jourdan.

Okt. 9. . . . Carnot parut extrêmement intéressé d'en appeler au témoignage éclairé de V. M. pour disculper l'échec que son plan militaire avait

1) Am 6. Oktober berichtet Sandoz hierüber: Delacroix reste en place, sans être bien assuré néanmoins de s'y maintenir; tout son appui consiste dans une lettre justificative adressée au Directoire, dans l'amitié de Mme Rewbell pour la sienne, et dans l'ascendant de la première sur son mari.

essuyé, et il me recommenda à diverses reprises de ne pas omettre de lui 1796
en faire part. »Quand ce monarque saura«, me dit-il, »que le général Okt. 9.
Jourdan, frappé de je ne sais quelle terreur subite et panique, s'est replié uniquement pour embarrasser un collègue, le général Moreau, qu'il jalousait, et qu'il s'est replié en désordre sans avoir essuyé ni revers ni défaite, il ne pourra que me plaindre d'avoir été si mal secondé dans mon plan de campagne; mais je dois assurer ce monarque, et je me plais à le rendre confident de mes projets militaires, qu'aussitôt que les transports d'approvisionnements seront rassemblés, Beurnonville reprendra l'offensive à Francofort[1]); cela ne tient absolument qu'à cet incident« . . .

71. **Einige Bemerkungen über den dermaligen Zustand von Frankreich, entworfen nach seiner Zurückkunft von Paris, durch den Königl. Geheimen expedirenden Sekretär D. T. Bayard[2]). Ansbach 1796 Oktober 12.**

Um die gegenwärtige Lage Frankreichs und die Wirkungen der Revolu- Okt. 12.
tion in allen ihren Ramificationen gehörig beurtheilen zu können, dürfte es wohl nothwendig sein von zwei Hauptgesichtspunkten auszugehen und den Zustand der Dinge auf dem Lande von jenem in der Hauptstadt und den größern Gemeinden wohl zu unterscheiden. Der gehorsamst Unterzeichnete glaubt diese Bemerkung vorausschicken zu müssen, um bei den sonderbaren Contrasten, die er aufstellen wird, nicht das Ansehen zu bekommen, als hätte Anhänglichkeit an irgend eine Partei seine Beobachtungen geleitet.

Der erste Anblick der neuen Republik ist für den fremden, von Schirach's[3]) und andern Zeitungsdeklamationen prävenirten Deutschen gerade das Gegentheil von dem, was er zu finden glaubte. Statt revolutionärer Ruinen sieht er eine Menge neuer landwirthschaftlicher Anlagen, auf welche die Eigenthumsrechte der dermaligen Besitzer nicht die solidesten sein mögen, die aber doch von der größten aller bürgerlichen Tugenden, von Arbeitsamkeit und Industrie, zeugen. Zahlreiche Herden bedecken die Fluren, und am Pfluge des wirklich gut gekleideten Landmannes sieht man Pferde angespannt, die man in den dermaligen Umständen am wenigsten in Frankreich gesucht hätte. Die Cultur ist im Ganzen auf einem so guten Fuße, daß man füglich der Importation entbehren kann, und sich überzeugt fühlt, daß der vorige Mangel

1) Beurnonville war zum Nachfolger Jourdan's ernannt, weil, wie Carnot und Rewbell zu Sandoz sagten, »il a une vengeance à tirer de la cour de Vienne, et sa haine contre celle-ci est bien prononcée«.

2) Bayard, vorher pfalz-bayerischer Legations-Sekretär in Nürnberg, war damals geheimer expedirender Sekretär im fränkischen Departement. Über seine von Hardenberg veranlaßte Sendung nach Paris vergl. Ranke 1, 362; der jedoch seinen Namen nicht erwähnt.

3) Dänischer Legationsrath, Herausgeber des politischen Journals in Hamburg.

1796 Okt. 12. blos fiktiv, und durch den Discredit der Nationalmünze hervorgebracht war; denn seitdem wieder in barem Gelde bezahlt wird, ist auf allen Plätzen ein solcher Überfluß an Consumptibilien jeder Gattung, daß man auf den ersten Blick die Ungereimtheit des Pittischen Aushungerungssystems einsehen muß.

Die Aufhebung der Kopfsteuer, des zwanzigsten Pfennigs, der Zehnten und Feudalrechte, die Cessirung so mancher indirekten Abgaben haben den Fleiß des Landmannes rege gemacht, der seit Abolition des Maximums und des so verderblichen Requisitionssystems ein weites Feld für sein individuelles Interesse eröffnet findet. In bessere Wohnungen versetzt und Eigenthümer ehemaliger Pachtgüter, läßt sich der Cultivateur seinen dermaligen Zustand ganz wohl gefallen; er ist ziemlich zufrieden und wird ruhig bleiben, wenn man nicht neue Aufopferungen von ihm verlangt. Dieser Zustand von Apathie ist aber auch das Einzige, was die Regierung gegenwärtig erwarten darf, und es ist vorauszusehen, daß, so lange sie anderswo Quellen zu Fortsetzung des Krieges ausfindig machen kann, die Majorität des französischen Landvolkes, allen politischen und religiösen Instigationen zum Trotze, sich nie gegen die Republik auflehnen werde.

Daß aber eben dieser Landmann, dessen Umstände sich so sehr verbessert haben, auch in der Zeit der größten Gefahr nichts für die Erhaltung seines Zustandes werde aufopfern wollen, scheint eine gewagte Behauptung zu sein, deren Richtigkeit aber jeder fühlen wird, der nunmehr das Innere von Frankreich bereist, und die in folgenden Umständen ihren zureichenden Grund haben mag.

1) Der National-Charakter ist noch ebenso schwankend, ebenso wenig einer Ausdauer fähig, als er es zu Cäsar's Zeiten und unter der nachgefolgten Regierung von vier königlichen Stämmen war; unstät und flüchtig, hascht er immer nach Veränderungen, und wenn man bei einer achtjährigen revolutionären Combustion eine entstehende Festigkeit zu bemerken glaubte, so lag sie in der beständig sich ändernden Figur der Regierung, und in dem merkwürdigen Umstande, daß ein auswärtiger Krieg, welcher der Integrität und vielleicht der Existenz der Nation drohte, die Aufmerksamkeit des ganzen Volkes ausschließlich absorbirte. Da nun seit einiger Zeit gefühlt wird, daß ein ehrenvoller Friede längstens hätte geschlossen werden können, so hat der Krieg alles National-Interesse verloren, und man murrt laut über ein Gouvernement, von welchem man vorgiebt, daß es ihn nur aus persönlichen ehrgeizigen Absichten fortsetze.

2) Es wird nicht leicht eine Familie in Frankreich gefunden werden können, die nicht den gewaltsamen Tod eines ihrer Anverwandten zu betrauern hätte, oder die nicht durch revolutionäre Bedrückungen litt; hiedurch ist in allen Gemüthern eine Art von Ressentiment gegen die Revolution selbst und gegen diejenigen, die man als Fortsetzer derselben ansieht, entstanden, und

dieses Gefühl wird um so lauter, je mehr die seit dem 9. Thermidor eingetre- 1796
tene Reaction dem Unwillen aller Bedrückten und Leidenden die Schranken Okt. 12.
geöffnet hat. Daß man einer gehaßten Regierung, die bloß aus Furcht größerer Übel geduldet wird, keine großen Aufopferungen darbringen werde, ist leicht zu begreifen.

3) Ein Hauptgrund liegt wohl auch darin, daß das französische Volk und besonders der erwerbende Theil der Nation seit fast einem Jahrzehnt von Revolution zu Revolution geführt wurde und sich nun nach Stürmen so mancher Art in eine Ruhe versetzt zu sein wünscht, die es dem wirklichen Acquéreur, dem Landmanne möglich mache, seinen dermaligen Besitzstand als gesichert ansehen und die Früchte davon genießen zu können.

Auf dem Lande und in den Landstädten selbst findet man noch die schönere Seite des französischen Charakters; es fällt aber auch in die Augen, daß zunehmende Irreligion, Mangel an sittlicher Bildung und der alle gesellschaftlichen Bande zernagende Egoismus denselben zu untergraben drohen, und es, falls der revolutionäre Zustand noch länger andauern sollte, dahin bringen würden, daß der Franzose kein anderes Vaterland mehr als seine Hütte hätte.

Die Bevölkerung auf dem Lande (die insurgirten Provinzen ausgenommen) scheint eher zu- als abgenommen zu haben, und dies könnte wahrscheinlich daher geleitet werden, daß die Rekrutirungen für den geistlichen Stand beiderlei Geschlechtes, die man jährlich auf 50,000 Seelen angab, aufgehört haben, und daß eine Menge nervigter Menschen, die der Livréedienst und Luxus-Arbeiten beschäftigten, zum Ackerbau, dem sie entrissen worden, zurückgekehrt sind. In allen Ortschaften, die der gehorsamst Unterzeichnete durchreiste, ist die Anzahl der requisitionären Mannschaften so groß, daß verhältnißmäßig zu schließen, das Encadrement der französischen Armeen mehr als überkomplet werden müßte, wenn die Regierung nur die Hälfte dieser durch das Gesetz zum Kriegsdienst verbindlich gemachten Mannschaft ausheben wollte, oder — könnte.

Departemental-Städte.

Viele Städte Frankreichs sind ruinirt, alle aber befinden sich in einem passiven Zustand, aus dem sie nur durch einen baldigen Frieden, wiederbelebte Handlung, und auch selbst durch Anwendung großer Summen gezogen werden können, da eine große Menge Werkstätten zerstört sind, und in vielen Artikeln gänzlicher Mangel an matières premières vorhanden ist. Angenommen, daß der Landmann bei einer Art von Wohlstand nicht ganz zufrieden ist, so läßt sich leicht schließen, daß der Städte-Bewohner, der alle die großen Hoffnungen, die er auf die Revolution baute, vernichtet sieht, der bei Mangel an Erwerb alle seine Bedürfnisse in einem weit höhern Werth als vor 1789 bezahlen

1796 muß, und sich im ganzen Sinn des Worts von dem cultivirenden Theil aus-
Okt. 12. gezogen fühlt; daß dieser Städter, ohne wie ehehin über Regierungsformen zu discutiren, ein Gouvernement von ganzem Herzen haßt, dem er sein bisheriges Unglück zuschreibt. Hiezu kömmt noch, daß die Städte der eigentliche Sitz der Comités révolutionnaires und aller damit verbundenen Greuel waren; unter ihren Augen wüthete die Guillotine, und doppelt schwer ruhte auf ihnen die Hand des Plünderungs- und Schreckenssystems, indem sie den vermögenderen Theil der Nation ausmachten, und in Mauern eingeschlossen leichter durch bestochene Soldaten bezähmt werden konnten. Die hiedurch erzeugte widrige Stimmung, die selbst unter der Asche des Terrorismus fortglimmte, ist nun in allen Städten der Republik in vollem Ausbruch, und wird durch das Gefühl fortdauernden Ungemachs, durch Factionsgeist, priesterliche Insinuationen und beißende Oppositions-Schriften immer mehr angefacht. Gereizt durch die jetzige Situation, stellt man Vergleiche mit der ehemaligen an, und da diese besonders bei exaltirten Köpfen, für welche die Zukunft nichts und der gegenwärtige Augenblick alles ist, ganz zu Gunsten des ancien régime ausfallen, so verwünscht man die neue Regierung, und eine städtische Insurrektion wäre unvermeidlich, wenn es einen Central-Punkt gäbe, der die Explosion geschickt vorzubereiten und zu leiten wüßte; allein die Unzufriedenen sind in so viele Factionen, diese wieder in eine solche Menge Parteien von allen Schattirungen getheilt, daß sie durch ihr beständiges achoppement wider ihren Willen eine Regierung aufrecht erhalten, die, wie man gestehen muß, ihre Blindheit trefflich zu benutzen weiß.

Hauptstadt.

Paris ist noch immer die Staats-Cloake Frankreichs, und eine Stadt, von welcher man vielleicht mit Grunde behaupten kann, daß sie — die Wiege der Republik — ihr den Todesstoß geben, oder von ihrer gigantischen Last erdrückt werden wird. Hier ist der Haupttummelplatz aller möglichen Factionen; hier ist's, wo der Oppositionsgeist gegen die neue Ordnung der Dinge so weit gediehen ist, daß er die Gestalt einer National-Mode angenommen hat, so daß es gegen den bon ton wäre, der Regierung das Wort zu sprechen, oder nur ein Blatt zu lesen, das wie der Moniteur und der Rédacteur, in ihrem Sinne abgefaßt ist. Es wäre mehr als ein Wunder, daß die Regierung sich erhalten könnte, wenn nicht hier die nämlichen Ursachen in weit höherm Grade einträten, die bei den übrigen Städten angegeben worden sind.

Diese Hauptstadt ist nämlich in drei große Parteien getheilt, von welchen die republikanische von 1795 obenan steht, nicht als die zahlreichste, sondern weil sie Unität hat und die Staatsgewalt in ihren Händen ist; zu ihr gehören das Directorium, der größte Theil der beiden Conseils, die Minister, ihre Bureaux, alles was vom Beutel der Republik lebt, und eine Menge fried-

liebender Menschen und Insouciants, die der Ruhe alles aufopfern, und den 1796
jetzigen Zustand jeder mit convulsivischen Bewegungen verbundenen Änderung Okt. 12.
vorziehen.

Nach ihr kommt die bei weitem stärkste Partei der Royalisten, die aus den mehrsten Geistlichen, Gelehrten, Adligen, Manufakturisten, Handwerkern und allen Staats-Rentiers besteht. Sie theilt sich in unbedingte Monarchisten, in limitirte, constitutionelle und Anglikaner. Die Einen wollen einen Bourbon, diese einen Orleans, jene den Herzog von Braunschweig und wieder Andere ein Wahlreich; keiner weiß im Grunde recht, was er will, allein darin stimmen alle überein, daß sie sich mit einem Eifer verfolgen, der es der Regierung leicht macht, sie zu bezähmen.

Die letzte ist die Jacobiner- und Anarchisten-Faktion; zu ihr gehören die proscribirte linke Seite der National-Convention, alle Leute, die aus der Revolution ein métier machten und nun brodlos sind, die Patriotes exclusifs, die sich dadurch beleidigt finden, daß man sie nicht an die Spitze der Regierung gestellt hat, alle Verabschiedete der Decemviral-Tyrannei, und die ziemlich beträchtliche Classe von Menschen, die gern im Trüben fischen möchten und so ausgeartet sind, daß sie sich nie an bürgerliche Ordnung gewöhnen werden. Diese Partei ist lange nicht so gefährlich, als die Regierung, aus Ursachen, die sich leicht errathen lassen, vorgeben will; wie aus allen ihren Unternehmungen erhellt, sind ihre Anführer verzweifelte Menschen, die aber den Kopf nicht auf ihrer Seite haben und ohne alle Überlegung handeln. Überdies bestehen die Subalternen aus der niedrigsten Classe von Menschen, die sich zwar Aristide und Brutusse nennen, demungeachtet aber nichts mehr und nichts weniger als Schuhflicker, Wasserträger und Empailleurs de chaises sind; aus solchem Gesindel bestanden wenigstens die Colonnen, die im Fructidor das Lager von Grenelle attaquirten. Es ist wohl falsch, daß die Royalisten sich so weit herablassen, mit ihnen gemeinschaftliche Sache zu machen, ob es gleich wahr ist, daß die Parteien, um sich desto sicherer zu masquiren, öfters die Farben der andern entlehnen.

Nebst diesen Hauptparteien giebt es noch eine, die Partei der Républicaniseurs; eine Corporation, die schon unter der königlichen Regierung mit dem Namen Académiciens bezeichnet wurde, und zu welcher sich von jeher die besten Köpfe Frankreichs bekannten. So wie ehehin der Jesuiten-Orden, theils aus Eigennutz, theils aus Sektirsucht, die päpstliche Religion in allen Theilen der Welt zu verbreiten bemüht war, eben so suchen auch diese Herren unter der Decke von Kosmopolitismus, Philanthropie und Maurerei, aber aus den nämlichen obenerwähnten Gründen, ihre metaphysischen Ideen von Volkssouveränität, republikanischer allein seligmachender Verfassung, ewigem Frieden u. s. w. in allen benachbarten Staaten in Umlauf zu bringen. Gefährlicher als die Jacobiner, die von der allgemeinen Verachtung gebrand-

1796 markt, zu unsinnig handeln, um eine andere als correctionelle Polizei-Auf-
Okt. 12. merksamkeit zu verdienen, haben sie in allen Gegenden zahlreiche Affiliationen, und die Regierungen dürfen um so mehr gegen diese Sekte auf ihrer Hut sein, als sie auch im Auslande aus Leuten besteht, die Genie und äußerliche populäre Probität mit rastloser Intrigue verbinden, und viele Glieder unter ihnen sich befinden, die aus Bonhomie und einer Art fanatischer Philosophisterei wirklich auf diesem Weg das Glück des Orbis Terrarum zu bewirken glauben. Da der Franzmann nicht dazu geeigenschaftet ist, um sich andauernd mit abstracten ideologischen, brod- und erwerblosen Speculationen zu beschäftigen, so ist diese Partei in der öffentlichen Meinung sehr gefallen, und man haßt sie sogar, da man glaubt, ihre Grundsätze stünden der allgemeinen Pacification im Wege.

Derjenige, der in der französischen Hauptstadt einen Funken Patriotismus oder Gemeingeist suchen wollte, würde sehr irre gehen; alles reducirt sich auf National-Eitelkeit, Egoismus und Gewinnsucht, und sowohl Gouvernants als Gouvernés sind entweder gute Leute ohne Kopf, oder Schlauköpfe ohne Herz. Die Folge ist, daß Gerechtigkeit, Vaterlandsliebe und Uneigennützigkeit leere Namen sind, daß Ruhmbegierde und Nacheiferung erschlaffen und am Ende gar nicht mehr Statt finden. Bei solchen Umständen ist es kein Wunder, wenn die Regierung mit unwissenden oder gewissenlosen Menschen umgeben ist, die alles wagen, weil sie merken, daß sie nichts dabei wagen, und daß das gemeine Wesen so bestohlen und desorganisirt wird, daß eine Menschen-Generation dazu gehört, um nur die Sachen wieder in einen leidlichen Gang zu bringen. Da indessen die neue Constitution geliebt wird und der Haß nur auf die üble Anwendung derselben fällt, so läßt sich erwarten, daß dieser leidliche Gang hergestellt und die neue Einrichtung der Dinge mit einigen Modificationen bleiben wird, wenn es nur dem Gouvernement gelingt, einen dauerhaften Frieden zu schließen und lauter solche Männer anzustellen, die mit Kopf Ehre und Rechtschaffenheit verbinden. Um bei der fast allgemeinen Unzufriedenheit diese Assertion nicht als paradox anzusehen, muß man nur erwägen, daß der Pariser die unvermeidlichen Stürme einer Contrerevolution einsieht und wohl fühlt, daß ein neues Königthum mit neuen Bedürfnissen nur jene alten Hülfsquellen hätte, aus welchen die Republik bisher zum Übermaße schöpfte.

Die äußere Gestalt von Paris ist, Dank sei es der unermüdeten Sorgfalt des Polizei-Ministers und dem Eifer der Truppen ruhig; man deklamirt gegen die Regierung, persiflirt sie, lebt auf gutem Fuße, besucht täglich die Schauspielhäuser, und läßt sich durch Kriegs-Nachrichten, so gut oder schlimm sie auch sein mögen, wenig irre machen. Seit Aufhebung der Comités de bienfaisance hat sich das allgemeine Elend unter der niedrigen Volksklasse vermindert, und vermindert sich noch täglich mehr, da seit der Wiedererscheinung des baren Geldes und der neu eröffneten Commercial-Verbindung mit Spanien, Italien, Holland und einigen nordischen Staaten, der Handel in eine merkliche Aktivität gekommen ist. Der Absatz der Pariser Fabrikate wird auch durch den innern Luxus begünstigt, der besonders in Equipagen und Meubles alle Vorstellung übersteigt; die revolutionären Parvenus ersetzen hiedurch die Stelle der ehemaligen Seigneurs, und unterscheiden sich von diesen nur durch einen hohen Grad von Insolenz. Da die Hauptstadt lange Zeit hindurch wirklich auf Kosten der Departements erhalten wurde, und die Regierung noch dermalen große Aufopferungen für selbe macht, so hätten ihre Einwohner Ursache wenigstens leidlich zufrieden zu sein, allein es trifft ein, was Voltaire von ihnen sagte: si même, sous une théocratie, le bon dieu s'avisait de vouloir les gouverner, il n'en viendrait jamais à bout. 1796 Okt. 12.

Regierung.

Die neueste Constitution steht in der größten Achtung, besonders seitdem einige Engländer und Amerikaner ihr den Vorzug vor allen übrigen eingeräumt haben. Selbst entschiedene Royalisten, die in derselben eine Carriere für ihren Ehrgeiz eröffnet finden, wünschen ihre Aufhebung nicht, und glauben, daß sie das non plus ultra aller Regierungs-Verfassungen wäre, wenn man einem Könige die Machtvollkommenheit des Directorii beilegte. Man fühlt ziemlich allgemein, daß keines der gegenwärtigen Übel der Constitution beigemessen werden könne, daß sie vielmehr viele Wunden heilte, und daß alle Schuld auf die revolutionäre Regierung geschoben werden müsse. Was indessen eben so allgemein gefühlt wird, ist, daß die Constitution nicht gehen will; da man nun nicht ehrlich genug ist, den wahren Grund dieser unangenehmen Stockung gestehen zu wollen, so schiebt man alle Schuld auf das Directorium und die Legislatur, und hat sehr Unrecht; denn die entschiedene Majorität derselben sucht aus Gründen von Selbsterhaltung die begangenen Fehler wieder gut zu machen; daß aber die Constit[illegible] nur auf sittlich gute Menschen anwendbar sei, daß die Wahl des Volkes [illegible] theils auf Leute ohne Werth falle, die sich in ihre Stellen einschmeicheln, einbetteln, einheucheln oder eindrängen; daß diese Leute über alle Zweige der Administration einen esprit de gaspillage verbreiten, der alle Säfte der gesellschaftlichen Maschine aussaugt; — dies alles kann der Regierung allein ebensowenig zur Last gelegt werden, als es ungereimt sein würde, ihr die augenblickliche Umschaffung des verdorbenen National-Charakters, und die Creation neuer, nie bestandener Hülfsquellen zuzumuthen ...

Rath der Fünfhundert.

Auf diesem Conseil ruht noch der Geist der ehemaligen Convention; die Sitzungen zeichnen sich durch stürmische Debatten, große rednerische Vorträge,

1796 seichte Discussionen und heftige Resolutionen aus. Mit abwechselndem Glücke
Okt. 12. streitet die rechte gegen die linke Seite, und jeder Theil trägt den Sieg davon, je nachdem die Umstände des Tages und Zufälle, die außer dem Gesichtskreis republikanischer Gesetzgebung liegen sollten, der öffentlichen Meinung diese oder jene Richtung geben. Wer nie einer Sitzung der Fünfhundert beiwohnte, kann sich unmöglich von der tumultuarischen Unanständigkeit, die in diesem Volks-Senate herrscht, einen deutlichen Begriff machen.

Rath der Alten.

Hier sollte man fast dem allgemeinen Sprichwort: daß der französische Verstand erst mit vierzig Jahren zur vollkommenen Reife gelange, Glauben beimessen. Im Rath der Alten befolgt man genau das Reglement; in allen Rapports und Discussionen herrscht eine logische Ideenfolge und eine Gründlichkeit, die jeden mit Achtung gegen eine Versammlung erfüllen muß, die nebstdem einen Anstand und eine Würde verbindet, welche billiger Weise allen Repräsentanten einer großen Nation eigen sein sollten. Die Partei der Moderirten behauptet hier fortdauernd die entschiedenste Mehrheit; und dadurch daß es den heftigen revolutionären Resolutionen der Fünfhundert seine Zustimmung meistens versagt, hat sich dieses Conseil in großes Ansehen gesetzt.

Ministerium.

Die Justiz-Minister Merlin de Douai und Cochon Polizei-Minister sind der Gegenstand des allgemeinen Hasses; erstern beschuldigt man des Jacobinismus und einer Menge arbiträrer Handlungen, letztern kann man, wie es scheint, nicht so geradeswegs angreifen; man fällt daher über seinen Namen, seine Figur, häusliches Leben und alle seine übrigen Handlungen mit einer Wuth her, die unerklärbar wäre, wenn man nicht wüßte, daß Cochon als Polizei-Minister einzig in seiner Art ist, und sich bloß durch die genaueste und unerbittlichste Erfüllung seines Amtes die Ungnade der Herren Pariser zugezogen hat. Petiet Kriegs-, Truguet Seewesens- und Benezech Minister des Innern, genießen einer großen Achtung; was aber den Minister der auswärtigen Angelegenheiten Delacroix betrifft, so ist er von Freunden und Feinden verachtet, und man glaubt ihn noch recht artig zu behandeln, wenn man ihn la bûche diplomatique nennt. Der gehorsamst Unterzeichnete will, um diesen Staatsbeamten zu schildern, nur den einzigen Zug anführen, daß er sich bei Gelegenheit der Nürnbergischen Contributions-Moderationssache gegen den Minister Sr. Majestät verlauten ließ: die Hauptstärke des deutschen Reichs bestünde in den freien Reichsstädten. Die Inertie des Herrn Delacroix ist so allgemein anerkannt, daß er schon längst seinen Abschied erhalten hätte; allein da der Direktor Rewbell die Eitelkeit hat, die auswärtigen Angelegenheiten ausschließlich behandeln zu wollen, so geht sein Hauptaugenmerk dahin, einen Mann beizubehalten, der seine Eifersucht um so weniger reizen kann, als er ihm bloß zum Pantin dient. 1796 Okt. 12.

Finanzen.

Ihre Lage und die täglich wachsende Pénurie ist aus den officiellen Rapports des Gouvernements bekannt; was aber auswärts weniger bekannt sein dürfte und den Discredit aller gegenwärtiger und künftiger Papiermünze machen muß, ist, daß die Real-Hypothek der National-Güter, die zum Fundament aller Finanz-Operationen genommen wird, lange das nicht ist, wofür man sie mit so vieler Emphase ausgeben will; nicht als wenn die Estimationen im Ganzen unrichtig wären, sondern weil es eine positive Unmöglichkeit ist, sie zu realisiren. Wollte man zum Beispiel den unstreitig beträchtlichsten Theil derselben, die Nationalwaldungen, die dermalen zu ihrem großen Détriment en régie verwaltet werden, veräußern, so wäre Frankreich in wenigen Jahren ohne Holz; eine ungeheure Menge von großen, aber meist isolirten National-Gebäuden, deren Schätzung sich mit aller Richtigkeit auf viele Hundert Millionen beläuft, wird nie verkauft werden können, weil Niemand sich findet, der sie zahlen oder brauchen kann. Es scheint, als wolle man in den dermaligen Umständen die Finanz-Kenntnisse des fränkischen Kreisgesandten Herrn von Zwanziger[1]) zu Rathe ziehen; sein nach vollbrachter Mission verlängerter Aufenthalt, die Intimität, in welcher er mit dem Finanz-Minister lebt, und einige dem gehorsamst Unterzeichneten geschehene Mittheilungen, scheinen dieser Muthmaßung einen hohen Grad von Wahrheit beizulegen . . .

Armee des Innern.

Die Heere der Franzosen sind in Deutschland zu bekannt, als daß es nöthig wäre ein Gemälde davon zu machen; daher nur einige Worte über die Armee im Innern, die vor einiger Zeit aus leicht begreiflichen Finanz-Ursachen, größtentheils reducirt worden ist. In der Hauptstadt selbst ist das Hauptquartier dieser Armee, die von dem General Hatry, bekannt durch die Bloquade und Einnahme Luxemburgs, commandirt wird. Die Hauptstärke ist bei Paris concentrirt, und lagert zum Theil bei Vincennes, zum Theil auf der plaine de Grenelle. Beide Läger sind seit dem Aufstande vom 23. Fructidor [9. Sept.] verstärkt worden, und können gegenwärtig gegen 25000 Mann betragen, die täglich die erforderlichen Wachen nach Paris geben. Man sollte glauben, daß Truppen, die im Herzen ihres Vaterlandes dienen, und mit aller Vorliebe von einer so requisitionsreichen Regierung behandelt werden, ein äußerliches Ansehen haben sollten, das weder von Dürftigkeit, noch weniger von militärischer Armuth zeugte, und doch ist es eben diese Armee, die

1) Über Zwanziger's Sendung nach Paris vergl. Hüffer 1, 219 flg., Ranke 1, 360.

7*

1796 fast am elendesten aussieht, ob sie gleich besser geübt ist, als es gewöhnlich die
Okt. 12. republikanischen Truppen sind. Die National-Repräsentation hat ihre eigene Leibwache, ein Corps Grenadiers von 800 Mann, das nicht leicht schöner gedacht werden kann; es steht unmittelbar unter dem gesetzgebenden Körper, und bezieht bei den beiden Conseils die Wachen. Da dieses Corps der Regierung sehr ergeben ist, und schon bei mancher Gelegenheit die Pariser Royalisten und Anarchisten mit blutigen Köpfen nach Hause wies, so ist es sehr verhaßt, und man nennt es spottweise die prätorianische Garde.

Frankreich in Hinsicht auf Deutschland.

Der lauteste Wunsch der französischen Nation ist: Friede mit Deutschland, und so sehr auch der Haß gegen alles, was österreichisch ist, in den Gemüthern lodert, so muß doch in diesem Augenblick die National-Antipathie dem allgemeinen Bedürfniß nachstehen. Mehr als wahrscheinlich ist es, daß man von der Prätension, den Rheinstrom zur Grenze machen zu wollen, abgehen werde, und zwar weil man einzusehen anfängt, daß die Erhaltung der deutschen Verfassung ein wesentliches Interesse Frankreichs sei, und daß die Behauptung des linken Rheinufers die österreichische Occupation des bayerischen Kreises und anderer Reichslande nach sich ziehen, und diesem Hause einen Zuwachs concentrirter Kraft geben würde, die bei den bekannten Gesinnungen Österreichs der neuen Republik beständig furchtbar sein müßte. Was aber die Behauptung der bereits reunirten neuen Departements betrifft, so scheint die Regierung entschlossen zu sein, hiefür alles wagen zu wollen, und selbst das widrigste Kriegsglück wird nicht leicht eine Änderung in dem angenommenen System hervorbringen. Deutschland steht überhaupt in einem hohen Grade von Achtung in Frankreich, und die Gesandten mehrerer Stände, namentlich auch des fränkischen Kreises haben gewiß Ursache, über die Art zufrieden zu sein, mit welcher sie im ganzen Lande aufgenommen wurden. Der gehorsamst Unterzeichnete kann nicht umhin, hier einen Seitenblick auf einen Plan der fränkischen Kreis-Deputation zu werfen, der nichts weniger bezielte, als aus dem fränkischen Reichskreis eine förmliche unter französischem Schutz stehende ständische Republik zu bilden. Nach diesem Plänchen, das vorläufig mit einem geheimen französischen Agenten Namens von Reibeld, so sich unter dem Titel eines geflüchteten deutschen Edelmanns lange in Nürnberg aufhielt, entworfen worden war, und die Zustimmung mehrerer reichsritterschaftlichen Glieder erhalten haben soll, hätte der fortwährende Kreis-Convent die eigentliche Souveränität erhalten und sich in eine constituirende Versammlung formirt, um sowohl eine schöne systematische Constitution, als auch die Bestimmungen zu entwerfen, nach welchen die bisherigen Landesherren und Stände ihr Dominium utile zu genießen und zu Formirung des repräsentativen souveränen Senats zu concurriren hätten. Wider Erwartung der

deutschen und affiliirten pariser Républicaniseurs, soll dieser Vorschlag jedoch 1796
keinen Eingang gefunden haben . . . Okt. 12.

Berichte von Sandoz-Rollin aus Paris.

72. Beschluß des Direktoriums über die Unterhandlung mit Malmesbury.

Le mécontentement du Conseil des Cinq-Cents contre le sieur Delacroix est répété à chaque occasion; l'arrivée de lord Malmesbury en a fourni une nouvelle preuve[1]. Convenait-il de laisser ce ministre conférer avec le négociateur anglais, et n'était-il pas plus utile de nommer une commission spéciale pour traiter avec ce dernier? Telle a été la forme des représentations faites au Directoire par un grand nombre des membres dudit Conseil législatif. Après une longue et mûre délibération, le Directoire a décidé que ce n'était pas le moment de déplacer le sieur Delacroix, ni de changer l'usage établi pour les conférences; qu'on en tirerait des conclusions défavorables au gouvernement actuel. Enfin il a été décidé que le sieur Delacroix serait appelé à conférer avec le ministre d'Angleterre, de la même manière qu'il l'avait fait jusqu'à présent avec ceux des autres puissances . . . Okt. 24.

73. Zusammenkunft und Gespräch mit Malmesbury über die Friedensunterhandlung zwischen Frankreich und England[2].

Le silence de lord Malmesbury à mon égard vient de cesser. M'ayant proposé de me trouver le 30 dans une maison tierce pour éviter toute obligation de visite au Corps diplomatique, je m'y suis rendu à l'heure indiquée . . . Après quelques compliments sur la confiance que le ministère britannique mettait dans la droiture de mes principes, il m'assura que le roi d'Angleterre voulait la paix, et que sa commission en portait la conviction intime: »insidieuse, on n'aurait pas osé me la proposer«, observa-t-il, »mensongère, je ne l'aurais pas acceptée«. La suite de cette conversation dévoila peu à peu les principales bases de la négociation: il avait ordre de mettre en avant la restitution de la Belgique à l'Empereur, non point comme une condition péremptoire, mais comme une condition qui pouvait être discutée; cette restitution rejetée et réputée inadmissible, les équivalents se trouvent non seulement dans la remise en possession de l'Italie, mais de plus dans la cession de la Bavière en tout Okt. 31.

1) Malmesbury war am 22. Oktober in Paris angekommen. Vgl. Sybel 4², 325 ff.

2) Es bezeichnet die historischen Kenntnisse des Herausgebers der »Diaries and Correspondence of Malmesbury«, daß in einer Anmerkung zu denselben Sandoz zum Gesandten Portugal's gemacht wird (III, 293). Übrigens bestätigt Malmesbury den häufigen und vertrauten Verkehr zwischen Sandoz und den leitenden Männern der französischen Regierung (III, 330).

1796 Okt. 31. ou en partie... L'Empereur s'était expliqué il y a plus d'un mois envers l'Angleterre sur sa volonté de faire la paix, et l'avait même requise de porter ses premières ouvertures au Directoire; les pleins pouvoirs qu'il attendait ne devaient servir qu'à préparer les voies de la négociation, et pour le reste, S. M. Impériale ne tarderait pas à nommer un ministre pour discuter, de concert avec lui, les moyens d'une paix prochaine. Il ignorait encore sur qui le choix de S. M. Impériale pourrait s'arrêter. Lord Malmesbury ne disait rien des prétentions de l'Angleterre; je l'en fis convenir. »Vous sentirez bien, répliqua-t-il, que notre intention est de rendre à la France quelques-unes de nos conquêtes dans les Indes occidentales, pour contrebalancer les restitutions à faire à l'Empereur; mais on ne saurait exiger que l'Angleterre renonçât au Cap de Bonne-Espérance et à quelques autres établissements dans les Indes orientales; cela serait trop injuste«. Ici je vis clairement que le sieur Delacroix n'avait point exagéré ses confidences à l'égard des premières conférences du négociateur anglais: c'était à la France à tout rendre, et à l'Angleterre, à tout garder. Lord Malmesbury continua et me dit qu'il avait été affecté assez vivement de la publication de sa négociation[1]; il prévoyait et craignait surtout qu'elle n'offensât le roi d'Angleterre et le ministère, bien qu'il eût cherché à tempérer ces premières impressions. Je mis en doute dans ma réponse si cette mesure ne tournerait pas plutôt à l'avantage de l'Angleterre qu'à celui de la France. »Songez-y bien«, observai-je, »vous aurez présentement dans le Corps législatif un défenseur et un avocat bien prononcé; car la négociation présente est un grand procès dont deux nations vont devenir les juges« . . . L'Angleterre veut la paix et en voici presque une preuve: lord Malmesbury me confia que peu de jours avant son départ de Londres on avait expédié un courrier au roi des deux Siciles avec l'avertissement de faire la paix à tout prix avec le gouvernement français, et même à la condition de fermer ses ports à l'Angleterre; on prévoyait déjà qu'on ne se soutiendrait pas dans la Méditerranée. Avant de nous séparer, lord Malmesbury me pria de vouloir guérir les préventions et les défiances qui subsistaient contre lui dans le Directoire, et il me pria encore de lui ménager les occasions de me voir[2] . . .

---

1) Die französische Regierung hatte die ersten bei dieser Unterhandlung gewechselten Noten im Rédacteur vom 27. Okt. abdrucken lassen.

2) Sandoz wurde von der preußischen Regierung zu großer Vorsicht bei seinen Gesprächen mit Malmesbury ermahnt. »Ce négociateur est connu ici pour n'être rien moins que scrupuleux sur la vérité, lorsqu'il ne la juge pas favorable à l'objet qu'il traite, et je le soupçonne un peu de vous avoir recherché à dessein pour me donner l'éveil par les propos qu'il vous a tenus sur la Bavière«. (Erlaß vom 18. Nov.)

74. Klagen Carnot's und Rewbell's über Malmesbury. Rückzug Moreau's über den Rhein.

»Le moyen de donner confiance à milord Malmesbury et à son dé- 1796
but«, me dirent d'une commune voix Carnot et Rewbell; »d'abord il Nov. 4.
s'annonce comme chargé de traiter la pacification générale, et il s'explique dans ce sens avec le ministre Delacroix; on devait le croire par conséquent revêtu de tout ce qui était nécessaire. Mais lorsqu'on lui demande de déployer les pleins pouvoirs de l'Empereur, il répond qu'il saura se les procurer et qu'il est prêt à expédier pour cet effet un courrier à Vienne. Mais lorsqu'on lui demande de s'expliquer sur la nature des rétrocessions proposées par l'Angleterre, il répond qu'il n'en a que des notions vagues et qu'il est prêt à expédier un courrier à Londres pour obtenir des ordres plus précis. De bonne foi, est-ce là le langage d'un ministre qui veut captiver la confiance du Directoire, et n'est-ce pas plutôt celui d'un homme astucieux et d'un politique routinier? Imprimer et publier toute la correspondance de cette négociation était la seule manière de déjouer ses ruses; c'était aussi celle de réprimer l'espionnage haineux et perfide des ennemis du Directoire siégeants dans le Conseil des Cinq-Cents« ...

Carnot me parlant de la retraite de l'armée du général Moreau, me dit qu'elle était devenue nécessaire pour les subsistances; elle avait repassé le Rhin dans le plus grand ordre; et s'il était fâcheux de revenir au point d'où elle était partie au commencement de la campagne, au moins ne l'était-il pas d'avoir vécu en pays ennemi pendant toute sa durée. Ces considérations débitées pour en imposer au monde ne le consolent pas dans son intérieur d'un changement de fortune aussi imprévu; son dépit et son chagrin se décèlent à chaque instant . . .

75. Unterredung mit Malmesbury.

. . . Lord Malmesbury est revenu me chercher encore pour me con- Nov. 8.
sulter sur les dispositions du Directoire, et si elles étaient toujours décidées sincèrement pour la paix. Je lui ai répété affirmativement ce que je lui en avais dit dans la première conférence. Tant de gens lui donnaient des doutes à ce sujet, qu'il ne savait plus qu'en penser; et tant de gens lui offraient leurs services pour fomenter en France un parti à l'Angleterre, qu'il avait été forcé de les menacer d'être dénoncés pour s'en débarrasser. Quelques-uns des derniers étaient même membres du Conseil des Cinq-Cents, ce qui ne surprendra pas: les républicains français sacrifient tout à l'argent, leur honneur, leur liberté et leur fraternité[1]) . . .

---

1) Am 12. November wiederholt Sandoz: l'argent opère mieux ici que le droit et la raison.

76. Verhandlung zwischen Delacroix und Malmesbury. Friedensvorschläge von Frankreich an Österreich.

1796 Nov. 14. . . . Lord Malmesbury, que j'ai vu ce matin, considère les formes et la méthode comme indispensables dans sa négociation, et en cela il est imperturbable. Le sieur Delacroix, que j'ai vu également aujourd'hui, regarde cette marche comme décelant la ruse et la mauvaise foi, et il ne démordra pas de cette prévention [1]) . . . Le public de Paris prend parti, comme on le pense bien, dans cette grande affaire: les créatures du Directoire et le militaire en général voient dans lord Malmesbury un diable d'espion plutôt qu'un négociateur; et les partisans de l'Angleterre, qui ne sont pas en petit nombre, voient dans le ton bizarre et brusque de Delacroix un mauvais secrétaire plutôt qu'un ministre des relations extérieures. Une autre classe de gens en prend sujet de douter que le Directoire veuille sincèrement la paix; cependant on ne saurait avoir cette opinion pour ce qui regarde celle avec l'Autriche. En voici une nouvelle preuve: il n'y a pas six jours que le sieur Delacroix a remis au prince Belmonte [2]) une note contenant des propositions de paix qui devaient être adressées directement par la reine de Naples à l'Empereur seul, avec prière de n'en donner aucune communication à l'Angleterre. Ces propositions assez vagues disaient que si l'Empereur voulait consentir dès à présent à la réunion de la Belgique et aux limites du Rhin, la paix pourrait être conclue à des conditions très honorables . . .

77. Streit zwischen Delacroix und Malmesbury. Äußerungen des letzteren.

Nov. 18. De l'aigreur des écrits on a passé bientôt après à celle des paroles. La conversation qui a eu lieu le lendemain du départ de mon numéro 71 [3]) entre le lord Malmesbury et le sieur Delacroix en offre la preuve . . . Le premier en entrant chez le ministre, dit: »je viens vous interroger de nouveau si le Directoire veut la paix?« »C'est plutôt au Directoire de vous adresser cette question«, a répondu le second; »vous ne citerez pas votre langage mystérieux et vos notes diplomatiques pour un témoignage des dispositions pacifiques de l'Angleterre; jamais rien de moins con-

1) Auch in Berlin hielt man, bei dem gereizten Ton der gegenseitigen Noten, die Unterhandlung für aussichtslos: malheureusement tout concourt à m'en faire appréhender la rupture prochaine; je dis appréhender, puisque mes vœux et mes intérêts, d'accord avec ceux de l'humanité entière, sont pour une pacification prochaine et fondée sur la modération et l'équité. (Erlaß vom 28. Nov.)

2) Gesandter Neapel's in Paris.

3) Bericht vom 14. November.

cluant n'a été entendu ou lu«. »Venons aux faits«, a interrompu le lord 1796
Malmesbury, »concevez-vous une manière d'entrer en négociation sans Nov. 18.
être convenu préliminairement des principes qui doivent la régler? Vous avez consenti à celui des compensations, et aujourd'hui vous semblez vouloir vous rétracter«. »Concevez-vous vous-même«, a répliqué le sieur Delacroix, »une manière de traiter plus pénible que celle de poser éternellement les principes et de ne vouloir pas en sortir? A quoi tient-il que vous n'ayez abordé déjà la question et articulé le chapitre des compensations? En suivant la marche que vous tenez présentement nous ne parviendrons pas à régler l'état de cette négociation dans deux années. Il serait temps néanmoins de fixer un terme. Le sang coule, et l'humanité gémit et souffre. Le Directoire a résolu, et m'a chargé de vous prévenir, que si dans 15 jours nous ne sommes pas d'accord sur les principales bases du traité, il sera forcé alors de mettre fin à ces conférences et à la prolongation de votre séjour en France. Les reproches et les remords en retomberont sur le ministère britannique« . . .

Les détails que V. M. vient de lire sont écrits sous la dictée même du sieur Delacroix et du lord Malmesbury; chacun d'eux m'en a fait séparément la confidence. Avanthier le dernier m'a dit: »j'espère encore de ramener cette négociation à des principes modérés et équitables. Je sacrifierai, pour y réussir, mes idées particulières, mon repos, ma patience et le temps. Tout dépendra surtout de la manière dont la cour de Vienne s'expliquera sur l'objet des compensations, et je tremble de l'entendre. Ellis est un homme prudent et éclairé[1]; je lui ai recommandé de ne point dissimuler au ministère britannique combien les idées recues et amplifiées de la misère de la France sont fausses, et combien elle abonde au contraire en ressources de toutes espèces. La note que le lord Grenville m'a envoyée et qui a fait le sujet d'une correspondance ridicule, était trop entortillée et diplomatique pour la France républicaine; je le sens, mais je n'avais pas la faculté d'y rien changer[2]) . . .

Les réponses aux notes de lord Malmesbury n'étaient pas de Charles Delacroix, mais bien du Directoire rédigées par le sieur Rewbell . . .

78. Agitationen der Parteihäupter und Ermüdung des Volkes.

. . . La convocation des assemblées primaires approche et appelle Dec. 16.
toute la surveillance de l'administration. Déjà on cherche à aigrir les

1) Ellis, ein Begleiter Malmesbury's, wurde von demselben am 15. Nov. nach London geschickt. (Vergl. III, 264 u. 308.)

2) Vergl. Malmesbury III, 260, 301.

1796 Dec. 16. esprits et à troubler ces assemblées par des libelles affreux contre le gouvernement; un de ceux-ci sous le titre du »Directoire traité comme il le mérite par le peuple malheureux«, a été crié et vendu hier dans les places publiques. Mais rien ne fait plus impression: le peuple, las des calamités passées, laisse crier et est insensible à tout. Des factions mal éteintes et quelques chefs de parti peuvent bien susciter encore quelques secousses dans l'État, mais ne peuvent plus tramer de conjurations dangereuses. Il ne faut pas juger de la situation présente de la France d'aprés les journaux: non, rien ne ressemble moins à ce qui existe que ce qui s'en imprime par les chefs de parti; ceux-ci, si je juge bien, sont usés, décriés, misérables et impuissants . . .

79. Unterredung mit Malmesbury.

Dec. 20. Abbruch der Verhandlung zwischen Frankreich und England; Ausweisung Malmesbury's. Aujourd'hui matin, Malmesbury m'a fait proposer ou de passer chez lui ou de me voir dans une tierce maison. J'ai préféré le dernier parti. Son début m'a étonné: »Sachez, m'a-t-il dit, que j'ai bien plus à me plaindre du ministère britannique que du Directoire; sachez encore que je le publierai à Londres et que je me plaindrai au chancelier Pitt de la mauvaise tournure que le lord Grenville a donnée à la négociation; il a fait retomber sur l'Angleterre tout l'opprobre de la continuation de la guerre«. »Mais le sieur Pitt voulait-il décidément la paix?« ai-je interrompu. »Il la voulait, j'en suis certain«, a-t-il répliqué avec chaleur, »tout comme je suis certain que la négociation sera reprise en moins de trois semaines de temps«. »Cependant le sieur Pitt semble tenir irrévocablement à la restitution de la Belgique, ai-je observé, et ce n'est pas un moyen de paix!« »Il n'y a pas tenu lorsque je suis parti de Londres; on pourrait donc bien y renoncer encore une fois et prendre une autre base de négociation«. Résumant avec lui les divers objets qui ont fait la teneur de ses notes et de sa conversation avec le sieur Delacroix, j'ai vu que l'Angleterre rendrait à la France toutes ses conquêtes tant dans les Indes orientales que dans les Indes occidentales; qu'elle se réservait uniquement ou une île des Antilles ou un dédommagement de l'Espagne pour la cession de Saint-Domingue; et enfin qu'elle estimait la réunion de Nice, de la Savoie et d'Avignon à la France comme un dédommagement suffisant de la guerre qu'elle avait soutenue. »Cette Belgique«, interrompit-il, »deviendra un terrible objet d'achoppement, je le crains; si vous pouviez m'indiquer à qui on pourrait l'offrir, vous rendriez un grand bienfait à l'humanité«. La question était insidieuse, je l'ai senti, il voulait que je nommasse la Prusse[1]). J'ai dit que cette province ne pouvait être offerte qu'à l'Empereur . . . J'ai été témoin: milord est fortement affecté d'avoir échoué dans sa négociation et très certainement il a cru de bonne foi à la possibilité de la faire réussir . . . 1796 Dec. 20.

80. Eindruck der Veröffentlichungen über die französisch-englische Unterhandlung.

. . . La première impression du départ de lord Malmesbury et de la rupture de sa négociation a été terrible dans les deux Conseils: on blâmait hautement le Directoire de n'avoir pas écouté la demande du négociateur anglais pour un contreprojet; mais cette impression est tombée depuis la publication des pièces qui y sont relatives. On s'est élevé surtout contre l'aveu de vouloir rétablir le stathouder et de renverser la République batave actuelle; prétention qui a été trouvée absurde et insoutenable, et qui, à dire vrai, aurait dû être traitée verbalement, au lieu de la poser en principe . . . Dec. 25.

81. Vermuthungen über die Bestimmung der Flotte von Brest.

Toute l'attention du public se porte dans le moment présent sur l'expédition de Brest; on cherche à en pénétrer le secret et on se perd en conjectures inutiles. Tantôt on veut que ladite flotte soit destinée pour la Jamaïque, et qu'elle ait le projet d'armer et d'insurger les noirs qui s'y trouvent contre les colons anglais; tantôt on veut qu'elle soit destinée à reprendre le Cap de Bonne-Espérance et Trinquemale; tantôt on veut qu'elle soit dirigée contre l'État de l'Église, afin de forcer le Pape à la paix et d'exiger de lui des contributions considérables. Les journalistes varient à l'infini leurs opinions à ce sujet, et le public les varie d'après eux; mais le secret est parfaitement gardé, et rien n'en transpire. L'Irlande est toujours pour moi le point qui concentre le plus de probabilités pour cette expédition . . . Dec. 30.

---

1) In der That dachte man damals in London daran, die österreichischen Niederlande Preußen anzubieten. Vergl. Grenville an Eden, 7. Nov., bei Sybel IV, 328.

1797.

Berichte von Sandoz-Rollin aus Paris.

82. Barras. Das Direktorium verweigert die Revolutionirung Deutschlands.

1797 Jan. 7. Mißlingen der Unternehmung gegen Irland. Comment dire et annoncer cet événement au public de Paris? Voilà sur quoi on hésite, et on est encore en suspens. Un fait assez remarquable est celui-ci: lorsqu'on fut décidé dans le Directoire de tenter l'entreprise sur l'Irlande et de presser le départ de la flotte, le directeur Barras fut le seul qui s'y opposât et qui protestât contre cette entreprise, la taxant d'absurde et de téméraire, et il exigea de plus que sa protestation fût portée sur le procès-verbal du jour; ce qui a été effectué. C'est ce même Barras qui n'a ni capacité, ni instruction, ni influence; c'est le même qui comme président a répondu au ministre d'Amérique de manière à confondre les noms et l'histoire, et qui a élevé les plus grands sarcasmes contre lui . . .

On n'a pas ici l'intention d'insurger les peuples de l'Allemagne; j'en ai une preuve matérielle dans ce que le Directoire vient de faire. Un émissaire des pays de la rive droite du Rhin a présenté un mémoire muni de 1500 signatures; il y demandait si, malgré les traités existants avec le duc de Wurtemberg et le margrave de Bade, le Directoire voudrait protéger et garantir l'insurrection de ces peuples et leur indépendance. On a congédié l'émissaire, en lui disant que la République de France, fidèle à ses traités, n'écouterait jamais aucune proposition qui y serait contraire . . .

83. Die französischen Finanzen. Innere Lage.

Jan. 12. [Nicht chiffrirt] A chaque nouvelle campagne on a mis en doute si la France République pourrait la soutenir. J'entends proférer aujourd'hui les mêmes propos que j'ai entendus tenir l'année dernière. C'est de dire: le crédit est perdu; les hypothèques nationales n'ont aucune valeur, et enfin les ressources sont comblées. Cependant la France a soutenu cette nouvelle guerre avec honneur et y a obtenu des avantages en tous genres qu'on ne prévoyait guères. Elle n'a fait aucune autre opération remarquable en finances, que d'échanger des assignats méprisés contre des mandats d'une valeur incertaine. 1797 Jan. 12.

Que lui reste-t-il à imaginer aujourd'hui, si elle est forcée, comme je le présume, à courir la chance d'une sixième campagne? elle constituera encore des papiers sous une autre forme, telle que celle des cédules hypothécaires et inscriptions, et elle leur donnera pour sûreté les biens nationaux. Le crédit de ce nouveau papier sera aussi misérable sans doute que celui des précédents; on doit s'y attendre. Mais la cupidité des fournisseurs et des approvisionneurs n'en sera point refroidie. Ils offriront toujours et sans cesse leurs services et leurs avances, aussi longtemps qu'ils auront la faculté d'échanger leur papier pour des biens nationaux. Ceux-ci présentent des appas et une source de bénéfices incalculables. Ainsi la guerre enrichit les traitants sans appauvrir absolument l'État, car l'aliénation successive des biens en question ne lui ôte qu'un revenu annuel peu considérable. J'en ai entendu évaluer la perte à trois millions six cent mille livres par année.

[Chiffrirt] Que fera donc encore la République pour subvenir aux besoins de cette campagne? D'abord il ne faut pas croire que le trésor national soit épuisé, comme le Directoire affecte trop souvent de le répandre; l'histoire des rentiers l'y oblige. Carnot m'a dit à différentes fois, et j'ai la preuve de son allégué, qu'au rebours de la plupart des puissances de l'Europe qui prônent et étalent leurs richesses et leurs ressources, la République française met le plus grand soin à cacher les siennes: »cependant on doit penser«, ajoutait-il, »que le Directoire, responsable comme il l'est envers la nation, ne s'embarquera pas dans une guerre sans s'être occupé des moyens de la soutenir«. Ensuite j'observe que le papier hypothécaire émis en circulation pour une somme de 400 millions, présentera toujours une valeur réelle de 100 millions au gouvernement, tel déchet qu'il puisse encourir.

De plus, le numéraire qui est actuellement dans le trésor national et qui n'en sortira que pour les besoins pressants de la guerre, offre déjà des ressources présentes et actives . . .

Voudrait-on mettre encore en doute que, si la guerre est réduite à la défensive sur le Rhin, comme je crois que le Directoire en a le projet, les moyens analysés ci-dessus sont plus que suffisants pour soutenir une nouvelle campagne? Aussi je le vois parfaitement rassuré à cet égard.

[Nicht chiffrirt] Mais les factions! mais les élections! mais les prêtres déportés et rentrés! voilà de quoi embarrasser et inquiéter le Directoire exécutif. Ce n'est pas assez, ajoutent les mécontents, de pouvoir combattre et repousser l'ennemi extérieur; la grande affaire est de contenir et de sub-

1797 Jan. 12. juguer celui de l'intérieur toujours renaissant et indomptable. A cela je réponds que si le Directoire a pu dans sa naissance terrasser et dissiper une foule de factieux et de terroristes, il est bien à présumer que dans l'époque d'une année où il a assis son autorité et augmenté ses moyens de force, il réussira plus facilement encore à écraser ces mêmes brouillons et factieux.

[Chiffrirt] Qu'on veuille y réfléchir: . . . les tentatives maladroites et souvent imprudentes du premier [Directoire] ont plus affaibli jusqu'à ce jour qu'augmenté son autorité, mais qu'un homme de génie et de caractère paraisse, et tout sera asservi!

[Nicht chiffrirt] Le Directoire veut décidément la paix. Je l'ai dit et répété à plusieurs reprises. Il l'aurait conclue avec l'Autriche et l'Angleterre, s'il n'avait vu l'impossibilité de la traiter séparément avec la première. La crainte de la rentrée des armées dans le sein de la France, ne ralentira jamais cette résolution. On oublie que celles-ci, composées en grande partie de fils de fermiers et de propriétaires, n'attendent que l'époque de la pacification générale pour retourner dans leurs foyers et reprendre leurs travaux champêtres. Cette raison, qui rend la désertion plus rare que par le passé, contribuera également à les contenir dans l'obéissance . . .

[Chiffrirt] La Prusse doit se porter pacificatrice du continent. Il appartient au grand caractère d'humanité et de justice de V. M. de mettre un terme à la terrible guerre qui bouleverse l'Allemagne et de rallier à elle tous les princes de l'Empire qui en éprouvent encore les déplorables effets. C'est à elle à poser les premières bases de la paix; . . . c'est à elle à décider par ex. si la France étendra ses conquêtes jusqu'au Rhin, ou si elle se renfermera dans ses anciennes limites . . . Dès que ces grands objets auront été discutés et arrêtés avec l'une des puissances belligérantes, V. M. est en droit de se déclarer contre celle qui refusera de les admettre . . .

84. Erlaß an Sandoz-Rollin in Paris. Berlin 1797 Januar 23.

Bedingungen für eine etwaige Vermittlung Preußens.

Jan. 23. . . . Rien ne serait plus doux à mon cœur que de concourir efficacement par mon interposition à épargner à l'humanité la prolongation du fléau qui la désole . . . Mais il faut observer avant toutes choses . . . que je ne pourrais jamais me mettre seul à la brêche, en intervenant pour cette pacification de la manière que vous proposez. Je vous confierai cependant, sous le sceau du plus grand secret, que j'ai déjà pris des mesures pour connaître exactement les dispositions et la façon de penser du nouveau souverain de Russie pour tout ce qui se rapporte aux bases

de la future pacification, et que j'attends avec le plus grand intérêt d'en 1797
être informé pour décider ultérieurement la conduite qu'il me conviendra Jan. 23.
de tenir. Mais dans tous les cas, comme je ne pourrais jamais me charger d'un rôle que je serais le premier à envisager comme étant contraire à mon honneur, s'il s'agissait de dépouiller mes co-états de l'Empire germanique, je ne me résoudrais à une entremise pareille qu'autant que j'aurais, de la part de la France, la certitude préalable qu'elle consentirait à restituer tout ce qui appartient au corps de cet Empire, en en exceptant le cercle de Bourgogne ou les Pays-Bas . . .

Hüffer 1, 317.

Berichte von Sandoz-Rollin aus Paris.

85. Eid gegen Königthum und Anarchie. Benezech.

. . . C'est bien à contre-cœur que le Directoire a assisté à la céré- Jan. 23.
monie du serment contre la royauté et l'anarchie; il ne s'attendait pas qu'un membre du Conseil des Cinq-Cents en réveillerait l'idée [1].

Le départ du ministre de l'intérieur [Benezech] pour la Belgique est relatif à trois objets: d'étouffer les factions qui agitent cette province; d'établir un mode plus simple de perception pour les revenus annuels, et enfin de destituer ceux des agents de la République qui ont fait élever des plaintes contre leur cupidité et leur despotisme. Je connais peu d'hommes plus propres à réussir dans cette commission que le ministre Benezech: il a de l'ordre dans les idées, de l'affabilité dans les manières et beaucoup de caractère dans l'âme . . .

86. Eindruck der Schlacht von Rivoli. Unterredung mit Rewbell.

Hier on était encore triste ici de la malheureuse issue de l'expé- Jan. 27.
dition d'Irlande; à présent on est joyeux des grands succès de l'armée d'Italie [2]. Jamais nouvelle n'est venue plus à propos pour relever l'opinion du gouvernement dans l'esprit du peuple et jamais chance n'est plus remarquable encore dans la fortune du Directoire. Curieux d'examiner moi-même l'impression que cette victoire aurait produite sur l'esprit des directeurs, je me suis rendu avant-hier au soir au Luxembourg. Tout y était plein de cette nouvelle; les représentants des deux Corps législatifs venaient successivement faire leurs compliments de félicitation. Les ministres de tous les départements s'y trouvaient également. Ce-

1) In der Sitzung der Fünfhundert am 11. Januar war diese Ceremonie von Delleville angeregt und am 21. Januar, dem Jahrestag der Hinrichtung Ludwig's XVI., vollzogen.

2) Schlacht bei Rivoli, 14. Januar.

1797 Jan. 27. pendant la phrase la plus généralement répétée au milieu de cette allégresse était celle-ci: »nous avions bien besoin de cet événement, car véritablement nous commençions à être découragés — vive Bonaparte«! ce qui prouve qu'on n'avait eu aucun sujet de s'attendre à ce nouveau triomphe. Je dois dire au reste que la joie des directeurs se rapportait principalement à l'idée que ces grands avantages ébranleraient la cour de Vienne et la détermineraient à la paix. C'était là le grand objet de leurs pensées . . .

»Des succès pareils à ceux que nous venons de remporter«, me dit le sieur Rewbell, »doivent mener à la paix du continent, nous y comptons; mais si, contre notre attente, l'Autriche persistait à prolonger l'effusion du sang humain, conviendrait-il au roi de Prusse de voir de sangfroid l'Allemagne dévastée et exposée encore au fléau destructeur de la guerre? Conviendrait-il à ses intérêts politiques que nous cédassions à l'orgueil de Vienne et à ses prétentions? il est impossible de le penser. Que reste-t-il à faire à ce monarque pour rendre la paix à l'Europe? Rien que de se déclarer le médiateur de l'Allemagne et le protecteur des princes de l'Empire. Cette démarche convient à sa gloire, à nos intérêts et à la conclusion de la paix. Qu'il veuille y réfléchir«[1]) . . .

Avant de me retirer, Rewbell me prit à part et me dit: »vous connaissez tout l'intérêt que j'ai voué à la Prusse; eh bien, avertissez qu'il convient de se hâter de prendre un parti, car la paix nous sera commandée de manière que nous serons forcés peut-être de négliger nombre d'intérêts et notamment celui de l'Allemagne; c'est là ce que nous aurions à cœur d'éviter. Au reste vous serez prévenu à temps des conditions que proposera l'Autriche, vous pouvez y compter«. Rewbell a des moments d'épanchement à la suite des repas, et celui-ci en était un de ce genre . . .

87. Denkschrift des Grafen Haugwitz. Berlin 1797 Januar 30[2]).

Concept von Geh. Secretär Leschke; corr. und gez. Haugwitz.

Die Beziehungen Preußens zu Frankreich seit dem Frieden von Basel. Der Vertrag vom 5. August 1796.

Jan. 30. Lorsque des raisons majeures firent prendre au Roi la résolution de faire sa paix séparée avec la France, le premier soin de S. M. était de

1) In dem hierauf bezüglichen Erlasse heißt es: vous savez combien il me serait doux de contribuer à hâter la reprise des négociations et à en assurer le succès; mais il m'est impossible d'y intervenir sans blesser ma dignité et sans détruire la considération et l'influence dont il m'importe de jouir en Allemagne, à moins que la France ne consente d'avance à restituer les provinces qui appartiennent au corps de l'Empire et dont elle a fait la conquête. (12. Febr.)

2) Diese Denkschrift war für den russischen Hof bestimmt. Vergl. auch Häusser 3, 18.

rendre par là le repos et la tranquillité à ses propres sujets. Mais la Prusse méridionale et occidentale jouissait à peine d'un calme mal assuré encore, et d'après les principes de subversion de tout ordre social qui caractérisent le gouvernement français, c'était courir les chances d'un bouleversement total que de permettre aux armées de la République de pénétrer jusqu'aux bords de l'Elbe. Rien cependant ne s'y opposait la paix faite, et les faibles débris de l'armée anglaise, joints aux troupes hanovriennes dont le découragement était à son comble, n'auraient, de l'aveu de leurs généraux mêmes, opposé aucune résistance. On savait du reste que le gouvernement français avait formé le plan de se rendre maître des côtes de la mer du Nord jusqu'à l'embouchure de l'Elbe, et il suffit de connaître le système de ceux qui gouvernent, d'isoler l'Angleterre, de la séparer du continent et de lui fermer les ports de la Méditerranée, de l'océan en Europe, et de la mer du Nord, pour ne plus avoir de doute à cet égard. On connaissait les plans formés contre le pays de Hanovre; l'envahir et renverser son gouvernement était un projet aussi facile dans son exécution qu'alarmant pour les États voisins. 1797 Jan. 30.

Les embouchures du Weser et de l'Elbe entre les mains des Français, et les cercles de Westphalie et de la Basse-Saxe (dans lesquels les provinces du Roi se trouvent coupées et dispersées) sansculottisés, menaçaient de si près la tranquillité et peut-être l'existence même de la monarchie prussienne et auraient porté au moins les coups les plus sensibles à son commerce, qu'il fallait nécessairement songer aux moyens d'empêcher toute invasion de la part des Français dans le Nord de l'Allemagne. C'est là ce qui a donné l'idée et amené le besoin de la ligne de démarcation et des arrangements qui ont eu lieu à cet égard par la convention additionnelle de la paix de Bâle. Elle fut tablée sur l'espoir d'une paix générale et prochaine.

Mais le refus de la cour de Vienne d'accéder à la neutralité de cette partie de l'Allemagne qui fut comprise dans la première ligne, et les événements qui eurent lieu à cet égard à la fin de la campagne de 1795, obligèrent le roi à songer à contracter de nouveaux engagements avec le gouvernement français, afin d'assurer pour tous les cas l'inviolabilité de la neutralité de cette partie du Nord de l'Allemagne qui, par sa position topographique, intéresse de plus près ses propres États. Les Français refusèrent d'abord de contracter de nouveau des engagements au sujet de la neutralité du Nord de l'Allemagne, et depuis sa violation aux environs de Francfort en octobre 1795 jusqu'au 5 août 1796, elle ne reposait effectivement sur rien. En attendant, les armées autrichiennes furent forcées d'abandonner la plus grande partie de l'Empire. Les troupes françaises l'occupèrent, et à la fin de juillet, elles étaient maîtres

1797 du cercle du haut et du bas Rhin, de celui de Franconie, de la Souabe
Jan. 30. et d'une grande partie de la Bavière. La Saxe fut en danger, et il est de fait qu'on craignait à Leipzig l'approche des Français. C'était menacer les frontières de la Prusse d'un côté où elle s'était crue jusqu'à présent à l'abri des événements, et il fallait aviser promptement aux moyens de lui assurer de nouveau l'état de neutralité qui devait être le fruit de la paix de Bâle. Par les stipulations de cette paix seules, on aurait dû se croire sans doute suffisamment garanti, pour ne pas avoir à s'attendre à une invasion ennemie de la part des Français; mais le cercle de la haute Saxe envahi et désorganisé par eux, aurait présenté les mêmes dangers que ceux qu'on avait craints l'année passée sur les bords du Weser et de l'Elbe et aurait même rapproché le théâtre de la guerre d'une manière alarmante du centre de la monarchie. Il n'y avait donc plus à balancer, et il fallait en venir à la conclusion d'une nouvelle convention au sujet de la neutralité du Nord de l'Allemagne. Elle est connue de toute l'Europe, et elle assure, surtout après l'accession de l'électeur de Saxe à cette neutralité, un état de tranquillité à une grande partie de l'Allemagne; ce qui, durant la continuation de la guerre, a fait l'objet de la sollicitude constante du Roi. Mais il n'en était pas de même de la part des Français. Aveuglés par le succès de leurs armes, ils reçurent avec indifférence les propositions faites par nous, d'assurer de nouveau la neutralité au Nord de l'Allemagne, et ils finirent par s'y refuser absolument, en déclarant qu'ils ne s'y détermineraient qu'en autant que le Roi prît des engagements secrets avec eux relatifs à la pacification future. On n'avait négligé aucune des occasions qui s'étaient présentées dans les différents pourparlers qu'on avait eus avec les ministres français, pour leur donner à connaître que le Roi, en sa qualité de membre du Corps germanique, n'avait d'autres vœux que de voir la constitution et le territoire de l'Empire maintenus dans toute leur intégrité; que les liens étroits qui attachent S. M. à la maison d'Orange lui inspirent également le vif désir de voir cette maison rétablie dans ses charges et dignités en Hollande. S. M. n'a pas cessé de faire usage des arguments qui lui ont paru les plus propres à appuyer vis-à-vis de la France ses propositions à ce double égard; mais au moment où les armées françaises, en possession de la plus grande partie de l'Empire et toujours victorieuses, inspiraient au gouvernement de la France une confiance sans bornes, il était impossible d'obtenir de lui le but qu'on s'était proposé à l'égard de la neutralité du Nord de l'Allemagne sans contracter d'autres stipulations relatives à la paix générale. Mais on n'a qu'à lire avec attention la convention qui fut conclue à cet égard, pour voir avec quel soin on a évité de ne rien arrêter qui fût contraire à

l'intérêt des puissances coalisées. La convention en elle-même n'est qu'éventuelle. Ce n'est que pour le cas où à la paix on fût obligé de céder à la France la rive gauche du Rhin, et qu'alors, pour dédommager les princes séculiers qui perdraient à cet arrangement, le principe des sécularisations serait devenu indispensable, que le Roi consent à accepter ledit principe, en se stipulant pour lors les objets qui doivent servir de dédommagement à S. M. pour la perte qu'elle ferait en ce cas de ses provinces d'outre-Rhin. Le tendre intérêt que le Roi prend au bien-être de la maison d'Orange était surtout un grand motif pour lui, d'aviser pour tous les cas à assurer à ses augustes parents un état quelconque, dans la supposition possible que le rétablissement de cette maison en Hollande fût jugé inadmissible. Il en est de même quant à l'intérêt que le Roi a pris en tout temps à la maison de Hesse. 1797 Jan. 30.

Cet arrangement éventuel, pris le 5 août de l'année passée avec le gouvernement de la France, et dans un temps où les circonstances et la position où elle croyait se trouver ne lui permettaient point, de son propre aveu, de favoriser l'accomplissement des vœux que le Roi avait manifestés à l'égard de l'intégrité de l'Empire et du maintien de sa constitution et au sujet du rétablissement de la maison d'Orange en Hollande, n'avait alors et n'a moins encore à présent rien d'obligatoire pour le Roi que dans la supposition de l'admission à la paix future des deux principes sur lesquels il se fonde. S'il faut en croire aux nouvelles qu'on a reçues à cet égard et qui paraissent très authentiques, la cour de Vienne a pris d'un autre côté ses mesures pour s'assurer ses indemnités moyennant des sécularisations dans l'Empire, et il doit être de fait qu'elle a demandé au pape entr'autres celle de l'évêché de Liége.

Il s'en faut de beaucoup que les circonstances dans lesquelles la France se trouvait au commencement du mois d'août de l'année passée et lors de la conclusion de la convention soient les mêmes, et il reste à savoir si ce qui a paru inadmissible dans ce temps à son gouvernement ne serait pas écouté plus favorablement dans un moment où le besoin de la paix se manifeste en France comme partout ailleurs; mais quoi qu'il en soit, le Roi ne cessera de mettre au jour le double vœu sur lequel il n'a cessé de s'expliquer vis-à-vis du gouvernement français.

Berichte von Sandoz-Rollin aus Paris.

88. Zwistigkeiten unter den Direktoren.

. . . Pour la première fois, une grande désunion règne dans le Directoire, et ce ne sera vraisemblablement pas la dernière. Un fait Jan. 31.

8*

1797 Jan. 31. particulier y a donné lieu: le rédacteur d'une feuille publique[1]), nommé Poncelin, a été accablé de coups, il y a quinze jours, au Luxembourg; il était accusé d'avoir imprimé un article insultant contre Barras. Les plaintes du rédacteur portées au Corps législatif peuvent entraîner des suites assez sérieuses, et l'époque des assemblées primaires y fournit encore matière; de là des reproches très vifs entre les membres principaux du Directoire, les uns soutenant que si Barras était capable d'une vengeance cruelle, il devait être assigné et livré aux tribunaux ordinaires de justice; un seul, Larevellière-Lepaux, se rangeant du côté de l'accusé Barras, soutenait au contraire que si le Directoire s'oubliait au point d'abandonner un de ses membres, c'en était fait de sa réputation et de son autorité . . .

Rewbell me présentant dernièrement le général Hoche comme général en chef de l'armée de Sambre et Meuse, me dit: »voyez en lui un homme qui aime la Prusse et qui ne connaît d'autre militaire que celui de la Prusse« . . .

89. Unterredung mit Rewbell über die royalistischen Verschwörungen.

Febr. 4. Mittheilungen Rewbell's über die bei den verhafteten Royalisten gefundenen Papiere[2]). »Il est assez plaisant«, disait Rewbell, »de voir le prétendant traiter de puissance à puissance avec le Directoire, tandis qu'il n'a ni asile ni un pouce de terrain. Le jugement de ces chefs sera bientôt rendu, et nous les ferons fusiller comme embaucheurs de Louis XVIII, si nous ne pouvons pas les mettre à mort avec assez de promptitude comme conspirateurs; les longueurs des procédures de Vendôme ont dégoûté le Directoire d'avoir recours à ces misérables formalités«. »Mais comment se fait-il«, demandai-je, »que de nouveaux conjurés se présentent sans cesse et qu'ils ne soient pas découragés«? »C'est que les têtes crédules«, répondit-il, »prennent les murmures du peuple pour un signe de rébellion ouverte contre le gouvernement. C'est qu'ils ne voient pas que le peuple actuel murmure et chante et court bien plus après l'argent qu'après une contrerévolution« . . .

90. Mittheilungen Rewbell's über die royalistische Verschwörung und den bevorstehenden Zug gegen Rom.

Febr. 9. C'est encore de la conspiration du prétendant que le sieur Rewbell m'a entretenu hier. Tout en retentit ici, et selon lui, elle avait des ra-

1) Courrier républicain.
2) Vergl. Sybel IV, 435 flg.

mifications très étendues que les conspirateurs révélaient successivement, sans ménager ni leurs parents, ni leurs amis... »Tout se découvre ainsi«, ajouta-t-il, »par la maladresse des uns et la pusillanimité des autres. L'effet que cette entreprise a produit... est d'avoir mis en fuite un grand nombre d'émigrés qui se tenaient cachés dans cette capitale; la majeure partie en est sortie déguisant leurs noms et sauvant leurs têtes. On ne saura jamais assez que le prétendant ne voulait se montrer en France et dans Paris, qu'à l'époque de l'extermination du Directoire et des deux Corps législatifs; sa présence devait consommer l'œuvre de la révolution, mais ne devait pas exposer sa dignité et sa personne« . . . 1797 Febr. 9.

La nouvelle qui m'avait déterminé d'aller au Luxembourg, malgré ma mauvaise santé, était [celle de] la prise de Mantoue, qui était généralement répandue ici . . . »La prise de Mantoue«, me dit le sieur Rewbell, »tracera de nouvelles opérations à Bonaparte: une des colonnes qui servait au blocus de cette ville se portera sur Trieste, et l'autre, qui défendait Vérone et Bergame, se portera sur Rome«. Il appelait l'une et l'autre de ces expéditions deux opérations de finances, qu'on avait besoin de réaliser avant le commencement de la campagne prochaine, et il en estimait le produit à près de 68 millions de livres, ce qui n'était pas les mettre au rabais . . .

91. Wunsch des Directoriums nach preußischer Vermittelung. Aufgeben der Rheingrenze. Wahlen.

. . . La majeure partie du Directoire est revenue à d'autres idées sur le système de la rive gauche du Rhin; elle tient aussi peu aujourd'hui à la réunion de ces pays à la France, qu'elle y tenait fortement il y a huit jours. Une conversation longue et animée que j'ai eue avec les sieurs Rewbell, Carnot et Letourneur de la Manche, m'en a donné la conviction. Les uns et les autres m'ont assuré surtout que si V. M. voulait se porter sans délai médiateur pour la paix de l'Empire et du continent, ils renonceraient dès ce moment à toute idée d'agrandissement *de ce côté*. Là ils m'ont assuré de plus et unanimement que V. M. trouverait dans le Directoire les meilleures dispositions pour procurer au prince d'Orange un établissement en Allemagne qui lui servirait de dédommagement et d'équivalent de ce qu'il avait perdu; c'était un projet et un engagement pris de leur part. »Songez-y bien«, ont-ils interrompu, »le roi de Prusse, en se déclarant médiateur de la paix, donne au Directoire la faculté d'en dicter les conditions, et l'Autriche sera forcée d'y souscrire. Nous pressons la paix«, ont-ils observé, »mais nous ne crai- Febr. 25.

1797 gnons pas la guerre, et nous ne sommes pas en peine de la continuer. Les
Febr. 25. avantages d'une nouvelle campagne sont entièrement en notre faveur; elle deviendra offensive, ... [Worte Carnot's] et nous saurons en combiner mieux les succès que dans la précédente. Gare alors pour les contrées qui auront déserté nos intérêts, telles que la Souabe et la Bavière! Nous les traiterons sans miséricorde en pays ennemis. Les fonds pour cette nouvelle campagne, et vous devez le croire, sont déjà trouvés. Cependant notre projet est de faire vivre nos armées en pays ennemi; en Souabe, du côté de l'Allemagne, et dans le Tyrol et le Frioul, du côté de l'Italie. Rome y contribuera pour sa part; le sort en est jeté: nous envahirons l'État de l'Église, pour faire repentir l'Empereur d'avoir provoqué l'alliance et la haine du Pape contre la France; et si l'histoire du temps est vraie, on attribuera bien plus à ce prince qu'au Directoire l'anéantissement absolu de la puissance papale en Europe. Les revenus publics de l'État de l'Église, versés dans nos caisses nationales pendant la durée de la guerre, donneront un nouveau moyen de finances qui servira à entretenir l'armée d'Italie« . . . L'avantage d'avoir ramené les membres principaux du Directoire à abandonner pour le bien de la paix la rive gauche du Rhin, ne m'a pas paru suffisant: je me suis attaché à faire adopter le même système aux membres les plus accrédités des deux Conseils, au sieur Portalis des Anciens, et à Cambacérès du Conseil des Cinq-Cents. Tous deux ont été parfaitement d'accord sur ce principe politique. Le premier entre autre m'a dit et déclaré franchement que si cette proposition éprouvait de l'opposition et des difficultés, je n'avais qu'à l'en prévenir; qu'en sachant me garder un profond secret sur cette confidence, il saurait aussi en faire un sujet de motion dans les deux Conseils et y faire décider la question à l'affirmative. »Coûte qui coûte«, a-t-il ajouté mot pour mot, »nous voulons une paix généreuse et durable; et la réunion de la Belgique à la France est plus que suffisante à nos dédommagements«. Si le sieur Portalis tient parole, il y réussira; je présage que dans quatre mois il sera un des membres les plus influents. J'avais besoin de me prémunir du suffrage de ces représentants pour balancer celui des personnes qui y seraient contraires. Le sieur Delacroix est du nombre des derniers, toutes mes raisons pour combattre ses préjugés à cet égard l'ont uniquement ébranlé, mais ne l'ont pas persuadé . . .

J'ose donc dire et assurer que V. M. trouvera une grande confiance dans le Directoire, et une plus grande encore dans la nation; toutes les espérances et tous les vœux sont tournés dès ce moment vers elle et vers l'issue de son intervention. En donnant le repos à l'Allemagne, V. M. opérera le bien politique supérieur à tous les autres, de raffermir l'obéis-

sance des peuples pour les gouvernements établis, qui était prête à être 1797
déliée et dissoute . . . Febr. 25.

Les Assemblées primaires vont commencer et se termineront vraisemblablement sans troubles. Le gouvernement s'y est ménagé beaucoup d'influence pour éloigner les terroristes, et les honnêtes gens commencent à sentir la nécessité de se montrer et de rechercher les places. Le sieur Barthélemy parait réunir le plus de suffrages dans ce moment pour entrer dans le Directoire. Ce sera moins sa réputation qui les lui procurera, que son esprit conciliant et pacifique, et ce sera principalement la considération de son estime personnelle dans l'étranger. Le général Pichegru l'aurait emporté néanmoins sur lui et sur tous les autres concurrents, s'il avait eu l'âge requis par la constitution . . .

Häusser 2, 99. Hüffer 1, 319.

92. Napoleon Bonaparte und das Direktorium. Venedig.

Tandis que le Directoire disait et publiait ici qu'il envahirait Rome März 4.
et détrônerait le Pape, que le sort en était jeté, le général Bonaparte écoutait de son côté des propositions de paix et consentait à négocier aux conditions à la vérité les plus dures. Mais tel est l'ascendant que ce général a pris sur l'esprit du gouvernement: tout ce qu'il dit et fait a son approbation; cette dernière mesure l'a obtenue également . . . Au reste l'indécente plaisanterie de Bonaparte d'envoyer à Paris la madonne de Lorette a été tolérée, mais n'a pas fait rire. Le Directoire sent chaque jour davantage la nécessité d'avoir un culte, et il ouvre successivement ici plusieurs églises, pour contenter le vœu et la religion des habitants de cette capitale . . .

Venise élève ici les plus fortes défiances, et je ne serais pas étonné qu'on mît garnison française dans toutes ses places frontières. On l'accuse de favoriser ouvertement les Autrichiens, et entre autre de leur fournir les vivres dont ils ont besoin. Lorsque le général Augereau a présenté au Directoire [1]) les drapeaux pris à Mantoue, il y a fait remarquer un drapeau vénitien et en a tiré, en présence du ministre de Venise [Querini], des conclusions très malhonnêtes. En vain celui-ci a fait tout son possible pour les repousser; la prévention est restée . . .

93. Unterredung mit Carnot, Rewbell und Letourneur über die preußische Friedensvermittelung.

. . . J'ai trouvé hier trois membres du Directoire dans des disposi- März 10.
tions telles que le frère de Carnot me les avait annoncées; c'est-à-dire

1) Am 28. Februar.

1797 voulant de préférence la paix continentale, mais ne voulant pas également
März 10. récuser la paix générale. Leur souhait est que la négociation relative à ce sujet puisse bientôt être mise en activité. On comprendra bien que ces trois membres sont Rewbell, Carnot et Letourneur; les deux autres jouissent dans ce moment de trop peu d'influence en matière politique, pour rechercher leur conférence et leur opinion. Ces directeurs me montrèrent, dans le cours d'une conversation qui fut assez longue et animée, leurs doutes sur un changement de principes de l'Angleterre à l'égard de la Belgique et leur résolution de ne jamais se départir de la réunion de cette province à la France. »Croyez-en notre énergie«, dirent-il en élevant la voix, »si cette puissance est impérieuse dans ses propositions, nous ne le serons pas moins à les rejeter autant de fois qu'elle les produira; nous soutiendrons plutôt une guerre éternelle que de renoncer à une acquisition qui est liée avec le système que nous avons adopté en Hollande« . . .

»A quoi servira-t-il au roi de Prusse«, dit Rewbell, »de se porter pour médiateur de la paix de l'Allemagne, s'il n'en retire pas des avantages bien déterminés? nous ne le concevons pas. L'époque est venue où il doit coopérer avec la République de France à abattre la maison d'Autriche, et cette époque ne se retrouvera plus dans les siècles à venir« . . .

»Que la Prusse y réfléchisse bien!« dit Carnot; »si elle ne coopère pas avec la République française à abattre et à réduire la puissance autrichienne à ses États héréditaires, nous n'aurons rien fait; la Prusse retrouvera dans peu d'années un ennemi outré du plus profond ressentiment, et qui ne cherchera qu'une alliance avec la Russie pour se venger« . . .

Résumant ensuite ce qui avait fait le sujet de notre entretien, je demandai de nouveau aux trois membres du Directoire, s'ils agréeraient l'intervention de V. M. pour une pacification générale, et s'ils avaient déjà donné une réponse consonnante au sieur Delacroix? Ils s'accordèrent à répéter qu'ils auraient préféré pour une infinité de raisons une paix partielle, mais qu'ils ne refuseraient pas une paix générale, et qu'ils s'expliqueraient de la sorte lorsque le sieur Delacroix ferait son rapport . . .

94. Augereau.

März 14. . . . Quel homme . . . que ce général Augereau! Les succès de la guerre d'Italie semblaient lui appartenir en propre. »Voici le plan de notre prochaine campagne«, m'a-t-il dit aujourd'hui: »nous prenons

Trieste, traversons le Tyrol, et nous mettons garnison dans Innsbruck. 1797
Cela fait, le général Bonaparte et moi, nous avons l'option ou d'exter- März 14.
miner les Autrichiens sur le Rhin ou de brûler Vienne; rien ne peut nous empêcher d'effectuer ce plan«. Le Directoire considère ce général comme un brave militaire, mais en même temps comme peu instruit et comme enragé Jacobin . . .

95. Erlaß an Sandoz-Rollin in Paris. Berlin 1797 März 19.

Empfehlung des status quo ante als Grundlage des Friedens.

. . . Vous pourrez donner à entendre, à ceux des membres du gou- März 19.
vernement français sur la discrétion et la bonne volonté desquels vous croyez pouvoir compter le plus, que le dessein de me faire quitter mon système de neutralité et de me disposer en faveur de la coalition semble toujours prévaloir dans ces cabinets [de Vienne et de Saint-Pétersbourg] et entrer pour beaucoup dans leur conduite et leurs démarches. Ces insinuations me paraissent infiniment propres à faire juger à la République avec quelle circonspection je suis obligé d'agir de mon côté et à lui faire sentir le prix de ma persévérance dans les principes que j'ai soutenus, non sans lutte et sans efforts, depuis l'époque de la paix de Bâle. Elle ne pourrait mieux me prouver qu'elle le reconnaît qu'en mettant la plus grande modération dans les propositions conciliatoires dont il pourra être question, en les rapprochant le plus possible de la seule base qui me paraît propre à fonder une paix solide et durable, celle du statu quo avant la guerre et en l'admettant surtout sans délai et sans détour vis-à-vis de l'Empire germanique et même par rapport au rétablissement de la maison d'Orange en Hollande. Je persiste à croire qu'elle consulterait ses vrais intérêts en suivant une pareille marche, et ce serait le sûr moyen de confondre la calomnie et de me mettre en état de lui rendre des services utiles et de contribuer efficacement au retour de la paix . . .

Berichte von Sandoz-Rollin aus Paris.

96. Auswärtige Politik der verschiedenen Parteien. Rewbell.

. . . Quelle est l'opinion politique de ce parti démocratique, qui März 19.
l'emporte si souvent par sa masse dans les délibérations? Eh bien! il est l'ennemi déclaré de l'Autriche; il a le désir de la réduire au dernier degré de faiblesse, pour l'empêcher de nuire, et il a celui d'élever grandement la puissance de la Prusse. Les républicains, que je nommerai directoriens, adhèrent à ces mêmes principes, mais d'une manière moins

1797 März 19. exagérée; ils désirent une paix avantageuse, prêts à y sacrifier une partie de leurs conquêtes, et de plus quelques dédommagements pour y parvenir; mais les constitutionnels et les royalistes sont les vrais partisans de l'Autriche et ne le dissimulent pas. Ce sont eux qui voudraient la paix demain, au prix même de la cession de la Bavière; ce sont eux qui préfèrent de s'allier plutôt avec l'Empereur qu'avec la Prusse, dans la persuasion d'effectuer leurs projets. Et ce sont eux encore qui conspirent sous main à fonder un gouvernement semblable à celui d'Angleterre, tel roi d'ailleurs qu'on voulût y appeler; car ils tiennent peu au prétendant, et ont une idée peu avantageuse de sa capacité. Mais ces constitutionnels et ces royalistes, divisés entre eux et sans caractère, projettent sans cesse, et n'exécutent rien. Cette question ainsi résolue, il résulte que ces derniers, et enfin tous les émigrés, conjureront au moment de leur retour en France pour l'Autriche contre la Prusse, qu'ils prêcheront le retour aux anciennes liaisons avec l'Empereur, et qui sait même? l'appui de son ressentiment contre la dernière . . .

L'ascendant du sieur Rewbell sur le Directoire étonne même lorsqu'on l'explique. C'est l'histoire peut-être de toutes les influences. Dans les moments de conspirations successives qui ont eu lieu ici, les membres du Directoire étaient souvent étourdis et déconcertés; Rewbell, seul courageux et ferme, prenait des mesures de vigueur, et entraînait le suffrage de ses collègues. Cette impression donnée, ses discours comme ses actions ont eu la plus grande supériorité, et l'on s'est habitué à le considérer comme le salut du gouvernement français et de la République; mais ses opinions, bonnes souvent dans les jours de discorde et de troubles, deviennent mauvaises et dangereuses dans ceux de l'ordre et de la paix . . .

Häusser 2, 101.

97. Unterredung mit Carnot und Delacroix über die preußische Friedensvermittelung. Napoleon Bonaparte.

April 3. Après toutes les espérances qu'on avait formées ici de voir V. M. s'emparer de la paix de l'Allemagne, on ne pouvait qu'être surpris et affecté du dernier mémoire remis au sieur Caillard, et dont V. M. a daigné me transmettre une copie[1]). Je m'en suis assuré hier par moi-même, d'abord dans un entretien avec le sieur Delacroix, et ensuite dans un autre avec le sieur Carnot; tous les deux ne concevaient pas

1) Die preußische Antwort auf Caillard's Note vom 28. Februar ist vom 18. März; vergl. Häusser 2, 100; Hüffer 1, 319; Sybel 4, 477.

cet éloignement subit et imprévu de la médiation, et tous les deux en prenaient déjà des sujets d'ombrage sur les dispositions de V. M. envers la France. Sandoz bemerkt ihnen, daß Preußen durch die zweifelhafte Haltung Rußlands zur größten Vorsicht verpflichtet sei. »Que peut craindre le roi de Prusse de la Russie?« dit Delacroix, »une déclaration de guerre? eh bien, dès ce moment ce monarque ralliera à lui la Turquie, la Suède, la France et la grande majorité des princes de l'Allemagne; diversion formidable et à laquelle le nouvel empereur pensera sérieusement avant de s'y exposer. Que peut-il craindre encore une fois? L'épuisement de l'Autriche en hommes et argent est à son comble, et ne doit lui donner aucune appréhension de ce côté-là. La paix conclue même avec l'Empereur, jamais la République française ne souffrira qu'on attaque le roi de Prusse; elle volera à son secours, sans engagements, sans traité et sans alliance« . . . »Il est une vérité constante«, ajouta le sieur Carnot, »et que les événements futurs confirmeront: les deux cours impériales n'auront jamais d'autre système que d'abaisser la maison de Brandebourg, et la France républicaine n'aura jamais que celui d'élever sa considération et sa puissance« . . . 1797 April 3.

Je l'ai dit: l'ascendant de Bonaparte sur le Directoire augmente chaque jour davantage; il peut être porté au point à devoir l'embarrasser, et je pense que ce moment est déjà venu. C'est lui qui prétend insurger toutes les provinces autrichiennes où il passera, et qui prétendait devoir insurger l'État de Venise, pour assurer ses derrières et sa retraite . . .

Häffer 1, 321.

98. Gespräch mit Carnot über eine Allianz Frankreichs mit Preußen.

. . . »La paix faite«, dit le sieur Carnot, »que deviendra la Prusse en restant isolée comme elle l'est aujourd'hui? Elle se trouvera exposée au ressentiment des deux cours impériales, et le premier fruit qu'elles voudront retirer de leur repos, sera de lui déclarer la guerre; il n'en faut pas douter. Nous ne lui dirons pas de contracter une alliance avec la France, pour se garantir du danger qui la menace; mais nous l'engagerons à y songer. L'intérêt que nous avons voué au roi de Prusse et à la gloire de son règne, détermine uniquement ces désirs et ces dispositions de notre part« . . . April 18.

99. Eindruck der Nachricht von Unterzeichnung der Friedenspräliminarien. Unterredung mit Carnot.

. . . [Nicht chiffrirt] La joie que le peuple de Paris a montrée à la nou- April 29.

1797 April 29. velle de la paix [1]), a été des plus vives. Elle est pour lui l'oubli des calamités passées, le retour de la tranquillité et de l'ordre, et l'extirpation du jacobinisme. Les autres partis étaient éphémères, faibles et peu dangereux. C'étaient des factieux sans faction, et c'étaient des royalistes sans amour pour le prétendant. [Chiffrirt] Mais nulle voix de louange ne s'est fait entendre pour le Directoire; toutes les acclamations ont été généralisées sous le mot de République, qui dans le langage du peuple n'a rien de commun avec les gouvernants. Cependant ce silence est moins l'effet de la haine pour ces derniers, que celui de la légèreté et d'une indifférence absolue; le peuple de Paris, livré à l'agiotage et à tous les genres de brocantage, est insensible aux triomphes de Bonaparte comme aux victoires des armées; insouciant et frivole, il est immobile à tout, hormis à l'argent, et ne fait aucun cas de sa souveraineté et de sa puissance . . . Mittheilungen Carnot's über die Friedensunterhandlungen mit Österreich. »Le général Bonaparte a eu ordre . . . de déclarer combien le Directoire tenait fortement à procurer un établissement au prince d'Orange qui pût lui servir de dédommagement, et de déclarer qu'il existait à ce sujet une convention avec la Prusse qui le liait à cet engagement«. Ici le directeur Carnot s'interrompit pour me dire: »je dois à l'intérêt que j'ai voué à la Prusse de vous confier la manière dont ces deux articles ont été accueillis. Les généraux Merveldt et Bellegarde, à peine en furent-ils instruits dans les conférences qui précédèrent la signature des préliminaires, qu'ils exhalèrent en imprécations et en reproches contre la cour de Prusse; sa neutralité avait été plus perfide à l'Empereur que l'inimitié déclarée de la France. Ce n'étaient pas, selon eux, les arrangements avec la dernière qui éprouveraient des oppositions; c'étaient uniquement ceux qui auraient rapport aux intérêts de ladite cour et qui seraient contestés fortement. L'Empereur ne dissimulait pas ses sentiments à cet égard [2])«. Dois-je croire à ces confidences? Tout ce qui passe par la bouche ou la plume des Français est si fort altéré que je ne sais qu'en penser . . .

Hüffer 1, 364.

100. Rewbell's Unzufriedenheit mit den Friedens-Präliminarien. Venedig.

Mai 1. . . . Rien n'est plus vague et plus indéterminé que les préliminaires; le sieur Rewbell, avec lequel j'ai conversé hier au soir, en était étonné et aigri au dernier degré. Je l'ai trouvé également fort vacillant sur les limites de la gauche du Rhin, et mes arguments l'ont ébranlé

---

1) 18. April, Friedens-Präliminarien von Leoben.

2) Ähnliche Mittheilungen über Äußerungen Merveldt's erhielt Sandoz auch von Clarke. Bericht vom 3. Juni.

sans le convaincre. Les grands succès des armées l'ont ébloui et l'ont ramené à désirer des conquêtes; heureusement trois de ses collègues ne partagent pas ses idées, et il y a eu avant-hier matin des débats très vifs dans le Directoire sur ce sujet; mais le sieur Rewbell est impétueux et despote dans ses opinions. 1797 Mai 1.

La république de Venise éprouve ici les plus fortes tracasseries depuis quelques jours; je soupçonne presque qu'on veut faire servir quelque partie de son territoire à procurer du dédommagement à l'Empereur . . .

101. Unterredung mit den Directoren und Delacroix über die Friedens-Präliminarien. Gerüchte über Napoleon Bonaparte.

. . . Les trois directeurs Carnot, Rewbell et Letourneur ont été d'accord à me dire que les préliminaires signés à Léoben ont été trop précipités et laissent une infinité d'objets indéterminés. Tous l'ont été également à me confier qu'une certaine partie desdits préliminaires n'a pas été rendue publique, telle que celle des dédommagements promis à l'Empereur, et celle des arrangements à négocier pour le stathouder et les princes de Wurtemberg et de Bade . . . Leur projet étant de donner beaucoup d'importance à un congrès qui deviendrait pour l'Europe une seconde paix de Westphalie, ils sont résolus de nommer trois plénipotentiaires pour y assister. Leur désir est que V. M. veuille en nommer deux de son côté munis d'instructions pour agir de concert avec ceux de la République et de ses alliés; l'on ne réussirait en rien qu'en marchant sur la même ligne et en se ralliant, pour ainsi dire, contre l'Autriche . . . Mai 7.

Les trois directeurs ont été presque toujours d'accord sur les objets que je viens de rapporter. Seulement le sieur Rewbell a montré quelque répugnance concernant la limite du Rhin; il veut des conquêtes; il croit que les victoires en établissent le droit. Mais l'opinion des deux Conseils et celle du public aurait prévalu à cet égard, si même la majorité du Directoire eût montré l'ambition d'étendre les limites de la France . . .

Le ministre Delacroix prétend qu'il serait possible de revenir sur les préliminaires dans ce qui concerne la gauche du Rhin; il prétend que l'établissement du prince d'Orange dépendant de cette limite, il est de l'intérêt de la Prusse comme de la France de la reprendre; il prétend que ce serait moins la cession d'une partie de la Bavière à l'Autriche qui serait préjudiciable à la Prusse, que la non-exécution de la convention secrète; outre que celle-ci y trouverait un agrandissement

1797 Mai 7. de puissance, plusieurs princes de l'Allemagne qui lui sont dévoués y auraient de grands avantages . . .

Dirai-je présentement les motifs qu'on attribue au général Bonaparte pour avoir précipité la signature des préliminaires? Ils appartiendraient, s'ils étaient vrais, aux petites passions et à une basse jalousie. Il est accusé d'avoir voulu devancer l'arrivée du sieur Clarke pour n'être pas frustré de la gloire d'avoir terminé la guerre. Mais dirai-je surtout qu'on accuse ce même général d'avoir été séduit par les Autrichiens au moyen d'une somme considérable? Le mystère qu'on emploie à semer cette inculpation, m'y rend incrédule . . .

Hüffer 1, 273, 364.

102. Erlaß an Sandoz-Rollin in Paris. Berlin 1797 Mai 15.

Preußens Stellung zu den Bedingungen des französisch-österreichischen Friedens.

Mai 15. Die Friedens-Präliminarien von Leoben. J'en infère, à ma grande satisfaction, que le principe d'un dédommagement convenable à accorder à la maison d'Orange y a été généralement établi; que la Bavière ne sera abandonnée ni en tout ni en partie à la cour de Vienne, et que celle-ci trouvant son indemnisation principale en Italie, il ne sera question tout au plus que de lui céder encore Salzbourg et Passau; enfin la rive gauche du Rhin sera positivement restituée à l'Empire, à l'exception de ce qui se trouve déjà réuni à la France et de telle petite lisière qui servirait peut-être à assurer ses frontières. Je reprends ces divers objets, en observant, quant au premier, qu'il ne saurait absolument plus être question de chercher le dédommagement de la maison d'Orange dans le pays de Hanovre, et que jamais je ne pourrais y consentir, puisque, indépendamment de toute autre raison, ce serait porter un coup mortel à ma considération et à mon influence dans l'Empire . . . Je ne vois que le moyen des sécularisations à l'aide duquel il puisse être pourvu au sort de cette maison, ainsi qu'aux réclamations que dans tous les cas j'aurai à faire valoir pour mon propre compte, soit à l'égard de telle petite partie de mon territoire au delà de la Meuse qui pourrait être comprise dans les nouvelles frontières de la République, soit pour la perte des revenus de mes provinces transrhénanes dont je suis privé depuis la paix de Bâle; soit enfin pour mes péages sur le Rhin, s'il était question comme on le prétend, de rendre la navigation de ce fleuve entièrement libre. Or la France étant surtout intéressée au premier de ces objets, il me paraît qu'il lui importe infiniment de porter le plus tôt possible la cour de Vienne à l'admission du principe dont il s'agit . . .

Hüffer 1, 365.

Berichte von Sandoz-Rollin aus Paris.

103. Das Direktorium und die Parteien. Napoleon Bonaparte und Venedig.

. . . Le jour du tirage approche; chacun des directeurs tremble de tomber du faîte de l'autorité dans les ténèbres du néant . . . Le vœu du public est que le sieur Rewbell soit le sortant; son air dur et sévère, son langage brusque et son irascibilité lui ont aliéné la majeure partie des deux Corps législatifs. Qu'on le sache bien: il n'existe pas encore de parti d'opposition en France, car les criailleries de quelques mauvais journalistes ne sauraient usurper ce nom; mais le gouvernement, fondé comme il l'est aujourd'hui, fera naître nécessairement un parti de ce genre, et je vois déjà Boissy d'Anglas et Cambacérès se déclarer pour l'opposition . . . 1797 Mai 15.

Les affaires de Venise sont au dernier degré de leur crise. Un courrier du général Bonaparte est arrivé ici avant-hier, porteur des procès-verbaux de tous les assassinats commis sur les Français, et porteur en même temps de la demande formelle de pouvoir déclarer la guerre à cette république; le général la provoque, et le Directoire s'y refuse. On ne sait qui l'emportera de ces deux autorités. Ce devrait être le premier si ses discours aux deux députés vénitiens[1]) sont exacts: »le Directoire juge sur le droit«, a-t-il dit, »et moi, j'agis sur les faits; il y a trop longtemps que votre gouvernement inquisitorial dure; il m'était réservé de l'anéantir«. Le Directoire a délibéré avant-hier sur l'objet de la déclaration de guerre, et il ne s'est arrêté sur rien; il sent qu'il ne peut adresser un message de cette nature aux deux Conseils sans l'accompagner de raisons suffisantes pour justifier une rupture. En effet, Venise est humiliée; Venise demande à deux genoux qu'on mette à mort ceux de ses sujets qui sont coupables, qu'on change la forme de son gouvernement, et qu'on démembre même son territoire selon la convenance de la politique française, mais qu'on épargne sa capitale et ses malheureux habitants. Ce ne serait plus une vengeance que d'aller *plus loin*, ce serait un acte de barbarie; mais le général Bonaparte, devenu une seconde autorité dans le gouvernement français, n'attendra pas peut-être le décret du Corps législatif et marchera sur Venise; tout doit le faire supposer.

Le Directoire commence à sentir péniblement le poids des triomphes de ce général, et il le soupçonne de viser au protectorat de la Lombardie; aussi plusieurs de ses membres ont opiné de lui accorder sur-le-champ la démission qu'il avait demandée, comme le seul moyen de rompre ses projets ambitieux[2]) . . .

---

1) Franz Donato und Leonardo Giustiniani. Vergl. übrigens Romanin 10, 123.

2) Carnot äußerte bald darauf: »nous aurions bien voulu éloigner ce malheureux

104. Letourneur. Frankreich und Spanien.

1797 Mai 21. Depuis que le sieur Letourneur est sorti du Directoire[1], on ne cesse de faire son éloge; auparavant on n'en parlait pas. Ses collègues s'efforcent surtout de prôner son discernement, et de prouver ainsi qu'il ne leur avait jamais été dangereux. Le sieur Carnot que j'ai vu hier, s'est expliqué dans le même sens envers moi et est convenu que l'esprit de conciliation de Letourneur avait arrêté souvent des altercations dangereuses. C'était moins, selon lui, des talents et de l'esprit dont on avait besoin pour le Directoire que du caractère, et il craignait que le sieur Barthélemy manquât de cette vertu[2] . . .

Verhandlungen zwischen Frankreich und Spanien über einen Krieg gegen Portugal. Le marquis del Campo[3]) ne m'a pas laissé ignorer que le prince de la Paz éprouvait la plus grande répugnance de voir un corps de troupes françaises passer sur le territoire de l'Espagne; il sait par les événements du temps que ces troupes se conduisent souvent bien plus en ennemis qu'en amis et que leur séjour est dangereux. Cependant il faudra se décider, et l'on deviendra d'autant plus pressé ici, qu'on espère y occuper des troupes oisives et y gagner des avantages de commerce et de l'argent . . .

105. Die österreichisch Gesinnten. Delacroix und Barthélemy.

Mai 30. . . . Le parti autrichien n'est pas un être chimérique; il est composé d'un certain nombre de membres du nouveau tiers et de cette classe d'hommes dénommés royalistes purs et royalistes constitutionnels. Je vois des représentants marquants à la tête de ce même parti: Barbé-Marbois, Courtois, Lacuée des Anciens; Dumolard, Tallien et Pastoret des Cinq-Cents . . .

Le sieur Delacroix n'est nullement satisfait de la nomination de Barthélemy, et il ne le dissimule pas; il craint d'éprouver le ressentiment de l'ambassadeur pour toutes les duretés qu'il lui a prodiguées en différentes occasions et notamment au sujet de l'intérêt qu'il montrait pour le duc des Deux-Ponts. On continue de dire que le sieur Barthélemy, ami de la tranquillité et prévoyant les orages futurs des deux Corps législatifs, n'acceptera pas la place de directeur[4] . . .

---

incident (Krieg mit Venedig), mais les services signalés et éminents de Bonaparte nous ont subjugués, et il eût été difficile de les oublier«. Sandoz, 17. Mai.

1) Ausgeschieden durch das Los am 13. Mai.

2) Die Wahl Barthélemy's, die erst am 26. erfolgte, galt bereits für unzweifelhaft.

3) Spanischer Gesandter in Paris.

4) In Berlin war man sehr erfreut über die Wahl Barthélemy's; man bezeichnete ihn

106. Barthélemy und Rewbell.

Barthélemy hat die Wahl zum Direktor angenommen. C'est un excel- 1797
lent choix pour les circonstances présentes; le Corps diplomatique rési- Juni 3.
dant ici en conçoit déjà les meilleures espérances. Cependant il sera question de voir si le sieur Rewbell voudra lui abandonner le travail politique, et si le caractère du nouveau directeur prendra assez d'énergie pour n'être pas subjugué. Peu de temps éclaircira tout ceci, et j'y serai attentif. Celui des membres du Directoire qui paraît être le plus mécontent de l'entrée du sieur Barthélemy est ce même Rewbell; il ne s'en cache pas; il a dit à un représentant des Cinq-Cents de qui je le tiens: »la politique du nouveau directeur est poltronne et faible, et nous ne saurons qu'en faire; mais si l'opinion publique veut absolument que je lui abandonne la diplomatie, je n'y opposerai aucune difficulté; seulement il faudra m'assurer si elle est bien décidée en sa faveur«. Le sieur Barthélemy sera le directeur chéri des deux Conseils, et sera un bon intermédiaire pour maintenir la bonne harmonie entre le pouvoir exécutif et le Corps législatif . . .

107. Barthélemy.

. . . Barthélemy m'avait prévenu . . . que l'amitié de son oncle, Juni 10.
l'auteur d'Anacharsis, à mon égard avait provoqué la sienne; qu'il serait charmé d'avoir avec moi un entretien particulier sur les affaires du temps, et principalement sur les moyens d'affermir la paix. La personne qui m'a rendu ce compliment, était celle même que le Conseil des Anciens lui avait envoyée pour le presser d'accepter sa nomination. Je me suis servi du même organe pour lui répondre que j'étais d'autant plus flatté de cette bonne prévenance de sa part, que j'avais un intérêt bien vif de m'entretenir avec lui, ses talents et ses vertus m'ayant inspiré la plus grande confiance. J'attends présentement le résultat de son invitation. Ses amis du Conseil des Anciens lui avaient fait dire confidemment par la personne dont je parle ci-dessus: »la patrie et la paix ont besoin de vos talents; si vous pouviez vous refuser à la place honorable qui vous attend, vous élèveriez des intrigues fâcheuses et des partis plus fâcheux encore; sauvez-les«. J'ai d'autant plus d'empressement de conférer avec ce directeur, que je suis déjà instruit d'une partie de ses principes politiques; tous sont parfaitement d'accord avec les

als un homme sage, modéré, rempli de talents et de bonnes intentions (Erlaß vom 9. Juni); man hoffte besonders, er werde das Direktorium von dem »funeste projet de la rive gauche du Rhin« gänzlich abbringen (19. Juni).

1797 Juni 10. intérêts de V. M., et sont tels qu'elle peut les désirer. Il a témoigné sa surprise de voir une négociation de l'importance de celle de Vienne abandonnée entre les mains d'un jeune homme avide de fortune et d'ambition; il en prévoyait les plus grandes méprises. C'était d'un côté, disait-il, l'ignorance; c'était de l'autre l'astuce la plus consommée . . . Il est entièrement opposé au projet de réunir la gauche du Rhin à la France, et il soutient que vouloir agrandir la République de cette manière, uniquement pour contrebalancer la puissance de la Russie, est une absurdité politique intolérable; elle n'aboutirait à rien qu'à embarrasser la paix, à la rendre précaire et à perdre toute influence en Allemagne. Ce serait donc réduire sous le joug de l'Empereur tous les princes qui lui avaient été opposés dans cette guerre; ce serait enfin soumettre l'Empire à l'Empereur. Il est résolu à s'opposer fortement à ce qu'un pareil système dût prévaloir et fût adopté. Il montre la plus grande aversion à favoriser la rébellion des peuples contre les gouvernements subsistants et à propager ces principes révolutionnaires qui peuvent renverser la France et le monde social. Venise aurait dû être conservée, parce qu'un gouvernement n'est pas responsable des crimes de quelques-uns de ses sujets. Gênes devrait être maintenu dans sa noblesse du livre d'or, parce qu'elle sera plus utile aux besoins et au crédit de la France, que ne peut l'être un peuple superstitieux et pauvre. Le nouveau directeur ne pardonnera pas au sieur Delacroix les réprimandes qu'il en a essuyées pendant son ambassade. Il cherchera la première occasion pour l'éloigner de son ministère; il le dit à quiconque veut l'entendre. Malheureusement ce ministre a écrit pour se disculper une lettre si humble et si basse, qu'elle a encore aggravé ses torts au lieu de les diminuer . . .

108. Barthélemy.

Juni 16. Mon entrevue avec le nouveau directeur Barthélemy a eu lieu le 14 au soir; elle a duré trois quarts d'heure, et suffit pour me fairè juger de son caractère de moralité et de politique. Ses principes sont bons, mais sa fermeté m'a paru très chancelante.

A peine lui eus-je témoigné l'intérêt que V. M. avait pris à sa nomination, qu'il m'interompit pour me dire: »On pensera favorablement de moi en Prusse, et je crois le mériter; mais que suis-je venu faire ici? Chaque jour je me trouve atténué et harcelé par des gens avec lesquels je n'ai aucun rapport d'idées ni de convenance. Le sacrifice que mes amis ont exigé de moi en m'appelant au Directoire exécutif, est extrême. J'y perdrai le repos, l'existence, et je n'aurai pas l'espoir d'y opérer quelque bien. Pourquoi vous dissimulerai-je«, ajouta-t-il après une petite pause, »ce que vous connaissez mieux que moi? Nous marchons en politique comme nous avons marché à la guerre: beaucoup trop pour l'aventure. Rien n'est conçu et arrêté pour notre paix avec l'Autriche, et rien ne l'est également pour celle avec l'Angleterre. Nous négocions selon les circonstances, et nous réussissons ou nous échouons, selon les passions des agents qui y sont employés. Lorsque j'ai voulu connaître l'état de la négociation présente avec l'Autriche, . . . j'ai pu vérifier qu'aucun membre du Directoire exécutif ne savait exactement en quoi elle consistait, et ne savait point l'issue qu'elle pourrait avoir; tout y est posé conditionnellement, laissant de plus au cabinet de Vienne des options de dédommagements du plus dangereux exemple. On a forcé l'Empereur à la paix, et on lui a montré beaucoup de crainte de continuer la guerre, dispositions qui, une fois pressenties, donnent les plus grands avantages aux négociateurs autrichiens. Oui, tout est conditionnellement motivé, reprit encore le sieur Barthélemy. On est revenu, contre la signature des préliminaires, à remettre en question si, indépendamment de la réunion de la Belgique à la France, on ajouterait de plus celle de la gauche du Rhin. Il est à remarquer surtout que malgré ces incertitudes on attend d'un jour à l'autre la conclusion de la paix définitive avec le roi de Hongrie. Des objets d'une aussi grande importance auront été abandonnés entièrement à la décision d'un jeune général d'armée«.

1797 Juni 16.

»Ne vous attendez pas«, ajouta le sieur Barthélemy, »à des communications confidentielles de ma part dans ce moment. Je suis hors d'état de vous en donner; cela viendra avec le temps. Étranger à ce qui se passe dans ma patrie, j'ai besoin de 3 mois pour m'orienter sur les hommes et sur les affaires; mais je ne puis m'empêcher de déplorer en votre présence qu'une guerre, soutenue en grande partie pour affaiblir la maison d'Autriche, paraît avoir à la paix un effet si contraire. Notre politique, qui devrait consister à éloigner les dédommagements de l'Empereur de la France et de l'Allemagne, n'aura en rien son exécution; le fruit de nos victoires sera entièrement perdu; — enfin sais-je si je suis arrivé à temps dans le Directoire exécutif pour contribuer à la paix générale et pour écarter les moyens révolutionnaires, qui ravagent la moitié du monde européen?« En proférant ces paroles le sieur Barthélemy avait l'air découragé et accablé d'un profond chagrin.

Dans ce moment, on vint l'avertir qu'un grand nombre de représentants demandaient à le voir. Cela rompit notre entretien. Je le quittai en le priant de m'accorder bientôt une nouvelle occasion de le voir, ce qu'il me promit . . .

1797 Juni 16. Certainement il y aurait de la témérité de ma part de vouloir le juger sur cette conversation. Cependant ses complaintes, son esprit de critique amère, et son découragement, annoncent à mon faible avis de la crainte et de la faiblesse; il sera subjugué, ou je me trompe fort. L'éloignement du ministre Delacroix que le sieur Barthélemy avait annoncé à ses amis comme nécessaire, deviendra pour moi la boussole de son influence ou de sa nullité, je l'y attends bien. Loin que le directeur Rewbell ait montré du penchant à abandonner au nouveau venu la partie diplomatique, il a cherché au contraire à la rendre commune à tous les membres du Directoire exécutif. Pour cet effet il a proposé de casser le bureau secret et de se partager tout le travail en commun sans se réserver aucune partie, ce qui a été convenu. Le sieur Barthélemy est arrivé sur ces entrefaites, et a pu remarquer par ce nouvel arrangement combien on cherchait à lui montrer peu de confiance, et combien on cherchait à l'éloigner de la branche d'administration qui lui convenait. Il n'est pas partisan de la maison d'Autriche, et il ne le dissimule pas, malgré une certaine routine de ménagement et de réticence qui lui est familière. Jusqu'à présent le directeur Barras est le seul des membres du Directoire qui soit le plus lié avec lui, ce qui ne lui donnera ni influence dans ce corps, ni considération dans le public . . .

109. Kampf zwischen dem Directorium und den Fünfhundert.

Juni 22. . . . Une lutte terrible s'est élevée entre le Conseil des Cinq-Cents et le Directoire exécutif, et elle est vraisemblablement celle du royalisme constitutionnel et du républicanisme. L'esprit du nouveau tiers commence ainsi à prédominer. Ce n'est pas une lutte propre à contrebalancer les divers pouvoirs du gouvernement, non, c'est au contraire un foyer d'animosités, de haines, et qui, prolongée, doit amener des vues ambitieuses dans la constitution de la France ou des scènes sanglantes; à mesure que le Conseil des Cinq-Cents s'attache à ôter au Directoire exécutif la nomination des places de l'administration, la surintendance de la trésorerie nationale, la surveillance des ministres des départements, en exigeant leur responsabilité, et enfin à l'isoler et à le dépouiller de toute autorité, le Directoire exécutif de son côté a recours à tous les moyens qui sont en son pouvoir pour affermir son existence et sa considération politique. Il encourage et favorise sous main la reprise des clubs et des associations populaires. Il réveille la secte des Jacobins oubliée, méprisée, et s'en entoure, et fomente, sous prétexte de l'affermissement de la République, des factions qui aigrissent et attisent la discorde.

Plusieurs membres éclairés du Conseil des Cinq-Cents et des Anciens, tels que Boissy d'Anglas, Thibaudeau, Pastoret, et tels que Portalis, Delmas et Dupont de Nemours, sentent combien il importe de ménager la dignité et l'autorité du Directoire exécutif. Ils sentent qu'en voulant l'attaquer trop vivement, on court le danger ou de le voir ressusciter les Jacobins pour se soutenir, ou d'ameuter les royalistes pour renverser la République, deux écueils également dangereux. Les sieurs Portalis et Thibaudeau ont employé chacun de son côté leur entremise pour conjurer les efforts des deux partis. On ne sait encore que penser de leur réussite. Le Directoire semble montrer plus de roideur que le nouveau tiers des Cinq-Cents; il dit et répète trop imprudemment: on connaîtra nos forces quand on voudra les provoquer; on connaîtra surtout que si nous n'avons pas envahi une permanence absolue et l'autorité, c'était par esprit d'obéissance aux lois et par amour de l'ordre et de la paix. 1797 Juni 22.

Mais difficilement, à mon faible avis, le Directoire pourra-t-il s'étayer des Jacobins pour régner en France. Ce serait élever contre lui la haine de la nation, et ce serait précipiter le renversement de la constitution présente. Quelque tendance que le peuple français ait aujourd'hui pour l'agiotage et toute espèce de frivolité, on ne peut le distraire à pas facile de son exécration pour les Jacobins; elle est trop profondément enracinée. Des gens qui cherchent le prétendant dans toutes les affaires, croient apercevoir ici l'effet de ses intrigues pour parvenir à la royauté; j'ose assurer qu'il n'en est rien. Le nouveau tiers n'a eu nullement ce prince en vue dans ses attaques, et il n'en a pas même bonne opinion. Non, il s'agite pour une monarchie constitutionnelle, sans avoir réfléchi comment et par qui elle pourrait être occupée. C'est précisément ce dénuement de combinaisons et de système, qui fait l'affermissement de la constitution directoriale ...

110. Schreiben des Grafen Finckenstein an den Geh. Legationsrath Renfner[1]). Berlin 1797 Juni 26.

F 147 K 2.

Unterredung mit Caillard.

... M. Caillard a reçu un ordre de témoigner au ministère du Roi que les arrangements pour la paix commençant à prendre couleur et tendant à une prochaine conclusion, il fallait s'expliquer et se montrer Juni 26.

---

1) Renfner concipirte für Finckenstein die Schreiben an Haugwitz, während der Abwesenheit des letzteren in Pyrmont.

1797 Juni 26. sans détour et d'une manière qui ne laissât plus de doute; que la France souhaitait en conséquence qu'il plût à S. M. d'annoncer une détermination fixe et précise sur l'objet des sécularisations et qu'elle donnât connaissance de sa résolution à la soutenir et de la manière dont elle voulait le faire; que la cour de Vienne n'attendait que cela pour en faire autant et pour s'emparer de son côté des bénéfices qui étaient à sa convenance, mais qu'elle ne pouvait pas en parler la première pour ne pas compromettre son caractère impérial. Sur la réflexion que je lui fis comme de mon chef et en prenant le tout ad referendum, que le Roi avait les mêmes ménagements à garder comme membre de l'Empire; que c'était proprement à la France à proposer la première ce moyen comme le seul qui pût trancher le nœud gordien, et que le Roi s'en tenait à cet égard aux engagements contractés par la convention secrète du 5 août, il me répliqua que cette convention, qui n'était qu'éventuelle, ne suffisait plus; que c'était, à le bien prendre, le silence que S. M. avait gardé sur son accomplissement, et la délicatesse et les ménagements dont elle avait usé vis-à-vis de la cour de Vienne, qui avaient donné des soupçons en France sur l'espèce de nullité où la Prusse voulait rester à cet égard; qu'il était temps de les détruire; que S. M. ne risquait pas de perdre par là son influence dans l'Empire; qu'elle serait soutenue par les états les plus marquants tels que le landgrave de Hesse et le duc de Wurtemberg, qui avaient les mêmes intérêts à souhaiter les sécularisations, et que l'électeur de Saxe même, malgré son attachement à la constitution, n'y serait pas contraire, puisqu'on lui ferait son lot en lui procurant le territoire d'Erfurt et quelques parcelles qu'il convoitait depuis longtemps; que S. M. pouvait compter dans tous les cas sur la France, qui se faisait fort de la soutenir et de terminer ce grand objet; à quoi il ajouta qu'il ne me cacherait pas que la cour de Vienne, malgré les égards que le Roi lui avait témoignés jusqu'ici, ne laissait pas que d'employer sous main tous les moyens propres à mettre la Prusse mal avec la France et à nourrir et fomenter les soupçons dont il m'avait parlé . . . Je crois que . . . l'on pourrait . . . faire observer à S. E. M. le comte de Haugwitz de ma part que cette affaire me paraissait très délicate, en ce que d'un côté elle fournirait à l'Autriche le moyen de faire retomber tout l'odieux de ces sécularisations sur le Roi et nous susciterait une nouvelle tracasserie avec l'empereur de Russie, et que d'autre part une réponse vague et évasive donnerait peut-être à la France l'occasion et le prétexte de se tenir quitte de ses engagements envers le Roi et la maison d'Orange.

Berichte von Sandoz-Rollin aus Paris.

111. Äußerungen Barthélemy's über die Unterhandlungen mit Österreich. Unzufriedenheit mit Bonaparte. Stellung Barthélemy's innerhalb des Directoriums.

. . . »Vous saurez«, me dit Barthélemy, »et j'aimerais bannir avec 1797
vous toute réticence diplomatique, qu'aussi longtemps que le ministre des Juni 28.
relations extérieures actuel sera conservé, je ne me mêlerai point de la partie politique; vous en connaissez peut-être la cause, et il serait fastidieux d'en retracer le souvenir. J'ai aujourd'hui connaissance des négociations de paix avec l'Autriche, et je puis vous assurer que je les comprends aussi peu qu'auparavant. Jamais traité ne fut plus hérissé de difficultés sans cesse renaissantes; sur rien on n'est encore d'accord; les dédommagements proposés en Italie sont contestés; les objets de sécularisation seront consentis moyennant des sacrifices très chers; et enfin les instructions qui doivent servir de base à ce traité, sont des pièces de rapport dont le général Bonaparte fera usage selon son bon plaisir. Votre cour, en demandant d'être instruite de l'état de ladite négociation, demande ce que le Directoire ignore lui-même. On dirait que ses négociateurs n'agissent que pour eux-mêmes et n'ont aucun compte à rendre. Le Directoire, et j'en suis certain, s'est opposé hautement à la cession de la Bavière à l'Autriche; malgré cela je ne voudrais pas garantir qu'on n'en fît de nouveau le sujet de quelque proposition; attendez-vous à tout de la part de ceux qui sont chargés de traiter une paix aussi importante« . . .

Cette manière de voir et de dire était le résultat de l'humeur et du chagrin du directeur Barthélemy; on ne saurait absolument y donner une entière confiance. Il l'a senti; car il m'a recommandé avec les plus vives instances de ne faire mention de lui et de ses idées qu'en chiffres, dussé-je même profiter de l'avantage d'un courrier extraordinaire. On se faisait un jeu d'arrêter ceux-ci, selon lui, et d'enlever leurs dépêches . . .

Les efforts du général Bonaparte de vouloir républicaniser l'Italie et le monde, ont terni ses victoires et sa gloire; on ne lui en tient déjà plus aucun compte ici, et on le soupçonne de vouloir se faire fort de son armée pour s'affranchir de toute obéissance et de toute responsabilité. Il rend aussi peu compte des sommes d'argent qu'il touche, qu'il rend compte de la négociation qu'il traite avec Vienne. Ce général, à l'exemple de ceux de Rome, est devenu aussi puissant qu'indépendant. Cependant le Directoire ne reste pas immobile dans ses soupçons; il s'est assuré secrètement des généraux Augereau et Masséna, et même du commissaire général Berthier, pour déjouer au besoin les projets am-

1797 bitieux de Bonaparte et s'assurer de la fidélité de son armée. Ce dernier, Juni 28. qui doit en avoir eu quelque avis, s'est entouré de la légion des Polonais et en a fait en quelque manière sa garde ordinaire . . .

Barthélemy ne jouit d'aucune influence dans le Directoire; il laisse dire et faire sans montrer aucune opposition. Ses amis et tous ceux qui souhaitent un autre ordre de choses en France, n'ont pas été contents de son début et moins encore du peu de fermeté qu'il déploie pour partager l'autorité, et c'était ce début néanmoins qui devait fixer son rang et sa supériorité dans le Corps directorial. Le seul des directeurs avec lequel il paraît le plus en liaison dans ce moment est Barras, et c'est celui qui est nul pour le suffrage et l'influence. Cependant ses amis espèrent encore que l'éloignement du ministre des relations extérieures qu'on annonce comme prochain, lui facilitera les moyens de reprendre l'ascendant qui lui conviendrait en politique et de gouverner dans cette partie . . .

112. Gespräch mit Talleyrand. Verhandlungen zwischen Carnot und Portalis und Dupont de Nemours.

Juli 4. . . . Le sieur Maret qui a été porteur des instructions relatives au congrès de Lille, a confié à un de ses amis que toute espérance de paix s'évanouissait depuis qu'il en avait eu connaissance. Il a ajouté qu'une des premières précautions à prendre, dans le cas où le sieur Delacroix eût dans cet intervalle un successeur, serait de les changer entièrement. Cela dénote à quel degré l'existence de ce ministre est précaire. Tout retentit ici du bruit de sa chute, et si l'opinion publique doit influer sur son sort, la durée de son ministère sera fort abrégée. Les sieurs Colchen et Talleyrand-Périgord sont ceux qu'on désigne pour ses successeurs; ce dernier réunit toutefois le plus grand nombre de suffrages dans les deux Corps législatifs. Son caractère est fort, ses lumières sont reconnues, mais sa moralité est corrompue et dépravée. Il m'a dit confidemment il y a peu de jours: »je servirai de moyen de réconciliation entre le Directoire et les deux Conseils; je veux la paix et je haïs les menées et les projets révolutionnaires; mais jusqu'à présent je n'ai aucune certitude d'être appelé au ministère, et tout se réduit à des promesses et à des ouvertures vagues« . . .

Avant-hier matin, les représentants Portalis et Dupont de Nemours ont porté au directeur Carnot leurs instances pour le renvoi des quatre ministres des finances, de la justice, de la marine et des relations extérieures. »Le salut de la République en dépend. Nous avons fait rejeter la résolution qui vous ôtait la surveillance de la trésorerie natio-

nale; le Conseil des Anciens fera plus encore, il étendra votre influence, 1797
votre autorité, et affermira la constitution de 1795«. Tels étaient leurs Juli 4.
principaux arguments pour décider le sieur Carnot à se prononcer; mais celui-ci ne s'est point encore rendu à ces instances. »Rien n'affaiblit plus l'autorité d'un gouvernement que l'abandon qu'il fait des ministres qui ont mérité sa confiance, et ce premier acte de faiblesse mène à d'autres qui ont des suites funestes. Qui garantira donc que les ministres proposés aujourd'hui ne déplairont demain et n'exigeront pas un nouveau sacrifice«? . . .

Sybel 4, 585.

113. Barthélemy. Kirchliche Bewegung.

. . . L'air et le maintien de Barthélemy sont toujours infiniment Juli 15.
soucieux et tristes. Il n'a rien gagné en influence en ascendant dans le Directoire; il écoute, se tait, et joue un rôle absolument passif. Cependant on ne saurait lui reprocher d'être soucieux; les circonstances où sa patrie se trouve provoquent ce sentiment. Des discussions de la plus haute importance agitent dans ce moment les haines et les factions du Corps législatif; ce sont celles de la liberté des cultes et de la rentrée des prêtres déportés. Le repos de la France dépendra vraisemblablement des conclusions prises à ce sujet. En passant d'une extrémité à l'autre, c'est-à-dire d'une persécution cruelle à une amnistie absolue, on rappelle dans le sein de la France les plus ardents catholiques romains et les plus terribles ennemis de la République. Jamais la soif d'une religion ne s'est fait sentir avec tant d'ardeur, et jamais on n'y a cru en dieu avec tant de foi et de ferveur. Ce serait bien plus avec le rituel et des psaumes que le prétendant pourrait remonter sur le trône de ses ancêtres qu'avec des manifestes . . .

Le représentant Barbé-Marbois m'a assuré hier qu'on était parvenu à décider le sieur Carnot au changement des quatre ministres, qu'il n'avait exigé d'autre condition si ce n'est de laisser au Directoire la liberté d'en fixer l'occasion et le temps . . .

114. Ministerwechsel. Delacroix.

[Nicht chiffrirt] Peu d'heures après le départ de ma dépêche [du 15 juillet] Juli 18.
les ministres de l'intérieur, de la police, de la marine et de la guerre[1]), ont reçu leur démission et les sieurs François de Neufchâteau, Lenoir-Laroche, Pléville-Pelet et général Hoche les remplacent dans leurs départe-

1) Sandoz vergißt, hiebei die Entlassung von Delacroix zu erwähnen.

1797 Juli 18. ments respectifs, [chiffrirt] et les ministres de la justice et des finances restent, eux qui avec le sieur Delacroix faisaient le principal objet des plaintes et des réclamations des deux Corps législatifs. Le public en est étonné et mécontent.

Ce renvoi imprévu des ministres de la guerre, de l'intérieur et de la police générale, qui avaient l'applaudissement de la nation, a été l'effet d'une altercation très vive, qui s'est élevée dans le Directoire lorsque le sieur Carnot a proposé l'éloignement des quatre ministres désignés précédemment[1]. On l'a soupçonné de vouloir s'arroger une influence absolue sur tous les départements, en y nommant des personnes de son choix et de son affection. Les directeurs Barras, Larevellière et Rewbell se sont réunis à s'y opposer formellement. Ils ont déclaré qu'ils n'y consentiraient pas sans que lui, Carnot, fît l'abandon de son côté de ceux qui lui étaient le plus attachés; ils l'ont déclaré avec colère et avec serment. Dans cette extrémité le président s'est vu dans la nécessité, ou de manquer à la parole donnée aux représentants des deux Conseils, ou de se brouiller irrévocablement avec ses collègues. Il a cédé aux circonstances, et a abandonné ses amis. Le sieur Barthélemy n'a pris d'autre part à cette scène que d'y avoir été présent . . .

Mais quel choix que celui des ministres nommés ci-dessus! Tous, à l'exception de Talleyrand-Périgord et de Pléville, sont étrangers aux affaires, et sont soupçonnés de jacobinisme, et tous sont du choix des directeurs opposants. Cependant le sieur Delacroix a continué jusqu'à présent les fonctions de sa place. Il ne s'est point douté de sa disgrâce que hier matin, lorsque le secrétaire général, le sieur Lagarde, est venu lui conseiller de la part du Directoire de donner sa démission, plutôt que de la recevoir. Il se croyait inébranlable dans son poste. Ce ministre s'est montré chicaneur et difficultueux jusqu'au dernier moment; bien loin de se rendre aux instances du sieur Lagarde, il a déclaré qu'il ne quitterait le portefeuille et sa place qu'à l'instant où il en recevrait la notification expresse du Directoire. Les autres ministres s'étaient soumis volontairement à donner leur démission . . .

115. Pläne des Directoriums gegen den Rath der Fünfhundert. Zwiespalt im Schoße des Directoriums.

Juli 22. . . . Que projette le Directoire? quelles sont les machinations secrètes qui le font agir? . . . Ses projets sont de faire enlever et arrêter ceux des membres du Corps législatif qui lui sont opposés par caractère et par principes, et l'entrée de plusieurs régiments dans Paris tendait à lui

1) Vergl. Sybel 4, 586 flg.

en faciliter l'exécution. Lorsque l'avis d'une mesure aussi violente a été ouvert par le sieur Rewbell, les directeurs Carnot et Barthélemy s'y sont opposés fortement, mais ayant été résolue à la majorité, ils ont protesté de nouveau contre cet acte d'injustice et l'ont consigné dans les registres du Directoire. Il y a cinq jours que cet avis a été mis en délibération, et il y en a plus de quinze que la marche des troupes sur Paris est commandée. Cela prouve que les trois membres, bien assurés de leur pluralité, avaient devancé lesdits ordres et les mesures de force à employer. Cependant l'éveil des deux Corps législatifs, l'éclat de leurs réclamations, la division qui en est résultée dans le centre même du Directoire, tout cela ajournera nécessairement cet acte de violence . . . 1797 Juli 22.

Certainement une lutte à forces ouvertes entre le Directoire et le Corps législatif aurait tourné au désavantage de ce dernier. L'armée intérieure et extérieure sont républicaines et sont dévouées à l'autorité du Directoire; mais cette lutte l'aurait perdu dans l'esprit des Parisiens et de la nation, et c'est l'opinion publique qui détruit ou fortifie la puissance exécutive . . .

116. Scheinbare Aussöhnung zwischen dem Directorium und dem Rath der Fünfhundert. Barras und Rewbell.

[Nicht chiffrirt] Qui l'aurait pensé? Le plus grand calme a succédé tout à coup à la fermentation qui régnait entre le Directoire et le Corps législatif. On a eu l'air de se repentir de part et d'autre d'avoir donné trop d'éclat à des inculpations fâcheuses. L'intervention de quelques représentants a amené des explications amicales et l'oubli des passions et des haines. Tout semble être rentré aujourd'hui dans l'ordre. On ne parle que du bien de la patrie, de celui de la paix et de la force qu'acquiert un gouvernement au dehors comme au dedans lorsqu'il inspire une grande considération. Tant de variabilité dans le choc même des différents pouvoirs ne doit point surprendre. On la verra se répéter souvent dans la suite du temps. Un rien réveille et agite une nation si inflammable que celle-ci, et un rien la distrait et l'appaise . . . Tant d'objets réveillent ici les passions, qu'on ne saurait croire à la durée d'aucune réconciliation . . . Juli 29.

[Chiffrirt] Les projets d'oppression contre le Corps législatif ont été abandonnés. Les trois directeurs qui en étaient les complices sont revenus à l'opinion de Carnot et de Barthélemy. Ainsi la division qui régnait à ce sujet dans l'intérieur du Directoire exécutif a cessé pour le moment, mais Barras et Rewbell ont failli de se trouver dans le plus

1797 Juli 29. grand embarras. On a recueilli les preuves matérielles des ordres expédiés de leur part pour la marche des deux régiments sur Paris. Ils devaient être dénoncés et mis en accusation hier au Corps législatif, si le rapprochement ne fût pas survenu. La femme du dernier m'en a fait indiscrètement l'aveu . . .

117. Äußerungen Talleyrand's über die Unterhandlungen mit Österreich und England.

Aug. 3. . . . »Qu'on ouvre les feuilles de l'histoire«, observa Talleyrand, »on y verra que la cour de Vienne n'a jamais eu la volonté dans aucun temps de faire la paix; elle y a toujours été forcée, soit quand les subsides lui ont manqué, soit aussi quand elle a obtenu par lassitude tout ce qui était de sa convenance. Son système est de faire la guerre jusqu'à l'extinction de tous moyens, alors elle n'est pas vaincue, et battue elle traite en vainqueur[1]). Vous l'avez bien dit: cette négociation a été manquée dans le principe . . . Que de fautes accumulées et qui amèneront les plus malheureuses conséquences! Devait-on abandonner une négociation de cette importance aux mains de deux jeunes généraux dont le plus âgé n'a pas plus de 28 ans? Convenait-il au général Bonaparte de proclamer en Italie qu'il marcherait bien plus contre le Corps législatif à Paris que contre Vienne[2])? et fallait-il oublier les grands intérêts qui l'occupaient? Que veut le ministère de Vienne, reprit-il, en prolongeant la négociation et en évitant de la conclure? il veut la reprise du Milanais, de la Lombardie, et la conquête de l'État vénitien pour dédommagement de la Belgique. Le parti autrichien opérera l'une au premier éloignement des troupes françaises, et l'occupation de l'Istrie et de la Dalmatie lui assurera la possession de ces provinces. Dans ces circonstances critiques, mon opinion est de forcer la paix de Vienne par celle de l'Angleterre. J'en ai fait hier la proposition au Directoire qui l'a approuvée. Le chancelier Pitt veut sincèrement la paix, et je viens de rouvrir les moyens de rapprochement entre les deux puissances que le sieur Delacroix avait fermés d'une manière absolue« . . . Je sais par un des confidents intimes de Talleyrand qu'il est entièrement opposé au système de la gauche du Rhin . . .

118. Aussöhnung zwischen dem Directorium und den Fünfhundert.

Aug. 7. [Nicht chiffrirt] La conclusion du rapport des inspecteurs de la salle

1) In Berlin schrieb man hierauf: ce ministre paraît connaître à fond la politique tortueuse de la cour de Vienne (15. August).

2) Bei der Feier des 14. Juli.

avait été de demander compte au Directoire des mesures qu'il avait prises pour punir les auteurs de la marche des troupes sur Paris. Sa réponse devait être donnée dans trois jours. Il était occupé d'y satisfaire, lorsque des conférences sont survenues entre le Directoire et ces mêmes inspecteurs de la salle des Cinq-Cents. Des explications franches et amicales ont mené à une réconciliation qu'on croit sincère et durable. Le Directoire a promis de chasser de Paris tous les militaires réformés, de faire une proclamation dans les armées pour les détromper sur les fausses impressions qui leur avaient été données du Corps législatif, et enfin d'y faire publier le décret qui règle qu'aucun corps de troupes ne s'approche de Paris à douze lieues de distance. Cette réconciliation ne sera avouée du Corps législatif qu'après l'exécution des promesses données et qu'après la réponse qui en fera l'objet. Celle-ci est attendue demain. Ai-je besoin de dire que c'est à l'intervention du Conseil des Anciens que ladite réconciliation est due, et que c'est à elle que la France devra souvent le maintien de sa tranquillité et de sa constitution présente? Trop de faits l'attestent déjà suffisamment. 1797 Aug. 7.

[Chiffrirt] Quelle que soit la durée de l'arrangement en question, il est le fruit de l'esprit de douceur et de conciliation du président Carnot et du sieur Barthélemy. La présence des directeurs Rewbell et Larevellière-Lepeaux qui n'ont paru que tard auxdites conférences a failli de tout brouiller et de tout rompre; leur caractère s'y est montré dur, inflexible et impérieux... Une considération qui a le plus influé sur le rapprochement en question, c'est celle que ces dissensions intérieures ralentissaient et éloignaient la paix, qui faisait l'objet de leurs vœux; on devait sacrifier à ce bien de l'humanité les passions et les animosités personnelles...

119. Gespräch mit Rewbell und Larevellière-Lepeaux über den Kampf zwischen Directorium und Räthen. Napoleon Bonaparte.

... En apparence la réconciliation semblait être faite, en réalité elle n'est rien moins que consolidée. J'ai pu m'en convaincre dans un entretien que j'ai eu il y a deux jours avec les directeurs Larevellière-Lepeaux et Rewbell. Quelle aigreur, quelle haine et quelles imprécations! J'en ai tiré un mauvais augure pour l'avenir. »Que veut le nouveau tiers«? disait le sieur Rewbell; »il veut renverser le Directoire et la constitution; il veut relever le trône en France et y asseoir ce petit libertin de duc de Chartres. L'engagement secret en a été pris et signé entre 67 membres du Corps législatif, et ils n'épient que l'occasion et le temps de le mettre en exécution. Pauvres gens! Ils croient le Directoire Aug. 11.

1797 endormi sur leurs menées, tandis qu'il veille à les déconcerter; ils
Aug. 11. oublient que la force armée est à nous, que les armées sont à nous, et que la puissance exécutive est à nous«. »On peut bien dissoudre un Corps législatif«, observait le sieur Larevellière-Lepeaux, »et le reconstruire, et c'est au Directoire à suppléer à ce que la constitution n'a pas prévu et statué«. »Le projet des représentants, a repris le sieur Rewbell, était de me mettre en état d'accusation avec deux de mes collègues pour la prétendue marche des troupes, je le sais; s'ils l'eussent osé, je les mettais en état d'accusation à mon tour pour l'arrangement d'Orléans; c'était à voir alors qui aurait sauté d'eux ou de moi, et la force en aurait décidé. En se ralliant, comme ils l'ont fait, à tous les royalistes, ils forceront le Directoire de se rallier peut-être à tous les Jacobins, à ces Jacobins qu'il avait pris pour système d'écarter de toutes les places« . . .

Le ministre de Sardaigne[1]) est venu me confier qu'on soupçonne à Turin le général Bonaparte d'avoir été le mobile secret des dernières tentatives faites contre le gouvernement existant et de vouloir même les faire répéter . . .

Le général Bonaparte jouit aujourd'hui de la plus grande faveur du Directoire, j'en ai été témoin; dans cette même conversation que je rapporte ci-dessus, il a été désigné par les directeurs Rewbell et Larevellière-Lepeaux comme le bouclier de la constitution présente. Cela a fait oublier tous les bruits et tous les soupçons répandus à son sujet, ceux par ex. qu'il s'est fait accorder sur les caisses des nouvelles Républiques des pensions annuelles de 960 mille livres de France, et ceux qu'il visait au Directoire à vie desdites Républiques . . .

En attendant la réconciliation pleine et sincère des deux principaux pouvoirs de la constitution, les employés, les fonctionnaires publics et l'armée de l'intérieur ne sont pas payés. Le Directoire ne veut pas débourser un sou pour ne pas se trouver sans ressources, et le Corps législatif ne veut pas lui donner de l'argent afin de l'arrêter dans ses entreprises . . .

120. Talleyrand und Rewbell. Fortdauernde Spannung zwischen Directorium und Räthen. Versuche zur Aussöhnung.

Aug. 13. . . . La doctrine du ministre Talleyrand n'a pas eu encore l'approbation du Directoire, et son influence sera lente peut-être à l'acquérir. Je sais que le jour où il fit lecture des nouvelles instructions à donner aux négociateurs français de Lille, le sieur Rewbell les censura, les méprisa

1) Graf Balbo. Über die Aufstände in Piemont, Ende Juli 1797, vergl. Bianchi 2, 585 flg.

et les rejeta comme frivoles; il dut en produire de nouvelles modifiées 1797
sur l'esprit et le système de ce directeur. Le sieur Barthélemy a montré Aug. 13.
ici la même faiblesse que de coutume; il n'a rien dit pour défendre le rapport de son ami . . . J'ai appris hier des présidents Dumolard et Dupont de Nemours que cinq députés de leurs Corps devaient avoir aujourd'hui au soir un entretien avec quelques membres du Directoire, et qu'ils étaient chargés de proposer des moyens de réconciliation. Ceux-ci prêchent la réunion et la concorde; tant d'autres prêchent la discorde, et de ce nombre sont Mme de Stael et le sieur Constant . . .

121. Spannung zwischen dem Direktorium und den Fünfhundert. Mittheilungen Talleyrand's über den Zank zwischen Carnot und Barras. Beschluß, einige Mitglieder der Räthe zu verhaften.

. . . L'esprit de défiance entre le Directoire et le Corps législatif est Aug. 20.
porté au comble; chacun des deux pouvoirs multiplie les destitutions pour se narguer et pour montrer sa puissance. On voit d'un côté celles des commissaires de la trésorerie nationale, dont le but est d'empêcher qu'ils ne mettent les 18 [10] millions du Portugal à la disposition du Directoire[1]); on voit de l'autre celles des administrateurs de Paris, uniquement pour s'être montrés favorables à la formation de la garde nationale, ces actes d'autorité se multiplieront encore et allumeront la discorde . . . Dans cet état de choses la guerre est prête à éclater, si le Conseil des Anciens n'intervient pas plus activement à tempérer la fermentation. Le temps presse. Le moyen d'y parvenir ne serait pas, comme il en a été question dans un de ses derniers comités, d'envoyer le Corps législatif à Metz; cela ne ferait au contraire que multiplier les partis et les factions d'un bout de la France à l'autre . . .

Mais les divisions qui règnent dans l'intérieur du Directoire ne sont pas inférieures à celles dont je viens de parler . . . J'en ai appris quelques particularités de la bouche même du ministre Talleyrand, et V. M. sentira combien elles doivent être ensevelies dans le plus profond secret. Il sortait du Directoire lorsque je l'ai vu, et était encore ému et agité de la scène à laquelle il venait d'assister. Le sieur Carnot n'ayant pas voulu signer comme président un message du Directoire tendant à arrêter l'organisation de la garde nationale, le sieur Barras s'est levé de sa place, l'a traité de misérable et d'homme dont les mains étaient encore teintes de sang; l'autre s'est levé à son tour et l'apostrophant d'a-

1) Der Vertrag vom 10. bez. 20. August stipulirt die Zahlung von 10 Millionen von Seiten Portugals an Frankreich. Ein Arrêté des Direktoriums vom 26. Oktober erklärte den Vertrag für non avenu.

1797 Aug. 20. venturier et de bête, lui a dit que sans sa qualité de directeur, il l'aurait fait se repentir sur l'heure de ses injures. »Qu'à cela ne tienne«, a répondu Barras, »et finissons dans l'instant même«. Ils étaient près d'en venir aux mains, lorsque les autres directeurs ont interposé leurs représentations et les ont séparés. Mais la haine et le ressentiment restent. Dans le récit dont je viens de rendre compte, le ministre Talleyrand avait l'air de dire: dans quel moment suis-je entré en place! le moyen de travailler utilement au retour de la tranquillité générale! Cependant il conservait encore un peu d'espérance. »Si je puis parvenir«, disait-il, »à conclure honorablement les deux paix en négociation, je regarderai cet événement de nature à concilier celle de notre intérieur. Ce motif m'y fait travailler avec la plus vive ardeur« . . . Les négociateurs autrichiens montrent depuis la reprise des conférences plus de cordialité et plus de sincérité dans leurs discussions que par le passé; il en augure bien pour la paix. Une lettre particulière du sieur de Thugut qui le félicite sur sa nomination, sert encore à le fortifier dans cette idée . . .

On n'a attendu que la fin de la présidence de Carnot pour mettre de nouveau en délibération l'arrestation de plusieurs membres du Conseil des Cinq-Cents. La résolution en a été prise il y a deux jours dans la majorité connue du Directoire, et l'execution fixée à la nuit d'hier. On ne l'a différée, à ce que j'apprends, que dans l'espérance de détacher quelques membres du parti antidirectorial . . .

122. Haltung Rewbell's in dem Kampfe zwischen Directorium und Räthen.

Aug. 24. On a vu comment l'attaque contre le Corps législatif était résolue pour la nuit du 19 au 20 de ce mois. Tout était disposé dans cet objet au moment où on y pensait le moins. Le sieur Rewbell, ébranlé par les représentations de ses amis et ému par les pleurs de sa femme, l'a fait ajourner. »Vous ne pouvez rien perdre«, a-t-il dit à ses collègues, »en temporisant, et vous pouvez gagner beaucoup dans l'esprit du peuple en montrant votre modération; soyez calmes et forts«. Les sieurs Barras [1]) et Larevellière-Lepeaux, indignés de cette marque de faiblesse, ont voulu le ramener à leur première résolution; cela a été en vain. Il a tenu bon, et a renvoyé l'attaque méditée. Dès ce moment le bruit a été répandu dans le public que la réconciliation était signée entre les deux principaux pouvoirs de la constitution. Il n'en est rien . . . Les préparatifs de guerre continuent, le Directoire exécutif vient de faire entrer

1) Am 24. August äußerte Barras in Gegenwart von Sandoz: »mes collègues sont de bons bourgeois de Paris; pour être habile à gouverner, il ne faut être ni père, ni époux et fermer l'oreille à toute sensibilité«. Bericht vom 25. August.

les troupes qui étaient garnisonnées dans les environs, de manière que 1797
la capitale est cernée et mise en quelque sorte en état de siége . . . Aug. 24.

J'ai vu le directeur Rewbell, je l'ai trouvé calme envers le Corps législatif et fort animé contre les prêtres; c'étaient eux, selon lui, qui attisaient le feu de la discorde et les éléments d'une contre-révolution. Sa physionomie et son langage étaient plus gais que de coutume . . .

123. Diskussion im Direktorium über die Grenze gegen Deutschland; Talleyrand, Rewbell, Carnot, Barthélemy.

. . . Le Directoire est divisé en politique comme en administration. Aug. 31.
Le ministre des relations extérieures l'a éprouvé en dernier lieu, ayant voulu représenter qu'un des grands moyens de faciliter la paix avec l'Autriche était de reprendre les frontières déterminées par les préliminaires de Léoben, et d'abandonner cette prétendue frontière militaire, qui ne servirait qu'à rendre la paix peu stable. Le sieur Rewbell s'est emporté à cette proposition; il a déclaré qu'il ne signerait jamais pour sa part la paix avec l'Autriche qu'il ne l'eût éloignée des deux rives du Rhin, et il a traité d'ignorantissimes tous ceux, et le sieur Talleyrand lui-même, qui soutenaient un système opposé. Ce dernier n'a point fléchi; il a soutenu qu'en prolongeant la frontière en question, on ne la fortifiait pas davantage, et qu'en empiétant sur l'Empire, on augmentait les prétentions de l'Empereur et ses demandes en indemnités; que si le but de la paix extérieure était utile au Directoire pour gagner la confiance du peuple, il fallait la dégager de toutes les entraves qui en retardaient la conclusion . . . Le sieur Carnot s'est rangé de l'avis du ministre. Ce n'était pas une frontière plus ou moins étendue que la nation demandait, c'était la paix, et le moyen qui devait y conduire plus promptement, était celui qu'il fallait préférer. Le sieur Barthélemy s'est aussi peu prononcé dans cette occasion que dans les autres. Il a gardé un silence profond, lui qui aurait pu, par ses connaissances diplomatiques, ramener le Directoire à d'autres principes et soutenir la doctrine de son ami. La conduite politique de ce directeur est aussi singulière, que la nullité de son caractère et de son influence. On le voit recevoir et accueillir chez lui tous les représentants qui sont ennemis du Directoire, et même tous ceux qui sont affichés dans le public comme royalistes; il les admet faute de caractère pour les renvoyer . . .

Hüffer 1, 371.

124. Staatsstreich vom 18. Fructidor.

. . . Les mesures hostiles du Directoire contre le Corps législatif Sept. 10.
avaient été retenues par l'hésitation du sieur Rewbell, et nullement

1797 Sept. 10. par d'autres considérations; du moment où elle a cessé, les mesures ont eu leur exécution ... Jamais entreprise n'était devenue plus facile; les grenadiers qui composaient la garde du Corps législatif, séduits et gagnés, ont commencé à l'approche de ceux du Directoire à déposer leur chef Ramel; puis se réunissant, ils ont prêté main forte pour investir les deux Conseils et arrêter les représentants. Il n'y a eu de résistance que de la part de la commission des inspecteurs de la salle et du général Pichegru personnellement; tout le reste a été saisi et transporté au Temple comme un troupeau de moutons. Les délibérations secrètes du triumvirat se tenaient chez le sieur Barras, où les directeurs Carnot et Barthélemy n'étaient jamais convoqués, comme on le pense bien. Malgré cela, ils étaient instruits des résolutions prises contre eux et cherchaient à s'en garantir. C'était trop tard. Le malheureux Carnot ne s'attendait pas qu'une mort violente serait le terme de ses travaux et de sa réputation. Ayant cherché à s'évader par une porte qui avait une issue sur le jardin du Luxembourg, il l'a trouvée gardée par des gens armés du Faubourg St. Antoine; rentré chez lui, il était resté seul avec son frère; à l'heure signalée, entre minuit et une heure, ces mêmes gens, apostés par Barras, sont entrés dans sa chambre, l'ont assailli avec fureur ainsi que son frère et les ont massacrés l'un et l'autre à coups de bayonnette. C'est au moins ce qui en a été débité le lendemain ...

A la même heure où Carnot était assassiné, le directeur Barthélemy, qui attendait avec effroi l'issue de cette nuit, recevait les arrêts chez lui; un officier, suivi de 15 grenadiers, prenait possession de son appartement. »De la part de qui?« interrogeait le sieur Barthélemy. »Du Directoire«. »J'en suis membre«. »Vous êtes un traître et mon prisonnier«. Ici la faiblesse de ce directeur s'est montrée; à cette apostrophe, la fièvre l'a pris, et il a gardé le lit depuis ce moment jusqu'à ce que le lieu de son exil soit décidé. Le public le plaint par un sentiment de compassion, et point par un sentiment d'estime ...

La probabilité du succès était, comme on vient de lire[1]), du côté du Directoire. Malgré cela je sais que la plus grande inquiétude a régné au Luxembourg depuis minuit jusqu'à 8 heures du matin; on y craignait qu'un parti caché ne se montrât; on craignait un mouvement des Jacobins; enfin on y craignait, comme dans toutes les affaires de ce genre, qu'une circonstance imprévue n'y devînt contraire et n'en fît échouer l'exécution. Quelle entreprise! il était audacieux de la concevoir, et il semblait impossible de l'achever sans effusion de sang. Cependant tout a fléchi et tout a cédé sans montrer la moindre résistance, et il est

1) Vergl. den Bericht vom 22. Juli, S. 139.

fort à présumer que les départements suivront l'exemple de Paris. L'indifférence des Parisiens sur ces événements a été extrême et telle à faire croire qu'ils n'en étaient pas l'objet. Ce sont les Athéniens à l'époque de leur décadence. Quelle entreprise contre la constitution! Le Directoire s'est mis, au moyen de ce nouvel ordre de choses, en possession des finances, de l'armée et de toute l'autorité. Les deux Conseils ne sont plus dès ce moment que ses machines à décret. 1797 Sept. 10.

Le ministre de la justice a été l'auteur de ce plan d'attaque[1]; il vient d'en obtenir la récompense par sa nomination au Directoire . . .

Carnot, qu'on disait assassiné et de la mort duquel j'ai rapporté toutes les circonstances, ne l'est pas; il n'en a fait courir de bruit, à ce qu'on prétend, que pour échapper plus facilement aux poursuites de ceux qui le cherchaient[2]) . . .

125. Mittheilungen von Larevellière-Lepeaux über den Staatsstreich vom 18. Fructidor.

. . . »Il ne faut pas croire«, me disait le sieur Larevellière-Lepeaux[3], »que nous ayons procédé rigoureusement et injustement envers nos collègues Barthélemy et Carnot; non, nous avons observé jusqu'au dernier moment les ménagements qui leur étaient dus. Peu d'heures avant l'exécution de notre entreprise du 4 septembre, nous leur avons déclaré que nous étions résolus de rentrer dans nos droits ou de périr; ensuite nous leur avons demandé s'ils voulaient partager notre fortune et nos périls, ou rester passifs en faisant l'abandon de leurs liaisons et attendre l'événement. Carnot, devenu irascible et intraitable, a pris la parole; il a dit que non seulement il ne ferait point cause commune dans cette entreprise, mais qu'il la dénoncerait hautement et protesterait à la face de la nation qu'il n'en était point le complice. C'était, selon lui, un acte arbitraire, qui devait engloutir le Directoire et la République. Barthélemy, son fidèle écho depuis deux mois, a partagé la même opinion, ajoutant qu'il tremblait sur le sort de sa patrie. C'est donc là votre dernière résolution à tous deux? les ai-je interrogés comme président, mes collègues ont besoin d'en avoir de nouveau la confirmation. Carnot l'a répétée en son nom et en celui de Barthélemy, en élevant la voix et en frappant du poing sur la table. Alors je leur ai signifié de Sept. 14.

1) Merlin selbst leugnet dies. Vergl. Wachsmuth II, 618 Anm. 110.

2) »Carnot, que j'ai vu, m'a révélé la cause du bruit de sa mort. A peine était-il sorti du Luxembourg par une porte dérobée, qu'il a vu massacrer à ses yeux un homme qu'on avait pris pour lui«. Bericht von Sandoz, 9. Februar 1800.

3) Vergl. damit die Mittheilungen von Larevellière-Lepeaux in seinen Memoiren, Revue historique 10, 88. 89.

1797 Sept. 14. se retirer, et d'attendre les mesures de sûreté qui seraient prises à leur égard; car nous ne leur avons rien dissimulé, pas plus qu'aux membres des Cinq-Cents qui étaient ennemis irréconciliables. Barthélemy a pleuré lorsqu'on l'a mis en état d'arrestation, et Carnot a cherché à s'évader lorsqu'on a consigné les deux portes de son appartement«.

»L'heure de l'entreprise sonnée, ce n'a pas été sans inquiétude«, continua Larevellière-Lepeaux, »que nous en avons attendu l'issue; la tranquillité de Paris et de la France en dépendait; nous étions bien assurés d'une partie des grenadiers des deux Conseils, mais nullement de tous; et ces derniers pouvaient résister et grossir le nombre de nos ennemis. Le général Augereau avait pris l'engagement envers nous de ne faire feu qu'à la dernière extrémité. Français et Parisien, comme je le suis, disait-il, je ne verserai pas le sang des Français comme celui des ennemis de ma patrie. Nous avons en horreur les prêtres réfractaires et les émigrés, et nous mettrons tout en œuvre pour en purger le sol de la République; mais pour le reste, nous n'avons aucun intérêt de trouver des coupables, et nous chercherons à faire aimer notre gouvernement, plutôt que de le faire craindre« . . .

126. Gleichgiltigkeit der Pariser bei dem Abbruch der Verhandlung mit England; Äußerungen über Malmesbury. Barthélemy.

Sept. 21. Abbruch der Verhandlungen mit England in Lille. Cette rupture, qui, il y a un mois, aurait produit ici la plus forte sensation, a été reçue dans les circonstances présentes avec la plus grande indifférence. Les Parisiens sont devenus insensibles aux révolutions, à la paix et à la guerre, et enfin à tout, hormis à l'argent. »C'est un sot que ce lord Malmesbury«, me disait hier le sieur Merlin; »c'est un tartuffe«, disait à son tour le sieur Rewbell; »c'est un perfide menteur«, disait le ministre des relations extérieures; »c'est un homme de beaucoup d'esprit«, remarquaient de leur côté les premiers négociateurs français de Lille . . .

Pauvre Barthélemy! on lui avait fait insinuer peu d'heures avant son arrestation, et c'était de la part du Directoire, de prendre la fuite; les portes avaient été laissées ouvertes à dessein; mais il a été inébranlable à vouloir rester et à être jugé, et c'était bien plus par un sentiment de crainte que par un sentiment de courage. Au reste on l'a si peu soupçonné d'être un conspirateur, qu'on n'a pas même mis le scellé sur ses papiers. Ses deux frères, qui étaient restés avec lui jusqu'au moment de son départ, n'ont pas inspiré le moindre ombrage et continuent de le pleurer. Il n'est pas plus question ici de Carnot que s'il n'avait jamais existé; il est beaucoup question au contraire de Pichegru . . .

127. Denkschrift des Freiherrn von Alvensleben. Berlin 1797 Oktober 1.

Rep. 9 J 3. Eigenhändig, gez. Alvensleben.

Précis des faits qui ont précédé et suivi les conventions du 5 août 1796.

Si, par la convention additionnelle de Bâle du 17 mai 1795, on a stipulé une ligne de démarcation, . . . et si Sa Majesté s'est engagée par l'article 3, comme elle l'a fait, de garantir »qu'aucunes troupes ennemies de la France ne passent cette partie de la ligne«; enfin si, par un article secret, le Roi s'est encore engagé, »à prendre l'électorat de Hanovre en dépôt, dans le cas que le gouvernement de Hanovre se refusât à la neutralité«, il n'en est pas moins vrai que cette ligne de démarcation, qui a si cruellement fait traîner la négociation de Bâle, ligne qu'il était pourtant impossible de soutenir et de faire respecter faute de moyens, comme je l'ai souvent manifesté, et nommément dans mon mémoire du 1er avril 1795, mais sans qu'on ait daigné y faire attention alors, — il n'en est pas moins vrai, dis-je, que cette ligne a été violée; car le 10 octobre 1795 le feldmaréchal Clerfait passa près de Seligenstadt le Mein, de manière qu'il ne resta au prince de Hohenlohe, qui commandait le cordon, qu'à sauver nos droits de garantie par une protestation en forme, envoyée sous date du 11 octobre au feldmaréchal Clerfait. Le prince de Hohenlohe était autorisé à en agir ainsi par un ordre du Roi du 6 octobre, concerté à Potsdam avec S. Exc. M. le comte Haugwitz, dans lequel S. M. dit en termes „daß dieser (General Jourdan) mit aller Billigkeit darauf dringe, wegen genauer Respektirung der Neutralitäts-Linie von Seiten Österreichs Sicherheit zu erhalten. — Die Franzosen können es wissen, daß ich absichtlich mit meinen Truppen in Hinsicht auf die Demarcations-Linie nichts weiter als diese in eigentlichem Verstande bezeichnen wollen, um nicht in unnütze Händel und Thätlichkeiten verflochten zu werden, — so überlasse ich E. D. zuvörderst dagegen die geeigneten Vorstellungen zu machen und so viel Energie, als ohne Schwertschlag denkbar ist, in die Sache zu legen. Wären diese Vorstellungen fruchtlos, — E. D. anheimgeben, sich lediglich auf die Deckung der Ansbach-Bayreuthischen Provinzen zu beschränken". Le feldmaréchal Clerfait, à la vérité, dans sa réponse du 12 octobre, ne tint pas compte de cette protestation, vu que sa cour ne l'avait jamais instruit de cette prétendue ligne de démarcation et de son devoir de la respecter, tandis qu'il répliqua que s'il existait une ligne de démarcation, elle avait été enfreinte le premier [sic!] par le passage du Rhin que les Français avaient effectué le [5 septembre] 1795 près d'Eichelcamp. Quand même nous convenions que l'Eichelcamp à la rigueur ne pouvait être censé tenir à la ligne de démarcation, et que c'était simplement en vertu d'un arrangement particulier des officiers des

1797 Okt. 1.

1797 Okt. 1. deux armées que l'Eichelcamp avait été censé par les gens mal instruits enclavé dans la ligne de neutralité, nous n'en faisions pas moins valoir cet argument et celui de l'intention du général Jourdan annoncée au prince de Hohenlohe de ne plus vouloir respecter la ligne de neutralité, tandis que, exactement dans ce moment, elle était déjà enfreinte de fait par le feldmaréchal Clerfait, — nous ne laissions pas, dis-je, que de faire valoir ces arguments dans notre réponse au mémoire de M. Caillard du 20 novembre 1795, par lequel il portait fortes plaintes contre l'infraction de la ligne par les Autrichiens et contre les rassemblements de Hanovriens, Hollandais etc. derrière la ligne de neutralité [1]; au reste nous disions en termes clairs dans la note responsive du 25 novembre 1795: »le Roi instruit en même temps de toutes ces circonstances, n'ayant ni l'obligation, ni le pouvoir de défendre cette même ligne contre les deux partis opposés, dont l'un se déclarait sur le point de l'enfreindre et l'autre la transgressait par le fait, n'avait pas de choix par rapport au parti qui lui restait à prendre, et se vit obligé d'y renoncer également de son côté pour cette partie de l'Allemagne, en ordonnant au prince de Hohenlohe de se replier dans les margraviats de Franconie avec le corps d'observation qu'il avait à ses ordres«.

C'est ainsi que nous niâmes officiellement, en contradiction évidente de l'article 3 de la convention, l'obligation de garantir la ligne de neutralité, et que nous déclarions notre impuissance à le faire, comme je l'avais prévu et pressenti dans tous mes mémoires sans être écouté; car s'il n'était question que die Linie zu bezeichnen, ce qui est pourtant bien différent de garantir, on pouvait se passer d'armements si dispendieux.

La ligne de démarcation une fois violée, les reproches directs et indirects de la France et de l'Autriche ne nous furent pas épargnés, notamment on accusa le prince de Hohenlohe de connivence avec les Autrichiens.

Telle était notre situation équivoque, qui le devint plus encore par le vague de l'expression dont nous nous étions servis vis-à-vis de M. Caillard: cette partie de l'Allemagne, sans pourtant indiquer avec précision où la ligne de neutralité devait encore être censée exister, quand les progrès rapides des armées françaises et l'insuffisance de notre ligne de démarcation tant prônée par ses fauteurs et tant déconseillée par moi fit prendre le 15 février 1796 au Roi (je suppose, par les conseils de S. Exc. M. le comte Haugwitz, le département n'en ayant eu

1) Vergl. hierüber Häusser 2, 30. 46; Häffer 1, 299.

aucune connaissance avant), la résolution 1° de négocier avec la France 1797
une nouvelle ligne de démarcation, (ce qui était encore avouer indirecte- Okt. 1.
ment que les droits sur l'ancienne ligne ne subsistaient plus), et de faire de cette neutralité du Nord à stipuler par cette ligne, une condition sine qua non de la conservation de la paix; 2° d'inviter les cours de Hanovre, de Cologne, de Brunswick, de Cassel, de Holstein, de Münster, d'Oldenbourg, de Saxe, de Lübeck, de Hildesheim et de Mecklembourg, de même que les villes de Hambourg, Brême, Lübeck, Mühlhausen, Nordhausen et Goslar, à se concerter avec S. M. provisoirement sur les mesures à prendre pour que, au cas que la réponse de la France ne fût pas satisfaisante, on fût à même de mettre le Nord à l'abri de l'invasion; 3° de charger le ministre Struensée de pourvoir aux fonds nécessaires. Ne pouvant pas arrêter la marche telle qu'elle était prescrite, puisque d'abord le 16 elle fut mise en exécution, je crus au moins de mon devoir de donner le 21 février 1796 le votum allemand ci-joint ad acta [1]).

Si, par la phrase: „zwar hatte der vorjährige Feldzug Ereignisse herbeigeführt, welche veranlassen, diesseits die zum Behuf jener Neutralität mit Frankreich eingegangene Demarcations-Linie aufzugeben", dont nous faisions usage dans nos lettres circulaires du 15 février 1796 écrites aux princes et villes qui devaient être associés à nos mesures militaires, nous avouions diplomatiquement de n'avoir pu faire respecter la ligne de démarcation, nous ne pouvions espérer d'inspirer beaucoup de confiance pour celle que nous proposions. Aussi les réponses furent en partie évasives, déclinatoires, vagues, suspensives, mais toujours faibles et portant en principe que ce serait pour nous complaire qu'on se prêterait et qu'enfin on se réglerait sur les contingents futurs. La première convention de démarcation que nous soutenions exister et ne pas exister selon que nous le trouvions de notre convenance, tandis que les Français en agissaient à peu près de même, n'était remplacée par rien que par la méfiance la plus prononcée de part et d'autre, méfiance qui fut nourrie particulièrement près de la République par l'activité diplomatique que mettait publiquement M. de Dohm à réunir les princes du Nord de l'Allemagne et par la connaissance qu'on avait en France des propositions qu'on nous faisait de toutes parts pour rentrer dans la coalition, en attendant que nos négociations ne nous attiraient que des rebuffades particuliérement à Hanovre, pays pour lequel proprement nous trouvions bon de nous sacrifier, et que cela amena avec la France des explications sans fin sur nos préparatifs militaires; c'est dans cette crise, où je craignais que par nos fausses manœuvres, étant trop faibles pour les soutenir, puisque

1) Vergl. No. 35.

1797 Okt. 1. M. de Struensée nous avait dit en termes clairs et nets qu'il n'avait pas de fonds, tandis pourtant que c'était lui qui en devait fournir, et que la création d'un papier-monnaie dont le comte Haugwitz commençait à parler comme d'un moyen facile à se tirer d'embarras, me paraissait devoir entraîner la perte absolue de l'État et une mesure inadmissible sous tous les points de vue, sens dans lequel je m'en expliquais ouvertement; — c'est dans cette crise, dis-je, que je donnais ad acta mon votum français du 6 juillet 1796[1]), peu instruit, comme le département l'était toujours des intentions du Roi connues au comte Haugwitz seul. Lui aussi, sans la concurrence du département, signa la convention de neutralité du 5 août et la convention secrète du 5 août, toutes les deux d'après les ordres donnés à lui de bouche par Sa Majesté.

Bien loin de les critiquer, quand même je n'ai pas concouru à leur rédaction, et les envisageant même comme nécessaires dans la crise où nous nous trouvions, pourtant je dois observer:

1° que les avantages ménagés à la Prusse ne sont pas en proportion des obligations que la France nous [impose] et des pertes que nous avons essuyées et que nous devons faire encore;

2° qu'on en est venu finalement plus ou moins au point que j'avais déjà proposé lors de la négociation de Bâle devoir faire la base de notre traité de paix, observations qui alors furent traitées d'inadmissibles et qui pourtant exactement alors, vu les bonnes dispositions de la France non aigrie encore par les soupçons et par nos démarches indirectement menaçantes, auraient, si l'on [en] avait fait l'application, 1° fait obtenir des conditions bien plus avantageuses, 2° nous auraient épargné deux conventions de neutralité et les frais de deux lignes de démarcation, 3° forcé indirectement le Nord de l'Allemagne à faire sa paix, particulièrement après la terreur panique qui s'était emparée au mois de janvier 1795 de toutes ces provinces, qui n'ont eu dans la suite pour boulevard que nos conventions, 4° auraient épargné à plusieurs de nos provinces et nommément à celle de Minden le poids d'un cantonnement constant qui les ruinera pour toujours, 5° et nous aurait évité le faux jour sous lequel nous n'avons paru que trop souvent; 6° enfin à la dernière extrémité, si aussi la paix du Nord n'avait pas eu lieu, nous aurions toujours conservé nos provinces de Westphalie si intactes, que [le] sont restées celles de Franconie lors de la dernière invasion des Français de ce côté, tandis que, par les plans que nous avons adoptés, nous avons eu des dépenses énormes, fatigué depuis trois années une partie de notre armée d'une manière très marquante, obtenu des avantages incertains et modiques,

---

1) Vergl. No. 58.

inspiré de la défiance à toutes les puissances, de la confiance nulle part, contracté des obligations vis-à-vis de tout le monde, sans gagner en force et en solidité comme nous aurions pu le faire. 1797 Okt. 1.

Telle est notre situation d'aujourd'hui, que le congrès, préparé déjà en avril à Halberstadt et Brunswick par des négociations et discussions préliminaires, siégeant depuis le 22 juin 1796 à Hildesheim, très fastueux dans ses discussions, très déchiré par les partis de Hanovre, de Holstein et le nôtre, très faible dans ses opérations, procure du jour à la journée de la nourriture et quelque argent pour les dépenses extraordinaires à l'armée qui est censée devoir garantir tout le Nord de l'Allemagne contre l'infraction de la ligne de démarcation . . . Cette armée, censée être de 41500, nommément 25 mille Prussiens, 15 mille Hanovriens et quinze cents Brunswickois, est toujours incomplète, moitié mobile et moitié non, et constamment répartie dans des cantonnements très resserrés ou dans ses garnisons ordinaires. Enfin je laisse à décider si cette armée, aujourd'hui tolérée par la France et l'Autriche, mais vue d'un mauvais œil par une puissance comme par l'autre, empêcherait un instant les Français de violer la neutralité du Nord, le seul but qu'elle peut et doit avoir.

128. Erlaß an Sandoz-Rollin in Paris. Berlin 1797 Oktober 2.

Die Allianz-Anträge Frankreichs.

. . . Quant à l'utilité d'un concert entre lui [le gouvernement français] et moi sur les conditions de la paix continentale, personne ne peut en être plus convaincu que moi, et je me suis déclaré prêt à y entrer, pourvu qu'il veuille se pénétrer de la différence qu'il y a entre un tel concert, fondé sur la confiance réciproque et sur une connaissance réfléchie de nos intérêts communs, et des mesures extrêmes qui, loin de remplir le but, aboutiraient au contraire à un bouleversement général, précipiteraient la Prusse dans la crise qu'on prétend vouloir lui faire éviter et l'exposeraient à des dangers incalculables, dont à coup sûr jamais la France ne pourrait la retirer . . . Il n'est que trop vrai que s'il est au monde une puissance qui, par l'étendue de ses conquêtes et surtout par la perspective dangereuse qu'offrent sa conduite et ses principes, doit exciter une attention générale, c'est bien la France elle-même, qui, pour regagner une certaine confiance, devrait commencer par montrer la modération, la bonne foi et les égards pour d'autres gouvernements dont il ne paraît pas que ceux qui président au sien se fassent une loi dans ce moment . . . Sa façon d'agir envers ceux qu'elle a mis dans sa dépendance, n'est assurément pas encourageante pour des liaisons telles Okt. 2.

1797 Okt. 2. qu'elle me les a proposées, qui finiraient sans contredit, et probablement d'après ses propres vues, par me livrer entre ses mains . . .

Häffer 1, 376.

Berichte von Sandoz-Rollin aus Paris.

129. Gespräch mit Talleyrand über die Ablehnung der französischen Allianz-Anträge durch Preußen.

Okt. 8. . . . Hier j'ai cherché à conférer avec le ministre des relations extérieures, et j'y ai réussi. Je suis entré en matière en le prévenant de la manière dont V. M. avait envisagé les différentes propositions du Directoire, et de l'impossibilité où elle s'était trouvée d'y adhérer; je me référais à la réponse même que le sieur Caillard ne tarderait pas de lui acheminer par courrier [1]). Ici la physionomie du ministre des relations extérieures s'altéra d'une manière extrêmement sensible. »Jamais nouvelle«, se mit-il à dire, »ne pouvait me contrarier et me chagriner davantage que celle-ci; je ne m'y attendais pas. Les offres faites au roi de Prusse étaient de nature à devoir le convaincre de notre confiance et de notre amitié. Ainsi alliance et concert pour la guerre, tout est refusé«, interrompit-il avec le ton de la surprise; »il faudra m'occuper promptement et sérieusement d'y remédier . . . Pourquoi vous le cacher? continua le ministre des relations extérieures, j'ai la plus forte répugnance d'apprendre cette nouvelle au Directoire, sachant combien il en sera affecté et mécontent« . . .

Les propositions du Directoire sont l'effet de l'incertitude des chances de cette guerre et de la crainte de la voir finir avec désavantage. Je suis témoin que le Directoire veut sincèrement la paix sur le continent. La prolongation de la guerre ne saurait jamais lui être utile, et c'est moins la rentrée des armées dans le sein de la France qu'il craint, que l'embarras de contenter les état-majors et celui de payer le milliard réservé à ces armées . . .

130. Gespräch mit Merlin und Rewbell. Talleyrand.

Okt. 25. . . . Je suis parvenu à conférer avec les directeurs Merlin et Rewbell . . . Je n'ai pas trouvé les deux directeurs aussi affectés que le ministre des relations extérieures semblait le craindre. »Nous plaignons«, m'ont-ils dit chacun à sa manière, »la Prusse de ne pas avoir accepté des offres qui n'avaient pour but que l'accroissement et l'affermissement

---

1) Die ablehnende Antwort Preußens auf die französischen Allianz-Anträge Häuffer 2, 127; Häffer 1, 375. Dieselbe ist übrigens vom 27. September.

de sa puissance; une simple déclaration de sa part à l'Empereur aurait procuré la paix à l'Allemagne et à l'Europe. Quelle gloire pour la Prusse! Le temps viendra où celle-ci, connaissant mieux les dangers de sa situation politique, regrettera de n'avoir pas écouté nos propositions et notre alliance ... L'assistance du roi de Prusse était pressante dans le moment où elle a été réclamée; nous ne le dissimulons pas; c'était celui où l'Empereur aurait pu recommencer les hostilités sans que nous y fussions préparés; le besoin est devenu moins instant, et nous avons la certitude de pouvoir réduire ce prince à la paix par l'usage de nos seules forces« ...

1797 Okt. 25.

L'existence ministérielle de Talleyrand est toujours la même que je l'ai dépeinte, c'est-à-dire précaire. Ce serait un phénomène d'esprit et de conduite, s'il parvenait à se soutenir. Tout lui est opposé dans le Directoire; le sieur Barras est le seul qui fasse profession de le protéger hautement; les autres directeurs, j'en suis instruit, ne lui adressent presque jamais la parole. Ce Barras a gagné un certain ascendant par son caractère et par ses liaisons d'amitié avec le général Bonaparte. Le dernier est une puissance en Italie et un héros protecteur en France ...

131. Eindruck der Nachricht vom Abschluß des Friedens von Campo Formio.

... Une heure après l'arrivée du général Berthier, le Directoire s'est réuni et est resté assemblé près de quatre heures. On n'était rien moins que d'accord sur les avantages considérables accordés à l'Empereur et qui n'avaient point fait partie de leur ultimatum. L'abandon de Venise était à leurs yeux une tache à la paix. Les sieurs Rewbell et Merlin surtout en ont montré le plus grand mécontentement; mais la majorité ayant décidé que le besoin de terminer cette guerre était devenu impérieux, on s'est déterminé à ratifier le traité [1]. Comment donc vouloir déplaire au général Bonaparte? Difficilement exprimerai-je à V. M. le contentement et la joie que la proclamation de cette paix a causés dans les deux Conseils et dans le peuple; elle a été extrême. Le Directoire y a gagné de la faveur, et les effets publics y ont gagné du crédit et ont haussé considérablement. »Il n'a tenu qu'au roi de Prusse«, disait Talleyrand, »de réduire les dédommagements de l'Empereur à la Dalmatie seule; son consentement à nos propositions aurait décidé le général Bonaparte à s'y roidir« ...

Okt. 28.

. Vergl. auch Hüffer 2, 75.

---

1) Bei einer späteren Gelegenheit äußerte Rewbell zu Sandoz: »mille fois j'aurais voulu rejeter le traité de Campo Formio, si les circonstances l'eussent permis«. (Bericht vom 5. Febr. 1798.)

132. Allgemeine Unzufriedenheit mit den Friedensbedingungen von Campo Formio.

1797 Okt. 31. . . . Il n'est pas un seul des membres des deux Conseils qui n'ait trouvé qu'on accordait trop d'indemnisations à l'Autriche; je le sais positivement; mais la grande renommée de Bonaparte a imposé silence. Le directeur Rewbell dissimule en vain son humeur à cette occasion; elle perce à chaque mot. »Je ne puis pas dire«, m'observait-il, »que nous ayons fait une bonne paix; mais je puis vous dire que nous en avions un grand besoin: il fallait ou chicaner à éternité ou se battre jusqu'à extinction de nation. Il ne tenait qu'à votre cour de nous procurer une paix plus convenable; nous y aurions gagné tous les deux et nous aurions mieux affermi la paix« . . .

La Bavière sera entamée, le sieur Barras m'en a fait la confidence aujourd'hui matin avec plus de sincérité. »La paix de l'Angleterre ou un concert avec la Prusse«, m'a-t-il dit, »étaient les seuls moyens de commander la paix à la cour de Vienne; n'ayant pas pu y réussir nous avons été à sa merci« . . .

La République cisalpine est également très mécontente de tous ces arrangements, et son ministre Visconti ne le dissimule pas. Elle s'était attendue de se voir agrandie de Venise et d'une partie de son territoire...

133. Das Direktorium und Napoleon Bonaparte.

Nov. 2. Le commandement de l'armée d'Angleterre décerné au général Bonaparte, est envisagé ici ou comme un moyen de le faire décheoir de sa puissance, ou comme un moyen de sonner l'alarme en Angleterre. Sa réponse, qui est attendue encore, décèlera l'idée qu'il en aura prise lui-même. C'est le sieur Barras qui a ouvert le premier l'avis de ce commandement. »En attendant qu'on détermine à ce héros«, a-t-il dit, »une récompense digne de ses triomphes, il faut au moins employer utilement son génie militaire«. Le sieur Larevellière-Lepeaux a secondé cette opinion. Les autres directeurs auraient bien voulu contrarier cet avis, on le sait; mais la grande célébrité du général les a rendus muets. Dans un gouvernement pareil à celui-ci, le général Bonaparte peut prétendre à l'autorité. Les politiques de Paris rêvent et croient que le sieur Barras médite quelque projet caché dans ce nouveau commandement, et qu'il cherche à rapprocher l'armée de la capitale, afin de s'en servir utilement selon les circonstances et selon son ambition . . .

Nov. 6. **134.** Unzufriedenheit bei den Fünfhundert über die Friedensbedingungen. Gallo über Thugut. Talleyrand. Barras.

On ne s'y attendait pas: le traité de paix avec l'Empereur a essuyé dans le comité général des Cinq-Cents les plus grandes objections. Le représentant Sieyès s'est élevé surtout contre sa teneur. »J'avais cru«, a-t-il observé, »que le Directoire dicterait les conditions de la paix à l'Autriche, et je vois que le Directoire les a reçues de l'Autriche. Est-ce là le fruit de tant de travaux, de tant de gloire et de tant de sang? La cession de la ville de Venise au prince même qui a ourdi sa ruine est une atrocité politique, dont la République française aura honte d'avoir été la complice. Ce n'est pas une paix que ce traité; c'est l'appel à une nouvelle guerre«. Guillemardet et Talot ont appuyé, chacun à sa manière, cette opinion. »Remarquez«, a dit le dernier, »que le traité de paix tend à fortifier l'Empereur et à affaiblir la République cisalpine, l'objet de toute notre affection. Comment la soutenir présentement? et comment empêcher l'Empereur qu'il ne la détruise avec plus de facilité que nous ne l'avons élevée«? »Oui, le but de la paix«, a repris l'abbé Sieyès, »ne saurait être d'abandonner ses alliés, et des avantages aussi considérables accordés à l'Empereur doivent être compensés par des avantages équivalents et qui feront sans doute partie des articles secrets. Il importe donc infiniment de connaître ceux-ci avant de ratifier le traité; mon avis serait donc d'envoyer un message au Directoire pour lui en demander communication«.

1797 Nov. 6.

Cet avis a été adopté unanimement. Une députation de cinq membres, dont l'abbé Sieyès, s'est rendu au Directoire, et y a exposé l'objet de sa commission. Ce dernier a renvoyé la députation avec la réponse suivante: qu'il se tiendrait inviolablement fixé à la constitution, qui lui attribuait la faculté de taire ceux des articles des conventions ou des traités qui seraient désignés secrets, et qu'en conformité de ce principe, il ne pouvait point déférer à ses désirs. Cette réponse était à prévoir. Malgré cela elle a excité beaucoup de murmures et de mécontentement parmi les membres du comité. Le parti de la Montagne a dit et répété de toute part qu'il n'existait pas de despotisme semblable à celui du Directoire; mais à la suite de ces clameurs, il a fini par ratifier le traité. La grande célébrité du général Bonaparte commande le respect et le silence.

Le Conseil des Anciens a ratifié de son côté, peu de jours après, ledit traité, sans y trouver le moindre article à critiquer et à réformer. On soupçonne avec assez de probabilité que les oppositions de l'abbé Sieyès contre la paix avec l'Autriche n'étaient faites que d'après les suggestions de Rewbell . . .

On croyait bien plus à la paix à Paris, qu'on n'y croyait à Vienne; j'en ai la preuve dans une lettre du marquis de Gallo au ministre de Naples ici, dont j'ai eu communication. »Vous ne sauriez croire«, y est-

1797 Nov. 6. il dit, »ce qu'il a fallu faire pour lever d'un côté les incertitudes politiques du sieur Thugut, et pour rabaisser de l'autre les hautes prétentions de Bonaparte; c'était à y perdre la tête et la raison; vous remarquerez surtout que si l'Empereur eût consenti à la paix avant le 4 septembre, il aurait obtenu des conditions encore plus avantageuses; car la majeure partie de la Bavière aurait été réunie à l'Autriche. Ma faveur est personnelle ici, continue le marquis de Gallo; le crédit et l'influence de la cour de Naples ont baissé extrêmement depuis sa paix avec la France; on l'accuse d'avoir été le promoteur du démembrement de l'État de l'Église et de ses malheurs. Ce qui vous surprendra, ajoute-t-il encore, c'est d'apprendre que le sieur de Thugut montre de l'indifférence et souvent de l'humeur contre cette paix; on pouvait mieux faire, selon lui, et en prolongeant la négociation pendant l'hiver, on eût amené la destruction de la République française . . .

Les instructions des plénipotentiaires français pour le congrès de Rastatt sont dressées et rédigées dans le bureau même du Directoire. Talleyrand n'y est pour rien... Il n'est ministre des relations extérieures que de nom, et ne jouit pas de la moindre influence. On dit de lui dans le Directoire: c'est un homme d'esprit, mais ce n'est pas un homme qui mérite confiance, et ce n'est pas un républicain. »L'esprit qui n'a pas de caractère n'est bon à rien«, me disait en dernier lieu le directeur Barras; »voyez Barthélemy, Portalis; voyez Boissy d'Anglas et tous les Clichyens«. Il aurait volontiers dit: voyez Talleyrand, s'il n'en avait craint l'indiscrétion. La paix, selon lui, n'est pas aussi bonne pour la France, que ses succès auraient pu la faire désirer, mais on avait traité avec beaucoup de désavantage, ayant l'hiver et un ennemi fortifié à combattre...

135. Gespräch mit Rewbell. Pläne der Franzosen gegen Holland.

Nov. 12. ... J'ai vu avant-hier matin le directeur Rewbell, mais trop entouré de monde pour pouvoir converser avec lui selon mes souhaits. J'ai pu conclure néanmoins de quelques propos qu'il m'a tenus que le Directoire avait à cœur que les plénipotentiaires prussiens et français agissent de concert au congrès dans une infinité d'objets. »Ces Autrichiens, disait-il, sont glossateurs, argumenteurs, chicaneurs et menteurs; il y aura là de quoi exercer sa patience et ses poumons. Pourquoi diable, reprit-il dans son langage brusque, le roi de Prusse veut-il conserver ses provinces de Clèves et de Gueldres? que lui serviront-elles depuis la nouvelle frontière de la France? Les dédommagements qu'il aurait trouvés en échange seraient bien supérieurs à l'étendue et à la valeur de ces possessions. Il faut que ce monarque sache surtout que cela nous

aurait fourni le motif de proposer et de soutenir avec la dernière énergie 1797
les indemnisations qui pouvaient lui convenir. Le Directoire a chargé Nov. 12.
le ministre des relations extérieures d'informer votre cour de ses intentions à ce sujet; c'était un peu tard, mais on ne termine rien dans nos délibérations«.

Pourquoi la France veut entretenir 50 mille hommes de troupes en Hollande, cela n'est plus un mystère: elle projette d'y susciter une nouvelle explosion et de mettre par la force le parti patriotique exagéré en possession des places et de toute l'influence; et elle projette surtout de mettre la Hollande dans une sujétion absolue de ses volontés et de régler sa constitution d'après ce principe. Le parti qui prédomine aujourd'hui en Hollande est accusé ici de faiblesse, d'aristocratie et d'anglomanie . . .

Sybel 5, 38.

136. Bevorstehende Ankunft Napoleon Bonaparte's in Paris.

. . . On parle ici d'une excursion que voudrait faire vers la fin de Nov. 16.
ce mois le général Bonaparte à Paris, et l'on en parle comme d'un événement. C'en serait un en effet, si sa présence avait pour objet les différentes causes qu'on lui attribue; mais ce n'en serait pas un pour sa gloire, attendu que Paris en est le tombeau. On prétend qu'il a l'intention de représenter fortement au Directoire que si on n'adoptait pas une autre conduite politique à l'égard des puissances étrangères que celle de les humilier et de les aigrir, on parviendrait de nouveau à soulever l'Europe contre la République française. On prétend encore qu'il veut représenter que l'affectation d'éloigner les militaires et les généraux des places du Directoire, ne pouvait qu'en aliéner l'armée et la rendre ennemie du gouvernement . . .

137. Das Direktorium und die Jakobiner. Sieyès. Napoleon Bonaparte. Die Proklamation gegen England.

Le sieur Rewbell avait raison: le Directoire ne jouira jamais d'un Nov. 23.
repos durable; il aura à combattre ses propres divisions et des partis sans cesse renaissants. Les Clichyens travaillaient, il y a quatre mois, à renverser le règne du Directoire pour y substituer celui des deux Conseils, et peut-être aussi celui d'une monarchie constitutionnelle. Les Jacobins travaillent aujourd'hui à dépopulariser le Directoire, et à y substituer une Convention et un Comité de salut public. Plus de dissimulation et de patience dans les premiers jusqu'au terme des élections

1797 Nov. 23. auraient pu avancer leurs espérances; moins d'audace dans les derniers pourrait leur promettre quelque succès. La lutte est entièrement à l'avantage du Directoire, qui a pour lui toute la puissance et toute la force. S'il a pu sévir contre des représentants bien fameux dans l'opinion publique, on sentira combien à plus forte raison il sévira contre des gens qui sont en aversion à toute la France. L'abbé Sieyès est le mobile secret des menées de la Montagne dans les deux Conseils, et de celles du Cercle constitutionnel; vrai caméléon, il les fait mouvoir à son gré, sans paraître jamais à découvert. Il y a cinq ans qu'il mine sous terre, affectant tantôt de la lassitude et de l'éloignement pour les affaires, tantôt de l'ambition et du désintéressement, mais ne perdant jamais de vue l'espérance de parvenir au faîte de l'autorité, et sachant en guetter toutes les occasions. Un tel homme est toujours dangereux, si même la fortune ne le seconde pas. Sa nomination à la présidence du Conseil des Cinq-Cents[1]) a étonné et appelé toute l'attention du Directoire; j'en suis instruit positivement. Ajourner les deux Conseils avant l'époque des assemblées primaires et des élections, semble être la mesure la plus propre à prendre et la seule qui pût d'un seul coup dissiper les factieux et les factions. Le Directoire est occupé depuis huit jours à délibérer sur cette résolution importante, et il ne s'est encore déterminé à rien. Trois directeurs sont bien prononcés pour l'ajournement, savoir Barras, Rewbell et François; mais les deux autres s'y refusent hautement. Cependant la crise est instante: il faudra se résoudre ou à voir l'autorité directoriale méprisée, ou à renouveler l'épuration du 4 septembre; opération qui, à la longue, deviendrait laborieuse et dangereuse. L'arrivée du général Bonaparte à Paris, qu'on annonce comme très prochaine, est relative à cette situation présente des affaires. On veut le consulter sur les moyens d'extirper toutes ces brigues et tous ces complots, et l'on pense que sa gloire, l'enthousiasme de l'armée et sa haine bien prononcée contre les Jacobins, y réussiront mieux qu'aucune autre mesure. Quel appât pour son ambition! En effet, le besoin qu'on a de sa renommée et de ses services, réveillera ses idées ambitieuses et le rendra prédominant, au moins dans le Directoire; tout doit le faire préjuger. Cependant j'ai entendu des militaires ses amis, et nommément le général Berthier, juger bien différemment du caractère de ce général, et le représenter comme las de tant de bruit, et comme enclin à se cacher dans la retraite pour y cultiver les lettres . . .

L'abbé Sieyès a fait proposer au Directoire une entrevue avec quelques membres de la Montagne. Le motif en serait louable, celui de

1) Für den Monat Frimaire VI (21. November — 20. December 1797).

réunir les trois pouvoirs et de les faire marcher d'un parfait accord. 1797
L'entrevue a été acceptée. Quelle qu'en soit l'issue, cette démarche a Nov. 23.
étonné, et l'on y a soupçonné des vues cachées. Il existe la plus grande haine personnelle entre Rewbell et Sieyès, et elle date depuis leur mission en Hollande[1]), où ils n'ont jamais pu s'entendre et se concilier. Certainement le Directoire triomphera facilement de ces nouvelles entraves; mais certainement aussi il éprouvera beaucoup de difficultés de tenir toujours un juste milieu dans les crises successives du gouvernement: s'il montre de la modération, les royalistes lèvent la tête et veulent le renverser; s'il montre de la sévérité, les Jacobins conspirent et veulent ravir sa puissance. Les républicains composent la moindre partie de la nation. Depuis un mois, le sieur Rewbell a admis son collègue François à la partie diplomatique; ils la traitent et la décident en commun. Ce sont eux qui ont composé et rédigé la proclamation du Directoire contre l'Angleterre, qu'on trouvera dans tous les papiers publics; proclamation du plus mauvais genre déclamatoire[2]). Le ministre des relations extérieures, que j'ai vu ce matin, m'en a parlé dans ce sens, observant que cette pièce était l'œuvre des beaux esprits du Directoire, et que le sieur Pitt, s'il était bien avisé, devait leur en adresser une lettre de remercîment. Ses ouvertures pour reprendre la négociation avec cette puissance avancent peu et sont contrariées extrêmement par le Directoire; les sieurs Rewbell et François prêchent la croisade contre l'Angleterre, comme l'hermite l'a prêchée de son temps contre la Terre sainte . . .

138. Unterredung zwischen Sieyès und dem Directorium. Die Jakobiner und Napoleon Bonaparte.

L'entrevue désirée et demandée par l'abbé Sieyès au Directoire n'a Nov. 28.
abouti à rien; bien loin de s'entendre et de se rapprocher, on s'est séparé avec plus d'humeur qu'auparavant. L'abbé Sieyès a affecté de dire: »le Conseil des Cinq-Cents secondera le Directoire dans tout ce qui concernera le bien de la République, mais il prétend conserver la liberté de son assentiment ou de son opposition; une obéissance aveugle de la part des deux Conseils serait destructive de toute administration et de toute considération; le Directoire n'est fort que de l'union des deux pouvoirs de la constitution«. L'exposition de ces principes a déplu, mais plus encore la manière dont on en a fait l'application. Le sieur Lare-

1) Mai 1795.
2) Proklamation vom 3. Frimaire (23. November).

1797 Nov. 28. vellière-Lepeaux l'a relevé avec aigreur. »Le Directoire«, a-t-il dit, »bien convaincu de ne proposer jamais rien qui ne soit d'une utilité reconnue et qui ne soit dans les limites de la constitution, insistera aussi sur une acceptation pure et simple de la part du Conseil«. Le parti en est pris: on a résolu de comprimer l'essor et les projets ambitieux des Jacobins avant qu'ils aient le temps de se fortifier des recrues des élections prochaines. Cela devient instant. L'on croit toujours que la présence du général Bonaparte . . . doit servir à l'exécution de cette mesure . . .

La faction jacobine . . . a voué une haine implacable au général Bonaparte, qu'elle considère comme son ennemi déclaré, et elle tâche d'atténuer ses triomphes par des épithètes ridicules, telles que celles de petit César, de grand usurpateur et de petit négociateur. Elle taxe sa paix avec l'Autriche d'une trahison abominable, et proteste que les articles en doivent être redressés au congrès. Ces propos sont répétés dans les deux Conseils, et si leur sentiment eût prévalu, le traité de paix avec l'Empereur n'aurait jamais été ratifié . . .

139. Empfang Bonaparte's durch das Directorium (6. December); seine Pläne. Äußerungen Talleyrand's.

Dec. 8. . . . C'est dans l'appartement de Barras comme président que les autres directeurs se sont réunis pour attendre le général Bonaparte. La réception qui lui a été faite a varié selon les affections et les passions de ces gouvernants: chaudement et à bras ouverts par Barras et Larevellière-Lepeaux, amicalement par Rewbell, et froidement par les deux autres. J'écris d'après ses propres observations que le général Berthier a trahies indiscrètement. Dans le Directoire, il doit avoir été question des arrangements à prendre pour la paix générale et du rassemblement de 60 mille hommes sur les côtes de la Bretagne. Il ne croit pas, comme Talleyrand, à un prompt dénouement du congrès de Rastatt, prévoyant au contraire toutes les chicanes et les entraves que Vienne opposerait aux propositions qui n'entreraient point dans ses vues. Il croit à la paix avec l'Angleterre, ne concevant pas comment la Hollande voudrait se refuser à la cession de Trinquemale, après l'échec que sa marine venait d'essuyer[1]. Son projet est celui-ci: il formera un camp à St. Malô et y établira son quartier général; il fera mine de rassembler un grand nombre de bâtiments de transport et dans le même moment il fera proposer à Londres d'envoyer un négociateur pour traiter. Certai-

1) Schlacht bei den Kamper Dünen, 11. Oktober.

nement il a accepté ce généralat bien plus dans la persuasion d'achever la paix de l'Europe que dans l'idée de tenter une descente, dont il prévoit tous les hasards et tous les dangers . . . 1797 Dec. 8.

Le ministre des relations extérieures m'a promis de recommander avec instances au général Bonaparte les plénipotentiaires de V. M. au congrès, et m'a prévenu qu'il était sûr d'y réussir. Ce ministre a applaudi au choix que V. M. avait fait pour cette commission[1]), me disant à ce sujet que la mission française serait une des plus mal composées et une des plus faibles au congrès: Treilhard, selon lui, était un ignorant, et Bonnier, qu'il connaissait particulièrement, n'avait qu'un vain caquet; mais il espérait que le bon esprit et la grande pénétration du général Bonaparte suffiraient à tout . . .

140. Öffentlicher Empfang von Napoleon Bonaparte. Unterredung mit ihm.

[Nicht chiffrirt] Jamais on ne vit tant de monde rassemblé qu'il y en a eu hier matin pour voir l'audience publique du général Bonaparte. Les avenues du Luxembourg étaient inabordables. Jamais on n'avait entendu des applaudissements et des acclamations aussi fortement prononcées de »Vive Bonaparte« et de »Vive le Directoire«, tout en retentissait. A midi et demi ce général, conduit par le ministre des relations extérieures et accompagné de son état-major, s'est présenté dans l'emplacement qui avait été préparé au Luxembourg pour le recevoir. A son approche, le Directoire s'est levé. D'abord un silence imposant, puis des acclamations multipliées y ont succédé et qui étaient repétées au loin. Le discours du général Bonaparte prononcé à la suite de celui du ministre des relations extérieurs a été peu entendu; le lieu était trop vaste, et la foule trop bruyante pour y réussir. Le directeur Barras y a répondu avec émotion et avec dignité; avec émotion en ce qu'il revoyait ce même général, qui de son choix était parti sans bruit pour le commandement de l'armée d'Italie, en revenir couvert de triomphes et de gloire. La présidence même de ce directeur offrait encore dans cette occasion une singularité de destinée très remarquable. Dec. 11.

[Chiffrirt] J'ai pu approcher ce général et converser avec lui. Son abord est sec et réservé pour les curieux importuns; mais il est honnête, affable et même confiant pour ceux qui ont mission à lui parler; je l'ai éprouvé pour mon personnel. Le jour où j'ai remis dans l'intérieur du Directoire mes lettres de créance[2]), était celui même fixé pour son au-

1) Preußische Bevollmächtigte in Rastatt waren: Goertz, Jacobi-Kloest, Dohm.

2) Bei Gelegenheit des Thronwechsels in Preußen hatte Sandoz ein neues Beglaubigungsschreiben erhalten.

1797 Dec. 11. dience publique. Après m'être acquitté de ce qui concernait ce premier objet, c'est-à-dire après avoir assuré le Directoire de la sincérité des sentiments d'amitié de V. M. et avoir reçu un langage parfaitement réciproque de sa part, je me suis trouvé en mesure de l'entretenir. Nous étions huit dans la chambre, y compris le Directoire. »Comme Prussien, j'ai pris beaucoup d'intérêt à votre gloire«, me mis-je à dire, »et comme philantrope j'en ai pris également à votre humanité«. »Une certaine fortune et de l'activité«, répliqua-t-il, »ont fait la base de mes succès; le grand Frédéric est le héros que j'aime à consulter en tout, en guerre comme en administration; j'ai étudié ses principes au milieu des camps, et ses lettres familières sont pour moi des leçons de philosophie«. Passant de là aux objets de la pacification générale, je lui montrai mes craintes que le congrès de Rastatt ne devînt un théâtre de chicanes et de divisions, au lieu d'être un refuge de paix. Je lui représentai surtout qu'un des moyens de trancher ces difficultés eût été de convenir des principaux objets entre les trois puissances avant de les porter à Rastatt. Cette idée fut débitée comme m'étant absolument propre. J'y ajoutai que pour y réussir, la France devait en faire la proposition à Vienne, et que sans cela les discussions du congrès seraient prolongées à l'infini. Je fus écouté et bien compris. »Non, non«, reprit le général Bonaparte, »vous êtes dans l'erreur à ce sujet; les articles secrets du dernier traité de paix sont rédigés pour la convenance de votre cour; il faut que Vienne consente à ce que nous exigeons en matière de sécularisations et en matière de dédommagements; elle y souscrira finalement, et j'en ai en quelque sorte obtenu son consentement; il ne sera question que de bien nous concerter et de bien nous entendre. J'ai des regrets, dit-il, que le roi de Prusse n'ait pas envoyé un négociateur à Udine; j'aurais mieux connu ce qui entrait dans ses intérêts politiques, et j'aurais pu les combiner mieux peut-être avec ceux de Vienne. J'en ai également de n'avoir trouvé aucun de vos plénipotentiaires à Rastatt dans le court séjour que j'y ai fait, nous aurions pris langue, et nous serions vraisemblablement tombés d'accord des principaux points. Les Autrichiens, continua-t-il, sont lourds et défiants en négociation, si lourds qu'ils ne savent ni par où il faut commencer, ni par où il faut finir. Le comte de Cobenzl, que j'ai distingué parmi eux comme un homme instruit et de mérite, n'est pas supportable en matière de négociation; c'est une mer à boire que de lui faire entendre raison sur les objets les plus simples et les plus clairs«. Je lui parlai des plénipotentiaires de V. M. comme de personnes qui sauraient l'apprécier et l'entendre. Je pris même parole d'aller chez lui pour en causer plus particulièrement. Sa réponse

fut flatteuse pour moi. Il me quitta dans cet instant pour se rapprocher 1797
du Directoire. Je ne puis m'empêcher de relever le discours qu'il y tint Dec. 11.
et qui servira à caractériser ce général. »Sachez, directeurs«, se mit-il à dire, »que je n'ai pas vu vos grenadiers sans une vive émotion et sans me convaincre que je vaux mieux comme guerrier, que comme négociateur« . . .

Hüffer 2, 82.

141. Napoleon Bonaparte und Barras.

. . . Les imprécations du président Barras contre l'Angleterre[1]) ont en- Dec. 14.
couru la censure des gens éclairés et ont été blâmées généralement. Elles n'ont pas échappé au général Bonaparte, qui en a fait de sérieux reproches à son ami, tels que ceux-ci: »pourquoi me rendre témoin de ces menaces? pourquoi me faire douter de la grandeur de la République, en s'abaissant, comme on le fait, à injurier une puissance rivale? Vous provoquez ainsi la nation anglaise, en ne croyant provoquer que son ministère, et vous vous exposez à la voir réunie pour vous combattre. Je croyais le Directoire bien supérieur à ces petites passions; il eût été beau, grand et digne de lui de ne faire aucune mention dans ce discours de cette expédition; rassembler en silence les hommes et les moyens qui devaient la mettre en exécution, eût été cent fois plus imposant«. Le sieur Barras s'est disculpé à son tour: »Vous ne connaissez pas le caractère des divers partis qui agitent la République; parler faiblement de cette expédition, n'eût pas enflammé les patriotes à la seconder; n'en point parler du tout, eût été exciter les Jacobins à accuser le Directoire d'être en connivence avec le ministère britannique; il fallait éviter l'un et l'autre de ces écueils. Il est donc à observer qu'on a eu la discrétion d'écarter tout ce qui était relatif au roi d'Angleterre, comme un moyen de respecter sa dignité et de laisser une porte ouverte aux négociations«. »Toutes ces raisons«, a repris Bonaparte, »ne changent rien à ma façon de penser: si la République française est devenue la première puissance de l'Europe, elle doit en prendre le langage; si elle ne l'est pas devenue, elle doit montrer un langage plus modéré«. Cette petite scène a eu lieu entre le directeur et le général en présence de plusieurs personnes . . .

On a vu les affections de chacun des directeurs à l'égard de ce général le jour de sa présentation. Tout a déjà changé depuis ce moment. Bonaparte a l'art d'attacher et de captiver les hommes, comme celui de diriger ses entreprises. François de Neufchâteau est revenu à son parti;

1) In der Rede von Barras am 10. December.

1797 Dec. 14. de manière qu'il possède une majorité absolue dans le Directoire. Rewbell et Merlin n'ont pas partagé le même enthousiasme; ils attendent encore et se rendront finalement . . .

142. Banquet zu Ehren Bonapartes; seine Haltung.

Dec. 22. [Nicht chiffrirt] Les deux Corps législatifs, empressés également de montrer au général Bonaparte leurs sentiments d'amitié et de reconnaissance, lui ont donné, le 20 de ce mois, un banquet civique. C'était un dîner de 750 couverts, servi sur une seule table, dans l'immense galerie du Muséum. Le Directoire, les ministres et le Corps diplomatique y ont assisté. La plus grande harmonie et cordialité ont régné parmi les convives, et on a eu ici une preuve non équivoque de la parfaite réunion des trois pouvoirs de la République française. Chaque santé a été portée alternativement par le président des Cinq-Cents et par celui des Anciens, et des coups de canon tirés à l'extérieur du palais des Tuileries les répétaient au loin. Ce banquet civique a commencé à huit heures et a duré jusqu'à onze heures du soir.

[Chiffrirt] Il n'en faut pas douter: l'esprit de conciliation du général Bonaparte a opéré cette réunion remarquable. La confiance dont il jouit dans le Directoire est telle, qu'on ne prend aucune mesure sans le consulter, et celle qu'il a acquise dans les deux Conseils n'est pas inférieure. Les chefs et les meneurs de ces derniers sont devenus ses admirateurs, et le dur et inflexible Sieyès est du nombre; un langage modeste, plus réfléchi que spirituel et plus mélancolique que gai, sont ses moyens de plaire et de captiver . . .

1798.

Berichte von Sandoz-Rollin aus Paris.

143. Napoleon Bonaparte. Talleyrand.

. . . La faveur du général Bonaparte gagne dans le Directoire, 1798
bien loin de s'affaiblir. Il n'est pas de jour qu'il ne s'y rende et n'y Jan. 3.
travaille comme s'il en était membre, et il n'est pas de jour qu'il ne soit consulté sur la majeure partie des objets qui y sont proposés. Tel est l'effet de son ascendant et mieux encore de son esprit de conciliation, que la plus grande réunion règne aujourd'hui dans le Directoire et que le gouvernement marche avec assurance et vigueur. Je pourrais même dire, avec stabilité, s'il gouvernait moins minutieusement et moins arbitrairement . . .

Mais que résultera-t-il de cette grande faveur et de ce grand ascendant du général Bonaparte? La fera-t-il servir à sa propre ambition et à s'élever à la toute-puissance? Je ne vois rien qui puisse faire soupçonner seulement un semblable projet. La santé de ce général est faible et sa poitrine est fort délabrée; son goût pour les lettres et la philosophie et son besoin de repos et de faire taire les envieux le mèneront à vivre de retraite et d'amitié . . .

»Rien n'est plus risible, me dit Talleyrand, que d'entendre le langage des ministres impériaux sur la ligne de démarcation de la République française: tantôt ils s'obstinent à dire que l'intégrité de l'Empire sera maintenue avec la plus scrupuleuse exactitude; tantôt que Mayence ne doit point être évacuée; tout cela dans le moment même où le comte de Cobenzl convient avec nous par écrit du jour où cette place de Mayence et d'autres doivent être mises en notre possession. N'est-ce pas là une mauvaise dérision? Quant aux plénipotentiaires français, reprit le ministre, je les crois peu propres à leur commission; on me les représente comme peu confiants, peu sociables et peu conciliants« . . . Le crédit de ce ministre se soutient sur l'amitié de trois directeurs; mais les sieurs Rewbell et Larevellière-Lepeaux lui sont entièrement con-

1798 traires. Ces derniers ont affecté de le montrer en n'assistant pas au bal
Jan. 3. qu'il a donné au général Bonaparte[1]) . . .

144. Bestechlichkeit Talleyrand's.

Jan. 21. . . . Tout s'achète ici en matière d'affaires, non pas au Directoire, mais auprès des ministres qui lui sont subordonnés. Le ministre des relations extérieures aime l'argent et dit hautement que, sorti de sa place, il ne veut pas demander l'aumône à la République; ses amis le fortifient dans cette idée. Quand tous les objets de compensation et de dédommagement demandés par V. M. seront convenus et arrêtés ici, on pourra alors lui faire don d'une certaine somme que je ne saurais évaluer dans ce moment, mais qui ne saurait être moindre de 300 mille livres. Sa manière de présenter les objets au Directoire est adroite; il a le talent d'amener les suffrages à son avis, en ayant l'air d'y être opposé . . .

Hüffer 2, 364.

145. Unterredung mit Napoleon Bonaparte.

Jan. 25. . . . J'ai réussi hier matin à voir le général Bonaparte et à m'entretenir avec lui; la crainte de le voir partir pour Rastatt sans réchauffer ses bonnes dispositions, m'avait rendu pressant à son égard. Sa première question fut de me dire: »Que fera-t-on au congrès aussi longtemps qu'on n'y connaîtra pas les demandes de la Prusse? rien sans doute, et ma présence y deviendra jusqu'à ce moment peu nécessaire. En vain les plénipotentiaires prussiens donnent à entendre que faute d'avoir connaissance des articles secrets d'Udine, ils sont hors d'état de proposer les dédommagements de leur cour; cela n'est pas plausible. Quand j'ai traité avec les négociateurs autrichiens, ils ont tenu le même langage; ils prétendaient aussi ne pouvoir pas fixer leur indemnisation sans avoir une communication des articles secrets de la Prusse. J'ai écarté cet incident et bien d'autres. Mon argument était de dire qu'il fallait s'occuper des ses propres intérêts et oublier ceux des autres. Je le répéterai présentement aux négociateurs prussiens. Ces articles secrets du traité de paix avec l'Autriche ne sont plus un mystère, chaque jour les dévoile, et il doit suffire de vous assurer qu'ils ne contiennent rien de préjudiciable aux intérêts de votre monarchie . . . La France doit favoriser la Prusse dans les compensations qui lui seront attribuées; c'est son alliée d'amitié et de nature«.

1) Nach dem Bericht vom 15. Januar waren Rewbell und der Polizei-Minister Sotin die hauptsächlichsten Gegner Talleyrand's.

»La politique de l'Autriche, continua-t-il, est d'éloigner ses possessions de la République française et de n'avoir plus aucun point de contact avec elle. Ce doit être également celle de la Prusse. Nos principes révolutionnaires doivent convenir aussi peu à l'une qu'à l'autre de ces puissances. Je n'ai rien compris à ce que je viens de lire dans quelques dépêches que votre cour avait requis la Russie et la Suède d'assister comme médiateurs au congrès; en avez-vous connaissance«? Non seulement je lui avouai mon ignorance à cet égard, mais je contestai fortement cette nouvelle. »L'on craint à Vienne la Russie«, observa le général, »bien plus qu'on n'y craint la France, et on y regarde cette puissance comme devant dévorer le Nord tôt ou tard; si on n'y prend pas garde, elle acquerra assez de forces pour y réussir« . . . 1798 Jan. 25.

146. Nachtrag zur Unterredung mit Napoleon Bonaparte.

Quelque soin que j'aie mis de retenir les objets de mon entretien avec le général Bonaparte, il m'est échappé celui-ci que je m'empresse de rétablir. Il parlait de la République cisalpine. »Le seul côté faible que la France présente aujourd'hui à l'Autriche«, disait-il, »est l'Italie, et notamment ladite République; mal affermie, encore dans sa naissance, elle peut être exposée à bien des vicissitudes; notre appui même ne l'en garantirait pas pour l'avenir, si la Prusse ne voyait en elle une alliée utile et naturelle. Je pense donc que cette puissance ne saurait tarder à la reconnaître et à établir entre les deux États des relations de la plus intime amitié. J'ai parlé dans ce sens au Directoire cisalpin, et je serais chagrin de m'être abusé à cet égard«. Ma réponse à ceci fut aussi laconique que mesurée et fut de dire: »si la Prusse doit aux bienséances et à ses anciennes liaisons avec l'Autriche de ne pas être la première à reconnaître la République cisalpine, elle saura néanmoins s'en acquitter lorsque le temps et ses intérêts l'exigeront«; réponse qui parut satisfaire ce général . . . Jan. 27.

147. Augereau.

[Augereau] Devenir général de la 10e division de général en chef qu'il était, est une disgrâce bien manifeste; on ne saurait en douter [1]). Augereau était l'ennemi déclaré de Bonaparte et de Rewbell, et il ne s'en cachait pas; il disait hautement et écrit de même qu'il saurait bien faire descendre du directoriat ceux qu'il y avait maintenus le 18 fruc- Jan. 31.

1) Augereau wurde von der Rheinarmee nach Perpignan versetzt; vergl. Sybel 5, 36.

1798 Jan. 31. tidor; que c'était trop longtemps endurer que des avocats gardassent toute l'autorité sans y faire concourir les généraux des armées; qu'il fallait surtout prévenir et arrêter les complots d'un général et d'un directeur qui tendaient à vouloir gouverner seuls la France. Ces déclamations absurdes et imaginaires avaient fait impression, on ne sait comment, sur l'esprit des officiers généraux de l'armée; tous avaient pris entre eux des engagements de rester attachés à Augereau et de marcher au besoin sur Paris. On peut apercevoir au reste, dans l'arrêté même du Directoire et dans les éloges fallacieux qu'on donne à ce général, qu'on a craint son caractère violent et quelque éclat de sa part. On a cherché à l'éloigner en lui donnant le commandement de l'armée contre le Portugal, afin de le perdre sans bruit et sans secousse.

Le sieur Rewbell, que j'ai vu hier, m'a laissé voir toute sa haine contre Augereau. »C'est une bête«, disait-il, »qui s'est laissé égarer par un tas de fripons; il a voulu me faire passer avec Bonaparte pour un aristocrate, ce qui est aussi difficile à persuader en Allemagne qu'en France«; en quoi le sieur Rewbell avait raison. »Il est temps«, continua-t-il, »d'arrêter ces menées; de projets en projets il nous aurait plongés dans la guerre civile. Le Directoire, qui est un composé de faiblesses et de pitoyables ménagements, en aurait eu toute la faute; car il y a plus d'un mois qu'il est instruit des complots de ce général« . . .

Quelle différence de langage de Rewbell à Talleyrand! on ne peut qu'en être frappé en passant de l'un à l'autre. C'est une grande puérilité, selon lui, pour des administrateurs que de congédier de cette manière Augereau; il eût été bien plus digne de la République de le casser à la tête de l'armée et de l'exiler; c'était le conseil du général Bonaparte, qui n'a pas été goûté. Au lieu de cela, on lui donne de l'emploi pour l'éloigner et le perdre ensuite . . .

Erlasse aus Berlin an Sandoz-Rollin in Paris.

148. Die preußischen Entschädigungs-Ansprüche.

Febr. 4. . . . Je ne vise à aucun agrandissement, et il n'y a que la nécessité impérieuse de maintenir l'équilibre qui me forcerait à en réclamer. Le sentiment de la justice, aussi bien que la conviction intime du plus grand intérêt de ma monarchie et de tous les gouvernements, me font désirer sur toutes choses que l'Allemagne, au moins pour la partie qui ne sera point cédée à la France, éprouve le moins de changements qu'il sera possible, et, pour cet effet, je consens aussi à n'appliquer le principe des sécularisations qu'autant qu'il sera absolument indispensable pour l'indemnisation des princes perdants et nommément le prince

d'Orange[1]); bien entendu que pour lors les principautés héréditaires 1798
sur la rive droite du Rhin et nommément la Bavière demeurent entièrement intactes aux maisons souveraines qui les possèdent. Voilà en général ma façon de penser que vous ne pouvez assez avoir devant les yeux; mais pour vous mettre en état de l'appliquer aux circonstances qui surviendront et de vous expliquer même dès à présent en conséquence envers le Directoire, je distinguerai trois cas: Febr. 4.

1° Si la cour de Vienne veut se désister de toute acquisition quelconque en Allemagne, soit par sécularisation ou autrement, j'épuiserai volontiers toute la modération que ma susdite façon de penser m'inspire, en me restreignant, au moins quant à ce qui me concerne moi-même, à la plus stricte indemnité de mes pertes effectives sur la gauche du Rhin, soit que cette indemnité puisse m'être assignée par un arrondissement en Franconie tel je l'indiquerai ci-dessous, ou bien par quelque sécularisation en Westphalie, ou enfin par celle de l'évêché de Hildesheim, pourvu que les autres princes lésés et surtout la maison d'Orange obtiennent des dédommagements équitables et proportionnés. Vous jugez bien que c'est là le cas le plus favorable et dont je désire ardemment l'existence.

2° Si la cour de Vienne, sans toucher à la Bavière, insiste pourtant sur les sécularisations qui sont à sa convenance, notamment sur celles de Salzbourg et Passau en tout ou en partie, je réclame, comme de raison, l'exécution entière de la convention secrète du 5 août [1796], et par conséquent la cession du pays de Münster et Recklinghausen, en y ajoutant les petits avantages que vous connaissez relativement à Essen et Werden et surtout un arrondissement en Franconie. Quant à cet arrondissement même, on ne peut ici vous en tracer les limites avec une entière précision; . . . l'on se bornera à observer ici pour votre direction qu'il devrait comprendre une partie à peu près de 76 milles carrés, des pays de Würzbourg et Bamberg, moyennant que la maison d'Orange en soit indemnisée ailleurs, et de plus une partie de l'évêché d'Eichstaedt, la ville de Nuremberg, dont l'acquisition, vu l'immense fardeau de ses dettes, ne peut guère m'être mise en compte, et enfin quelques petites villes impériales et autres districts de peu de valeur dont la réunion est essentielle pour établir sur un pied solide l'administration intérieure de mes principautés. Le tout ferait un accroissement d'environ 130 milles carrés.

3° Enfin s'il est impossible de prévenir le démembrement de la Bavière jusqu'à l'Inn, l'équilibre de l'Allemagné est rompu et le malheu-

1) Zusatz von Alvensleben.

1798 Febr. 4. reux cas d'un bouleversement général paraît inévitable. Dès lors, je dois, pour rétablir en partie cet équilibre et pour ma propre sûreté, étendre mes demandes en proportion et insister, outre les objets mentionnés au cas précédent, sur le duché de Westphalie et sur l'évêché d'Osnabrück, s'il y a moyen d'indemniser ailleurs le possesseur actuel, ou du moins sur les évêchés de Hildesheim et de Paderborn. Tous mes vœux sont pour que ce troisième cas, que je regarderais comme le plus grand malheur de l'Allemagne, ne vienne point à exister, et vous ne pouvez me donner une plus forte preuve de votre zèle qu'en employant tous les efforts possibles pour le prévenir . . .

149. Die Abtretung des linken Rheinufers.

Febr. 11. . . . Je ne puis m'empêcher de soupçonner qu'on cherche à rejeter sur moi l'odieux de la cession de la rive gauche du bas Rhin, en présentant l'abandon de mes provinces transrhénanes comme volontaire et comme entraînant celui des États qui les environnent sur la même rive. Il faut opposer la force de la vérité à cette insinuation mensongère et insidieuse. Ce n'est pas moi certainement qui ai posé pour base la cession de la rive gauche. Je ne désire et ne demande pas mieux que de conserver mes provinces d'outre-Rhin, pourvu que la France veuille laisser à l'Empire les districts qui les environnent et forment le pays entre la Moselle, le Rhin et les frontières de la Hollande, et ce n'est que bien forcément que, dans le cas contraire et pour ne pas me charger alors d'une possession précaire et isolée, j'ai déclaré vouloir souscrire à leur cession . . .

Berichte von Sandoz-Rollin aus Paris.

150. Die Unternehmung gegen England. Napoleon Bonaparte.

Febr. 18. . . . Le ministre de la marine[1]), homme droit et franc, dit de son côté à qui veut l'entendre que tous les moyens de transport manquent pour l'expédition en Angleterre. Cependant les esprits s'électrisent de proche en proche pour la descente en question, et quoique les offrandes soient encore bien au-dessous de l'emprunt[2]), elles ne laissent pas que de préparer une partie des matériaux qui y sont propres. Une particularité est à remarquer à ce sujet: c'est que le Directoire et les deux Conseils n'ont pas mis un sou dans ledit emprunt, eux qui auraient dû donner l'exemple à la nation; cela donne à penser et à se plaindre . . .

1) Plévillé-Pelet.

2) Es war zugleich eine Kollekte und eine Anleihe von 80 Millionen für die Unternehmung gegen England ausgeschrieben.

Le séjour prolongé du général Bonaparte à Paris a été nuisible à 1798
sa grande célébrité. Il n'est plus question de lui; à peine est-il remar- Febr. 18.
qué au spectacle et à peine est-il nommé. Le peuple de Paris, toujours léger et frivole, dit déjà de lui: que fait-il ici? pourquoi ne va-t-il pas sur les côtes? pourquoi n'est-il pas embarqué pour attaquer l'Angleterre? . . .

Häffer 2, 371.

151. Unterredung mit Talleyrand: Spanien, Ägypten.

. . . [Talleyrand m'a dit]: »Le ressentiment du Directoire contre Febr. 22.
l'Espagne est aujourd'hui au comble. En voici une preuve, que je vais confier à votre discrétion la plus absolue. Les sieurs Rewbell et Merlin ont rédigé, à mon insu, une lettre au roi d'Espagne, où ils l'avertissent dans les termes les plus forts que le prince de la Paz trahit ses intérêts et ceux de sa nation, et demandent son exil, s'il veut conserver l'amitié de la République française«. Ici le ministre des relations extérieures, craignant qu'on ne vînt l'interrompre, a fermé à clef la porte de la chambre, et a continué: »cette lettre est adressée au secrétaire d'ambassade Perroche, et un certain Segui[1]), négociant parti depuis deux jours, en est le porteur. Elle doit être remise en mains propres du roi d'Espagne, et on doit se servir du prince de Castel-Franco pour y réussir. Tout cela, ajouta-t-il, est le fruit de deux jeunes évaporés, le prince de Carency, fils du duc de la Vauguyon, et d'un Roquesante, consul à Cadix; et ceci prouve que le Directoire est le jouet des plus audacieux intrigants«.

»J'ai confié à votre secret des démarches qui appartiennent au Directoire, interrompit le ministre des relations extérieures; je vais présentement vous confier des projets qui m'appartiennent. J'ai proposé en effet une entreprise qui pourra étendre la sphère de nos colonies et éclairer l'histoire du monde: c'est celle d'employer les 40 mille hommes restants en Italie à conquérir la partie la plus florissante de l'Égypte; j'y vois peu de défense à rencontrer, et j'y vois des ressources immenses pour notre commerce, et un trésor pour les sciences. La majorité du Directoire, observa-t-il, a saisi avec enthousiasme cette entreprise, et je n'attends que leur unanimité pour la mettre en exécution« . . .

152. Unterredung mit Talleyrand.

. . . Le ministre des relations extérieures, que j'ai vu hier matin, Febr. 28.

1) Vergl. die Erklärung von Segui im Moniteur 6, 814.

1798 m'a dit: »Le Directoire est inquiet de la grande influence que le lord
Febr. 28. Elgin gagne à Berlin; il croit y voir une ligue du Nord et un système plus intime de liaisons avec l'Angleterre; je combats et je rejette bien loin cette idée; je crois apercevoir au contraire dans les principes énergiques du jeune roi une confiance absolue dans sa propre puissance et une aversion bien décidée pour tout ce qui pourrait l'affaiblir, tel que des ligues et des liaisons mal-entendues; il est aussi impossible dans mon opinion de vouloir concilier la Prusse avec l'Autriche, qu'il est impossible de cimenter une amitié solide entre l'Angleterre et la France, ou entre l'Autriche et la France; des intérêts opposés et des haines traditionnelles s'y opposeront toujours. Vous aurez pu l'observer aussi bien que moi«, ajouta-t-il, »la France est une jeune république qui commet des fautes par inexpérience et par ivresse, et qui jette sa gourme: la guerre ne fera que les perpétuer et les étendre au loin. Pourquoi? parce que l'éducation actuelle est pour la guerre, parce que les succès des armées républicaines ont électrisé l'esprit national, et parce que le métier de soldat offre des chances et des avancements plus rapides et plus honorables que tout autre état. C'est la paix . . . qui doit refroidir cela et réveiller les anciennes habitudes; c'est elle qui fera fermenter dans l'intérieur, et qui mettra bientôt le Directoire aux prises avec la nation. Mais tel est l'effet des contradictions du monde politique: le Directoire veut décidément la paix, croyant mettre fin à ses travaux et à ses peines; et l'Europe veut la guerre, croyant peut-être mettre fin à l'inquiète ambition du Directoire. On ne réfléchit pas assez que l'esprit directorial changera nécessairement tous les trois ans«.

Mes objections à ces réflexions de Talleyrand ne furent faites de ma part que pour dissimuler mieux que je partageais depuis longtemps la même opinion. En quoi je me trouvai surtout parfaitement d'accord avec lui, c'était sur le mauvais choix des agents et des employés de la République dans l'étranger. Il cita Mengaud à Bâle comme un sot présomptueux; il gémit de pitié de trouver dans sa lettre aux cantons de Fribourg et de Lucerne que la France n'avait que des idées de bienveillance à l'égard de la Suisse; il ne s'agissait en effet que de renverser la forme de ces gouvernements . . .

Le ministre des relations extérieures continuant ses ouvertures confidentielles, m'assura que le général Bonaparte considérait l'entreprise [contre l'Angleterre] comme fort hasardée, et préférait de négocier la paix avec l'Angleterre, plutôt que d'effectuer cette descente, ce qu'on croira sans aucune peine. Il est en guerre ouverte présentement avec le sieur Rewbell pour la nomination d'un ministre de la guerre. Le premier propose un successeur en la personne de Berthier, et le directeur

propose à son tour le général Joubert. Les suffrages du Directoire sont 1798
partagés entre ces deux compétiteurs, de manière que selon toutes les Febr. 28.
apparences ni l'un ni l'autre n'obtiendra cette place . . .

Le sieur Talleyrand me parla du traité d'alliance défensive, et non pas offensive, avec la République cisalpine[1]; c'est lui qui l'a rédigé en secret. Il pensait que toutes les puissances d'Italie en seraient satisfaites. »J'y ai bridé les Cisalpins«, observait-il, »avec des chaînes de fer, et ils ne pourront pas concevoir une idée ambitieuse sans la permission du Directoire; cela était nécessaire avec des têtes follement exaltées, et qui pensaient qu'une armée était un droit pour conquérir«. »Bon avis«, disais-je; »vous sentez que le mauvais exemple en cela est émané du centre du Directoire«. Il en convint . . .

153. Unterredung mit Talleyrand.

. . . Le ministre des relations extérieures me l'a répété encore März 4.
avant-hier matin: »le Directoire veut décidément la paix générale, si même ses faits semblent y être contradictoires; c'est le seul moyen de jouir de ses travaux et de ses triomphes militaires. En attendant ses émissaires agissent dans l'Empire, comme ses corsaires agissent sur mer: les uns, en transgressant leurs instructions, et les autres, en foulant aux pieds tous les principes connus et adoptés«. Cherchant alors une dépêche du sieur Mengaud, il m'y fit lire ce passage étonnant: si je ne contenais ma juste fureur, je mettrais tous les Bâlois en marmelade. »Et l'on m'a chargé de répondre à un pareil style! Cet homme, observa-t-il, entraînera le Directoire dans des brouilleries infiniment plus sérieuses qu'on ne le présage; les Vaudois ne sont pas aujourd'hui si attachés à leur indépendance qu'ils l'avaient manifesté dans l'origine de leur révolution; la présence des troupes françaises consume leurs denrées et leur argent. Du reste, je n'ai pris aucune part dans cette politique révolutionnaire, qui doit réagir tôt ou tard contre la République française elle-même« . . .

154. Eindruck der Nachrichten aus der Schweiz. Unternehmung gegen England.

. . . C'est hier au soir que la nouvelle de l'occupation de Berne[2]) März 10.
et des combats qui l'ont acheminée est parvenue au Directoire. Il les a appris avec autant de chagrin que d'inquiétude, sentant l'embarras où

1) Vertrag vom 21. Februar. Vergl. übrigens unten No. 158. 159.
2) 5. März.

1798 März 10. il sera de justifier ces hostilités et ces massacres. Il s'était flatté qu'en intimidant les chefs et en les forçant d'abdiquer, les troupes seraient dispersées d'elles-mêmes et congédiées; mais l'événement n'ayant point répondu aux avis que Mengaud et tant d'autres agents subalternes lui ont donnés, il est à croire qu'il fera tomber tout son ressentiment sur ceux-ci, ce qui ne remédiera point aux maux commis et au bouleversement qui s'en suivra. Le Directoire est très embarrassé, je le sais, comment il réussira à mettre en exécution le nouveau système de gouvernement à établir en Suisse. Le général Brune écrit: »le désespoir est dans le cœur de tous les habitants de ce canton, et le déploiement de la force ne servira qu'à l'augmenter encore. Que dois-je faire présentement? et quelles mesures dois-je employer?« Le sieur Merlin a dit en entendant cet article: »c'est un butor que ce Brune; il veut juger de l'esprit de la Suisse par celui de quelques brouillons qui s'y trouvent; il faut le rappeler, s'il continue à s'apitoyer de la sorte« . . .

Les rapports du ministre de la marine ne sont rien moins que favorables à cette expédition [contre l'Angleterre]. Il écrit qu'autant il trouve de bonne volonté et d'ardeur dans les troupes de terre, autant il trouve de froideur et d'inactivité dans les marins. Il ne sait à quoi l'attribuer, si ce n'est au peu d'emploi qu'on leur a donné et au grand découragement qui en a été la suite. D'un autre côté le général Bonaparte, qui aperçoit tous les hasards de cette descente, voudrait pouvoir s'en exempter sans offenser le Directoire. Il pense et dit que la plus déplorable mort pour un général d'armée, qui a acquis quelque réputation, est d'être noyé; il ne peut en supporter l'idée. Autant il répugne à cette entreprise, autant il adopte avec chaleur celle contre l'Égypte et se flatte d'y réussir . . .

Ce général a désapprouvé hautement tout ce qui se passe en Suisse . . . Le murmure est général ici contre les hostilités commises à Berne, et produira un mauvais effet à la veille des élections . . .

Sybel 5, 55 ff.

155. Unterredung mit Napoleon Bonaparte.

März 14. . . . Le général Bonaparte, dans l'entretien que j'ai eu avec lui, ne m'a point dissimulé que son départ pour le congrès devenait chaque jour plus incertain, qu'une autre destination l'appelait ailleurs, et qu'il laisserait probablement aux plénipotentiaires français l'honneur de signer la paix définitive; triomphe qui eût été plus dans ses affections que tous les triomphes de la guerre. Passant de là aux oppositions soutenues de la députation de l'Empire à la cession de la rive gauche du Rhin, il me fit ce raisonnement, que je m'appliquerai à transcrire littéralement: »la cour de Vienne est convenue avec moi de donner son consentement à ladite cession, et elle l'effectuera; les difficultés qu'elle a l'air d'écouter et de favoriser aujourd'hui, n'ont d'autre but que de dissimuler mieux ses arrangements avec la République française et de ménager sa popularité dans l'Empire; négocier pour elle est, comme l'on sait, épuiser la patience et le temps. Certainement la possession de Mayence, que l'Empereur a abandonnée à la France d'une manière déplorable et sans qu'il y fût obligé, a donné au Directoire l'idée, et bientôt le droit, d'acquérir la rive gauche du Rhin, ce qui sans cela ne pouvait pas tomber dans sa pensée; ainsi l'Empereur, en livrant Mayence, a livré nécessairement cette limite; et quoi qu'il dise et fasse, il passera toujours pour être l'auteur de ce démembrement de l'Empire. Mais le désir du Directoire et le mien serait présentement que le roi de Prusse intervînt dans le traité de Campo Formio, et engageât les électeurs de Saxe et de Hanovre à consentir à la cession de la rive gauche du Rhin, avant que l'Empereur les y déterminât. Cette obligation envers lui de moins affaiblira en quelque sorte des conditions éventuelles qu'il importe à la Prusse et à la France de contester et d'annuler; et cette obligation de moins pour l'Autriche deviendra une obligation de plus pour la Prusse, et contribuera à augmenter ses indemnités; il n'existe pas d'autre manière de sauver la Bavière de toute espèce de démembrement.

1798 März 14.

»Le roi de Prusse devrait peser ces considérations dans sa sagesse. Si au contraire... ce monarque flotte entre Vienne et la France, et penche plutôt pour la première, le Directoire, délié de toute espèce de reconnaissance à son égard, s'en tiendra à l'observation stricte de ses engagements pour ses compensations; le mal qui en résultera sera uniquement le fait de la Prusse; car l'Autriche gagnera dès ce moment une très grande supériorité sur elle, supériorité acquise dans la richesse effective de ses nouveaux États. Ce serait trop perdre pour la Prusse, que de perdre encore une chance qui lui est offerte, de rétablir une proportion de puissance entre elle et Vienne; je ne saurais me résoudre à le croire... Si la Prusse prétend étendre sa neutralité jusqu'à être passive dans ses intérêts les plus chers, elle oublie alors de prendre le rang de première puissance qui lui est assigné, et elle oublie que pour assurer la paix, elle doit affaiblir la grandeur de sa rivale, l'Autriche« . . .

J'exprimai à ce général tous mes regrets de le voir empêché d'aller à Rastatt, et mes craintes que cela ne fût interprété comme un éloignement de la France pour la paix générale; mais il combattit cette idée, m'assurant d'une manière aussi franche que positive que le Directoire

1798 avait bien plus besoin de repos que de guerre, et que la paix, telle
März 14. qu'elle devait être conclue, était trop honorable pour s'y refuser . . .

Me parlant des événements de la Suisse, il me dit savoir que j'avais tenu à Rewbell le langage d'un politique sage; ami des grands principes qui devraient diriger le Directoire, il déplora le sang répandu sans cause et sans raison à ce sujet, et déplora encore de voir ce même Directoire dirigé par une poignée de gens sans aveu et sans instruction...

Je replace ici une particularité qui appartient aux événements de la Suisse, et qui n'est pas indifférente. Le général Bonaparte avait conseillé aux Bernois, lors de son passage dans leur ville, de faire un 14e canton du pays de Vaud, et de le faire de leur propre mouvement, mais ce conseil fut rejeté avec un orgueil presque insultant, jusqu'à dire qu'aucune puissance sur la terre ne saurait les y forcer; »propos insensé«, me dit ce général, »et que j'aurais bien voulu ne pas entendre« . . .

Dans cette conversation, dont j'ai supprimé tous les détails inutiles, le général Bonaparte était confiant; mais son air était soucieux et rêveur. Son existence politique est extrêmement pénible et critique; brouillé avec le directeur Rewbell et avec le sieur Barras, il ne se soutient que par la sagesse de sa conduite et par la grandeur de ses services et de sa réputation. L'expédition contre l'Angleterre répugne à ses goûts, et il aurait bien voulu en remettre le commandement, s'il l'avait pu sans offenser le Directoire et se perdre . . .

Häusser 2, 174. Hüffer 2, 207. 369. Sybel 5, 106.

156. Unterredung mit Talleyrand. Die Unternehmung gegen England.

März 18. . . . »Savez-vous«, m'a dit Talleyrand, »que tandis que le Directoire crie guerre contre l'Angleterre, moi je crie au contraire paix, comme le dernier terme de ses ressources. L'on se trompe, lui ai-je représenté en dernier lieu, quand on envisage la guerre épuisant ses finances et divisant la nation; on se trompe. C'est au contraire la paix qui doit opérer ces résultats, c'est-à-dire un engorgement de papiers, la ruine du crédit public et une banqueroute inévitable. La guerre réveille le patriotisme de cette nation, et grâce aux mesures adoptées par le Directoire contre les neutres, on a mis tout le commerce de l'Europe dans la possession de l'Angleterre. L'on se fâche quand je parle de la sorte et l'on ne veut pas être éclairé. A mesure que le temps se prolonge, la possibilité de se rapprocher diminue. On persiste en Angleterre dans ses anciennes prétentions, et l'on hausse en France les siennes« . . .

»On se fâche, et on ne veut pas être éclairé«, remarquait le sieur Talleyrand; il dissimulait ainsi une scène très vive qui s'est passée il y a peu de jours, entre le directeur Rewbell et lui. »Que parlez-vous de faire la paix avec l'Angleterre«, disait l'autre; »vous êtes le seul qui puissiez avancer une pareille absurdité; je ne vois plus qu'un seul moyen de lui procurer la paix, c'est de l'humilier et de la subjuguer«. 1798 März 18.

J'ai entendu à des gens bien instruits et admis souvent dans l'intérieur du Directoire douter de la réalité de cette descente en Angleterre, et je leur ai entendu prétendre que ces menaces et ces préparatifs n'avaient d'autre but que d'obtenir une paix avantageuse et allumer une révolution dans cette île . . .

157. Äußerung Talleyrand's über eine neue Coalition.

. . . Talleyrand m'a dit: »on travaille à la paix à Rastatt, et il n'y aura pas de paix. Il se prépare dans le Nord une coalition qui embrasera de nouveau l'Allemagne et l'Europe, et Vienne a été invitée d'y accéder [1]. L'envoi précipité du général Bernadotte à son ambassade n'a eu d'autre motif que d'éclairer ce qui se célait à cet égard et si celle-ci voudrait y entrer. On doute en général à Berlin et ailleurs que le Directoire soit disposé sincèrement à la paix, et je puis vous garantir que ses dispositions sont néanmoins telles et qu'il y travaille de bonne foi« . . . März 22.

158. Unterhandlungen mit der cisalpinischen Republik. Pläne gegen Malta und Ägypten.

. . . Le traité d'alliance convenu ici entre la France et la République cisalpine a excité beaucoup de surprise et de mécontentement dans les deux Conseils de la dernière et a été rejeté ensuite par celui des Anciens. La nouvelle en est venue ici avant-hier aux plénipotentiaires Visconti et Serbelloni. Quand le Directoire français, a dit le ministre Testi dans une note, voudra traiter la République cisalpine en État indépendant, elle sera toujours son amie; mais quand il voudra la traiter en esclave, elle ne lui saura plus aucun gré de l'avoir affranchie du joug de l'Autriche; le traité d'alliance serait notre honte et notre ruine. Le peu d'habitude où l'on est ici d'éprouver des oppositions semblables a allumé beaucoup d'humeur et de ressentiment. Le traité est fait, a-t-on dit; l'armée est là; l'obéissance doit s'ensuivre. Puis Talleyrand a März 24.

---

1) In Berlin erwiderte man hierauf: le gouvernement français pourrait-il se cacher qu'en continuant sur le même pied, il fait effectivement tout ce qui dépend de lui pour amener une réunion de tous les souverains contre les principes révolutionnaires qu'il paraît propager et contre les mesures qui semblent avoir pour but de les soutenir? (Erlaß vom 6. April 1798.)

12*

1798 März 24. mandé les plénipotentiaires Visconti et Serbelloni, et leur a dit: »le Directoire croit s'apercevoir que les deux Conseils cisalpins sont influencés par des créatures de l'Autriche, et qu'il devient nécessaire d'en faire l'épuration; faute de cela, le gouvernement serait entravé, et l'amitié entre les deux Républiques très refroidie«. Serbelloni, seul présent à ce discours pour raison d'indisposition de son collègue, a dit: »mais vous avez exigé trop d'argent d'une République naissante; mais il n'existe pas de richesse capable de payer 18 millions de livre de France[1]; mais la comparaison de 3 millions de florins que nous avons payés à l'Empereur, avec celle de 18 millions de livres à payer à la République française, est désavantageuse et fâcheuse«. »Comptez-vous pour rien les frais énormes de la guerre passée, l'accroissement de votre territoire, et l'avantage d'avoir été élevés au rang de puissance indépendante?« a répliqué le ministre des relations extérieures. Il s'est résumé par déclarer que le traité devait être repris en bonne et sérieuse considération, et devait être ratifié sans aucun autre délai . . .

L'on équipe à Toulon avec la plus grande activité sept vaisseaux de ligne et trois frégattes, et l'on y rassemble prés de 18 mille hommes de troupes. Le plus grand mystére règne sur le but de cet armement: les uns l'attribuent à une entreprise contre Malte; les autres au projet de se réunir à Carthagène avec onze vaisseaux de ligne espagnols, et de chasser les Anglais de la Méditerranée; les autres enfin à la grande expédition contre l'Égypte, à laquelle le général Bonaparte donne toujours la préférence. Peu de temps encore, et le mystère de cet armement sera éclairci. Je suis porté à soupçonner qu'on tentera peut-être d'enlever Malte d'un coup de main, en même temps qu'on fera voile pour l'Égypte. Le Directoire dissimule ses vues sur ladite île, sachant combien il serait facile au grand-maître de se jeter dans les bras de l'Angleterre, qui dès ce moment aurait la surveillance et la clef de la navigation du Levant . . .

Talleyrand a justifié hier dans le Directoire le rejet de l'alliance de la part des Cisalpins; il a dit que c'était un premier acte d'indépendance qui, s'il était réprimé, produirait un mauvais effet parmi les alliés de la République française; qu'il s'occuperait incessamment de redresser celui des articles qui avait paru trop humiliant, la préférence donnée aux officiers français pour commander les armées de la République cisalpine[2] . . .

---

1) Nach Art. 6 des Vertrages vom 21. Februar hatte die Cisalpina für den Unterhalt eines französischen Heeres jährlich 18 Millionen zu zahlen.

2) Nach Art. 8 des Vertrages stehen die Truppen der Cisalpina unter den Befehlen französischer Generale.

159. Vertrag mit der Cisalpina. Rewbell und Merlin. Talleyrand. François von Neufchâteau. Gespräch mit Talleyrand und Napoleon Bonaparte.

Le sieur Talleyrand n'a eu que l'honneur d'avoir voulu contenir le ressentiment du Directoire sur le rejet du traité avec les Cisalpins; il n'a rien obtenu davantage. Un arrêté du Directoire s'en est suivi, dont la forme était aussi dure que le contenu: l'on y menaçait la République cisalpine qu'en cas de persévérance dans son refus, on la remettrait en état de conquête et de réquisitions. Par une bizarrerie assez singulière, dans le temps que le Directoire envoyait un courrier avec cet arrêté foudroyant, un autre courrier extraordinaire arrivait ici de Milan avec l'acceptation pure et simple du traité en question. On a eu quelque regret de sa précipitation; mais on n'a pris aucune mesure pour en détruire le mauvais effet. Ainsi le traité d'alliance et de commerce entre les Républiques française et cisalpine subsiste dans toute sa rigueur, et les représentations de Serbelloni et de Talleyrand n'ont abouti à rien.

1798 März 28.

Dans ce même temps une scène assez vive s'était élevée entre les directeurs Rewbell et Merlin; l'indifférence et les retards de l'Empereur à envoyer un ambassadeur ou un ministre à Paris, en était l'objet. »Souffrir ces délais«, disait le premier, »c'est encourir le danger de voir l'Empereur manquer à ses engagements de paix, et c'est affaiblir notre considération en Europe; il n'y a pas d'empereur qui tienne, et il est temps de sortir de cette humiliation; mon opinion est donc qu'il faut déclarer à la cour de Vienne que si dans un terme fixé elle n'envoie pas ici ou un ministre ou un agent public, le Directoire fera retirer à l'instant même son ambassadeur«. »Il faut être conséquent«, disait le sieur Merlin; »vous avez dit que l'étiquette de la République française était de n'en point avoir; n'agissez donc pas en sens contraire de ce principe, et ayez plutôt l'air de ne pas vous apercevoir de cette négligence autrichienne; si vous y réfléchissez, l'avantage est de votre côté. Vous apprendrez par votre ambassadeur ce que vous avez intérêt de savoir, et l'Empereur ne saura rien de tout ce qui se passe dans votre intérieur; mon opinion est donc que la grandeur de la République française consiste à laisser l'Empereur parfaitement libre sur cet objet, plutôt qu'à vouloir le contraindre à l'envoi d'un ministre à Paris«. »Je n'entends ici depuis quelque temps que des opinions de robin«, a repris brusquement le sieur Rewbell, »et j'en suis fatigué«. Le sieur Merlin s'est contenu, mais n'oubliera pas l'injure. On est allé aux voix sur cette discussion, et elles ont été partagées, de manière qu'on n'a pu prendre aucune détermination. Le sieur Larevellière-Lepeaux s'est rangé de l'avis de Rewbell; Barras et François de Neufchâteau de celui du sieur Merlin.

1798 März 28. Je cite ces suffrages comme caractérisant en quelque sorte leurs penchants politiques.

Quel bien ne serait-ce pas, si Talleyrand entrait dans le Directoire! On en parle aujourd'hui dans le public comme d'une nomination possible, et il est assez habile pour en éloigner l'idée, afin de ne pas élever des intrigues contraires, si la majorité du Conseil des Anciens lui était acquise. Je crois connaître assez ce ministre pour être convaincu que son système serait extrêmement favorable à la Prusse et au repos de l'Europe. Plus d'ébranlement dès ce moment et plus de commotion; quelles que fussent même les contradictions qu'il pourrait essuyer de Rewbell sur certains objets, il aurait l'art ou de le ramener à ses idées, ou d'obtenir la majorité des suffrages. L'opinion que j'ai de lui est celle que quelques puissances en ont déjà prise. La cour d'Espagne et celle de Portugal lui ont fait faire en dernier lieu une proposition assez remarquable: que s'il avait besoin, pour entrer dans le Directoire, d'une somme de 1500 mille francs, elle serait mise à ses ordres, au moment où il le jugerait convenable; qu'il pouvait y compter, ainsi que sur le secret le plus inviolable. Je tiens cette particularité de l'ambassadeur d'Espagne même [del Campo], qui a effectué la commission, et je requiers sur cette anecdote le même silence qu'il a exigé de moi.

Les directeurs tireront, au reste, fidèlement au sort sur celui d'entre eux qui devra sortir; je le sais positivement. François de Neufchâteau, affecté du triste rôle qu'on voulait lui faire jouer à cette occasion, a déclaré fièrement à ses amis qu'il croyait être aussi propre au directoriat que tel autre de ses collègues[1] . . .

Le sieur Talleyrand et le général Bonaparte m'ont dit que rien n'assurerait mieux le repos de l'Allemagne et n'affermirait la paix du monde, qu'une alliance entre V. M. et la République française; Talleyrand surtout attache le plus grand intérêt à cette idée . . . Ma réponse à ces propositions a été très mesurée et circonspecte. Ç'a été de dire: la paix sur le continent bien consolidée déterminera probablement la politique future de la Prusse et celle de ses alliances futures; jusqu'à cette époque elle restera religieusement neutre. Le général Bonaparte était extrêmement rêveur et distrait lorsque je l'ai vu; ses discours portaient même l'empreinte de l'humeur et du découragement. »Concevez-vous dans votre politique, me disait-il, que la République française veuille la paix dans le Nord de l'Europe, et veuille la guerre dans le Midi de l'Europe? On s'y perd. J'y vois une suite de malheurs incal-

1) Schon am 8. Februar berichtet Sandoz, daß François der ausscheidende Direktor sein werde.

culables et un bouleversement qui ne saurait être favorable à ceux-mêmes qui l'auront excité. Il serait temps que le Directoire terminât ses entreprises et remît le glaive des armées dans le fourreau; l'humanité a besoin de respirer«. Le général commence à faire mystère de son départ pour les côtes de l'Océan, et ses amis l'annoncent très prochain, aux premiers jours du mois d'avril. Son vœu serait de commander de préférence l'expédition contre l'Égypte; mais son embarras est toujours de se démettre de celle contre l'Angleterre . . . 1798 März 28.

160. Unterredung mit Rewbell.

Avant-hier matin j'ai réussi enfin à voir le sieur Rewbell . . . Il m'a dit: »votre cour doit chercher à terminer le plus promptement possible le congrès de Rastatt; chaque jour de retard peut amener des incidents fâcheux. Il se passe à la droite du Rhin des choses que nous n'autorisons pas, mais qui paraissent prendre une certaine consistance; c'est vous dire assez que des brouillons voudraient révolutionner ces pays et les détacher de leur régime actuel. Je m'y oppose de tout mon suffrage, comme une entreprise injuste, alarmante pour notre politique et nuisible à notre commerce; mais les innovations trouvent des fauteurs dans le Directoire, et je n'ai pas besoin le vous les désigner«. Il voulait parler de Larevellière-Lepeaux . . . April 5.

Il fut question ensuite des élections de Jacobins. C'est ici qu'il montra de l'humeur et de la colère. »La résolution en est prise dans le Directoire«, disait-il; »le premier d'entre eux qui voudra être maintenu dans son éligibilité sera arrêté et incarcéré comme un perturbateur du repos public; ce serait faire abhorrer le gouvernement républicain que de voir dans les administrations des égorgeurs; le Directoire n'en souffrira pas. C'est le ministre de la police générale, Sotin, qui nous a affiliés avec cette détestable secte; il en faisait un moyen de faveur et de soutien dans sa place. Plusieurs fois je l'ai averti de cette faute, et je lui en ai prédit l'issue; mais il se refusait aux meilleures raisons et à l'évidence«[1]) . . .

161. Unterredung mit Napoleon Bonaparte. Truguet in Spanien.

. . . Ma conversation avec le général Bonaparte a roulé principalement sur le congrès et sur la possibilité d'une paix avec l'Angleterre. Ses idées de mettre une prompte fin aux conférences dudit congrès, comme April 7.

1) Auch Merlin hatte sich kurz vorher zu Sandoz heftig gegen die Jakobiner ausgesprochen. (Bericht vom 1. April.)

1798 April 7. devant assurer le repos de l'Allemagne, sont parfaitement conformes à celles du sieur Rewbell. »La paix de l'Empire«, disait-il, »donnera la paix au monde«. Ses craintes sont également que V. M. ne soit trompée dans ses sentiments généreux, en préférant de négocier avec Vienne sur les objets de ses compensations, plutôt que de les occuper en vertu des arrangements pris avec la République française. On ne devrait pas oublier que lui, général, avait été pendant cinq mois fort incertain de l'issue des conférences de Campo Formio, bien qu'on fût d'accord sur les bases essentielles de la négociation; les plus misérables incidents servaient à Thugut pour épuiser la patience et le temps; c'était l'intérêt qu'il portait à la Prusse, ainsi que tout bon Français, qui lui suggérait ces réflexions; car appelé bientôt à d'autres destinées, il serait étranger au congrès de Rastatt. »Trop d'orgueil et de confiance dans sa marine«, reprit le général Bonaparte, »pourrait bien abuser et perdre l'Angleterre; son esprit patriotique, quoique porté au plus haut degré, ne sera pas suffisant toutefois pour la mettre à l'abri des secousses de ses mécontents et de l'enthousiasme militaire de nos troupes; en bonne politique elle aurait dû conjurer cet orage et négocier avant que les coups soient portés; le moindre préjudice qui puisse résulter pour elle de notre expédition, c'est la séparation de l'Irlande, et ce premier ébranlement communiqué bientôt à l'Écosse, dissondra toutes les parties de sa puissance et décidera sa chute. Cependant je pars dans peu de jours avec l'idée, et je dirai même avec l'espérance, de trouver quelques ouvertures de sa part pour un rapprochement . . . L'Angleterre y trouvera le Directoire favorablement disposé malgré les préparatifs et les cris de vengeance qui retentissent en France«. Ici le général Bonaparte fut interrompu par une lettre et un message du président Merlin. Il en devint rêveur . . .

Tout me dit et tout me fait soupçonner que le général Bonaparte ne partira point pour Brest et pour les côtes de l'Océan, et tout me dit que l'arrêté du Directoire à ce sujet n'est qu'une feinte pour en imposer à l'Angleterre et à l'Europe. A quoi bon donner tant de publicité à ce départ? Encore une fois, on a besoin d'être en guerre avec l'Angleterre pour tenter l'expédition contre l'Égypte, et on a besoin de donner le change à la dernière pour divertir son attention et retenir ses escadres . . .

Le sieur Truguet sera rappelé de l'ambassade d'Espagne. Le prince de la Paz, son ami, lui avait fait mystère de sa démission[1]), au point qu'il écrit par le même courrier porteur de cette nouvelle: »jamais ce ministre d'État n'a été plus en faveur et en autorité«. Il écrit aussi,

1) 28. März.

en parlant de la reine: »j'ai cru m'apercevoir que j'ai fait des progrès 1798
sensibles sur le cœur de cette princesse, qui serviront utilement aux in- April 7.
térêts de la République«. Il y a eu un rire universel dans le Directoire lorsqu'on a lu cette dépêche . . .

162. Talleyrand.

Gespräch mit Talleyrand über die Schweiz. Le ministre était rêveur April 11.
et soucieux. Il m'en apprit lui-même la cause. Un nommé Jorry, électeur, avait placardé un libelle horrible contre lui, le dénonçant comme un faux républicain et indigne de siéger dans le Directoire; ce dernier avait à la vérité sévi contre le calomniateur et l'avait fait arrêter [1]), mais cela ne le guérissait pas du soupçon que Jorry ne fût l'instrument de quelque intrigue supérieure pour parvenir à l'écarter du Directoire. J'ai pu me convaincre ici combien il attachait d'honneur et d'ambition à siéger dans le Directoire. Je l'ai dit et je le crois: son entrée dans cette première magistrature de la France mettrait fin aux convulsions futures de l'Europe . . .

163. Unternehmung gegen Ägypten. Unterredung mit Talleyrand.

. . . L'aide de camp Marmont, ami et confident de Bonaparte, m'a April 19.
donné au sujet de l'expédition contre l'Égypte quelques particularités qui peuvent intéresser V. M. Neuf vaisseaux de ligne et dix frégates composeront l'escadre destinée à cette croisade lointaine, et 30 mille hommes de troupes formeront l'état de ses forces. On travaille nuit et jour à l'équipement de ladite escadre, et l'on croit sa sortie fixée au 15 mai prochain [2]) . . .

J'ai vu hier matin le ministre des relations extérieures, qui ne m'a plus dissimulé le but de l'armement de Toulon; c'eût été trop méfiant de sa part. En confirmant une partie des particularités rapportées ci-dessus, il a gémi de voir l'ébruitement qu'on a donné à ladite expédition, et il l'a attribué à l'arrêté maladroit du Directoire [3]), qui enjoignait au général Bonaparte de se rendre à Brest dans un terme déterminé, arrêté auquel il n'a pas obéi. Le sieur Talleyrand m'a avoué de plus qu'il était avec Magallon, consul en Égypte, l'auteur de cette grande entreprise et qu'il en attendait les plus grands succès. »Elle a«, disait-il, »un but historique et politique: le premier, en recueillant les

1) Über Jorry's Verhaftung s. Moniteur 6, 794.
2) Die Abfahrt fand am 19. Mai statt.
3) Vom 2. April.

1798 monuments qui peuvent servir à débrouiller l'histoire de cette partie du
April 19. globe; et l'autre, en éloignant l'attention et les forces du gouvernement de ces idées révolutionnaires qui auraient bouleversé l'Europe; la République universelle est une chimère aussi grande que la monarchie universelle l'a été . . .

Sandoz fordert Zurückziehung der französischen Truppen vom rechten Rheinufer. »Le rapport que j'ai fait«, continua Talleyrand, »sur la retraite des troupes françaises est entièrement conforme à votre demande. Il aurait vraisemblablement ramené la majorité du Directoire à ses conclusions, si une démarche de la cour de Vienne n'avait réveillé des soupçons sur ses vues politiques et suspendu cette décision« . . .

164. Der Aufruhr gegen Bernadotte in Wien. Unterredungen darüber mit Rewbell und Talleyrand.

April 25. Un courrier de l'ambassadeur Bernadotte est arrivé ici de Vienne le 23 de ce mois en huit jours de temps; il était porteur de dépêches qui ont annoncé l'insulte faite à l'hôtel et à la personne de cet ambassadeur dans une émeute populaire, et qui ont donné lieu à une séance du Directoire exécutif, qui a duré depuis dix heures du matin jusqu'à cinq heures de l'après-midi. Dès le lendemain, la nouvelle de cette insulte était répandue à Paris et y a causé autant de surprise que d'irritation. Quelques-uns, et c'est le plus petit nombre, ont blâmé l'ambassadeur d'avoir arboré sur sa porte le drapeau tricolore, comme un signe nouveau et inusité, et ont blâmé le ministère de Vienne d'avoir tardé pendant cinq heures à employer la force armée pour dissiper la populace. Ces fautes commises ainsi des deux parts peuvent servir à faciliter une réparation et à empêcher une rupture décisive entre les deux puissances. Dans le jour même de la réception de ces dépêches de Vienne, le départ du général Bonaparte, fixé au lendemain, a été contremandé, et l'expédition dont il est le chef a été ajournée.

Peu d'heures après avoir appris ces nouvelles, je me suis rendu à tout hasard au Luxembourg, pour essayer de voir l'un ou l'autre des directeurs; j'étais impatient de juger de l'impression qu'elles auraient causée, et de pressentir les suites qu'elles pourraient avoir. Le sieur Rewbell m'a reçu. Sa conversation était celle d'un homme aigri et irrité. »Vous avez appris«, se mit-il à dire, »l'outrage fait à Bernadotte, qui n'est autre chose qu'un guet-apens abominable de l'Angleterre et de la Russie. Comment donner une autre signification en effet à des violences de cette nature? et comment justifier surtout le procédé d'avoir laissé l'ambassadeur de la République exposé pendant cinq heures aux

vociférations et aux coups d'une populace effrénée? Vienne a 30 mille 1798
hommes de garnison; Paris, qui est un monde en comparaison, n'en a April 25.
pas autant, et cependant un juge de paix et le premier état-major de quartier n'aurait pas besoin de prendre les ordres du Directoire pour secourir un ministre étranger qui serait attaqué; tous feraient leur devoir en pareil cas. Mais on le voit, cette scène avait été préparée et fomentée par l'argent de l'ambassadeur l'Angleterre, et secondée par le ministre de Russie; leur conduite aprés l'événement n'a que trop justifié ces soupçons . . . Notre ambassadeur ne croit pas que l'Empereur et l'Impératrice aient suscité la populace contre lui, comme un prétexte d'une nouvelle guerre, non; il rend compte d'une conversation qu'il a eue la veille avec l'Impératrice, qui prouverait le contraire[1]. Cette princesse lui ayant montré des craintes sur Naples et lui ayant témoigné qu'elle ne serait tranquille à cet égard qu'après avoir reçu une déclaration positive du Directoire qu'il ne serait rien entrepris contre ce royaume, l'ambassadeur l'avait assurée qu'il recevrait bientôt une pièce semblable, et lui avait fait en attendant les protestations les plus propres à la tranquilliser; protestations qui avaient satisfait pleinement cette princesse, au point qu'elle l'a remercié de lui avoir rendu, dès ce jour même, le contentement et le repos. Le Directoire veut la conservation de Naples et de la Sardaigne, observa le sieur Rewbell, et saura la maintenir. Que gagnerait-on de reprendre une nouvelle ligue pour déclarer la guerre à la France? Nous sommes plus aguerris et plus forts que nous n'avons jamais été. Ce ne sera pas une opération militaire facile que d'arracher à la République Mayence, Kehl et Luxembourg; on y consumerait bien des hommes et bien du temps. Qu'on nous laisse donc tranquilles; car si on met aujourd'hui la France en jeu, et qu'on lui fasse tirer l'épée, je vous le dis: tout moyen de conciliation avec Vienne sera épuisé; il faudra qu'elle périsse ou que nous succombions. L'Allemagne en sera bouleversée, et sera couverte de sang et de carnage.

»Le Directoire ne cherche pas et ne veut pas la guerre; il exigera une réparation de la cour de Vienne, celle de la punition et de la mort des chefs des mutins qui ont insulté l'ambassadeur. Si on la refuse, il avisera aux moyens de se la procurer, et tout l'odieux et les funestes effets en retomberont sur le ministère de Vienne«. Ici il échappa à **Rewbell**, dans l'abandon de cette conversation, de dire: »il n'y a que cette détestable Angleterre qui aura déjoué présentement toute entreprise contre elle; car la nécessité de surveiller une nouvelle ligue et une nouvelle guerre nous forcera de rassembler des forces d'un autre

1) Vergl. den Bericht Bernadotte's darüber bei Hüffer 2, 250. 251.

1798 côté et d'être préparés à tous les événements«. Il finit par me dire que
April 25. l'arrivée de Bernadotte à Paris et son rapport circonstancié donneraient la juste mesure de l'événement qui avait eu lieu . . . Vorstellungen von Sandoz-Rollin: »Mais à qui la faute s'il existe des ligues? Vous avez l'air de les craindre, et vous faites néanmoins tout votre possible pour les alimenter, les resserrer et les fortifier. Ce que je vais vous représenter appartient à la politique du monde. Ne donnez-vous pas, par exemple, l'alarme à l'Europe par vos entreprises sur l'Italie, sur l'Allemagne, sur la Suisse et sur Genève? Avez-vous dit un seul mot, publié une seule déclaration de votre résolution de laisser la Suisse à elle-même, et de votre résolution de reprendre vos premiers engagements de ne point vous immiscer dans les gouvernements étrangers? Prenez ce langage, et toutes les ligues seront dissoutes à l'instant«. »C'est mon idée«, reprit le sieur Rewbell. »J'ai soutenu dans le Directoire qu'une de nos premières démarches devait être de rassurer la cour de Naples contre toute entreprise de notre part et de rassurer également l'Empereur à cet égard; nous y procéderons dans peu de jours. Le seul objet de notre politique dans ce qui s'est passé en Suisse, et surtout dans la réunion de Genève, a été de faciliter nos communications avec l'Italie pour secourir la Cisalpine. Cependant le Directoire est pénétré d'une grande vérité, c'est qu'il n'existera jamais de paix stable en Italie et dans le Nord de l'Allemagne qu'à l'époque où une alliance sera conclue entre la Prusse et la France; il serait temps d'y songer« . . .

Il est à remarquer que la conversation dont je viens de donner le précis à V. M. s'est tenue à 11 heures du soir dans le jardin attenant à son appartement. Rewbell me l'avait proposé pour se dérober aux curieux importuns qui l'assiégent. Le lendemain, je passai chez le ministre des relations extérieures, sur son invitation. L'objet en était de m'apprendre l'événement de Vienne, dont il ne me croyait pas instruit, et il m'en a répété une partie des particularités rapportées ci-dessus; mais son opinion sur cette affaire était bien différente de celle de Rewbell: il gémit de cet incident fâcheux, comme pouvant embraser de nouveau l'Allemagne et l'Europe, et il blâme la conduite de Bernadotte comme celle d'un jeune homme léger et imprudent. »Son devoir eût été«, disait-il, »d'adoucir les faits au lieu de les aggraver, et son devoir eût été aussi de rester pour demander une réparation éclatante, et en cas de refus, de partir; mais non, il s'en va, prenant pour modèle la conduite de l'ambassadeur Bonaparte à Rome, sans réfléchir qu'il n'existe aucune comparaison à faire entre Vienne et Rome. J'ai parlé dans ce même sens au Directoire, continua le ministre des relations extérieures, lorsque j'y ai été appelé pour délibérer sur les mesures à prendre dans cette circonstance, et je crois être parvenu à calmer un peu la grande irritation où j'ai trouvé les directeurs à la lecture de ces dépêches. Les guerres seraient trop fréquentes, ai-je dit, si, à chaque insulte que reçoit un ambassadeur, on prenait les armes pour la venger. Je suis occupé présentement de rédiger une note du Directoire à l'Empereur, pour demander la réparation de ce qui a été commis, c'est-à-dire la punition exemplaire des chefs des mutins, et le déplaisir formel et public de l'Empereur des faits qui y ont donné lieu, et je l'ai rédigée de manière à conjurer plutôt l'orage qu'à l'exciter. Mon opinion est que le Directoire doit donner dans ce moment un grand exemple de modération, afin de détruire la mauvaise idée qu'on a pu prendre de ses mœurs et de ses principes politiques. Ce soulèvement populaire contre l'hôtel et le drapeau de l'ambassadeur français était l'effet des trames de l'Angleterre et de la Russie, et nullement celui d'aucune vengeance de l'Empereur . . . 1798 April 25.

J'en étais ici de cette affaire lorsque le secrétaire d'ambassade Fréville est arrivé de Vienne. Le récit qu'il a fait de vive voix au Directoire de l'outrage commis envers la personne de l'ambassadeur a enflammé de nouveau son courroux. Il faudra voir s'il y persévérera . . .

Hüffer 2, 266, 267.

165. Erlaß an Sandoz-Rollin. Berlin 1798 Mai 4.

Das Reich und Preußen bei Erneuerung des Krieges.

Drohende Erneuerung des Krieges zwischen Frankreich und Österreich. Mai 4.
Dans ce cas il est au moins bien à désirer que le congrès de Rastatt ne soit point rompu et qu'on parvienne, même au défaut de l'Autriche, à neutraliser l'Empire moyennant que la France reste provisoirement en possession de la rive gauche et retire par contre toutes ses troupes de la rive droite. Je mande à mes plénipotentiaires à Rastatt de travailler sur ce principe, et de votre côté vous ne négligerez rien pour le faire goûter au gouvernement français . . . A en juger d'après les derniers rapports de mes ministres à Rastatt, je dois croire même que les plénipotentiaires français ne méconnaissent pas que la France y trouverait son intérêt; il est sûr au moins qu'il lui resterait en Italie et en Suisse assez de points d'attaque où il pourrait employer ses troupes plus avantageusement qu'en Allemagne . . .

Vous pouvez être complètement sûr que je suis très éloigné, quelques offres qu'on pût me faire, de donner les mains à une . . . coalition contre la France, tant que celle-ci de son côté ne portera point atteinte au système de neutralité stricte et impartiale que je me suis prescrit et

1798 Mai 4. que je ne demande pas mieux que de pouvoir maintenir. C'est de quoi vous pouvez avec sûreté répéter en toute occasion les plus fortes assurances . . .

Berichte von Sandoz-Rollin aus Paris.

166. Unruhen in Piemont, Unterredung mit Talleyrand.

April 29. . . . Les nouvelles tentatives de quelques déserteurs génois et cisalpins contre les frontières du Piémont[1]) ont donné lieu à des conférences et à des notes successives de l'ambassadeur de Sardaigne. Il demandait que le Directoire voulût se prononcer fortement à Milan et à Gênes contre ces hostilités, les notes de cet ambassadeur étaient judicieuses et sages. Il m'a prié de les appuyer dans l'occasion, et je m'y suis porté, n'y voyant aucun inconvénient. Le sieur Rewbell m'a assuré que le Directoire avait été autant surpris que l'ambassadeur de Sardaigne même de ces hostilités; qu'elles étaient faites contre ces intentions et qu'il ne tarderait pas d'y mettre un terme. »Ginguené«[2]) a-t-il ajouté »fait sottises sur sottises et ne sait ni parler ni écrire convenablement«. Le ministre des relations extérieures m'a répété hier les mêmes assurances. Il avait fait conseiller au roi de Sardaigne d'attaquer et d'exterminer les assaillants, en attendant les démarches ultérieures du gouvernement français. »Quelle diplomatie que la nôtre!« a-t-il ajouté, »nos ministres à Gênes[3]) et à Turin voient tout cela avec une indifférence et un silence qui n'est pas dans le sens de leurs instructions. N'ai-je pas tout à l'heure reçu une lettre du ridicule Mengaud, dans laquelle il me dit, en parlant des quatre cantons dissidents de la Suisse: laissez faire, citoyen ministre, je leur jouerai un tour de ma façon auquel ils ne s'attendront guère. Cela fait rire le Directoire, au lieu de lui faire pitié«.

Après cette conférence, Talleyrand me confia que le rappel du sieur Caillard était résolu, et qu'il ignorait encore le successeur qu'on lui donnerait[4]). Il me prévint qu'il ne me serait plus possible d'y remé-

---

1) Vergl. Bianchi 2, 638 flg.

2) Französischer Gesandter in Turin.

3) Sotin, der frühere Polizeiminister.

4) In Berlin erwiderte man darauf: la probabilité du rappel du sieur Caillard me fait une véritable peine, puisque je dois à ce ministre le témoignage que, tout en prenant très fort à cœur les principes et les intérêts de son gouvernement, il a mis dans sa conduite toute la sagesse et la prudence possibles. Rien de plus injuste d'ailleurs que le reproche qu'on lui fait d'avoir gardé le silence sur mes liaisons avec la cour de Vienne et sur l'alliance de garantie qui doit en être résultée. Je l'ai répété mille fois: il n'existe ni alliance pareille, ni coalition quelconque. (11. Mai.)

dier, ayant été témoin que la majorité du Directoire avait prononcé ce 1798
rappel, fondé sur le silence qu'il avait gardé dans les liaisons entre April 29.
Berlin et Vienne, et de l'alliance garantie qui devait en être résultée ...

167. Unterredung mit Talleyrand. Sieyès zum Gesandten in Berlin ernannt.

... L'heure où j'écris est celle où le Directoire tire au sort pour Mai 9.
savoir qui d'entre eux sortira de la place de chef suprême de la République, pour tomber dans le néant et dans l'oubli. C'est un jour d'angoisse et de peine. Talleyrand que j'ai vu hier, m'a dit que depuis huit jours les têtes directoriales étaient tellement occupées de ce jour fatal, qu'ils avaient suspendu toutes les affaires et avaient laissé les ministres des départements maîtres de toutes les décisions qui en ressortissaient ...

A la suite de cette même conversation, ... le ministre des relations extérieures me fit confidence du successeur qu'on donnerait à Caillard. »C'est un de mes amis, se mit-il à dire, qui a été fort avant dans la révolution, qui en est très dégoûté, et qui est aujourd'hui autant exagéré contre, qu'il était exagéré pour elle; c'est le député Sieyès«. Voyant l'étonnement que me causait cette nomination, il reprit la parole et continua de la manière qui suit: »j'attache beaucoup de prix à ce qu'il soit admis et accueilli avec distinction à votre cour; vous pouvez être assuré qu'il emploiera ses talents et son esprit à complaire et à marquer l'estime particulière qu'il fait d'un gouvernement édifié par Frédéric II, et régi par son successeur avec autant de dignité que de gloire. Désabusé sur les républicains modernes, bien plus encore que sur les républiques, il voudrait s'éloigner de sa patrie qui n'a plus aucun attrait pour lui[1]). L'abbé Sieyès sera revêtu du caractère d'ambassadeur« ... En répondant à Talleyrand, je le fis avec tous les ménagements qu'exigeait la personne de l'abbé Sieyès. Je ne lui dissimulai pas qu'il existait beaucoup de préjugés contre ce député dans l'étranger et dont la Prusse n'était pas exempte, ... et je l'assurai que l'amitié qui existait entre lui, Talleyrand, et Sieyès, servirait en quelque sorte de responsabilité pour la conduite de cet ambassadeur ...

Hüffer 3, 64.

Erlasse aus Berlin an Sandoz-Rollin in Paris.

168. Ehrenbreitstein. Die Abtretung der linksrheinischen Besitzungen Preußens.

... Vous n'ignorerez pas les prétentions extraordinaires que ceux Mai 11.
[les plénipotentiaires] de France viennent encore de mettre en avant à

1) Dieselben Versicherungen gab auch Merlin.

1798 Mai 11. la charge de la rive droite. Elles sont telles, que si le Directoire ne s'en désiste pas en très grande partie, la négociation doit éprouver des difficultés presque insurmontables et conduire, sinon à un bouleversement total de l'Allemagne, du moins à une paix illusoire et mettant l'Empire dans la dépendance entière de la France. L'article de ces prétentions qui m'intéresse le plus, c'est la démolition d'Ehrenbreitstein, puisque l'Allemagne restant ouverte et à la merci des Français de ce côté là, le Nord de l'Empire sera continuellement exposé à la possibilité de leurs entreprises et se verra forcé d'être constamment en armes pour sa défense. Il semble que cette réflexion ne puisse échapper au Directoire et doive l'engager à renoncer au moins à cet article, s'il désire véritablement de vivre dans la suite dans un état permanent de bonne intelligence avec moi. Vous ferez tout votre possible pour l'y disposer par vos représentations.

Je désire beaucoup aussi qu'il veuille munir sans délai ses plénipotentiaires d'un ordre positif, pour négocier avec les miens, déjà complètement instruits à cet égard, un acte formel relativement à la cession particulière de mes provinces transrhénanes. Ils viennent, à ma grande surprise, de s'y refuser, sous prétexte que les modifications dont on conviendrait avec l'Empire pour la cession de la rive gauche en général, devraient s'étendre aussi à mes États sur cette rive. Il s'entend en effet qu'on ne pourra accorder moins à mes provinces; mais j'ai droit de supposer qu'on ne se refusera pas à quelques stipulations plus favorables à celles-ci et tendantes au soulagement de leurs habitants, puisque le cas de cette cession particulière est très différent de celui de l'abandon du reste de la rive gauche. L'Empire se trouve en quelque sorte jusqu'à ce moment dans un état de guerre avec la France, et c'est pour en sortir qu'il souscrit aux sacrifices en question; au lieu que de ma part, vu la paix subsistante depuis trois ans entre nous, cette cession, quoiqu'éventuellement convenue d'avance, n'en est pas moins volontaire et doit par conséquent être soumise à un arrangement en forme, que d'ailleurs la France elle-même semble avoir intérêt à conclure pour sa propre sûreté future. Ce n'est au reste qu'à Rastatt que ces détails peuvent être réglés, vu leur connexité inévitable avec ceux de la cession du reste de la rive gauche . . .

169. Die Ernennung von Sieyès zum Gesandten in Berlin.

Mai 21. . . . Vous avez prévu avec grande raison l'extrême surprise qu'un choix aussi inattendu pour remplacer le sieur Caillard à ma cour, a dû nécessairement me causer, et j'approuve beaucoup tout ce que vous en avez dit au sieur Talleyrand. Malgré ses assurances, il s'en faut de beaucoup que, vu le caractère profondément dissimulé de l'abbé Sieyès, on puisse compter de la part de celui-ci sur une conduite sage et sur des principes raisonnables. Si donc vous pouvez de bonne manière empêcher son envoi, je désire que vous vous y employiez de votre mieux. Mais je sens bien que si le Directoire persiste, il n'y a pas moyen de le refuser absolument. Pour ce qui concerne cependant le caractère dont il sera revêtu, vous insinuerez, et, au besoin, vous déclarerez tout uniment que si le gouvernement français persévère dans la résolution de faire un changement dans sa mission à Berlin, je le prie au moins de s'en tenir *invariablement*, pour celui qui en sera chargé, au caractère de ministre plénipotentiaire . . . Vous aurez soin de mettre d'abord, dans vos insinuations sur ce sujet, un ton assez prononcé pour faire comprendre que ma détermination à cet égard est invariable[1]) . . . 1798 Mai 21.

170. Caillard an Graf Haugwitz. Berlin 1798 Mai 10.

Mundum, gez. Caillard.

Antrag auf Abschluß einer Allianz zwischen Preußen und Frankreich.

Je crois, Monsieur le Comte, qu'il ne sera pas sans utilité de retracer à votre mémoire les principaux points de nos deux dernières conférences, ainsi que les raisons déduites en faveur de la proposition qui en a été le sujet. Mai 10.

Un grand événement s'est passé à Vienne; le renouvellement de la guerre ou la conciliation peuvent en être la suite. Dans ces circonstances, le Directoire juge que le moment est arrivé où la Prusse, renonçant à son indécision, doit prendre un parti qui ne laisse plus aucun doute sur son système politique. Je n'ai jamais pu me persuader que les intérêts de la Prusse pussent être séparés de ceux de la République française, et j'ajoute encore qu'ils ne doivent point être séparés de ceux de l'Empire en général, et que les liens à former doivent avoir pour but d'assurer à l'Allemagne une paix solide et que rien désormais ne puisse altérer. C'est pour atteindre un but si désirable, que je vous ai proposé de conclure en ce moment même un traité d'alliance avec la République française.

---

1) Dieser Erlaß genügte dem König noch nicht. Auf seinen ausdrücklichen Befehl wurde in einer Nachschrift vom 22. Mai hinzugefügt, daß ihm die Ernennung von Sieyès im höchsten Grade persönlich unangenehm sei. Sandoz solle alle Mittel anwenden, um derselben vorzubeugen. Weshalb lasse man nicht Caillard in Berlin, »qui par sa droiture et sa conduite sage et réservée s'est acquis déjà des titres à ma confiance que son successeur, quel qu'il soit, n'aura point«.

1795 Mai 10. En résumant tout ce que nous avons dit sur ce sujet. il se trouve que nous l'avons envisagé de deux manières, en le divisant en deux questions. La première: la Prusse doit-elle s'allier avec la République? la seconde: est-ce actuellement le véritable moment de conclure cette alliance?

La première de ces deux questions n'est point difficile à résoudre, car elle ne peut être envisagée que sous deux points de vue, ou en supposant que la Prusse préférerait l'alliance de quelque autre puissance, ou qu'elle ne voudrait d'alliance d'aucune espèce. Dans le premier cas, la Prusse ne pourrait s'allier qu'avec l'Autriche ou avec la Russie, ou avec toutes les deux ensemble. Il est évident alors que cette double ou triple alliance ne serait plus qu'un renouvellement de la coalition contre la France, et je ne me persuaderai jamais qu'une pareille idée puisse entrer dans le système de la Prusse, surtout lorsqu'elle est devenue limitrophe de la République. Le parti de rester sans allié quelconque ne serait pas moins dangereux pour la monarchie prussienne; car dans le cas d'une attaque, soit de la part des Russes, ce qui tôt ou tard arrivera, soit de la part des Autrichiens, ce qui n'est pas moins probable, soit de la part des uns et des autres, ce qui est également dans les chances possibles, que ferait alors la Prusse? aurait-elle recours à la République dont elle aurait déjà deux fois rejeté l'alliance, en lui avouant que si elle a recours à nous, c'est le besoin pressant de notre secours qui la force à cette démarche? Comment pourrait-elle espérer qu'une pareille sollicitation arrachée par l'intérêt personnel et le besoin du moment serait favorablement accueillie, lorsque cette même proposition d'alliance faite par la République aurait été repoussée par la Prusse dans un moment où il n'aurait pas été question de l'intérêt personnel de la France, mais simplement des moyens d'assurer à jamais la paix en Allemagne et d'en donner l'honneur à la Prusse? L'idée de rester sans allié quelconque ne peut donc devenir jamais la base du système politique de la Prusse.

Il résulte de tout ce qui précède que le véritable moyen de mettre chaque chose à sa place, est d'établir par une bonne et solide alliance une liaison intime d'intérêt entre la Prusse et la République française. Cette proposition est si évidente, elle est d'ailleurs avouée depuis si longtemps, que je regretterais presque de l'avoir rappelée et discutée, s'il n'avait pas été nécessaire d'en faire encore mention afin de traiter la question présente dans toute son étendue, de manière que rien ne manquât au tableau général.

Actuellement il s'agit de savoir si le moment est arrivé de réaliser aujourd'hui cette alliance, dont la convenance et l'utilité sont d'ailleurs démontrées et convenues pour une époque quelconque.

Il n'est pas douteux, et je crois l'avoir démontré, qu'il est impossible 1798
de trouver un moment plus opportun et mieux choisi pour terminer cette Mai 10.
affaire importante. Toute l'Allemagne est en suspens. Aurons-nous la paix, aurons-nous la guerre? telle est l'alternative inquiétante qui partage tous les esprits. Dans ce moment décisif, si la Prusse prend enfin son essor, si elle choisit justement cet instant pour former son alliance avec la République, il est évident que la guerre devient absolument impossible. Il est évident que l'Autriche déjà ruinée par sa lutte contre la République seule, n'osera jamais dans un si grand état d'épuisement rouvrir la guerre contre la République fortifiée par la Prusse. L'Autriche restera donc en paix, l'Empire jouira du repos, et verra clairement qu'il en a l'obligation au parti que la Prusse aura su prendre. Craindrait-on que la Russie ne voulût entrer en scène? On connaît assez la jactance de cette puissance, mais on ne connaît pas moins l'épuisement de ses finances. Personne n'ignore l'état de dépérissement où les a laissées la feue impératrice, et l'on sait également que Paul Ier, fort éloigné de l'esprit de sagesse et d'économie du jeune monarque prussien, bien loin de guérir les plaies profondes infligées par sa mère aux finances de son pays, n'a fait jusqu'à présent qu'aggraver le mal, et ne tardera probablement pas à le rendre entièrement incurable. Il est connu aussi que Paul Ier n'aime point la guerre, pour laquelle il n'a point été élevé; il serait toujours arrêté par la crainte d'une révolution intérieure. Je n'ajoute rien sur ce sujet, sur lequel le gouvernement prussien en doit savoir beaucoup plus que moi. L'alliance avec la République réalisée dans le moment actuel est donc un moyen infaillible d'empêcher absolument le renouvellement de la guerre, dans le cas même où les puissances ennemies ou amies peu sûres de la France en pourraient avoir quelque volonté.

Le second cas qui se présente est de savoir si l'Autriche montrant des dispositions manifestes à la conciliation, la Prusse doit cependant saisir également le moment pour conclure son alliance avec la République. Premièrement, rien n'est décidé encore sur la conciliation, et l'Empire, qui saura que dans cette incertitude la Prusse n'a point négligé les moyens d'assurer le repos de l'Allemagne contre tous les événements, ne peut manquer de lui en savoir le plus grand gré. Cette politique est parfaitement conforme aux intentions humaines et bienfaisantes du roi de Prusse; elle lui assure la bienveillance universelle de tous les princes de l'Empire et, par une conséquence nécessaire, une influence en Allemagne d'autant plus puissante, qu'elle sera fondée sur la reconnaissance et sur la certitude qu'on aura acquise que le jeune roi ne cherche qu'à diriger entièrement son système politique sur le plus grand bien de l'Allemagne.

1798 Mai 10. En second lieu, la conciliation fût-elle assurée, l'alliance de la Prusse avec la République ne peut être encore envisagée que sous le jour le plus favorable. Elle ne nuit à rien; elle n'empêche point les négociations de Rastatt de suivre leur cours naturel; elle donne au contraire à la députation prussienne une consistance beaucoup plus grande qu'elle ne l'avait jusqu'à présent. Les députations qui ont entravé jusqu'aujourdhui ces négociations verront bien qu'il serait inutile désormais de chercher à prolonger davantage par des chicanes de toute espèce une affaire qui, malgré leur mauvaise volonté, ne se terminera pas moins suivant le vœu de tout ce qu'il y a de raisonnable dans l'Empire, dans l'état où les circonstances ont amené les choses. Ainsi loin de nuire à la négociation générale, l'alliance de la Prusse avec la République doit en rendre la marche plus rapide et l'amener à un terme très prompt.

Dans toutes les hypothèses, l'alliance proposée est donc un bien, et pour la Prusse, et pour l'Empire en général.

Quel peut être le motif qui porte la République à faire aujourd'hui cette proposition et à en presser l'acceptation? Nous ne craignons point que la Prusse dévie assez de son intérêt pour se prêter à une nouvelle coalition contre nous. Nous ne craignons guère les Russes; nous ne craignons pas davantage les Autrichiens; mais nous trouverions fâcheux de renouveler les horreurs de la guerre dans le cœur de l'Allemagne qui en a déjà tant souffert. Notre proposition a donc pour but la paix, et rien autre chose que la paix. Elle ne doit donc point inquiéter la Prusse par la crainte d'une guerre. Elle ne lui sera donc onéreuse dans aucun cas; bien loin de là, elle ne peut que seconder ses vues et les plans de Sa Majesté. Si, l'année dernière, elle a cru devoir décliner la proposition qui lui fut faite, elle pouvait du moins alléguer pour excuse que nous lui proposions d'entrer en guerre ipso facto; mais, aujourd'hui, ce n'est pas d'une guerre qu'il est question, mais au contraire d'en empêcher le renouvellement. Les raisons alléguées l'année dernière n'ont donc aucune application dans le moment présent; et si la Prusse persévérait dans son refus, nous devrions nécessairement supposer que ce refus tient à des causes qu'on ne se soucie pas de nous révéler, et renferme quelque arrière-pensée sur laquelle il serait juste que nous nous tinssions en mesure.

A tous ces détails, je vous ai présenté, Monsieur le Comte, quelques autres réflexions générales qui méritent bien aussi quelque attention. Nous sommes pressés d'établir un système politique, et, en vérité, vous devriez l'être aussi. Nous avons cru, et nous croyons encore, que ce véritable système consiste dans une union intime entre nos deux nations, et ce serait avec le plus grand regret que nous nous verrions obligés de renoncer à un plan qui jusqu'à présent nous a paru le vrai moyen de mettre les différents peuples de l'Europe à l'abri de nouveaux envahissements. Mais si après nous avoir refusés l'année dernière, vous nous refusez encore aujourd'hui, vous comprenez que la dignité de la République française ne lui permettrait pas de s'exposer à un troisième refus, et qu'alors nous nous verrions dans la nécessité de chercher dans d'autres combinaisons, dans lesquelles la Prusse n'entrerait plus pour rien, les moyens de parvenir au but que nous avions cherchés par son concours. Je suis tellement persuadé que le ministère du Roi sentira toute la force des considérations que je viens de mettre sous vos yeux, que je ne doute pas que vous ne soyez autorisé à traiter avec moi les détails de l'alliance. 1798 Mai 10.

Häusser 2, 180. Hüffer 3, 62.

171. Denkschrift des Freiherrn von Alvensleben. Berlin 1798 Mai 12.

Eigenhändige Niederschrift.

Empfehlung der Allianz mit Frankreich.

1° Les prétentions énoncées dans la note du 14 floréal ou du 3 mai des sieurs Treilhard et Bonnier, remise à la députation de l'Empire, portent entre nombre d'autres articles nommément sur 1° la levée de tout péage sur le Rhin et les rivières qui s'y portent, 2° le transport de toutes les dettes des provinces cédées sur les indemnités à accorder, 3° et sur des entraves sans fin mises à l'usufruit de toute possession du côté droit du Rhin; si bien qu'il en résulte que si nous nous en tenons à notre dernier principe, de renoncer à toute indemnité, notre perte est immense, non seulement parce que nous perdons de fait, mais aussi par les dettes *dont* nous serions obligés de grever nos anciennes provinces pour payer celles des provinces cédées à la France, enfin par le non-payement des dettes du duc de Deux-Ponts et du prince d'Orange, si également ils n'étaient pas indemnisés d'une manière convenable. Mai 12.

2° Ce serait se faire illusion que de croire obtenir par la force des armes de beaucoup meilleures conditions et pour le total et pour ce qui est relatif à nous.

3° Pour agir, il faut des moyens; ces moyens ne peuvent consister que dans une réunion franche de plusieurs puissances au même but et capables d'employer de pareils moyens. 1° La marche de la cour de Vienne depuis quatre mois, sa conduite molle vis-à-vis de la France, ses faux-fuyants dérisoires vis-à-vis de la députation à Rastatt, son obstination constante jusqu'aux moindres bagatelles à tout ce qui pourrait nous convenir, et enfin l'aveu du prince Reuss que, quoique ses instructions fussent très détaillées, on attendait pourtant de notre cour la pro-

1798 position comment forcer les Français à quitter la rive droite du Rhin
Mai 12. s'ils ne s'y prêtaient de gré, comme cela était à prévoir, me portent à poser en fait que *la cour de Vienne n'agit pas franchement*, un des premiers points cardinaux. D'ailleurs ses moyens relativement à l'Allemagne, après sa retraite derrière le Lech et après l'abandon de Mayence, sont devenus nuls. 2⁰ La Russie est nulle par ses moyens et par son éloignement. Elle pourrait simplement empêcher le mal de ce côté en gardant le dos, si peut-être les Turcs ne lui donnaient de la besogne et qu'il ne survînt une révolution dans son intérieur, ainsi qu'on ne saurait jamais calculer sur la Russie comme une puissance qui pourrait coopérer à l'attaque et faire réussir le plan de porter la France à des conditions plus tolérables. 3⁰ Le Danemark est faible, rien moins que décidé, et nullement rassuré sur son intérieur. 4⁰ Enfin quant à l'Angleterre, l'expérience de tout ce siècle doit nous prouver qu'elle ne pense constamment qu'à elle.

4⁰ Toutes ces puissances en apparence veulent nous ramener à une coalition contre la France. La Russie et l'Angleterre le veulent sincèrement; l'une, puisqu'elle n'y saurait perdre; l'autre, puisqu'elle y trouve un avantage évident; le Danemark n'agit que par impulsion; mais la cour de Vienne a un double but: 1⁰ ou de nous brouiller avec la France et d'en tirer parti pour elle, 2⁰ ou s'il faut la guerre, de nous y ramener; c'est pourquoi ces lenteurs, cette ostentation dans les moyens, et l'intervention requise de la Russie. Son premier but est presque rempli; il ne s'agit que de se décider sur le second après les convenances. Toutes ces puissances veulent nous ramener à une coalition, loin d'être rebutées par un premier refus.

5⁰ Quant à nos propres moyens, je ne les crois également pas faits pour une guerre offensive; mais c'est à la finance et aux militaires à décider cette question.

6⁰ Donc d'un côté ces quatre cours nous offrent une alliance contre la France dans l'esprit et avec les moyens que je viens d'indiquer, contraires au fond à toutes acquisitions, indemnités etc. et pour nous et pour le prince d'Orange, convoitant constamment une partie de la Bavière, et soutenant constamment la constitution germanique dans tous les cas où elle paraît nous être contraire, et s'en moquant quand elle sert à appuyer nos intérêts et ceux des princes qui nous sont attachés. Elles nous offrent une alliance qui amène *avec certitude* la guerre, dans laquelle toutes les chances sont contre nous.

7⁰ La France, dans le même instant, nous offre l'alliance d'une manière si catégorique, que la refuser, c'est nous jeter dans la coalition pieds et mains liés, nous isoler, ou, pis que cela, voir devenir l'Empe-

reur l'allié de la France. Si l'alliance avec les quatre puissances nous 1798
force à la guerre *avec certitude*, celle-ci peut nous y mener, mais Mai 12.
cela est même moins que probable et le succès presque assuré; si l'alliance avec les quatre puissances nous enlève tout espoir de nous refaire par des indemnités et nous affaiblit extrêmement, celle-ci nous assurera des indemnités et nous renforcera, même elle nous procurera le seul moyen possible à procurer encore des avantages personnels aux habitants des provinces que nous avons cédées, devoir sacré pour le Roi vis-à-vis des sujets si fidèles.

8° Ce serait se faire illusion que de croire se tirer de ce dilemme entre les différentes puissances qui briguent notre alliance sans se prononcer et sans se prononcer bientôt. La mission d'apparat du prince Repnine et la déclaration du sieur Caillard se croisent d'une manière trop manifeste, pour échapper par des demi-mesures ou par des réponses dilatoires. Nous choquerons ou la Russie ou la France, et nous ne pourrons compter ni sur l'une ni sur l'autre, même toutes les deux prendront de la défiance et deviendront nos ennemis secrets. Après tout ce qui a précédé, je n'hésite pas à me prononcer pour une *alliance avec la France*, s'entend avec les modifications nécessaires, nommément celle, s'il est possible, que l'effet n'en saurait commencer qu'après la pacification générale sur le continent; ce serait même saisir l'esprit de la note de M. Caillard, qui appuie sur ce qu'il n'est pas question d'une guerre instante, mais bien plus de rassurer la France sur les manœuvres des puissances coalisées et sur la rentrée de la Prusse dans la coalition.

9° Si l'alliance avec les puissances coalisées, ou pour mieux dire, le refus de l'alliance avec la France, nous aurait dans l'instant même exposés à des dangers imminents, comme je l'ai détaillé plus haut et pour lesquels je puis m'en rapporter encore au tableau que M. de Brockhausen en trace dans sa dernière dépêche[1]), je crois qu'il est évident qu'au moins nous ne courons pas les mêmes dangers en choisissant la France pour alliée. L'Empereur sera toujours tenu en échec par la France; la Russie ne saurait remuer, nous connaissons trop bien l'état de ses finances, la désorganisation de son armée et le mécontentement de son intérieur, pour oser la craindre, et si même elle pouvait et voulait nous tomber sur le corps, il ne dépendra que de nous et de la France de la faire attaquer par la Suède et par les Turcs.

10° Si peut-être tout ce que j'ai avancé pourrait paraître concluant

---

1) In einem Bericht vom 8. Mai spricht Brockhausen von der in Dresden herrschenden Besorgniß, daß die bei Wetzlar versammelten Franzosen mit Leichtigkeit Sachsen und Franken überschwemmen könnten.

1798 Mai 12. et décisif, s'il s'agissait de la politique ordinaire d'après laquelle on a cru jusqu'ici devoir se diriger dans les cabinets de l'Europe, on m'objectera qu'ici il s'agit de sauver l'Europe d'une révolution générale et non d'un intérêt partiel et momentané. Cet argument porterait coup, et je ne nierais pas qu'il y a même du vrai dans ce raisonnement; mais posons en fait qu'il est question d'une révolution générale, il s'agit de savoir si on l'empêche absolument et si on l'éloigne en adoptant un système tel que la Russie, l'Autriche et l'Angleterre nous le proposeront. Avec les moyens que nous connaissons aux Français, nous pourrions prévoir que nous serions la première victime, car les Français étant déjà au cœur de l'Allemagne, nous serions obligés de nous opposer les premiers au torrent, avant que la Russie ait pris l'idée de faire quelque chose, si jamais elle veut et peut même le faire; et si enfin elle en prenait la résolution, une armée russe qui passerait par nos provinces équivaudrait une demi-révolution. Enfin pour combattre les Français avec avantage, il faut adopter leurs usages, leurs moyens, sans quoi nous serons toujours inférieurs et aurions constamment le dessous. Quels sont ces moyens dans l'armée? nuls magasins, nuls équipages; on existe par réquisitions, et on se pourvoit du nécessaire et même du superflu partout où l'on arrive. Cela est dur, mais cela est possible dans un pays qui n'est pas le nôtre, mais cela devient impossible, inhumain, dans les propres États du Roi, et sommes-nous sûrs d'établir nos armées sur un sol étranger? et si nous agissons avec les Saxons et les Hanovriens, nous serions à la vérité sur un sol étranger quand nous serions dans ces pays, mais eux ne le seraient pas, et je laisse là les réflexions sur ce qui en résulterait. Pour fournir aux moyens, il faudrait comme en France (avant qu'elle pillât tous les pays) mettre tout le numéraire en réquisition; pour fournir les recrues, mettre les hommes qui ne sont pas du canton en réquisition, de manière que toutes les villes exemptes aujourd'hui, telles que Berlin, seraient obligées de fournir des recrues; pour rendre l'armée aussi leste que celle des Français, où nul officier que le général et l'aide de camp ont des chevaux, il faut congédier tout notre état-major, nos capitaines et nos premier-lieutenants; car à l'exception d'une partie des lieutenants et des enseignes, nos officiers, avec la meilleure volonté du monde, ne seraient pas capables de faire les marches à pied et de porter leurs bagages en même temps. Ceci exigerait un remplacement général de tous ces officiers, qu'on ne saurait prendre que dans les simples soldats. Ce serait se faire illusion, selon moi, [que] de croire faire la guerre aux Français d'une manière avantageuse [autrement] qu'en adoptant leurs principes, et en les adoptant, en mettant en réquisition dans son propre pays l'argent, les

hommes et même, si l'armée y séjourne, tout ce qui lui est nécessaire, 1798
et en désorganisant l'armée par un changement total du corps des offi- Mai 12.
ciers, on adopte de fait une révolution volontaire, si on peut même parvenir à conserver l'état monarchique en employant des voies si dures; mais ce qui est bien plus à craindre, on amènera peut-être par cette marche une révolution républicaine, précisément le mal qu'on veut éviter, et on l'accélérera, au lieu de l'éloigner.

Berlin, ce 12 mai 98. Alvensleben.

P. S. J'ai négligé d'appuyer de nouveau, quant à l'article 5, sur le Mai 19.
danger qui nous menace de voir toute la Prusse méridionale et nouvelle Prusse occidentale en insurrection, dès que nous serons en guerre avec la France, puisque j'ai déjà eu occasion dans plusieurs vota de manifester mon opinion sur cet objet et que plus que jamais je suis convaincu que les Français mettront tout en œuvre pour donner de la suite à une marche qui jusqu'ici n'a été que secrète et qu'ils se sont ménagés de ne mettre en évidence que selon les circonstances. Leur silence absolu sur la Pologne fait preuve évidente de leur politique à cet égard, et je le répète encore: nous n'aurons rien fait malgré les paix les plus solennelles qui auraient été signées à Rastatt, si nous ne parvenons à les faire prononcer sur cet objet[1]).

172. Das Kabinets-Ministerium an Friedrich Wilhelm III. Berlin 1798 Mai 13.

Concept von L. D. Le Coq. Mundum gez. Finckenstein. Alvensleben. Haugwitz.

Die französischen Allianz-Anträge. Erwägungen für und wider die Annahme. Vorschlag zu einer Antwort an Caillard.

Depuis le rapport que j'ai eu l'honneur, moi Haugwitz, de faire Mai 13.
verbalement à V. M. de mes deux entretiens avec le sieur Caillard, dans lesquels il a produit, au nom et de la part de son gouvernement, la proposition d'une alliance à conclure entre V. M. et la France, ce ministre m'a fait parvenir la lettre adressée à moi seul, sous la date du 10 de ce mois, que nous prenons la liberté de joindre ici en original, et dans laquelle il renouvelle la susdite proposition, en tâchant de la représenter comme l'unique moyen de parvenir à une prompte paix et d'en assurer la durée, mais sans articuler avec précision la nature de l'alliance offerte, ni les conditions de la paix à laquelle elle devrait se rapporter.

1) Was Häusser in seiner deutschen Geschichte 2, 181 als Inhalt einer Denkschrift von Alvensleben angiebt, sind Stellen aus dem folgenden Berichte des Kabinets-Ministeriums an den König.

1798 Mai 13. Pour compléter ce qui concerne cet objet, il me reste à ajouter que dans une dépêche que le sieur Caillard m'a lue en plus grande partie, il est dit que sur la première nouvelle de l'événement de Bernadotte, le Directoire avait donné ordre de faire marcher ses armées sur le Rhin, mais que cette nouvelle avait été suivie de près par l'arrivée d'un courrier autrichien, porteur des assurances les plus positives de la part de l'Empereur, des regrets qu'il éprouvait de ce qui venait de se passer et de ses offres de satisfaction, qui faisaient espérer que cette affaire désagréable serait aplanie au contentement des deux parties; que l'Empereur annonçant en même temps le départ instant du baron de Degelmann pour Paris [1]), le Directoire avait résolu de son côté d'envoyer le général Bonaparte à Rastatt pour contribuer à cet aplanissement; qu'en attendant, il lui importait plus que jamais d'établir pour lui un système politique ferme et durable, et que pour cet effet, il réitérait à la Prusse la proposition d'une alliance qui servirait essentiellement à amener une prompte pacification; qu'elle avait à la vérité été déclinée au mois de septembre, mais qu'aujourd'hui les circonstances étaient entièrement différentes, puisqu'alors il avait été question de partager avec la France les hasards de la guerre, au lieu que le but de l'alliance proposée maintenant était d'abord la paix, et puis le maintien du repos et de la tranquillité pour tous les temps; enfin que si la Prusse pouvait s'y refuser encore une fois ou se borner à une réponse évasive, le Directoire serait forcé de chercher d'autres combinaisons; sur quoi le sieur Caillard m'a encore donné à entendre que dans ce cas il doutait que le gouvernement français voulût continuer à entretenir ici une mission formelle.

On ne pourra pas se dispenser de répondre par écrit à ce ministre, quoiqu'en adoptant une forme non-officielle, semblable à celle de sa lettre, et il s'agit par conséquent de prendre au sujet de l'alliance proposée un parti décisif. Dans la grande incertitude où V. M. se trouve encore aujourd'hui et depuis quatre mois sur les vrais sentiments de la cour de Vienne, grâce aux inconcevables lenteurs qu'elle a mises jusqu'à ce jour à répondre aux ouvertures pleines de franchise et de modération que vous lui avez faites, Sire, pour un concert sur les affaires de l'Allemagne, cette décision est infiniment difficile et offre de côté et d'autre la possibilité de suites sérieuses et embarrassantes.

Une alliance conclue dans ce moment-ci entre V. M. et la République française, supposé même qu'on parvînt à en rendre les stipulations purement défensives et innocentes et à en différer l'effet jusqu'après la pacification de l'Allemagne, n'en ferait pas moins la plus vive sensation,

1) Vergl. Häffer 2, 266.

surtout à Vienne et à Pétersbourg. Il en résulterait nécessairement un rapprochement et une union plus intime entre ces cours et celle de Londres contre la France et la Prusse, dont les effets éclateraient à la première occasion et qui par le fait équivaudrait à cette nouvelle coalition du Nord, qu'on regarde avec raison comme propre à éloigner toujours plus l'époque de la paix générale. D'un autre côté la France s'appuyant de l'alliance de V. M. n'en serait que plus difficile dans ses arrangements avec l'Autriche et saisirait peut-être le premier prétexte pour recommencer avec elle une guerre qu'elle trouverait bien moyen de faire passer pour défensive, afin d'y entraîner V. M. Il serait superflu d'observer combien d'après la position topographique de vos États, Sire, une rupture avec les deux cours impériales serait dangereuse; et aux embarras qui en résulteraient, pourrait se joindre encore le danger d'une insurrection qui éclaterait peut-être dans les parties russe et autrichienne de l'ancienne Pologne, et qu'on empêcherait difficilement de gagner de proche en proche les provinces polonaises de V. Majesté. On ne peut d'ailleurs se cacher que le gouvernement français, sans parler même des variations qu'il pourrait encore subir dans sa forme actuelle, n'est pas propre à inspirer de la confiance, soit dans ses principes, soit dans son exactitude à remplir ses promesses, au lieu que les cours impériales, malgré ce que leur conduite a eu jusqu'à présent d'équivoque et d'inexplicable, semblent du moins, pour peu qu'elles veuillent ouvrir les yeux, avoir un intérêt absolument identique avec V. M., tant sur les affaires de la Pologne, que particulièrement pour ce qui concerne la tranquillité intérieure et le maintien de la forme des anciens gouvernements. Enfin V. M. ayant une fois embrassé le système de la neutralité, sur lequel elle s'est encore récemment expliquée envers la cour de Pétersbourg, ce serait s'en écarter que d'entrer dans ce moment-ci en alliance avec la République française, et peut-être une persévérance inébranlable dans ces mêmes principes est-elle le seul moyen, s'il en existe un, de tenir dans un certain équilibre les forces des puissances respectives et d'accélérer la conciliation et la paix.

1798 Mai 13.

Mais le refus de cette alliance n'en est pas moins sujet aussi aux inconvénients et aux dangers les plus réels. La note et les discours du sieur Caillard font assez connaître qu'au défaut de V. M., le Directoire se tournerait du côté de l'Autriche, et on ne peut certainement répondre que ses offres d'alliance n'en soient accueillies. Il est probable alors qu'elle s'établirait aux dépens de l'Empire et surtout de la Bavière, que la cour de Vienne convoite et que la France se soucierait peu de sacrifier, en cherchant elle-même ses principaux avantages en Italie. S'opposer à ce système d'envahissement en Allemagne, ce serait risquer une

1798 Mai 13. guerre contre les forces réunies de la France et de l'Autriche, et pour en éviter les chances dangereuses, il ne resterait à V. M. que de se contenter d'indemnités modiques, qui dans aucun cas ne pourraient rétablir l'équilibre entre elle et la cour de Vienne. De plus, le gouvernement français, renonçant après ce refus à la convention de neutralité, reprendait peut-être plus sérieusement que jamais son projet d'envahir le pays de Hanovre et de séparer l'Angleterre du continent. V. M. se trouverait dès lors dans le cas de soutenir par la force le système qu'elle a embrassé pour la sûreté du Nord de l'Allemagne et d'avoir une guerre défensive avec la France, dans laquelle l'Autriche resterait tout au plus neutre et passive. Enfin il est très possible que pour opérer dans ce cas une diversion puissante, la France cherchât à exciter et à soutenir les dispositions révolutionnaires des mécontents en Pologne, qui, dans de semblables circonstances, seraient d'autant plus difficiles à réprimer, que la Russie, sur laquelle nous croyons en général qu'il n'y aurait jamais beaucoup à compter pour un secours actif et efficace, aurait sans faute les mêmes et de plus grandes difficultés encore à combattre chez elle.

Il n'appartient qu'à V. M. seule de prendre son parti entre ces deux alternatives difficiles. Si, comme nous avons lieu de le présumer, elle se décide à décliner la proposition du sieur Caillard, nous ferons tout ce qui dépendra de nous pour adoucir la forme de ce refus, en le motivant par le système de neutralité invariablement adopté par V. M. jusqu'à l'époque de la pacification et dont elle pouvait d'autant moins s'écarter qu'elle n'avait cessé de l'alléguer vis-à-vis des autres puissances; par le peu de nécessité d'une alliance pareille pour conclure la paix que le Directoire assure former son but principal et qui ne dépend que de la France elle-même; par le danger qui en résulterait au contraire pour une extension du feu de la guerre, puisque ce serait inviter les autres cours à se réunir entre elles et à former une nouvelle coalition contre la France; enfin par l'impossibilité d'établir, avant que la paix générale n'ait fixé et assuré les intérêts respectifs, un système de liaisons politiques solides et permanentes pour l'avenir. Nous y joindrons les assurances les plus expressives et les plus énergiques de la résolution de V. M. de n'entrer dans aucune coalition contre la France, tant que celle-ci voudrait respecter sa neutralité; mais ce qui, plus que toute autre chose, donnerait du poids à ces assurances et adoucirait le refus de l'alliance proposée, ce serait une insinuation, par laquelle on donnerait à entendre que V. M. ne prétendait nullement renoncer à des liaisons plus étroites avec la France pour la suite, et ne serait pas éloignée de s'en occuper à l'époque de la tranquillité généralement rétablie; qu'il importerait pour cet effet d'accélérer cette époque, comme V. M. n'avait cessé de le désirer, et qu'elle invitait la France à y travailler de concert avec elle, en commençant par lui communiquer d'une manière franche et complète ses intentions à ce sujet. Un article pareil a fait partie de la réponse que nous avons faite au mois de septembre dernier, suivant les ordres du feu roi, au sieur Caillard sur la proposition d'alliance dont il fut alors chargé, et comme la perspective que cette insinuation ouvrirait pour un rapprochement futur entre les deux puissances, ne serait toujours que très générale et subordonnée aux événements et aux circonstances, il n'y aurait en cela aucune contradiction avec les espérances également vagues et dépendantes des événements qu'on a fait concevoir au cabinet de Russie, pour la possibilité d'une réunion des gouvernements monarchiques après la paix conclue. Nous supplions donc V. M. de vouloir bien, en nous donnant ses ordres sur la réponse au sieur Caillard, nous faire connaître en particulier si elle agréerait qu'on y insérât l'article dont nous venons de parler? Nous ne manquerons pas au reste, après avoir dressé cette réponse, de la présenter à son approbation, avant de la délivrer au ministre de France[1]).

1798 Mai 13.

Parmi les suites possibles du refus dont il s'agit, nous avons allégué ci-dessus l'invasion des Français dans le Nord de l'Allemagne et nous avouons, Sire, que c'est celle qui nous paraît la plus vraisemblable et la moins éloignée, surtout si la France venait à se désister du projet d'une descente en Angleterre. V. M. saura apprécier dans sa sagesse la nécessité urgente qui en résulte de songer à temps et en silence aux moyens militaires et particulièrement aussi aux moyens pécuniaires qu'il faudrait en ce cas réunir pour soutenir la neutralité dont V. M. est l'auteur et l'appui.

Nous la supplions encore de pardonner l'étendue de ce rapport; l'extrême importance de l'objet ne nous a pas permis de passer sous silence aucune des considérations essentielles qui nous ont paru y appartenir[2]).

Häffer 3, 63.

---

1) Eine in diesem Sinne entworfene Antwort an Caillard (vom 15. Mai) erhielt, nach einer Conferenz mit dem Herzog von Braunschweig und Haugwitz, die Genehmigung des Königs.

2) Man darf sich nicht wundern, daß Alvensleben diesen seinen Ansichten widersprechenden Bericht an den König gezeichnet hat. Er pflegte zu unterschreiben, was seine beiden Collegen einmal unterschrieben hatten, indem er sich begnügte, seine abweichende Überzeugung durch ein Separat-Votum ad acta zu geben. Vergl. seine Denkschrift vom 1. Oktober 1797 No. 127.

173. Denkschrift des Grafen Haugwitz für den Herzog von Braunschweig[1]). Potsdam 1798 Mai 17.

Vollmacht für den Fall, daß die Franzosen die Neutralität Norddeutschlands verletzen, dieselben mit Gewalt zurückzuweisen.

1798 Mai 17. S. A. S. Mgr le duc de Brunswick est déjà informée par les communications verbales du ministre d'État comte de Haugwitz[2]) des propositions d'alliance adressées au Roi par le ministre de la République française et de la réponse déclinatoire de Sa Majesté.

Si les choses en restent là, si l'effet de ce refus se bornait à refroidir le Directoire sur des relations dont tous les résultats avantageux auraient été pour lui, tous les résultats critiques pour la Prusse, S. M. verrait accomplir son vœu le plus cher, et au milieu du désastre de l'Europe, ses États jouiraient encore de la paix et du bonheur qui la suit. Mais le ton qui caractérise les dernières ouvertures de la France, la menace verbale de rappeler son ministre si la Prusse n'y répond pas, la marche trop éprouvée d'un gouvernement qui se soutient par la guerre, le moment surtout, ne permettent point de se livrer aveuglément à cet espoir.

Dans l'ivresse de ses succès la France a décrété le plan gigantesque d'une descente en Angleterre. A mesure qu'elle s'est occupée des moyens, les obstacles se sont développés. Elle semble calculer enfin les dangers auxquels elle s'expose et désirer des circonstances qui la dispensent de les courir. Mais le Directoire a annoncé son plan avec tant de faste, qu'il se couvre de honte en reculant. Il lui faut du moins des motifs du plus grand poids. Il doit mettre un autre projet à la place, et il en est un qui non seulement motiverait l'abandon du premier, mais qui tendant au même but, quoique moins directement, effacerait plus que tout autre la honte du démenti.

On connaît les anciennes vues des Français sur Hanovre et sur Hambourg. C'est là qu'ils sont sûrs de porter à l'Angleterre un coup sensible, et sans la neutralité du Nord de l'Allemagne, sans la garantie de la Prusse, ils l'auraient frappé déjà. Qui peut répondre qu'ils n'y reviennent aujourd'hui? . . . C'est pour ce cas que S. M., qui se voit à la veille d'une absence de quatre semaines, devait à Mgr le duc de ne lui laisser aucun doute sur ses intentions pendant cette époque.

La neutralité du Nord de l'Allemagne est un point dont elle ne se

1) Nach einer von Haugwitz am 22. Mai seinen Collegen überreichten Minüte. (Der Stil scheint übrigens Lombard's Antheil zu beweisen.)

2) Der Herzog von Braunschweig und Graf Haugwitz waren gleichzeitig nach Potsdam zum Könige berufen worden.

départira jamais, et au moment où les Français violeront les engagements qui la fondent, c'est les armes à la main qu'elle en embrassera la défense. S. A. S. connaît les moyens dont elle peut disposer d'abord et ceux que des ordres préliminaires lui assureraient en très peu de temps. C'est à un talent comme le sien à juger sans appel de ce qu'il est possible d'effectuer avec eux. Quant au moment de les déployer, il est deux écueils que le Roi désirerait d'éviter également. Laisser aux Français le temps de préparer leurs mesures et de rassembler leurs forces sans préparer à son tour les siennes, serait pécher contre toutes les règles de l'art militaire. Précipiter ces apprêts avant que le besoin le prescrive, serait s'écarter d'un principe de politique auquel le Roi ne renoncerait qu'en gémissant. Il veut la paix. Il veut ôter à l'ennemi jusqu'à la dernière occasion de la rompre, éviter surtout de la provoquer. Des mesures militaires précoces qu'une politique avide de prétextes appellerait infailliblement offensives, seraient dans ce sens contre ses intentions. C'est là une considération que la sagesse de Mgr le duc appréciera sans peine, et il ne saurait entrer davantage dans les vues de S. M. qu'en s'étudiant à tromper l'attente des Français, qui vont épier ses moindres mouvements, les envenimer dans l'esprit de la nation et armer pour leur cause un enthousiasme que l'excès de la circonspection de notre part peut réussir enfin à lasser . . . 1798 Mai 17.

Mais si rien de ce qui peut mettre la République dans son tort ne s'est négligé, si aucune mesure prématurée n'a provoqué les siennes, si, au mépris de tous les efforts du Roi, les Français veulent, coûte qui coûte, poursuivre leur système de perfidie, s'ils violent la ligne de démarcation ou se préparent à le faire avec des moyens instants, redoutables, tels que le danger croisse par l'attente, ou qu'une plus longue circonspection fît perdre des ressources précieuses pour le repousser du premier coup, le Roi, aussi plein de confiance dans la façon de penser de Mgr le duc, que juste admirateur de ses talents, autorise S. A. S. à prendre dans son absence et sans attendre de nouvelles communications le parti que les circonstances pourront exiger, à n'en croire que ses connaissances et son tact sur la manière la plus utile de disposer de ses moyens militaires et à ne point risquer la perte d'occasions heureuses, ou le concours d'événements moins favorables, par une attente dont dès lors la confiance du Roi le dispense . . .

Berichte von Sandoz-Rollin aus Paris.

174. Unterredungen mit Talleyrand und Sieyès.

. . . [Talleyrand m'a dit]: »cent fois et mille fois je reviendrai à vous le Mai 17.

1798 dire: c'est un mal que votre cour ait voulu diviser et compliquer ses
Mai 17. négociations; elle n'obtiendra rien avec Vienne, elle aura refroidi considérablement l'amitié du Directoire. Je parle de tout cela en homme dévoué aux intérêts de la Prusse, et j'en parle surtout en homme qui y sera bientôt étranger; je serai destitué vraisemblablement d'un ministère où je n'ai essuyé que des déboires, et je serai nommé peut-être à l'ambassade de Constantinople; je la désire et je l'accepterai« . . . Dans le cours de cette conversation entièrement amicale, il me confia qu'il avait eu il y a peu de jours des discussions fort vives avec le sieur Rewbell sur les affaires de la Suisse; son sentiment était de soutenir que si on n'adoptait pas bientôt d'autres mesures, on y perdrait toute espèce d'influence; c'était un peuple belliqueux qu'on avait réduit au désespoir. La restitution des créances du canton de Berne était due à ses soins et avait coûté deux millions de livres de France[1]) . . .

P. S. C'est le lendemain[2]) du départ de ma dernière dépêche que j'ai vu l'abbé Sieyès; je le trouvai entouré d'un grand nombre de ses collègues des Cinq-Cents qui étaient venus pour le féliciter sur sa nomination. Après les premières paroles de politesse d'usage, il me prit à part et me dit: »avant d'accepter la mission de Berlin, j'ai voulu vérifier si l'amitié entre les deux nations n'était point équivoque, et si je ne courais pas peut-être la chance d'une rupture entre elles. Les dépêches de Caillard m'ont tranquillisé. Mon intention est de prêcher la paix à Berlin comme à Paris; la paix, qui est le seul moyen de maintenir l'Europe dans son assiette et de la garantir d'une anarchie affreuse. La Prusse a dans sa puissance la faculté de l'accélérer. On ne trouvera pas en moi . . . un politique dans l'acception du terme qui y est donnée ordinairement; mais on y trouvera un homme qui aime l'ordre moral et social, qui ne se prêtera pas à tous les projets du Directoire et qui saura même opposer dans l'occasion. De tout temps je n'ai vu qu'une liaison et une alliance naturelle pour la France: c'est celle avec le roi de Prusse. Je vois de même aujourd'hui, et je serais bien flatté si je parvenais à l'établir et à la cimenter« . . .

175. Unterredung mit Talleyrand: preußische Politik; drohende Entlassung Talleyrand's.

Mai 27. . . . »Tenez-le pour certain«, [m'a dit Talleyrand]: »les négociations du roi de Prusse avec les deux cours impériales ne sauraient avoir

1) Vergl. Hüffer 2, 323. Sybel 5, 123.
2) 15. Mai.

une bonne issue; de deux choses l'une: s'il obtient ce qu'il désire, il faudra qu'il entre dans un concert avec lesdites cours contre la Erance; s'il s'y refuse, il n'obtiendra rien, on contestera de plus ses indemnités, et il passera pour suspect et bientôt pour ennemi de l'un et de l'autre« ... Je m'explique librement avec vous, ajouta-t-il, en homme attaché sincèrement aux intérêts de la Prusse et qui ne sera bientôt plus rien dans les affaires« ... 1798 Mai 27.

[Talleyrand] m'apprit qu'aujourd'hui même dans la nuit le sieur Treilhard devait faire une motion dans le Directoire pour le maintenir en place, que le sieur Merlin l'appuierait de tout son suffrage, et qu'ils hésitaient de croire que Larevellière-Lepeaux lui fût contraire. Les deux autres directeurs s'étaient déclarés ouvertement contre: le sieur Barras, pour avoir attribué la froideur du général Bonaparte à son égard à quelque mauvaise insinuation de lui, Talleyrand; et le sieur Rewbell, pour avoir éprouvé sa critique et son opposition dans plusieurs objets politiques ...

176. Unterredung mit Treilhard. Debatte im Directorium über die Schweiz. Talleyrand.

J'ai eu occasion de voir le directeur Treilhard d'abord au Directoire et ensuite chez lui; j'ai été content de ce qu'il m'a dit dans cette conversation de ses dispositions pour la Prusse et du grand intérêt que la France devait mettre à lui procurer des indemnisations équivalentes à celles de l'Autriche ... J'ai été content de ses principes sur la politique future du Directoire, savoir qu'étant parvenu aujourd'hui à fonder l'existence et la durée de la République, il devait s'occuper du bonheur de ses peuples et n'intervenir dans les affaires de l'Europe que comme une grande médiatrice pour en affermir la paix; je n'ai rien vu en ceci ni dans ses autres discours qui annonçât le chaud révolutionnaire comme on l'a accusé ... Mai 31.

Non, le sieur Treilhard n'est point un chaud révolutionnaire; j'en ai la preuve dans ce qui vient de se passer dans le Directoire même, au sujet des arrangements à prendre pour la Suisse; le ministre des relations extérieures était présent et ne m'en aura point imposé dans cette occasion. Il était question de savoir si on donnerait droit aux commissaires français, dans la discussion concernant les scellés sur les caisses publiques[1]), ou au Directoire helvétique. Le sieur Rewbell voulant soutenir son beau-frère Rapinat, posait en principe que le Directoire

1) Vergl. Oechsli 2, 324.

1798 Mai 31. d'Aarau n'était qu'une magistrature provisoire; qu'en conséquence le commissaire pouvait être envisagé comme le centre de l'autorité jusqu'à ce qu'un nouvel ordre de choses fût établi. Le sieur Treilhard a attaqué le principe et le commissaire; il a soutenu que vouloir attribuer plus d'autorité à un particulier qu'à un corps gouvernant, était dérisoire et attentatoire à l'indépendance de l'Helvétie; qu'il fallait de toute nécessité adopter un autre système à l'égard de cette nation, sans quoi on la soulèverait et la jetterait dans les bras de l'Autriche. »Faire la guerre sans être en guerre et même sans la déclarer«, a-t-il observé, »est un acte peu digne d'une grande nation«. Le sieur Rewbell a repoussé faiblement ces arguments, et cependant rien n'a été décidé dans cette séance sur l'objet de la discussion . . .

Talleyrand m'a parlé de particularités injurieuses répandues sur son ministère dans les papiers américains et publiés par ordre du Congrès, particularités présentées d'une manière à influer sur son sort ministériel. L'air affecté et déconcerté avec lequel il a touché cette dernière circonstance m'a fait préjuger qu'il y avait du vrai dans leur exposé; je l'ai dit: la soif de l'argent l'aura entraîné dans une multitude de souillures[1]) . . . Je le crois perdu pour le ministère des relations extérieures. Le sieur Truguet est arrivé d'Espagne avec des preuves de sa vénalité dans le traité avec le Portugal . . .

177. Talleyrand über die Ablehnung der französischen Allianz-Anträge durch Preußen.

Juni 2. Gespräch mit Talleyrand über die Ablehnung der französischen Allianz-Anträge durch Preußen. Il me dit d'un air affecté et très sérieux: »Mais savez-vous que c'est trop souvent repousser les avances amicales de la République? peu de puissances ont été privilégiées à ce degré. Il entre dans tout cela de l'humeur, des préventions et peut-être aussi des obstacles secrets; je ne sais plus qu'en penser, tant de refus continués de votre cour pour des liaisons naturelles et nécessaires à l'affermissement de la paix deviennent incompréhensibles. Le Directoire, peu habitué à voir des propositions de cette espèce rejetées, sera forcé de se tourner d'un autre côté et de rechercher l'alliance de l'Autriche, à laquelle il répugnait. La Prusse en aura la faute de toute nécessité. La République française a besoin d'une alliance en Allemagne pour compléter son système politique. Toutes démarches ultérieures cesseront dès aujourd'hui envers la Prusse sur cet objet« . . .

---

1) Vergl. Sybel 5, 17.

178. Klagen Talleyrand's über die französischen Gesandten im Auslande.

. . . Le ministre des affaires étrangères, que j'ai vu ce matin, était 1798
abattu et consterné. »Concevez-vous«, m'a t-il dit, »que la République Juni 16.
française n'ait que des fous pour agents, pour ministres, pour ambassadeurs? c'est à qui me donnera le plus d'embarras. A Turin, Ginguené fait des scènes ridicules, par ex. il écrit au Directoire: j'ai pris une grande mesure digne de ma représentation; c'est celle de ne plus aller chez le ministre des affaires étrangères piémontais, mais de le requérir de venir chez moi; mesure qui sera tancée et redressée, comme il convient. A Naples, Garat fait un discours de maître d'école, qui aura fait rire d'étonnement toute l'Europe. A Gênes, Sotin voulait soulever la République ligurienne contre la Sardaigne; il écrivait que cette puissance lui déplaisait. A la Haye, le sieur Delacroix bâtissait des systèmes contre l'Angleterre, tandis que le gouvernement hollandais croulait sous ses pieds. Guillemardet, en Espagne, est trop novice pour qu'on ne doive pas attendre de sa part les plus grandes écoles. Aussi longtemps, ai-je dit en dernier lieu au Directoire, qu'on ne voudra employer en diplomatie que des conventionnels, on ne réussira qu'à faire abhorrer la République française« . . .

179. Rewbell über die Sendung von Sieyès nach Berlin.

Rewbell bemerkt: »L'abbé Sieyès a été chargé de répéter aussi for- Juni 24.
mellement qu'il est possible combien l'attachement du Directoire pour la Prusse est franc, loyal et sincère, et il ne tiendra qu'à elle d'en ressentir les effets. L'abbé Sieyès connaît nos intentions et a toute notre confiance. Le grand objet de sa mission, et je n'ai aucune raison de vous le cacher, . . . consistera principalement à détourner le roi de Prusse d'entrer dans aucun pacte contre nous, mais à l'engager plutôt de former des liaisons intimes avec la République française« . . . »Chaque fois«, lui dis-je, »que j'entends parler d'arrangements secrets et de ligues secrètes contre la France, je ne puis m'empêcher de lui en attribuer la faute. Comment Naples peut-elle voir détruire Rome sans en être ébranlé et sans craindre le même sort? et comment le roi de Sardaigne ne serait-il pas alarmé en voyant bouleverser la Suisse, et en voyant la lenteur avec laquelle on arrête les hostilités injurieuses de Gênes. Vous êtes revenu à un autre système, bien plus peut-être par la considération de trouver l'Europe réunie et prête à se soulever contre vos entreprises, que par la conviction d'assurer mieux le repos de votre république« . . . »Désabusez-vous«, répliqua ici le sieur Rewbell, »nous sommes revenus à d'autres principes par la considération que vouloir gouverner les autres est se perdre et s'anéantir soi-même« . . .

180. Diskussion im Directorium über die auswärtige Politik Frankreichs. Treilhard. Gespräch mit Rewbell. Talleyrand.

1798 Juni 28. . . . Le Directoire commence à soupçonner qu'il a été induit en erreur sur les affaires de Hollande et à changer d'opinion à cet égard. Le parti qui a triomphé lui paraît être encore plus opposé à l'influence française, que celui qui a succombé. Le sieur Rewbell dit à qui veut l'entendre: »c'est un bien mauvais exemple de voir une minorité de 150 hommes renverser un gouvernement établi, et de le voir rappeler dans les emplois tous ceux qui en avaient été expulsés. Sait-on même, ajoutait-il, si le parti qui triomphe est patriote, ou orangiste, ou anglais? on n'y connaît plus rien«. Delacroix a adressé un mémoire justificatif de sa conduite, qui n'a été accueilli que de ce seul directeur, la majorité du Directoire s'étant réunie à le rejeter; il y a eu même à ce sujet une altercation assez vive entre ce dernier et Treilhard. »Conciliez-vous donc«, a dit celui-ci; »vous abhorrez les Jacobins en France, et vous voulez les soutenir en Hollande. L'impéritie du sieur Delacroix s'est montrée dans toute sa conduite et pouvait entraîner les suites les plus sérieuses. C'est à cette impéritie de vos agents, observait-il, et de vos ministres dans l'étranger, qu'il faut attribuer l'alarme qui est répandue en Europe sur vos projets et sur votre système politique. Ne voit-on pas Garat donner au roi des deux Siciles le conseil de se faire Jacobin? ne voit-on pas Ginguené organiser une guerre entre le roi de Sardaigne et Gênes? et ne voit-on pas, car il faut tout dire, Rapinat soutenir que les caisses helvétiques sont des caisses françaises? Qu'arrive-t-il de là? que votre gouvernement ne s'étend pas au delà de cette enceinte, et que le gouvernement est véritablement là où sont vos généraux et vos agents de toute espèce. Il est temps de mettre fin à tout cela, si vous ne voulez pas être compromis sans cesse, affaiblir votre considération et anéantir votre puissance«. Le sieur Rewbell a tenté de relever ces objections, dont une portait directement contre lui-même; mais le sieur Treilhard avait fait impression et a réuni les suffrages. Quelle différence de sentiment et de langage de cet homme à Rastatt et de cet homme directeur! Ceux qui l'ont connu dans ce premier lieu, comme le plénipotentiaire Melzi[1]), assurent qu'elle est extrême. Cependant son séjour au congrès ne lui a pas été inutile, et a pu servir à l'éclairer sur la réunion des puissances en masse contre les principes et le despotisme de la République française . . .

J'allai visiter le président Rewbell; . . . j'y trouvai quelques membres

1) Graf Melzi d'Eril, Bevollmächtigter der cisalpinischen Republik in Rastatt.

des deux Conseils rassemblés. Les affaires d'Italie devinrent le sujet 1798
de l'entretien général, et j'entendis ces représentants s'extasier sur l'a- Juni 28.
venir florissant qui attendait ces diverses républiques. »Serait-ce bien là ce que vous en pensez«? dis-je à Rewbell quand ils furent sortis. »Non pas tout à fait«, dit-il... »C'était une des grandes conceptions de Bonaparte de vouloir édifier ici une république, et d'en détruire là une autre... J'ai soutenu dans le temps qu'il était cent fois plus avantageux à notre système politique et militaire d'avoir la Lombardie pour ennemie, que pour amie, et les faits le prouvent déjà; mais les triomphes et la gloire de Bonaparte avaient subjugué et comprimé toutes les opinions. Jamais peuples ne furent moins propres au système républicain, ajouta-t-il, que ceux de la Lombardie et de Rome; il en arrivera ce qui pourra« ...

Le ministre des relations extérieures a repris un peu de considération dans le Directoire depuis que le sieur Barras lui a rendu son amitié. Le ministre de la marine a été le conciliateur, et l'on ne pouvait pas mieux choisir. Dès ce moment Talleyrand a réuni la majorité du Directoire en sa faveur, et pourra se soutenir encore quelque temps dans son ministère. Jamais ministre n'aura eu tant de haut et de bas dans sa faveur ...

181. Nachricht von der Besetzung Malta's.

... Lorsque la capitulation de l'île de Malte a été lue par le mi- Juli 4.
nistre de la marine, le Directoire s'est fort récrié sur cet acte de générosité, de permettre aux chevaliers de Malte de rentrer en France et d'accorder au grand-maître une pension aussi forte que celle de 300 mille francs; c'était une condescendance déplacée. »Remercions le général Bonaparte, a dit le ministre de la marine, d'avoir su procurer à la République française une conquête de cette importance, et respectons la capitulation«. Le lendemain de la réception de cette nouvelle[1]), le chevalier Azara[2]) a représenté au ministre des relations extérieures que la cour d'Espagne a des droits incontestables sur cette île, et qu'elle les revendiquerait si celle de Naples négligeait de faire valoir les siens. »Vous avez raison«, a répondu ce ministre, »ces droits seraient incontestables sans doute pour toute autre puissance que pour la République française«. »Je ne reçois pas cela pour une réponse«, a repris Azara, »et je remettrai une note à ce sujet«. On peut prévoir l'inutilité d'une démarche pareille. Naples n'osera ni se plaindre ni protester contre cette conquête ...

1) Die Nachricht von der Besetzung Malta's war am 30. Juni in Paris.
2) Spanischer Botschafter, Nachfolger von del Campo.

1798 Juli 4. Je l'ai dit: le Directoire ne veut pas la guerre, mais il ne fera rien pour l'éviter; fort de ses succès passés, il se croit supérieur à tous les événements et à toutes les coalitions . . .

182. Graf Finckenstein an Graf Haugwitz und Baron Alvensleben. Berlin 1798 Juli 5.

Audienz von Sieyès bei dem König.

Juli 5. Le nouveau ministre de France M. Sieyès m'a remis, au sortir de son audience, la copie du discours qu'il a tenu au Roi[1] . . . Le Roi m'ayant fait entrer, après toutes les audiences finies, m'a parlé de ce discours, en me disant qu'il y avait observé des phrases qui tendaient visiblement à des relations intimes avec la France; mais qu'il s'était contenté d'y répondre en termes généraux, qu'il ne demandait pas mieux que d'entretenir et de cimenter l'amitié et la bonne intelligence qui l'unissait à la République, et S. M. m'ajouta qu'elle n'avait nullement l'intention d'aller plus loin et d'entrer dans des liaisons plus étroites avec ces gens-là; c'est à quoi je n'ai pu m'empêcher d'applaudir, puisqu'il n'y avait aucun fond à faire sur une puissance qui ne tenait rien de ce qu'elle promettait et qui n'agissait que par le principe de ses avantages et de son utilité et sans s'embarrasser de celle des autres et même de ceux qu'elle regardait comme ses amis. Je m'attends au reste que cet homme dangereux nous taillera de la besogne et tiendra une marche très différente de celle de son prédécesseur.

Berichte von Sandoz-Rollin aus Paris.

183. Konvention mit dem König von Sardinien. Die Ereignisse in Holland. Stellung des Direktoriums zu den Gesandten im Auslande und den Parteien im Inneren.

Juli 8. . . . Le roi de Sardaigne a signé une convention avec le général Brune, pour remettre la citadelle de Turin au pouvoir des Français[2];

1) Sieyès hatte bei seiner Audienz Folgendes geäußert: . . . j'ai accepté cette mission, parce que je me suis constamment prononcé . . . en faveur du système qui tend à unir par des liens intimes les intérêts de la France et de la Prusse, parce que les instructions que j'ai reçues étant conformes à mon opinion politique, mon ministère doit être franc, loyal, amical, convenable en tout à la moralité de mon caractère; parce que ce système d'union d'où dépendent la bonne position de l'Europe et le salut peut-être d'une partie de l'Allemagne, eût été celui de Frédéric II, grand parmi les rois, immortel parmi les hommes, et parce que ce système enfin est digne de la raison judicieuse et des bonnes intentions qui signalent le commencement de votre règne . . .

2) 28. Juni.

et c'était dans le moment où le Directoire souhaitait qu'il rejetât sèchement cette proposition [1]), et c'était dans le moment où son ambassadeur pressait une réponse pour faire révoquer une demande semblable. »On ne saurait croire«, me dit avant-hier le ministre des relations extérieures, »la surprise et l'embarras que cette convention a causé à ce même Directoire, et elle a été d'autant plus imprévue, qu'il n'en voyait pas la nécessité. Que risquait en effet ce monarque d'attendre les dépêches de son ambassadeur pour se diriger? Une crainte exagérée l'a fait céder à ce que Brune, Sotin et Ginguené ont exigé de lui« . . . »Qui empêche«, observai-je à ce ministre, »que vous ne désapprouviez la conduite de Brune et consorts dans cette occasion? et qui empêche surtout que vous ne cassiez la convention qui vient d'être signée? C'est un beau témoignage à donner à l'Europe que le Directoire n'a point d'arrière-pensée sur le Piémont«. »Les ministres de la République ne sauraient être désavoués à ce degré; on ne saurait sévir contre eux comme ayant agi de leur seule autorité sans compromettre le Directoire« . . .

1798 Juli 8.

Le sieur Rewbell est convalescent d'une colique néphrétique et n'assiste aux séances du Directoire que lorsqu'elles se tiennent chez lui. Je l'ai vu un instant avant-hier au soir, et en présence de trop de monde pour avoir pu parler librement; à peine eus-je le moyen de lui dire: »les affaires de Piémont pourraient embarrasser la paix, si vous n'y mettez ordre«. »Le roi de Sardaigne est bien mal conseillé«, répondit-il à voix basse; »il montre d'un côté un ressentiment déplacé en entrant à main armée sur le territoire génois, et il montre de l'autre une faiblesse extrême en précipitant l'arrangement qu'il vient de faire«. »Mais avait-il le choix d'en prendre un autre«? observai-je; »le temps était pressant«. »Mieux valait-il attendre le résultat de ce qu'il avait commencé ici«, répondit-il . . .

Les affaires de Hollande divisent toujours fortement ici les suffrages du Directoire; quelques-unes des dernières séances ont été fort orageuses à ce sujet. Le sieur Treilhard essaye son caractère et son esprit en combattant successivement les idées de ceux de ses collègues qui veulent dominer. Dernièrement il a entrepris Larevellière-Lepeaux, et l'a traité d'ignorantissime sur ces mêmes affaires de Hollande; il l'a défié de lui dire avec précision quel était le parti en Hollande qui était favorable au système français, et quel était le signe auquel on le reconnaissait? et il l'a défié de lui dire quel serait le dernier résultat de ces choses de partis? Le sieur Barras, qui n'a plus ni voix ni influence pour les affaires, en a pour ces scènes de discorde, et parvient à les contenir. Au milieu de

1) So behauptet Sandoz in seinem Bericht vom 4. Juli.

1798 ces divisions, on se réunit néanmoins à ne pas admettre les lettres de
Juli 8. créance du ministre de Hollande, sous prétexte que son gouvernement n'est ni assis ni avoué; on a fait retirer, par une suite de cette opinion, Roberjot de la Haye, pour lui rendre sa première commission à Rastatt. De tous côtés ce sont les agents intérieurs et extérieurs qui mènent et dirigent le Directoire; aussi les inconséquences qui en résultent sont multipliées, et altèrent la confiance qu'on pourrait y avoir. En Sardaigne, on voit Ginguené et Sotin agir selon leur bon plaisir, sans se mettre en peine des intentions du gouvernement. En Suisse, l'on voit Rapinat désavoué et rappelé, puis justifié et réintégré, et cela dans l'espace de quinze jours. Toutes ces inconséquences proviennent du degré d'inquiétude et d'embarras que le Directoire prend successivement ou des Jacobins, ou des prétendus royalistes. Si ceux-là conspirent, il s'attache aux gens modérés; si ceux-ci conspirent au contraire, il s'attache aux gens ardents et impétueux; ainsi ballotté sans cesse d'un parti à l'autre, il suit une marche incertaine et affaiblit autant de fois l'opinion publique, qui est la seule force des gouvernements . . .

184. Gespräche mit Talleyrand und Don Azara.

Juli 12. . . . [Talleyrand m'a dit]: »J'ai soutenu encore en dernier lieu qu'il fallait montrer à l'Europe qu'on pouvait prendre confiance aux engagements et aux traités contractés avec la République française, et j'ai soutenu de plus qu'il fallait assujettir les envoyés et les agents dans l'étranger à leurs instructions, et à une responsabilité sévère s'ils s'en écartaient . . . Die Friedensunterhandlungen drohen zu scheitern. La cour de Vienne n'y songe pas assez: ce n'est pas l'armée française qu'elle aura principalement à combattre; c'est l'esprit révolutionnaire qui se répandra comme un torrent dévastateur et qui ravagera toute l'Allemagne[1]) . . . L'on croit à Vienne que la République française a un besoin urgent de la paix, et l'on croit à Paris que l'Autriche ne peut pas soutenir deux années de guerre. Voilà l'esprit qui règne dans les négociations des deux partis et qui arrête la conclusion de la paix qui préserverait l'Europe d'un bouleversement général« . . .

Le chevalier Azara, avec qui je me suis lié, croit la guerre inévitable. »J'ai été témoin en Italie«, m'a-t-il dit, »des exactions répétées

---

1) Bei einer anderen Gelegenheit bemerkt Talleyrand: Des traînées de poudre révolutionnaire ayant des ramifications fort étendues sont toutes prêtes et n'attendent que le signal d'être allumées; leur explosion bouleverserait le monde. (Sandoz, 22. Juli.)

des Français et du vœu secret et général des peuples de retourner plutôt à l'Empereur que de rester dans une dépendance aussi humiliante. J'ai entendu au Directoire cisalpin me dire en confidence: si la guerre recommence, la République cisalpine croule, et nous favoriserons sa chute bien loin d'y mettre opposition« . . . 1798 Juli 12.

185. Diskussion im Direktorium über Krieg und Frieden. Gedanke einer Vermittelung Preußens.

. . . La cessation des conférences de Selz n'est pas regardée ici comme un sujet de rupture avec l'Empereur, mais c'est de celles de Rastatt qu'on attend la grande solution de la paix ou de la guerre. Le conclusum de l'Empire, reçu ici avant-hier[1]), a causé autant d'étonnement que d'humeur, et a donné lieu à des débats assez sérieux dans la dernière séance du Directoire. Il était question de déterminer si l'on devait continuer les négociations et reporter à Rastatt les objets qui n'avaient pas été réglés à Selz. Larevellière-Lepeaux soutenait qu'après tant d'offres et d'essais infructueux, il fallait rompre et recommencer la guerre. Le sieur Merlin avouait qu'en voyant la mauvaise foi du cabinet de Vienne, il n'avait pas des idées assez nettes des propositions faites d'une part, et du refus de l'autre, pour fixer son jugement à cet égard. Le sieur Treilhard pensait qu'avant de prononcer définitivement la guerre, il fallait épuiser au moins les derniers moyens de rapprochement soumis à leurs plénipotentiaires. Le sieur Rewbell, toujours malade, disait par écrit qu'il avait besoin de toucher au doigt et à l'œil les ressources et les moyens de la République, avant de voter une guerre qui deviendrait générale et terrible. Le sieur Barras s'est rangé de l'avis de Treilhard; mais tous se sont réunis au même sentiment, de rassembler un grand appareil de guerre pour en imposer à l'Empereur et à l'Empire. On a déjà réuni près de 100 mille hommes en Italie, et l'on doit porter l'armée d'Allemagne à 300 mille hommes. Le général Hatry, regardé ici comme un général de paix, a été remplacé par Joubert[2]), estimé pour être le meilleur militaire après Bonaparte. La crise est véritablement commencée pour l'Allemagne. Juli 14.

En effet, de la manière dont je connais les passions qui agitent ici le gouvernement, un rien peut décider la guerre. Le grand plan de l'Autriche, et je crois le deviner, n'est pas de s'inquiéter du sort de l'Allemagne, mais de s'agrandir en Italie en renversant les Républiques

1) Vergl. Häffer 3, 176.

2) Hatry wurde im Kommando der französischen Truppen in Mainz durch Joubert ersetzt.

1798 Juli 14. cisalpine et romaine. Tout cédera peut-être à cette funeste idée de son ambition; mais il conviendra aussi peu aux intérêts de V. M. de voir l'Allemagne révolutionnée et dévastée, qu'il lui conviendra de soutenir tous les efforts de la guerre pour l'empêcher. C'est donc le moment pour V. M. d'interposer ici ses bons offices pour arrêter la reprise d'une guerre qui embraserait l'Europe dans toutes ses parties, et c'est une démarche digne de la grande célébrité de son règne. L'Espagne y interviendra aussi pour sa part, à ce que m'a assuré le chevalier Azara. »Si la Prusse ne veut pas la guerre«, m'a dit hier le sieur Barras, »ainsi qu'elle nous en a donné à différentes reprises l'assurance, elle devrait intervenir pour conjurer l'orage prêt à bouleverser l'Europe; le Directoire ne sera pas éloigné de faire quelque sacrifice pour se rapprocher«. Le sieur Treilhard m'a tenu le même langage, aux sacrifices près, dont il n'a sonné le mot, ajoutant de plus que les succès de la guerre pouvaient être douteux, mais que les succès de l'esprit révolutionnaire ne le seraient pas; circonstance qui devait être prise en sérieuse consideration . . .

186. Das Directorium wünscht den Frieden.

Juli 18. Unterredung mit Rewbell und Treilhard über die Unterhandlungen in Rastatt. J'ai cru remarquer dans l'air et le langage des directeurs la crainte de se voir entraînés dans une nouvelle guerre et dans des événements incalculables. Le Directoire veut décidément la paix, quelque doute que j'entende mettre souvent à ses dispositions à cet égard. Il en a besoin pour ne pas tomber dans la dépendance absolue des généraux et de l'armée; tant d'exemples passés et récents lui en ont montré le danger; et il en a besoin parce que la possibilité de reproduire les moyens révolutionnaires pour se procurer de l'argent lui est ôtée . . .

187. Unterredung mit Talleyrand über die Beziehungen Frankreichs zu Preußen. Kosciuszko.

Juli 26. . . . Une foule de ci-devant nobles était hier chez Talleyrand, tous frondeurs et solliciteurs, et qui, à la longue, le perdront dans l'esprit des républicains et du Directoire. Il me tira à l'écart et me dit: »je veux vous donner communication de quelques articles d'une dépêche que j'adresse à l'abbé Sieyès.« Il me fit lecture en effet de ceux qui roulaient sur la nécessité que V. M. interposât ses bons offices entre la République française et l'Autriche pour obtenir une paix prompte et durable [1]; ce

[1] Hierauf erging folgender Erlaß: Mes principes vous sont assez connus pour que vous deviez être sûr que si, par l'interposition de mes bons offices, je puis contribuer

serait un rôle digne de ses intérêts politiques et de sa puissance . . . Il 1798 dit: ou il faut que V. M. se prononce sur les conditions de la paix, ou il Juli 26. faut que le Directoire cède à tous les sacrifices que l'Empereur exigerait et qui sont tels à dénaturer le système politique de l'Europe. Nulle alternative encore y était. Il répète: ou une alliance avec la Prusse, alliée naturelle de la République française, ou une alliance avec l'Autriche, tout incompatible qu'elle puisse être. Enfin on disait à Sieyès: si ces considérations et d'autres que vous saurez ajouter ne produisent aucun effet sur le cabinet de Berlin, vous renfermerez alors votre mission dans un rôle absolument passif d'observateur. Sandoz betont dagegen die rücksichtslose Haltung Frankreichs gegen Preußen. »Vous exigez beaucoup de condescendance de vos amis, mais vous ne dites ni ne faites rien pour les y déterminer . . . Examinez vos démarches et vous trouverez qu'elles tendent bien plus à repousser la confiance qu'à l'attirer. Ne vois-je pas par ex. Kosciuszko recherché et fêté par le Directoire [1]), et n'entends-je pas qu'on lui prête des projets extraordinaires et opposés aux intérêts de la Prusse«? Le ministre des relations extérieures ne releva que ce dernier article et avec vivacité: »qu'on ne dise pas que Kosciuszko soit écouté ici; ce serait avoir une pauvre idée de notre discernement. Ce Polonais est trop borné en tout genre pour pouvoir être consulté en rien; ses partisans sont dispersés et ont une faible opinion de ses talents militaires. On lui donnera des dîners par curiosité, une chétive pension peut-être, et on l'oubliera comme tant d'autres plus méritants que lui [2])« . . .

188. Die Jakobiner. Sendung von Lahoz. Rewbell.

. . . Le parti jacobin s'agite ici . . . et souffle la guerre comme un Juli 28. moyen d'embarrasser le Directoire et de l'exposer à des revers dont il pourrait tirer avantage. Plusieurs membres des deux Conseils partagent les mêmes idées, dans l'espoir de sortir de la honteuse sujétion

---

au maintien ou au rétablissement de la paix, particulièrement de celle entre la France et l'Empire, je m'y emploierai avec zèle et empressement; mais si la République continue à vouloir me charger d'une médiation armée et mettre pour condition de sa déférence à mon interposition la conclusion d'une alliance entre elle et moi, je ne pourrais me rendre à son invitation sans déroger au système de neutralité que j'ai invariablement embrassé. (6. August.)

1) Kosciuszko war im Juli von Amerika nach Paris gekommen.

2) Bei einem anderen Gespräch äußerte sich Talleyrand in folgender Weise über Kosciuszko: »nous avons jugé Kosciuszko bon pour le courage, mais inepte pour conduire la moindre entreprise. Dans nos mœurs, tout homme qui ne sait pas s'exprimer avec originalité, avec facilité et avec esprit, est perdu et bientôt méprisé«. (Sandoz, 19. August.)

1798 Juli 28. où ils sont tombés. Les uns et les autres sont loin de prévoir que le parti qui prédominera en France sera celui de l'armée, qui servira dans la suite du temps de transition à un autre ordre de choses.

De toutes parts on n'entend que plaintes contre le Directoire français et ses agents. Le Conseil cisalpin vient d'envoyer ici le général Lahoz pour dénoncer le conciliabule de Milan et spécialement Brune et Ginguené comme conspirant à changer la forme de leur gouvernement et leur existence politique. Le fait est que ceux-ci voulaient faire passer toute l'autorité au Directoire cisalpin pour éprouver moins de difficultés et d'opposition dans les grands arrangements qu'ils méditent. Le général Lahoz sera mal accueilli et considéré ici. Il passe pour être un déserteur autrichien et pour être très suspect dans son dévouement à la Cisalpine. Le général Bonaparte a fait sa fortune. Il est à remarquer que les deux secrétaires qui l'ont accompagné sont des insurgés piémontais . . .

Le sieur Rewbell est toujours sérieusement malade et n'assiste à aucune séance du Directoire. Sa femme voudrait qu'il donnât sa démission; mais ses autres parents, avides de places et d'argent, s'y opposent fortement, et lui-même n'y est pas disposé. En attendant les amis de Sieyès viennent de faire partir pour Berlin un nommé Perret pour le tenir au courant de tout ce qui se passe, et pour prendre sa réponse et son consentement pour le directoriat, pour le cas où Rewbell viendrait à donner sa démission ou à terminer sa vie . . .

189. Gespräch mit Talleyrand. General Brune.

Aug. 1. Sandoz fragt Talleyrand nach dem Schicksal von Piemont. »Vous cherchez en vain«, me dit-il, »un gouvernement plus absurde que le nôtre sur la surface de la terre; il est si absurde, que j'ignore parfaitement ce qui est tramé à ce sujet. Je déteste Ginguené et ses manœuvres autant que le roi de Sardaigne peut le faire. J'ai quelques amis dans le Directoire qui se sont bien montrés en ma faveur dans l'occasion; malgré cela, je n'ai pas pu réussir à éloigner cet ambassadeur de sa mission« . . .

L'accueil que le général Brune a reçu du Directoire a été assez froid; il n'a été amical que de la part de Barras, son protecteur et son ami . . . Brune n'était point initié . . . dans le grand plan qui concerne l'Italie, et l'ordre qui l'a appelé ici peut y avoir rapport. Présentement il est occupé à se disculper des dénonciations faites contre lui par le Directoire cisalpin; ce qui ne sera pas difficile. L'ambassadeur de Sardaigne a eu un entretien avec ce général, dont il m'a confié la sub-

stance. A entendre Brune, les Français ont sauvé le Piémont d'une 1798
insurrection générale; Ginguené et lui ont dénoncé au roi ceux de ses Aug. 1.
employés qui exciteraient et fomenteraient les troubles avec ses voisins du Milanais et de Gênes . . .

190. Unterredung mit Talleyrand über Napoleon Bonaparte. Rewbell.

. . . Le ministre des relations extérieures a essuyé, au sujet du Aug. 5.
nouveau plan sur l'Italie, une scène mortifiante: le sieur Larevellière-Lepeaux l'a traité de ministre insouciant, inexact et de républicain douteux, pour n'avoir pas rapporté au jour prescrit le travail qui lui avait été demandé à ce sujet; mais cette scène n'a pas troublé son existence ministérielle . . .

Gespräch mit Talleyrand. Talleyrand croit le général Bonaparte sorti de Malte et fort exposé, si Nelson n'a pas perdu son temps à croiser devant l'île. Il sent que l'habilité de cet amiral anglais, son courage entreprenant, assurent tout l'avantage à la flotte de ce dernier; mais aussi il tient pour certain que le général Bonaparte ne serait pas pris vivant, mais mort. »Ce n'est pas«, ajouta-t-il en baissant beaucoup la voix, »que le Directoire serait fort affligé de l'échec qu'il pourrait recevoir; la gloire de ce général a trop retenti, et il ne serait pas fâché de la voir un peu ternie«. En sortant de cette conférence, j'ai demandé à voir le directeur Rewbell sans y réussir; on me l'a annoncé comme étant toujours en souffrance et en danger. Quelques personnes veulent savoir qu'il éprouve des délires fréquents, et qu'alors il jure de n'avoir point reçu d'argent et de n'en point laisser après sa mort. Le genre de sa maladie est fort incertain encore, car Treilhard, consulté s'il avait la pierre, a répondu en riant que c'était de la bile recuite avec de la colère . . . Le plan de Talleyrand est fait: il aspire à signer la paix continentale; après quoi il postulera l'ambassade de Vienne pour s'y ménager une retraite et y jouir de la grande fortune que sa vénalité lui a procurée . . .

191. Preußische Denkschrift an Sieyès. Berlin 1798 August 3.

Concept von L. D. Le Coq; gez. Haugwitz.

Die Grundlagen für den Frieden zwischen Frankreich und dem deutschen Reiche.

Le citoyen Sieyès, envoyé extraordinaire de la République fran- Aug. 3.
çaise, ayant témoigné au ministère du Roi le désir que l'on pût tomber d'accord à Berlin des principes fondamentaux de la pacification germanique, de manière à amener ensuite la prompte conclusion de cet ouvrage

1798 salutaire d'après ces mêmes principes, on a cru devoir exposer dans le
Aug. 3. présent mémoire les principales idées qui, selon le sentiment de S. M., doivent y servir de base.

Le Roi lui-même, ainsi qu'il l'a témoigné en tant d'occasions, n'a pas de plus ardent désir que de contribuer à l'accomplissement du vœu général qui demande le rétablissement de la paix et de la tranquillité. Mais il voudrait surtout que cette paix fût solide et durable et fondée pour cet effet sur des principes qui pussent ramener et affermir la confiance réciproque, et ne pas laisser la partie souffrante dans un état constant d'ombrage et d'appréhension. Telle sera sans doute aussi la façon de penser du Directoire, et certainement, les motifs puissants qui peuvent l'y engager n'échapperont point aux lumières d'un ministre aussi éclairé que le citoyen Sieyés. Le Roi n'a jamais méconnu que la France, dans la position où le succès de ses armes l'a placée vis-à-vis de l'Empire, doit en recueillir des avantages, et, d'après cette considération, S. M. a éventuellement acquiescé pour elle-même et concouru à déterminer la députation de l'Empire au congrès de Rastatt à souscrire au sacrifice énorme de la rive gauche du Rhin. La mission française à Rastatt doit rendre à cet égard à la sienne une entière justice, et la paix serait signée depuis longtemps si l'on s'en fût tenu strictement à ce premier principe. En effet, le Roi s'attendait avec toute l'Europe que la République ne pousserait pas plus loin ses prétentions et que, satisfaite enfin de la frontière naturelle qu'elle avait demandée et réalisant ses assurances pacifiques tant de fois répétées, elle ne voudrait point élever de nouvelles difficultés et exciter de nouvelles alarmes, en réclamant sur les possessions de l'Empire et sur les droits de ses membres au delà de cette limite. Personne n'ignore que depuis longtemps, et bien avant la dernière guerre, une chaîne des meilleures forteresses, faciles à approvisionner et à secourir de l'intérieur du pays, rendait déjà la France presque inaccessible à des armées étrangères du côté de l'Allemagne. Depuis cette dernière époque, l'esprit militaire de la nation a pris un nouvel essor. La bravoure de ses troupes, les talents de ses généraux, ont acquis une réputation aussi juste qu'universelle. La réunion de la Belgique a plus que doublé cette force défensive, et en ajoutant maintenant à tant de moyens la frontière du Rhin, toutes les positions fortes que présente la rive gauche de ce fleuve et particulièrement la forteresse de Mayence regardée de tout temps comme le boulevard de l'Allemagne, il ne reste certainement pas le moindre doute que le territoire français ne devienne désormais inattaquable dans toute la force de l'expression.

Il le serait, si même la rive droite du Rhin était occupée par une puissance en état de réunir promptement ses forces et de les concentrer sur un même point. Mais que l'on compare au tableau précédent celui que présente de ce côté l'Empire divisé en nombre d'états, faibles et isolés, ou du moins éloignés de plus de cent lieues du centre de puissance des deux grandes monarchies de l'Allemagne, l'Autriche et la Prusse! Comment, dans de telles circonstances, concevoir pour les temps à venir le moindre ombrage de quelque entreprise de la part du Corps germanique au préjudice de la République française? et qui ne voit que si jamais, contre toute apparence et même toute possibilité, l'idée pouvait en exister, la France serait toujours à portée d'agir même sur la rive droite, et de prévenir sans effort des mesures qui lui paraîtraient dangereuses? 1798 Aug. 3.

Qu'il soit permis de le dire: le cas est exactement opposé à l'égard de l'Empire germanique, et quelque opinion qu'on veuille avoir des intentions pacifiques de la France pour l'avenir, il n'est pas possible pourtant de fermer les yeux sur la grande facilité que la réunion d'une masse énorme de forces derrière le Rhin lui donnera dans tout état de cause, pour inonder l'Allemagne de ses troupes. Il est dans la nature humaine que cette situation dispose les esprits à l'inquiétude et à une sorte de défiance; mais cette disposition ne doit-elle pas devenir un sentiment amer et dominant, si, au milieu de tant d'avantages, la France étendant ses demandes à mesure qu'elle en obtient l'objet, passe la ligne qu'elle-même avait indiquée comme tracée par la nature pour former ses frontières, et prétend encore empiéter sur la rive droite? Sa situation défensive étant déjà inexpugnable, il est clair que chaque point qu'elle obtiendrait sur la rive droite paraît entre ses mains un *point d'attaque* et concourt à lui donner envers l'Empire une *attitude offensive*. Celui-ci de son côté n'ayant pour sa défense que le Rhin et les places fortes qui se trouvent sur la droite, pour peu qu'on touche à cette barrière déjà si faible, pour peu qu'on réclame sur les possessions et les droits des états sur cette rive, il ne lui reste, et particulièrement à ceux de ses membres que sa défense concerne et intéresse le plus, d'autre parti à prendre, même après la paix conclue, que de se tenir armé dans l'intérieur, de rallier toutes ses parties et de porter constamment leur attention commune sur un même objet d'inquiétude et d'appréhension. C'est à la politique éclairée du gouvernement français qu'on s'en remet avec confiance, pour décider si c'est là ce que ses vrais intérêts exigent, et s'il peut lui convenir de donner à l'Empire la force du désespoir?

En un mot, si la paix doit être appuyée sur des bases solides et permanentes, si la retraite et le désarmement des troupes respectives doit en être l'heureux effet, si la confiance et les relations commerciales

1798 Aug. 3. doivent reprendre entre les deux nations pour leur bonheur réciproque, elle doit se fonder sur la base stricte de la limite du Rhin, et il importe autant à la France elle-même qu'à l'Empire que les positions que celui-ci conserve sur la droite demeurent absolument intactes, et qu'il ne soit porté aucune atteinte aux droits et possessions quelconques des états sur cette même rive, afin de leur laisser au moins une sorte de ligne de défense; de ménager l'opinion publique en épargnant à la nation le sentiment douloureux et toujours renaissant d'une dépendance humiliante et d'effacer insensiblement le souvenir des sacrifices prodigieux qu'elle est obligée de faire au désir de la paix.

C'est donc là le seul principe que le Roi soit en état de proposer pour ramener promptement, entre la France et l'Empire, une paix solide et permanente. Si le Directoire l'accepte, rien n'empêcherait de l'arrêter tout de suite, et le traité de paix pourrait être signé immédiatement après. Quant aux conséquences de détail, elles en découlent d'elles-mêmes, et il suffira de les indiquer en peu de mots, sans entrer à ce sujet dans tous les motifs amplement exposés par la députation de l'Empire au congrès et appuyés par les représentations des plénipotentiaires prussiens.

1° La République française se bornant à la cession de la rive gauche, se désisterait de ses prétentions sur Kehl et Cassel, comme appartenants à la rive droite.

2° Le cours du Rhin, ou chemin de navigation (Thal-Weg), formerait la limite entre les deux puissances, de façon que les îles sur la gauche resteraient à la France et celles sur la droite à l'Empire, et sauf les arrangements à prendre pour assurer à la forteresse de Wesel l'appartenance de Buderich et tous les ouvrages hydrostatiques qui en dépendent comme indispensables à l'existence de cette forteresse, perpétuellement menacée d'une ruine entière par l'impétuosité du fleuve. Cette modification découle déjà du principe général de la conservation intacte des places sur la rive droite, et dans les relations d'amitié et de bonne intelligence qui subsistent entre S. M. et la République, elle ne doute pas un moment que le Directoire n'y acquiesce d'autant plus volontiers, que cette place sera véritablement entre les mains du Roi un gage réciproque du maintien de la paix et de l'harmonie entre les deux nations. Il s'entend au reste qu'en poursuivant le cours du fleuve depuis Emmerich, le Waal, qui notoirement forme son vrai lit, sera censé former la frontière entre les deux États.

3° La République n'insisterait plus sur la démolition d'Ehrenbreitstein. On allègue à cet égard le danger de Coblence, et en effet, si la forteresse dont il s'agit se trouvait au pouvoir d'une puissance formidable, ce motif pourrait mériter considération. Mais qu'on veuille bien se rappeler le tableau trop vrai qui vient d'être tracé de la force des États germaniques bordant la rive gauche du Rhin! Ce n'est pas apparemment de la part du faible possesseur d'Ehrenbreitstein, que la France craindrait une entreprise quelconque, et qu'on permette de le répéter, à la moindre mesure annonçant une pareille attaque d'une puissance en forces, la République ne serait-elle pas la maîtresse de la prévenir? A la vérité, l'expérience a fait voir qu'Ehrenbreitstein possédé par l'Empire n'empêche point les troupes françaises de pénétrer dans l'intérieur de l'Allemagne. Mais au moins c'est un point de défense de plus, dans la position précaire où elle se trouve déjà vis-à-vis de la France, et les motifs généraux allégués ci-dessus trouvent ici leur plus entière application. Il couvre en quelque manière le Nord de l'Allemagne, dont l'accès serait ouvert aux armées de la République, si les ouvrages de cette forteresse devaient être rasés, en tant qu'ils pourront l'être. C'est principalement sous ce point de vue, que l'objet tient à cœur à S. M. Prussienne, comme intéressant la tranquillité de la partie septentrionale de l'Empire et le système défensif dont elle est le créateur et le garant, et, par cette raison aussi, elle se flatte que la République ne balancera point à y renoncer, pour ne pas mettre le Roi dans la nécessité fâcheuse de suppléer par une continuité d'armements défensifs dans le Nord de l'Allemagne, à la privation d'un point d'appui auquel sa sûreté ne laisse pas que de tenir du plus au moins. 1798 Aug. 3.

4° A l'égard du versement des dettes de la rive gauche sur les indemnités de la rive droite, cet objet est d'une nature trop compliquée, pour qu'on puisse y rien statuer ici d'une manière définitive et générale. On donne cependant à considérer si, même en supposant telle indemnisation des souverains perdants qu'on voudrait admettre, il y aurait une ombre de justice à faire porter à un pays quelconque les charges contractées par un autre et originairement affectées à son profit? Mais dans *tous* les cas, le Roi croirait faire le plus grand tort aux sentiments d'amitié du gouvernement français, s'il se permettait le moindre soupçon qu'il pourrait être question d'appliquer un tel transport des dettes aux provinces transrhénanes de S. M. A la paix de Campo Formio, la République s'est chargée de celles qui se trouvaient hypothéquées sur les Pays-Bas. S. M. ne rappellera point sous quelles circonstances bien différentes elle a conclu celle de Bâle, et quelles en furent les suites favorables pour la France. Sans doute, et à plus forte raison, la République ne songe point à admettre contre le Roi un principe qu'elle n'a point fait valoir contre la maison d'Autriche.

5° Pour ce qui concerne les péages sur la droite du Rhin, le Roi ne

1798 Aug. 3. saurait à la vérité anticiper sur les déterminations de la députation de l'Empire à cet égard. Mais on observera qu'il est infiniment dur de priver d'un trait de plume les états situés le long de la rive droite des revenus plus ou moins considérables que l'exercice de leurs droits incontestables de péages pouvaient leur valoir. Les intérêts de la Prusse s'y trouvent concernés particulièrement et d'une manière très sensible, et loin que dans les contrées soumises à sa domination le commerce ait souffert de cet exercice, il y était en quelque sorte intéressé lui-même, puisque les revenus dont il s'agit étaient affectés en très grande partie à l'entretien des ouvrages hydrostatiques et de la navigabilité du fleuve, qui bientôt encombrerait son propre cours, sans une surveillance perpétuelle et de très fortes dépenses. Le plus simple serait sans contredit que les choses restassent à cet égard sur l'ancien pied. Il est à prévoir que, dans le cas contraire, les discussions longues et pénibles que l'objet exigerait retarderaient infiniment la signature du traité, et tout au moins faudrait-il le renvoyer à un arrangement ultérieur, soit entre la France et l'Empire en général, soit entre la première et les états riverains, en laissant jusque-là le tout in statu quo. Un tel arrangement pourrait alors embrasser généralement tous les rapports commerciaux respectifs, et le Roi de son côté y serait parfaitement disposé.

6° Il resterait encore à convenir entre la République et l'Empire de quelques points ayant pour objet de fixer les relations respectives et d'assurer les propriétés des habitants de la rive gauche. La justice et l'humanité réclament fortement un régulatif à cet égard et la députation n'a cessé de le rappeler. Cet acte serait accompagné ou suivi d'un acte particulier de cession des provinces transrhénanes de S. M., qui réglerait à leur égard les mêmes objets et pour les stipulations duquel S. M. espère de retrouver les sentiments d'amitié du gouvernement français, qu'elle n'a pu reconnaître jusqu'ici dans la manière dont, sans égard pour des considérations quelconques, on a traité jusqu'à présent ces provinces et leurs malheureux habitants.

Le Roi se flatte que la franchise avec laquelle on vient d'exposer sa façon de penser sur les grands objets dont il s'agit, fournira au Directoire exécutif la meilleure preuve de la pureté de ses vues et de la sincérité de ses sentiments, et S. M. désire que le citoyen Sieyès veuille bien employer ses talents et la confiance dont il jouit à mettre dans tout leur jour la force et la solidité des motifs sur lesquels elle se fonde.

192. Graf Haugwitz an den Grafen Finckenstein. Berlin 1798 August 7.

F 147 K.

Unterhandlung mit Sieyès.

Aug. 7. . . . M. Sieyès s'est rendu il y a quelques jours chez moi. Il m'a parlé de la paix et du désir de ses commettants que le Roi voulût en accélérer la conclusion, comme ils étaient persuadés qu'il en avait le pouvoir. Je lui ai répondu ce qu'il y avait à dire de notre part sur ce sujet. »Mais«, reprit-il, »pourquoi ne pourrions-nous pas la signer ici?« et comme j'ai vu qu'il appuyait avec complaisance sur cette idée, j'ai cru devoir entrer dans son sens d'une manière qui, si elle n'avance pas la chose, ne peut du moins pas la reculer. J'ai fait dresser en conséquence le mémoire ci-joint[1]) . . . Je ne compte nullement que M. Sieyès acquiesce à son contenu, mais en supposant pour un moment que la France voulût conclure au prix de tous les articles qui y sont contenus, il ne me paraît pas douteux qu'on ne ratifiât volontiers à Rastatt ce qui aurait été signé sur ce pied à Berlin . . . 1798 Aug. 7.

Berichte von Sandoz-Rollin aus Paris.

193. Unterredung mit Roberjot. General Brune. Drohender Wiederausbruch des Krieges.

. . . Je sors de mon entrevue avec Roberjot. Son langage n'est pas celui d'un profond politique, mais d'un homme plein des meilleures dispositions pour rapprocher les parties intéressées à la paix. Il a la confiance de Talleyrand, et il a été parfaitement accueilli du Directoire. Ses instructions étaient aussi conciliatoires qu'elles pouvaient l'être, et il me confia que le seul point sur lequel il se trouverait en opposition absolue, était celui du versement des dettes de la gauche du Rhin à la droite. Le Directoire tenait à dignité à ne pas s'en départir; mais à l'entendre, cet article n'éprouvera pas les mêmes difficultés que par le passé, quand on aura vérifié que ces dettes se montent à une somme peu considérable, Cologne et Trèves étant en effet les deux seules possessions dans cette partie qui en sont grevées . . . Quoi qu'il en soit, Roberjot sera porteur de tous les moyens de rapprochement imaginables pour conclure la paix de l'Empire, et il le sera également d'un terme fixe pour l'acceptation des conditions et pour la clotûre du congrès. Son départ est arrêté à ce soir. J'appris de lui que l'acte de cession à traiter séparément pour les provinces prussiennes n'avait jamais fait le sujet des lettres de Talleyrand; ce qui m'affecta vivement. J'allai avec lui dans le cabinet de ce dernier, à qui je représentai de nouveau la nécessité de ne pas laisser partir ce plénipotentiaire sans lui obtenir le consentement du Directoire pour l'acte de cession en question; je lui fis sentir combien j'étais peiné d'un oubli qui compromettrait ma véracité. Aug. 11.

1) Vergl. No. 191.

1798 Aug. 11. Son embarras fut aussi léger que ses promesses. Le général Brune s'est fait annoncer dans ce moment même chez le ministre des relations extérieures. Il venait conférer avec lui et recevoir ses dernières instructions. Il part demain pour le Milanais. Je l'ai trouvé sérieux, préoccupé et triste. Ce qui se passe en Italie est aussi peu selon les désirs de ce général, que selon ceux de Talleyrand. Leur intention était . . . de sauver le Piémont, et ils n'y réussiront pas[1]). Un certain David, secrétaire d'ambassade à Milan, a trouvé moyen de traverser toutes leurs idées à ce sujet; fanatique Jacobin, il a représenté que révolutionner le Piémont, était se garantir de la connivence du cabinet de Turin avec l'Empereur en cas de guerre et intimider ce dernier. Les sieurs Merlin et Larevellière-Lepeaux paraissent avoir adopté fortement cette opinion, et vouloir tout disposer pour la mettre en exécution. Brune avait demandé le rappel de l'ambassadeur Trouvé à Milan, celui de Visconti à Paris, et celui de Ginguené à Turin, comme de mauvais tracassiers et brouillons, qui ne feraient que susciter des embarras et jeter les nouvelles républiques dans les bras de l'Empereur. Il avait demandé de plus de pouvoir traiter et terminer ici le rétablissement de la paix entre le Piémont et la république de Gênes, ainsi que la remise de la citadelle sous de certaines conditions; mais tout lui a été refusé. Le Directoire s'est borné à lui dire qu'ayant obtenu sa confiance pour le commandement de l'armée française en Italie, il devait y borner uniquement ses soins. Ce général part navré et presque résolu de donner sa démission. Je tiens ces particularités d'un de ses amis intimes. Croirait-on que Visconti entretenait une correspondance suivie avec les Jacobins de Paris et de Milan, et n'entretenait aucune avec le Directoire cisalpin? »C'est l'homme le plus méprisable et le plus exécrable qui existe«, m'a dit en dernier lieu le sieur Talleyrand. Si les idées du secrétaire d'ambassade David l'emportent en effet, on verra la citadelle de Turin n'être pas rendue au terme stipulé par la convention de Milan; on verra celle-ci annulée sous les prétextes les plus mauvais, et l'on verra Ginguené travailler à faire insurger le peuple de Turin, et à demander l'abdication du roi de Sardaigne . . .

194. Unterredung mit Talleyrand und Azara. Preußische und spanische Vermittelung.

Aug. 19. . . . De quel côté sortira donc cette paix de l'Empire et de l'Empereur? Le ministre des relations extérieures que j'ai vu ce matin, m'a

1) Nach dem Bericht von Sandoz vom 5. August hätte Brune dem Plane der Zertrümmerung Piemont's widersprochen.

protesté, ne plus savoir d'où il peut l'espérer; la Prusse, sur laquelle 1798
il comptait, vient, à l'entendre, de lui envoyer un mémoire qui n'est Aug. 19.
qu'une répétition de ceux remis en différents temps à Caillard, et qui ne peuvent pas servir aux circonstances présentes [1]). »Les événements marchant à pas de géants«, observait-il, »déplacent tout; et le cabinet de Berlin parle et s'explique comme si tout était en repos; il ne veut pas voir qu'une nouvelle guerre avec l'Empereur, dans ces temps de fermentation, embraserait l'Europe entière, et qu'il n'est aucune puissance en état de s'en garantir. Jamais l'intervention de la Prusse n'est devenue plus pressante; il faut, en se prononçant pour une neutralité décidée, se prononcer au moins fortement pour le rétablissement de la paix et tenir le langage qui lui est propre. Au lieu de cela, la Prusse nous ramène froidement à des principes qui, s'ils étaient adoptés, recommenceraient les négociations de Rastatt et feraient parcourir de nouveau le même cercle de contestations et de difficultés. La paix demain, ou l'Europe est bouleversée; souvenez-vous de mon malheureux pronostic!« Le sieur Talleyrand débitait tout cela de suite, et avec beaucoup d'action et d'humeur. Reprenant un ton radouci, il me dit: »le chevalier Azara a senti comme moi tout le danger qui menace l'Europe et a considéré la nouvelle lutte prête à éclater comme devant être la mort de plusieurs puissances; il a proposé formellement, en conséquence, la médiation du roi d'Espagne comme celle qui serait la plus impartiale et la moins suspecte aux deux puissances belligérantes. J'ai accueilli la proposition, sans prendre encore l'assentiment du Directoire, sentant que cette médiation isolée n'aurait pas assez de poids par elle-même« . . .

Le chevalier Azara, que j'ai vu hier, m'a dit: »votre cour et la mienne devraient réunir leurs médiations pour une paix qui peut encore sauver l'Europe. Le temps est pressant et critique. Je sens que l'Italie doit faire encore une fois le sacrifice de cette paix, et c'est sur quoi il faut travailler avec célérité. Si votre cour se décide à entrer dans ma proposition, faites-m'en part, et tout sera bientôt préparé et mis en activité. Mais il faut se hâter; le feu de la guerre aura éclaté du côté de Naples avec un acharnement terrible avant que nous ayons disposé la médiation que je propose. Vienne, je crois en être sûr, donnera son assentiment à cette proposition, et le Directoire n'y montrera pas moins de dispositions. Si cette occasion est perdue, c'en est fait de l'Italie et d'une bonne partie de l'Allemagne; tout sera révolutionné et anarchisé« . . .

---

1) Es ist das Memoire vom 3. August. (No. 191.)

195. Aufzeichnung des General-Adjutanten Oberst Zastrow. Berlin 1798 August 12.

Eigenhändig, ohne Unterschrift und Datum.

Unterredung mit Sieyès über den Frieden zwischen Frankreich und dem deutschen Reiche.

1798 Aug. 12. Le ministre de France m'a communiqué, dans un entretien que j'ai eu avec lui le 12 de ce mois, les observations suivantes relativement à la conclusion de la paix, ainsi que sur le moyen d'y parvenir.

En partant du principe que la France veut la paix, et qu'elle embrassera tous les moyens quelconques pour se la procurer sur le continent, ce ministre m'a fait entrevoir deux chances: l'une, de la faire avec gré et assertion de la Prusse et de l'Empire germanique, et l'autre, sans leur admission, en se concertant uniquement avec la cour de Vienne.

Le penchant, ainsi que l'intérêt de la France, portent son gouvernement à désirer que la première chance puisse avoir lieu, afin que l'équilibre de l'Europe, sans souffrir une altération, soit plus que jamais solidement établi et mette obstacle à toute nouvelle levée de bouclier, au lieu que s'il se voyait contraint d'embrasser la seconde, il s'en suivrait la nécessité d'accorder à la maison d'Autriche tous les nouveaux agrandissements auxquels ses vastes et insatiables projets tendent encore. Le Directoire exécutif, pour parvenir à son but principal, qui est la paix continentale, croit devoir souscrire aux vues de l'Autriche, (quoique ce ne serait pas sans la plus grande répugnance), jugeant ses forces entièrement suffisantes pour balancer sous tous les rapports celles de cette puissance; mais il laisse à considérer si le reste de l'Europe pourrait voir d'un œil indifférent s'élever au milieu d'eux une puissance gigantesque, qui ne rencontrerait plus d'obstacle pour mettre en exécution ses plans anciennement formés et auxquels la France n'aurait plus ni intérêt ni obligation de s'opposer. Le ministre de France conçoit qu'un tel agrandissement de la maison d'Autriche ne saurait convenir ni à la Prusse, ni aux états de l'Empire germanique, et s'empresse d'exposer le moyen de le prévenir, en proposant de se concerter avec le Directoire exécutif pour cimenter une paix qui, en rendant le calme à l'Europe, mette un frein à tous les projets d'agrandissement ultérieurs quelconques.

S. M. le roi de Prusse ayant par sa sagesse déjoué une partie du plan de la cour de Vienne, en renonçant à toute indemnité à la charge de l'Empire, a écarté par là la plus grande pierre d'achoppement, et mis le Directoire exécutif à même de refuser à cette cour tout autre genre d'agrandissement, étant plus que suffisamment indemnisée par son extension en Italie. Mais avant de faire à l'Empereur-roi cette déclaration, le Directoire demande à la cour de Berlin et aux principaux états de l'Empire d'y accéder, et de convenir éventuellement des moyens à mettre en usage pour l'engager à y souscrire également. 1798 Aug. 12.

Le point de la question par conséquent est: le roi de Prusse et les principaux états de l'Empire voudraient-ils consentir à un nouvel agrandissement de la maison d'Autriche, ou voudraient-ils s'entendre avec le gouvernement français pour l'engager à ne pas outrepasser le statu quo actuel, s'entend apres l'évacuation de la partie de la Bavière occupée encore par ses troupes? Dans le premier cas, le gouvernement français n'aurait des arrangements à prendre qu'avec la cour de Vienne, en cédant à ses prétentions afin de prévenir toute nouvelle hostilité, et la paix avec l'Empire n'en serait que dépendante, tandis que dans le second la paix avec l'Empire serait conclue dès le moment où le concert susmentionné aurait lieu, et les différends qui occupent encore le congrès de Rastatt ne seraient à considérer que comme des accessoires entièrement soumis à l'objet majeur.

196. Friedrich Wilhelm III. an das Kabinets-Ministerium. Charlottenburg 1798 August 17.

Eigenhändig; gez. Frédéric Guillaume.

Antwort an Sieyès.

On pourrait exposer au pp. Sieyès qu'on n'était aucunement éloigné, Aug. 17.
et que ce serait au contraire avec plaisir, qu'on interposerait ses bons offices près de la cour de Vienne quant aux affaires d'Italie, et qu'on croyait être sûr que celle-ci ne se refuserait pas à renoncer à tout agrandissement ultérieur en Italie, en autant, s'entend, que la France renoncerait également à tout agrandissement et toute prétention quelconque à faire sur la rive droite du Rhin, en se contentant toutefois du grand sacrifice que l'Empire venait déjà de faire à la Republique en lui cédant *toute* la rive gauche du Rhin. On pourrait ajouter à ceci qu'on se persuadait en outre que la cour de Vienne ne se refuserait pas, mais concéderait encore plus facilement, et assurément avec la meilleure volonté du monde, à accéder à un arrangement aussi désirable, qui aurait pour but la pacification et la tranquillité de l'Allemagne et peut-être de l'Europe entière, en se désistant de tout agrandissement qui outrepasserait ses limites actuelles en Italie, si d'un autre côté la France voulait en revanche, outre ce qui regarde l'Allemagne, y ajouter de son côté quel-

1798 ques mesures rassurantes quant à la Suisse et à la conservation des États
Aug. 17. actuels de l'Italie [1]).

197. Erlaß an Sandoz-Rollin in Paris. Berlin 1798 August 20.

Unterredung mit Sieyès.

Aug. 20. . . . Dans l'entretien que mon ministère a eu avec le sieur Sieyès en lui remettant cette pièce [2]), celui-ci a témoigné d'une manière plus prononcée qu'il ne l'avait encore fait que le but constant et unique de ses démarches est de m'entraîner dans une alliance offensive et défensive avec la France contre l'Autriche. Après avoir lu le mémoire, il a même dit en propres termes qu'il ignorait à la vérité s'il existait effectivement encore des différends entre la République et la cour de Vienne, mais qu'en tout cas ce n'était pas de bons offices qu'il s'agissait, mais de se réunir ensemble contre ladite cour pour l'avenir; il a demandé à plusieurs reprises si donc mon intention était de m'en tenir uniquement au présent sans contracter un engagement éventuel pour la suite? Sur quoi on lui a répondu que dans ce moment c'était du rétablissement et de l'affermissement de la paix qu'il était question, et que j'y invitais itérativement le Directoire, afin de terminer le plus tôt possible cet ouvrage salutaire . . .

198. Graf Haugwitz an den Grafen Finckenstein. Berlin 1798 August 21.

F 147 K.

Verhandlungen mit Sieyès. Unterredung mit Prinz Heinrich.

Aug. 21. . . . Lorsque M. Sieyès eut lu le mémoire que je lui ai remis, concernant la paix de l'Empire, . . . il me témoigna que cette pièce ne répondait pas à son attente, que ce n'était que du Rastatt, dont il n'était pas question ici, et qu'il ne pourrait l'envoyer au Directoire. Il battit même étrangement la campagne sur ce qu'il pensait devoir faire entre nous l'objet d'une négociation relative à la paix continentale. Il jugea sans doute de cette tentative, apparemment selon lui manquée, qu'il ne devait pas s'amuser avec le ministère, mais qu'il convenait de suivre une autre marche pour parvenir à ses fins. Il se rendit en conséquence chez M. le colonel de Zastrow et le chargea de faire parvenir au Roi les ouvertures dont V. E. trouvera la substance dans l'exposé ci-

1) Diesem Erlasse entsprach die dem Abbé Sieyès am 19. August ertheilte Antwort.
2) Die Note vom 19. August.

joint, et dont les propositions fallacieuses reviennent à l'insinuation déjà 1798
faite sous diverses faces de forcer l'Autriche à main armée de souscrire à Aug. 21.
la paix que la France lui dicterait. Sa Majesté, à qui cette marche irrégulière et astucieuse de traiter les affaires a, comme de raison, déplu, a daigné tout de suite me communiquer le susdit exposé, et V. E. verra par le décret ci-joint . . . avec quelle justesse et solidité S. M. m'a fait connaître ses intentions sur la déclaration ministérielle que j'ai remise au sieur Sieyés, et dont la forme lui fera connaître que ce n'est point par des voies détournées que S. M. entend qu'il entame les affaires et que l'on traite avec lui[1] . . .

Mgr le prince Henri m'ayant fait dire à son retour qu'il désirait me voir[2], je m'y suis rendu, en rencontrant M. Sieyés sortant du cabinet de S. A. Royale. J'ai trouvé le prince aussi français que l'homme qui venait de le quitter pouvait le souhaiter. Je dois réserver à des détails qui ne peuvent se rendre que de bouche tout ce que S. A. R. m'a dit dans un entretien qui a duré près de quatre heures. Je n'en citerai qu'un trait: c'est que le prince a fait tout ce qui a dépendu de lui pour m'engager à disposer le Roi de retirer son corps d'armée de Westphalie et d'abandonner ainsi la ligne de neutralité.

Le sieur Sieyés a reçu la réponse que je lui ai remise relativement à ses ouvertures à M. de Zastrow avec un sentiment concentré de mécontentement, dont il n'a étouffé l'explosion qu'avec contrainte. Il a battu la campagne, comme à son ordinaire, mais il faut s'attendre à des démarches de sa part qui pourront donner lieu à des explications décisives, puisqu'il a fait entendre d'une manière assez prononcée qu'il s'agissait d'arrangements à prendre dans tous les cas contre la maison d'Autriche . . .

199. Note von Sieyès an das preußische Kabinets-Ministerium. Berlin 1798 August 22.

Dank für die Anerbietung der Vermittelung Preußens.

La note remise le 2 fructidor [19 août] à l'envoyé de la République Aug. 22.

---

1) Finckenstein erwiderte hierauf: il faut convenir que cette marche n'est pas dans l'ordre; . . . mais ce ministre s'est apparemment imaginé que ces sortes de détours, auxquels le général de Bischoffwerder avait accoutumé les ministres étrangers sous le règne précédent, lui réussiraient encore sous celui-ci. (24. August.)

2) Prinz Heinrich war in Teplitz zur Kur gewesen. — Sieyès schreibt am 7. Juli an den Archivar Resnier in Paris: le prince Henri m'a traité avec des égards distingués pour le représentant de la grande nation. Il est étranger à toute espèce d'affaires, mais au moins il ressemble à un homme: il parle et on peut parler avec lui. (Intercept.)

1798 Aug. 22. française par le ministre d'État et du cabinet ne s'annonce que comme une réponse à l'entretien qui avait eu lieu, huit jours auparavant, entre M. le colonel de Zastrow et le citoyen Sieyès, au sujet de la paix continentale; mais l'envoyé de France ne peut se dispenser d'y voir une offre positive et nouvelle, qui, quoique non provoquée de sa part, exige qu'il la reçoive avec les sentiments d'intérêt et d'amitié qui l'ont dictée. Cette offre est celle des bons offices du Roi pour aplanir des différends ou des difficultés qui, suivant la note, se sont élevés de nouveau entre la République française et la cour de Vienne depuis le traité de Campo Formio. Le soussigné ignore si en effet il s'est élevé entre ces deux puissances des difficultés assez graves pour appeler utilement l'interposition des bons offices de S. M. le roi de Prusse; mais il doit se montrer infiniment sensible à une attention qui prouve au moins la part amicale que S. M. serait disposée à prendre aux intérêts de la République française dans le cas où de telles difficultés viendraient à s'élever. Dans cette hypothèse, le soussigné à cru convenable de faire connaître ces bonnes dispositions à son gouvernement, et il a l'honneur d'en prévenir le ministère du cabinet.

Berlin, le 5 fructidor, an VI.

Sieyès.

200. Graf Haugwitz an den Grafen Finckenstein. Berlin 1798 August 25.

F 147 K.

Sieyès.

Aug. 25. Sieyès überreicht die Note vom 22. . . . Il faut s'attendre de la part du sieur Sieyès aux démarches les plus étranges et qui pourront couper court à tout moyen de traiter avec lui. Il vient de détacher le sieur Ephraim à M. le comte de Schulenbourg, pour lui dire que, ne voulant pas traiter d'affaires avec moi, il lui demandait de s'adresser pour cet effet à lui dans les ouvertures qu'il aurait à faire à Sa Majesté[1]) . . .

201. Note von Sieyès an das preußische Kabinets-Ministerium. Berlin 1798 August 27.

Wünscht eine Erklärung Preußens, auf Entschädigungen zu verzichten.

L'Envoyé de la République française, au Ministère du cabinet. Office.

Aug. 27. Le Directoire de la République veut la paix. Le Roi la veut aussi. Dans les communications verbales que mon caractère m'a mis à portée à

1) Vergl. Häffer 3, 67.

recevoir du ministère prussien, j'ai distingué un fait dont la connaissance 1798
officielle est propre à accélérer cette paix si ardemment désirée par ceux Aug. 27.
que la nature n'a pas disgraciés de tout sentiment humain. Plusieurs fois il m'a été dit que l'Empereur avait fait déclarer à Sa Majesté qu'il abandonnait ses prétentions à de nouvelles indemnités au delà de celles qu'il possède déjà, si le roi de Prusse voulait de son côté renoncer à toute indemnisation pour les pays qu'il perd sur la rive gauche du Rhin. Au nom de la paix, qu'une pareille déclaration peut faciliter, je demande la notification de ce fait, pour être à l'instant transmis au Directoire exécutif, qui la recevra comme un nouveau gage des dispositions pacifiques et amicales de Sa Majesté.

Berlin, le 10 fructidor, an VI (27 août).

Sieyès.

202. Note des preußischen Kabinets-Ministeriums an Sieyès. Berlin 1798 August 31.

Concept von L. D. Le Coq; gez. Alvensleben, Haugwitz.

Preußen verzichtet unter gewissen Voraussetzungen auf Entschädigungen.

Sa Majesté le Roi de Prusse, pour faciliter le rétablissement d'une Aug. 31.
paix prompte et solide, est prête à renoncer à toute indemnité pour la perte de ses provinces transrhénanes, résultant de la cession de la rive gauche du Rhin à la France; mais c'est dans la double supposition, d'un côté, que la paix sera effectivement conclue sur cette dernière base et qu'ainsi la rive droite restera intacte, de l'autre, que S. M. l'Empereur renoncera également à toute indemnité aux dépens de l'Allemagne. Elle invite donc le gouvernement français à suivre les sentiments conciliatoires et modérés qui animent le Roi et à porter à son tour les mêmes facilités à la prompte conclusion de la paix. Celle-ci ne saurait sans doute être assez accélérée, et le Roi s'attend qu'elle sera immédiatement suivie de la retraite des troupes françaises de la rive droite, leur séjour prolongé dans l'Empire et les réquisitions sans nombre qu'elles se permettent pesant tellement sur les contrées riveraines, que le fardeau en devient insupportable. Il croit pouvoir s'attendre aussi que la cour de Vienne, qui a souvent manifesté le désir de contribuer de son côté à accélérer la paix de l'Empire, sera prête, tout comme le Roi, à ne former aucune prétention d'indemnité à la charge de l'Allemagne, et S. M. renouvelle encore à cet égard l'offre de ses bons offices[1]).

1) Haugwitz, der den Inhalt dieser Note angab, wies den Concipienten derselben zugleich an, nach der ausdrücklichen Bestimmung des Königs dem style sec et décharné der Note von Sieyès sich anzuschließen.

Berichte von Sandoz-Rollin aus Paris.

203. Lucian Bonaparte. Gang der französischen Politik.

1798 Aug. 24. . . . L'on trouve dans les frères du général Bonaparte des ennemis du gouvernement . . . Lucien Bonaparte . . . épie toutes les occasions de se faire un parti dans le nouveau tiers des Cinq-Cents, et Joseph, l'ex-ambassadeur, avec moins de talents, le seconde de tous ses efforts. On a vu le premier s'élever contre les désordres des marchés faits avec les fournisseurs et en demander une révision approfondie, dans l'espérance d'y trouver bien des coupables. On vient de l'entendre, il y a peu de jours, s'élever contre les manœuvres de l'ambassadeur Trouvé dans le Milanais et l'accuser hautement de conspirer contre l'indépendance de cette république. Toutes ces motions n'ont pas eu de succès, il est vrai, et ont été rejetées dès leur naissance; mais elles ont donné de l'audace à leur auteur . . . Apostrophé ces jours derniers par le directeur Merlin, qui lui demandait le motif et le but de ces déclamations et si un homme qui cherchait, comme lui, à brouiller les deux premières autorités ne devait pas être puni de la peine des anarchistes et des perturbateurs: »c'est comme du temps des prêtres«, a répondu Lucien Bonaparte; »quand ils étaient inculpés, ils disaient que Dieu était insulté. Rendez au Corps législatif ses droits et sa dignité, et il pourra composer ensuite avec le Directoire; mais aussi longtemps que ce ne sera point effectué, je soutiendrai en public et en particulier que la constitution est enfreinte«. Tous deux s'échauffaient, Lucien s'emporta jusqu'à menacer le sieur Merlin de le faire repentir un jour de ses principes despotiques. Cette scène se passait chez le ministre de la police générale, en présence de trop de personnes pour rester secrète. Une suite de la motion du représentant Bonaparte a été que le général Lahoz, arrivé ici comme ministre cisalpin, a reçu l'ordre de quitter, dans un terme très court, le territoire de la République française. Il est parti hier . . .

Quand on perd ici l'espérance d'attirer la Prusse dans ses intérêts, on se rapproche de Vienne; et quand on ne peut point régler les objets de la paix avec celle-ci, on revient à la Prusse; c'est au moins la marche politique, que j'ai vu suivre depuis deux ans . . .

204. Marquézy und Barras.

Sept. 2. . . . Le représentant Marquézy, grand Jacobin, rédacteur du journal des Francs, se présente il y a peu de jours chez le sieur Barras; il était accompagné d'un membre du Conseil des Anciens. A la vue de Marquézy, le directeur s'irrite, vient à lui et lui dit en présence de vingt personnes: »vous êtes bien hardi de venir chez moi; si votre qualité de représentant ne me retenait pas, je vous jetterais par les fenêtres sans autre secours que celui de mes bras, sortez« . . . 1798 Sept. 2.

205. Talleyrand über die Haltung Preußens.

. . . »On répète trop souvent et trop hautement à Berlin«, m'a observé Talleyrand, »qu'on est neutre, pour que cela puisse produire un bon effet; nous voudrions qu'on affectât moins d'indifférence pour les événements du temps et pour le retour de la paix. Publier à Vienne qu'on parle en puissance neutre, n'est pas le moyen de se faire écouter et de se faire craindre. Qui empêche le roi de Prusse de se prononcer d'une manière plus décidée pour la pacification du continent et de s'emparer d'un rôle digne de son règne? Qui l'empêche de déclarer par ex. que l'Allemagne était depuis trop longtemps en proie à une guerre destructive, pour qu'il ne souhaite pas d'y mettre un terme? qu'en renonçant, comme il avait fait, à une partie de ses indemnités pour abréger les moyens de conciliation, il avait lieu de s'attendre que l'Empereur montrerait les mêmes dispositions de son côté et consentirait à ratifier le conclusum de l'Empire et le traité de Campo Formio? Qui l'empêche de déclarer que si l'Empereur pouvait oublier le salut de l'Empire au point de préférer la guerre à la paix, il se verrait obligé de rallier à lui la majeure partie des princes d'Allemagne et de les faire consentir à une paix prochaine avec la République française? Il n'existe aucun autre moyen, de vaincre la roideur et l'opiniâtreté du cabinet de Vienne à nos propositions, c'est-à-dire à ses engagements. Le moment est des plus urgents. Si la guerre recommence, tout est perdu, l'Europe est révolutionnée et ira au diable« . . . Sept. 6.

206. Unterredung mit Talleyrand: Erlaß desselben an Sieyès.

Talleyrand zeigt sich zufrieden mit der preußischen Note vom 31. August. Il me proposa de faire partir ma dépêche . . . par courrier jusqu'à Wesel; il en profiterait pour le charger d'une dépêche à Sieyès; il me ferait lecture de son contenu et de ce que le Directoire aurait déterminé pour la paix de l'Empire . . . Le sieur Talleyrand, à la suite de ces discours, me donna rendez-vous pour le lendemain. Sept. 8.

Dans l'instant même, je prends la plume pour rendre compte à V. M. de ce dernier entretien. Si j'ai bien retenu, voici la substance de la communication qu'il m'a donnée de sa dépêche à Sieyès et qui fera le sujet de ses conférences avec le ministère de V. M. D'abord le Direc- Sept. 9.

1798 Sept. 9. toire veut aujourd'hui fermement la paix de l'Empire; il croit pouvoir se flatter de la conclure, puisqu'il se rapprochera, en bonne partie, des principes de la cour de Prusse sur cet objet; il n'insistera que sur deux points: le versement des dettes de la gauche à la droite du Rhin et la possession de l'île de St. Pierre; ensuite il aura besoin de la ratification de l'Empereur pour cette paix, qui sans cela serait éphémère et peu durable, ou, à son défaut, de la ratification des princes de l'Empire pour y tenir lieu d'équivalent. Ici le Directoire aime à compter sur l'influence de la Prusse et sur son grand intérêt de pacifier l'Empire. »Mais il est de plus«, reprit le sieur Talleyrand, »un autre objet qui intéresse essentiellement la paix continentale: c'est celui d'une garantie faite par la Prusse, l'Espagne, les Républiques française et hélvetique, des États de l'Italie tels qu'ils existent aujourd'hui«; garantie qui, selon lui, entraverait les projets de l'Empereur et le forcerait de signer la paix[1]. En réciprocité de cet engagement, le Directoire prendrait celui de garantir à son tour l'indépendance de ces mêmes États d'Italie et en général de tous les gouvernements, articulant bien expressément dans le traité de paix que la République française respecterait la sûreté politique de chacun d'eux et ne se mêlerait en rien, et sous aucun prétexte, de leurs affaires intérieures. Le sieur Talleyrand avait à cœur et à ambition que le Directoire fît une déclaration semblable sous son ministère, afin de tranquilliser l'Europe et de mettre en évidence les principes qui avaient dirigé sa politique . . .

207. Alvensleben. Précis d'une conversation que j'ai eue avec M. Sieyès le 12 septembre.

Eigenhändig.

Sept. 12. M. Sieyés prétend avoir dit, et à M. de Zastrow séparément et à M. de Haugwitz séparément et à tous les deux conjointement, que la France voulait la paix et qu'elle aurait la paix; qu'il s'agissait simplement de savoir comment elle l'aurait, ou 1° par nous, ou 2° sans nous; que le but de ses propositions et de son envoi avaient été de porter la Prusse (bien convaincu comme il l'était que toute paix qui se ferait à Rastatt ne serait qu'une paix plâtrée, si elle n'était consolidée par un concert des deux gouvernements), enfin que son but avait été de porter la Prusse de poser éventuellement à Berlin 1° les bases de la pacification générale en convenant notamment 2° quel devait être le par-

1) Eine solche Garantie bezeichnete man in Berlin als une véritable alliance offensive contre l'Autriche. (An Sandoz, 20. September.)

tage de l'Empereur en Italie et en Allemagne; 3° de fixer également la 1798
situation de toute l'Allemagne conjointement, afin que l'Empereur n'ait Sept. 12.
pu empiéter sur les princes qui auraient formé corps autour du roi de Prusse; 4° de se garantir réciproquement sur tous ces objets.

En forme de réflexions et de réponses à mes questions, il ajoutait: 1° qu'il considérait la paix de Rastatt qui aurait suivi ou précédé absolument comme indifférente, mais qu'ici le vrai état de la question aurait été décidé; 2° qu'on nous aurait déroulé ici tous les plans pour l'avenir; 3° que tout n'aurait été qu'éventuel; 4° qu'il s'était offert à mettre ses propositions par écrit, ce qu'on n'avait pas voulu; 5° qu'à juger après la réponse qu'on lui avait donnée, on avait mal saisi, mal rendu au Roi ses propositions, puisqu'il n'avait pas demandé les bons offices de notre cour pour faire la paix, qu'ils pouvaient la faire quand ils voulaient avec l'Autriche; 6° il se plaind de ce qu'on ne répond pas à ses notes; 7° il se plaind de ce qu'il n'ose pas négocier avec tout le monde; 8° que le comte Haugwitz avait paru entrer entièrement dans ses vues, et qu'ensuite, dans sa réponse, cela avait été tout à fait le contraire.

Comme il était facile de répondre à une grande partie de ses plaintes, je n'y ai pas manqué; et quant à l'objet principal de la conférence qu'il m'avait demandée, je m'en suis tenu à lui dire qu'effectivement je n'avais pas cru qu'il s'était jusqu'ici absolument expliqué dans ce sens, comme il l'annonçait, et que j'étais bien aise de m'en voir instruit; qu'au reste il sentirait que je ne saurais m'expliquer en manière quelconque sur l'objet dont il était question.

Berlin, le 13 septembre 1798.

Alvensleben.

208. Erlaß an Sandoz-Rollin in Paris. Berlin 1798 September 18.

Festhalten an der Neutralität. Der Reichsfriede.

... Soyez-en très certain: jamais, quoi qu'il en arrive, je ne me Sept. 18.
départirai du système de neutralité tel qu'il est stipulé entre la France et moi, ni ne permettrai que les limites en soient retrécies. Du moment où la France rompt cette ligne, elle rompt ses stipulations avec moi et me déclare la guerre. Elle me force dès lors à employer contre elle les moyens qui sont en mon pouvoir, et par conséquent à faire cause commune avec les puissances belligérantes ... Mon plus ardent désir est de conserver la paix et, s'il est possible, de la rétablir généralement sur un pied solide et durable. Celle de l'Empire ne dépend absolument que de la France, et si elle se contente enfin des grands sacrifices qu'il a déjà faits, sa conclusion n'éprouvera plus de retards. Mais je ne crains

1798 Sept. 18. pas la guerre, et elle aura immanquablement lieu si le Directoire m'y oblige en attaquant le Nord de l'Allemagne ... Je vous charge itérativement de vous expliquer là dessus envers les personnes du gouvernement de manière à ne pas laisser le moindre doute sur ma résolution ferme et inébranlable de regarder comme une attaque directe contre moi toute invasion dans les pays de la neutralité et de m'y opposer de toutes mes forces ...

209. Graf Finckenstein an Graf Haugwitz und Baron Alvensleben. Berlin 1798 September 20.

Unterredung mit Sieyès.

Sept. 20. Je ne m'attendais à rien moins qu'à l'entretien que je viens d'avoir avec M. Sieyès. Il n'y a pas été question de ce que M. de Sandoz nous a marqué [1]. Il s'est borné à me dire que son gouvernement souhaitait de savoir si le Roi avait renoncé à toute indemnité, à condition que l'Empereur renonçât de son côté à tout dédommagement en Allemagne. Je lui ai répondu que je ne concevais pas comment l'on pouvait avoir des doutes sur ce sujet en France, où le ministre de S. M. avait parlé dans plus d'une occasion du sacrifice généreux que le Roi était disposé à faire pour la paix de l'Allemagne et pour le bonheur de l'humanité. Sur quoi il m'a dit d'un air surpris qu'on aurait donc pu le lui dire dans la réponse qui lui a été donnée lorsqu'il en a fait la première demande, et sur ce que j'ai répliqué qu'on n'avait fait aucune difficulté de répondre au mémoire qu'il avait remis dans les termes les plus clairs, il m'a voulu soutenir que cette réponse portait simplement qu'il n'y avait eu rien de fait et de signé. Je lui ai dit alors que cela était vrai, qu'il n'y avait eu aucune convention signée sur ce sujet, mais que le Roi n'en persistait pas moins dans le dessein de renoncer à toute indemnité si l'Empereur, comme il y paraissait disposé, voulait en faire autant de son côté. Alors il m'a témoigné qu'il ne voyait donc pas ce qui pouvait arrêter la paix de Rastatt. Je n'ai pu m'empêcher de lui faire sentir sur cela que cette paix ne dépendait que de la France, si elle voulait se contenter de la rive gauche du Rhin, à laquelle la députation de l'Empire avait consenti et renoncer aux points de Kehl et Cassel et à d'autres demandes qui portaient sur la rive droite. Il s'échappa jusqu'à dire que dès lors il ne voyait pas ce qui pourrait arrêter cette négociation, dont il ne se mêlait pas au reste et qu'il laisserait faire aux plénipotentiaires de Rastatt. Il n'a été question d'ailleurs, dans toute cette conversation, ni d'une négo-

1) Vergl. den Bericht von Sandoz vom 9. September.

ciation à entamer ici au sujet de cette paix de l'Empire, ni d'une garantie 1798
de cette paix de la part du Roi. Je ne sais si ce ministre en aura dit Sept. 20.
plus à Vos Excellences, et je suis curieux d'apprendre de quelle manière il se sera expliqué envers S. E. M. le comte de Haugwitz, à qui il avait demandé une heure. Il m'a quitté assez brusquement, en me disant que si on lui avait répondu aussi franchement que je l'avais fait sur l'existence d'une renonciation réciproque à toute indemnité, il aurait eu lieu d'être satisfait, ajoutant que dès lors il ne pouvait être question que de dédommager les princes perdants par la cession de la rive gauche. J'avoue que M. Sieyès est un homme avec lequel je n'aimerais pas à m'entretenir souvent.

210. Graf Haugwitz an Graf Finckenstein und Baron Alvensleben. Berlin 1798 September 20.

Unterredung mit Sieyès.

J'avais appointé M. Sieyès à 1 heure ce matin, mais il a jugé à Sept. 20.
propos de venir une demi-heure plus tard; de sorte que ce n'est qu'en me levant de table que je puis avoir l'honneur de rendre compte à VV. EE. de l'entretien que j'ai eu avec lui. Il n'a guère été plus satisfaisant que celui dont S. E. M. le comte de Finckenstein vient de nous donner connaissance; et si je vais entrer en quelques détails sur la manière dont le ministre de France s'est expliqué vis-à-vis de moi, c'est moins pour l'importance que j'accorde à ses explications que pour donner un supplément à tout ce qui tient à l'histoire de la conduite tout à fait particulière de cet homme. Après m'avoir parlé de la pluie et du beau temps, des manœuvres de Potsdam, de l'affluence des officiers étrangers, et de je ne sais quel autre objet encore, il me dit assez brusquement: »enfin, vous avez reçu des lettres de Paris qui vous portent la réponse du Directoire«. VV. EE. sentent bien que je n'avais qu'à lui répliquer que nous avions reçu effectivement des dépêches de M. de Sandoz par le même courrier qui avait apporté à lui, Sieyès, le paquet que le ministère lui avait fait remettre, et que le ministre du Roi à Paris nous annonçait que le Directoire avait chargé son ministre à la cour d'ici d'entrer avec le ministère du Roi dans des explications relatives à la paix de l'Empire. »Vous les connaissez donc«, répliqua M. Sieyès. »Nous les attendons de votre part«, fut ma réponse. »Mais on me mande«, riposta-t-il, »qu'on n'a rien laissé ignorer au ministre de Prusse«. M. de Sandoz, lui répliquai-je, nous a effectivement rendu compte d'un entretien qu'il a eu avec M. Talleyrand, dans lequel ce dernier a bien voulu toucher en gros quelques objets sur lesquels nous avions lieu de croire que lui, Sieyès, au-

1798 Sept. 20. rait reçu des instructions de la part de son gouvernement, mais que ces notions étaient trop vagues, pour que nous nous permettions d'en porter le moindre jugement, jusqu'à ce que nous aurions reçu de sa part les explications auxquelles nous croyons pouvoir nous attendre d'après ce que M. de Sandoz nous en avait dit. M. Sieyès ne se rebuta pas. Il fit encore quelques tentatives pour m'engager à entrer le premier en matière; mais se persuadant enfin, à ce qu'il me semblait, que ses peines à cet égard étaient perdues, il me dit: »le Directoire veut effectivement la paix, et malgré qu'on en débite le contraire, il est sûr qu'il la veut; aussi me semble-t-il, ajouta-t-il, qu'on est en chemin de la conclure; ce ne sera plus ici, ce sera à Rastatt; mais le Directoire, avant cette conclusion, désire de s'entendre avec S. M. Prussienne sur un objet qu'il croit également conforme aux intérêts de la France et de la Prusse. C'est de savoir s'il pourrait convenir à S. M. Prussienne d'admettre, à la conclusion de la paix entre la France et l'Empire, un article portant qu'il serait mis en principe que les princes séculiers ou héréditaires seuls auraient droit d'être indemnisés des pertes qui résulteraient de la cession de la rive gauche, vu que la Prusse et l'Autriche avaient renoncé pour leur part aux indemnités qu'elles avaient été dans le cas de réclamer à la charge de l'Empire pour les pertes qu'elles avaient essuyées. M. Sieyès m'ayant prévenu que son intention était de remettre une note sur cet objet, mais qu'il était également prêt à entrer en discussion préalable, si je croyais que par ce mode on pourrait accélérer la conclusion de la paix qui, peut-être, ne tenait plus qu'à cet objet; je lui ai répondu que le moyen le plus expéditif me semblait être celui de le traiter par écrit, et que je croyais pouvoir m'attendre que nous ne tarderions pas de recevoir la note qu'il m'avait fait espérer.

211. Note von Sieyès an das preußische Kabinets-Ministerium. Berlin 1798 September 20.

Vorschlag zu einem Artikel des Reichsfriedens.

L'Envoyé de la République française au Ministère du Cabinet. Office.

Sept. 20. Le Directoire exécutif ne voulant négliger aucun moyen d'amener la conclusion du traité de paix qui se négocie à Rastatt, et persuadé que le Roi de Prusse est animé des mêmes intentions pacifiques, a jugé convenable de consulter S. M. sur une mesure qui lui paraît devoir atteindre ce but salutaire. Elle consisterait à faire insérer dans le traité de paix définitif un article dans le sens qui suit: »la Prusse et l'Autriche renonçant à toute indemnité, il n'y aura parmi les états ci-devant possessionnés sur la rive gauche du Rhin que les princes héréditaires qui aient droit à être indemnisés«. Comme le Directoire a tout lieu d'espérer que S. M. ne pourra méconnaître l'utilité de cette clause, j'ai reçu l'ordre exprès d'engager le ministère du cabinet à prescrire à ses plénipotentiaires au congrès qu'ils aient à se concerter d'une manière prononcée et efficace avec les ministres français pour la faire adopter le plus promptement possible. Le ministère du cabinet voudra bien observer que cette clause ne pouvant préjudicier en aucune manière aux autres articles du traité qui ont été ou qui pourront encore être débattus à Rastatt, on doit avec toute raison s'attendre qu'elle sera accueillie, comme elle est proposée, sans aucune condition accessoire qui puisse en retarder l'adoption définitive. 1798 Sept. 20.

Berlin, le 4e jour complémentaire de l'an VI de la République française. (20 septembre).

Sieyès.

212. Graf Finckenstein an Graf Haugwitz und Baron Alvensleben. Berlin 1798 September 21.

Äußerung über die vorhergehende Note von Sieyès.

J'ai l'honneur d'envoyer à Vos Excellences la note ci-jointe que le ministre Sieyès a fait remettre dans ma maison hier entre huit et neuf heures du soir. Il me paraît assez singulier qu'il donne l'exclusion entière aux princes ecclésiastiques dans la clause qu'il propose d'insérer au traité de paix, puisqu'on nous a marqué plus d'une fois que les plénipotentiaires français avaient fait espérer au sieur Albini[1], que la République se prêterait à quelque dédommagement pour l'électeur son maître. Quant au Roi, il pourrait lui être assez indifférent que les princes ecclésiastiques ne fussent point indemnisés; mais la cour de Vienne ne voudra jamais admettre une clause pareille, et il me semble qu'il n'est pas de l'intérêt de S. M. d'être le premier à la proposer, puisque la majeure partie de l'Empire l'envisagera toujours comme un renversement de la constitution dont tout l'odieux retomberait sur la Prusse. Sept. 21.

213. Gutachten des Barons Alvensleben. Berlin 1798 September 21.

Eigenhändig.

Empfehlung des von Sieyès gemachten Vorschlags.

Le principe énoncé dans la note du citoyen Sieyès antérieurement a toujours été mis en avant par nous comme base des indemnités à ac- Sept. 21.

1) Bevollmächtigter des Kurfürsten von Mainz in Rastatt.

1798 Sept. 21. corder aux princes de l'Empire, et d'ailleurs ce principe est absolument conforme à nos intérêts; aussi j'avoue que, quant à moi, je ne crois pas qu'il y aurait du mal à instruire en conséquence nos ministres à Rastatt, pourvu que nous portions des modifications aux termes prononcés et efficaces qu'on exige de nous. Par la seule cession de la rive gauche du Rhin la constitution germanique est déjà tellement bouleversée, qu'il faut déjà la reconstruire à neuf pour qu'elle puisse marcher légalement, ainsi que cette seule considération ne saurait m'arrêter. D'ailleurs si nous éloignons un peu plus la cour impériale par cette marche, il faut convenir que pour les affaires de l'Empire nous ne parviendrons jamais à la mettre dans nos intérêts, puisque ses intérêts et les nôtres sont en contradiction manifeste, et qu'il s'agira seulement d'un peu plus ou d'un peu moins de haine. Si nous nous mettons à dos par cette marche les princes ecclésiastiques, nous parvenons aussi, si ce plan passe, à les affaiblir de manière que leur haine sera nulle; tandis que les souverains héréditaires se rangeront tous de notre côté, si nous nous prononçons à cet égard. D'ailleurs l'adoption de ce moyen sera le seul qui pourra nous fournir des moyens 1° à être conséquents dans tout ce que nous avons manifesté jusqu'ici vis-à-vis de la France, 2° à remplir les engagements directs ou indirects que nous avons pris avec plusieurs princes souverains héréditaires d'Allemagne et 3° à rétablir la balance en Allemagne qui sans cet expédient serait absolument à notre désavantage.

214. Note von Sieyès an das preußische Kabinets-Ministerium. Berlin 1798 September 27.

Dringt auf Antwort.

Sept. 27. Le soussigné ne peut se dispenser de soumettre au ministère du cabinet cette réflexion: la proposition contenue dans l'office qu'il a eu l'honneur de lui adresser par ordre exprès de son gouvernement, il y a aujourd'hui huit jours, ne mérite-t-elle pas, par la nature même de son objet, une prompte réponse?

Berlin, 6 vendémiaire, an VII de la République française (jeudi, 27 septembre 1798). Sieyès.

215. Äußerungen der Kabinetsminister über die vorstehende Note.

Sept. 27. J'ai l'honneur d'envoyer à Vos Excellences une nouvelle note de M. Sieyès, par laquelle il presse la réponse à la première d'une manière qui me paraît assez indécente.

Berlin, le 27 septembre 1798. Finckenstein.

Je crois que dans la réponse à M. Sieyès il faut lui donner sur les doigts. 1798 Sept. 27.

Alvensleben.

Il est d'autant plus étonnant que M. Sieyès se permette d'énoncer son impatience de ce que nous avons tardé depuis huit jours à lui répondre, que ni lui ni son gouvernement n'ont jugé à propos de donner signe de vie sur trois offices que nous avons délivrés au ministre de France.

Haugwitz.

216. Note des preußischen Kabinets-Ministeriums an Sieyès. Berlin 1798 September 29.

Concept von L. D. Le Coq; gez. Finckenstein, Alvensleben, Haugwitz.

Der König hat sich über die Frage des gegenseitigen Verzichtes und der Entschädigungen mit dem Kaiser in Verbindung gesetzt.

Nous avons eu soin de mettre sous les yeux du Roi l'office que le citoyen Sieyès, envoyé extraordinaire de la République française, nous a fait passer le 20 de ce mois, au sujet d'un article qu'il propose d'insérer dans le traité de paix qui se négocie à Rastatt. Sept. 29.

Suivant les communications verbales du ministre des relations extérieures envers l'envoyé du Roi à Paris et dont ce dernier a rendu compte à S. M., elle avait lieu de penser que les ouvertures récemment commises au citoyen Sieyès embrasseraient généralement les stipulations de la paix à conclure. Elle se plaisait d'autant plus à cette supposition, qu'elle espérait de trouver dans les explications annoncées l'occasion de satisfaire le désir si souvent manifesté de sa part de contribuer, par son intervention et ses bons offices, à rendre enfin à l'humanité souffrante la tranquillité et la paix, et il semble en effet que la tractation isolée de tel ou autre objet particulier, en augmentant les délais, ne puisse que retarder davantage ce but salutaire. L'attente du Roi n'ayant pas été remplie à cet égard, S. M. se flatte que ce sera au congrès même que le gouvernement de la République voudra manifester de plus en plus des dispositions conciliantes et pacifiques. Les moyens lui en seront faciles, puisqu'il ne saurait plus être question de nouveaux articles à y débattre, mais seulement de céder à la voix de l'équité et de consulter la solidité de l'ouvrage à conclure, en se relâchant sur les objets qui restent encore en litige, après les immenses sacrifices auxquels l'Empire germanique s'est déjà offert.

Quant au contenu de la note du citoyen Sieyès, l'article de la paix future qui s'y trouve proposé renferme proprement un double objet, savoir, la renonciation de S. M. l'Empereur et du Roi lui-même à toute indemnité et le principe: »que parmi les états ci-devant possessionnés à

1798 Sept. 29. la rive gauche du Rhin, il n'y aura que les princes héréditaires qui aient droit à être indemnisés«.

A l'égard du premier point, et en tant qu'il y est question de la renonciation du Roi, S. M. croit devoir se référer à la note remise au ministre de France sous la date du 31 août, où elle a déclaré être prête de son côté à cette renonciation, moyennent qu'elle ait pareillement lieu de la part de S. M. l'Empereur, et que du reste la paix entre l'Empire germanique et la France soit conclue sur la base stricte de la cession de la rive gauche du Rhin. A la même occasion, S. M. a témoigné qu'elle croyait pouvoir s'attendre à des dispositions parfaitement analogues de la part de la cour de Vienne, pour une renonciation à toute indemnité à la charge de l'Allemagne. Mais le gouvernement français ayant jugé à propos de revenir sur cet objet, qu'il regarde comme propre à accélérer la pacification, le Roi, toujours fidèle à son désir de contribuer à ce but sacré, a cru ne pouvoir choisir une voie plus courte et plus simple pour y concourir à cet égard autant qu'il dépend de lui, qu'en s'adressant à la cour de Vienne elle-même, par une communication ouverte et franche, pour connaître avec précision ses sentiments sur ce point.

Il en est de même du second objet de l'article proposé, savoir du principe qu'il s'agirait d'y établir quant aux indemnités. Il est incontestable que ce principe ne saurait entrer dans la pacification de l'Empire, sans l'accession de l'Empereur comme chef du Corps germanique. Le Roi a donc pensé ne pouvoir mieux faire que de s'en ouvrir également envers ce monarque, en s'employant auprès de lui pour acheminer sur ce sujet une détermination commune, qui puisse faciliter l'ouvrage de la paix. A l'un et à l'autre égard, S. M. s'empressera de s'expliquer ultérieurement envers la République française, aussitôt que la réponse de la cour de Vienne lui sera parvenue.

Nous venons au reste de recevoir encore la note du citoyen Sieyès du 27 septembre, par laquelle il a trouvé bon de presser notre réponse à la première. Le ministère du Roi a suivi constamment le principe de ne retarder inutilement aucune affaire; mais de laisser aussi à chacune le temps que son objet ou les circonstances rendent nécessaire. Ce principe tient à la nature des choses et au bien du service, et il ne s'en départira jamais.

217. Bericht von Sandoz-Rollin aus Paris.

Allgemeine Mißbilligung der Unternehmung gegen Ägypten. Schwankende Entschlüsse des Directoriums über Krieg und Frieden.

Sept. 21. . . . »Qu'avait-on besoin, a dit le sieur Rewbell au Directoire à son retour, de chercher des expéditions aussi chimériques et lointaines que celle d'Égypte? c'était vouloir y perdre une flotte et une armée. On se souviendra que je m'y étais opposé de tout mon pouvoir lorsqu'il en fut question«. »C'était également mon avis«, a dit Larevellière-Lepeaux, ennemi secret, autant que son collègue Rewbell, de la gloire de Bonaparte. »C'était bien plus le mien encore«, a observé le sieur Treilhard, »et j'aurais combattu fortement cette idée, si j'avais eu l'avantage d'être membre du Directoire«. Tous blâmaient ainsi une expédition, pour laquelle ils déploient une activité peu commune et une dépense de 45 millions de livres de France. 1798 Sept. 21.

Mais comment y remédier, et comment tirer vengeance de la destruction de la flotte française[1]? C'est sur quoi on a discuté et délibéré très longuement dans deux séances du Directoire. Le sieur Rewbell y a prêché la guerre. »Si vous hésitez de la déclarer à Naples«, disait-il, »qui l'a provoquée de mille manières, et si vous tardez à vous rendre maîtres de la Sicile, c'en est fait de Malte, qui tombera au pouvoir des Anglais, et c'en est fait de votre navigation dans la Méditerranée«. Larevellière-Lepeaux a fort appuyé cet avis, et a soutenu que l'état d'incertitude dans lequel on restait, affaiblissait la considération militaire de la République et ses ressources en tout genre. Le sieur Merlin voulait qu'on épuisât tous les moyens de conserver la paix avant d'émettre une résolution qui entraînerait des suites incalculables. »Souvenez-vous«, a-t-il observé, »que la guerre est l'aliment des anarchistes de la France, comme des anarchistes d'Allemagne, et que tous l'attendent avec impatience pour profiter de votre embarras et désorganiser le monde et votre République«. Cependant la pluralité des suffrages penchait pour la guerre. Les ordres devaient être expédiés au général Brune, deux jours après, de commencer les hostilités et de brusquer ses opérations militaires, de manière à pouvoir s'emparer de la Sicile, seul moyen d'ôter aux Anglais la possibilité de rester dans la Méditerranée. Le ministre de la guerre avait été mandé pour lui prescrire les mesures à prendre à cet effet et en presser l'exécution. Tout à coup le représentant Briot fait une motion d'ordre dans le Conseil des Cinq-Cents, où insultant indirectement à la lenteur du Directoire dans les négociations de la paix, il propose d'attribuer à une commission la faculté d'en abréger le terme. Cette motion imprévue et violente a jeté l'alarme dans le Directoire. On a cru y reconnaître le projet formé des anarchistes de souffler la guerre, et l'on est revenu à l'opinion de Merlin, c'est-à-dire de temporiser encore avant de rompre formellement avec l'Empereur.

1) Die Nachricht von der Schlacht von Abukir (1. August) war Mitte September in Paris.

1798 Sept. 21. On sait qu'attaquer Naples, est déclarer la guerre à l'Autriche. Les ordres de commencer les hostilités ont été renvoyés dès ce moment à un autre temps . . .

218. Note von Sieyès an das preußische Kabinets-Ministerium. Berlin 1798 Oktober 3.

Mißbilligt die Mittheilung an den Kaiser; erneuert den Vorschlag zu einer Verständigung.

Okt. 3. Dans l'office que l'envoyé de la République française a eu l'honneur de remettre le 4e jour complémentaire de l'an VI (20 septembre), il s'est efforcé d'exposer d'une manière claire et précise le vœu du Directoire exécutif relativement à un article additionnel, qui pourrait terminer le traité qui se négocie à Rastatt; article qui paraissait au gouvernement français propre à satisfaire tous les intérêts bien connus de l'Empire et à lever les difficultés qui s'opposaient encore à la conclusion de la paix. En le proposant à S. M. conformément aux ordres du Directoire, le soussigné a expressément déclaré que la clause qu'il renferme étant indépendante de toute autre stipulation qui aurait déjà été ou pourrait être encore débattue au congrès et ne pouvant en conséquence leur préjudicier en aucune manière, il paraissait juste et convenable de ne la point mêler à des conditions accessoires, qui en embarrasseraient inutilement la discussion.

Le soussigné avait tout lieu d'espérer que cette proposition, si analogue aux sentiments jusqu'ici manifestés par le cabinet de Berlin et présentée avec confiance par celui de Paris comme le gage de la paix, serait accueillie avec empressement. Il a vu avec douleur, dans la réponse du ministère, que sans opposer cependant aucune considération tendante à affaiblir ou à rejeter au fond la mesure proposée, on ne s'écarte pas moins de la marche qui seule pouvait en accélérer l'adoption, et qu'on avait voulu aussi la lier accessoirement à d'autres objets appartenants à d'autres articles du traité.

Le Directoire de la République française entraîné par les rapports de confiance que les ouvertures précédentes avaient établis entre les deux gouvernements, ne pouvait en effet prévoir que, sans sa participation et même contre son vœu aisément présumable, le projet qu'il faisait soumettre à S. M. serait communiqué à un autre cabinet, dont les vues peuvent cependant être différentes des siennes, et avec lequel il aurait établi lui-même, à cet égard, des relations directes, si cette marche lui eût paru préférable ou plus compatible avec les intérêts de la République. Cette communication s'écarte également des intentions du Directoire lorsqu'elle implique, sans son aveu, une renonciation positive à tout territoire situé en deçà du Rhin, quoique cette renonciation ne doive être qu'éventuellement le résultat des négociations entamées. 1798 Okt. 3.

Le soussigné connaît et respecte les liens qui unissent les différents membres du Corps germanique. Mais, quelque éminente que soit la prérogative du chef de l'Empire, il sait qu'elle ne renferme que le pouvoir de sanctionner les résolutions des états, dont chacun a le droit de proposer ce qui lui paraît le plus avantageux au bien public. Si ce droit appartient aux membres les plus faibles de l'Empire, il est à plus forte raison l'apanage de celui qui a une existence indépendante et a su se mettre de niveau avec les premières puissances de l'Europe. Pour faire insérer dans le traité la clause dont il s'agit, il faut sans doute qu'elle soit adoptée par l'Empereur, mais elle doit l'être aussi par les états. Les formes n'auraient donc été aucunement blessées, si la proposition de cette clause eût été faite d'abord à la députation de l'Empire, sauf à obtenir dans la suite la ratification de la cour de Vienne.

Quoi qu'il en soit, le soussigné fait des vœux pour que la réponse du cabinet autrichien ne confirme pas ses doutes sur le succès de cette communication, qui loin d'accélérer l'ouvrage de la paix, lui paraît de nature à le retarder de plus en plus.

Pour répondre aux réflexions qui précèdent la notification de cette démarche du ministère de S. M., le soussigné doit remonter aux communications qu'il a eu l'honneur d'entretenir avec le cabinet du roi, peu de temps après son arrivée. Son premier vœu, le but principal de ses instructions, a été d'aplanir les difficultés qui entravaient la conclusion d'une paix solide, en établissant autant qu'il dépendait de lui un concert amical entre les deux puissances. C'est pour cet effet qu'il a présenté dans ses entretiens avec les personnes qui jouissent de la confiance particulière de S. M., un ensemble de vues qui lui paraissaient embrasser les relations politiques et nécessaires entre la Prusse et la République française. Cette masse d'idées et de combinaisons, fondée sur toutes les hypothèses possibles dans l'ordre politique, accueillie d'abord dans des conversations confidentielles, fut écartée ensuite par des communications écrites, qui ne portaient que sur des faits isolés, sur des demandes partielles, sur des offres qui n'étaient pas applicables à la situation de la République. Dans cet état des choses, le soussigné aurait pu se prêter peut-être à discuter à Berlin des objets de détail, dont la connaissance appartient essentiellement au congrès général. Mais des motifs personnels de délicatesse que le ministère appréciera facilement, et plus encore la conviction intime que la force des circonstances produirait à Rastatt des résultats plus avantageux qu'il n'avait lieu d'en espérer

1798 Okt. 3. de ses propres négociations, lui ont fait la loi de s'en tenir religieusement au sens de ses instructions. La note qui lui fut remise après lui avoir été annoncée comme devant renfermer un plan de coopération fondé sur des engagements réciproques, dont les bases avaient été arrêtées confidentiellement, n'était en effet qu'une série de demandes auxquelles le soussigné n'était aucunement autorisé à répondre, et l'offre des bons offices qui lui fut faite ensuite étant également étrangère à l'objet de sa mission, il dut se borner à la transmettre à son gouvernement. Il a vainement cherché le motif de la différence extrême qu'il remarquait entre les propositions écrites et les entretiens confidentiels. Il n'a pu se convaincre que des circonstances passagères aient pu diriger une politique, qu'il s'agissait d'établir sur des bases permanentes. Il a gémi de voir négliger le moment où les intérêts les plus chers à l'Europe auraient pu être fixés de la manière la plus avantageuse entre deux puissances évidemment destinées à marcher ensemble pour rétablir un équilibre rompu par tous les déchirements qui ont affligé le continent depuis huit années [1]. Mais convaincu aussi de l'impossibilité de se faire entendre, il a dû respecter en silence les raisons qui ont déterminé la conduite du ministère et attendre les instructions ultérieures de son gouvernement. Ces instructions lui ont prescrit de soumettre confidentiellement à S. M. l'insertion au traité de paix de la clause que le ministère a jugé à propos de communiquer à la cour de Vienne. Si l'envoyé du roi à Paris a informé sa cour que le soussigné ferait des ouvertures qui embrasseraient généralement les stipulations de la paix à conclure, ce n'est pas sans doute dans la supposition que les débats du congrès de Rastatt seraient transférés à Berlin, mais que dans le cours de la discussion sur la mesure proposée par le Directoire, le soussigné avait des pouvoirs suffisants pour aplanir quelques difficultés qui embarrassent encore la marche du congrès. Le ministère du cabinet paraît avoir reconnu lui-même l'inutilité d'une ouverture générale sur les stipulations de la paix, puisqu'il ajoute qu'il ne pouvait plus être question de nouveaux articles à débattre à Rastatt. Or, comme les articles qui y ont été débattus sont connus de tout le monde, il eût été superflu d'en présenter l'ensemble à un cabinet qui exerce une si grande influence sur les délibérations du congrès.

Si, d'un autre côté, l'envoyé du roi a voulu faire entendre que le soussigné était autorisé à soumettre à S. M. plusieurs projets tendant à consolider la paix, il a parfaitement bien saisi les intentions du Directoire. Mais d'après ce qui s'est passé à l'égard du premier projet que le soussigné a eu l'honneur de présenter, le ministère du cabinet jugera

1) Incorrect citirt bei Ranke, Hardenberg 1, 402.

lui-même s'il eût rempli le vœu de son gouvernement en lui soumettant les autres par écrit, et si le parti qu'il a pris de les communiquer verbalement à S. E. M. le comte de Haugwitz ne convient pas mieux à sa situation et à l'état actuel des choses. 1798 Okt. 3.

Quant à la condition que le ministère du cabinet a jugé convenable d'ajouter à la clause proposée, le soussigné est prêt à entrer dans des explications qu'il a tout lieu de croire satisfaisantes; mais il se flatte en même temps que le ministère, après avoir rempli envers l'Empereur les devoirs que lui paraissaient imposer les lois constitutionnelles de l'Empire germanique, après avoir reconnu que la clause proposée est analogue aux intérêts de l'Allemagne et qu'elle tend évidemment à consolider la paix, voudra bien prescrire aux plénipotentiaires du roi à Rastatt de se concerter avec les ministres de la République française, pour faire adopter cette clause par la députation de l'Empire.

Berlin, le 12 vendémiaire an VII de la République française (le 3 octobre 1798).

Sieyès.

219. Gutachten des Grafen Haugwitz. Berlin 1798 Oktober 10.

Mundum (Kriegsrath D. Du Bois), gez. Haugwitz.

Bemerkungen über die letzte Note von Sieyès. Frühere Unterredungen mit Sieyès.

Si je vais accompagner la note du sieur Sieyès du 3 octobre de quelques observations, ce n'est pas que mon intention soit de fournir le canevas pour la réponse que nous serons dans le cas d'adresser à ce ministre; mais il m'a paru être important de relever plusieurs articles de cette note. Nous aurons peut-être occasion dans la suite de revenir sur ces objets. S'il était question de les traiter maintenant avec le ministre de France et d'entrer en discussions avec lui, il n'est pas à prévoir qu'il puisse en résulter aucun bien pour les intérêts du Roi. Il me semble donc préférable de nous en tenir au dernier paragraphe, où le sieur Sieyès nous annonce des explications dans lesquelles il était prêt à entrer, en ajoutant qu'il avait lieu de les croire satisfaisantes. En lui demandant ces explications, il faudra nécessairement lui observer que l'expérience du passé nous ayant prouvé à différentes reprises que les explications verbales qui avaient eu lieu entre le ministère et lui, semblaient avoir été mal saisies et avaient donné évidemment lieu à des mésentendus, le Roi nous avait chargés d'inviter le sieur Sieyès à remettre par écrit dorénavant tous les objets qu'il avait à traiter et qu'il jugerait être de quelque importance. On ne pourra pas se dispenser de relever à cette occasion qu'on avait vu avec surprise que le ministre de France semblait Okt. 10.

1798 Okt. 10. indiquer s'être acquitté, d'une manière officielle, d'une commission reçue par son gouvernement, dans un entretien qu'il a eu avec moi et auquel il se réfère, tandis que cet entretien n'a roulé presque en entier que sur des affaires très indifférentes, et que l'unique que je pourrais qualifier d'officielle, était l'observation passagère que le sieur Sieyès me fit à l'égard de la garantie de la paix de l'Empire. Il m'avait répété à différentes reprises, et avec cette emphase qui lui est propre que la France voulait la paix. Sur l'observation que je lui fis, que telles étaient sûrement les dispositions de la députation de l'Empire chargée de la conclure avec elle, il m'interrompit assez brusquement en me disant: »il ne suffit pas de faire la paix; il faut que cette paix soit garantie et qu'elle le soit par la Prusse, la France et l'Autriche«. Quoique le point de vue sous lequel une telle garantie pourrait être proposée par la France ne me fût point échappé, je me contentai de lui observer que les trois puissances dont il venait de parler étant en partie puissances contractantes, je ne concevais pas trop bien pourquoi il serait question de compliquer davantage l'ouvrage de la paix, en mettant sur le tapis une proposition qui semblait être superflue. M. Sieyès me riposta qu'on pourrait peut-être appeler la Suisse à concourir à cette garantie. Ma réponse fut: qu'avant de s'ériger en puissance garante, il me semblait qu'il fût à désirer que la Suisse devînt puissance indépendante, et que le gouvernement des Cantons fût mieux consolidé qu'il ne semblait l'être jusqu'à presént. La réponse de M. Sieyès fut qu'à cet égard il était entièrement de mon avis, et qu'il était bien loin d'approuver tout ce qui s'était fait dans ce pays. Voilà comme se terminait l'entretien que j'ai eu avec ce ministre, au sujet d'un objet sur lequel il aimerait maintenant avoir l'air de m'avoir fait quelque communication officielle. Il me reste encore à observer que tout ce que M. Sieyès a dit dans la note que j'ai sous les yeux au sujet des ouvertures qu'il prétend avoir faites avant la remise du mémoire qui lui expose les bases de la paix de l'Empire, telles que le Roi les envisage, comme de nature à consolider l'ouvrage de la paix et à ramener l'harmonie et la confiance entre les deux nations, m'est absolument étranger, et que je dois croire que cela tient au reste des contradictions manifestes dont toute la conduite de ce ministre a été marquée depuis son séjour ici.

220. Note des preußischen Kabinets-Ministeriums an Sieyès. Berlin 1798 Oktober 13.

Concept von L. D. Le Coq; gez. Finckenstein. Alvensleben. Haugwitz.

Rechtfertigung des Verhaltens Preußens bei der Verhandlung mit Frankreich.

Okt. 13. Le ministère du Roi s'étant expliqué dans la dernière note qu'il a eu l'honeur de transmettre au citoyen Sieyès, envoyé extraordinaire de 1798 la République française, sur les motifs qui ont engagé le Roi à entrer en Okt. 13. communication préalable avec S. M. l'Empereur sur la proposition contenue dans le précédent office de ce ministre, il croit ne pouvoir que s'y référer pour ce qui concerne cet objet dans le nouvel office qu'il en a reçu en date du 3 de ce mois. Plus le gouvernement français assurait envisager l'insertion de l'article additionnel proposé pour la paix avec l'Empire comme propre à accélérer cet ouvrage salutaire, plus il a paru au Roi, qui n'aspire qu'à sa prompte et solide conclusion, qu'il fallait nécessairement amener sur ce point, au moyen d'une communication ouverte et franche, un accord amical entre les principaux intéressés, sans lequel l'arrangement ne pourrait parvenir à consistance. Ces motifs conservent encore toujours le même degré de solidité aux yeux du Roi, et il en résulte qu'avant de pouvoir munir ses ministres au congrès d'instructions sur ce sujet, S. M. doit en attendre préalablement la réponse de l'Empereur.

C'est ce même aveu de la paix si souvent exprimé par le Roi, qui a présidé sans interruption à toutes les démarches du ministère envers le citoyen Sieyès, et qui en particulier avait fait attendre avec le plus grand intérêt à S. M. les explications détaillées et complètes dont elle avait cru ce ministre chargé sur les objets de la pacification. Elle n'a pu se refuser à la conviction que c'est uniquement de la République française qu'a dépendu en dernier lieu et que dépend encore le rétablissement de cette paix à laquelle l'Allemagne aspire depuis si longtemps. En effet, l'Empire ayant de son côté apporté à ce désir le grand et douloureux sacrifice de l'abandon de la rive gauche du Rhin, il devait naturellement penser qu'après avoir posé cette base exigée de la France pour condition du rétablissement de la paix, toutes les difficultés seraient aplanies. Son attente à cet égard n'ayant point été remplie, et le gouvernement français ayant au contraire élevé ensuite de nouvelles prétentions excédant cette base, le Roi avait cru pouvoir espérer à d'autant plus forte raison que la République, pour mettre S. M. à même de juger des intentions pacifiques qu'elle assurait avoir envers l'Allemagne et de l'ensemble de ses vues à cet égard, voudrait enfin lui en faire une communication complète; non qu'il pût y avoir encore de nouvelles demandes à former de sa part, mais pour s'expliquer et aviser à des moyens de s'entendre sur les prétentions inattendues déjà produites par elle, et qui en grande partie touchaient de près les intérêts particuliers de la Prusse.

Le citoyen Sieyès semble insinuer dans sa note qu'il a donné plus d'étendue à ses ouvertures verbales envers l'un des ministres du cabinet,

1798 qu'à celles qui ont eu lieu par écrit; mais on ne peut s'empêcher d'ob-
Oct. 13. server sur ce sujet que jamais dans les entretiens dont il parle, on n'a pu trouver une exposition complète des idées et de l'ensemble des demandes de son gouvernement sur les stipulations de la paix à conclure, le seul objet dont il était et pouvait être question pour le moment entre les deux puissances. Quelque temps après le retour du Roi à Berlin [1]), ce ministre ayant paru désirer la communication des sentiments de S. M. sur l'ouvrage de la paix, nous avons eu l'honneur de lui remettre un mémoire sur les bases qu'elle jugeait seules propres à fonder une pacification prompte et solide entre la France et l'Empire. Depuis ce mémoire, qui est demeuré sans réponse et sans suite, les ouvertures du citoyen Sieyès envers M. le colonel de Zastrow ayant confirmé le Roi dans l'idée que les retards et les difficultés de la paix de l'Empire pouvaient tenir en grande partie à l'état des choses entre la République française et la cour de Vienne, S. M. s'est empressée d'offrir, par la note remise à ce ministre sous la date du 19 août, l'emploi de ses bons offices comme le seul moyen qui soit en son pouvoir pour aplanir ces difficultés et rétablir l'harmonie et la bonne intelligence entre la République et l'Empereur. Cette note a eu le sort du mémoire, étant demeurée également sans réponse quelconque. Enfin l'office du ministre de France du 21 septembre ayant proposé l'insertion, dans le futur traité de paix, de l'article qui s'y trouve indiqué, le Roi a pris sur ce sujet le seul parti qui lui ait paru compatible avec son désir invariable d'amener un arrangement pacifique, solide et fondé sur l'accord des principales parties intéressées, sans lequel, loin d'assurer la paix, tout arrangement quelconque ne peut que devenir l'occasion et jeter le germe de nouvelles dissensions. Telle est en raccourci la conduite que les ordres du Roi nous ont mis dans le cas de tenir envers la République et son ministre relativement aux affaires de la pacification. S. M. se flatte qu'elle sera trouvée naturelle et conséquente par tous ceux qui voudront bien l'envisager avec impartialité.

Dans le cas où le citoyen Sieyès, comme la clause finale de son dernier office paraît l'indiquer, aurait à nous transmettre des explications ultérieures, nous les recevrons avec plaisir; mais puisqu'il paraît que les ouvertures verbales ont l'inconvénient d'être plus facilement exposées à des mésentendus et à une diversité d'interprétation, nous sommes chargés de le prier de vouloir bien s'en acquitter par écrit, pour tous les objets qu'il jugera d'une certaine importance. Nous ne pouvons au reste

1) Der König war am 29. Juni von der Huldigungsreise in die östlichen Provinzen nach Charlottenburg zurückgekehrt.

nous dispenser d'observer à cette occasion, sur la partie susindiquée de son dernier office, que l'intention du Roi n'a point été et n'a pu être d'ajouter une condition à la clause proposée pour le futur traité, puisqu'ayant cru nécessaire d'en communiquer préalablement avec le cabinet de Vienne, il a pensé ne pouvoir en général s'en expliquer encore de son côté. Ce n'est que sur la renonciation à ses indemnités que S. M. a pu se déclarer, et témoignant être prête à accélérer par ce nouveau sacrifice le prompt aplanissement des difficultés, moyennant que S. M. l'Empereur veuille bien en faire autant de son côté, et que la paix soit conclue sur la base stricte de la limite du Rhin. 1798 Okt. 13.

Berichte von Sandoz-Rollin aus Paris.

221. Anstrengungen von Daunou und Azara für Erhaltung des Friedens.

La résolution de commencer les hostilités se ralentit chaque fois qu'il est question de la mettre en exécution. Le général Joubert, qui devait partir sans délai et qui avait l'ordre d'attaquer Naples, a été retenu sous divers prétextes. Tous les amis du gouvernement s'entremettent à conjurer l'orage et à éloigner la reprise des hostilités. Le député Daunou est un de ceux qui s'y emploient avec le plus de chaleur. Dernièrement il a dû représenter aux directeurs Larevellière-Lepeaux et Merlin, combien peu on pouvait compter sur la fidélité des Italiens et sur leur amour pour la liberté; tous ne voyaient que les peines et la gêne du moment présent, et ne comptaient pour rien le bonheur de l'avenir; l'Autriche pourrait supporter, selon lui, vingt défaites sans que cela tirât à conséquence; mais le Directoire n'en pourrait pas éprouver une seule sans que le contrecoup en fût senti au centre de la République et provoquât des murmures et des accusations sérieuses. »La fortune«, disait-il encore, »a ses limites, et vouloir les franchir témérairement, c'est s'exposer aux plus malheureux revers«; discours sage, judicieux, et qui sorti de la bouche d'un républicain zélé, aurait dû produire plus d'impression. Cependant si je suis bien instruit, les deux directeurs n'en ont point été touchés . . . Okt. 17.

Le chevalier d'Azara s'est employé aussi, de son côté, avec beaucoup d'énergie à conjurer les esprits et la reprise des hostilités. Il a adressé au président du Directoire une note, disant qu'il était prêt à faire passer à Vienne toutes les propositions propres à amener une conciliation; qu'il était disposé à s'y rendre lui-même et à travailler à cette œuvre salutaire; enfin qu'il pensait que le Directoire ayant fait une paix avantageuse, il devait s'occuper d'en retirer les fruits et la gloire. Le ministre des relations extérieures a été chargé de le remercier, au nom

1798 Okt. 17. du Directoire, de ses bonnes intentions, et de lui observer qu'il ne pouvait en faire aucun usage; que ce serait compromettre inutilement son caractère d'ambassadeur et la dignité du Directoire, et que si le désir de la paix était équivalent à Vienne à celui qu'on avait à Paris, l'Empereur avait assez de moyens d'en donner participation. »L'obstination est inconcevable de part et d'autre«, m'a dit hier Azara; »il n'y a pas moyen de faire entendre raison à quelques-uns des membres du Directoire, et surtout de leur faire entendre que les Français seront chassés de l'Italie dans la première campagne, et qu'ils auront besoin de tous leurs efforts et de toute leur ardeur guerrière pour y reprendre l'ascendant et y soutenir leur système; que, dans cet intervalle de temps, des événements de toute espèce pourront survenir et embarrasser leurs combinaisons. Mais rien ne fait impression sur eux, a-t-il ajouté avec vivacité; ils préfèrent la guerre au scrupule de renoncer à la pitoyable République romaine« . . .

222. Stimmung in Italien.

Okt. 21. . . . Le général Joubert est parti le 19 au soir pour l'Italie, avec l'instruction, à ce que je crois savoir, de ne pas rompre la paix qu'il n'eût reçu l'ordre péremptoire du Directoire et qu'il n'eût rassemblé 150 mille hommes; forces qu'on regarde comme absolument indispensables pour soutenir les succès et la gloire des armes françaises. L'état des troupes qui existait jusqu'à ce jour en Italie était ignoré du Directoire, tellement qu'il a été fort surpris d'apprendre, par le tableau du ministre de la guerre, qu'il n'existait que 60 mille hommes dans cette contrée, dont 20 mille devaient servir encore à la défense des places fortes. Le commissaire Haller, arrivé dans ces entrefaites et consulté par le Directoire, a confirmé non seulement cet état des choses, mais a représenté de plus les mauvaises dispositions de la majeure partie des peuples d'Italie pour les Français, qui, au premier revers, deviendraient des ennemis irréconciliables et se réuniraient aux Autrichiens pour les chasser de ce pays. Ce propos de Haller, trop divulgué dans le public, a produit le plus mauvais effet . . .

223. Sendung Bottot's nach Wien. Haller. Nachrichten über Thugut.

Nov. 22. . . . Le sieur Bottot, secrétaire du sieur Barras, a été chargé par le Directoire de se rendre en apparence à Rastatt, mais en réalité à Vienne, et de faire la plus grande diligence [1]). Il est parti il y a deux

1) Vergl. Sybel 5, 239. Am 6. December berichtet Sandoz, daß Bottot nur nach Mailand gereist sei.

jours . . . Le représentant Daunou et le sieur Haller ont été les princi- 1798
paux moteurs de ces nouvelles ouvertures. Ce dernier, en me confiant Nov. 22.
cette particularité, m'a promis de me donner tous les détails qui y appartiennent. Haller brigue ici, avec beaucoup d'adresse, la place de ministre de finances, affectant de dire que les ressources de la République sont immenses, mais que l'indépendance où sa propre fortune le met l'éloigne nécessairement de toute idée d'ambition. On le fait riche d'un capital de 15 millions de francs, fruit de ses vexations comme commissaire de l'armée en Italie. Le général Bonaparte disait de lui qu'il ne connaissait pas de tête plus fertile en ressources et d'âme plus immorale . . .

L'ambassadeur d'Espagne prétend être instruit que la cour de Vienne est revenue depuis un mois à des sentiments sincères de paix, et il se fonde sur une lettre qu'il vient de recevoir de l'ambassadeur Campo Alanche et qu'il m'a communiquée. Ce dernier y disait qu'à la suite d'un entretien avec le baron Thugut, il en avait reçu l'assurance que si le Directoire voulait envoyer à Vienne un agent muni de pouvoirs assez étendus, il reprendrait les négociations et déterminerait un lieu pour les continuer. Le baron Thugut avait pris des soupçons et des alarmes sur les arrangements secrets de la Russie et de la Porte dont on lui avait fait le plus grand mystère . . .

224. Unterredung mit Haller.

. . . »Il serait temps«, [m'a dit hier] le sieur Haller, »qu'on mît plus Nov. 26.
de discernement dans le choix des agents français dans l'étranger [1]). Ce sont eux qui ont fait mépriser et haïr la République française; c'est Brune qui a achevé de détacher la République cisalpine de ses liaisons avec la France; c'est le commissaire François Pety qui fait parler le consulat de Rome dans une proclamation [2]) comme des insensés; proclamation qui a été blâmée, il est vrai, par le Directoire et traitée de pièce incendiaire; c'est enfin l'énergumène Faypoult qui précipitera la séparation de l'Italie. Je l'ai dit à qui a voulu l'entendre, ajouta Haller: si la guerre recommence, on envahira Naples, mais on ne pourra pas s'y maintenir; le premier revers qu'on essuiera sera le signal d'un soulèvement général contre les Français et sera l'époque de leur expulsion de toute l'Italie« . . .

1) »La plupart de ces agents sont des instruments de la révolution, qui croient que leur mission ostensible cache celle secrète de bouleverser les pays où ils résident. Ginguené en fait hautement l'aveu dans les plaintes et les reproches qu'il exhale ici au sujet de son rappel«. (Sandoz, 30. November.)

2) Moniteur 7, 258.

1798 Nov. 26. Pourrait-on douter encore que le Directoire veuille sincèrement la paix? Dans d'autres temps, il n'aurait pas appris patiemment l'entrée des Autrichiens dans les Grisons, ni l'agression des Napolitains[1] . . .

225. Erlaß an Sandoz-Rollin in Paris. Berlin 1798 November 26.

Vorstellungen wegen Ehrenbreitstein.

Nov. 26. . . . Ce n'est pas seulement comme contraire à l'armistice général et au droit des gens que vous devez représenter le blocus de cette place [Ehrenbreitstein][2], mais comme violation publique de la foi des traités à l'égard d'une convention conclue expressément sur ce sujet, après laquelle la France n'aura plus à se plaindre si d'autres puissances ne mettent pas plus d'exactitude qu'elle-même à remplir leurs engagements envers elle; comme une perfidie enfin dont les suites, si la chute de la place en résultait, m'obligeraient à de plus fortes mesures pour la défense du Nord de l'Allemagne et sèmeraient partout la défiance et les soupçons. Voilà les points de vue sous lesquels vous devez insister avec toute l'énergie dont vous êtes capable sur la liberté de ravitaillement dont il s'agit. Si, comme vous le soutenez toujours, le Directoire veut la paix de l'Empire, c'est à cet égard qu'il doit donner la première preuve de ses intentions, puisqu'un tel exemple de mauvaise foi détruirait tout à coup toute certitude pour l'observation d'une paix quelconque . . .

Berichte von Sandoz-Rollin aus Paris.

226. Unterredungen mit Talleyrand und Rewbell.

Nov. 30. . . . C'est moins la décision des généraux sur le danger de ravitailler Ehrenbreitstein, et c'est moins l'importance qu'on attache à la cession de Buderich, qui occasionnent le silence que le Directoire garde sur ces deux objets; ce sont plutôt d'autres considérations plus pressantes. J'ai pu m'en convaincre dans la reprise de mes instances à ce sujet. »A quoi nous servira-t-il d'obliger le roi de Prusse dans ses désirs?« m'a dit le ministre des relations extérieures. »Que nous en reviendra-t-il? Nous avons presque la certitude qu'il travaille bien plus à prolonger la guerre contre la République qu'à lui donner la paix, et qu'il espère d'en

---

1) Cela prouve à la vérité que le Directoire ne se croit pas en état de recommencer les hostilités avec avantage, mais cela ne prouve nullement qu'il veuille la paix. (Randbemerkung von Haugwitz.)

2) Vergl. Häusser 2, 187.

retirer de grands avantages; les discours et les actions de ses plénipotentiaires à Rastatt pour entraver la pacification de l'Empire le prouvent suffisamment«. Irrité de ce soupçon, je voulais savoir de lui en quoi consistait sa certitude. Tout se réduisait à de misérables soupçons. »Vous avez pu juger des dispositions favorables du Directoire pour la Prusse, m'a dit le sieur Rewbell, et combien elles avaient pour objet l'agrandissement de cette puissance. J'y étais, pour mon personnel, fort attaché; cependant celle-ci n'a point paru lui en savoir gré. Sans se coaliser dans la guerre contre la République, elle s'est coalisée d'une autre manière: elle a pris des engagements avec Vienne pour écarter le Directoire de s'immiscer, après la paix de l'Empire, dans les arrangements intérieurs de l'Allemagne, et nommément dans les sécularisations [1]); engagements d'autant plus surprenants, qu'il était bien plus de l'intérêt du roi de Prusse de s'entendre avec nous sur l'article des sécularisations que de nous en éloigner. Le Directoire ne peut pas condescendre aujourd'hui à ses désirs sur Ehrenbreitstein et Buderich, sans favoriser les combinaisons hostiles de l'Autriche«. Il ne voit aucun moyen de concilier tout cela que de séparer ces objets de la négociation de l'Empire. Une demande isolée de Buderich et du péage d'Elsfleth réussirait infiniment mieux . . . 1798 Nov. 30.

227. Kriegserklärung an die Könige von Neapel und Sardinien.

. . . Ausbruch des Krieges mit Neapel. On se flatte encore ici que les hostilités commises sont uniquement l'effet de la passion et de la haine de la reine de Naples contre les Français. Cela est si vrai, que le Directoire a recommandé soigneusement au représentant Daunou, chargé de faire le rapport du message du Directoire, d'éviter tout ce qui pourrait ulcérer et choquer la cour de Vienne; précaution qui a été parfaitement observée. On veut repousser l'insulte essuyée d'une manière publique et solennelle, mais on veut laisser à l'Empereur la faculté de la réparer, s'il en a la volonté. Dec. 7.

Ce n'est pas la découverte d'une connivence qui a provoqué la déclaration de guerre contre le roi de Sardaigne; c'est plutôt le résultat d'un plan de campagne du général Joubert. Il a posé en principe que la facilité avec laquelle les troupes impériales stationnées dans les Grisons pouvaient se porter dans le Piémont rendrait toutes ses opérations militaires très hasardées et les ferait échouer; que telle confiance qu'on

1) Je ne puis m'empêcher de croire que l'arrangement des affaires intérieures de l'Allemagne ne regarde pas la France. (Erlaß vom 14. December.)

1798 Dec. 7. pût mettre dans la bonne foi du roi de Sardaigne; mieux valait encore se mettre en possession éventuelle de ses États, que de se voir exposé à des revers incalculables; que d'ailleurs l'animosité contre les Français était trop prononcée en Piémont et dans la majeure partie de l'Italie pour qu'on dût se fier à rien. Joubert déclarait de plus que sans cette disposition préliminaire, il ne pouvait pas se charger du commandement de l'armée d'Italie. Je tiens cette particularité de Daunou, qui a vu la lettre . . .

228. Unterredung mit Rewbell.

Dec. 9. Vorstellungen von Sandoz bei Rewbell wegen des Verfahrens gegen Piemont. Rewbell m'écouta sans aucune espèce d'impatience. Sa réponse fut de me dire: »le Directoire n'a aucun reproche à faire au roi et à la reine de Sardaigne; leur conduite n'a jamais élevé aucun soupçon défavorable; mais il n'en est pas de même de celle du duc d'Aoste à notre égard, et il est difficile de nourrir plus de perfidie et de cruauté. Nous avons la preuve matérielle qu'aussitôt après l'entrée des Autrichiens dans les Grisons, il a fait distribuer 16 mille fusils aux paysans piémontais des frontières. Les ordres ostensibles étaient de les mettre en état de s'opposer aux entreprises des Autrichiens; mais les ordres secrets étaient de faire cause commune avec eux, et de leur fournir les moyens d'exterminer les Français et d'ôter à l'armée d'Italie la possibilité de se soutenir«.

»C'est encore là, disais-je, une dénonciation vague et chimérique«. »Non, nous avons en main, me dit-il, une lettre de ce prince, qui prouve les faits allégués. Le Directoire prendra un grand intérêt de mettre le roi de Sardaigne et sa famille à l'abri de tout danger, vous pouvez en être convaincu. Il serait de plus très porté à conserver l'organisation actuelle du pays, s'il n'y voyait pas des obstacles sans nombre à surmonter et peu de sûreté pour ses armées; question, au reste, qui est encore à examiner, et à laquelle, pour mon suffrage, j'apporterai une attention scrupuleuse. L'occupation militaire du Piémont est devenue absolument indispensable. Tout dépendra de savoir comment elle sera mise en exécution. A qui la faute présentement, si la guerre recommence? Nous voulions fortement la paix. Nous avons agi dans ce sens, et nous avions même conçu les meilleures espérances d'y réussir . . . Tenez pour certain, en attendant, que la République française, provoquée comme elle vient de l'être, saura se défendre et attaquer à outrance. Il ne sera pas aussi facile qu'on veut le divulguer dans l'étranger de nous vaincre. Notre armée est redoutable par ses succès passés, et notre conscription militaire l'augmente de 212 mille hommes. Si les 1798 événements de la guerre nous forcent d'appeler la seconde classe, nous Dec. 9. porterons nos armées à un état de plus de 500 mille hommes; forces suffisantes sans doute pour résister à toutes les armées qu'on voudra nous opposer. Qu'on le sache bien, interrompit le sieur Rewbell: le Directoire remplira avec une fidélité scrupuleuse tous les engagements qu'il a contractés, et tant que j'en serai membre, je ne permettrai pas qu'on y donne la plus légère atteinte [1]). Il apprendra à connaître dans cette guerre qui sont ses ennemis et ses amis, et saura prendre ses mesures en conséquence. Peu de puissances voudront rester neutres au premier échec que nous essuierons; je m'y attends au moins. Ce serait un grand malheur; car l'Europe déchirée et anarchisée resterait sans médiateur et deviendrait la proie de l'Angleterre et de la Russie. Le roi des Deux Siciles usurpe le territoire de Rome, et nous reproche de l'avoir usurpé, comme si nos fautes faisaient son droit. Son royaume sera envahi infailliblement dans un mois de temps, s'il n'est pas secouru promptement ou par la médiation de l'Empereur ou par ses armées« ...

229. Thugut. Cabarrus. Das Direktorium und General Joubert.

... Azara m'a communiqué une lettre de son collègue à Vienne, Dec. 26. dans laquelle celui-ci rend compte d'une conversation qu'il avait eue avec le ministre Thugut. Naples en était le sujet. Il le pressait, au nom du roi d'Espagne, de déclarer si l'Empereur voulait sauver Naples ou l'abandonner. L'intention de son maître était d'employer toute son intervention pour éviter l'invasion dont ce royaume était menacé. Le baron de Thugut a écouté tout cela sans l'interrompre, a penché la tête sur l'épaule, a souri et s'est congédié sans proférer une seule parole [2]). Ce silence a désespéré l'ambassadeur Campo d'Alanche et lui a fait dire: ou l'on a perdu la tête ici, ou il existe quelque arrangement louche et secret que je ne puis découvrir.

Le sieur Cabarrus est attendu ici pour des objets particuliers, et notamment pour ceux de sa fille [3]). Le roi d'Espagne, en annonçant ce voyage, avait ajouté de sa propre main: s'il est arrêté à Paris, tant mieux; s'il en est chassé, tant mieux; et s'il ne revient pas en Espagne, tant mieux encore; c'est un méchant brouillon ...

---

1) Quelles atteintes déjà données! (Randbemerkung von Alvensleben.)

2) Das Direktorium wußte, daß Österreich an dem Angriff Neapel's keinen Antheil hatte. (Sandoz, 16. December.)

3) Bekanntlich Madame Tallien.

1798 Dec. 26. Le général Joubert a blâmé les changements opérés dans la République cisalpine par le commissaire Rivaud, et a demandé de pouvoir y substituer ceux du général Brune comme plus avantageux. Le Directoire a rejeté l'opinion du général Joubert, et a répondu qu'il accepterait sa démission s'il y persistait. On a senti combien l'autorité s'affaiblissait, en voulant complaire aux caprices de chaque général en activité . . .

1799.

Berichte von Sandoz-Rollin aus Paris.

230. Unterredungen mit Talleyrand und Rewbell.

. . . »Vous vous trompez«, [m'a dit Talleyrand] »si vous pensez que 1799
le sort de Naples intéresse beaucoup la cour de Vienne. Elle sacrifiera Jan. 3.
celle-ci et tout en un mot à ses avantages particuliers. Jamais égoisme politique ne fut poussé à ce degré extrême. Nul doute au reste que si Naples eût remporté des avantages considérables, l'Empereur ne se fût déclaré ouvertement et n'eût fait une puissante diversion du côté de la Cisalpine. Nous croyons en être instruits positivement. Quoi que l'Empereur dise et fasse, il n'aura pas les moyens de maintenir le règne du roi des Deux Siciles« . . .

»Qui a pu empêcher le roi de Prusse d'être notre allié?« m'a dit en dernier lieu le sieur Rewbell. »Pensa-t-il qu'il y ait de l'incompatibilité dans une semblable alliance? L'exemple même des Romains devrait lui prouver le contraire. S'il était possible de quitter ses préventions, on verrait que *nous* sommes aussi forts de notre manière de gouverner que de notre puissance, et l'on verrait surtout que la République française mettra la fidélité à ses engagements au nombre de ses devoirs les plus sacrés[1])«. »Le roi de Prusse connaît le prix d'une telle alliance«, ai-je répondu; »mais l'accepter dans le moment où elle lui a été offerte, c'était sortir de la neutralité dont il s'était fait un système, et c'était éloigner la paix de l'Europe; n'y attribuez aucun autre motif«. »Depuis que j'ai vu Kosciuszko«, me dit ce directeur, »j'ai été dégoûté des Polonais et de tous leurs projets. Ces gens-là ne sont propres à rien. Tout au plus pourrait-on employer ce partisan à être général de brigade pour débaucher, en cas de guerre, les Polonais qui se trouveraient dans les armées de l'Empereur, et les

---

1) Ebenso bemerkt Larevellière-Lepeaux: La Prusse voudrait-elle laisser toujours à la maison d'Autriche le rang de première puissance et la dignité impériale?... Ne serait-il pas bientôt temps que le roi de Prusse s'occupât de donner un plus vaste essor à sa puissance et de terminer ce que son aïeul a commencé si glorieusement? (Sandoz, 7. Januar.)

1799 incorporer dans les légions de cette nation«. Cette opinion du directeur
Jan. 3. à l'égard de Kosciuszko est celle de tous ceux qui le connaissent; il n'a inspiré ici d'autre intérêt que celui d'une stérile compassion . . .

231. Schwankende Entschlüsse des Directoriums über Krieg und Frieden.

Jan. 9. . . . »Peu s'en est fallu, et je puis vous le confier«, m'a dit le ministre de la guerre [Schérer], »que tout ne fût rompu déjà dans ces jours-ci«. Le Directoire avait reçu l'avis de Vienne que l'Empereur et toute sa cour avaient manifesté la plus grande joie de l'arrivée des Russes et s'étaient rendus à Brunn pour les voir manœuvrer; ce qui avait été effectué. A ces avis, deux directeurs, Larevellière-Lepeaux et Treilhard, voulaient qu'on fît un message au Conseil des Cinq-Cents pour déclarer la guerre à l'Empereur, sans attendre même une réponse qui ne pourrait qu'être négative. Cette particularité ne dévoile que trop, selon leur opinion, les dispositions qui prédominent dans ladite cour. Tarder davantage à se décider, serait une faiblesse indigne du Directoire et de l'ardeur des armées. Le sieur Rewbell a contenu une résolution aussi fougueuse. Il a représenté qu'ayant pris pour système de vouloir la paix, il ne fallait pas s'en départir; que rien ne périclitait encore; que l'état de leurs forces était de nature à ne devoir craindre ni Russes, ni Autrichiens. »Quelle que soit l'issue de la guerre«, a-t-il remarqué, »notre situation sera toujours infiniment supérieure à celle de nos ennemis; ils ont à trembler pour l'invasion de leurs provinces, tandis que les nôtres seront hors de toute entreprise semblable«. Les sieurs Merlin et Barras, ébranlés par ces raisons, se réunirent pour l'opinion de Rewbell et laissèrent ainsi sans effet les premiers transports de ressentiment de leurs collègues . . .

232. Das Directorium. Joubert und die Armee in Italien.

Jan. 13. . . . Tandis que le Directoire approuve et soutient les faits de son commissaire Rivaud dans la République cisalpine, le général Joubert continue d'y être opposé. Il a cherché de plus à se faire un parti dans l'armée; douze officiers généraux ont déclaré que si Joubert donnait la démission de son commandement, ils demanderaient également de se retirer. Cette lettre, adressée au directeur Merlin, a excité l'indignation du Directoire. Que sera-ce donc de la subordination et de l'obéissance de l'armée, si nous donnions l'exemple de céder aux caprices et à l'humeur des généraux? tout serait bientôt perdu. On a été unanime à répondre par le courrier suivant que la République ne manquerait jamais d'hommes dignes de la servir, et que la démission serait acceptée du moment où ils la donneraient; qu'on publierait de plus un arrêté qui les déclarerait incapables de posséder aucun emploi dans le militaire et dans le civil. Dans le même temps, Fouché de Nantes, chassé de la Cisalpine par Rivaud, est revenu ici. S'étant présenté, il y a quelques jours, chez le sieur Barras, il lui a dit en pleine assemblée: »l'armée d'Italie est mécontente des mesures que prend le Directoire et qui ne tendent à rien moins qu'à mettre la République cisalpine dans la dépendance de l'Empereur; je crois devoir vous en avertir, et souvenez-vous surtout qu'une armée irritée peut devenir funeste à des usurpateurs tels que vous«. Le sieur Barras a contenu sa colère, mais ayant dénoncé ces paroles injurieuses, le Directoire a donné ordre au ministre de la police de faire arrêter Fouché. Il s'est caché et a trouvé moyen jusqu'à présent de s'y soustraire. Bien des gens croient apercevoir dans ces faits et dans ceux de Joubert un germe de discorde et de troubles entre le Directoire et l'armée[1] . . . Joubert ne jouit pas encore d'une célébrité assez étendue pour oser lutter avec la première autorité de la République; à peine est-il connu dans l'armée qu'il commande . . .

1799 Jan. 13.

233. Denkschrift des Grafen Haugwitz. Berlin 1799 Januar 15.

Mundum (Du Bois), gez. Haugwitz.
Rep. 89. Karton Denkschriften.

Die Politik Preußens seit 1794. Das System der Neutralität Norddeutschlands. Verhältniß Preußens zu Frankreich. Bedrohung Preußens durch Frankreich. Nothwendigkeit der Verständigung mit Rußland und England.

Il y a dix ans que la politique était un travail moins difficile peut-être; ses principes reposaient sur des bases connues et dont les rapports avaient été calculés depuis une longue suite d'années. Un prince sage, étranger à l'ambition fausse, puisait les seules leçons qu'il en eût à prendre dans certains rapports géographiques, commerciaux, militaires de ses États; rapports fixés par une longue expérience, par les travaux, par les fautes mêmes de ses prédécesseurs. Depuis la révolution française et l'empire de ses funestes principes, depuis qu'un conquérant plus terrible dans ses ravages — l'opinion — a succédé à ces conquérants éphémères dont l'ambition pouvait alarmer le repos de l'Europe, mais jamais ne l'avait détruit, des intérêts nouveaux ont croisé les intérêts

Jan. 15.

1) Später berichtet Sandoz von großen Zwistigkeiten zwischen den Generalen in Italien; es gäbe Leute, welche befürchteten, »que l'armée d'Italie pourrait lever l'étendard de la rébellion«. (27. Januar.)

1799 Jan. 15. existants, des puissances rivales en ont eu de communs, des amis naturels ons dû diviser les leurs. Les anciennes vérités conservent leurs droits, les nouveaux dangers les combattent, et l'art d'échapper à ce dédale n'est rien moins que la politique d'autrefois.

Dans la crise qui travaille ses entours, au milieu des périls qui la menacent elle-même, quelle est la marche que la Prusse doit suivre? C'est là l'importante question qui fait l'objet de ce Mémoire.

Au moment de l'éruption du volcan qui embrase aujourd'hui l'Europe, dans ce premier conflit d'intérêts nouveaux que l'expérience n'avait pas encore balancés, il était sans doute difficile qu'une puissance ne flottât pas. Mais depuis l'année 1794 la Prusse a eu un système à elle, et ne s'en est plus écartée . . . Elle avait payé trop cher l'incertitude dans laquelle elle avait flotté depuis 1786. Frédéric-Guillaume parvint à s'en convaincre, et il confia à son ministre qu'il honora dès lors de toute sa confiance le système qu'il s'était prescrit. Il se fondait sur les principes suivants: faire la paix avec la France sous les meilleures conditions possibles pour les intérêts particuliers de la Prusse; rendre dépendant le sort de l'Empire de la paix avec la France, et celui de la Hollande, de la paix générale dans laquelle l'Angleterre devait être comprise, sans rien stipuler dans la paix séparée entre la Prusse et la France qui liât les mains aux parties contractantes de la pacification future et générale; neutraliser la Prusse et de même toutes les provinces de l'Allemagne qui, par leur position topographique, faisaient corps avec elle, éloigner de cette manière le théâtre de la guerre de ses frontières, et se ménager d'avance les moyens et les ressources pour la défense de son propre foyer.

On fut déjà informé dans ces temps que le gouvernement français, maître de la Hollande, avait formé le projet de s'emparer des côtes de la mer du Nord jusqu'à l'embouchure de l'Elbe. Leur projet favori était, et il ne faut pas douter qu'il ne le soit encore, d'isoler l'Angleterre en la séparant du continent et en lui fermant pour cet effet les ports de la mer du Nord. L'invasion du pays de Hanovre y entrait pour beaucoup. L'exécution de ce projet était aussi aisée en elle-même qu'effrayante à l'égard de ses suites. Ce fut la ligne de démarcation qui sauva alors le Nord de l'Allemagne, et avec lui, celui de l'Europe. Elle formait une digue contre les entreprises des Français . . . Enfin, il faut dire que le système de la Prusse était d'éviter toute relation intime avec la France, tout ce qui passerait les bornes d'un simple traité de paix, et d'entretenir autant que possible la bonne harmonie avec les cours de Pétersbourg, de Vienne et de Londres. Tel était le

problème à résoudre, et on laisse à juger si effectivement il l'a été par 1799
la conduite subséquente du cabinet de Berlin. Jan. 15.

Quatre ans sont passés. On a vu de part et d'autre employer, par les nations en guerre, les plus grands efforts. Le sang a coulé partout. Partout on a vu des provinces dévastées, des peuples en insurrection, des trônes ébranlés et les ressources les plus précieuses des États épuisés. La Prusse seule, et les provinces qui se sont mises sous sa protection, ont joui du calme de la paix. Elle a eu le temps de rétablir ses finances. Hélas! que ne l'a-t-elle mieux employé! . . .

Dès l'établissement de la ligne de démarcation, on avait senti la nécessité de sa garantie, et par conséquent celle d'une armée du Nord, dont la destination devait être de la mettre à l'abri de toute infraction quelconque. En ne consultant que l'apparence, il paraissait tout simple de laisser à cet effet sur le Weser le corps d'armée ou une partie des troupes qui en 1795 avaient quitté le Rhin. On en avait même conçu le projet. Mais il faut savoir que l'entretien de cette armée, qui dans ce temps-là ne dépassait peut-être pas le nombre de 44 mille hommes, coûtait au delà de vingt millions par an. [sic] Or quelles étaient les ressources suffisantes pour faire face à une telle dépense? et l'on frémit quand on songe qu'il aurait fallu la continuer pendant quatre ans. C'était ce calcul et les réflexions auxquelles il donna lieu, qui engagèrent le Roi à faire revenir les troupes qui en attendant étaient stationnées en Westphalie. On aima mieux confier, pour un temps, la sûreté de la monarchie prussienne aux seuls moyens qu'elle trouvait dans sa politique, que de continuer un armement qui n'aurait pas laissé de plonger ses finances dans un dédale dont il aurait été impossible peut-être de se tirer par la suite. Cependant les événements de 1796, les progrès alarmants des Français dans le cœur de l'Allemagne, les justes appréhensions qu'on avait conçues de les voir reprendre leurs anciens projets sur Hanovre et les embouchures du Weser et de l'Elbe, obligèrent la Prusse à songer sérieusement d'asseoir sur une assiette solide la neutralité du Nord de l'Allemagne. Il fallait pour cet effet un corps de 40 mille hommes sur le Weser, et il en fallait un sur la Werra. La difficulté était de se procurer les moyens pécuniaires. Elle parut d'abord invincible. De longs débats s'élevèrent, et il semblait qu'on allât préférer de s'exposer plutôt à être enveloppé par les Français et à subir la loi du Directoire que d'aviser à des moyens de défense qu'on avait abandonné l'espoir de trouver. Jamais peut-être la Prusse n'a-t-elle été dans une situation plus embarrassante.

L'association de Hildesheim et l'accession de la Saxe à la neutralité non seulement l'en tirèrent, mais consolidèrent tellement son système

1799 Jan. 15. qu'elle a eu du depuis la satisfaction de le voir respecté par toutes les parties, et qu'il n'y a plus personne actuellement qui révoque en doute que dans la crise où se trouve l'Europe, la Prusse a su prendre le parti le plus conforme à ses intérêts et le plus digne du rôle qu'elle est appelée d'y jouer. Il y avait pour le patriote prussien une autre observation à faire encore. On a vu, par ce qui a été dit plus haut, que l'entretien des troupes retirées en 1795 du théâtre de la guerre avait coûté au delà de 20 millions par an. Si, pour assurer la neutralité du Nord, on avait dû laisser ces mêmes troupes en Westphalie sur le même pied, la dépense jusqu'aujourd'hui excéderait déjà la somme de 70 millions. L'association des états, réunis pour ce même objet, fournit, la Saxe y comprise, un corps de 50 mille hommes et au delà, et cet armement n'a coûté à la Prusse, depuis les 30 mois qu'il se trouve sur pied, que la somme de 2,138,206 écus. Personne ne révoquera en doute que c'est à cet armement seul que la Prusse et avec elle une partie de l'Allemagne soient redevables du calme dont elles ont joui jusqu'à présent. Mais l'association de Hildesheim nous a frayé encore le chemin de pourvoir à l'avenir aux moyens de défense contre toute agression de la part des Français. Elle a frayé le chemin à une ligue défensive à laquelle le danger commun appellera dans tous les temps la Prusse, la Saxe, la Hesse et les princes réunis au congrès de Hildesheim. Les forces que les trois premières se trouvent en état de mettre en jeu sont connues. Mais il résulte du tableau des prestations fournies par les états associés que dans un cas extrême, où ces états seraient appelés à remplir en entier les devoirs que les lois d'Empire leur imposent, les contributions fournies par cette association suffiraient pour l'entretien de 80 mille hommes et au delà. Ajoutez-y la Saxe et la Hesse, et l'on peut sans exagération faire monter l'état de défense pour le Nord de l'Allemagne jusqu'au nombre de 120 mille hommes, auquel la Prusse fournirait en troupes au delà de la moitié de ce nombre, sans que la dépense de la fourniture du pain et des fourages excédât la somme d'un million et demi par an . . .

Nous avons vu de quelle manière et par quels moyens la Prusse a soutenu son système depuis 1794. Voyons maintenant quelle est sa position vis-à-vis des puissances de l'Europe. On ne parlera ici que de celles qui se trouvent comprises dans la grande lutte et qui sont en relation particulière avec la Prusse.

Il est résulté, par les négociations de Bâle entamées en 1794 entre la Prusse et la France, l'état de paix qui subsiste jusqu'aujourd'hui. Le traité conclu à ce sujet n'a de positif que la paix entre les deux puissances; tout le reste est hypothétique. Il en est de même de la convention du 5 août 1796, qui, quoique arrachée à la Prusse dans un moment où les armées victorieuses de la République, déjà en possession de la plus grande partie de l'Empire, paraissaient ne plus connaître de résistance et semblaient à la veille de dicter la paix sur le continent, ne contient cependant que les vœux du Roi et le témoignage des efforts employés par S. M. auprès du gouvernement français, pour lui faire goûter dès lors le rétablissement du statu quo avant la guerre pour base de la pacification, et cette même convention exprime à plusieurs reprises, et nommément à la fin du préambule et dans les articles 1er, 3 et 5, la dépendance absolue où les stipulations éventuelles qu'elle renferme se trouvent des principes qui pourront être admis à la future pacification avec l'Empereur et l'Empire. Il en est de même de ce qui a été stipulé à l'égard de la maison d'Orange. Il importait sans doute au Roi de lui ménager un sort pour le cas où il fût impossible de la rétablir dans ses possessions et charges en Hollande; mais ce n'était que pour le cas seul où les puissances coalisées et l'Angleterre surtout, si fortement intéressée au rétablissement de l'ancienne constitution dans ce pays, seraient obligées de s'en désister à la paix générale. Depuis le temps que la convention susmentionnée a été signée, les vues du Directoire sur les pays subjugués par la force de ses armes se sont dévoilées davantage. Il paraît évident que son intention est de réunir la Hollande à la France.

1799 Jan. 15.

Il résulte de ce qui vient d'être dit que la position de la Prusse vis-à-vis de la France présente, pour le moment actuel, le tableau suivant: état de paix entre les deux puissances; neutralité armée durant les hostilités en Allemagne; état d'opposition de la Prusse contre la France à l'égard des prétentions de cette dernière à la charge de l'Allemagne, tant que la paix de l'Empire n'aura rien stipulé à ce sujet; non-opposition pour le cas qu'à la paix future de l'Empire la rive gauche soit cédée à la France; consentement hypothétique d'effectuer un arrangement, d'après lequel la maison d'Orange soit indemnisée par les évêchés de Würzbourg et de Bamberg et reçoive une indemnité équivalente par la République batave, au prix de tous les biens immeubles, dans l'étendue des Provinces-Unies du pays dit de la généralité et des colonies hollandaises, mais tout ceci pour le cas qu'à la pacification future le rétablissement de la maison d'Orange dans ses charges et dignités en Hollande soit jugée inadmissible. Pour achever ce tableau, il est à observer encore qu'à l'égard de l'indépendance de la Hollande surtout, mais encore de celle de la Suisse, alliée de la Prusse, de la Sardaigne et des autres États de l'Italie, rien ne bride les droits incontestables de la Prusse de s'y intéresser et de manifester cet intérêt conformément aux circonstances . . .

Beziehungen Preußens zu England, Rußland, Österreich, Türkei, Dänemark, Schweden, Spanien. Die neue Coalition gegen Frankreich.

1799 Jan. 15. . . . Quel que soit le parti auquel les grandes monarchies, flottant entre le danger de tout perdre ou l'espoir de beaucoup gagner, s'arrêteront enfin, le génie qui a veillé si particulièrement sur la Prusse depuis le commencement de ce siècle jusqu'à sa fin, saura la garantir de tomber dans les mêmes erreurs. Appelé par sa puissance, par la fidélité de ses peuples et par l'exemple de ses aïeux à être un des arbitres du monde, le souverain de la Prusse doit avoir sa politique à lui. Son système, calculé sur ses relations avec les puissances qui l'entourent, sur les moyens que lui offrent ses armées et ses finances, sur les dispositions de ses peuples, sur ses intérêts commerciaux, enfin sur les dangers qui l'environnent et sur l'esprit du temps, — ce système qu'il saura se tracer lui-même dans sa sagesse, doit faire sa seule boussole, et les intrigues, la corruption et les impulsions étrangères en seront à jamais bannies. L'exemple frappant qu'en a fourni dans sa longue carrière le grand Frédéric anime l'héritier de son trône et de ses vertus . . .

. . . Il a réussi à la Prusse, en suivant la politique qu'une sage prévoyance lui dictait, de se tenir à l'écart pendant les quatre dernières années qui viennent de s'écouler. Les avantages qu'elle en a retirés lui ont mérité la bénédiction de ses sujets et l'admiration même des étrangers impartiaux. Mais ces avantages peuvent-ils être permanents? Pour le cas d'une plus longue lutte, est-il dans la nature des choses que la Prusse puisse conserver sa neutralité, sans déroger à sa sûreté, sans porter des coups funestes à son existence? Pour résoudre ces deux questions importantes, il convient d'examiner avant toutes choses la nature des dangers dont elle est menacée.

L'Europe et avec elle la Prusse ne connaît qu'un seul ennemi. Une seule calamité afflige la terre; un seul danger par conséquent menace la Prusse. C'est sur elle aussi que pèse la puissance gigantesque de la France. On va la considérer ici sous ce dernier rapport. Tant que la France reste en possession des pays situés entre la Moselle et la Meuse d'un côté, et le Rhin et l'Ems de l'autre, la sûreté de la Prusse sera menacée, et elle doit en être ébranlée jusque dans ses fondements, si avec cela la France reste une puissance révolutionnaire, fondant son pouvoir sur les principes auxquels elle est revenue depuis le 5 septembre 1797. L'Escaut, la Meuse, le Waal et l'Yssel, le Rhin même, c'étaient là les boulevards que la nature avait élevés contre les projets de conquête qui menaçaient autrefois l'Allemagne septentrionale du côté de l'occident. Ces boulevards ne sont plus. Peut-on les laisser au pouvoir de l'ennemi de tout ordre social? et s'il paraît hors de doute qu'il faut enfin en venir à les lui arracher, doit-on attendre le moment où il sera parvenu à s'y fortifier au point qu'il deviendra impossible peut-être de l'en expulser? Qu'on ne s'y trompe pas: les moyens que le Directoire emploie pour cet effet ne sont pas mesurés sur l'échelle qu'on employait autrefois. Ses moyens sont d'un genre dont il était réservé à la fin de ce siècle de nous faire connaître la nature: l'épuisement total de toutes les fortunes particulières, le dégoût qui en résulte et qui rend les propriétaires mêmes moins attachés à leur patrie, l'athéisme, la corruption des mœurs, et cette indifférence qui, plus que le reste, abrutit les hommes et les rend enfin incapables de s'opposer à un gouvernement tyrannique. Peu d'années encore, et la France révolutionnée aura fondé l'esprit qui l'anime dans les pays dont elle s'est entourée, et dont les habitants doivent lui servir d'instruments pour arriver à ses fins. 1799 Jan. 15.

Bewegung in Holland und am linken Rheinufer gegen die Franzosen. Laissera-t-on s'émousser ces dispositions qui sont celles de la nature révoltée? . . .

S'il est d'un intérêt majeur pour la Prusse que les peuples dont on vient de parler secouent le joug de la tyrannie française, qu'ils soient rendus de nouveau à leur ancienne indépendance, que les uns retournent à leur maître, que les autres se donnent leur ancienne forme de gouvernement sous telles modifications qui leur sembleront les plus conformes aux besoins du temps et au bonheur des individus; si tel est l'intérêt de la Prusse, ne faut-il pas qu'elle cherche à combiner les moyens qui peuvent y conduire? . . . Il est sans doute à désirer, et l'humanité souffrante le réclame à grands cris, que le temps soit venu où les puissances de l'Europe, et particulièrement l'Angleterre, la Russie et la Prusse, puissent s'entendre enfin sur les moyens propres à l'affranchir des maux sous lesquels elle gémit. Wenn aber Österreich sich mit Frankreich verständigt? La réunion de principes et de moyens entre la Prusse, l'Angleterre et la Russie, devient tout aussi urgente et plus même peut-être pour le cas que l'Autriche s'arrange avec la France . . .

La Russie et l'Angleterre sont à la veille de faire parvenir au cabinet de Berlin des explications franches, à ce qu'il faut croire, et très étendues, sur les mesures qu'elles ont concertées entre elles, et sur les moyens qu'elles sont prêtes à employer pour cet effet[1]). Si l'intérêt de la Prusse, compris dans celui de l'Europe entière, exige de réunir ses

1) Panin machte damals dem Grafen Haugwitz vorläufige Mittheilung von den Anträgen Englands und Rußlands, wonach unter Beihülfe Preußens Holland und Belgien befreit und unter einem Oranier vereinigt werden sollten. Vergl. auch Sybel 5, 262.

1799 Jan. 15. moyens avec ceux desdites puissances, il est temps de mettre de côté toute autre considération et de ne s'occuper que de l'objet principal, qui ne peut être autre que d'aviser aux moyens d'établir sur des bases solides les relations des puissances entre elles, afin de retrouver l'équilibre que la révolution française et ses progrès alarmants ont menacé de renverser de fond en comble. Die Anträge Rußlands und Englands.

Après avoir tracé un tableau fidèle de la conduite que le cabinet de Berlin a tenue dans les quatre dernières années, on se flatte d'avoir exposé en même temps celui de la situation actuelle de la Prusse. Il fera connaître au juste les relations dans lesquelles elle se trouve avec les autres puissances de l'Europe, et le jour qu'il jette sur ses intérêts politiques, peut conduire maintenant au parti définitif qui lui reste à prendre dans la crise actuelle. Les considérations à consulter, à la suite de ce qu'on vient d'exposer, appartiennent particulièrement aux calculs des moyens, et dans toute entreprise du genre dont il est question maintenant, c'est aux militaires à les faire, et le politique doit se borner à y concourir, en ouvrant les vues et en indiquant les moyens . . .

Berichte von Sandoz-Rollin aus Paris.

234. Talleyrand. Sieyès.

Jan. 21. . . . Dans deux mois Talleyrand ne sera plus rien pour les affaires étrangères. Il ne me l'a pas dissimulé dans une conversation. Son souhait est d'être élu député aux Cinq-Cents, et il a l'espérance d'y réussir. »On ne se fera jamais une idée«, m'a-t-il dit, »de tous les déboires que j'ai essuyés pendant les derniers temps de mon existence ministérielle; j'en suis excédé depuis huit mois«. Il n'a pas rédigé une seule note, toutes lui ont été remises par le Directoire avec ordre de n'y rien changer[1]). »Votre style est du pathos [patois?] pour moi, lui dit un jour Rewbell en plein Directoire; je n'y trouve ni précision, ni jugement. Au fait, et au fait, voilà ce que vous oubliez toujours«. Le sieur Sieyès aspire au Directoire et fait mouvoir sourdement tous ses amis pour y parvenir. Talleyrand prétend qu'il pourrait bien y entrer contre le vœu même du Directoire, attendu qu'il réunit les suffrages des Jacobins et des républicains. »D'une manière ou d'autre«, ajouta-t-il, »il trouvera place ici, soit parmi les gouvernants, soit pour me succéder« . . .

---

1) »Talleyrand n'est instruit de rien, tout se prépare et s'effectue à son insu«. (20. December 1798.)

235. Unterredung mit Rewbell.

. . . »Tous les efforts d'une guerre prochaine, m'a dit Rewbell, ne 1799
procureront jamais à l'Empereur ce que les conditions d'une paix hono- Jan. 24.
rable pouvaient lui faire obtenir. N'était-ce pas assez en effet que d'agrandir ses frontières en Italie et d'assurer l'existence politique de la Toscane, de Naples et de la Sardaigne? existence qui aurait été garantie à la paix définitive par les premières puissances de l'Europe. Que voulait-il de plus, après un traité tel que celui de Campo Formio et auquel il n'aurait jamais dû s'attendre s'il n'avait pas eu à négocier avec le général Bonaparte, le plus ignorant des hommes en matière politique? . . . La guerre! Qu'y gagnera l'Empereur? . . . elle est devenue notre élément, et nos victoires et nos conquêtes consolident notre puissance. Le Directoire, qui est toujours parfaitement d'accord et uni pour se défendre, ne le serait pas peut-être s'il était question de gouverner. Son embarras n'est pas de recruter des hommes et de les envoyer combattre, la nation est devenue guerrière: son embarras serait véritablement de les recueillir dans le sein de la République sans être exposé à des murmures et à des commotions dangereuses [1]« . . .

236. Joubert wünscht Krieg; das Direktorium zögert.

. . . Le général Joubert, qui aspire à la célébrité de Bonaparte, Febr. 7.
prêche la guerre dans toutes ses lettres, et il a proposé un plan de campagne qui doit avoir donné au Directoire une grande idée de ses connaissances militaires. Il promet, sur la responsabilité de sa tête, de signer la paix à Vienne dans l'espace de six semaines; mais le Directoire écarte ces idées, et persiste à vouloir épuiser tous les moyens de conciliation avant de reprendre les armes. La crainte de donner trop d'ascendant à l'armée, en augmentant ses triomphes, l'entretient plus dans cette façon de penser que l'insuffisance de ses ressources pécuniaires. Ce serait faire un faux calcul que de mesurer celles-ci sur le tableau des recettes et des dépenses annuelles et sur les derniers débats au Corps législatif; on ne trouverait rien dans l'un et dans les autres de ce qu'il importerait de savoir. Par ex. le gouvernement n'est pas tenu, par la constitution, de rendre compte des contributions levées sur les pays conquis; celles-ci sont un mystère pour les deux Conseils et pour l'Europe . . .

1) Hieran anknüpfend schrieb das preußische Ministerium: le gouvernement actuel de France m'a toujours paru intéressé, pour le maintien de son autorité, à ne pas faire cesser entièrement la guerre au dehors, et sa conduite passée n'ayant que trop confirmé cette supposition, toutes ses assurances pacifiques semblent ne mériter qu'une confiance au moins très limitée. (Erlaß vom 16. Februar.)

237. Österreichische Politik. Gespräch mit Rewbell.

1799 Febr. 15. Mittheilungen Azara's über einen Bericht von Campo d'Alanche aus Wien, welcher die österreichische Antwort auf die französische Note vom 2. Januar enthält[1]). L'Empereur veut la paix; la France n'a qu'à déclarer qu'elle ne fera point passer, de gré ou de force, ses troupes par l'Empire. L'Empereur prendra de son côté des mesures analogues, et l'on pourra s'expliquer sur le reste. Ces lignes forment toute la substance de ladite réponse. Le baron de Thugut a persisté, en la délivrant à l'ambassadeur Campo d'Alanche, que l'Empereur n'était point coalisé, et qu'il n'avait pris jusqu'à présent aucun engagement ni avec l'Angleterre, ni avec la Russie, ni avec la Porte Ottomane . . . L'Empereur a été aussi surpris qu'irrité de l'agression de Naples contre les Français. »Si la reine pense, a-t-il dit au ministre de Naples[2]), que je veuille compromettre ma puissance et ma couronne pour la secourir, elle est dans l'erreur; vous pouvez l'assurer que je la laisserai terminer sa sotte entreprise comme elle l'a commencée«. Toutes les tentatives du marquis Gallo pour faire déclarer ce prince contre les Français n'ont abouti à rien, et il a dépêché un courrier à Londres pour en instruire la cour d'Angleterre et l'engager à hâter l'embarquement des troupes russes en Dalmatie . . . En vain l'ambassadeur Campo d'Alanche a voulu interroger le baron de Thugut sur le parti qu'il se proposait de prendre dans les circonstances actuelles, et en vain a-t-il voulu représenter que le temps de faire la guerre semblait être passé pour en retirer quelque succès et quelques avantages. Ce ministre s'est enveloppé, comme de coutume, dans son air mystérieux et n'a répondu que par des paroles décousues et insignifiantes. Seulement il lui est échappé de dire dans une autre occasion que c'était moins la cour de Vienne que celle de Russie qui déciderait de la guerre ou de la paix. Tout ce que je rapporte ici à V. M. est extrait de la dépêche de Vienne dont Azara m'a laissé prendre lecture . . .

Äußerungen Rewbell's über die Versuche, Preußen in die Coalition hineinzuziehen. »Quelle est la puissance, ajouta encore le sieur Rewbell, qui peut contribuer de bonne foi à l'agrandissement de la monarchie prussienne? Ce n'est pas la Russie, et c'est encore moins l'Autriche, mais c'est uniquement la République française, dont les liaisons sont écrites et marquées par le caractère des deux nations et par leur géographie. On a dit à Berlin, je le sais, qu'on ne pouvait prendre aucune

1) Vergl. Sybel 5, 255.

2) Abbé Giansante. Gallo kam am 16. Februar in Wien an.

confiance au Directoire français, qui avait pour principe ou de gouverner 1799
ses alliés ou de les révolutionner. Ce reproche est absolument mal Febr. 15.
fondé . . . La Prusse prend dans ses liaisons avec la République française le rang de première puissance, tandis qu'elle ne peut prendre que celui de seconde et troisième puissance dans ses liaisons avec l'Autriche et la Russie; considération importante et qui mériterait d'être méditée . . . Vous connaissez mon inclination pour la Prusse et qui ne s'est point démentie d'un seul instant; vous pouvez juger d'aprés cela combien je serais affecté de la voir sacrifier ses vrais intérêts à quelques misérables préventions« . . .

238. Friedliche Gesinnung des Directoriums. Conflicte mit den Generalen in Italien.

. . . Jamais les dispositions pour la paix n'ont été aussi prononcées Febr. 22.
dans le Directoire qu'elles le sont depuis huit jours; c'est faire croire à la possibilité d'aplanir toutes les difficultés. Plusieurs causes doivent y avoir donné lieu; le refus absolu de plusieurs généraux de soumettre l'exécution de leurs plans de campagne à la volonté du Directoire; celui d'admettre auprès d'eux des commissaires civils et de partager l'autorité avec eux; enfin les correspondances suivies de la majorité des généraux avec les Jacobins, dangereuses pour le gouvernement et dont on a eu des preuves matérielles . . . C'est dans cet état des choses que le directeur Larevellière-Lepeaux a dit en effet, en présence de quelques représentants, que la paix devenait nécessaire pour soulager l'humanité et de plus pour sauver la liberté, et que si l'Empereur voulait s'expliquer de bonne foi, il serait possible de pacifier le continent, en sacrifiant la Dalmatie à l'Autriche et à la Russie, et en rétablissant les rois de Sardaigne et des Deux Siciles . . .

Le Directoire n'a nullement le projet de se prononcer sur l'établissement des nouvelles républiques de Naples et de Turin, et encore moins de se prononcer sur la réunion de la dernière à la France. Le député chargé de cette proposition qui est arrivé ici, n'a pu obtenir aucun accès. Le Directoire sent parfaitement que s'il avouait et reconnaissait ces deux républiques, il fermerait dès ce moment toute espérance et toute possibilité de paix. Il est tellement éloigné de favoriser à cet égard l'activité des agents français en républicanisme, qu'une des causes qui a fait rappeler le général Championnet, outre celle d'avoir outragé le commissaire civil [Faypoult], est d'avoir organisé cette forme de gouvernement contre ses instructions. C'est la même cause qui vient de faire rappeler Eymar de Turin. On dit que Championnet sera traduit devant un conseil de

1799 Febr. 22. guerre pour avoir méconnu l'autorité du Directoire dans la personne de son commissaire. J'hésite d'y croire. Cela produirait la plus terrible fermentation dans l'armée. On ne sait pas assez qu'un des motifs de dégoût et de ressentiment du général Joubert est la défense qui lui a été intimée de s'emparer de Livourne; l'occupation de cette place et de la Toscane entrait dans son plan militaire. C'eût été encore roidir Vienne contre toute proposition de paix. Le général Bernadotte, à qui l'on avait offert le commandement de l'armée d'Italie, l'a refusé dès qu'il a appris qu'on voulait lui adjoindre un commissaire civil. Ce commissaire est la bête noire de tous les généraux . . .

239. Äußerungen Rewbell's über die preußische Politik.

Febr. 28. A la dernière audience du Directoire, le sieur Rewbell m'a dit: ». . . Sachez qu'il n'a pas tenu aux plénipotentiaires prussiens à Rastatt que la guerre n'ait déjà éclaté; ils emploient leurs talents à aigrir les plénipotentiaires autrichiens contre ceux de la République, et à prêcher que la guerre mettra fin à l'influence et à la prépondérance de cette dernière . . . Quoique je sois bien éloigné de penser que ces discours soient le résultat de leurs instructions, je crois remarquer toutefois que la Prusse ne serait pas fâchée de voir la guerre éclater entre Vienne et Paris, dans l'espérance d'en tirer avantage pour elle-même. Cette politique n'est pas celle, à mon avis, qu'elle devrait avoir. La situation présente des affaires est telle à lui faire préférer le rôle de pacificateur à tout autre. Un mot du roi de Prusse, prononcé à Vienne avec la franchise et la fermeté de son caractère, déciderait l'irrésolution autrichienne et la paix. Au lieu de cela, je ne le dissimulerai pas, on semble s'occuper à Berlin de projets cachés et qui ne peuvent être dirigés que contre la République française. On parle d'augmenter la ligne de démarcation d'une autre armée d'observation, composée de Hanovriens et de Hesse-Casselois . . . C'est au roi de Prusse à se montrer le pacificateur de l'Allemagne et de l'Europe; . . . prêchez cette doctrine autant de fois que vous en aurez l'occasion« . . .

240. Erlaß an Sandoz-Rollin in Paris. Berlin 1799 März 17.

Rechtfertigung der preußischen Politik.

März 17. . . . Je ne puis m'empêcher de relever les propos que les membres du Directoire, et en particulier le sieur Rewbell, vous ont tenus de nouveau, à l'occasion de la crise présente, sur la conduite et le système de la Prusse. J'y retrouve la même crédulité aveugle pour des avis faux

et controuvés, le même esprit de défiance vraie ou simulée, que j'ai déjà 1799
eu si souvent occasion de combattre. On a grand tort d'accuser mes März 17.
plénipotentiaires à Rastatt d'attiser le feu de la guerre. Leurs instructions et leurs vœux ne tendaient qu'à la paix, et malgré le silence des ministres français sur les objets de la pacification qui me touchaient directement, malgré les nombreux sujets de plainte que j'ai à cet égard, ils n'ont pas discontinué de leur témoigner tous les ménagements et tous les procédés qui, dans l'état présent des choses, dépendaient d'eux et auxquels on n'a nullement rendu justice. Il est également contraire et à ma façon de penser personnelle et à mes principes politiques de souhaiter secrètement, comme on vous en a manifesté le soupçon, une nouvelle guerre entre l'Autriche et la France [1]). Sans parler des autres considérations que cet objet présente, quel intérêt pourrais-je y avoir, puisque j'ai déclaré n'avoir en vue aucun agrandissement quelconque et vouloir même, pour faciliter la paix, renoncer à mes justes prétentions d'indemnité? J'ai de plus offert avec empressement et sincérité mes bons offices pour arranger les différends entre ces deux puissances, et il n'y a pas de ma faute qu'on n'ait pas voulu en profiter. Du reste, inébranlable dans ma résolution de soutenir, par tous les moyens que la Providence m'a confiés, ma neutralité et celle du Nord de l'Allemagne, je n'ai pas songé, ni ne songe encore, à des projets hostiles quelconques contre la République. Tout ce que des agents mal intentionnés ou très mal instruits peuvent avoir mandé sur ce sujet, est de la plus grande fausseté . . .

A entendre les discours du sieur Rewbell et même ceux de la plupart des agents français en Allemagne, on dirait qu'il dépend effectivement de moi de procurer à l'Empire en général une neutralité entière. Je n'ignore point le sens de ces propos. On aurait voulu m'entraîner dans une sorte de médiation armée ou plutôt dans une liaison offensive avec la France, et celle-ci n'ayant pu convenir à mon système, on semble vouloir rejeter sur moi la faute des maux qui menacent de nouveau le Sud de l'Allemagne. Mais tout ce qui dépendait de moi, je crois l'avoir fait, pour amener cette neutralité générale, sans doute infiniment désirable, si elle eût été possible. J'en ai manifesté en toute occasion, et particulièrement par votre organe, le désir ardent et sincère. J'ai offert mes bons offices, et l'on n'en a pas tenu compte. Il est clair qu'il n'était pas en mon pouvoir de forcer les parties intéressées à cette neu-

1) C'est la tranquillité de l'Europe et de l'Allemagne en particulier, la paix au dehors, le calme et l'ordre dans l'intérieur des gouvernements, qui m'intéressent par-dessus toutes choses et que je désire vivement. (Erlaß vom 25. Februar.)

1799 März 17. tralité salutaire, et au point, où les choses en sont, je ne conçois pas qu'il puisse être question d'une nouvelle proposition à ce sujet, puisqu'elle ne supposerait rien moins qu'une retraite entière et complètement rassurante des armées respectives.

Berichte von Sandoz-Rollin aus Paris.

241. Diskussion im Directorium über die Kriegserklärung an Österreich. Die Proklamation Bernadotte's.

März 14. ... Était-ce une époque bien favorable au Directoire que celle des prochaines élections pour déclarer la guerre à l'Empereur et à la Toscane? Cette question est au moins très problématique. Elle a été telle pour le Directoire, où elle a élevé des discussions assez fortes. Les sieurs Merlin et Barras représentaient que prolonger un peu plus ou un peu moins le terme de la rupture ne compromettrait pas la dignité du Directoire et donnerait moins de prise aux Jacobins pour agiter dans ce moment les esprits. Les trois autres membres, et principalement le sieur Rewbell, ont soutenu le contraire. L'irrésolution de Vienne pour la paix ne provenait, à l'entendre, que de la condescendance avec laquelle on s'était prêté à prolonger les termes de la rupture, et cette condescendance, envisagée comme faiblesse, avait roidi le sieur Thugut contre toutes les ouvertures qui lui avaient été faites. Déclarer la guerre était rompre toutes ses mesures et décider la paix; on en ferait bientôt l'expérience. Malgré cela cette résolution n'aurait pas prévalu, si les nouvelles de Milan n'avaient pas irrité de nouveau la majorité du Directoire contre l'Autriche[1]. Le peuple de Paris s'est lamenté plus qu'il n'a murmuré de cette déclaration de guerre, et elle a fait moins de sensation que celle contre le Piémont.

La proclamation du général Bernadotte au commandant de Philippsbourg a trouvé ici une désapprobation générale[2]. Le Directoire l'a taxée d'insensée; elle sera désavouée incessamment dans le journal du Rédacteur. »Je n'ai pas pu m'empêcher d'observer«, m'a dit hier Talleyrand à ce sujet, »que des pièces de cette nature sonnaient bien plus l'alarme en Europe que les invasions les plus criantes et qu'elles étaient en contradiction manifeste avec nos allégués. J'ai représenté fortement au Directoire qu'il était de sa dignité que toutes les pièces de ce genre sortissent de ses bureaux et nullement de la plume de ses généraux« ...

1) Aufstände in Piemont, Ende Februar.

2) Die baierische Regierung wurde darin als »gouvernement provisoire« bezeichnet.

242. Unterredung mit Bossi, Abgesandten der provisorischen Regierung in Turin.

. . . La députation de Turin est à Paris depuis quelques jours. J'ai 1799
rencontré le sieur Bossi qui en fait partie chez le ministre des relations März 24.
extérieures, et j'ai appris de lui le sujet de sa commission et ses incertitudes d'y réussir. La réunion du Piémont en est l'unique motif. »Ma patrie n'a nul autre moyen de se sauver«, disait-il à l'ambassadeur d'Espagne et à moi, »que d'effectuer cette réunion; autrement elle périt de faim et de misère. Jamais situation géographique et politique ne fut plus malheureuse! Le Piémont, démembré de la Savoie et du comté de Nice, n'a ni débouché vers la mer, ni débouché vers l'Italie. La République ligurienne nous ferme le passage pour l'une, et la République cisalpine nous entrave pour l'autre. Le roi de Sardaigne a tout perdu, parce qu'il était faible et dévot. L'époque où il est entré en guerre sans nécessité contre la République française, a commencé sa perte, et celle où il a fait sa paix l'a consommée entièrement«. »Vous parlez«, repris-je, »de la situation malheureuse du Piémont, et vous semblez oublier qu'il a existé ainsi d'une manière prospère pendant deux siècles. Vous parlez du vœu général de ses habitants pour être réunis à la République française, et vous semblez oublier que les insurrections qui viennent d'éclater démentent ces assertions. Que croire présentement?« »Le gouvernement provisoire piémontais a hésité, il est vrai«, interrompit le sieur Bossi, »à se déclarer pour cette réunion, mais il a senti que hors de là il ne résisterait pas aux partis qui l'oppressent«. »Mon opinion est prononcée sur tout cela, a dit Azara; si le Directoire pouvait avoir le projet de s'approprier de plein gré le Piémont, la paix est impossible«. »C'est aussi la mienne«, ai-je ajouté. Il faut croire que le Directoire la partage aussi pour le moment, car il vient de défendre au gouvernement provisoire de Turin de mettre en délibération cette réunion et de s'en occuper. La députation piémontaise n'a pu obtenir aucun accès auprès du Directoire, mais a été admise simplement à conférer avec le ministre des relations extérieures [1]) . . .

243. Kellermann über Jourdan. Sieyès.

. . . Le général Kellermann, membre du Comité militaire du Di- März 31.
rectoire, m'a parlé de Jourdan comme d'un général présomptueux, ignorant et inférieur à la majeure partie de ceux qui commandent. Il m'a

1) Am 17. April berichtet Sandoz, daß das Directorium auf Vorschlag Talleyrand's, gegen Barras und Treilhard, die Reunion Piemonts abgelehnt hat.

1799 dit qu'il ne serait maintenu dans son généralat que jusqu'après les élec-
März 31. tions. On craignait son retour à Paris, comme pouvant élever des menées dans le Conseil des Cinq-Cents, où il a beaucoup de partisans. Masséna avait demandé sa démission, qui lui avait été refusée. Il prétend que le commandement de Jourdan occasionnerait son déshonneur. Les généraux Moreau et Joubert sont, selon lui, les deux seuls généraux en état de diriger les opérations des armées . . .

L'abbé Sieyès est devenu, depuis quelques semaines, l'objet de l'attention publique. On voit d'un côté la majorité du Directoire se prononcer hautement contre son entrée dans le Directoire, et on voit de l'autre la majorité des deux Conseils travailler pour lui concilier tous les suffrages. Nul autre que Sieyès peut gouverner et faire prospérer la République, est le mot qui prédomine. Malgré cela il est difficile, à mon jugement, de croire que cet envoyé puisse l'emporter. Le Directoire a tant d'ascendant et une si grande prépondérance sur les esprits, qu'il dirigera le choix des deux Conseils à sa volonté; je serais au moins bien trompé, s'il en était autrement . . .

244. General Jourdan vor dem Direktorium. Die Jakobiner.

April 11. . . . Trois séances consécutives ont eu lieu pour interroger le général Jourdan. Ses moyens de justification à cet égard semblent avoir obtenu grâce devant le Comité militaire, bien que la majeure partie des membres qui le composent lui fût opposée. Il a dit qu'il avait trouvé l'armée du Danube dans le plus mauvais état d'insubordination; que le soldat n'obéissait pas aux officiers, et que ceux-ci n'obéissaient pas au général. Il a dit que le dénombrement fait des troupes lorsqu'il en a pris le commandement était bien inférieur au tableau que lui avait donné le ministre de la guerre, 82 mille hommes au lieu de 125 mille hommes. Il a dit que l'archiduc Charles, fort de sa nombreuse cavalerie, s'en était servi pour enlever trois de ses avant-postes, et qu'il paraissait avoir pris pour système d'agir plutôt avec celle-ci qu'avec l'infanterie, et qu'aussi longtemps que la cavalerie républicaine serait aussi inférieure en nombre qu'elle l'était, on n'arrêterait pas ses progrès. Ces raisons, qui ont ébranlé le Comité militaire, n'ont pas fait la même impression sur le Directoire. On n'y veut pas croire à la possibilité des revers. Jourdan s'y étant présenté, il y a deux jours, doit avoir essuyé l'accueil le plus dur et le plus accablant. »Votre faute«, lui a-t-on reproché, »est de n'avoir pas pris des renseignements exacts sur les forces de l'armée; marcher en avant sans ces données préliminaires était exposer l'armée à une retraite humiliante et déshonorante. Votre faute est d'avoir trop isolé vos avant-postes du corps de l'armée; mais votre plus grande faute, a dit le sieur Rewbell, est de perdre la tête dans des circonstances difficiles, et vos campagnes militaires en offrent plus d'un exemple«. Joubert et Moreau sont toujours ceux des généraux qu'on désigne pour succéder à Jourdan; mais rien n'est décidé à cet égard. On était blasé ici sur les triomphes, et on ne peut pas s'habituer aux moindres revers; tel est l'effet que la retraite précipitée des armées françaises a produit.

1799 April 11.

L'animosité des Jacobins, qui n'est jamais en repos, en a profité pour chercher à empoisonner les faits et à en rejeter l'odieux sur le Directoire. De là des dénonciations contre les sieurs Rewbell et Barras, comme chargés de la partie militaire. De là des libelles affichés et placardés en dépit de la surveillance de la police.. De là des rassemblements secrets dans plusieurs quartiers de Paris . . .

245. Barras und Napoleon Bonaparte.

April 14.

. . . Le sieur Barras a dû proposer en dernier lieu dans le Directoire de rappeler le général Bonaparte et de lui conférer le commandement de l'armée d'Italie. Son nom devait en imposer à l'ennemi et donner plus de confiance à l'armée française. Mais il n'y a eu qu'un cri parmi ses collègues pour s'y opposer. »N'avons-nous pas assez de généraux qui veulent usurper l'autorité, sans avoir besoin d'y joindre encore celui-là? Le général Bonaparte est bien où il est, et notre plus grand intérêt est de l'y laisser« . . .

246. Mängel der Militär-Verwaltung. Sieyès. Talleyrand über den Rastatter Congreß.

April 21.

. . . Rien ne prouve mieux, selon moi, que le Directoire voulait la paix et croyait fermement aux dispositions pacifiques de l'Empereur, que le peu de prévoyance qu'il a mise à compléter ses armées. Le Comité militaire — et l'on peut s'en apercevoir — n'a point remplacé le sieur Carnot pour la partie du génie et les plans de campagne, tant s'en faut. D'ailleurs il se plaint que le Directoire mutile et décompose la majeure partie de ses opérations . . .

L'abbé Sieyès éprouve, comme je l'ai dit, la plus forte opposition du Directoire, et réunira la majorité des suffrages des Anciens pour y entrer. La lutte sera forte, et il faudra voir qui des deux l'emportera. Sieyès a écrit au représentant Lecoulteux à cet égard: »je préfère de voir passer cet attelage que d'y être attelé«[1]) . . .

1) Am 28. April schreibt Sandoz: La voix publique appelle toujours Sieyès au

1799 April 21. Talleyrand m'a dit hier que le Directoire soutiendrait à tout prix la durée du congrès de Rastatt. C'est, celon lui, la seule manière de publier à l'Europe qu'il veut sincèrement la paix. Les plénipotentiaires français ont reçu ordre d'y rester et d'essuyer plutôt toutes les violences en leurs personnes que de partir. Le déshonneur, leur a-t-il observé, ne sera pas pour vous, mais pour la puissance qui les commettra. Ce ministre souhaite vivement que V. M. ait la même façon de penser en maintenant la durée du congrès de Rastatt, ainsi qu'on le vit à Osnabrück dans la guerre de 30 ans. Un lieu de rassemblement toujours ouvert pour la paix ne serait jamais indifférent; ce serait d'ailleurs une espèce de sauve-garde pour un grand nombre de princes de l'Empire...

Dank für Nachrichten über den Krieg in Deutschland. On cache et on déguise les faits ici, et on n'est instruit de rien que par conjectures.

247. Gespräche mit Rewbell und Talleyrand. Der Gesandtenmord.

Mai 1. ... »Pourquoi vous le dissimulerai-je«, m'a dit le sieur Rewbell, »les revers que nous avons essuyés deviendront utiles; je les avais prévus en grande partie. Des triomphes trop répétés avaient enflé notre orgueil et avaient corrompu peut-être nos têtes. Il est temps de revenir à des idées de prévoyance et de saine politique et à se pénétrer de la vérité que révolutionner et conquérir, c'est troubler sa prospérité et son repos. Ce que je vous dis ici de nos revers, n'est pas l'effet d'un sentiment de crainte, mais c'est au contraire l'effet du bien qui peut en résulter pour la paix générale« ... Er schiebt die Schuld auf einige seiner Collegen »ivres d'un malheureux esprit qui avait plus de rapport au jacobinisme qu'au républicanisme« ...

Unterredung mit Talleyrand über die Möglichkeit eines Friedensschlusses (30. April). Dans le même moment où je conversais avec ce ministre, on lui a apporté une dépêche du télégraphe de Strasbourg qui transmettait ces seules lignes de Jean Debry: mes deux collègues ont été assassinés hier; je ne suis arrivé ici à Strasbourg que par miracle. »Quelles horreurs!« a été son exclamation. Il m'a remis ensuite la dépêche comme pour en prendre lecture. Toute la ville est pleine aujourd'hui de ce forfait, qui a excité la plus terrible indignation, et l'on en accuse le prince Charles, qui certainement y est très innocent ...

Directoire. Plusieurs représentants des Anciens m'ont dit, en me parlant de cet envoyé: »nous considérons sa nomination comme une opération de finances, comme une opération de paix, et comme une opération de salut public«.

248. Graf Haugwitz an König Friedrich Wilhelm III. Berlin 1799 Mai 5.

Mundum (Du Bois), gez. Haugwitz.
Rep. 89.

Anträge Englands und Rußlands betreffend die Mitwirkung Preußens zu einem Angriff auf Holland; Gründe für Annahme derselben.

Votre Majesté a daigné m'ordonner de retracer à sa mémoire, et par écrit, l'important objet sur lequel j'ai eu l'honneur de lui faire mon rapport verbal. J'ose croire qu'elle daignera agréer que je reste attaché, dans ce très humble rapport, à la même suite d'idées à laquelle elle a daigné applaudir dans celui que je lui fis de bouche. 1799 Mai 5.

Les difficultés qui se sont élevées dans la négociation que nous avons poursuivie jusqu'à présent avec les ministres de Russie et d'Angleterre, ne les ont pas entièrement rebutés. Ils reviennent à la charge, et en tâchant de renouer par un autre bout le fil de la négociation, ils sont évidemment dirigés par trois différents motifs.

L'Angleterre ayant destiné ses fonds à la poursuite de la guerre et à des mesures actives, est en état de disposer d'un million de livres sterlings pour le courant de l'année à l'effet d'une entreprise hostile, dont le but doit être la délivrance de la Hollande. Cette somme, à ce qu'on voit maintenant, est celle qu'elle avait d'abord destinée à la Prusse. Ayant échoué vis-à-vis d'elle dans la proposition qu'elle lui fit, d'établir entre elle et les cours de Londres et de Pétersbourg un concert d'une offensive immédiate, l'Angleterre est prête à offrir encore cette somme à la Russie, pour l'engager à une coopération plus active, et les premières démarches à cet effet sont effectivement faites. C'est sur quoi M. Grenville s'est expliqué avec la plus grande franchise. Mais il ne m'a pas dissimulé que, quel que soit le concours de la Russie, il était dans son opinion que l'entreprise contre la Hollande réussirait difficilement sans la participation efficace de la Prusse. Cette opinion, qu'il annonce pour être particulièrement la sienne, est, il faut le croire, encore celle du ministère britannique, et il en suffit pour l'engager de revenir à la charge et d'offrir à V. M. le million de livres sterlings dont il s'agit, pour le courant de l'année, et pour le cas qu'elle s'engage à l'entreprise contre la Hollande.

Par ce que je viens d'exposer très humblement à V. M., elle daignera voir que l'Angleterre, en renouant la négociation, est dirigée par le double motif de l'engager à l'entreprise contre la Hollande ou, pour le cas qu'elle s'y refuse entièrement, de disposer du million de livres sterlings qu'elle y destine en faveur de la Russie. Elle est dirigée encore, et c'est le motif que la Russie partage avec elle, par celui d'entretenir la

1799 Mai 5. négociation entamée avec vous, Sire, et d'amener de manière ou d'autre, entre les trois cours, un rapprochement et une réunion quelconque sur les affaires générales de l'Europe.

Quelle que soit la détermination finale de V. M. sur cette proposition de la part de l'Angleterre et sur la nature de laquelle je reviendrai encore dans la suite de ce très humble rapport, je crois, d'après les principes qui me sont connus, Sire, d'être les vôtres, ne pas me tromper en prenant pour décidé que pour tous les cas l'intention de V. M. sera d'écarter le voile qui couvre encore l'état actuel de la négociation entamée entre les trois cours et de s'expliquer envers celles de Russie et de Londres, avec une véritable franchise, sur ses intentions à l'égard des propositions qu'on lui fait, concernant la Hollande. Elle ne voudrait pas, et j'ose le dire avec cette candeur dont elle me permet d'unir l'hommage à celui de la profonde soumission que je lui porte, elle ne voudrait pas, dis-je, s'exposer au reproche d'avoir entravé, par un espoir illusoire de son concours futur, l'entreprise contre la Hollande dont l'Angleterre s'occupe, pour le cas qu'elle fût décidément déterminée à ne pas y concourir, et dans aucun cas, par la force des armes.

J'en viens maintenant à la proposition même. Elle consiste en ce que V. M. reconnaisse que l'affranchissement des Provinces-Unies et le rétablissement de leur ancienne constitution soit une mesure à laquelle elle est appelée de concourir par les traités qui l'unissent à cette république, et qu'elle s'engage à employer ses moyens, conjointement avec l'empereur de Russie et l'Angleterre, pour atteindre ce but; et que, si une sommation préalable de sa part au gouvernement français ne fût pas immédiatement suivie de l'entière évacuation de la Hollande par les troupes françaises, elle s'engage à faire marcher contre elle l'armée sur la force de laquelle la Prusse serait convenue avec les cours de Pétersbourg et de Londres. Cette armée devrait agir pour cet effet et contre l'ennemi dans l'espace de deux mois, à compter du jour de la signature du traité, ou pour mieux dire, de l'article secret, et ses opérations seraient préalablement convenues entre les parties contractantes.

Telles sont les propositions de l'Angleterre. Elles ont été assez clairement articulées pour qu'il me soit permis de croire d'en avoir saisi le véritable sens. Il n'en est pas tout à fait de même de celles que la Russie y joint. Le comte Panine annonce cependant qu'un corps de troupes russes serait prêt à agir en Allemagne et sur le Rhin, en prenant sa route par la Bohême, et favorisant par là l'entreprise des armes prussiennes contre la Hollande.

Vous ayant exposé maintenant, Sire, l'état de la question, je supplie V. M. d'agréer que je reproduise encore, et dans le plus profond respect,

les réflexions que j'ai eu l'honneur de présenter à sa profonde considé- 1799
ration dans la matinée d'hier. Mai 5.

Il est sans doute d'un grand intérêt pour la Prusse d'arracher la Hollande d'entre les mains des Français. Tant[1]) que la France reste en possession des pays situés entre la Moselle et la Meuse d'un côté, et le Rhin et l'Ems de l'autre, la sûreté de la Prusse sera menacée, et elle doit en être ébranlée jusque dans ses fondements, si, avec cela, la France reste une puissance révolutionnaire, fondant son pouvoir sur les principes auxquels elle est revenue depuis le 5 septembre (18 fructidor) 1797. L'Escaut, la Meuse, le Waal et l'Yssel, le Rhin même — c'étaient là les boulevards que la nature avait élevés contre les projets de conquête qui menaçaient autrefois l'Allemagne septentrionale du côté de l'Occident. Ces boulevards ne sont plus, et ce qui met le comble à ce désastre, ils sont au pouvoir de l'ennemi de tout ordre social. S'il est à prévoir effectivement que tôt ou tard la Prusse sera obligée de tourner ses armes de ce côté-là, faudrait-il attendre le moment où la France ayant consolidé son ouvrage gigantesque, il deviendra impossible peut-être de l'expulser d'un pays dont l'indépendance est devenue d'un si grand prix pour la sûreté de la monarchie prussienne même? Je me dispense d'ajouter à ces très humbles observations celles que votre propre cœur, Sire, vous fait faire. Elles sont dictées par les relations personnelles de V. M. et ses sentiments de tendresse envers une famille qui lui est chère à tant de titres.

Si enfin V. M. se déterminait dans sa sagesse d'écouter les propositions de l'Angleterre et d'accepter l'offre d'un million de livres sterlings pour le courant de cette année, je crois prévoir qu'elle ne s'y prêterait qu'en stipulant expressément les conditions suivantes:

En faisant marcher tel ou tel nombre de troupes, (sur lequel il resterait de convenir d'une manière plus précise encore), et en fixant l'époque où ces troupes seraient rendues aux lieux de leur destination, c'est-à-dire dans les positions que V. M. leur assignerait dans l'enceinte de la ligne de démarcation, d'après le plan militaire qu'elle se serait tracé elle-même, elle se réserve expressément la faculté de n'en venir à l'expédition contre la Hollande que pour le cas que les circonstances ou l'état des choses d'alors sera tel, que l'entreprise dont il s'agit pourra être faite sans compromettre les intérêts de sa propre monarchie. Ce serait à elle seule à en juger à l'époque susdite.

---

1) Die folgende Stelle ist der Denkschrift vom 15. Januar entnommen. Vergl. S. 279.

1799 Mai 5. Il reste à savoir sans doute si sous une telle restriction l'Angleterre voudra fournir le secours pécuniaire qu'elle offre. Si elle le fait jamais, ce serait une preuve rare peut-être de l'hommage qu'elle porte à la pureté de vos sentiments, Sire, et à la confiance que votre caractère inspire. Mais il n'est pas échappé à V. M. combien sa propre gloire serait comprise dans un tel engagement.

Après cet article, qui sans doute est le plus difficile, il y en aurait d'autres encore à régler.

L'Angleterre aurait à s'engager de continuer, l'année révolue, les secours pécuniaires, si les circonstances l'exigeaient, et V. M. déclarerait d'avance que la Hollande délivrée et ses frontières assurées, sur quoi encore elle ne se rapporterait qu'à son propre jugement, elle n'irait pas un pas plus loin et se bornerait dès lors à des mesures purement défensives et telles que l'état des choses l'exigerait.

En réitérant à V. M. la très humble prière que nous avons eu l'honneur de lui adresser par notre rapport du 3 de ce mois, de nous accorder une autorisation expresse pour la continuation de nos conférences avec les ministres d'Angleterre et de Russie, j'ose maintenant la supplier très humblement de me faire connaître avant toutes choses sa détermination finale, qui me servira de règle, s'il faut écouter les propositions de l'Angleterre, en autant qu'elles ont pour but la coopération future de V. M. pour l'affranchissement de la Hollande, ou si son intention est d'écarter une fois pour toutes tout ce qui se rapporte à une coopération effective contre la Hollande, et ne s'en tenir uniquement qu'à la proposition des cours de Pétersbourg et de Londres, en autant qu'elles sont relatives à une garantie mutuelle et à un arrangement provisoire entre les trois cours sur les objets majeurs qui doivent être réglés à la paix future. Je n'ai certainement pas besoin de fixer l'attention de V. M. sur les dangers auxquels une telle détermination pourrait encore exposer les intérêts les plus chers de sa monarchie. Elle les a appréciés d'avance.

L'Italie délivrée et tombant au pouvoir de l'Autriche, la Suisse rendue à son ancienne constitution, la cour de Vienne ne rougira apparemment pas d'en venir à un nouvel arrangement équivalent à celui de Campo Formio, et il n'y aurait entre un tel acte perfide et celui qui l'a précédé que l'avantage inappréciable que l'Autriche en retirerait, que tandis qu'elle se serait mise à couvert contre les entreprises futures de la République française, les forces toujours infiniment considérables de cette dernière ne pèseraient désormais que sur les frontières de la Prusse, et que cette puissance se trouverait plus que toute autre, exposée à en soutenir le fardeau. Ce serait alors qu'on aurait peut-être à regretter de ne pas avoir saisi le moment favorable (si effectivement il se présente) de reculer les frontières de la France révolutionnaire du côté du Nord, comme l'Autriche aurait réussi à y parvenir dans le Midi. 1799 Mai 5.

Appelé par mon devoir et par la confiance dont V. M. daigne m'honorer, j'ai dû lui exposer ce que j'ai puisé dans ma conviction intime, et j'attends maintenant qu'elle daigne me prescrire les principes qui me serviront de règle dans la conduite et le langage à tenir vis-à-vis les plénipotentiaires de Russie et d'Angleterre.

249. Denkschrift des Geh. Kabinets-Sekretärs J. W. Lombard.

Eigenhändig, ohne Datum und Unterschrift.
Rep. 89. Karton Denkschriften.

Gegensatz zwischen Frankreich und dem übrigen Europa; Gefahren Preußens. Folgen der Neutralität oder der Theilnahme am Kriege. Bedenklichkeiten eines jeden Entschlusses. Das System des Grafen Haugwitz.

L'ancienne politique n'existe plus. Les opinions les plus saintes autrefois sont aujourd'hui des préjugés gothiques. Cette vieille haine contre l'Autriche, cette jalousie contre la Russie, cette existence en Empire, tous ces phantômes disparaissent devant une considération plus puissante, et il n'y a plus dans ce moment que deux rivaux en présence: la France et l'Europe. Les cours sentiront enfin le besoin qu'elles ont de s'unir, ou si elles s'aveuglaient assez sur leurs véritables intérêts pour se déchirer encore, eh bien, il en naîtrait des guerres qui se termineraient comme toutes. On aurait des avantages, on aurait des revers, on finirait par la paix, et il n'en aurait coûté que des sacrifices. [Gegen Mitte Mai.]

Mais la guerre, ouverte ou sourde, que fait la France à l'Europe entière, porte essentiellement un caractère de destruction. Là, il s'agit de vaincre ou de mourir. La première conquête de l'ennemi n'est pas une province perdue, mais un premier coup de hache porté au fondement du trône, et le dernier revers est le choc qui le renverse. Il n'est plus dans le monde qu'une politique, qu'une crainte et qu'un vœu: détruire ce repaire de brigands, ou leur opposer enfin une barrière — voilà tout ce que les cours doivent vouloir et veulent sans doute, et du moment où elles le pourront, jamais politique n'aura été plus aisée que la leur.

Jusqu'à la paix de l'Angleterre et de l'Autriche, le tigre craindra le lion, et la Prusse sera respectée. Mais dès que les Français se verront délivrés de leurs autres ennemis, ils lui feront payer cher son repos. Ils se vengeront de ce respect qui les humilie, porteront vers le Nord leurs armes mortelles et leurs principes empoisonneurs, et tireront de la possession de la Hollande des moyens incalculables pour inonder un

1799 [Gegen Mitte Mai.] pays ouvert, où trois batailles perdues ne leur coûtent que du sang et où une victoire peut les amener jusqu'au centre des États.

Avec cette conviction, une haine mortelle est certainement tout ce qu'on leur doit, et si, en prenant les armes, on pouvait calculer leur ruine, on ne pourrait trop tôt y courir. Mais quand le devra-t-on et comment? Malheureusement c'est l'avenir qui jugera la question, et l'on marche en aveugle dans une carrière où des événements qu'on ne peut prévoir, où les succès et les revers justifieront seuls le système qu'on aura suivi ou prouveront seuls son erreur.

La Prusse peut rester tranquille ou prendre part à la guerre.

1° Dans le premier cas, ou les Français triompheront, ou ils seront les plus faibles. Si les Autrichiens succombent, la Prusse sera attaquée à son tour et le sera seule sans secours et sans alliés. Elle aura eu tort de ne pas prévenir ce moment et de n'être pas tombée sur le commun ennemi, lorsque sa diversion pouvait quelque chose encore. Si les impériaux sont vainqueurs, quel fruit la Prusse en retirera-t-elle? Les Français seront chassés au delà du Rhin, je le veux; chassés de l'Italie et de la Suisse, je l'accorde encore. Mais là, tranquilles derrière leurs fleuves, leurs forteresses et leurs Alpes, ils présenteront à l'ennemi une barrière invincible et que cet ennemi ne voudra pas même franchir. L'Autriche, sûre à son tour de ses frontières et de l'Italie, plus que jamais redoutable, mais guérie sans doute par les fautes passées de projets plus vastes encore, tendra les mains à la paix et se souciera peu d'épouser à l'avenir une cause qui ne sera plus immédiatement la sienne. La rage républicaine, déçue dans le Midi, refluera vers le Nord. Ces tranquilles provinces, ces riches ports de commerce, qui ont fleuri sous l'égide de la Prusse, appelleront la cupidité des Français, et, devancés par leurs agents et par leurs principes, ils chercheront à se dédommager sur elle des obstacles qu'ils auront trouvés ailleurs ou des pertes qu'ils y auront faites.

2° Dans le second cas, c'est-à-dire si la Prusse fait la guerre, l'alternative est à peu près la même. En cas de défaite des impériaux, la Prusse restera seule en lutte et aura hâté par son attaque précoce le moment de la catastrophe. Et si les Autrichiens triomphent, la Prusse ne jouira de leur appui que jusqu'au moment où ils auront repoussé les Français dans leurs insurmontables barrières. De ce moment, les républicains n'ayant plus ni l'espoir de réussir dans le Midi, ni la crainte d'y éprouver de plus grands revers, réuniront tous leurs moyens contre le Nord et feront peser sur la Prusse seule tout le poids de cette interminable guerre.

Ainsi, quelque côté qu'on envisage, on n'a guère que le choix des maux, et sur toutes ces considérations il ne surnage qu'une vérité bien claire : horreur du nom français et besoin de l'écraser tôt ou tard. 1799 [Gegen Mitte Mai.]

Rien de plus aisé que de calculer les inconvénients des deux partis; rien de plus difficile que de choisir. L'esprit humain est porté à voir l'objection plutôt que les motifs de suffrage. Quelque résolution que Sa Majesté prenne, elle doit s'attendre à voir l'inquiétude publique étudier les motifs contraires, et ce qu'il y a de désespérant dans cela, c'est que le Roi aura raison et que le public n'aura pas tort. Quand le pour et le contre d'une chose gît dans l'avenir, Dieu seul peut être sûr de son choix. La France peut se dégoûter de son joug, et tel système sera bon. Un événement inattendu, la tragédie de Rastatt par ex., peut y ranimer un instant l'esprit national, produire un succès, en préparer de plus grands, et ce même système n'aura rien valu.

Et cependant il faut prendre un parti: car le meilleur qui soit à prendre perd de son prix par l'attente. Et malheureusement pour le Roi, c'est lui seul qui doit décider. C'est là la prérogative de son rang et le prix pénible de la couronne qu'il porte. Sûr d'avoir partout des inconvénients à combattre, il faut qu'il en croie un certain tact, qu'il écoute la voix de son cœur et cette logique naturelle qui ne le trompe jamais, et qu'entier au parti qu'il aura pris, il écarte dès lors toutes les idées contraires, tout ce qui, en lui rappelant la possibilité d'un autre système, ôterait au sien de son énergie.

Si le comte de Haugwitz avait eu le temps de flotter, peut-être il flotterait encore. Mais il a dû porter un jugement, il l'a fait, et n'a plus pensé depuis qu'à y mettre cette suite, cette série invariable d'idées, de motifs et de résolutions, qui caractérise son travail et avec laquelle un mauvais système l'emporte souvent sur un bon. Il est une justice qu'on ne peut refuser au sien. En inclinant pour les propositions des deux cours, il y a apporté les modifications les plus sages; il a épuisé tout l'art de la politique pour conserver à son maître toute la liberté compatible avec des engagements solennels, et si l'on n'éprouvait un frissonnement involontaire en pensant aux suites du premier pas, c'est à cet habile ministre qu'on le devrait.

Hélas, telles sont les ténèbres de la question. Les oracles seuls pourraient prononcer, mais les oracles ne parlent plus, et tel serviteur fidèle qui voudrait mériter mieux la confiance de son auguste maître, se dit en soupirant qu'il est plus aisé de le servir de son sang que de ses lumières.

Mais ce qui n'est sujet à aucun doute, c'est le prix extrême des relations de la Prusse avec les autres puissances, et ce serait les altérer

1799 [Gegen Mitte Mai.] sans retour que de se refuser à leurs ouvertures touchant une garantie mutuelle et tels arrangements à convenir pour le moment de la paix générale.

Au lieu de parler ci-dessus d'une expédition contre la Hollande, je me suis toujours servi du terme général de guerre contre la France. Car c'est un jeu de mots que de distinguer les deux choses. On ne conquiert la rive droite du Rhin qu'en combattant sur sa gauche, et cette distinction de manifeste équivaudrait certainement pour la France à une déclaration complète de guerre, et les résultats seraient les mêmes, ainsi que les efforts qu'il faudrait pour les amener.

250. Denkschrift des General-Majors Rüchel[1]).

Eigenhändig, ohne Unterschrift und Datum.
Rep. 89. Karton Denkschriften.

Zwei Denkschriften über die preußische Politik. Die Anträge Englands und Rußlands. Stellung Frankreichs. Die coalisirten Mächte. Mögliche Ergebnisse des Krieges. Preußen muß seine Neutralität behaupten, bis es die Entscheidung bringen kann. Vortheile dieser Politik.

[Mitte Mai.] Probabilitäten. Die vorliegenden Memoirs enthalten in ihrem Schooße eine Menge theils gründlicher — alternativer — equivoquer Wahrheiten, sämmtlich aber wichtig wegen ihres bedeutenden Objects.

Die fruchtbare Einbildungskraft des Einen[2]) schildert mit lebhaften Zügen das Gräßliche einer revolutionären Regierung, deren weitaussehende, incalculable Pläne mit der Geringschätzung aller geheiligten Bande, die den Menschen an den Menschen, an die Natur und an ihren Schöpfer ketten, nicht allein den Umsturz der Throne, sondern auch die einer jeden consequenten Regierung droht; mit einem Worte: Universal-Monarchie, geleitet durch die Macht der Meinungen, gehüllt in die tyrannische Enveloppe einer chimärischen Freiheit, unterstützt durch den Abschaum der Menschheit, durch die Terreur einer anfangs gemißleiteten, nun unterdrückten, überhaupt also unglücklichen Nation, und durch die anfängliche Inconsequenz ihrer Gegner. Der Verfasser folgert aus der Gräßlichkeit dieses Ungeheuers den natürlichen Wunsch [nach] dessen Vernichtung, mit dem Ausdrucke ennemi universel — guerre aux Français, als den einzigen Hauptbegriff der allgemeinen gesunden Politik von Europa. Er skizzirt die Scene des Glücks und des Unglücks der jetzt auf der Bühne fechtenden Mächte, indem er das große schwierige Geschäft, von dem

1) Über Rüchel's „Schreiberei" vergl. Minutoli, Beiträge zu einer künftigen Biographie Friedrich Wilhelm's III., S. 87. — Rüchel wurde übrigens, wenige Tage nach Abfassung dieser Denkschrift, zum General-Lieutenant befördert.
2) Es ist nicht recht ersichtlich, welche Denkschrift hier gemeint ist.

hier die Rede ist, das Schicksal und die Concurrenz Preußens dem allerdings fürtrefflichen Tact und dem natürlichen Gefühle S. Königl. Majestät überläßt, und seine Schilderung, in der Hauptsache, ist die Natur der Wahrheit. 1799 [Mitte Mai.]

Das fein bearbeitete Memoir [1]) eines allerdings speculativen und scharfsinnigen Staatsministers developpirt eine Menge relativer und alternirender Ideen in gedehnterem Umfange. Er referirt an S. K. M. die erneuerten Propositionen Englands und Rußlands. Travertiren wir die Schönheit eines blühenden Styls in einfachere Worte, so besteht der Extract davon, mit wenigen Worten, darin: 1) daß England für dieses Jahr über eine Million Pfund Sterling zu disponiren hat; 2) dafür soll Preußen simplement Holland erobern; 3) oder im Fall Preußen dieses nicht will, destinirt man das Geld für diese Operation an Rußland. 4) Beide Höfe gemeinschaftlich, Rußland und England, dringen auf eine Declaration und Reunion mit Preußen über die allgemeine Lage von Europa, d. h. Preußen soll schlagen, und der Graf Hauchwitz [sic!] unterstützt den Wunsch dieses Glaubensbekenntnisses, um der Tortur zu entgehen, die er von den beiden negociirenden Ministern leidet. 5) Er citirt die zwischen Preußen und der alten Republik Holland bestehenden Tractate zur Aufrechterhaltung ihrer alten Constitution, die die neue Republik Holland zu ihrem eigenen Schaden und Verderben, wenigstens temporell, abgeändert hat. 6) Man will, daß Preußen durch eine Aufforderung Holland erobere oder wider Frankreich marschire, und zwar zwei Monate nach dem neuen Allianz-Tractat. (Hiebei ist wohl zu merken, daß man Österreich, als die gegenwärtig hauptkriegführende Landmacht mit keiner Sylbe erwähnt.) 7) Rußland fügt hinzu, daß solches durch Böhmen an den Rhein marschiren wolle, um die Operationen von Preußen auf Holland wahrscheinlich durch die Blockade von Mainz und Ehrenbreitstein zu favorisiren. 8) Das Memoir schildert die Nothwendigkeit der Befreiung Hollands als einer Vormauer für Preußen und als einer analogen Handlung der Blutsfreundschaft. 9) Es schmeichelt sich der Minister, daß sich vielleicht England zu der Condition bequeme, wenn Preußen auch nur mit einigen Truppen die Demarcation verstärkte, bis zu dem Zeitpunkte, den S. K. M. allerhöchstselbst erwählen würden kriegerisch zu handeln, und gründet dieses Argument auf das Vertrauen dieses Staats gegen die Person des Königs. 10) Auch sollte es S. K. M. überlassen bleiben, keinen Schritt weiter zu gehen als Holland u. s. w. Schließlich überläßt der Verfasser die Entscheidung einer so wichtigen Corde lediglich der allerhöchsten Decision S. K. M.

Grade diese große und wichtige Decision eines edlen, von der Natur mit Verstand begabten, das Glück seiner Völker, das Glück von Europa wollenden jungen Königs, auf dessen Wink jetzt ein Welttheil die forschenden Blicke heftet,

1) Bericht des Grafen Haugwitz vom 5. Mai. No. 248.

1799 [Mitte Mai.] den man von allen Seiten durch Insinuationen, Projecte und Entscheidungen belagert, bedroht, bestürmt, in der wichtigsten Corde der menschlichen Einbildungskraft, dies ist der Vorwurf gegenwärtiger Abhandlung. Concentriren wir also den umfassenden Sinn dieses merkwürdigen Memoirs zu mehrerer Übersicht in wenige dürre Worte, so besteht das Thema darin: mit einem neuen corps d'armée gegen die Erhaltung von einer Million Pfund Sterling für dieses Jahr die Demarcation zu verstärken, in dieser Verfassung Frankreich aufzufordern, Holland zu verlassen, und, wo Frankreich das nicht will, die vereinigten Provinzen Hollands mit Gewalt der Waffen zu erobern.

Welche Prätensionen! Sind etwa 6 Millionen Thaler, die England für dieses Jahr übrig hat, ein Object für die ungeheuren Kosten des Krieges? Kaum werden solche für die erste Mobilmachung reichen, welches der Oberst von Zastrow näher berechnen kann. Wer bezahlt uns für die folgenden Jahre? Wer leistet für die Erfüllung dieses Versprechens die Garantie? Wenn Preußen enfilirt ist, England sein Geld zurückzieht und die ganze Last des Krieges auf uns zurückfällt? Ist auch dafür gesorgt, daß Niemand einen Separat-Frieden mache und Preußen sitzen lasse? Wird Frankreich aus Holland laufen um einer simpeln Drohung? Ist es wohl in diesem Falle je gerathen zu drohen? d. h. mein Dessein vorher zu declariren, damit der Feind desto kräftigere Maßregeln nehme zu resistiren? Welcher sterbliche Mensch kann, bei dem Wechsel des menschlichen Glücks und der Kriege, wohl die positive Eroberung einer Provinz unter allen Umständen versprechen? so lange mit all' seinem Verstande und seiner vermeinten Kraft es seinem eingeschränkten Blicke versagt ist, der Vorsicht die dichte Decke zu entrücken, welche die Zukunft verhüllt?

Mit diesen Fragen entwickeln wir näher die Data des großen Thema, das für Preußen zu entscheiden ist. Eine glänzende Tirade könnte der menschliche Witz aus der Vergangenheit unserer neuesten Weltbegebenheiten, unser Verstand aus ihr ein Heer von bittren Kritiken zur Warnung für die Nachwelt formen; allein eine ewige Nacht decke die Sünden der Vergangenheit, die Gegenwart beschäftige uns, leite durch ein kaltes Calcül unmaskirter Probabilitäten die wärmere Einbildungskraft, daß die Zukunft, insoweit ein Sterblicher die ungewisse Kette der oftmaligen Conjuncturen eines Chamäleon zu fassen vermag, nie die Beschlüsse der Gegenwart bereuen möge.

Es ist leider eine traurige Wahrheit: das revolutionäre Frankreich in seiner bouleversirenden Form ist ein natürlich allgemeiner Feind der ganzen Menschheit und der Staaten mehrerer Welttheile. Es giebt nur zwei Mittel, seinen politischen Rausch hinwiederum zur ruhigen Vernunft und dem Gefühle der Menschlichkeit zu erwecken; nämlich: wenn das eigene Elend der Nation sich ihrer Tyrannen entledigt und die Contre-Revolution bewirkt, oder aber durch äußere Macht. Als Corollaire könnte man hinzufügen: oder durch die Verbindung der äußern und innern Gewalt, zeigte nicht die Geschichte des

ersten französischen Krieges, der die Quelle aller der gegenwärtigen Übel ist, 1799
wie äußerst schwankend und ungewiß militärische Pläne sind, die außer seiner [Mitte Mai.]
eignen berechneten Kraft auf den zufälligen Hülfsleistungen und Meinungen der Einwohner beruhen. Die Contre-Revolution an und für sich ist ein Werk der zufälligen Conjunctur. Also ist die äußere Kraft der Vorwurf quaestionis.

Die gegenwärtig activ coalisirten Mächte nach ihrer Rangordnung sind: England, Österreich, Rußland und die Türkei. England, die erste wegen ihrer immensen Ressourcen, nicht allein sich selbst, sondern auch noch andere Mächte durch den nervum rerum in Bewegung zu setzen. Österreich durch seine große Volksmenge und Truppenstärke auf dem festen Lande; Rußland als eine respectable Beihülfe; beide aber dem Gelde Englands und seiner Politik ehrfurchtsvoll subordinirt. Der Türke als ein Mitläufer die Zahl der Alliirten zu vermehren; bis jetzt aber hat derselbe nicht einmal die Kraft gehabt, einen detachirten, von aller Unterstützung entblößten fremden General mit einem mäßigen corps d'armée aus seinem eigenen Lande zu schlagen. Ägypten verbleibe also interimistisch en parenthèse, so bedrohend auch übrigens das Dasein des berühmten, aber genievollen Abentheurers ist, der solches als ein verkappter Despote beherrscht, in einem Gefilde der Roheit, wo die Extension jakobinischer Grundsätze nach allen Directionen umfassend und gefährlich ist.

Wir kommen nun zu dem Kriegsschauplatze auf dem festen Lande. Wir erblicken ein zahlreiches österreichisches Heer, an seiner Spitze einen tapfern jungen Prinzen, der mit einem Zauberstabe Leben und Nerv in einen halb aufgelöseten Körper zurückführte. Es sind die Waffen eines Cabinets, das wider Sinn und Vernunft bei Campo Formio noch vor kurzem an Preußen Gefährlichkeit drohte, um seines Eigennutzes willen die Grenzvesten des deutschen Reichs zum allgemeinen Schaden und Verderb verrieth, dem ein verbotenes Gelüste zur Erhaschung fremden Eigenthums eine mehr denn hundertjährige Naturkrankheit war, [das] anjetzt zum Kriege gekommen ist es weiß nicht wie, und auf dessen wahre Freundschaft Preußen also nur mit einer mäßigen, eingeschränkten Vorsicht zu bauen berechtigt ist. Das Ganze aber geht vor dem einzelnen Theil. Vis-à-vis von Frankreich ist Österreich ein Gott; es hat doch eine Regierung und Grenzen. Vergessen wir also was da war, um einer gesünderen Politik den Grundsatz zu opfern, daß man aus zweien Übeln das kleinere wählen müsse, und daß große wichtige Zwecke nur durch eine vereinte Kraft zu bewirken stehen, anstatt solche die geringste zerstörende Gegenkraft leichtlich vernichtet.

Wir sehen ferner die Tete eines russischen Heeres unter einem in den Waffen grau gewordenen Sonderling, der anjetzt die Neugierde von ganz Europa spannt, und von dem wir die Resultate erwarten müssen — erwarten müssen, ob die in den öffentlichen Blättern annoch marschirende russische, so

1799 [Mitte Mai.] zahlreich sein sollende Verstärkung in realibus eintreffen und wie ihr Waffenglück die dortigen Conjuncturen verändern wird.

In dem vasten Reiche der Möglichkeit existiren nur drei Haupt-Alternativen: die eine, die Waffen der Coalisirten sind glücklich und besiegen die Franzosen; die zweite, die Coalisirten sind unglücklich und werden besiegt; die dritte, das Deploiement der ersten Kräfte läßt vielleicht das Kriegesglück, wenigstens in moderater Proportion, auf eine Zeitlang balanciren.

Auf Preußen heftet Europa das Auge — die Coalisirten, um solches nur zu dem ersten Schritte zu entrainiren, denn die übrigen folgen von selbst, und sie haben Recht, einen so mächtigen Helfer für die allgemeine Sache zu gewinnen. Frankreich wünscht aus eben solchen Gründen Preußens Neutralité, indem es sich möglichst bemühen wird, einen Samen der Zwietracht in vollem Maße auszustreuen, der aber nun wohl schwerlich die giftigen Früchte tragen wird, weil sein jakobinisches System demaskirt ist.

Der Monarch, als der wohlwollende Beherrscher seiner würdigen Nation, beherzigt ihr Glück, und der größere Haufe der Millionen seines Volks wünscht, ist es möglich? aus seiner Vaterhand den Frieden. Welches ist nun der Entschluß des Königs von Preußen? Wahrscheinlich das Glück seines Volks, die Dauer und Zuverlässigkeit seiner politischen Existenz, erst für sich selbst, darauf aber solche nutzbar zu machen, insoweit als thunlich, für das allgemeine Wohl der Menschheit — und dies ist mit anderen Worten des Königs eigene Ehre! — Balanciren wir also vorher nur einige wichtige Fragen, bevor wir die Resultate folgern.

1) Wird Preußen wohl seine Neutralité absolut behaupten, wenn, auf den Fall des Unglücks der coalisirten Mächte, Frankreich außer den Niederlanden, Holland und dem Centro des vorliegenden deutschen Reichs, nicht allein ganz Italien und die Schweiz zur Übermacht seiner gefährlichen Staats-Umwälzungen benutzte, sondern auch sogar den Thron von Wien nebst ganz Deutschland in seiner Grundveste zu erschüttern bedrohete? Antwort: Nein! Nicht aus Liebe zu Österreich, sondern um der gesunden Vernunft, und um seiner eigenen zukünftigen Selbsterhaltung willen, kann man in abstracto sagen, muß der König schlagen mit seiner ganzen Macht, die österreichische Monarchie, durch diese sich selbst zu retten, um nicht en détail geschlagen zu werden und die traurige Rolle zu übernehmen wie einst Mithridates gegen die Römer, um der Ehre zu entbehren, nur der Letzte zu sein, den das verderbliche jakobinische System verzehrt. Also wäre diese Frage durch ihre eigene Schlußfolge kurz entschieden.

2) Der Gegensatz dieses Gemäldes würde in folgenden abermaligen Fragen bestehen. Wie, wenn den Coalisirten, ohne Preußens Beitritt, das Glück in einem ganz außerordentlich hohen Grade günstig wäre? Würde die Balance von Europa nicht auf der andern Seite verloren gehen? Würden diese Mächte

auch vielleicht nicht außerordentliche Prätensionen machen? Sich über alle politische Proportion vergrößern? Zusammen vereint über Preußen ein gefährliches Übergewicht gewinnen? Und vielleicht dasselbe am Ende wohl gar selbst zu überwinden trachten? Würde Preußen bei seiner stricten Neutralité nicht seine politische Consequenz verlieren? Und da, auf den Fall des Unglücks der Coalisirten, der preußische Staat dennoch vor den Riß zu treten verbunden ist, sollte er auch nicht wünschen, bei einer günstigen Operation der Coalisirten, und noch um so viel ehender, die Vortheile des Glücks zu theilen? Antwort: Allerdings wünscht man sich auch billig die Agrements einer Sache, wenn man an ihrem Desagrement Theil nimmt, und also wäre auch auf den glücklichen Fall die Probabilité eines Krieges für Preußen da. Aber sowohl das Glück als auch das Unglück hat seine Grade und sowohl das Extrem des einen als auch des andern ruht noch in seinem Embryo. Die Ouvertüre der Campagne läßt unter den jetzigen Umständen noch nicht so bald das Extrem des Unglücks hoffen und zu dem Extrem des Glücks gehört vorerst die Eroberung der Schweiz und Italiens; und auch alsdann ist noch nichts gewonnen, sondern erst der alte status quo des linken Flügels hergestellt, und es wäre noch erst das vorliegende Centrum von Deutschland, Holland und die Niederlande zu erobern, bevor man ein Dorf von Frankreich hat. Der Zeitraum aber, den die kriegerischen Operationen der Coalisirten zu der Entwickelung des einen oder des anderen Falles erfordern, erzeugt für Preußen: 1799 [Mitte Mai.]

3) Den interimistischen Zustand der Balance, der in dem Reiche der Möglichkeit S. M. dem Könige entweder den Frieden völlig sichert oder doch wenigstens auf eine Zeitlang, bis zu seinem entscheidenden Punkt, und bei diesem letzteren Falle ist der große Endzweck der: der König von Preußen soll entscheiden. Er wird solches auf den Fall des Unglücks, wenn er mit seiner und seiner Verbündeten bedeutenden Macht dem Vordringen eines gefährlichen Feindes sein Ziel setzt, und mittelst seiner eigenen Erhaltung ruhmvoll Österreich und Deutschland rettet. Er wird solches auf den Fall des Glücks, wenn er mit vielleicht sicherem Lorbeer die vereinigten Provinzen Hollands erobert, seine siegreichen Waffen weiterführt und sodann auch auf seiner Seite einen ehrenvollen Frieden erringen hilft.

Die Probabilité des Krieges also für Preußen gegen die Probabilité des Friedens ist allerdings nach dem gezogenen Calcül wie zwei zu eins: allein, falls die Conjunctur nicht ohne Schwertschlag die Segnungen des Friedens befördern solle, so ist es ein großmächtiger Unterschied, mit welchem Tempo Preußen schlägt und welcher Mittel es sich bedienet, um, der Lage der Sache nach, den großen sich vorgesetzten Zweck auf dem möglichst kürzesten Wege zu erreichen. Eine genaue Abwägung und Sammlung seiner innern Kraft würde der erste seiner Pläne sein, Geheimniß der zweite. Seine richtige Saisirung des Tempo's zum Schlagen, das Meisterstück. Die Energie zur Vollendung.

1799 [Mitte Mai.] Die Standhaftigkeit des Königs gab trotz allem einseitigen Tadel unserer Politik die erste Consequenz, und S. M. werden solche auch gewiß noch jetzt gegen die scheinbaren Drohungen Rußlands und die etwas frühzeitigen Seductionen des Londoner Cabinets behaupten.

Drohung oder, welches mit andern Worten einerlei gesagt ist, Verstärkung der Demarcation ohne Zweck ist grade die nachtheiligste aller Ideen: sie compromittirt die Würde dessen, welcher nicht ernstlich agiren will, effectuirt nichts und verräth unzeitig die Projecte, die man hat. Supponire ich aber auf den einen oder andern Fall Preußen in einer scheinbaren stricten Ruhe, in sich selbst aber zum Kriege gerüstet, die ganze Hauptmacht Frankreichs auf dem rechten Flügel ihrer bedroheten Defensions-Linie mit den Kriegsheeren der coalisirten Mächte en main, mit ihrem in einer wahrscheinlichen Progression degarnirten oder doch schwachen linken Flügel, und der König erscheint wie aus den Wolken mit einem Heere von 225,000 Mann auf diejenigen sensiblen Theile, die mein gegenwärtiger Zweck und die Kürze der Zeit für jetzt nicht weiter zu entwickeln erlaubet, — es ist probable — das Gewicht ist fühlbar in der großen Schaale! und — entscheidet!

Diese angezeigte Macht ist nicht unerhört. Rechne ich Preußen, nach Abzug dessen, womit die Klugheit gebietet die großen Städte, Festungen, sowie die neuen polnischen Provinzen zu besetzen, zu 150,000 Mann, die Sachsen zu 20,000, Hannoveraner zu 20,000, die Hessen zu 15,000, und die Bayern, die zu seiner Zeit sich wohl hinzufügen ließen, nur mit 20,000, so würde dies die angegebene Summe von 225,000 betragen. Und entstände wider Verhoffen aus andern Gründen auch ein provisorischer Decort von 45,000 Mann, so verbliebe doch auch selbst der verminderte Numerus von 180,000 noch immer eine bedeutende Armee.

Das Geld müßte England liefern. Es hat noch bis zur Zeit das ausschließliche Monopol an Europens reichhaltigen Contributionen. Ihm ist an Holland gelegen, sonst verliert es seine mercantilische Connexion mit dem Continent, sein politisches Dasein und seine excludirte Kraft. Andere Ressourcen ließen sich annoch durch Contributionen und Lieferungen der übrigen nicht mit agirenden Staaten und Provinzen, wie auch durch die Benutzung des feindlichen Landes erfinden.

Die militärische Operation aber selbst ginge vom rechten Flügel en échelon, oder aber von beiden Flügeln, mit einigen Central-Reserven zur Communication, und einer Arrière-Flanke gegen die See.

Die großen Vortheile aber, welche S. M. der König bis zur Existenz dieses allerdings mit Delicatesse zu ergreifenden großen Tempo's hat, sind folgende: daß durch die vorläufig möglichst längste Dauer des Friedens für Preußen vielleicht noch die ungleich wichtigere Möglichkeit erzielet werden kann, auch vielleicht ohne Schwertschlag einen annehmlichen Frieden zu erhalten;

oder daß doch, bei der weisen Sparsamkeit des Königs, das Land mehrere 1799
Ressourcen zum Kriege sammle; daß man Zeit gewinne, separat mit England [Mitte Mai.]
einen annehmlichen Subsidien-Tractat für den Fall abzuschließen, wenn der König nach den Grundsätzen seiner eigenen Politik für rathsam befinden sollte, Holland zu erobern, woran England und zwar zu jeder Zeit alles gelegen ist, und daß man durch diese äußere Hülfsquelle die Last des Krieges von den Schultern des preußischen Volkes nimmt; daß der Kaiser von Rußland, um seine Thesis zu behaupten, gewiß, in der zuverlässigen Meinung von Preußens stricter Neutralité, mehrere Truppen auf den Kriegsschauplatz schickt, als wenn er Preußens thätigen Antheils zum voraus ganz versichert wäre, wodurch die Coalition und endlich unsere eigenen Operationen gewinnen; daß sich, um deutsch zu reden, sowohl die coalisirten Puissancen als auch Frankreich zuvor etwas mürbe machen, durch welche Relation unser eigenes Spiel um desto leichter wird; und daß endlich, für die erwähnten Fälle der Noth unsere Operationen um desto wirksamer werden, je überraschender und nachdrucksvoller sich solche deployiren.

Dies würde mein Resultat sein, also: Frieden — überraschen — entscheiden.

Schließlich wünsche ich nichts sehnlicher, als daß diese geringfügigen Bemerkungen, die wenigstens aus einem reinen Herzen fließen, unter der bedeutenden Masse wichtigerer Geistesproducte nur etwas in die große Schaale legen möchten, welches zum Besten des Vaterlandes, sowie der Menschheit ein Geist sublimerer Gattung ordnen, und nur ein König befehlen kann.

251. General-Adjutant Oberst Köckritz an Friedrich Wilhelm III. [Charlottenburg 1799 Mai 12.]

Eigenhändig, gez. v. Köckritz; undatirt.
Rep. 89.

Ich habe den Grafen Haugwitz gestern Abend vorläufig gesprochen, und [Mai 12.]
ihm gesagt, wie Ew. Königl. Majestät fest entschlossen wären, kein schriftliches Engagement von sich zu geben, sondern Sie behielten sich vor, nach Zeit und Umständen zu handeln, ohne auf irgend eine Art gebunden zu sein. Er, der Graf Haugwitz, habe seine Pflicht gethan, dem Könige seine Meinung, den Verfolg seines Systems bekannt zu machen, und sei also in der Folge vor jedem schiefen Urtheile und Verantwortung sicher. Der Graf gab mir zur Antwort, jeder Befehl seiner Majestät sei ihm heilig, er unterwerfe sich demselben in Unterthänigkeit, Ew. Majestät müssen keinen Schritt gegen Ihre Überzeugung thun, Sie blieben stets Herr und Meister.

Nun geht meine allerunterthänigste Bitte an Allerhöchstdieselbe, den Grafen Haugwitz nicht mit Kälte zu behandeln oder gar zu meiden; er verdient in jedem Betrachte wegen seines Attachements, seiner Uneigennützigkeit

1799 und seiner Aufopferung das Gegentheil. Haben Ew. Maj. die Gnade, ihn
[Mai 12.] mit Dero gewöhnlicher Offenheit und Menschenfreundlichkeit (wodurch Sie die Herzen der Menschen an sich ziehen) zu begegnen, mehr verlangt er nicht, dieses ist seine einzige Belohnung, wodurch er den Genuß von Rogau[1]) bei dem Anblick der hiesigen schönen Natur vergißt.

252. Graf Haugwitz an Graf Finckenstein und Baron Alvensleben. Berlin 1799 Mai 15.

Mundum (Du Bois), gez. Haugwitz.

Unterredung mit dem König, welcher die Anträge Rußlands und Englands ablehnt.

Mai 15. Le Roi a pris sa résolution sur notre rapport du 3 de ce mois, et Sa Majesté, en me la faisant connaître, m'a informé en même temps de sa détermination finale sur la poursuite de la négociation avec les ministres de Russie et d'Angleterre. Après mon retour de Charlottenbourg[2]), je n'aurais pas tardé de rendre compte à Vos Excellences de l'entretien que j'ai eu avec S. M., si je n'avais été accablé, comme je l'étais, d'un gros rhume accompagné de violents maux de tête, mais me sentant maintenant soulagé, je ne tarde pas de m'en acquitter.

Elles daigneront permettre que je commence par retracer l'état de la question, en l'accompagnant des réflexions que j'ai cru devoir soumettre à la considération du maître.

Les difficultés qui se sont élevées . . . (folgt mit unwesentlichen Änderungen die Stelle aus dem Bericht vom 5. Mai, S. 283, . . . les cours de Pétersbourg et de Londres, S. 284).

Il ne fallait sans doute pas se dissimuler qu'un engagement pareil aurait conduit directement à la guerre contre la France; et quoique j'eusse lieu de me convaincre que le Roi ne s'y déterminerait pas, j'ai cru de mon devoir de retracer encore à S. M. quels sont les motifs d'intérêts pour la Prusse de ne pas laisser la Hollande dans la dépendance entière de la France. Tant qu'elle reste en possession . . . (folgt mit unwesentlichen Änderungen die Stelle aus dem Bericht vom 5. Mai, S. 285, . . . à y parvenir dans le Midi, S. 287).

J'ai cru devoir exposer à VV. EE., et dans toute leur étendue, les motifs qui auraient pu conseiller à la Prusse de s'entendre avec l'Angleterre et de se mettre par là en état de concourir à l'entreprise qui doit avoir pour effet l'affranchissement de la Hollande; je l'ai cru d'autant plus nécessaire que la détermination que le Roi m'a annoncée comme

1) Besitzung des Grafen Haugwitz in Schlesien.

2) Der König war am 11. und 12. Mai zur Abhaltung von Revuen in Charlottenburg.

étant définitivement prise de sa part, est entièrement négative. L'intention de S. M. est d'écarter une bonne fois toute proposition qui tendrait à engager la Prusse à une coopération immédiate et effective contre la Hollande. Elle m'a chargé de m'en expliquer avec M. Grenville de manière à lui ôter tout espoir de réussir dans une telle négociation, pour l'empêcher qu'il ne fasse aucune proposition y tendante. L'idée du Roi est de lui épargner le désagrément d'un nouveau refus. 1799 Mai 15.

Mais d'ailleurs le Roi n'est pas éloigné d'écouter les propositions sur lesquelles M. Grenville s'est expliqué en dernier lieu, quoique d'une manière assez vague, et qui se réduisent aux deux points suivants. Le premier se rapporte à une garantie mutuelle à établir entre les cours de Berlin, de Pétersbourg et de Londres. Et quant au second, les trois cours contracteraient dans un commun accord l'engagement mutuel de s'entendre sur les objets majeurs qui doivent être réglés à la paix future. Parmi ces objets, il faut croire que c'est toujours la Hollande qui tient le plus à cœur à l'Angleterre. Le Roi ne méconnait pas que la Prusse y est également intéressée, et S. M. ne ferait aucune difficulté de promettre aux deux cours: de réunir ses soins aux leurs pour que, à l'époque de la paix définitive, la république des Provinces-Unies soit tirée de l'état d'assujettissement où la France la retient actuellement, et qu'elle recouvre conséquemment son ancienne indépendance. Le Roi irait plus loin, et S. M. désire même de pouvoir amener les choses au point qu'on laisse à l'Angleterre l'espoir que, pour le cas qu'elle veuille un jour réunir ses moyens aux nôtres, c'est-à-dire nous fournir des moyens pécuniaires, la Prusse emploierait, pour le cas que les circonstances l'obligent à changer la défensive en offensive, ses efforts en commun avec les deux autres cours pour assurer tant à la Hollande qu'aux pays limitrophes une frontière solide, qui les mette à l'abri des entreprises futures de la République française.

L'humeur que l'empereur de Russie manifeste depuis quelque temps . . ., fait croire que de ce côté il ne faut pas s'attendre à beaucoup de facilités à amener le concert dont il s'agit, mais peut-être que l'Angleterre y en apportera davantage.

253. Denkschrift des Freiherrn von Alvensleben. Berlin 1799 Mai 12[1]).

Nach einer Abschrift (Geh. Sekretär A. W. Humbert) des Mundums.

Antrag, von Frankreich Rückgabe der linksrheinischen Besitzungen Preußens und Entschädigungen zu verlangen.

Le texte de la paix de Bâle du 5 avril 1795, article 5, porte: »les Mai 12.

1) Dem König mit Anschreiben vom 13. Mai überreicht.

1799 Mai 12. troupes de la République française continueront d'occuper la partie des États du Roi située sur la rive gauche du Rhin. Tout arrangement définitif à l'égard de ces provinces sera renvoyé jusqu'à la pacification générale entre l'Empire germanique et la France».

Il est connu que la République française, loin de demeurer dans les bornes d'une simple occupation que stipulait cet article de la paix de Bâle, a traité les provinces prussiennes d'outre-Rhin en pays conquis et incorporés pour jamais à la France. Les représentations énergiques et multipliées dont la mission prussienne à Paris a été chargée à ce sujet, ne nous ont valu que de vaines promesses aussitôt démenties par l'effet, et le gouvernement français n'en a pas moins exercé dans ces malheureuses provinces tous les actes de souveraineté possibles, au point de s'en approprier les revenus, de changer la constitution, de mettre les domaines en vente, d'assujettir les habitants aux impositions les plus onéreuses et d'exiger même d'eux le fameux serment contre la royauté.

Si la Prusse s'est contentée jusqu'à présent de protester contre cette infraction d'un traité solennel, si elle n'a usé jusqu'ici que de la voie des négociations pour obtenir le redressement d'aussi justes griefs, c'est sans contredit parce que d'un côté l'on était fondé de ne plus croire éloigné le moment de cette pacification générale qui devait décider enfin du sort des provinces prussiennes transrhénanes, et que de l'autre, quelque grands que fussent à l'égard de ces provinces les griefs du Roi contre la France, toujours ils n'étaient pas d'une nature assez grave pour motiver une nouvelle guerre contre cette puissance, dans un moment où les succès prodigieux de ses armées la rendaient si formidable.

Maintenant la scène a changé. Les prétentions toujours croissantes mises en avant par les plénipotentiaires français à Rastatt ont fini par déterminer l'Empereur à recommencer les hostilités sous l'assistance de la Russie, et leur reprise a été suivie de la rupture, illégale à la vérité mais sans retour, du congrès de pacification. La catastrophe sinistre dont cette rupture a été accompagnée, autant que les premiers et importants succès des armées autrichiennes et russes, semblent nous présager une guerre conduite avec une opiniâtreté et un acharnement réciproque, et éloigner par conséquent pour très longtemps encore le rétablissement de la paix.

Dans ces circonstances, la Prusse ne saurait, à mon très soumis avis, permettre que ses provinces d'outre-Rhin continuent à rester en proie au gouvernement français intéressé à les ravager davantage, à mesure que la tournure inattendue des événements diminuera son espoir de les conserver. Plus le Roi est demeuré fidèle aux engagements qu'il a pris, et plus il est incontestablement en droit d'exiger qu'à son tour le gouvernement français cesse enfin de se jouer de la foi des traités en

violant, comme il l'a fait jusqu'ici, en dépit de toutes nos remontrances, 1799
la stipulation solennelle que contient à l'égard des provinces prussiennes Mai 12.
transrhénanes l'art. 5 de la paix de Bâle.

Je proposerais donc de déclarer sans retard au gouvernement français par une note officielle, dans laquelle on retracerait tous les justes sujets de plainte énoncés ci-dessus et en se référant aux différents mémoires déjà remis sur cet objet, que le Roi voyant à regret l'époque de la paix plus reculée que jamais, ne pouvait consentir à laisser plus longtemps ces provinces en dépôt entre les mains de la France; que S. M. se fondant sur l'art. 5 du traité de Bâle, demandait par conséquent que dans un délai de 15 jours non seulement la possession réelle lui en soit rendue, mais qu'elle exigeait en même temps et dans l'espace de 8 semaines le dédommagement complet de toutes les pertes causées dans lesdites provinces par les mesures arbitraires de la République tant au souverain qu'aux particuliers, et nommément la restitution entière de tous les revenus perçus et de toutes les contributions levées depuis la fin d'avril 1795 jusqu'à cette heure, et dont on se réservait la liquidation après avoir pris connaissance du montant effectif de ces pertes; que si la France se refusait à ces justes demandes du Roi, il ne resterait à S. M., dès l'expiration du terme fixé, d'autre parti à prendre qu'à se rendre maître de ces provinces par la voie des armes et de se faire justice elle-même de toutes les prétentions qu'elle est en droit de former.

Cette précaution d'exiger des Français la restitution réelle de nos provinces transrhénanes (dont le sort définitif serait toujours réservé jusqu'à la paix entre l'Empire et la France) n'est que trop justifiée par la défiance que le procédé de la France a dû inspirer depuis la paix de Bâle par les actes arbitraires qu'elle s'est permis contre tout droit des gens, en détrônant le Pape, les rois de Sardaigne et de Naples, en dépossédant le grand-duc de Toscane, en détruisant l'ancien gouvernement de la Suisse, en envahissant l'Égypte au sein de la paix et contre toute bonne foi reçue entre les puissances de l'Europe, enfin en disposant par le traité secret de Campo Formio d'une partie de la Bavière contre tous les engagements pris de conserver et de faire conserver intacts les États de l'électeur.

Je proposerais en outre: 1° de commettre au duc de Brunswick le soin de rassembler l'armée de démarcation sur un point d'où elle peut réaliser sur-le-champ la menace faite à la France; 2° d'ordonner la réunion d'un nouveau corps de troupes qui serait destiné à soutenir au besoin les opérations de celui de démarcation; enfin 3° de communiquer la note remise au gouvernement français par le sieur Sandoz et dont copie serait donnée ici au citoyen Sieyès, aux cours de Vienne, de Péters-

1799 Mai 12. bourg et de Londres, desquelles il est à prévoir qu'elle sera bien accueillie, et de demander aux cours de Dresden et de Cassel, en leur faisant la même communication, un secours de troupes pour le cas où la France s'opposerait à notre prise de possession.

S. M., en adoptant ce plan, 1° reste fidèle aux engagements pris vis-à-vis de la France de ne point entrer dans une alliance contre ce gouvernement. 2° Elle est conséquente dans sa marche quant aux déclarations faites au comte Panine, à M. Grenville et au comte de Dietrichstein. 3° Elle se soustrait à l'influence despotique que les trois cours auraient pu vouloir exercer en l'entraînant dans leur système, tandis qu'elles peuvent se convaincre au contraire que S. M. agit d'après son système à elle. 4° Elle doit être assurée de plus que le besoin urgent qu'auront ces cours des forces de la Prusse pour reconquérir les Pays-Bas et les Provinces-Unies les engagera nécessairement à recourir à nous avec des offres convenables lorsque la partie sera engagée, événement qui est très vraisemblable, vu que les Français ne voudront jamais consentir à nos propositions. 5° S. M. en adoptant ce plan, évite toutes les altercations avec la Russie et l'Autriche, (qui avec la première pourraient devenir très sérieuses), tout en conservant une contenance qui dément toute influence étrangère. 6° S. M. se ménage, à l'époque de la paix, vu la part qu'elle aura prise aux dernières opérations et dans l'espoir plus que probable d'une issue heureuse, le droit de concourir à cette paix et d'y influer d'une manière directe, avantageuse et glorieuse pour elle et pour ses États. 7° Enfin S. M. contribue par cette marche le plus efficacement à détruire la force d'un gouvernement qui menaçait le genre humain et qui probablement dans ce dernier combat doit être anéanti. Tout le fait espérer, et je crois que le moment propice, qu'il importe tant en politique de ne pas laisser échapper, est venu maintenant, tandis que jusqu'ici il m'a toujours paru éloigné pour la Prusse.

254. König Friedrich Wilhelm III. an den Freiherrn von Alvensleben. Potsdam 1799 Mai 18.

Mundum (J. W. Lombard), gez. Frédéric Guillaume.

Ablehnung der Anträge von Alvensleben. Festhalten der Neutralität.

Mai 18. J'ai reçu votre mémoire, et j'en ai pris connaissance avec un intérêt tout particulier. La question a des points de vue bien différents sans doute, et vous savez appuyer le vôtre d'arguments et de motifs dont je ne me cache point la force. Mais vous aurez été informé dans l'intervalle que ma résolution était antérieurement prise, et qu'en balançant les deux systèmes, d'une entreprise quelconque qui équivaudrait à la guerre, ou d'une exacte neutralité, j'ai reconnu à ce dernier parti un avantage du moins qui a fini par me décider. C'est qu'il n'exclut point l'autre, tandis qu'abandonné une fois, il l'est sans retour. Ainsi peut-être vos réflexions me seront tôt ou tard aussi utiles qu'elles me sont agréables aujourd'hui. En attendant je vous remercie du zèle qui vous les a dictées et ne me dispense de vous parler de ma bienveillance et de mon estime que parce que depuis longtemps vous avez dû les connaître.

1799 Mai 18.

Berichte von Sandoz-Rollin aus Paris.

255. Unterredung mit Joseph Bonaparte. Der Gesandte der Cisalpina.

Mai 12.

. . . Joseph Bonaparte, que j'ai trouvé hier chez le ministre des relations extérieures, triomphait secrètement de l'embarras où il voyait le Directoire. »Que lui reste-t-il à faire?« observait-il; »s'il veut s'associer avec le parti jacobin, il trouvera sans doute des ressources en tous genres, mais il en sera écrasé; s'il veut au contraire s'associer avec le parti modéré et vraiment républicain, il ne trouvera que de misérables palliatifs. Pourquoi a-t-on forcé mon frère de s'expatrier et de chercher dans des pays lointains un asile contre la jalousie qu'il avait inspirée? Les revers éprouvés dans les armées depuis son départ rehaussent et consolident sa gloire. Je puis me tromper, mais je prévois que si l'embarras du Directoire se prolonge, il invitera mon frère à revenir dans sa patrie et à reprendre le commandement des armées; son mérite et sa fortune l'y suivront encore«. En même temps que Joseph Bonaparte ne voit qu'un seul général propre à relever les revers du temps, c'est-à-dire son frère, il ne voit aussi qu'un seul homme administrateur propre à rallier tous les partis et à gouverner avec sagesse et fermeté: c'est Sieyès . . .

L'ambassadeur de la République cisalpine[1]) se lamente de ce qu'il ne sait plus où habite son gouvernement, et en demande des nouvelles à tous ceux qu'il rencontre . . .

256. Die Jakobiner und das Direktorium.

Mai 15.

. . . Les Jacobins s'agitent fortement ici depuis les derniers revers militaires. Quelques-uns de leurs conciliabules ont recommencé et se tiennent dans des lieux écartés et à des heures indues, pour échapper à

1) Serbelloni.

1799 la vigilance de la police. On m'a voulu assurer qu'une députation de
Mai 15. ceux-ci s'était rendue chez le président du Directoire, et avait dit: nous demandons l'éloignement de Talleyrand du ministère des relations extérieures; nous demandons la punition des déprédateurs et la mise en accusation du général Schérer et de Rewbell; nous demandons la nomination de Moreau au commandement de l'armée du Danube et la nomination de Joubert à celle d'Italie; nous demandons l'expulsion des nobles, ou une taxe qui serve de responsabilité de leur conduite; enfin nous demandons l'entrée de Sieyès dans le Directoire comme y étant appelé par l'assentiment général de la nation. On m'a voulu assurer également qu'ils avaient offert, en rétribution de ces demandes, de favoriser la levée d'une taxe de guerre de 150 millions de livres, et celle de 80 mille hommes de surplus aux conscrits déjà enrôlés et partis, et d'imprimer un nouvel enthousiasme à l'esprit public en faveur du gouvernement. Enfin ne s'oubliant pas, ils exigeaient pour rétribution de ces avantages d'être mis en possession, eux et leur parti, de toutes les places de l'intérieur de la République. Le représentant Talot portait la parole. Cette députation a été fort mal accueillie du président Barras. »Quels sont vos pouvoirs pour parler de la sorte«, a-t-il répondu? »Oubliez-vous que le Directoire commande et punit les factieux? Je rendrai compte au Directoire de la témérité de vos propositions, mais en attendant sortez de ma présence«. Cela en a imposé. J'ai omis de dire qu'elle avait demandé également la démission du ministre des finances.

Une seconde députation de ces mêmes Jacobins, c'est-à-dire de ceux des représentants de cette secte qui s'assemblent à la Bibliothèque nationale, a été répétée le surlendemain. Prenant un ton plus modéré, elle a démenti le langage de la veille; elle a dit qu'elle n'avait d'autre but dans sa démarche que de se concerter avec le Directoire sur les moyens de repousser les attaques de leurs ennemis communs et sur les moyens d'en triompher de nouveau. La patrie n'était en danger, selon eux, que dans l'esprit des alarmistes. Cette députation a été bien accueillie. Le sieur Barras lui a dit: »je rendrai compte de vos bonnes intentions au Directoire, et je puis vous dire d'avance qu'il se prêtera à toutes les mesures propres à relever l'énergie des armées et de la nation«. Cette députation devait être admise aujourd'hui dans le sein du Directoire . . .

Larevellière-Lepeaux a parlé, dans l'entrevue qui a eu lieu avec la députation jacobine, avec autant de force que de dignité. »Si vous voulez partager nos travaux«, a-t-il dit, »et surveiller les déprédateurs publics, vous ne pouvez pas rendre un plus grand service à la patrie: mais si vous voulez partager notre autorité, cela ne se peut pas: la constitution nous a placés où nous sommes, et nous saurons nous y maintenir« . . . 1799 Mai 15.

257. Treilhard und Rewbell.

. . . Le sieur Treilhard n'a ni consenti ni ne s'est opposé à la nomination de Sieyès au Directoire. Il a laissé faire. Il a dû dire à Talleyrand à propos de celle-ci: c'est encore un problème de savoir s'il faudra se réjouir ou s'affliger de cette nomination; le temps en décidera. Mais au moins qu'il ne s'avise pas de vouloir nous régenter, car il nous trouvera très indociles. Ce qu'on m'assure comme un fait positif, c'est que Talleyrand a été destitué de son ministère pendant deux jours; le Directoire avait pris la résolution de le conférer à Rewbell, et ce dernier, qui avait demandé une prolongation de trois jours, avait déclaré qu'il ne l'accepterait pas avant l'élection de son successeur. Quand il a appris que Sieyès l'avait emporté à une grande majorité, il s'en est désisté absolument . . . Mai 19.

258. Gespräch mit Lucian Bonaparte.

. . . Lucien Bonaparte me disait hier: »Sieyès s'abuserait extrêmement s'il pensait pouvoir tenir comme directeur la même conduite qu'il a tenue comme représentant, c'est-à-dire de faire agir et de ne jamais se montrer à découvert. On n'aura de foi à ses principes et à sa gestion qu'autant qu'il s'en annoncera franchement et publiquement l'auteur. Il n'est plus temps de proposer des palliatifs et de marcher dans les ténèbres, et il n'est plus temps de vouloir démoraliser le monde comme un moyen de le gouverner«. Lucien Bonaparte prétendait savoir que son frère le général Bonaparte recevrait probablement l'invitation de revenir en Europe, si les revers des armées se prolongeaient, et qu'il y obéirait sans hésiter; mais il croyait savoir également qu'il n'accepterait de commandement qu'après avoir fait ses conditions . . . Mai 31.

259. Kampf zwischen Directorium und Räthen. Sieyès.

. . . Trop d'entrevues entre le Directoire et les principaux membres des deux Conseils ne pouvaient à la longue que réveiller les passions et les haines. Une dernière tenue chez le sieur Merlin a produit ce mauvais effet. On s'y est fait mutuellement les reproches les plus durs, et on s'est séparé aigri et mécontent. Il en est résulté déjà deux mesures Juni 6.

1799 Juni 6. du Conseil législatif, qui ont excité la plus vive sensation: un message du Conseil législatif au Directoire pour demander compte des moyens qu'il avait pris pour soutenir la guerre avec vigueur, et un autre pour demander des renseignements sur l'état de la politique extérieure et sur celui des troubles à craindre dans l'intérieur. Un plus long silence de la part du Directoire sur cet état des choses, y était-il dit, serait inquiétant pour le peuple et pour le Corps législatif. L'exposé de ce dernier, remarquable surtout pour la forme, se trouve dans les journaux de ce jour. Quoique le Directoire prévît bien, à ce qu'on a voulu m'assurer, quelque provocation de sa part, il ne s'attendait pas néanmoins qu'elle serait si prompte et si prononcée. Il en a été vivement affecté, et il est résolu de mettre dans sa réponse toute l'énergie dont il est capable. De quelque manière qu'on envisage cette mesure, on ne saurait disconvenir que c'est un premier acte d'hostilités du Corps législatif qui semble en préparer d'autres et qui peut avoir des suites très sérieuses. Le parti des Jacobins y est devenu prédominant depuis les revers et depuis les dernières élections, et paraît avoir le projet d'attaquer et de ruiner l'autorité du Directoire . . . C'est dans ces circonstances que Sieyès arrivera, et il n'en exista guère de plus difficiles. Il arrive trouvant le Directoire persuadé qu'il fera cause commune avec le Corps dont il est membre, et trouvant au contraire les deux Conseils convaincus qu'il s'en séparera pour sauver la patrie. Tout dépendra donc de la conduite que tiendra ce nouveau directeur et de son influence . . .

260. Ankunft von Sieyès.

Juni 8. . . . L'abbé Sieyès n'est pas descendu au Luxembourg au moment de son arrivée, mais chez son ami Resnier. Il a été enfermé seul ensuite pendant la durée de ce jour avec Talleyrand. Le lendemain, il a fait dire à ses collègues qu'ayant besoin de se reposer des fatigues du voyage, il ne se rendrait auprès d'eux que le jour suivant qui est aujourd'hui. Ce peu d'empressement du nouveau directeur de visiter ses collègues et d'accélérer la cérémonie de sa réception, les a fort étonnés et scandalisés, à ce qu'on veut savoir. Les membres des deux Conseils, mécontents et opposés au Directoire, en ont conclu aussitôt que Sieyès n'épouserait en rien les principes et le système qui avait été suivi jusqu'à présent. Leur refrain est de dire: il faut prendre le contrepied de tout ce qui a été fait en politique, en finances, en guerre, sans quoi la République périt infailliblement . . .

261. Kampf zwischen Directorium und Räthen. Gespräch mit Talleyrand.

... Il n'est pas de jour qu'il n'y ait des pourparlers entre les di- 1799
recteurs Sieyès et Barras et les membres les plus influents du Corps Juni 12.
législatif. Une bonne réconciliation en est l'objet, et rien n'en résulte encore. Celle-ci deviendrait même très difficile, s'il est vrai que le parti jacobin s'obstine à y mettre pour condition l'éloignement de deux directeurs: de Larevellière-Lepeaux comme ayant abusé de son pouvoir pour aliéner l'Europe et éloigner la paix, et de Treilhard comme étant entré dans le Directoire avant l'année écoulée depuis sa sortie des Cinq-Cents. On dit même, et j'ai de la peine à le croire, que l'expulsion des deux directeurs aurait été effectuée, si le sieur Barras ne s'y était opposé fortement ... C'est le Directoire, au dire de Talleyrand, qui se ralliera au Corps législatif, et ce n'est pas ce dernier qui se ralliera au Directoire ...

Talleyrand paraît content et affermi dans sa place depuis l'arrivée de Sieyès[1], j'en juge au moins d'après sa contenance et sa conversation. »Vous serez satisfait, m'a-t-il dit avant-hier; nous aurons dans l'espace de six semaines un système de politique extérieure qui, à ce que j'espère, nous procurera des alliés; il ne sera plus question de donner des coups de bâton à l'Europe, pour les voir rejaillir ensuite sur la France« ...

262. Merlin. Unterredung mit Joseph Bonaparte. Demission Treilhard's.

... On accuse Merlin d'avoir tenu une conduite artificieuse et qui Juni 16.
tendait à faire du directoriat une dictature formelle, et on l'accuse d'avoir montré une hauteur insupportable aux représentants ... Sieyès est le seul des directeurs auquel les mécontents des deux Conseils exposent leurs plaintes et en demandent le redressement. »Mais enfin quel est le but de vos récriminations et de vos haines contre le Directoire?« demandai-je il y a peu de jours à Joseph Bonaparte. »Celui de restreindre son autorité«, répondit-il, »et de le replacer dans les limites où la constitution l'avait mis; il a trop abusé du pouvoir de faire la guerre et la paix, pour qu'on ne cherche pas les moyens de le réduire, si on ne peut pas le lui ôter. N'est-ce pas avoir abusé étrangement de ce pouvoir que de bouleverser comme il l'a fait les peuples et les gouvernements étran-

1) Am 30. Juni berichtet Sandoz: Talleyrand est mécontent et voit tout en mal dans ce qui concerne Sieyès. Il lui attribue la cause d'avoir perdu l'espoir, et pour toujours peut-être, d'être assis dans le Directoire, et il en est vivement affecté.

1799 Juni 16. gers? et n'est-ce pas une garantie à donner à l'Europe en sanctionnant que ces invasions et ces conquêtes destructives ne dépendront plus de sa volonté, mais de l'assentiment du Corps législatif?« . . .

Demission Treilhards. Tout dépendra des choix qui seront faits pour remplacer les directeurs destitués. On avait parlé de Talleyrand, mais il a contre lui des préventions terribles, celles d'évêque, de noble et d'exconstituant . . . Le peuple est resté au milieu de cette fermentation dans une impassibilité extrême, et ne prend pas le plus léger intérêt à l'issue des événements . . .

263. Revolution vom 30. Prairial. Sieyès.

Juni 21. . . . [Nicht chiffrirt] Ces événements ont été un rêve et je dirai même un nouveau spectacle pour le peuple de Paris: il en a ri et n'en a point été alarmé. On ne concevra jamais dans l'étranger le degré de stupeur et de lassitude où ce même peuple est tombé; dégoûté du régime républicain, espérant un changement, un roi; mais l'attendant du temps, de Dieu, et incapable de faire aucun effort pour sortir de sa situation présente.

[Chiffrirt] Sieyès avait ourdi la grande scène dont je viens de rendre compte à V. M. et avait l'air d'y être absolument étranger. Jamais dissimulation ne fut portée à un plus haut degré! En présence de ses collègues, il affectait de soutenir qu'il était le premier intéressé à ce que le Corps législatif ne s'arrogeât pas le pouvoir d'avilir le Directoire; en arrière d'eux il encourageait les patriotes du même Corps à se mettre en permanence et à prononcer à tout prix les destitutions convenues . . . Tout est allé jusqu'à présent au gré du nouveau directeur, et tout tend à faire préjuger qu'il dominera seul dans le Directoire. Gohier, élu en remplacement de Treilhard, ministre de la justice sous la monarchie constitutionnelle, puis président du tribunal de cassation, est nul de caractère. Ducos, élu pour remplacer Merlin, est l'ami de Sieyès . . .

En même temps qu'on a reconstruit à neuf le Directoire, on en fera de même pour toute l'administration, la majeure partie de celle-ci sera changée, et il n'y aura d'exception que pour les ministères des affaires étrangères et de la justice. Encore Talleyrand aura-t-il bien de la peine à se soutenir. J'en juge par ces deux lignes que Sieyès lui a écrites et dont j'ai eu connaissance: »Le mauvais exemple de faire argent de ce qu'il y a de plus cher parmi les hommes, de l'honneur, vous a gagné aussi. J'ai repoussé l'accusation; mais songez à vous disculper, car sans cela je cesse d'être votre ami«. Un événement aussi imprévu que celui de déplacer en deux jours de temps la majeure partie du Directoire devait donner naissance aux bruits les plus extraordinaires. On en a entendu de toute espèce. Les royalistes attribuent à Sieyès des projets bien différents de ceux qu'il avoue: ceux cachés de disposer les esprits pour appeler sur le trône le duc d'Angoulême, marié à la fille de Louis XVI. Les Jacobins croient voir dans ce nouvel ordre de choses le triomphe de leur secte, de leurs principes et le retour de leur règne. Enfin les républicains envisagent la refonte du Directoire comme une manière de remonter la République et de lui imprimer une nouvelle impulsion et une nouvelle force. Sieyès travailler pour le duc d'Angoulême! C'est bien peu le connaître! Sieyès ne veut aucun partage en matière de gouvernement. Les Jacobins ont renversé, il est vrai, le Directoire républicain; mais leurs principes ne prédomineront pas; Sieyès n'éprouvera aucun remords à les payer d'ingratitude . . .

1799 Juni 21.

J'ai vu hier Sieyès. Il avait l'air content et presque gai, ce qui est un tic rare chez lui. »J'ai chassé du temple«, m'a-t-il dit, »à l'exemple de notre Seigneur, ceux qui vendaient, trafiquaient et déshonoraient la République. Je m'occuperai bientôt des affaires extérieures, et surtout notre politique prendra une forme plus décente et plus utile«. Sieyès parle déjà en homme qui gouvernera tout. Quel changement de scène! »Il est douteux«, me disait Talleyrand peu d'heures après, »si tout ce qui se passe ne tournera pas autant contre Sieyès, que contre ceux qu'il a chassés« . . .

Sieyès est mécontent du choix de Moulins, ayant compté sur celui de Marescot. Il voulait un général pour ménager l'armée, mais non pas un général du temps de Robespierre. Talleyrand, chagrin de n'avoir pas eu un seul suffrage pour être mis sur la liste, prétend que Sieyès ne pourra pas sympathiser avec des gens aussi dépourvus de moyens et de talents, et qu'il sera mis dans la nécessité ou de renverser à force armée tout ce qui a été fait, ou de donner sa démission. Je n'en crois rien. Sieyès n'est guère propre à ces actes de vigueur, et il préférera vraisemblablement d'être accolé à des ignorants, que de trouver des opposants . . .

264. Sieyès. Pamphlete.

Juni 22 (24?).

. . . On a vu Sieyès s'applaudir de l'expulsion des directeurs qui avaient perdu l'État et ses ressources; on le voit aujourd'hui, à ce qu'on m'assure, se plaindre et être alarmé des choix du Corps législatif et de toutes les mesures qui en sont la suite. Il avait proposé pour ses collègues Dandès[?], Cambacérès et Talleyrand; tout le parti vraiment républicain y avait adhéré avec chaleur. Mais à peine les élections ont-elles

1799 Juni 22 (24?). commencé que le parti jacobin, fermentant à mesure qu'il essayait ses forces, a entraîné les choix dans un autre sens et surtout dans celui de rabaisser le Directoire . . .

Sieyès a convoqué une députation des principaux meneurs du Conseil des Cinq-Cents, et il leur a déclaré en termes très énergiques qu'ils eussent à s'abstenir de donner aucune suite à une accusation contre Barras, comme aussi de mettre en motion sa destitution; enfin qu'ils eussent à dissoudre, dans un terme très prochain, la permanence du Conseil des Onze; que s'il éprouvait des objections ou des contrariétés, il serait forcé de séparer la cause de la République de celle du Conseil des Cinq-Cents et de marcher sans son aveu[1]) . . .

Depuis que la liberté de la presse a passé au Conseil des Cinq-Cents, on ne saurait se faire une idée du grand nombre de pamphlets qui circulent; on entend crier leurs titres dans les rues: visite du diable au Directoire; cela va mal; procès criminel d'une aventurière nommée la révolution; testament de Rewbell; — et chaque jour en voit éclore de nouveaux . . .

265. Gerüchte über Preußen.

Juni 30. . . . Tous les avis venus d'Allemagne annoncent que V. M. est partagée entre deux projets: celui de demander, par une déclaration pressante et énergique, l'évacuation de la Hollande et sa remise en possession des provinces de Clèves et de Gueldres; et celui d'entrer à force armée en Hollande et d'y rétablir et garantir le stathoudérat sur le pied où il était anciennement. On parlait publiquement à l'armée de Minden de ces projets, et on en parlait publiquement à Wesel . . .

266. Sieyès. Talleyrand.

Juli 4. . . . Le bruit était répandu hier dans Paris que Sieyès avait donné sa démission du directoriat. Je n'y croyais pas. Voulant m'assurer néanmoins de ce qui avait pu y donner lieu, j'ai cherché à voir ce président du Directoire, et j'y ai réussi. Il était entouré de plusieurs représentants des Cinq-Cents, et il tenait, lorsque je suis entré, le langage suivant: »présentement que chacune des autorités est rentrée dans les limites de la constitution, elles doivent marcher de concert et tendre au même but, de défendre et de maintenir la durée et la gloire de la République. N'est-ce pas là votre

---

1) Am 27. Juni berichtet Sandoz, Sieyès habe die Aufhebung der Permanenz des Comités der Elf durch die Drohung seines Rücktrittes erreicht.

vœu?« »C'est le nôtre«, ont répondu à l'unanimité et à haute voix les représentants. »C'est notre vœu«, a repris le plus vieux de ceux-ci, »et nous sommes prêts à le sceller de notre sang«. »Dès aujourd'hui la République va déployer ses ressources et ses forces«, a interrompu Sieyès. Ce langage n'est pas celui d'un homme qui donne sa démission . . . 1799 Juli 4.

La révolution survenue ici a été une journée de dupes. Tous ceux qui en attendaient les meilleurs effets pour leur avancement et leur ambition ont été déçus dans leurs espérances. Talleyrand est du nombre . . .

Talleyrand.

. . . Talleyrand m'a dit ce matin: »il y a dans tous les gouvernements et principalement dans celui-ci un ressort moteur qui le fait aller, quelle que soit l'incapacité de ceux qu'on y place; c'est uniquement des noms propres qu'on change contre d'autres noms propres. La conservation des chefs des bureaux compose le ministère et supplée à tout« . . . Juli 6.

Talleyrand me dit . . . qu'il ne prévoyait pas pouvoir être conservé en place; qu'il attendait sa démission, mais qu'il ne la donnerait pas[1]) . . .

267. Denkschrift des Grafen Haugwitz.

Concept von Du Bois, mit eigenhändigen Correcturen von Haugwitz, ohne Unterschrift und Datum.

Persönliches. Üble Folgen eines Sieges der Coalition ohne Theilnahme Preußens. Berechtigung und Nothwendigkeit des Vorgehens Preußens gegen Frankreich, welches den Frieden von Basel gebrochen hat.

Aufgefordert durch die Befehle des Königs, meine Gründe für die in der [Mitte Juli.] gegenwärtigen politischen Lage zu nehmende Partie noch einmal auseinander zu setzen, wird mir der höchste Grad der Freimüthigkeit, die in meinem Herzen immer unzertrennlich von der tiefsten Ehrfurcht ist, doppelt zur Pflicht, und so peinlich auch an sich für mich der Kampf ist, so ist er doch, ich kann es nicht verkennen, ein neuer und unschätzbarer Beweis des allerhöchsten Vertrauens. Dies giebt mir neue Stärke, und so gewiß ich bereit bin, meinen letzten Blutstropfen für den König und seinen Staat aufzuopfern, ebenso muthvoll werde ich, meiner Pflicht und der Wahrheit treu, allein nach meiner Überzeugung sprechen. Auch wünschte ich, entfernt von aller Schmeichelei, ausdrücken zu können, mit welchem hohen Gefühl von Respect die Bedenklichkeiten des Königs, selbst die neu angestrengten Prüfungen über den Weg, den er einzuschlagen hat, mich erfüllen. Sie sind ein untrüglicher und dem Herzen eines

1) Am 14. Juli schreibt Sandoz: Talleyrand m'a confié qu'il avait donné la veille sa démission, et qu'il la répéterait jusqu'à ce qu'il l'obtînt.

1799 [Mitte Juli.] treuen Dieners so wohlthuender Beweis, wie ernstlich der Monarch mit seinem Gewissen zu Rathe geht, wie lebhaft ihm seine Pflichten vor Augen stehen, und wie sehr ihm Alles daran liegt, sie auch von seiner Seite vor Gott und seinem Volke treulich zu erfüllen. Läge irgend eine Erkaltung in der Erfüllung der meinigen, so würde diese Überzeugung allein mich mit neuem Feuer beleben. Gewiß aber soll sie mich je mehr und mehr zu einem kühnen und wahrheitsvollen Gang aneifern.

Es liegt tief in der Überzeugung des Königs, daß durch die Partie, die Preußen in dem gegenwärtigen Augenblick nehmen wird, sich vorzüglich die Achtung und das Vertrauen gründen werde, welche der Monarch sich in seinen äußern und innern Verhältnissen zu erwerben hat. In den äußern wird es die Grundlage des künftigen Verhältnisses Preußens mit dem übrigen Europa. Weniger die Krone, die ihm im Anfange dieses Jahrhunderts erworben wurde, als das hohe kriegerische Genie Friedrich's II. haben Preußen in den Rang der ersten Mächte Europa's erhoben. Unter den Continental-Mächten theilt es denselben in der gegenwärtigen Zeit mit Rußland und Oesterreich. Was aus Frankreich werden soll, wird erst der Ausgang zeigen. Die beiden erstgedachten Mächte stehen mit 450,000 Mann im Kriege geübter Truppen auf dem Kampfplatze. Welches auch die Nebenabsichten der Theilnehmer sein mögen, so bleibt immer das Hauptmotiv der Coalition: das durch die französische Revolution gestörte und noch vor kurzem mit dem gänzlichen Umsturz bedrohte Gleichgewicht von Europa wiederherzustellen und dadurch den Frieden für die Zukunft zu sichern.

England als commerzirende Macht hat ein vorzügliches Interesse an der Wiederherstellung der Ruhe und des Gleichgewichts auf dem Kontinente. Die nördlichen Küsten Deutschlands sind in dieser Rücksicht für Großbritannien von der ersten Wichtigkeit. Es wird daher Alles anwenden, um denjenigen Theil dieser Küsten, der in den Händen der Franzosen ist, ihnen zu entreißen und dadurch den übrigen zu sichern. Seine Flotten im Ocean und mittelländischen Meer, so wie die durch englische Subsidien bewaffneten Truppen des russischen Kaisers, kämpfen vorzüglich für diesen Preis. Aber es entgeht dem Scharfsinn des britischen Gouvernements nicht, daß die Befreiung Hollands selbst und die Sicherung seiner künftigen Independenz von Frankreich auf eine solide Art allein das Werk von Preußen sein kann, besonders aber darum, weil Preußens eigenes Interesse mehr als das irgend einer anderen Macht die Independenz von Holland und die Entfernung der französischen Grenzen von der Seite erfordert. Erhält es aber ein für alle Mal die Überzeugung, daß Preußen eine jede Concurrenz zur Wiederherstellung und künftigen Sicherung der vorigen Consistenz Hollands versagt, so wird es alle seine Mittel anstrengen, um durch Zuziehung anderer Mächte seinen Zweck zu erreichen.

Eine solche Lage der Dinge würde nothwendig Rußland und Österreich 1799 den entscheidendsten Einfluß auf denjenigen Theil von Europa geben, der [Mitte Juli.] durch die wankenden Waffen der französischen Republik nicht mehr vertheidigt wird. Österreich bleibt Meister von Italien, und in Deutschland vereinigen die beiden Kaiser ihre Macht dergestalt, daß selbst wenig Hoffnung übrig bleibt, diejenigen Fürsten des Reichs, welche die bisherige Politik an Preußen gekettet hat, länger in diesen Fesseln zu erhalten.

Welches würde alsdann Preußens Lage sein? An seinen Grenzen des festen Landes von Osten, Süden und Westen umgeben mit kriegführenden Mächten, mit Mächten, deren Gesinnungen ihm das gerechteste Mißtrauen einflößen müßten, und die, welches auch die militärische Macht Preußens sei, denn doch den unverkennbaren Vortheil über dasselbe erworben hätten, daß alle ihre Armeen aus wirklichen mobilen und geübten Truppen bestehen. Es ist indeß wohl zu erwarten, daß, so lange als der Kampf mit Frankreich dauert, man Preußen ruhig aber isolirt stehen lassen würde. Sobald aber mit Frankreich, (es sei mit gänzlicher Schwächung desselben, oder durch gegenseitige Convenienz, oder durch Herstellung irgend einer Ordnung der Dinge, zu welcher die siegreichen Mächte beigetragen hätten), der Friede abgeschlossen wäre, und die von ihren Siegen zurückgekehrten Truppen am Niederrhein, in Sachsen, Böhmen, Mähren, Galizien und längs der Weichsel, des Bugs und des Niemens mobil ständen, — welches ist dann Preußens Lage? Wer kann, wenn Österreich und Rußland, verbunden mit den übrigen Fürsten des deutschen Reichs, welches auch immer die persönlichen Gesinnungen dieser letztern sein mögen, eine so ungeheure Macht zu ihrer Disposition haben, — wer kann, wage ich zu fragen, dann für die Absicht der erstern stehen? Sollte Österreich vergessen haben, daß sich Preußen erst seit 60 Jahren zu seinem Rival emporgeschwungen hat? Nein, es liegt unverkennbar in dem System des Wiener Kabinets die preußische Macht, sobald es die Gelegenheit dazu findet, in die Verhältnisse der Markgrafen von Brandenburg zurückzusetzen. Politisch thöricht würde es immer von Rußland gehandelt sein, in Absichten dieser Art einzugehen. Aber was ist nicht von dem persönlichen Charakter des Kaisers Paul zu erwarten? Welches auch immer das Interesse Englands sein mag, Preußen nicht fallen zu lassen, so wäre doch unter diesen Umständen nichts von ihm zu erwarten . . .

Was würde nun Preußen mit solchen Erwartungen für eine Partie zu nehmen haben? Wenn nach abgeschlossenem Frieden mit den Franzosen die sieggewohnten Truppen der beiden Kaiser an die preußischen Grenzen zurückkehrten? Es bedarf einer gewissen Zeit, ehe die preußische Armee mobil gemacht werden kann. Schreitet man zeitig zu dieser Maßregel, so wird sie eine Provocation; geschieht es zu spät, so haben die Feinde halb gewonnenes Spiel. Ich habe zwar das gerechte Vertrauen zur treuen Anhänglichkeit und Energie

1799 [Mitte Juli.] der preußischen Nation, daß sie in einem solchen Fall alles aufbieten würde, sich unter dem Scepter des geliebten Monarchen zu erhalten. Ich habe daher selbst von den Mitteln, einen solchen Krieg zu führen, welche leider unser gegenwärtiger Finanzzustand nicht darbietet, keine Erwähnung thun wollen, weil alsdann allerdings der letzte Pfennig in der Tasche eines jeden Preußen bereit stehen müßte. Nur muß ich als Finanz-Consideration noch erwägen, daß wenn Preußen sich in diese isolirte Lage, von der hier die Rede ist, setzet, seine Finanzen täglich abnehmen müssen . . .

Commercielle Nachtheile einer Entzweiung mit den Seemächten.

Nach meiner Überzeugung und nach der sorgfältigsten Prüfung der Stimmung des Publicums weiß ich, daß ein nicht geringer Theil desselben entschieden für eine gewisse Theilnahme an dem gegenwärtigen Kriege stimmt. Wie viel mehr aber würde es der Fall sein, wenn durch die Nicht-Theilnahme Commerz und Circulation gehemmt würde? . . .

Wenn indeß die vorzüglichste Gefahr, die Preußen auf den Fall, daß es eine jede Theilnahme an der gegenwärtigen Lage von Europa versagt, in Österreichs Politik in Absicht Preußens liegt, so wird es allerdings höchst wichtig zu erwägen, ob Österreich mit Zuziehung von Rußland seine auf die Schwächung Preußens zielenden Absichten nicht ebenso gut und vielleicht eher erreichen könnte, wenn Preußen der Coalition beiträte, und im Laufe derselben sich in gleichem Maße wie die beiden übrigen schwäche?

Es bleibt nun zwar wohl ausgemacht, daß England, als das Haupt-Mobile der Coalition, auf den Fall, daß Preußen seinem alten System in Absicht Hollands treu bleibt, auf keinen Fall zugeben kann, daß Preußen geschwächt werde, indessen soll Preußen über diesen wichtigen Gegenstand keinem mehr als sich selbst trauen und auf seine eigenen Kräfte bauen können.

Um dieses zu erweisen, sei es mir vergönnt, nunmehr als ein Gegenstück zu dem vorstehenden Gemälde, welches Preußen in seiner isolirten Lage darstellt, diejenige auseinander zu setzen, in welche sich Preußen auf den Fall setzt, wo es mit England und Rußland, vorzüglich aber mit der ersteren Macht, sich über die gegenwärtige Lage der Dinge einversteht.

Seit dem Baseler Frieden ist Preußen aus der Coalition gegen Frankreich getreten, und seit dieser Zeit ist wenigstens von Seiten des hiesigen Kabinets nie die Rede davon gewesen, wieder in die Coalition einzugehen. Welches auch die Tentativen gewesen sind, die man, jedoch nur auf eine indirecte Weise, von Seiten Rußlands in dieser Absicht gemacht hat, so hat man doch immer gewußt, sie hiesiger Seits gehörig abzuweisen. Aber bei der gegenwärtig zu nehmenden Partie ist die Rede davon, standhaft bei dem System zu bleiben, welches Preußen bei Abschluß des Baseler Friedens annahm und auf welchem selbst seine Verhältnisse mit Frankreich gegründet sind. Was diese letzteren anbetrifft, so bestehen sie vorzüglich darin, daß Preußen bis zum Abschluß des 1799 Friedens dem französischen Gouvernement gestattete, seine jenseit dem Rhein [Mitte Juli.] liegenden Provinzen in militärischem Besitz zu behalten, sich aber den politischen und Civil-Besitz ausdrücklich reservirte. In Absicht Hollands stipulirte aber Preußen ausdrücklich, daß nach seinem Wunsch, die alte Ordnung der Dinge wieder herzustellen, es das sogenannte batavische Gouvernement auf keine Weise anerkennen würde, sondern auf die Wiederherstellung der Statthalterschaft dringe, und das desfalls zu treffende Arrangement bei dem General-Frieden, zu welchem nothwendig England concurriren muß, zu nehmen sei.

In dieser Zwischenzeit ist der Friede von Campo Formio geschlossen worden. Durch die geheimen Artikel dieses Friedens hat Frankreich sowohl den Baseler Frieden in Absicht einer eventuellen Cession unserer jenseit dem Rhein gelegenen Provinzen als auch die mit Preußen abgeschlossene Convention von 1796 in Betreff des Hauses Oranien gebrochen. Preußen hat also nicht allein freie Hand, seine eignen Provinzen wieder zu occupiren und die Franzosen aus Holland zu vertreiben, sondern es ist zu beidem als Souverän der erstern und als Garant der Constitution von 1788 verpflichtet. Wenn Preußen beides heut von Frankreich verlangt und auf den Fall der Weigerung es mit gewaffneter Hand durchsetzt, so kann kein Mensch in der Welt verkennen, daß in dieser Handlung von Seiten des Monarchen irgend etwas anderes sei als Erfüllung seiner Souveränetäts-Pflicht. Seine treuen linksrheinischen Unterthanen haben hiezu ein gegründetes Recht, und so lange die Tractaten von 1788 bestehen, hat England und Holland nicht minder gegründete Rechte.

Diese Grundsätze sind evident, beruhen auf Thatsachen, und sie müssen nothwendig den Beifall von ganz Europa erhalten. Frankreich selbst kann ihnen nichts entgegensetzen. Will das letztere aber noch mit seinen geschwächten Kräften gegen Preußen seine alte alle Ordnung der Dinge über den Haufen werfende Politik souteniren, weil es vielleicht wähnt, daß es Preußen an Energie fehle auch von seiner Seite seine Rechte zu behaupten, so bleibt freilich nichts anders übrig, als diese Rechte mit den Waffen in der Hand durchzusetzen.

Bei einer nähern Auseinandersetzung der Motive, welche den König bewegen, unter den gegenwärtigen Umständen diejenige Partie zu nehmen, wovon jetzt im Einverständniß mit England und Rußland die Rede ist, wird es sich hinlänglich zeigen, daß nicht der König an Frankreich den Krieg erklärt, sondern daß, nachdem das französische Gouvernement durch den Frieden von Campo Formio seine Verhältnisse mit Preußen gebrochen, daß, nachdem das Directorium, nach dem eigenen Geständniß der heutigen Machthaber in Frankreich, den Reichsfrieden nicht hat abschließen wollen, Preußen nunmehr nicht länger mit Gleichgiltigkeit seine Provinzen der französischen Usurpation überlassen und ebenfalls nicht dulden kann, daß das französische Gou-

1799 vernement sich über Holland ein Recht anmaße, welches ihm nicht gebühret.
[Mitte Juli.] Es ist möglich, daß durch den Weg der Negociationen oder durch eine endliche peremptorische Declaration der Zweck erreicht werde; aber ohne Anwendung und Vorbereitung von kräftigen Mitteln kann man sich dessen nicht schmeicheln, und daher ist ein Einverständniß mit England und Rußland unumgänglich nothwendig.

Endlich bleibt mir noch übrig zu beweisen, daß ein solches Einverständniß Preußen auf keine Weise schwächen, sondern es in den Stand setzen würde, in seiner ganzen Stärke und mit verdoppelter Energie in den Verhältnissen mit allen seinen Nachbarn zu stehen.

Wenn der Seiner Majestät in der ersten Esquisse vorgelegte Plan [1]) befolgt und nach demselben das Einverständniß mit England und Rußland getroffen wird, so müßte die Cooperation von Seiten Preußens ungefähr mit 60,000 Mann oder einigen 50,000 Combattanten bestehen. Insofern die Hannoveraner, Sachsen und Hessen dazu cooperiren, so würde der Herzog von Braunschweig, dem vermuthlich das Commando dieser gesammten Truppen anvertraut werden sollte, eine Armee von 80—90,000 Mann commandiren. Die Russen, welche ihm zur Seite operirten, würden von dem Augenblick an, es treten Verhältnisse ein, welche da wollten, Preußen nicht mehr die geringste Ombrage erregen können. Und was sollte Rußland wohl irgend auf einer andern Seite wagen können, nachdem es mehr als 110,000 Mann auf der ungeheuren Linie vom mittelländischen Meer an bis an den Main auf fremdem Grund und Boden stehen, und kaum 50,000 Mann in seinem unermeßlichen Reiche disponibel übrig behält? Preußen behielte indeß 170,000 Mann in dem Bezirk seiner Staaten, wovon der größere Theil an der Nähe der russischen Grenze steht, und Preußen könnte zugleich mit Gewißheit auf die sich in Activität befindende Armee unter den Befehlen des Herzogs von Braunschweig rechnen.

Indem ich der höchsten Beurtheilung Vorstehendes unterwerfe, wage ich es so dringend als ehrfurchtsvoll um eine definitive Entscheidung zu bitten. Die Ehre des geliebten Monarchen erfordert, daß die Ungewißheit, in welcher man bis jetzt die eingeleiteten Negociationen hat schweben lassen, gehoben werde, und das Wohl seines Staates bringt mir nochmals den heißen Wunsch ab, daß die zu nehmende Entschließung es befördern möge.

268. König Friedrich Wilhelm III. an Graf Haugwitz. Charlottenburg 1799 Juli 17.

Mundum (Lombard), gez. Frédéric Guillaume.

Ablehnung bindender Vereinbarungen mit Rußland und England.

Juli 17. Vous avez été témoin, mon cher comte, de la position pénible où je

1) Ein Vertragsentwurf, über den Th. Grenville und Haugwitz sich verständigt hatten.

me suis trouvé depuis deux mois. La crise politique de ma monarchie, la nécessité de prendre un parti sur les moyens de l'en tirer, m'ont affecté vivement. C'est le désir de bien faire, celui de m'instruire, qui ont suspendu mes résolutions ou qui les ont balancées. Je dois les déterminer enfin, et c'est autant à l'ami qu'au ministre que je les confie dans ce moment. J'ai puisé dans vos entretiens et dans vos mémoires des idées aussi lumineuses qu'utiles. L'importance dont il est pour la Prusse que la Hollande soit indépendante, les titres qu'elle a à réclamer, dès qu'elle voudra le faire, ses provinces d'outre-Rhin, la nécessité d'affaiblir de ce côté-là le colosse qui pèse sur elle, tous ces principes, vous les avez développés avec tant de clarté, tant de logique, que la discussion n'a plus porté depuis que sur le moment et le mode. En faisant cause commune avec les cours d'Angleterre et de Russie pour obtenir un but si essentiel à la Prusse, sera-ce en concertant dès à présent avec elles l'époque et les moyens, en prenant des engagements dont je ne puisse plus revenir, ou simplement en convenant vis-à-vis de ces puissances du vœu qui nous est commun et en leur faisant espérer pour un avenir non déterminé, dont moi seul je resterais juge, le concours que ma position me permettra? Telle a été la question.

1799 Juli 17.

Vous avez épuisé la matière, et ce n'est pas ici le lieu d'y revenir. J'ai senti toute la force des raisons qui conseillent le premier parti, et elles n'ont cessé de balancer les motifs qui parlaient pour l'autre que parce que ce dernier, je l'avoue, fait moins violence à mon cœur. Jaloux de la dignité de ma couronne, mais jaloux du repos et de l'amour de mes peuples, à la veille de le compromettre peut-être par une guerre dont rien ne garantissait au fond ni la durée ni l'issue, je souffrais de penser que mes idées les plus chères, que mes plans favoris allaient être sacrifiés ou suspendus pour longtemps, et j'embrasse enfin le système qui, en reculant l'explosion, m'offre du moins l'avantage d'attendre les événements et de ne passer aux mesures extrêmes que quand moi-même je jugerai qu'on ne peut plus les suspendre[1]).

Telle est ma résolution, mon cher comte. Plus j'ai dû la prendre, plus j'ai besoin dans ce moment de vos conseils et de votre zèle. Les prétentions des cours de Londres et de Pétersbourg, des espérances peut-être déjà conçues, rendront les relations avec elles, si précieuses cependant, difficiles à ménager. L'assurance de penser comme elles, quelque expresse qu'elle puisse être, des promesses de concours, mais indéterminées quant au temps, seront peu de choses aux yeux de puissances si exigeantes. Il faudra beaucoup d'art pour faire marcher de

1) Unrichtig citirt bei Ranke, Hardenberg 1, 407.

1799 Juli 17. pair ma constance à refuser des engagements positifs, et mon désir d'entretenir avec mes alliés les rapports dont je connais aussi tout le prix.

Les ouvertures adressées à la mission française, l'accueil qu'elles rencontreront, les suites qui pourront successivement en résulter, développeront peut-être un ordre de choses qui vous fournira des moyens et portera conseil avec lui.

En attendant, occupez-vous avec votre zèle ordinaire du système que je me prescris d'aujourd'hui. Étudiez tout ce qui peut ajouter à ses avantages et diminuer ses inconvénients. Communiquez-moi toutes les réflexions qu'il vous fournira et tout ce qui vous paraîtra jeter du jour sur son développement. Venez à moi avec confiance chaque fois que vous aurez des ouvertures utiles. Soyez-moi en un mot ce que vous me fûtes depuis deux ans. Je n'oublierai jamais ce que j'ai dû dans cette occasion à vos lumières, à votre zèle, à votre franchise, et suis avec autant de reconnaissance que d'amitié . . .

269. Lombard an Graf Haugwitz. Charlottenburg 1799 Juli 17.

Eigenhändig, gez. Lombard.

Stimmung und Äußerung des Königs.

Juli 17. Le caractère de V. E. est mis à une grande épreuve. Je tremblerais pour l'État si un autre qu'elle avait à la subir. Mais si la connaissance que j'ai de votre cœur, monsieur le comte, rassure le patriote, hélas, qu'elle fait saigner le cœur de l'ami.

Le Roi, qui cède à l'impulsion du sien, n'y gagnera rien pour sa tranquillité. C'est à présent que, tout retour devenu impossible, la force de vos raisonnements le poursuivra à son tour. Video meliora proboque, Deteriora sequor. Accoutumé à voir l'amour-propre des hommes se révolter contre les contradictions et dicter plus que le devoir leurs opinions et leurs conseils, „Nein“, s'est-il écrié, en retrouvant dans votre dernier mémoire la même expression de respect et de tendresse, „Nein, es ist doch der edelste Mann!“

Cher et respectable comte, ne laissez pas refroidir votre zèle pour ce jeune et intéressant souverain. S'il se fait des fautes, veillez sur leurs suites. Songez que vous travaillez plus pour l'ami que pour le maître, car il l'est de toutes les puissances de son âme, et chaque jour les preuves s'en multiplient sous mes yeux.

Je suis affligé et abattu, mais je donnerais pour V. E. mille vies si je les avais.

270. König Friedrich Wilhelm III. an Graf Haugwitz. Charlottenburg 1799 Juli 21.

Mundum (Lombard), gez. Frédéric Guillaume.

Einleitung von Verhandlungen mit Frankreich über Holland.

... Je partage vivement avec les cours de Pétersbourg et de Londres le désir de voir la Hollande et les pays limitrophes délivrés du joug des Français. Des considérations puissantes, particulières à ma monarchie, prises surtout de sa position géographique, ne m'ont pas permis de concourir au succès du vœu commun sur le même plan que mes alliés, mais je ne m'en flatte pas moins de pouvoir beaucoup pour le remplir. Vous savez que je n'ai pas attendu les invitations des deux cours pour prononcer l'intérêt que je prends au sort de la Hollande, que, vis-à-vis de la France elle-même et à une époque tout autrement difficile, la Prusse se réserva constamment d'y concourir, et que la France n'y méconnut point ses titres. Le moment est venu peut-être où, par des moyens moins onéreux à la monarchie, je réussirai à les faire valoir. Il n'est pas impossible que le Directoire, entouré d'obstacles et de revers, ne goûte enfin des principes de modération, particulièrement à l'égard des objets dont il a été question jusqu'à présent entre les trois cours. Il sent le besoin de présenter à la nation des résultats plus rassurants et de lui faire espérer qu'en abandonnant les principes subversifs de tout ordre social et les projets d'envahissement qui ont aliéné l'esprit public contre l'ancien Directoire, on réussira à ramener la paix, après laquelle la France soupire. Si cette espérance est illusoire, je dois commencer du moins par essayer de la réaliser. Vous donnerez donc aux ouvertures qui pourront amener l'évacuation de la Hollande toute la suite, toute l'activité que l'importance de l'objet demande. Tant que je pourrai me flatter d'arriver au but par cette voie, les motifs qui m'en défendent toute autre acquièrent une double force, et ce n'est qu'à l'issue de la négociation avec la France, que je pourrai juger le système dont ses refus me feraient la loi ...

1799 Juli 21.

271. Erlaß an Sandoz-Rollin in Paris. Berlin 1799 Juli 22.

Unterredung zwischen Haugwitz und Otto.

... J'ai à vous faire part aujourd'hui d'un entretien que mon ministre d'État, le comte de Haugwitz, vient d'avoir avec le chargé d'affaires Otto, qui s'était rendu chez lui pour lui parler d'affaires et surtout du bruit répandu de nouveau dans le public d'un prochain débarquement de troupes russes à Hambourg, et pour lui témoigner l'espérance

Juli 22.

1799 Juli 22. que je ne me départirais point de mon système de neutralité. Le comte de Haugwitz, sur cette insinuation, lui a observé comme de son chef et par forme de réflexion particulière qu'assurément, quel que fût d'ailleurs le désir de la Prusse de rester neutre dans la nouvelle lutte qui venait de s'élever, son attention devait cependant nécessairement se porter sur deux objets qui sont pour elle du plus grand intérêt; savoir 1° la possession de mes provinces transrhénanes, dont la seule occupation militaire avait été intérimistiquement abandonnée à la France par la paix de Bâle et dont on savait qu'elle ne s'était pas moins arrogée la possession civile et plénière, en s'emparant de l'administration et de tous les revenus que j'avais le droit le plus évident de réclamer; 2° le sort de la Hollande, auquel il m'était impossible d'être indifférent; que d'après sa manière de voir, à lui, comte de Haugwitz, il n'y avait qu'un moyen de conserver l'amitié et la bonne harmonie entre les deux puissances, c'est-à-dire de s'entendre sur ces deux objets; que dans ce moment il semblait importer plus que jamais à la France de rendre à la Hollande son ancienne indépendance, en se concertant à cet égard avec la Prusse, plutôt que de la voir s'effectuer par les armes des puissances coalisées; qu'enfin on ne pouvait lui cacher que tant que la France resterait en possession de ce pays et le traiterait pour ainsi dire en province française, je ne pourrais, par des considérations locales et militaires faciles à saisir, m'empêcher de regarder la France comme une puissance contre laquelle il me faudrait constamment rester dans une attitude de défense; ce qui naturellement ne pouvait que nuire aux relations de bonne intelligence à entretenir entre nous.

Le sieur Otto a paru entrer dans ces idées, en insinuant qu'il avait aussi déjà pensé qu'il conviendrait de s'entendre sur ces objets. Il a mis en avant l'idée d'une nouvelle ligne de démarcation, prolongée de manière à y comprendre mes provinces transrhénanes et la Hollande, en élevant cependant la question: si mes vues porteraient sur le rétablissement du stathoudérat? Là-dessus, sans paraître rejeter absolument le biais d'une ligne de démarcation prolongée, on lui a répondu que c'était l'indépendance effective et entière de la Hollande que je devais désirer, et que celle-ci supposée, si alors, comme il était probable, la majeure et la plus saine partie de la nation désirait le retour de la famille stathoudérienne, je me flattais que ce ne serait pas la France qui s'opposerait au rétablissement de cette maison si étroitement liée à la mienne. Le chargé d'affaires a fini par demander la permission de faire sur tout cela son rapport à son gouvernement et témoigné le désir de contribuer à un rapprochement sur les objets en question; en observant qu'il était obligé toutefois de mettre beaucoup de délicatesse dans la manière de

présenter ces idées entièrement nouvelles, mais qu'il croyait savoir 1799
qu'elles n'étaient pas éloignées de celles que le directeur Sieyès avait Juli 22.
rapportées d'ici . . .

Berichte von Sandoz-Rollin aus Paris.

272. Reinhard. Joubert.

. . . Sieyès commence à ne plus laisser les places au choix du Corps Juli 21.
législatif, et encore moins à celui du club des Jacobins. Il s'occupe sérieusement de rendre au Directoire sa dignité et son autorité. Il vient de nommer deux de ses amis au ministère de la justice et des relations extérieures, tous deux, ainsi que le ministre des finances, ses collègues dans le ci-devant Comité du salut public. Reinhard, au dire de Talleyrand, est un homme instruit, sage, aussi ennemi du propagandisme qu'il l'était lui-même; il professe les opinions du directeur Sieyès sur les relations politiques de la France avec la Prusse et s'appliquera à ménager et cultiver l'amitié de cette dernière . . .

Joubert relève le général Moreau en Italie. Il a obtenu du Directoire un plein pouvoir fort étendu et tel qu'il pouvait le désirer et il emporte une somme de 9 millions de francs pour l'équipement des conscrits. Son ton avec le Directoire actuel est aussi altier qu'il l'était avec le précédent. »Je commanderai l'armée d'Italie«, a-t-il dit, »aux conditions suivantes«, en les présentant à Sieyès. »Mais on ne fait pas la loi au Directoire«! »On ne fait pas non plus la loi à un général«, a-t-il répondu, »à qui on donne une armée battue trois fois« . . . La supériorité de ce général provient autant de son caractère de désintéressement que de ses talents militaires[1]) . . .

273. Plan gegen Portugal.

. . . Je crois savoir qu'on a délibéré longuement dans le Directoire Aug. 1.
sur les moyens de porter un coup vigoureux à l'Angleterre; une descente en Irlande ou en Angleterre et une entreprise contre le Portugal sont les projets dont on s'y est occupé. Les opinions ont été fort partagées à cet égard, et on n'est convenu encore de rien. Je crois savoir également que le rapport du Comité militaire, consulté à ce sujet, est absolument

1) Am 28. Juli berichtet Sandoz, Joubert habe auch Vollmacht erhalten »à faire des ouvertures de rapprochement, s'il en trouve occasion, et à conclure tel armistice qu'il jugera nécessaire«. Sein Schwiegervater Semonville begleite ihn als politischer Rathgeber.

1799 Aug. 1. et unanimement pour l'entreprise contre lePortugal. Ce serait, selon son exposé, le seul moyen d'ébranler fortement le commerce de cette puissance, de lui fermer les ports de la Méditerranée et d'obtenir sur-le-champ une contribution de 16 à 20 millions; ce serait encore, selon son exposé, une expédition qui peut être effectuée avec 20 vaisseaux de ligne et 15 mille hommes, et dans le même moment que l'Angleterre serait occupée de son débarquement en Hollande. On commence à avoir des indices que l'expédition secrète de l'Angleterre est destinée pour cette dernière contrée . . .

274. Sieyès.

Aug. 15. . . . »Le plus mauvais lot qui puisse écheoir à un homme«, a dit Sieyès en dernier lieu, »est de le voir directeur de la République française; il n'existe pas de métier plus terrible et plus infernal« . . .

275. Die Jakobiner und Augereau.

Aug. 17. . . . Une nouvelle crise est à la veille d'éclater et qui décidera vraisemblablement de l'existence politique de l'une ou de l'autre des premières autorités. La lutte, si elle a lieu, sera sanglante. Quoique la faction des Jacobins soit réduite infiniment ici pour le nombre des individus, elle recèle néanmoins dans son sein des chefs pleins de résolution et d'audace. Le général Augereau est du nombre, Augereau qui conservant surtout un ressentiment profond de l'oubli que l'ancien Directoire avait mis à ses services lors du 18 fructidor, croit trouver aujourd'hui l'occasion de s'en venger en culbutant les directeurs et le directoriat. L'établissement d'une Convention et d'un Comité de salut public lui vaudrait pour récompense, à ce qu'on débite, le titre et la place de généralissime de la force armée dans l'intérieur de la République . . .

276. Denkschrift des Herzogs von Braunschweig. 1799 August 25.

Abschrift im Großherzogl. Haus-Archiv zu Weimar[1]).

Ausbreitung der revolutionären Principien in Europa. Berechtigung der Coalition gegen Frankreich. Widerlegung der Einwendungen gegen die Theilnahme Preußens am Kriege und Gründe für dieselbe.

Aug. 25. Der gegenwärtige Krieg ist von seiner Entstehung an als ein Beweis an-

1) Herzog Karl August hat eigenhändig darauf bemerkt: Memoire des Herzogs von Braunschweig über die Verhandlungen im Lager von Petershagen bei Minden anno 1799, dem Könige von ihm übergeben und mir im Herbst 1800 mitgetheilt. Die mit „ “ bezeichneten Worte oder Grundsätze, welche das Memoire bestreitet und zu widerlegen sucht, sind ipsissima verba S. M. des Königs.

zusehen, wie weit eine Nation durch Trugschlüsse und Verdrehungen der all- 1799
gemein anerkannten Grundsätze von Religion und Moralität verleitet werden Aug. 25.
kann. Die Verführer der französischen Nation beschränkten sich nicht lediglich darauf, unter dem Schein von Freiheit in Frankreich die Grundpfeiler aller Religion, Regierungsform, und die sich darauf gründenden Gesetze umzustürzen, sondern es ward als Princip der revolutionären Politik angenommen, durch die Gewalt der Waffen diese Grundsätze allgemein zu verbreiten.

Die Vorspiegelung einer idealischen Freiheit, die den Menschen Rechte ohne zu beobachtende Pflichten lehrte, wirkte auf den unvorsichtigen, unbelehrten, leidenschaftlichen großen Haufen, besonders auf die Jugend, und auf eine Klasse von Menschen, welche die Befriedigung ihrer Eigenliebe und ihres Stolzes darin suchte, der heranwachsenden Generation durch Sophismen die Köpfe zu verdrehen und sie dadurch für alle allgemein schädlichen Eindrücke empfänglich zu machen. Der nicht beobachtende oberflächliche Theil der Menschen sah nicht die Folgen einer so verstimmten Denkart ein, nannte den gegen Frankreich unternommenen Vertheidigungskrieg einen Krieg gegen Meinungen. Dieser theils falsch verstandene, theils aus Bosheit ersonnene Ausdruck wirkte mehr auf die gegen Frankreich aufgestellten Armeen, als man es vielleicht je vermuthete; sie glaubten gegen Meinungen über Freiheit, die zu einer allgemeinen Glückseligkeit leiteten, angeführt zu werden, und das Glück der Waffen, welches durch die Schlaffheit und Unbestimmtheit, womit der Krieg von Seiten Deutschlands geführt ward, sich für die Usurpatoren der französischen Nation erklärte, ward nur von zu vielen Leichtsinnigen, Betrogenen, oder wahren Bösewichtern als die Folge des Kampfes der Freiheit gegen die Tyrannei angesehen, so daß wenig Armeen sich werden schmeicheln können, nicht heimliche Anhänger der französischen Revolution bei sich gehegt zu haben. Diese Stimmung erschlaffte die Disciplin und den militärischen Geist, welcher der Ehre, gegen den Feind durch vorzügliche Thaten sich zu zeigen, alle anderen Untersuchungen nachsetzte. Die Folgen dieser überhand nehmenden Denkungsart, die hervorkeimende Meinung von der Entbehrlichkeit der bisherigen Regierungen, die auf Geburt oder Herkommen sich gründen, der heimliche Wunsch, durch das Glück der französischen Waffen eine Veränderung in der jetzigen politischen Verfassung von Europa entstehen zu sehen, äußerten für das Schicksal von Europa eine solche erstaunliche Wirkung, daß es nicht wenig auffallend ist, wie solche haben übersehen werden können, und wie Persönlichkeiten und übel verstandene Politik die Aufmerksamkeit von dem vor Augen liegenden wichtigen Gegenstande haben entfernen können. Die Verblendung und Kleinmüthigkeit stieg zu einem so unbegreiflichen Grade, daß man öffentlich behauptete, nichts könne den französischen Heeren und ihren Anführern widerstehen; und deutsche Armeen, die bis zu diesem Zeitpunkte allen feindlichen Anfällen Frankreichs rühmlich widerstanden hatten, verließen die stärk-

1799 Aug. 25. sten Stellungen, feste Plätze, Provinzen und ansehnliche Länder, welche ehedem mehrere Feldzüge hindurch zum Kriegsschauplatze gedient hatten; ja statt sich zu vereinigen, wie gegen die Eroberungssucht Ludwig des XIV., um Deutschlands Unabhängigkeit von Frankreich zu behaupten, die Ehre und Rechte der deutschen Nation zu retten, suchte man sein Glück und seine Ruhe in Nachgiebigkeiten und partiellen Friedens-Traktaten, die von Seiten des französischen Directorii offenbar die Absicht verriethen, den einen Staat durch den andern zu stürzen.

Nach so manchen angeknüpften und wieder abgebrochenen Unterhandlungen mit dem Directorio war endlich an einen Generalfrieden zu Rastatt die Hand gelegt. Ohngeachtet daß man beinahe drei Kurfürstenthümer am linken Rheinufer dem Feinde zum Opfer brachte, ohngeachtet daß Mainz auf eine nie zu erwartende Art den Franzosen war übergeben worden und ohngeachtet man sich empörenden Forderungen abseiten des Feindes biegsam fügte, so ließ dennoch die stolze Raubsucht des Directorii nicht zu, den Frieden zu beendigen.

Außer der Unterjochung der Schweiz, des Kirchenstaats, des Königreichs Neapel, der Entsetzung des Königs von Sardinien, mit dem das Directorium Frieden geschlossen hatte, der Besitznahme von Toskana, war das rechte Rheinufer anhaltend mit den lästigsten Bedrückungen beschwert, Ehrenbreitstein blokirt und zur Übergabe gezwungen, und zwar alles dieses während eines geschlossenen Waffenstillstandes. Nachdem nun auch diese wider das Völkerrecht laufenden Handlungen geduldig waren ertragen worden, hielt das Directorium dafür, den letzten Schritt wagen zu dürfen; es verlangte nämlich vom Kaiser die Zurücksendung der russischen Hülfstruppen, die zum Schutz von Österreich nach der Umwälzung der Schweiz und Italiens herbeigeeilt waren, und griff bekanntlich das Haus Österreich ohne weitere Kriegserklärung an. Das Kriegsglück wandte sich endlich in diesem Zeitpunkte, und Österreich mit Rußland vereinigt, durch England unterstützt, haben bis daher das auf dem Punkt des Umsturzes stehende Europa gerettet.

Wenn die äußeren und innern Verhältnisse Preußens den Basler Frieden auch nothwendig machten, so war jedoch im voraus zu berechnen, daß für die im Kriege verbleibenden Mächte die gefahrvollsten Folgen daher entstehen mußten. Von Seiten Preußens war wahrscheinlich mit diesem einseitigen Frieden die billige Hoffnung verbunden, fürs deutsche Reich zu einem allgemeinen Frieden dadurch zu gelangen: wie wenig aber die folgenden Begebenheiten dieser Erwartung entsprochen haben, liegt leider offenbar vor Augen. Der gute Zweck fürs Allgemeine ward gänzlich verfehlt, und der Zeitpunkt dieses Friedens ward als die Quelle alles nachher ausgebrochenen Unglücks angesehen. Nachdem nunmehr das Glück der Waffen auf eine entscheidende Art sich gegen Frankreich erklärt, nachdem eine fremde Macht den thätigsten

Antheil an dem Schicksale von Europa nimmt, eine Macht, welche eine vorsichtige Politik bis daher von den inneren Angelegenheiten des deutschen Reichs stets zu entfernen gesucht hat, wird die Auflösung der Frage von äußerster Wichtigkeit: In wie weit der König von Preußen, als nach Österreich das mächtigste Mitglied des deutschen Reichs, das Schicksal desselben den beiden kaiserlichen Höfen allein wird überlassen wollen und der daher zu besorgenden Folgen halber wird überlassen können? Um diese Frage zu beantworten, wird genau auseinanderzusetzen sein, was gegen eine thätige Theilnahme an dem gegenwärtigen Kriege gesagt werden kann und was hingegen für Gründe eintreten, die eine Theilnahme anrathen. 1799 Aug. 25.

Gegen den Beitritt zu den verbundenen Mächten können folgende sieben Gründe angeführt werden, denen man die Beantwortung beigefügt hat.

»1. Dass ein anhaltender dauerhafter Friede nur allein das innere »Glück einer Nation zu befördern vermögend sei, dass die preussische »Monarchie nach so manchen Erschütterungen Frieden nöthig habe, sowohl um ihr Finanz-System völlig wieder herzustellen, als auch den neu»acquirirten Theil von Polen in die Verfassung zu setzen, um dem ganzen »Staatskörper nützlicher zu werden«.

Beantwortung. Diese weisen und wohlthätigen Grundsätze haben im Allgemeinen ihre völlige Richtigkeit, und stände zu wünschen, daß selbige zum Wohl der Menschheit ausgebreiteter wären; jedoch können Verhältnisse davon modificirte Ausnahmen veranlassen. Die preußische Monarchie kann ihrer Lage nach sich nie isolirt betrachten, sie ist in diesem Falle, um in der glücklichen Lage, in welcher sie sich bis jetzt befindet, zu verbleiben, ihren mächtigen Nachbarn Achtung und Zutrauen einzuflößen verbunden; jeder Macht in Europa muß sie sich formidabel zeigen; ohne diese Zwecke zu erreichen, würde eine Armee von 200,000 Mann mehr zur Last als zum wahren Nutzen sein. Das innere Wohlsein jeder Monarchie ist besonders abhängend von dem Werthe, welchen sie durch ihr Gewicht in die europäischen Angelegenheiten legt, von der Achtung, die sie dadurch genießet, und von den Verhältnissen, in welchen sie mit andern Mächten stehet, indem hierdurch eigentlich die äußere Sicherheit des Staats, also die erste Grundlage der Societät, hinreichend gestützt wird. Jetzt ist das ganze politische System von Europa erschüttert, zu dessen Wiederherstellung Preußen aufgefordert wird mitzuwirken. Wäre die preußische Monarchie in dem vorseienden Falle zur Beendigung des Kriegs gegen Frankreich genöthigt, Anstrengungen zu machen, welche ihr inneres Glück störten, so würde ein solches Unternehmen mit mehreren Schwierigkeiten verbunden sein. Da aber der Beitritt zu den im Kriege befangenen Mächten nur einen mäßigen Theil der preußischen Armeen erfordern würde, welcher durch englische Geldbeiträge unterstützt werden kann, so würden keine neue Lasten zu besorgen sein, die den großen Zweck überwögen: die Wiederherstellung der

1799 Ordnung der Dinge thätig mit zu bewirken. Die französische Revolution hat
Aug. 25. das eigene, daß während ihrer Dauer man Laster und Missethaten in Übelthätern geehrt gesehen hat, und die Meinung, daß nur Glück und Verschmitztheit dazu gehöre, um sich zu erheben, hat auf leichtsinnige Gemüther dermaßen gewirkt, daß für die praktische Moralität zu wünschen steht, das System, auf welches diese Verkehrtheiten sich gründen, erdrückt zu sehen, wenn auch wichtige politische Gründe es nicht erforderten.

»2. *Bei einem Kriege gegen Frankreich sei nichts zu gewinnen, bei »widrigem Glück aber zu verlieren«.*

Beantwortung. In einem Angriffskriege gegen Frankreich würde allerdings wenig zu gewinnen, hingegen viel mehr zu verlieren sein; allein unter den jetzigen Umständen würde es vornehmlich darauf ankommen, die von Frankreich in Besitz genommenen königlichen Provinzen wiederum zu befreien, die im Jahr 1788 an Holland geleistete Garantie geltend zu machen, und Frankreich nach Maßgabe der Umstände so viel thunlich in seine alten Grenzen zurückzuschieben und dadurch den allgemeinen Frieden zu beschleunigen. Durch die Wiederherstellung von Holland erhält der nördliche Theil von Deutschland wiederum seine ehemalige Vormauer, und jetzt würde die Ausführung eines solchen Unternehmens ohnstreitig durch die mißliche Lage der französischen Armeen in der Schweiz und in Italien erleichtert, wenigstens würde dadurch ein großer Theil der Besorglichkeiten als gehoben anzusehen sein.

»3. *Wahrscheinlich wird Oesterreich nur die Räumung von Italien »und der Schweiz erwarten, um Frieden mit Frankreich zu schliessen, »wodurch gegen Preussen die ganze Macht Frankreichs würde angewandt werden können«.*

Beantwortung. Diese gerechte Besorglichkeit würde verschwinden, wenn Rußland die Garantie übernähme, daß Österreich nicht eher Friede mache, bis Holland befreiet, das linke Rheinufer vom Feinde gereinigt und das Schicksal der Niederlande festgesetzt sein würde. Bei der bekannten Stimmung des russischen Hofes würde diese Gewährleistung nicht versagt werden.

»4. *Preussen hat gegen den Rhein keine natürlichen Grenzen, kein »sicheres Vertheidigungs-System aus Mangel an festen Plätzen, es würde »daher allen Folgen eines unglücklichen Krieges ausgesetzt sein«.*

Beantwortung. Die sicherste Defension des Niederrheins und des ganzen nördlichen Deutschlands besteht in den ehemaligen holländischen Plätzen an der Maas, an der Waal und in der Generalität; es ist daher nicht eine willkürliche Unterstützung der Holländer, nicht der der statthalterschen Regierungsform geleisteten Garantie im Jahre 1788 wegen, sondern zur Wiederherstellung der ehemaligen Sicherheit der königlich preußischen Lande selbst, daß Holland ein ganz unabhängiger Staat von Frankreich werde und durch eine

Verbindung mit Preußen dem nördlichen Deutschland gegen Frankreich wiederum zum Schutz diene. 1799 Aug 25.

»*5. England hat ein grösseres Interesse an der Befreiung von Holland als Preussen; der südliche Theil von Deutschland ist allein durch das widersinnige Benehmen des Wiener Hofs in die missliche Lage versetzt, in welcher er sich kurz vor den letzten Successen von Oesterreich befand, woogegen der nördliche Theil durch Preussens Neutralität gerettet ist*«.

Beantwortung. Seit der Trennung der Niederlande vom Hause Österreich wird das Interesse von England mit dem Wiener Hofe vermindert, und in dem nämlichen Maße mit Preußen vermehrt, da beide Mächte ein gleiches Interesse haben, Holland und wenigstens einen Theil der Niederlande nicht in französischen Händen zu lassen und eine intermediäre Macht zwischen Frankreich, dem Rhein und der Nordsee zu bilden. Das Unglück, welches den südlichen Theil von Deutschland betroffen und noch betrifft, rühret ohnstreitig von dem Benehmen Österreichs her, welches die Trennung des Reichs hingegen stets als eine Folge des Baseler Friedens den Maßregeln des Berliner Hofs zu seiner Rechtfertigung entgegengesetzt; und wenn der nördliche Theil von Deutschland mit inniger Rührung seine Erhaltung allein dem wohlthätigen Schutze Preußens zu verdanken hat, so wird selbst dieser Theil des Reichs nie zu einer sicheren Existenz wieder gelangen können, wenn nicht Holland und das linke Rheinufer gänzlich von Frankreich getrennt und die alte Ordnung der Dinge hergestellt wird.

»*6. Frankreich ist als ein natürlicher Alliirter der preussischen Monarchie zu betrachten, den man nicht soweit heruntersetzen will, als es jetzt die Umstände erlaubten; überdem hat das Directorium in Frankreich den Neutralitätstraktat vom 5. August 1796 bis daher gehalten*«.

Beantwortung. Frankreich konnte ehedem als Preußens natürlicher Alliirter angesehen werden, so lange England wegen der österreichischen Besitzungen der Niederlande mehr oder weniger Alliirter dieser Macht war, und so lange Frankreichs Allianz mit der Pforte und mit Schweden der preußischen Monarchie einige Sicherheit gegen die beiden kaiserlichen Höfe darbot. Seit der Theilung Polens aber, seit der Allianz der beiden kaiserlichen Höfe mit der Pforte hört die Theilnahme auf, die Frankreich an Preußen nehmen konnte. Sollte aber auch Frankreich jemalen Preußen wieder nützlich werden können, so muß nothwendig die Wiederherstellung von Frankreich vorausgehen. Es muß nämlich dieses Reich eine feste Regierungsform wieder erhalten, welche nicht wie die jetzige auf Grundsätzen beruhte, die gegen alle rechtmäßigen Regierungen offenbar streiten, es muß seine Verbindungen mit der Pforte wieder anzuknüpfen im Stande sein, es muß mäßig, gerecht und billig wiederum handeln können, und um dieses zu bewirken, wird die Nation von ihren jetzigen Unterdrückern befreiet werden müssen. Das Directorium hat die Neutralität

1799 Aug. 25. insoweit respektiret, als es durch ein widerseitiges Betragen mit Preußen sich compromittiren konnte, allein die Behandlungen der königlich preußischen Provinzen am linken Rheinufer gegen die Worte und den Sinn des Basler Friedens beweisen hinreichend, wie das Directorium sich alles erlaubt, was es mit Sicherheit und ohngeahndet glaubt ausüben zu können, und daß es nur lediglich deshalb Preußen schont, weil es sich fürchtet durch völlige Wortbrüchigkeit gegen dasselbe einen wichtigen Feind mehr zu bekommen.

»7. *Durch den Beitritt zu den bereits vereinigten Mächten wird dem »Haus Oesterreich indirecte gedienet und dessen Macht bestätiget«.*

Beantwortung. Wenn Preußen zu den bereits vereinigten Mächten träte, unter der bereits erwähnten Garantie von Rußland (daß Österreich keinen Particulair-Frieden mache), würde Preußen allerdings einen Theil der französischen Macht, welche gegen die kaiserlichen Armeen concentrit ist, vermindern und selbige gegen sich richten, und dadurch allerdings die Succeße der kaiserlichen Armeen befördern; Preußen aber gewänne hierdurch das Verdienst, durch Abkürzung des Krieges Millionen von Menschen von dem unvermeidlichsten Verderben gerettet zu haben, einem verderblichen Kriege ein Ende zu machen und den nicht unbedeutenden Vortheil, beim Frieden eine entscheidende Sprache zu führen und in die Reihe der ersten Mächte wiederum einzutreten, wohin seit dem Kurfürsten Friedrich Wilhelm alle Regenten Preußens gestrebt haben. Europa erwartete von Preußen seine Rettung, die jetzt Rußland übernommen hat, das deutsche Reich und Holland hofften vorzüglich auf den mächtigen Beistand Preußens. Inwieweit diese Macht den beiden kaiserlichen Höfen die Wiederherstellung der zerrütteten politischen Verhältnisse von Europa überlassen will, würde einer nicht hinlänglich unterrichteten Feder zu erörtern nicht geziemen.

Ob folgende Betrachtungen aus dem wahren Gesichtspunkte hergeleitet sind, wird nur durch höhere Einsicht entschieden werden können.

Bekanntlich hat die preußische Monarchie gegen die Memel sowie gegen den Rhein keine natürlichen Grenzen noch feste Plätze; die preußischen und pommerschen Küsten sind zu ausgedehnt, um in Ermangelung einer Seemacht vertheidigungsfähig zu sein. Nur die vorzüglichste Militär-Verfassung, die Belebung des Geistes in der Armee, welcher dieselbe in den mißlichsten Lagen bei Roßbach, Leuthen und Zorndorf siegen machte, nebst einer durch die letzte Theilung von Polen nothwendig gewordenen Vereinigung mit Rußland kann Preußens fortdauerndes Glück und Sicherheit bestätigen.

Die jetzige thätige Einwirkung Rußlands in den Kampf der legitimen Regierungen gegen das Revolutions-System der Franzosen rettet wahrscheinlich Europa von dem unvermeidlichen Umsturz, welcher bereits in der Schweiz, in Italien, in den Niederlanden, in Holland und am linken Rheinufer vollführet war und welcher bereits das rechte Rheinufer bedrohte. Der Friede

wird dereinst nur unter russischer Garantie geschlossen werden, wodurch diese 1799
Macht einen durch Verträge bestätigten Einfluß in Deutschland erhält und Aug. 25.
mit Österreich alliirt ihre Präponderanz im Reiche theilen wird, wohingegen Preußen ohne zutrauliche Verbindung mit irgend einer Macht bleibt, indem es weder mit den verbündeten Mächten noch mit Frankreich zu einem gemeinschaftlichen Zwecke hat wirken wollen, und tritt es daher aus der Reihe der Mächte heraus, die durch ihre Macht und Lage ein entscheidendes Gewicht in die allgemeinen Verhältnisse von Europa zu legen berechtigt sind. Die Folgen von einer solchen politischen Trennung von Europa können zu mancherlei sein, um sie im Voraus zu berechnen, und wenn Schweden und Dänemark ein unbedeutendes Verhältniß in dem wiederherzustellenden Gleichgewicht von Europa ertragen können, so wird ihr Beispiel nie für Preußen anwendbar sein. Jene sind durch ihre Lage von den mancherlei politischen Verhältnissen getrennt, in welche Preußen durch die seinigen verwebt ist, abgesondert vom festen Lande giebt ihnen ihre Seemacht eine Existenz, die zwar oftmalen compromittirt wird, jedoch auf ihre inneren Verhältnisse nie die Wirkung hat, die sie haben würde, wenn ihre Lage der von Preußen ähnlich wäre.

Durch die Anwendung nur eines Theils von Preußens Macht konnte der Friede beschleunigt werden, und dieses könnte noch der Fall sein, wenn Preußen mit den Waffen in der Hand dem Directorio seinen Willen erklärte. Hierdurch würde Preußen aber auch im Stande sein zu verhüten, daß Österreich sich beim Frieden weder zu wichtige Vortheile noch Vergrößerungen ausbedänge, die natürlicher Weise das Mißverhältniß seiner Kräfte noch vermehrten. Österreich hat auf alle Weise gesucht, sich an Rußland bei dieser Gelegenheit noch inniger anzuschließen, und es ist hierin durch die Familienverbindungen nur noch mehr verstärkt worden. Die einzige vielleicht sich nie wieder zeigende Gelegenheit, wodurch Preußen sich Rußland verbindlich machen kann, ist offenbar der Beitritt zu den vereinten Mächten. Bewirkt es durch seine Unthätigkeit eine Kälte zwischen sich und Rußland, so scheint leicht zu bestimmen, was für unangenehme Verhältnisse dereinst bei jedem neuen Mißverhältnisse zwischen Preußen und Österreich daraus erwachsen müssen, besonders wenn man bedenkt, wie sehr Rußland seinen Einfluß in Deutschland zu vermehren bedacht ist.

Die ganze Summe der Gründe, welche Preußen bewegen können, zu den vereinten Mächten beizutreten, scheint sich auf Folgendes bringen zu lassen:

1) Durch Unterstützungen von England bewirkt es ohne irgend eine bedeutende Anstrengung den allgemeinen Frieden viel schneller, schonet daher das Wohl und das Blut von vielen Tausend Menschen. 2) Es bringt für ganz Europa einen weit festeren Frieden durch diesen Beitritt deshalb zu Wege, weil dadurch die Aussichten zu neuen Kriegen unter den großen Mächten benommen werden, indem diese sodann sämmtlich mit einander einverstanden den

1799 Aug. 25. Frieden bewirkt haben. 3) Es erhält sich in der ihm gebührenden Stelle der entscheidenden Mächte Europas. 4) Es wird Herr, bei dem Frieden darauf zu sehen, daß die übrigen Mächte sich nicht in gar zu vortheilhafte, ihm gefährliche Lagen versetzen. 5) Es macht sich das so bedeutende und ihm jetzt so nahe gelegene Rußland geneigt und 6) Von neuem zum Garant seiner Länder. 7) Es sichert sich, im Fall der Wiederherstellung der rechtmäßigen Regierung in Frankreich deren Erkenntlichkeit und Freundschaft. Es kann mithin durch seinen Beitritt seine ganze politische Sicherheit feststellen, dahingegen bei fortdauerndem Nichtbeitritt solche willkürlich aufs Spiel setzen.

277. Bericht von Sandoz-Rollin aus Paris.

Finanzielle Verlegenheiten. Zwistigkeiten im Direktorium. Eröffnungen von Sainte-Foy.

Aug. 28. ... C'est la prolongation des divisions intérieures qui est cent fois plus dangereuse que les victoires des coalisés ... C'est surtout la pénurie des finances qui est le ver rongeur. Le gouvernement républicain périra, selon moi, du même mal que le gouvernement monarchique a péri, si on n'y remédie pas promptement ...

Le sieur Barras, lié d'abord avec Sieyès pendant la mise en jugement des ex-directeurs, s'en est séparé dès lors et est retourné à ses plaisirs et à son jacobinisme [1]). Les directeurs ne sont d'accord entre eux que sur les moyens de se maintenir en place et en dignité. Gohier, Ducos et Moulins se défient de Sieyès et de son esprit et ont appuyé sous main, à ce qu'on m'a voulu assurer, les invectives vomies dans le journal des hommes libres; scandale qui ne trouvera croyance nulle part, hormis ici ...

Sainte-Foy, le confident de Talleyrand, est venu me trouver et m'a tenu le discours suivant ... »Le retour de la paix pourrait dépendre uniquement du rétablissement d'une monarchie constitutionnelle et héréditaire. Si cela arrivait, les suffrages des autorités et de la saine partie de la nation ne se décideraient pas pour un Bourbon ... Les suffrages se déclareraient plutôt pour un prince allemand et protestant ... c'est le frère du Roi votre maître et c'est le prince Louis de Prusse, fils du prince Ferdinand. Nous sommes certains que leur éducation militaire et économique les rendra agréables aux armées et propres à réparer le désordre des finances [2]) ...

---

1) Am Schlusse dieses Berichtes schreibt dagegen Sandoz: Barras, à ce qu'on m'assure, est revenu à Sieyès.

2) In Berlin erblickte man in dieser Eröffnung nur une bien forte preuve de détresse et d'embarras, oder, wie auch Sandoz vermuthet hatte, l'intention secrète de mettre la défiance et même la désunion entre la Prusse et les puissances belligérantes. (Erlaß an Sandoz, 8. Sept.)

Ce n'est pas le Directoire, ce sont encore moins les Jacobins, et ce sont aussi peu les deux Conseils qui décideront la transmutation de la république en monarchie; non certainement; mais ce sont les armées . . . 1799 Aug. 28.

278. Aufzeichnung des Grafen Haugwitz (für König Friedrich Wilhelm III.). Berlin 1799 August 28.

Mundum (Du Bois) gez. Haugwitz.

Das Directorium lehnt die preußischen Anträge ab. Haugwitz empfiehlt, den Herzog von Braunschweig über den Rhein vorrücken zu lassen und sich mit England zu verständigen.

Le Directoire vient de s'expliquer sur les ouvertures que j'ai été chargé de faire au sieur Otto en date du 20 juillet[1]) relativement à l'évacuation de la Hollande, des provinces du Roi et des pays limitrophes, par les troupes françaises. La réponse du Directoire est entièrement déclinatoire. Le chargé d'affaires de la République, après avoir parlé de l'intérêt avec lequel le Directoire avait reçu la proposition de retirer ses troupes de la Hollande et des pays limitrophes, me fit connaître sans détour, quoiqu'avec un embarras visible, que les mesures pour la défense de la Hollande étant prises et les troupes françaises devant y concourir, le Directoire ne pouvait se résoudre d'évacuer la Hollande et de déférer à cet égard à la demande du Roi . . . Haugwitz fragt: »de quel droit le Directoire prétendait se maintenir encore en possession des provinces prussiennes sur la rive gauche du Rhin?« . . . Aug. 28.

Cette première démarche faite vis-à-vis du Directoire et vu l'effet qu'elle a produit, il importe maintenant de savoir quelles sont les combinaisons auxquelles ses résultats doivent nécessairement conduire . . .

S. M. s'est convaincue de l'importance dont il est pour la Prusse que la Hollande soit indépendante, et elle ne l'est pas moins des titres qu'elle a à réclamer, dès qu'elle voudra le faire, ses provinces d'outre-Rhin. Elle sent la nécessité d'affaiblir de ce côté-là le colosse qui pèse sur la Prusse . . .

Ils se présentent à mon esprit trois différents partis auxquels la Prusse, libre maintenant dans son choix, peut se déterminer.

1° Elle pourrait maintenant, après s'être convaincue que ce n'est plus la voie de la négociation qui la conduira au but qu'elle s'est proposé, offrir aux puissances coalisées contre la France son concours à la guerre, en s'engageant à prendre une part immédiate et active à l'entreprise qu'elles méditent contre la Hollande. Une démarche pareille, si

1) Vergl. den vorhergehenden Erlaß an Sandoz, 22. Juli. No. 271.

1799 Aug. 28. d'ailleurs elle était conforme aux sentiments du Roi, répondrait parfaitement aux relations dans lesquelles la Prusse s'est trouvée précédemment avec ses alliés . . . Dès lors la guerre serait résolue et la coopération du Roi décidée, sans qu'il fût possible de reculer l'explosion, et le concours de la Prusse n'aurait d'autres bornes que la délivrance de la Hollande et des pays limitrophes opérée et une frontière solide procurée à ces pays, qui les mette à l'abri des entreprises futures de la République française, et ce ne serait que ce but obtenu que la Prusse se trouverait de nouveau dans le cas à s'en tenir à des mesures purement défensives . . .

2° Mais il s'offre un second parti à prendre. Ce serait que le Roi, en conformité à la promesse qu'il en a faite à S. M. Britannique dans sa lettre autographe[1]), lui annonçât l'issue qu'avait eue la démarche que S. M. a faite envers le Directoire français, et qu'elle lui fît connaître en même temps la résolution qu'elle avait prise de donner une suite sérieuse à la sommation à laquelle elle s'était portée, et que pour cet effet elle allait faire avancer ses troupes sous les ordres du duc de Brunswick vers le Rhin, pour les faire agir conformément aux circonstances; que cette armée se mettrait en possession de ses provinces d'outre-Rhin, en prenant pour cet effet une position militaire entre le Rhin et la Meuse; du reste, et pour ce qui regarde les affaires de Hollande, on donnera à entendre à l'Angleterre qu'on était prêt à s'entendre avec elle à mesure que les circonstances se développeraient, et que ce serait toujours en conformité des principes que S. M. Britannique connaissait au Roi à ce sujet. Il n'y a pas de doute qu'une telle déclaration, suivie de près de l'exécution même, nous ramènera le cabinet de Saint-James, et la Prusse gardera encore les mains libres d'agir ensuite d'après l'événement, et la faculté de ne consulter dans toutes ses démarches que ce que l'intérêt de sa monarchie lui prescrira.

Les efforts réunis de la Grande-Bretagne et de la Russie et la dégradation du gouvernement français, qui augmente à mesure que les autres s'élèvent, laissent peu de doute que l'expédition contre la Hollande n'aura un succès complet. La Prusse y aura contribué essentiellement par le mouvement qu'aura fait le duc de Brunswick; l'Angleterre ne pourra et ne voudra pas le méconnaître. Le Roi aura la satisfaction de recouvrer ses fidèles et anciennes provinces, et en tendant la main à l'Angleterre, il se sera acquis de nouveau le seul allié sur lequel raisonnablement il est permis de compter, et qui seul nous suffit dans l'époque actuelle.

---

1) 25. Juli 1799.

Si le Roi dans sa sagesse juge qu'il est de la dignité de sa couronne et de l'intérêt de sa monarchie d'embrasser ce parti, j'ose observer encore qu'il n'y a pas un moment à perdre. M. Grenville est sur son départ. Qu'il parte, mais qu'il emporte la conviction de ce nouvel ordre de choses. Des combinaisons plus heureuses ramèneront bientôt ce ministre bien pensant. Que le Roi daigne appeler auprès de lui le duc de Brunswick, et qu'il consulte ce général éclairé sur l'exécution de la partie militaire . . . 1799 Aug. 28.

Einladung an Hessen und Sachsen zur Mitwirkung, nicht aber an Rußland. Je ne saurais finir cet article sans mettre aux pieds du Roi l'aveu que le parti dont il s'agit ici est celui que je regarde être le plus conforme à la gloire de sa couronne et à l'intérêt de ses peuples . . .

3° Je ne parlerai que peu du troisième parti à prendre. Ce serait celui de renoncer entièrement à tout concours aux affaires dont l'Europe entière s'occupe et qui tôt ou tard doivent déterminer le sort des puissances, les relations qu'elles auront entre elles, et le rôle qu'elles seront appelées de jouer dans le siècle futur. Il sera difficile, sinon impossible, d'entretenir un concert quelconque avec l'Angleterre, et je ne conçois pas trop bien comment le Roi pourra remplir la promesse qu'il a faite à S. M. Britannique dans sa lettre autographe de se concerter avec elle sur ce que, en cas de refus de la part du Directoire français, sa position lui prescrirait ultérieurement à faire. Et quel serait notre rôle vis-à-vis de la France? Après une première sommation faite, peut-on reculer encore et endurer de la part d'un gouvernement, qui se voit obligé de plier devant tous les autres, le peu d'égard avec lequel il nous écoute, tandis que ce n'est à la modération de la Prusse qu'il doit de ne pas se voir écrasé à la fin de cette campagne?

279. König Friedrich Wilhelm III. an Graf Haugwitz. Charlottenburg 1799 August 29.

Mundum (Lombard), gez. Frédéric Guillaume.

Befiehlt Fortsetzung der Unterhandlung mit Frankreich.

Vous avez très bien jugé en prévoyant que, des trois marches développées dans votre mémoire, ni la première ni la dernière ne pourraient me convenir. D'un côté, je ne veux point la guerre; de l'autre, une parfaite insouciance a ses grands inconvénients. Je me dois de cultiver mes relations avec les alliés, et surtout, d'être attentif au sort de mes provinces d'outre-Rhin, que les succès des Anglo-Russes exposeraient à un nouvel envahissement. Aug. 29.

1799 Aug. 29. Mais pour atteindre ce but, je ne crois pas qu'il soit nécessaire encore d'adopter une autre marche ni d'entrer avec l'Angleterre dans de nouvelles explications. Toutes celles que je pourrais dans la suite avoir à lui faire ont été renvoyées après la négociation entamée avec le Directoire. Cet état des choses subsiste. Une négociation n'est pas rompue pour avoir éprouvé un premier obstacle. Le grand avantage de celle-ci est le prétexte qu'elle m'offre et le temps qu'elle me fait gagner. Au moment où l'expédition des Anglais va répandre tant de lumière sur les événements, il m'importe plus que jamais de conserver ce prétexte. Je souhaite donc que les pourparlers se poursuivent, par Otto, par Sandoz-Rollin, sous les formes qui vous paraîtront préférables, mais d'une manière qui les prolonge et qui m'amène à l'époque où les premiers succès des Anglo-Russes ou bien leurs premiers revers auront, soit exposé mes provinces à une invasion d'un autre genre, soit justifié les réflexions tirées si souvent, dans vos conférences avec les deux ministres, de la position géographique de ma monarchie et de la double circonspection dont elle me fait la loi.

Dans l'audience de Grenville[1]), je partirai donc de l'idée que la matière est épuisée entre son maître et moi et que ma lettre autographe ne me laisse rien à lui dire, et, s'il avait l'indiscrétion de parler du refus du Directoire, connu sans doute dans le corps diplomatique à Berlin, il comprendra sans peine qu'une première ouverture dans une négociation n'en est pas le dernier résultat.

Dans le parti mitoyen que votre mémoire développe aussi, je reconnais l'avantage de sauver mes provinces transrhénanes d'une nouvelle invasion. Mais je ne puis y employer des moyens qui, aux yeux des Français, équivaudraient à une agression véritable. Peut-être est-il telle mesure moins marquante, telle dislocation paisible de troupes, qui réunirait tous les buts à la fois, en me mettant plus à portée de ces provinces, en imprimant aux républicains du respect sans précisément les provoquer, en favorisant par cette jalousie l'expédition des alliés et en me préparant de premiers titres à leur reconnaissance. Je m'occuperai de cette idée, et si je me détermine à la suivre, je vous en ferai part incessamment.

Vous, en attendant, veuillez vous occuper des nouvelles représentations à adresser au Directoire, des motifs pris de son propre intérêt dont on pourrait la soutenir, et du mode enfin par lequel on pourra prolonger l'état actuel des choses dans la relation avec les alliés.

1) Grenville hatte am 27. August um eine Abschiedsaudienz gebeten, die ihm am 31. gewährt wurde.

280. General-Adjutant Oberst Zastrow an Graf Haugwitz. Charlottenburg 1799 August 29.

Eigenhändig. gez. Zastrow.

Beschluß des Königs, Truppen von der Weser nach Wesel vorrücken zu lassen.

Versprochenermaßen verfehle ich nicht, E. E. ganz gehorsamst anzuzeigen, wie die Intention S. M. des Königs dahin geht, einen Theil der an der Weser stehenden Truppen nach Wesel vorrücken zu lassen, um à portée zu sein, die überrheinischen Provinzen zu besetzen, sobald die intendirte Landung der Engländer und Russen in Holland und den Niederlanden einen günstigen Erfolg gehabt haben wird. Durch diese Vorrückung der preußischen Truppen glauben Allerhöchstdieselben eines Theils dem Unternehmen der Engländer indirect nützlich zu sein, und anderen Theils das französische Directorium zu einer gefälligeren Sprache zu bewegen. Dies sei aber auch Alles, wozu Sie Sich für jetzt verstehen könnten und wollten, und glaubten Sie nicht, daß es nöthig sein würde, in diesem Augenblick schon dem König von England die Antwort des Directoriums mitzutheilen, indem, wenn bei einer Unterhandlung die ersten Vorschläge nicht angenommen würden, sie darum nicht gleich ganz abgebrochen werden könnte, wofern man nicht absichtlich rompiren wolle . . . Aug. 29.

281. Aufzeichnung des Grafen Haugwitz. Berlin 1799 September 1.

Concept von Du Bois, corr. und gez. Haugwitz.

Entschluß des Königs, Truppen an den Rhein rücken zu lassen und von Frankreich die Räumung der linksrheinischen Besitzungen Preußens zu fordern.

Le Roi a pris le parti de faire avancer vers le Rhin une partie du corps sous les ordres du duc de Brunswick [1]). Ces troupes se porteront vers le Bas-Rhin aux environs de Wesel, afin d'être à portée d'agir ensuite selon les circonstances. En attendant l'intention du Roi est de poursuivre la négociation avec la France. On tâchera encore de faire comprendre au Directoire combien il est de son propre intérêt de ne pas se refuser à la proposition que le Roi lui a faite à l'égard de l'évacuation de la Hollande. Le Roi n'ayant d'autre but que de rendre à ce pays son ancienne indépendance et d'éloigner par là de ses frontières le théâtre de la guerre, la France aurait obtenu pour elle l'avantage in- Sept. 1.

---

1) Am 31. August erließ der König an den Herzog von Braunschweig den Befehl, von der Observations-Armee etwa 10,000 Mann unter dem General-Lieutenant von Schladen „nach der Gegend von Wesel so nahe wie möglich an den Rhein rücken zu lassen". Schladen sollte die etwaige Landung der Engländer und Russen sofort nach Berlin berichten und dann den Befehl erhalten, den General-Major L'Estocq mit einem kleinen Corps über den Rhein setzen zu lassen, um die jenseitigen preußischen Besitzungen zu occupiren.

1799 Sept. 1. appréciable d'être de son côté à l'abri de toute invasion ennemie sur les frontières bataves, tandis que les mesures hostiles qui se préparent maintenant tout le long de la côte, exposent visiblement la Hollande à devenir de nouveau le théâtre de la guerre et la France elle-même la verra portée des bords de la Meuse et de l'Escaut dans le Brabant, la Flandre et peut-être même sur son ancien territoire . . .

Là où les choses en sont venues maintenant, il est difficile de savoir s'il peut réussir encore de ménager à la Hollande l'avantage de conserver le calme dont elle jouit. Il sera difficile peut-être qu'elle échappe à l'orage qui gronde sur elle; mais quel que soit le sort de cet État voisin, le Roi ne peut pas souffrir plus longtemps que ses provinces d'outre-Rhin partagent les dangers, les horreurs de la guerre. Le Roi doit à ses fidèles sujets de les couvrir contre les nouveaux dangers dont l'approche d'une nouvelle guerre les menace. Pour cet effet le Roi demande au Directoire qu'il retire ses troupes des provinces prussiennes sur la rive gauche du Rhin, et S. M. fait avancer les siennes pour les occuper.

Tel est le précis du langage que le Roi m'a chargé de tenir vis-à-vis du sieur Otto; et tout en poursuivant la négociation avec ce chargé d'affaires, S. M. veut en informer son ministre à Paris, l'instruire des principes sur lesquels elle se fonde, et le charger de venir à son appui par les représentations énergiques qu'il aura à faire de son côté. On apprendra en outre à M. de Sandoz que les troupes du Roi se mettent en marche vers le Rhin, qu'il n'y a cependant rien d'hostile dans cette mesure, mais que le Roi croit pouvoir s'attendre maintenant que le Directoire se hâtera de satisfaire S. M. à l'égard de la demande qu'elle a faite par rapport à ses provinces transrhénanes.

La dépêche à M. de Sandoz passera demain à la signature du Roi[1]) . . .

Berichte von Sandoz-Rollin aus Paris.

282. Unterredung mit Sieyès. Wunsch nach einem Staatsstreich.

Sept. 8. Sandoz macht Sieyès Vorstellungen wegen der »indépendance de la Hollande et la restitution des provinces transrhénanes« . . . »Vous parlez de ces deux objets«, reprit le président, »comme ayant été articulés formellement par votre cour; cependant il n'en est rien. Je puis vous assurer que nous n'avons reçu jusqu'à présent que des insinuations très vagues à ce sujet. Quand le roi de Prusse nous adressera une demande

1) In diesem Sinne erging am 2. September ein Erlaß an Sandoz.

formelle et officielle sur ce qui paraît l'intéresser, nous y répondrons 1799
avec franchise et avec confiance. Le Directoire saura mettre en considération ce qu'il doit à l'amitié du roi de Prusse et ce qu'il doit aux grands intérêts de la République. Le rapport que Otto a fait au Directoire était plutôt le résultat d'une conversation confidentielle que celui d'une demande ministérielle« . . . »Des propositions amicales«, observai-je, »équivalent souvent à des demandes formelles, quand on veut s'entendre. Celles faites au chargé d'affaires Otto étaient de ce genre. Le temps presse et s'écoule. Le temps presse tellement que si les coalisés trouvaient les provinces prussiennes d'outre-Rhin occupées par les Français, ce serait un prétexte pour en vouloir prendre possession et en disposer peut-être. Il est donc infiniment urgent pour la cour de Prusse et pour vous-même de l'éviter« . . . Sept. 8.

Chaque jour on s'attend ici à un coup d'État du Directoire . . . Le peuple le désire comme un terme à la stagnation et à la cessation de toute industrie et de tout commerce . . .

283. Verhandlungen über die Räumungen der linksrheinischen Provinzen Preußens und Hollands.

[Nicht chiffrirt] Empfang der Weisungen vom 2. September. Sandoz Sept. 15.
überreicht dem Minister Reinhard eine Note (dd. 13. Sept.), in welcher er in aller Form die »évacuation des provinces prussiennes transrhénanes et de la Hollande« verlangt und den Marsch preußischer Truppen nach dem Rhein ankündigt. Reinhard erwidert: »aussi longtemps que l'invasion des Anglais subsiste, toute possibilité de vouloir se concerter sur l'indépendance batave est ôtée, . . . car négocier, tandis qu'un ennemi attaque, serait paralyser ses moyens de défense . . . La marche des troupes prussiennes sur le Rhin annoncée si positivement a l'air d'une menace qui ne laissera pas d'affecter sensiblement le Directoire. A quoi bon menacer quand on a l'intention de s'entendre et de négocier?« Il voyait moins un grand intérêt pour la Prusse dans la réoccupation desdites provinces que de l'embarras pour la République d'y acquiescer . . . Sandoz betont das »droit incontestable« Preußens auf seine linksrheinischen Provinzen. »Au moins vous ne prendrez pas pour base des arrangements à cet égard«, reprit Reinhard, »la nullité du traité de Bâle?« »Cela n'est point entré dans mes instructions et ne fait point partie de ma note«, observai-je . . .

[Chiffrirt] On m'avertit . . . dans l'instant que la résolution du Di- Sept. 16.
rectoire était prise de frapper un grand coup dans quatre jours, qui consisterait de faire arrêter et déporter les généraux Jourdan et Augereau comme les principaux auteurs de la résistance des Jacobins . . .

1799 Sept. 16. On a expédié deux bâtiments en Égypte. L'un doit longer les côtes de Barbarie pour échapper aux Anglais, et l'autre doit tenter la navigation ordinaire. Tous deux portent pavillon danois et la prière au général Bonaparte de se rendre en France et de chercher tous les moyens d'échapper à l'ennemi . . .

284. Antwort der französischen Regierung auf die preußischen Forderungen.

Sept. 22. [Nicht chiffrirt] Empfang der Antwort Reinhard's auf die Note vom 13. September. Vorstellungen von Sandoz wegen der Ablehnung der preußischen Forderungen. Je lui suppéditai [à Reinhard] le mode que les troupes françaises évacueraient les provinces transrhénanes et que les troupes prussiennes n'y entreraient qu'après un certain temps déterminé. Cet expédient sauverait le reproche de céder à la force et parut lui plaire; il me promit d'en parler à Sieyès . . . Avant de me quitter, il me dit qu'une circonstance avait vivement blessé le Directoire: c'était celle d'avoir accompagné de démonstrations guerrières, par la marche de 18 mille hommes, la note remise. Le Directoire avait été mis dès ce moment dans l'impossibilité d'accorder l'évacuation, sans s'exposer à une grande responsabilité et sans être inculpé dans le Corps législatif d'avoir avili la dignité de la République . . .

Unterredung mit Sieyès, dieser sagt: »Le désir constant du Directoire est d'obliger le roi de Prusse, et j'y suis en mon particulier très disposé par la vénération que je professe pour ce monarque. Mais pourquoi vouloir contraindre à force armée ce même Directoire à un acte, qu'il aurait été disposé de faire de volonté et d'amitié? C'est le mode qui a été repoussant. Nous avons dû répondre comme nous avons fait et revenir strictement au traité de Bâle. La propriété des provinces transrhénanes appartient incontestablement à la Prusse, et le Directoire la reconnaîtra toutes les fois qu'il en sera requis; mais l'occupation militaire a été réservée à la République aussi longtemps qu'il n'existerait pas d'autres arrangements. Ceux-ci pourraient se trouver d'une manière plus naturelle et plus amicale dans l'occupation civile pour la Prusse de ces mêmes provinces, et dans l'occupation militaire pour la France sous certaines restrictions. Ils pourraient se trouver aussi dans d'autres mesures de conciliation. Mais avant tout il serait de la convenance de faire replier les troupes dans la ligne de démarcation« . . .

A l'issue de cet entretien, je me rendis chez le ministre Reinhard: il avait aussi peu réussi que moi à décider le président à admettre le mode que j'avais proposé . . .

Beilage. Le ministre des relations extérieures à M. de Sandoz-Rollin, ministre plénipotentiaire de S. M. le Roi de Prusse. Paris, le 1er jour complémentaire, an VII de la République française. 1799 Sept. 17.

. . . La demande . . . qui est relative à la République batave est, comme vous l'avez senti vous-même, trop tardive pour qu'elle puisse faire l'objet d'une discussion applicable au cours actuel des événements.

Par cette raison même, le Directoire exécutif est très empressé d'entrer dans les vues du Roi qui désire que les provinces prussiennes transrhénanes ne soient pas exposées à devenir les victimes de la nouvelle guerre qui les menace. Veuillez, monsieur, assurer S. M. que la sollicitude qu'elle témoigne à cet égard sera pour la République française un motif de plus pour défendre par tous les moyens qui sont en son pouvoir un territoire que ses armées occupent en vertu d'un traité solennel et sacré. Cependant, si jamais la République française pouvait douter de ses moyens de résistance, ou si les événements de la guerre amenaient des dangers réels pour les provinces transrhénanes, le Directoire exécutif serait le premier à réclamer l'intervention de S. M. pour les mettre à l'abri de toute agression conjointement avec les troupes prussiennes . . .

Le Directoire . . . ne saurait dissimuler que les ordres que vous annoncez avoir été déjà expédiés pour la marche des troupes prussiennes sur le Rhin porteraient un caractère de précipitation peu compatible avec les égards que se doivent des gouvernements amis . . .

Reinhard.

285. Das Kabinets-Ministerium an König Friedrich Wilhelm III. Berlin 1799 October 4.

Concept von L. D. Le Coq; gez. Finckenstein. Alvensleben. Haugwitz.

Beantragt neue Vorstellungen an die französische Regierung wegen der linksrheinischen Besitzungen Preußens. — Erlaß darüber an Sandoz.

Die ablehnende Antwort des Directoriums. L'intention de V. M. telle qu'elle me l'a fait connaître à moi, Haugwitz, étant de ne faire passer le Rhin à ses troupes rassemblées aux environs de Wesel qu'en autant que les armées belligérantes et surtout l'armée anglo-russe en Hollande seraient avancées de manière à se trouver à-peu-près sur la même ligne, et ce cas n'existant pas et n'étant pas même fort probable dans la saison avancée où nous sommes, il nous paraît, Sire, que pour le moment il ne reste d'autre parti à prendre, pour gagner du temps et ne pas paraître cependant céder aux refus et aux arguments sophistiques du gouvernement français, que d'enjoindre au sieur de Sandoz de revenir à la charge par des représentations verbales fondées sur une ré- Oct. 4.

22*

1799 Okt. 4. futation des raisonnements du Directoire et d'insister surtout pour que l'administration civile des provinces transrhénanes soit incontinemment rendue à V. M. . . .

In diesem Sinne erging unter dem gleichen Datum ein Erlaß an Sandoz, in welchem es u. a. hieß: L'idée de défendre les provinces par les troupes prussiennes, conjointement avec celles de la République, est d'une inadmissibilité si frappante, que j'ai peine à concevoir comment on a pu l'articuler. Die Verträge vom 5. April 1795 und 5. August 1796 sind durch die Bestimmungen von Campo Formio gebrochen. Rien ne m'empêche de réclamer une restitution à laquelle la République a déclaré envers l'Autriche ne trouver aucune difficulté . . . Vous aurez à renouveler, quoique seulement de bouche et sans rien remettre par écrit à ce sujet, vos représentations au sujet de l'évacuation de mes États d'outre-Rhin, et des pays adjacents. Vous les étendrez également à la Hollande . . . Vous insisterez particulièrement pour que l'administration civile de mes États . . . me soit au moins rendue sans délai, si même les arrangements relatifs à l'évacuation militaire rencontraient encore quelque difficulté. Cette administration a été usurpée contre la foi des traités . . . Le Directoire ne peut s'y refuser avec la moindre apparence de justice . . .

Berichte von Sandoz-Rollin aus Paris.

286. Ruhige Stimmung in Paris.

Okt. 3. . . . De longtemps on n'a vu régner ici une tranquillité plus parfaite. Elle est telle que les pamphlets, les diatribes et même les menées des Jacobins sont tombés. On croirait qu'un seul et même esprit prédomine, et que la plus sincère réunion existe entre les premières autorités. Cependant il n'en est rien. Le ressentiment n'est que dissimulé, il n'est pas éteint, mais autant les revers avaient rendu audacieux les Jacobins, autant les succès ont rendu le gouvernement imposant à son tour. C'est, à mon opinion, la vraie cause du calme qui existe et qui se maintiendra aussi longtemps que les succès militaires se prolongeront . . .

287. Die Jakobiner.

Okt. 6. . . . Siegesnachrichten aus der Schweiz. Les Jacobins sont les seuls ici à qui ces succès déplaisent. Ne sachant comment faire pour les affaiblir, ils ont pris le parti de les décrier comme douteux et très apocryphes. A les entendre, c'est un mauvais stratagème dont le Directoire fait usage pour relever la perte de sa considération et de son autorité; stratagème dont eux n'étaient pas dupes. Mais ces discours font aussi peu d'impression sur le public, que leur secte en fait. Celui-ci prend véritablement une grande part à ces succès, les envisageant comme des espérances de paix et comme devant amener la fin de leurs malheurs. Le calme, qui continue de régner ici, est autant le résultat de l'impuissance des Jacobins, que celui de la cessation des revers. Il eût été impossible de le prévoir il y a un mois; j'en suis témoin et j'en suis chaque jour dans le plus grand étonnement . . . 1799 Okt. 6.

288. Graf Haugwitz an Graf Finckenstein und Baron Alvensleben. Berlin 1799 Oktober 11.

Unterredung mit Otto. Bericht darüber an den König.

M. Otto m'ayant fait demander une heure, je viens d'avoir un entretien avec lui, dans lequel il a débuté par me faire toutes sortes de protestations du désir toujours constant du Directoire de contribuer de son côté au maintien de la bonne intelligence entre la Prusse et la France. Venant ensuite à articuler plus particulièrement l'objet sur lequel, à ce qu'il disait, le Directoire lui avait fait parvenir tout récemment de nouvelles instructions, il assura être autorisé de déclarer: Okt. 11.

»que quelles que fussent les difficultés que le gouvernement de la République croyait entrevoir dans le moment actuel de prendre conjointement avec la Prusse des arrangements tendants à neutraliser le territoire de la Hollande, rien ne l'empêchait cependant de déclarer d'avance, que pour le cas de succès de la part de la France qui forçassent les Anglais à abandonner leur entreprise contre ce pays, le Directoire ne demanderait pas mieux alors que de s'entendre avec le Roi sur sa neutralité«. Le chargé d'affaires de France s'étendit ensuite beaucoup sur l'intérêt qu'avait la République française elle-même de faire revivifier en Hollande le commerce qui était d'un si grand intérêt pour la France même; de sorte que dans cette occasion encore, comme selon lui en tant d'autres, l'intérêt de la France pourrait être parfaitement bien combiné avec celui de la Prusse et les vœux du Roi à l'égard de la Hollande.

En rendant compte à Vos Excellences de l'entretien que je viens d'avoir avec M. Otto, je suis bien loin de croire qu'il soit question maintenant de donner quelque suite à l'objet dont il s'agit; mais il peut arriver qu'à l'avenir nous nous trouvions dans le cas d'en tirer parti et de nous appuyer alors sur la déclaration dont le chargé d'affaires s'est acquitté envers moi. Aussi me suis-je borné à lui dire que nous ne manquerions pas de la porter à la connaissance du Roi.

En attendant VV. EE. daigneront bien faire parvenir ceci à M. le

1799 Okt. 11. conseiller privé Le Coq, afin qu'il dresse le rapport dans lequel nous porterons à la connaissance du Roi l'ouverture que le sieur Otto vient de faire.

Elles penseront, je suppose, avec moi que ces paroles mielleuses et la belle perspective à l'égard de la Hollande n'ont d'autre but que de nous endormir dans le moment actuel sur le sort de ce pays, et d'affaiblir l'intérêt que la Prusse aurait pu manifester en faveur de l'expédition anglo-russe [1]).

Berichte von Sandoz-Rollin aus Paris.

289. Verhandlung über die linksrheinischen Besitzungen Preußens. Wirkung der französischen Siege.

Okt. 17. [Nicht chiffrirt] Empfang des Erlasses vom 4. Okt. (Vergl. S. 340.) Erneute Vorstellungen bei Reinhard wegen der »évacuation des provinces transrhénanes et de la Hollande«. Reinhard erwidert: »que le refus qui avait été donné était péremptoire et qu'il était impossible aujourd'hui de vouloir en faire le sujet d'une nouvelle discussion; que les dispositions du Directoire de complaire à V. M. n'avaient jamais été douteuses, mais qu'il n'était pas toujours libre d'y donner exécution; que dans la discussion dont il venait d'être question, il s'était trouvé empêché d'y déférer et avait été forcé de se renfermer scrupuleusement dans le texte du traité de Bâle« . . . Je repris alors la parole pour lui représenter que si la possibilité de s'entendre aujourd'hui sur lesdites évacuations était perdue, V. M. insisterait au moins à ce que la régence civile prussienne fût rétablie dans lesdites provinces transrhénanes; . . . que c'était rentrer dans la teneur du traité de Bâle évoquée par le Directoire même. A cette dernière proposition, le ministre Reinhard me dit que je devais en faire la demande et qu'il attendait une note à ce sujet. Le prix qu'attachait le Directoire à conserver une bonne harmonie et intelligence avec V. M. ne lui laisserait pas douter qu'il ne fît à ce sujet tout ce qui serait en son pouvoir pour la cimenter de mieux en mieux . . .

[Chiffrirt] Jamais calme ne fut plus parfait que celui qui continue de régner ici; on ignore presque s'il a existé des factions et des troubles intérieurs. Les victoires semblent avoir réuni Jacobins, républicains, royalistes, et n'en faire qu'une seule et même famille. Les victoires ont fait plus encore: elles ont relevé le crédit public et disposé les citoyens à prêter leur argent au Directoire . . .

---

1) In diesem Sinne berichtete das Ministerium (dd. Okt. 11.) an den König, welcher (dd. Okt. 19.) das Verhalten des Grafen Haugwitz billigte.

290. Verhandlungen über die linksrheinischen Besitzungen Preußens. Unterredungen mit Napoleon Bonaparte und Macdonald.

Sandoz hat Reinhard eine Note überreicht (dd. Okt. 20.), worin er für die linksrheinischen Besitzungen Preußens die Wiederherstellung der »régence civile sur le pied où elle était à l'époque du traité de Bâle« verlangt [1]. 1799 Okt. 24.

... Le général Bonaparte ... a dû dire le jour même de sa réception: »guerroyer sans cesse ébranlerait le gouvernement le plus anciennement constitué et détruirait à coup sûr celui qui n'est pas encore parfaitement consolidé; sachons corriger les vices de notre constitution et sachons jouir du fruit de nos travaux; j'y coopérerai de tout mon pouvoir«. Corriger les vices de la constitution! On dit que cela a trait à un engagement, arrêté entre le sieur Sieyès et lui, de réduire les deux Conseils à un petit nombre de représentants et d'en donner plus au Directoire, et on dit de plus que les directeurs Barras et Ducos seront invités à s'y réunir moyennant un acte signé de leur part, tant on craint leurs incertitudes et leur faiblesse. Les directeurs Gohier et Moulins seraient éloignés comme gens incapables d'occuper des places de cette importance. On dit encore que le général Bonaparte, chargé de l'exécution de ce plan, sera nommé généralissime des troupes de l'intérieur, pour lui en faciliter les moyens ... J'ai vu hier ce général. »Rien n'atteste mieux«, m'a-t-il dit, »la vérité des grands éloges que l'on donne au roi de Prusse que sa conduite politique dans cette terrible guerre. Il conserve sa puissance tandis que d'autres la perdent; il sait rendre ses peuples heureux, et il servira de ralliement au besoin pour le retour de l'ordre et de la paix« ...

Macdonald m'a dit hier avoir perdu la bataille de la Trebia par l'effet d'une terreur panique de l'aile gauche de son armée. En attribuant aux Russes de la valeur et de l'ensemble, il leur refuse ces dispositions manœuvrières du moment qui décident les victoires ...

Talleyrand espère de rentrer aux relations extérieures ...

291. Aufzeichnung des Grafen Haugwitz. Berlin 1799 Oktober 28.

Concept von Du Bois, corr. von Haugwitz, ohne Unterschrift.

Scheitern der englisch-russischen Unternehmung gegen Holland. Preußen kehrt zum System völliger Neutralität zurück.

Lorsque je me suis occupé, dans le mémoire du 4 de ce mois, à tracer la marche qu'il nous convenait de suivre, ... j'ai posé pour principe Okt. 28.

1) Im Erlaß vom 3. November wird dieser Ausdruck sehr getadelt, weil »à la conclusion de ce traité, le pays était occupé et traité en ennemi par les agents civils et militaires de la France«.

1799 Okt. 28. qu'il fallait poursuivre la négociation avec la France, de manière à conserver la faculté de la prolonger à notre gré pour nous amener à l'époque où les succès des coalisés, ou bien leurs revers, nous auraient appris quel fût le parti le plus conforme aux intérêts de la Prusse.

L'expédition anglo-russe peut être envisagée maintenant comme entièrement manquée . . . L'entreprise hostile exécutée . . . par les troupes combinées rendait de fait tout à fait illusoire l'espoir que le Roi pouvait avoir conçu d'amener, avec le gouvernement de la République française, un arrangement où, à l'égard de la Hollande, on aurait pu s'entendre de gré à gré et effectuer par là l'évacuation de son territoire par les troupes françaises. Cet argument seul suffirait pour décliner vis-à-vis de l'Angleterre tout concert dans le moment actuel sur les affaires de Hollande et auquel cette puissance voudrait prétendre s'arroger des titres à la suite des dernières explications qui ont eu lieu entre elle et la Prusse . . .

Les circonstances nous ont ramenés de nouveau au système de neutralité, et nous avons même retiré, des négociations que nous avons entretenues avec les puissances coalisées, l'avantage inappréciable de les avoir engagées toutes à reconnaître et à respecter la neutralité de la Prusse. C'est donc ce système, et tel qu'il résulte de nos transactions avec la France, de l'acte d'adhésion de la cour de Dresde [1]) et des engagements contractés par les autres princes compris dans la ligne de démarcation, qui doit servir maintenant de base à notre conduite future. Plus que jamais il importe de le soutenir haut la main vis-à-vis les puissances en guerre et d'en exiger la plus stricte observation de la part des États neutres, en les soumettant, comme par le passé, aux obligations contractées par l'association de Hildesheim.

Berichte von Sandoz-Rollin aus Paris.

292. Unterredungen mit Mazarredo und Barras.

Okt. 30. On ne parle ici dans ce moment que de la paix. Cela réunit toutes les volontés et réconcilie tous les partis . . . Mazarredo [2]), que j'ai vu hier, m'a dit d'un air mystérieux et important: »on est fort occupé depuis quelques jours dans le Directoire des négociations de paix; on travaille avec assiduité à en poser les bases« . . . Le sieur Barras, avec lequel je me suis entretenu il y a deux jours, m'a confirmé ces présages de paix. Il m'a dit: »tous les membres du Directoire sont réunis à la désirer, et

1) 22. November 1796.

2) Nach Azara's Abberufung spanischer Botschafter in Paris.

il faut espérer que cette fois-ci il y réussira mieux que dans les négociations précédentes. Nous ne formerons aucune autre demande que celles qui ont fait la base du congrès de Rastatt, nous écarterons en attendant toute pensée et tout agent révolutionnaire« . . . 1799 Okt. 30.

293. Friedenspläne der französischen Machthaber. Vorbereitungen zu einem Staatsstreich. Bonaparte und Barras. Verhandlung mit Reinhard.

. . . Le sieur Sieyès a dit, il y a quelques jours, à l'ambassadeur Nov. 7.
d'Espagne: »nous voulons la paix et nous la proposerons franchement; si on s'y refuse ou si on la décline artificieusement, nous publierons nos ouvertures et nous accuserons la coalition à la face de l'Europe de tous les malheurs que la guerre entraînera de nouveau. Cette publication, ou je suis bien trompé, ajouta-t-il, doit rallier à la République bien des amis et des alliés« . . .

Quoi qu'on en dise, on doit vouloir sincèrement la paix continentale ici. La gloire militaire a été épuisée sous l'ancien Directoire; la gloire pacifique est la seule qui convienne aujourd'hui au Directoire actuel, et nommément au sieur Sieyès. Je suis presque sûr que c'est la seule à laquelle il aspire décidément; mais en même temps il est convaincu qu'il a besoin, pour offrir une garantie suffisante aux puissances étrangères, de rectifier la constitution. C'est de quoi il est occupé dans le moment présent. On m'assure qu'il existe, trois fois par décade, chez ce directeur des conciliabules, où les sieurs Talleyrand, Bonaparte, Moreau et quelques représentants assistent, et qui durent depuis 10 heures du soir jusqu'à 2 heures du matin. Si ce ne sont pas là des contes, on ne tardera pas à en voir le résultat, c'est-à dire une réduction à main armée des deux Conseils. Le sieur Barras n'est pas du secret, la variabilité de ses opinions et de sa conduite lui a attiré les plus vifs reproches de la part de Bonaparte. Ce ne serait pas se montrer son ami, lui a-t-il dit, que de vouloir lui cacher qu'il passait dans l'esprit du peuple pour un homme sans mœurs et sans principes, et de vouloir lui cacher que ses liaisons avec les plus effrénés Jacobins avaient donné une mauvaise idée de son caractère. Il lui a conseillé, pour se réhabiliter dans l'opinion publique, de prétexter une maladie et de se retirer pendant un mois à sa campagne de Grosbois, et là d'interdire sa porte aux aventuriers et aux brouillons. Le sieur Barras, qui dans toute autre occasion n'aurait pas souffert un pareil langage, l'a écouté patiemment et en a été confondu; mais il n'obéira point au précepte et est resté en froideur avec Bonaparte. La plus grande intimité existe dans ce moment entre ce dernier et Sieyès; tous les deux sentent la nécessité de donner à l'autorité plus d'étendue et d'appareil et de contenir les brouillons . . .

1799 Nov. 7. Conferenz mit Reinhard; dieser erklärt an Sandoz: »Le Directoire a pris en sérieuse considération la note que vous lui avez remise, et a reconnu l'impossibilité où il est de complaire dans le moment présent aux désirs du roi de Prusse; mais cela ne sera que différé. D'abord il s'exposerait à des critiques amères et à des soupçons fâcheux, s'il s'occupait de vouloir interpréter aujourd'hui le traité de Bâle d'une autre manière qu'il l'a été jusqu'à ce jour; ensuite il s'attirerait les récriminations des alliés de la République, qui prendraient acte de cet arrangement amical pour exiger des condescendances très embarrassantes à accorder. D'une manière ou d'une autre le Directoire, touché des procédés personnels du roi de Prusse et de sa persévérance à son système de neutralité, saura lui en montrer sa reconnaissance et sera vigilant à en saisir toutes les occasions; c'est principalement à la paix où il pourra le faire avec quelque avantage, soit relativement à ces mêmes provinces, soit relativement à d'autres objets. Intéressé d'ici à cette époque à écarter au moins les petites tracasseries qui pourraient se perpétuer dans les provinces prussiennes, et intéressé surtout d'y contenir les militaires, il a donné les ordres les plus sévères à ses agents de ne rien prescrire et de ne rien exiger de ses habitants sans avoir pris préalablement l'avis des ministres des finances et des relations extérieures« . . . On m'assure, et je le crois, que le rapport du ministre était en tous points dans le sens de ma note, mais que Sieyès ne l'ayant pas appuyé, par scrupule de réveiller le soupçon d'être dévoué à la Prusse, les autres directeurs avaient opiné pour différer encore l'arrangement proposé . . .

294. Der Staatsstreich und die Machtstellung Napoleon Bonaparte's.

Nov. 11. . . . Staatsstreich vom 18. Brumaire. Tout ceci est le résultat des conciliabules tenus chez Sieyès et dont il est question dans mon dernier n°, et auxquels assistaient Talleyrand, Bonaparte, Daunou et Régnier. Cependant on ne saurait y être trompé: toute l'autorité est véritablement entre les mains de Bonaparte; il dispose à lui seul de la force armée de Paris et peut-être même des armées éloignées. Le ton qu'il a pris dans ses discours aux soldats et dans ceux tenus aux Anciens est celui d'un homme qui se croit tout-puissant. De quelque manière que Sieyès s'y prenne, il ne sera jamais que secondairement en opinion et en influence; Roger Ducos sera l'écho de l'un et de l'autre. J'ai vu des gens attribuer à Bonaparte l'arrière-pensée d'usurper à lui seul l'autorité et le gouvernement . . . Une circonstance doit être transmise ici: c'est que ce général ne s'est résolu à se rallier à Sieyès que sur les révélations de Barras et de Moulins, de vouloir établir une Convention et un Comité de salut public et

sur leurs instances de se réunir à eux pour en assurer l'exécution. Si 1799
les principes politiques de Bonaparte me sont bien connus et s'il a per- Nov. 11.
sévéré dans ceux qu'il m'a manifestés si souvent, je suis certain qu'il fera offrir la paix à Vienne, si elle n'a pas été offerte déjà par cette dernière . . .

295. Charakter der letzten Umwälzung. Vorbereitung einer neuen Verfassung.

. . . [Nicht chiffrirt] Chaque révolution passée avait imprimé beau- Nov. 13.
coup de défiance et de crainte. Celle-ci au contraire, et j'en suis témoin, a déridé les esprits et réveillé les plus vives espérances. Nulle surveillance et nulle perquisition inquisitoriale ne se font sentir; le gouvernement n'a sévi jusqu'à ce jour que contre les meneurs et les plus fougueux des brouillons . . .

[Chiffrirt] Mais en quoi cette révolution aura quelque analogie avec les précédentes, c'est qu'on y parle de conspirations dont on ne dévoilera jamais les causes et les détails; et puis, c'est qu'on y reproduira les déportations de Cayenne pour ceux des députés qui ont assailli le général Bonaparte à Saint-Cloud . . .

Les personnes qui sont dans la confidence des Consuls pensent et croient que le gouvernement existant provisionnellement éprouvera encore un changement; qu'on reviendra dans deux mois au premier plan de Sieyès, c'est-à-dire à celui d'un seul gouvernant pour la partie administrative sous le nom de président de la nation, et à un seul généralissime pour la partie exécutive. Le directeur Ducos, qui n'a été conservé que pour donner l'exclusion à Cambacérès et à Talleyrand, sera alors invité à donner sa démission et obtiendra une bonne récompense. Les deux commissions législatives seraient réunies en un Sénat, dont le président-consul deviendrait le chef comme aux États-Unis de l'Amérique. Tout cela aurait pour but de simplifier et de resserrer davantage l'autorité. Autant que je puis en juger, le sieur Talleyrand a la promesse de rentrer dans le département des relations extérieures . . .

296. Die Consuln der französischen Republik an König Friedrich Wilhelm III. Donné au Palais National des Consuls de la République française le 25 brumaire de l'an huit de la République[1]).

Freundschafts-Versicherungen.

Grand et cher ami. Une de nos premières démarches, en prenant Nov. 16.

1) Durch Duroc überbracht.

1799 Nov. 16. les rênes du gouvernement français, est de faire connaître à Votre Majesté l'intention où nous sommes d'exécuter religieusement les traités existants.

Nous ne doutons pas que vous ne fassiez de votre côté ce qui dépendra de vous pour resserrer de plus en plus les liens qui unissent les deux États. Nous en avons pour garant le caractère de loyauté qui distingue les actions de Votre Majesté.

Elle a devant elle une grande carrière et un long règne à parcourir. Elle trouvera dans toutes les circonstances, et spécialement lors de la paix générale, dans les Consuls de la République des sentiments d'amitié, qui seront d'autant plus efficaces que Votre Majesté continuera à se déclarer franchement de son côté l'amie de notre République.

Nous formons des vœux sincères pour la prospérité et la gloire de Votre Majesté.

Les Consuls de la République
Bonaparte. Sieyès. Roger Ducos.

Berichte von Sandoz-Rollin aus Paris.

297. Berathungen der Consuln. Wiederherstellung des Credits. Note von Reinhard.

Nov. 17. ... Les trois objets qui occupent aujourd'hui toutes les délibérations du Consulat sont un plan de pacification, un plan de nouvelle campagne militaire, si on est forcé de continuer la guerre, et enfin un plan de finances propre à revivifier le crédit et obtenir 200 millions de francs pour faire face à tout. Quant au premier, on prétend toujours que le traité de Campo Formio sera pris pour base des arrangements à prendre en Italie, c'est-à-dire que l'Empereur garderait Venise avec une frontière plus avantageuse s'il consent à rétablir la République cisalpine et à rendre Mantoue; ou bien qu'il rentrerait en possession du Milanais sur le pied où il était avant la guerre s'il consent à rétablir Venise. On veut la paix avec Vienne, mais on ne veut point d'alliance . . .

La révolution présente n'a pas régénéré seulement le gouvernement aux yeux de la nation, elle a de plus régénéré l'esprit et le crédit public. V. M. peut donner confiance à ce que j'écris ici; je ne suis plus d'âge à me passionner et à exagérer. Je l'ai exposé plusieurs fois: les finances de la République française ne sont point perdues par le poids de la dette nationale, mais uniquement par la violation successive de tous les engagements contractés. On croit aujourd'hui pouvoir remédier au défaut de confiance et offrir aux capitalistes des sûretés suffisantes pour remettre leur argent en circulation. On suppute en effet que plus de 600

millions de francs restent enfoués dans l'étendue de la République. Ces 1799
sûretés consistent en une stricte économie dans toutes les branches de Nov. 17.
l'administration, dans la volonté de l'affranchir de l'usure énorme des fournisseurs, dans celle d'affecter scrupuleusement chaque somme à l'emploi où elle est destinée, et enfin dans celle d'acquitter avec exactitude et bonne foi les engagements contractés. Ce qu'on n'aurait pas osé tenter il y a deux mois, on vient de l'effectuer avec succès: le Consulat a fait proposer à six des premiers banquiers de cette capitale de s'accréditer de leur signature pour une somme de 80 millions de francs . . .

Empfang einer Note von Reinhard, (dd. 17. Brumaire VIII = 1799 Nov. 8.), worin die in der preußischen Note vom 20. Okt. verlangte Räumung von Holland und Übertragung der Civil-Verwaltung der linksrheinischen Besitzungen Preußens abgelehnt wird. »Le rétablissement de la régence de Clèves, par cela même que, suivant votre lettre, elle suppléerait en quelque sorte à l'évacuation militaire, serait au même degré en opposition avec le sens du traité de Bâle«[1]) . . .

298. Reinhard. Unterredung mit Napoleon Bonaparte.

. . . Le sieur Reinhard n'avait pas eu l'avantage de plaire à Bona- Nov. 24.
parte; on s'en était aperçu à leur première entrevue. »Comment se fait-il«, disait le dernier, »que le ministre de la nation française parle allemand aux ministres étrangers qui parlent français? Cela est trop absurde« . . . On veut fermement la paix ici, et on peut la faire avec sécurité, parce qu'on s'est affranchi de la dépendance des armées et des Jacobins. J'en ai eu la preuve dans une conversation que j'ai eue hier avec le consul Bonaparte, dont je renvoie la substance à l'ordinaire prochain. »Dans la position où la République se trouve présentement«, disait-il, »nous pouvons faire la paix demain et dans deux heures avec l'Autriche; tout dépendrait de satisfaire ses convoitises politiques; mais nous avons des intérêts passés [?] à ménager, ceux du roi de Prusse et ceux du prétendu équilibre de l'Europe« . . .

299. Unterredung mit Napoleon Bonaparte.

La première question que m'adressa le consul Bonaparte dans ma Nov. 27.
dernière entrevue, c'était si son aide de camp [Duroc] m'avait vu. Lui

1) Hierauf wurde am 6. December vom Ministerium in Berlin eine Note an Sandoz geschickt, zur Überreichung an die neue französische Regierung, in welcher die Forderung der Rückgabe der Civil-Verwaltung wiederholt wurde.

1799 Nov. 27. ayant dit que je n'avais pas eu cet avantage, il le blâma fort d'avoir manqué à ses ordres à cet égard. Je fais mention de cette particularité comme témoignant qu'on ne veut pas manquer aux procédés de convenance. Le ministre de la justice [Cambacérès] était la seule personne qui se trouvât avec moi dans son cabinet. Après quelques paroles assez indifférentes, la conversation ne tarda pas de tomber sur les affaires politiques. »Nous voulons la paix«, me dit le consul, »mais nous la voulons sincèrement et sans crainte et sans faiblesse. Elle ne sera pas difficile à conclure avec l'Autriche, pour peu que nous soyons disposés de condescendre à ses souhaits d'agrandissement; nous avons sur cela des données certaines. Mais nous tenons à honneur de ménager les intérêts de la Prusse, les nôtres et ceux de l'Europe. Je ne sais pas parler politique, ajouta-t-il, dans le sens qu'on y attache généralement, c'est-à-dire avec dissimulation, mais je ne sais en parler qu'avec franchise et vérité. Comment se fait-il que le roi de Prusse, ayant pris dans la guerre actuelle la situation d'une neutralité absolue, ne l'observe pas dans toute sa teneur? et comment se fait-il qu'il veuille y déroger en doublant et triplant la garnison qu'il entretient à Wesel? Pourquoi ces mesures de tracasseries et de défiance envers nous? et pourquoi ces mesures de condescendance et de ménagements envers la Russie? Cette innovation à la neutralité favorise en effet les ennemis avec lesquels nous sommes en guerre, parce qu'elle nous force d'avoir un corps égal en observation de ce côté-là[1]). La Prusse est trop puissante pour avoir besoin d'excuser sa neutralité, et les temps de Frédéric II sont trop près de nous pour les oublier et pour ne pas voir son successeur dans le roi qui règne aujourd'hui. Je ne prétends point entraîner le roi de Prusse dans la guerre présente; mais je suis sûr qu'il trouverait plus d'avantages à rester lié avec la République française et de devenir l'arbitre de la paix générale, que de vouloir ménager deux voisins intolérants et ambitieux. Encore une fois, nous avons les moyens de satisfaire la cupidité politique de l'Autriche, et nous serons forcés d'y souscrire si le roi de Prusse ne nous soutient pas de son intervention et de sa puissance. Les prétentions de l'Autriche sont dénaturées [démesurées?] et nous les avons réduites et rejetées en grande partie. Mais on ne saurait perdre de vue à Berlin que la paix est devenue un besoin pour la République, et je dirai de plus, un besoin pour l'Empereur. C'est à la

1) In dem hierauf ergangenen Erlasse (dd. Dec. 13.) hieß es: »Ces avis sont absolument controuvés, et il n'est question d'aucuns préparatifs, ni d'aucune augmentation de troupes dans ces contrées. C'est pour avoir un prétexte de retenir en Hollande les troupes françaises . . . que l'on fait courir ces bruits et qu'on affecte cette inquiétude«.

Prusse à s'occuper avec nous des grands intérêts de l'Europe, et à écarter tout ce qui pourrait l'en détourner«[1]) . . . Sa manière de converser est la même que du passé. Il parle franchement et avec vérité. Il a le tact des hommes et des affaires, et il a par-dessus tout le don d'inspirer beaucoup de confiance. Il me dit qu'il ne tarderait pas de nommer un ministre pour résider près de V. M., mais que le choix en était difficile. A cette occasion, j'ai appris que le nom de Grouvelle, envoyé en Danemark, s'étant trouvé sur la liste des aspirants à cette place, il l'avait rayé de sa main . . . 1799 Nov. 27.

300. Sendung Duroc's nach Berlin. 1799 November 29 — December 20.

Kabinets-Ministerium an Friedrich Wilhelm III. Il est arrivé ici hier au soir un adjudant général du général et consul actuel de la République française Bonaparte, nommé Duroc, que le chargé d'affaires Otto m'a présenté ce matin, à moi Haugwitz . . . Il m'a dit qu'après le changement qui était survenu en dernier lieu dans la forme du gouvernement français, les consuls de la République en avaient fait la notification par écrit à toutes les puissances amies; mais qu'envers V. M. ils n'avaient pas cru devoir se borner à cette marche ordinaire et qu'ils l'avaient expédié, lui Duroc, muni d'une lettre de leur part pour V. M., qu'il était chargé de lui présenter. Le sieur Otto m'a dit ensuite qu'il regrettait infiniment de n'avoir pas, selon l'usage, reçu une copie de cette lettre pour pouvoir nous la remettre; mais qu'il suppliait V. M. de vouloir bien excuser cette omission par l'ignorance absolue des formes diplomatiques où l'on était actuellement en France . . . Nov. 29.

Alvensleben. Haugwitz.

Erlasse an Sandoz-Rollin. . . . [Nicht chiffrirt] Dans une audience que j'ai donnée mardi dernier[2]) au premier aide de camp du général Bonaparte, Duroc, il m'a remis la lettre dont il se trouvait chargé pour moi de la part du nouveau gouvernement de la République. Elle contient des témoignages d'amitié et d'attachement auxquels je n'ai pu qu'être sensible . . . [Das Folgende in Chiffern] Les assurances vagues dont je viens de parler forment tout le contenu de cette pièce, et il n'y est nullement question, non plus que dans les entretiens du sieur Duroc, de communications relatives à des propositions de paix que vous supposiez lui avoir été commises . . . Dec. 6.

---

1) Über die Ausdrucksweise Bonaparte's hieß es in dem eben citirten Erlasse: »j'ai été frappé du ton d'autorité avec lequel il annonce ses mesures et parle de lui-même comme premier ou plutôt comme seul mobile du gouvernement«.

2) 3. December.

1799 Dec. 13. ... Le sieur Duroc continue à garder un silence complet sur les affaires et il se propose à retourner à Paris, dès qu'il aura reçu la réponse qu'on est occupé à rédiger en mon nom à la lettre dont il était chargé...

Dec. 20. ...[Nicht chiffrirt] Le chef de brigade Duroc auquel j'ai donné avant-hier son audience de congé est au moment de partir pour retourner à Paris. J'ai été très sensible à l'envoi que les consuls m'ont fait de cet officier de mérite, et je le regarde comme une marque particulière d'égards et d'attachement de leur part et comme une preuve du prix qu'ils mettent au maintien de la bonne harmonie avec moi. Il leur rendra compte de l'accueil qu'il a trouvé et des sentiments que je lui ai manifestés en retour. Vous les trouverez aussi exprimés dans la réponse que j'ai faite aux consuls ... Duroc a parfaitement justifié le choix qu'ils ont fait de lui pour cette commission, et je me fais un plaisir de rendre témoignage de sa conduite, par laquelle il s'est concilié mon approbation et une estime générale. Vous aurez soin d'exprimer ces sentiments aux consuls et au ministre des relations extérieures[1]) ...

Dec. 3. Berichte des österreichischen Geschäftsträgers Hudelist aus Berlin. Duroc's Haltung ist bescheiden und geeignet Zutrauen einzuflößen.

Dec. 7. Einige Damen sind so weit gegangen, daß sie, statt abzuwarten, daß Duroc ihre Bekanntschaft gesucht hätte, sich bei ihm präsentiren ließen. Eine Frau Generalin hat ihn vorgestellt mit den Worten: ich habe die Ehre, Ihnen den Brigade-General Duroc vorzustellen, ersten Adjutanten des berühmten Heros Bonaparte.

Dec. 14. Duroc hat gestanden, daß es unmöglich sei, eine schönere Truppe zu sehen als die preußische Garde. Es hat einen guten Eindruck gemacht, daß er ein Souper nicht annehmen wollte, welches ihm eine Gesellschaft von Kaufleuten und Halbgelehrten geben wollte[2]).

301. Friedrich Wilhelm III. an die Consuln der französischen Republik. Berlin 1799 December 16.

Concept vom Geh. Legationsrath L. D. Le Coq, corrigirt von Haugwitz[3]).

Dank für die erhaltenen Freundschaftsversicherungen. Beobachtung der Verträge. Wünsche für Frankreich.

Dec. 16. Grands et chers amis. La lettre que vous m'avez adressée après

1) Diese ganze Stelle war auf ausdrücklichen Befehl des Königs in den Erlaß an Sandoz aufgenommen.

2) Beim Abschiede erhielt Duroc eine goldene hellblau emaillirte Tabatiere mit Brillanten, die für 1200 Thaler angekauft war.

3) Friedrich Wilhelm III. hatte für die Entwerfung dieses Schreibens folgende Weisung

avoir pris les rênes du gouvernement de la République française m'a été remise par le chef de brigade Duroc, et j'ai reçu avec beaucoup de sensibilité les témoignages d'attachement et d'amitié qu'elle renferme. La conduite que je n'ai cessé de tenir envers la République française, dans les circonstances même les plus critiques, a dû lui prouver depuis longtemps ma façon de penser et mon attention scrupuleuse à me conformer exactement à la lettre et au sens des engagements contractés. J'accepte volontiers l'assurance de vos dispositions semblables. J'en avais besoin, je l'avoue, pour me rassurer après l'expérience du passé, et dès ce moment, je me flatte de pouvoir compter avec certitude sur les effets prochains de votre intention à cet égard. Cette fidélité religieuse et réciproque peut seule en effet servir de base à l'établissement d'une confiance solide; elle seule peut assurer et cimenter pour l'avenir les relations que j'ai la satisfaction d'entretenir avec votre république. Mes vœux sincères pour le bonheur de la France et pour la paix de l'Europe dont il dépend si essentiellement ont été manifestés à chaque occasion qui s'en est offerte. Ils sont invariablement les mêmes, et je vous prie d'être convaincus du grand intérêt que je prends et que je ne cesserai d'attacher à tout ce qui peut en hâter l'heureux accomplissement. Sur ce . . . 1799 Dec. 16.

votre bon ami

Frédéric Guillaume.

Berichte von Sandoz-Rollin aus Paris.

302. Unterredungen mit Beurnonville und Talleyrand. Stimmung der französischen Nation. Sieyès und Bonaparte.

. . . Dans les divers entretiens que j'ai eus avec ce nouvel envoyé [Beurnonville], il m'a confié que le consul Bonaparte lui avait recommandé surtout de s'attacher à gagner la confiance du ministère de V. M. et à respecter les étiquettes reçues. Il lui a parlé en même temps de l'intérêt que devait avoir la Prusse de seconder la République dans ses négociations avec l'Autriche; que sans cela elle serait forcée de consentir à des sacrifices qui tendraient nécessairement au détriment de la Prusse, ce qui était contre ses souhaits et absolument contre sa volonté. Dec. 1.

---

gegeben: »Ma réponse sera courte, amicale, mais surtout conforme à ma dignité. Mais il est une phrase dans cette lettre qu'il convient surtout de relever; c'est celle où les consuls annoncent l'intention qu'ils prétendent avoir d'exécuter religieusement les traités existants. Il faut leur donner à connaître, avec ménagement sans doute, mais de manière cependant qu'ils ne s'y méprennent pas, que les relations futures de la Prusse avec la France dépendent des égards que les consuls auront pour ceux qui existent etc.« (Haugwitz an L. D. Le Coq, Dec. 12.)

1799 Dec. 1. Il avait appris par expérience qu'il était bien plus facile à faire la guerre à l'Empereur qu'à faire la paix . . .

Le sieur Talleyrand est revenu . . . à me parler de liaisons à resserrer et d'alliance à former avec V. M.; que le gouvernement actuel offrait une garantie que ceux du passé n'avaient pas[1]). »A chaque mutation de gouvernement en France«, ai-je répondu, »vous n'avez pas cessé de tenir le même langage, et certes le temps n'est pas encore venu de prononcer sur la durée du gouvernement actuel! Mais voulez-vous préparer les dispositions de la Prusse à ce que vous souhaitez, commencez par lui complaire dans les demandes qu'elle vous a adressées successivement, et nommément dans la dernière concernant la régence civile des provinces transrhénanes. Occupez-vous ensuite de ménager ses intérêts dans les négociations de la paix, et de lui procurer des dédommagements tels à mettre la Prusse en parité d'agrandissement avec l'Autriche« . . .

La grande affaire ne sera pas de savoir, comme j'ai vu des gens le mettre en question, si cette constitution plaira, ou non, à la majorité de la nation; elle sera censée avoir son assentiment dès le moment qu'elle sera organisée et proclamée. La nation française n'a véritablement depuis dix ans ni opinion, ni volonté, ni caractère; elle cède à tous les hommes et aux événements qui disposent de l'autorité.

Jusqu'à ce jour le sieur Sieyès paraît complaire en toutes choses aux décisions de Bonaparte. C'est en effet ce dernier qui règne pendant le gouvernement provisoire. Cela a étonné ceux qui connaissent l'amour-propre et l'irritation naturelle dudit consul . . .

303. Sieyès.

Dec. 5. Voraussichtliche Ernennung von Sieyès zum Präsidenten des Senats. Cet arrangement est un bien pour la marche uniforme des pouvoirs et pour la paix intérieure. Il était difficile en effet que des hommes d'un caractère prononcé tels que Sieyès et Bonaparte eussent été longtemps au timon des affaires en bonne intelligence et en bonne harmonie. Ne dit-on pas déjà par ex. que Lucien Bonaparte a accusé Sieyès en comité secret d'avoir manqué à ses engagements en abandonnant la révision de sa constitution à quelques-uns de ses amis, et non pas à quelques membres de la commission législative, ainsi qu'il avait été convenu? Il en est résulté des plaintes et des clameurs amères, que le consul Bonaparte a étouffées en évoquant lui l'examen de cette même constitution . . .

---

1) »Je ne veux ni ne puis m'entendre . . ., pour le présent, à des relations d'alliance avec la République«. Erlaß an Sandoz, 15. December.

304. Barras. Sieyès und Bonaparte.

. . . Plusieurs fois Bonaparte avait reproché à Barras en termes très durs ses liaisons avec la majeure partie des brouillons et le mépris public qui en était la suite; mais il fit plus encore: peu de jours avant l'événement de Saint-Cloud, il le fit presser de s'y réunir. Le général Beurnonville, qui lui était attaché, répéta les mêmes instances, et le sieur Barras fut inflexible. Il refusa opiniâtrément de vouloir accéder en rien au plan projeté et promit seulement de donner sa démission et de rester dans une parfaite inaction; promesse qu'il a effectuée. Le sieur Barras s'était jeté dans le parti des Jacobins par animosité contre le sieur Sieyès et par la conviction qu'ayant la majorité dans le Directoire, ce même parti aurait le dessus nécessairement. Le sieur Barras, couvert de vices, était nul de caractère et d'esprit. Dès lors retiré dans sa terre de Grosbois, il y vit ignoré et livré au seul plaisir de la chasse . . . 1799 Dec. 12.

Il a existé, il est vrai, quelques dissentiments entre eux [Sieyès et Bonaparte] au sujet de plusieurs articles de la constitution, mais qui n'ont eu aucune suite. Il est vrai encore que le sieur Sieyès a annoncé quelque humeur, et cela se conçoit, de ce qu'un ouvrage de trente ans de méditation ait subi tant de changements. »Ce n'est plus ma constitution, a-t-il dû dire à plusieurs reprises; je n'y prends plus d'autre intérêt que celui que la patrie inspire, et content d'avoir rétabli l'ordre et la paix, je donnerai avec plaisir ma démission pour retrouver l'obscurité et le repos« . . .

305. Sieyès und Bonaparte. Gleichgültigkeit der Pariser bei Proclamirung der neuen Constitution.

. . . Ce n'est plus une médisance que cette désunion entre les consuls Sieyès et Bonaparte; elle existe réellement. Plusieurs causes doivent l'avoir produite et qui toutes dérivent de l'ascendant que ce dernier a pris dans les affaires. Dès ce moment Sieyès a renoncé, à ce qu'on m'assure, à tenir son rang et sa place dans la nouvelle constitution et a déclaré vouloir rentrer dans la classe obscure des citoyens, comme la plus convenable à ses goûts et à sa tranquillité. On m'assure encore que sa résolution à cet égard est immuable et que c'est en vain que ses amis se flattent de l'en faire changer . . . Dec. 15.

C'est aujourd'hui que la nouvelle constitution est proclamée dans cette capitale, et c'est de ce jour que datera l'autorité dont le consul Bonaparte est revêtu; car les listes des votes seront censées avoir été pour l'affirmative, si même la négative avait la majorité. Six mille

23*

1799 Dec. 15. hommes ont renforcé dans cette occasion la garnison de Paris pour surveiller les Jacobins qui seraient tentés de manifester quelque opposition . . . En général la publication de cette constitution a été écoutée et accueillie par le peuple de Paris avec plus d'indifférence que d'intérêt. Ce peuple est blasé sur toutes choses, hormis sur la paix. Il s'attendait, je ne sais sur quel fondement, que la publication de l'une serait accompagnée de la proclamation de l'autre . . .

306. Mission Beurnonville's nach Berlin.

Dec. 19. . . . Les instructions de Beurnonville sont différentes de celles de ses prédécesseurs; il ne doit point parler d'alliance et laisser au temps et à l'attitude imposante que prendra la France le soin de la déterminer; il doit parler uniquement des intérêts qui lient les deux puissances, et des grands avantages que retirerait la Prusse d'interposer une médiation énergique et armée pour donner la paix à l'Europe. Du temps des gouvernants avocats tous les fonctionnaires publics étaient devenus en France des discoureurs. Il n'en sera pas de même sous le gouvernement actuel, et le général Beurnonville m'a assuré que dans sa présentation à V. M. il ne dirait que deux mots; ce que j'ai fort approuvé.

307. Machtstellung Napoleon Bonaparte's.

Dec. 29. . . . Le Premier Consul s'attribue déjà l'examen et la décision des affaires en politique, tout comme il s'est réservé à lui seul le secret de la poste. Les deux autres Consuls n'auront ni opinion ni suffrage sur ces mêmes objets qu'autant qu'ils seront appelés et requis d'en prendre connaissance. Les prérogatives du Premier Consul, déjà grandes en elles-mêmes, augmentent encore par l'exercice du pouvoir. On aurait tort d'en conclure que ce dernier gouvernera sans rencontrer d'obstacle et d'opposition. Cela n'est pas dans le caractère de ceux qui composent l'administration nouvelle et en général dans le caractère des hommes en France: on y est naturellement inquiet et envieux; mais tout me porte à croire qu'il en triomphera facilement. Il est fort du grand nombre de ses créatures, de l'armée, de sa réputation et de son propre talent. En vain veut-on remarquer et dire que le président Sieyès a composé le Sénat conservateur de ses affidés, de manière à contrebalancer le pouvoir du Premier Consul, et en vain veut-on prétendre encore qu'il s'est montré dans le début de son emploi entièrement opposé aux idées et aux principes de Bonaparte; je persiste à penser que Sieyès cédera dans les occasions importantes: il doit vouloir la durée de son propre ouvrage . . .

1800.

Berichte von Sandoz-Rollin aus Paris.

308. Machtstellung Napoleon Bonaparte's. Opposition dagegen.

. . . Chaque jour voit augmenter ici la bonne opinion qu'on avait 1800
conçue des talents et des principes du Premier Consul, et cette opinion, Jan. 2.
ainsi que son autorité, sont vraiment populaires. Il ne sera pas facile conséquemment à ses critiques d'ébranler la confiance qu'il a inspirée. Il n'y aura d'après cela que deux pouvoirs bien reconnus dans le gouvernement actuel: celui du Premier Consul et celui du conseil d'État. Je le présage ainsi, malgré tous les mouvements que le parti républicain se donne pour contrecarrer les démarches de Bonaparte et le mettre en défaut avec les principes de la constitution. Les sieurs Sieyés, Chazal et Chenier sont à la tête de ce parti. Le Premier Consul ne l'ignore pas et ne dissimule pas ses sentiments à leur égard. Il a dit en dernier lieu en pleine assemblée et à haute voix: »Chazal et Chenier sont deux hommes que je méprise et qui n'auraient jamais dû être membres du nouveau gouvernement; ils en sont d'autant plus indignes qu'après avoir accepté et signé la constitution, ils s'en montrent aujourd'hui les détracteurs. Est-ce à eux qu'il appartient de dire qui est le maître ici de Bonaparte ou de la constitution, comme s'ils étaient à ignorer le pouvoir qui m'est confié«? Il ne dissimule pas davantage son mépris contre les agioteurs et les traitants. Un ex-directeur de Milan ayant osé lui remettre une pétition pour demander qu'on accordât de préférence la fourniture des vivres à un de ses amis, attendu que lui, ex-directeur, devait en recevoir une bonne gratification, le Premier Consul lui a dit en présence d'un grand nombre de personnes: »votre république devait périr quand elle avait pour magistrats des hommes aussi vils que vous l'êtes: sortez d'ici et ne reparaissez jamais devant moi« . . .

309. Unterredung mit Talleyrand. Sieyès.

Talleyrand bemerkt: »N'y aurait-il pas moyen de faire entendre à la Jan. 5.
Russie qu'elle ne peut tirer aucun avantage de la guerre qu'elle allume

1800 Jan. 5. et soutient contre la France? En s'affaiblissant, elle agrandit sa rivale, l'Autriche. N'y aurait-il pas moyen surtout que le roi de Prusse voulût se charger de sonder les dispositions de la Russie et d'être l'organe d'un rapprochement avec cette puissance? Plus j'y réfléchis, et plus je découvre un grand intérêt à ce monarque de s'immiscer dans une négociation semblable« . . . Sandoz erwidert: »Il serait plus expédient de participer au Roi les propositions qui doivent servir de base à la paix générale; cette manière serait la plus briève et la plus propre à faire juger de la sincérité du gouvernement français«. »Nous y viendrions ensuite«, répliqua Talleyrand. »Chargez-vous pour le moment de participer nos désirs à votre cour et nos dispositions de nous rapprocher à la Russie«[1]) . . .

A peine le Tribunat avait-il commencé à entrer en fonction, qu'on y a tramé des dénonciations contre Talleyrand; mais le Premier Consul s'est prononcé à son sujet et a déclaré qu'il ne les souffrirait pas . . . Sieyés . . . s'est déclaré contre Talleyrand depuis que celui-ci s'est jeté entièrement dans le parti de Bonaparte, et l'accuse d'ingratitude et de perfidie . . .

310. König Friedrich Wilhelm III. an Graf Haugwitz. Berlin 1800 Januar 25 und 27.

Rep. XI. Rußland 147. Mundum (Lombard) gez. Frédéric Guillaume.

Vermittlung zwischen Frankreich und Rußland.

Jan. 25. . . . Se dire toujours que les circonstances ne sont pas assez développées pour agir, c'est quelquefois en éloigner le moment de manière à le laisser échapper. Pour ne pas mériter ce reproche, je vous fais part d'une idée qui m'est venue. Vous savez que le gouvernement français m'a transmis par l'organe de ma mission le désir de se rapprocher par moi de la Russie. Pourquoi laisserait-on ces insinuations tout à fait sans suite? . . . Je vous charge donc de confier au ministre de Russie les propos de Talleyrand . . .

Jan. 27. . . . Il n'est pas impossible que les insinuations du même genre auxquelles le gouvernement français s'est porté à différentes époques aient eu plus de fondement que la juste défiance qu'il a toujours inspirée n'avait permis de le croire. Peut-être, plein de défiance lui-même contre

---

1) Auf diesen Antrag Talleyrand's wurde in Berlin erwidert: »je serais disposé . . . à porter des paroles de conciliation entre la France et la cour de Pétersbourg; mais pour le moment où nous sommes, la situation des affaires est de beaucoup trop indécise et trop peu développée encore pour que l'on puisse juger des démarches à faire et s'en promettre le moindre succès«. (Erlaß vom 19. Januar.)

les autres gouvernements auxquels il a quelque droit aussi de supposer des préventions, ne jette-t-il des idées générales que pour en attendre l'accueil et se prêterait-il à les particulariser davantage si on l'encourageait à s'ouvrir. Que serait-ce si mon ministre à Paris y rendait compte de la communication faite au baron de Krüdener? s'il représentait en même temps que des insinuations aussi vagues promettraient peu de fruit, qu'en prononçant non pas le désir de la paix qui se trouve dans toutes les bouches et qui par cela même ne séduit personne, mais des ouvertures qui le prouvassent, mais des propositions déterminées auxquelles la sagesse présidât, la France aurait l'honneur de l'exemple«...

1800 Jan. 25.

311. Graf Haugwitz an Friedrich Wilhelm III. Berlin 1800 Januar 31.

Concept von L. D. Le Coq; corr. und gez. Haugwitz.

Unterredung mit Beurnonville.

Jan. 31.

Les idées dont V. M. a daigné me faire part par ses ordres du 27, sur la communication et le langage à prescrire au sieur de Sandoz-Rollin relativement aux ouvertures de rapprochement entre la France et la Russie, me paraissent sous tous les rapports parfaitement conformes aux circonstances et au système de neutralité et de conciliation que V. M. a toujours professé . . . Le gouvernement français, instruit de l'empressement de V. M. à porter à la connaissance du cabinet de Saint-Pétersbourg ses insinuations conciliatoires, ne pourra qu'y trouver une nouvelle preuve de son désir de contribuer à la paix. Mais ce qui surtout me paraît démontrer la nécessité de profiter de cette occasion pour faire expliquer s'il se peut ce même gouvernement par le canal de votre mission, Sire, sur les conditions de la pacification, c'est le résultat qu'il me reste à présenter très humblement à V. M. de l'entretien que j'ai dû avoir avec le général Beurnonville et dont elle a été prévenue d'avance.

A la manière dont ce ministre m'y avait préparé, je devais m'attendre qu'il avait en effet quelques ouvertures intéressantes à me faire sur les bases de la paix; mais il s'en est tenu invariablement à m'assurer en termes généraux que son gouvernement désirait fortement de la conclure et de parvenir à ce but sous la médiation de V. M., et que c'était là le grand objet de sa mission. Auf die Bitte von Haugwitz, sich über die Friedensgrundlagen, welche die Republik im Sinne hätte, genauer zu erklären, erwidert Beurnonville, qu'il ne se trouvait chargé de rien de semblable et qu'il devait se borner à la protestation répétée du grand désir de son gouvernement de faire la paix par l'entremise de V. M. Il y mêla cependant quelques propos vagues sur la ligne du Rhin, que la France aurait, selon lui, le plus grand intérêt à conserver, et comme à cette oc-

1800 Jan. 31. casion, il nomma les pays de Trêves et de Cologne comme devant faire partie des possessions qui resteraient à la France, et qu'il indiqua une autre fois la forteresse de Mastricht comme utile à la défense des frontières de la République, j'en aurais conclu (si tant était qu'on pût le supposer bien instruit et s'attendre de sa part à des assertions conséquentes), que plus ou moins l'intention serait d'excepter de la cession de la rive gauche cette partie dont il s'agit dans un article de la paix de Campo Formio, et qui comprend les provinces transrhénanes de V. M. avec une partie du pays de Juliers. Il fit la réflexion singulière que la France pouvait d'autant moins être la première à s'expliquer sur les conditions de la paix, qu'attachant le plus haut prix à l'opinion de V. M. et, pour la suite, à des relations plus étroites avec elle, elle craignait de heurter son sentiment et de lui déplaire en articulant des conditions qu'elle ne jugerait pas convenables; après quoi il ajouta que c'était de vous-même, Sire, que la France attendait l'initiative à cet égard. Je me dis alors: se refuser entièrement à l'initiative, quelque déplacée qu'en est la proposition, ce serait fournir au sieur Beurnonville le prétexte pour l'avenir d'avoir trouvé trop peu de facilités pour entrer en explication. Et puis il me semblait encore importer de prévenir le ministre de France et de lui faire connaître d'avance les principes de V. M. sur l'article de l'alliance. Il l'avait touché plus d'une fois dans le cours de cet entretien, mais toujours en protestant qu'il n'était pas chargé d'en parler. Guidé par ces considérations, je crus devoir lui répondre qu'en autant qu'il s'agissait des conditions spéciales de la paix, une pareille demande ne me paraissait pas naturelle, puisque ce n'était point entre V. M. et la France, mais entre celle-ci et les autres puissances belligérantes qu'il fallait opérer un rapprochement; mais que s'il était question d'arrêter un principe général qui pût servir de règle et de base, je lui avouais avec franchise que V. M. ne méconnaissant pas quels avantages pourraient peut-être résulter quelque jour pour les deux États de liaisons plus étroites entre eux, elle ne pouvait, sous ce point de vue, que désirer non seulement de voir la France conserver ses anciennes frontières, mais les rendre même plus fortes et plus inexpugnables encore qu'elles ne l'avaient été, mais sans prétendre garder les moyens de reprendre l'offensive envers les autres puissances; qu'un allié unissant toujours du plus au moins ses intérêts à ceux d'un autre État et courant les mêmes chances avec lui, il lui importait que celui-ci fût à l'abri de toute attaque, mais aussi qu'il ne se mît pas dans une assiette telle par ex. que la France l'aurait obtenue par les conditions proposées à Rastatt, où les autres puissances seraient dans le cas de se tenir constamment en garde contre elle; qu'enfin, sous cette dernière supposition, V. M. ne pourrait jamais

s'exposer à courir, par des liaisons plus étroites, la fortune de la France, 1800
puisque dès lors la paix à laquelle elle aurait forcé ses ennemis, serait Jan. 31.
nécessairement fragile et de peu de durée.

C'est là, Sire, que se termina cette conversation de plus de deux heures et demie et dans laquelle le général Beurnonville, selon son ordinaire, me fit entendre une multitude de phrases et d'assertions vagues et décousues. Il se réserva de revenir et de m'entretenir alors ultérieurement.

Quoiqu'il soit à prevoir qu'il en rendra un compte détaillé au Premier Consul, il n'est guère probable cependant que celui-ci s'expliquera par son organe sur les conditions à proposer, et il est d'autant plus convenable de charger la mission de V. M. à Paris de provoquer ces explications, puisque l'occasion s'en présente si naturellement. Soit qu'on obtienne ce but, ou qu'on réussisse seulement à éclaircir davantage le fond des dispositions du gouvernement français, on en retirera toujours une utilité réelle, et d'après ces considérations, j'ai cru ne devoir pas différer d'expédier au sieur de Sandoz, conformément aux idées que la sagesse de V. M. m'a suggérées, la dépêche que j'ai l'honneur de présenter ci-jointe à sa haute approbation et signature.

Malheureusement, lorsqu'on réfléchit au peu d'empressement du gouvernement français à exposer à V. M. ses véritables intentions sur les bases de la paix, en combinant cette circonstance avec les avis que nous recevons de tous côtés, on ne peut que conserver les plus grands doutes sur la sincérité de ses assurances de vouloir effectuer la paix sous la médiation de V. M., et j'avoue que selon mon opinion, le but de la mission du général Beurnonville n'a été que d'en imposer à la nation française et aux puissances étrangères par une affectation de confiance et d'intimité avec V. M.; que le Premier Consul n'en essayera pas moins toutes les voies possibles pour parvenir séparément à la paix, surtout avec l'Angleterre ou avec la cour de Vienne, et que ce ne sera qu'après avoir échoué à cet égard, qu'il reviendra peut-être à articuler effectivement envers V. M., pour les faire valoir par son entremise, les conditions déjà inutilement proposées et dont dès lors il n'y aurait plus aucun fruit à se promettre.

312. Erlaß an Sandoz-Rollin in Paris. Berlin 1800 Januar 31.

Die Vermittelung Preußens zwischen Frankreich und Rußland.

. . . A la suite des ordres que vous avez reçus le 19 de ce mois, . . . Jan. 31.
j'ai fait communiquer confidentiellement à la cour de Russie, par l'organe du baron de Krüdener qui réside actuellement de sa part à Berlin,

1800 Jan. 31. les dispositions conciliatoires exprimées par le sieur Talleyrand selon votre rapport du 5 janvier. Il s'entend que ce ministre a dû se borner à les prendre ad referendum, et il faudra voir maintenant l'effet et les explications qui en résulteront. Vous ne tarderez pas d'informer le sieur Talleyrand de cette démarche, en le priant d'en donner connaissance au Premier Consul. Mais vous y ajouterez surtout, officiellement et de ma part, qu'une ouverture aussi générale que celle que j'avais eu à transmettre à Pétersbourg ne promettrait que bien peu de fruit, puisqu'on ne pouvait mettre que peu de confiance dans la seule expression du désir de la paix, tant que les effets ne se manifestaient pas par des propositions formelles; que la France, en articulant envers moi de pareilles propositions déterminées, dictées par la sagesse et la modération et propres à jeter les fondements d'une pacification générale et solide, donnerait l'exemple de la conciliation, se ménagerait la confiance et le suffrage des puissances impartiales et y trouverait elle-même de nouvelles facilités pour amener la paix qu'elle assure désirer sincèrement; qu'aussitôt qu'elle me les aurait fait connaître d'une manière détaillée et complète, je n'aurais de mon côté rien de plus pressé que d'en faire, selon les circonstances, l'usage qui me paraîtrait le plus profitable pour le but salutaire dont il s'agit . . .

Folgt Mittheilung der Unterredung mit Beurnonville.

Berichte von Sandoz-Rollin aus Paris.

313. Sieyès. Bonaparte und Benjamin Constant.

Jan. 9. . . . Tout à coup Sieyès a prévenu ses collègues les sénateurs qu'il avait besoin de repos et passerait quelques jours à la campagne. Il s'y est rendu hier matin. C'est l'effet du mécontentement qu'il a éprouvé en voyant ses partisans et ses protégés absolument mis de côté[1]).

Le consul Bonaparte ne sait ou ne veut rien dissimuler. Il a dit en pleine assemblée en parlant de Benjamin Constant: »c'est un intrus, un petit brouillon; je casserai son élection comme inconstitutionnelle, il est étranger; et je ferai chasser Mme de Stael comme une mauvaise intrigante«[2]) . . .

---

1) Dazu gehörte, wie Sandoz am 2. Januar berichtet, u. A. Grouvelle, der frühere französische Gesandte in Dänemark, dessen Ernennung für den Posten im Haag der erste Consul verhinderte.

2) Die Veranlassung hiezu gab eine Rede Constant's. Vergl. Lanfrey II, 102.

314. Bevorstehende Maßregeln gegen den gesetzgebenden Körper und das Tribunat. Sieyès. Lucian Bonaparte.

... L'intention d'épurer le Corps législatif et le Tribunat et d'en 1800
réduire infiniment le nombre, existe toujours. Le consul Bonaparte a Jan. 16.
fait insérer dans le Publiciste un article, dont le but est de préparer les esprits des Parisiens à cette nouvelle scène, de ces Parisiens qui n'ont d'autre opinion que celle qu'on leur donne. Le sieur Sieyès est revenu présider dans le Sénat conservateur, comme je m'en étais douté; mais la retraite ne lui a rien fait perdre de sa morgue et de son humeur. L'influence dont il a joui baisse et tombe et ne servira pas même à protéger ses amis et ses créatures. L'homme qui arrête aujourd'hui la réduction du Corps législatif et du Tribunat est le sieur Lucien Bonaparte, ministre de l'intérieur. Il a dû représenter à son frère que cet acte d'autorité ferait soupçonner ses intentions d'aspirer à la souveraine puissance; ce qui a produit l'effet de suspendre ladite résolution, sans toutefois y renoncer ...

315. Systemlosigkeit der französischen Politik. Machtstellung Napoleon Bonaparte's. Sieyès.

... Aujourd'hui on parle à V. M. de médiation armée, demain on Jan. 23.
proposera une ligue du Nord pour la paix. Tout cela ne tirera pas à conséquence; se sont des tentatives que l'on essaye selon les circonstances et selon les besoins du temps. Il n'existe pas encore ici un système bien déterminé et suivi dans les relations politiques du gouvernement français avec ses amis et ses alliés ...

Rien ne prouve mieux, au dire de Talleyrand, la force du gouvernement actuel que le silence imposé aux journalistes et aux différents corps de l'État; tout cela a été opéré sans décrets, sans efforts, par la seule attitude imposante du Premier Consul. Il est vrai de dire que le Tribunat, comme le Sénat, n'agissent et ne décident que selon la volonté du gouvernement; la plus grande union et tranquillité y règnent dans ce moment[1]) ...

Quelle inconstance dans les opinions du peuple de Paris! Le sieur Sieyès, qui avait inspiré tant d'enthousiasme à son retour de Berlin, est

1) »L'opposition qui s'était montrée contre le gouvernement dans le premier moment de l'acceptation de la constitution est anéantie entièrement; nul membre des autorités constituées n'ose élever la voix. Tout cela provient de la force du gouvernement actuel«. (Sandoz, Jan. 19.) »Tout l'édifice du nouveau gouvernement repose en quelque sorte sur le général Bonaparte seul«. (Febr. 2.)

1800 Jan. 23. tombé dans un oubli profond, personne ne parle de lui et personne ne le regrette. Le don national qu'il a sollicité sous main a éclairé le public sur son désintéressement. On parle d'un entretien qu'il a eu dernièrement avec le Premier Consul, où il s'est montré très embarrassé et déconcerté. »Perdu, comme vous l'êtes, dans l'esprit de tous les partis«, lui a dit Bonaparte, »vous n'aurez bientôt plus d'autre défenseur que moi« . . .

316. Napoleon Bonaparte und Sieyès.

Jan. 26. . . . L'entretien du Premier Consul avec Sieyès dont j'ai rendu compte, a été suivi d'un second et puis d'un troisième. Un rapprochement très marqué s'en est suivi . . . On m'assure que de part et d'autre on s'est fait des confidences utiles, tendantes à démasquer une infinité de personnes qui tiraient avantage de leur désunion. On m'assure encore que Sieyès étant tombé d'accord du trop grand nombre des employés dans le Tribunat et dans le Corps législatif, partageait les idées du Premier Consul de les réduire extrêmement. C'est assez faire que d'ajouter foi aux notions qui m'ont été données à ce sujet; mais ce serait trop faire que de croire à la durée d'une semblable réunion. Jamais caractères d'hommes publics ne furent moins sympathisants. J'ai d'autant plus de répugnance à y croire, que le petit nombre de ceux qui jouissent présentement de la confiance du Premier Consul sont en brouillerie ouverte et en inimitié avec Sieyès. Roederer, Cambacérès, Volney, Talleyrand et Laplace ne dissimulent pas leurs sentiments à cet égard . . .

Napoleon Bonaparte und Sieyès.

Febr. 2. . . . La mésintelligence a cessé entre le Premier Consul et le président Sieyès; on s'est expliqué encore depuis peu avec confiance, et en cette occasion le consul Bonaparte a montré beaucoup de supériorité. »C'est un humoriste, a-t-il dit en parlant de Sieyès, et dont la circulation du sang est vicieuse; mais il marche bien et dans le sens que je pouvais souhaiter« . . .

317. Ruhe in Paris.

Febr. 6. . . . Si l'on pouvait douter de la considération que le gouvernement actuel inspire, le silence des factions en convaincrait. Jamais cette ville n'a joui d'un plus grand calme. On ne peut pas dire qu'il soit l'effet de la force armée, car la garnison est réduite aujourd'hui à 8 mille hommes: mais elle est l'effet de l'énergie du Premier Consul et de sa persévérance à détruire tout ce qui tient aux anciennes lois révolutionnaires. La considération pour le gouvernement s'établit, mais le crédit public est toujours en défaut . . . 1800 Febr. 6.

318. Unterredung mit Talleyrand. Napoleon Bonaparte.

Empfang des Erlasses vom 19. Januar. (Vergl. S. 358.) Aussitôt après leur réception, j'ai été chercher le sieur Talleyrand pour lui donner communication des dispositions de V. M. à porter des paroles de paix entre la Russie et la France quand elle y verrait les circonstances favorables, et je lui ai rendu littéralement tout ce qui était relatif à ce sujet. Ce ministre y a été sensible et m'a dit qu'il en ferait part dans le jour même au Premier Consul . . . Febr. 9.

En politique comme en administration, personne n'influe d'une manière habituelle sur sa volonté et sur son esprit [du Premier Consul], sa femme moins encore que qui que ce soit, et il ne l'écoute que pour des objets de bienfaisance. La vie qu'il mène est assez uniforme. Au milieu des affaires, il conserve l'habitude des camps, ce qui étonne beaucoup ses collègues et les ministres. Par ex. il fait dire à un de ses aides de camp d'être prêt dans une heure, et alors il lui donne la commission de se transporter à 200 lieues de distance. Rien ne paraît impossible à sa prodigieuse activité. Jusqu'à présent les convocations fréquentes du conseil d'État et des ministres le rendaient presque invisible aux ministres étrangers; mais cela ne sera pas de durée: dès qu'il aura pris possession de son nouveau logement aux Tuileries, je suis sûr qu'il sera très accessible pour le corps diplomatique. Nulle cérémonie n'est observée au reste: on converse assis ou debout, selon que cela est à la convenance de celui qui est admis. Cependant le Premier Consul regarde l'étalage du luxe et d'une grande représentation comme nécessaire pour une nation frivole; aussi les meubles de son nouvel appartement sont riches et magnifiques: sa chambre à coucher est celle qu'occupait Louis XIV. . . .

319. Die Vermittlung Preußens zwischen Frankreich und Rußland. Malta.

. . . Talleyrand s'est acquitté de ce qu'il m'avait promis. Il a communiqué au Premier Consul les dispositions de V. M. à moyenner un rapprochement entre la Russie et la France dès que les circonstances y seraient favorables. Le consul Bonaparte y a été infiniment sensible et m'a chargé de transmettre à V. M. l'expression de sa plus juste reconnaissance. Berlin est à ses yeux le centre de la pacification générale . . . Febr. 13.

1800 Febr. 13. On commence à sentir vivement ici la faute qu'on a faite d'avoir pris Malte et de s'exposer ainsi à la voir tomber sous la domination de la Russie ou de l'Angleterre. On est dès lors très décidé à rendre cette île aux chevaliers de l'Ordre, s'il en est temps encore . . .

320. Unterredung mit Talleyrand.

Febr. 20. Empfang des Erlasses vom 31. Januar (vergl. No. 312); darauf Gespräch mit Talleyrand. J'observai d'abord que les démarches envers le baron de Krüdener servaient de réponse à l'envoi du dernier courrier au général Beurnonville, et ensuite, que si le Premier Consul voulait sérieusement la paix, comme tout semblait le manifester, le seul moyen d'en convaincre les puissances belligérantes et d'abréger le temps était de décliner enfin les conditions qui devaient y servir de base . . . »Demain, ajoutai-je, il faudra bien articuler ce qu'on hésite aujourd'hui de prononcer« . . . Il n'est pas dans le caractère de Talleyrand de s'énoncer clairement et péremptoirement sur ces objets; il espère négocier mieux et obtenir davantage en s'expliquant moins. Ce ne fut que successivement et à propos rompus que je parvins à obtenir de lui les éclaircissements suivants: »Nous n'avons point d'ambition politique, et ce mot dit beaucoup pour votre cour, qui saura l'entendre. Tout ce qui a élevé des difficultés à Rastatt n'en fera plus aujourd'hui. Nous ne tenons plus ni à Ehrenbreitstein ni à Kehl, et nous ferons à cet égard tous les sacrifices que les intérêts de l'Empire pourront exiger«. »Qui peut vous empêcher, repris-je, d'ajouter à ces notions confidentielles la déclaration, si vous tenez ou si vous ne tenez pas à la ligne du Rhin«? . . . Talleyrand n'avoua ni ne rejeta cette brusque proposition de ma part. Il se contenta de me dire: »déclarer, comme nous le faisons, que nous n'avons point d'ambition, c'est disposer les puissances belligérantes à traiter. Le roi de Prusse jugera présentement dans sa sagesse et dans sa loyauté si nos principes sont modérés«[1] . . .

321. Mittheilungen Carnot's.

Febr. 24. Unterredung mit Carnot. C'est, selon lui, par une suite de l'espérance qu'on conserve ici de garder la ligne du Rhin, qu'on hésite de s'expliquer clairement sur la demande de V. M. concernant l'administra-

1) In Berlin erklärte man diese Äußerungen Talleyrand's für »subterfuges et vaines paroles«; man vermißte »une envie sérieuse et réfléchie du gouvernement français d'acheminer une pacification générale«. (Erlaß an Sandoz vom 7. März.)

tion civile de ses provinces. On craint que la concession qui en serait 1800
faite ne soit envisagée comme une renonciation à cette même ligne, ce Febr. 24.
qu'on veut éviter. J'ai donné une foi entière à cette observation de Carnot; le silence qu'on continue de garder à cet égard en est une preuve. Il blâma ensuite l'expédition d'Égypte comme aventurière et comme ayant été la cause de la destruction d'une flotte de onze vaisseaux de ligne, d'une dépense inutile de 60 millions et des revers de l'Italie. »On voudrait bien, ajouta-t-il, recouvrer l'armée qui s'y trouve, et cela ne sera pas facile«. Il m'assura que si son opinion eût été écoutée et suivie, il aurait fait la paix à des conditions qu'on ne retrouvera plus, dissimulant toutefois qu'il l'aurait conclue aux dépens de l'Allemagne et surtout de la Bavière . . .

322. Note des Grafen Haugwitz an General Beurnonville. Berlin 1800 März 2.

Concept von L. D. Le Coq; gez. Haugwitz.

Rückgabe der Civil-Verwaltung der linksrheinischen Besitzungen Preußens.

Durch Art. 5 des Friedens von Basel ist den französischen Truppen nur März 2.
das Recht der Besetzung eingeräumt. Quant à la possession civile, . . . la Prusse poursuivait ou reprenait le libre exercice des droits qu'elle n'avait jamais abandonnés . . . Aussi . . . n'y eut-il aucun doute à cet égard, dans les premiers temps qui suivirent la conclusion de la paix. Immédiatement après cet événement et même jusqu'au commencement de l'année 1797, les dicastères et collèges d'administration prussiens exercèrent leurs fonctions dans ces provinces, à quelques discussions près que la cupidité ou la mauvaise volonté de quelques commissaires subalternes faisait naître de temps en temps . . . Ce ne fut que postérieurement à l'époque dont je viens de parler et après que le Directoire exécutif se fut abandonné de plus en plus à des principes entièrement subversifs des lois de la justice, que les autorités prussiennes se virent obligées de quitter le pays et de se soustraire à des vexations de tout genre, et depuis ce temps, on n'a cessé de protester contre cette violation ouverte de la foi des traités et de réclamer le recouvrement de l'administration civile si injustement envahie . . . D'après les dispositions du Premier Consul consignées dans la lettre confiée au chef de brigade Duroc, . . . le Roi ne saurait conserver le moindre doute sur le prompt et entier accomplissement de ses désirs à cet égard . . .

323. Graf Haugwitz an König Friedrich Wilhelm III. Berlin 1800 März 3.

Concept von L. D. Le Coq; gez. Haugwitz.

Unterredung mit Beurnonville.

J'ai à rendre très humblement compte à V. M. du dernier entretien März 3.

1800 März 3. que j'ai eu avec le général Beurnonville ... Ce n'est pas certainement que cet entretien ait répondu à l'attente que l'arrivée du courrier de Paris aurait pu en faire concevoir; mais l'indiscrétion et le peu de fidélité avec laquelle ce ministre porte dans le public des propos réciproquement tenus, qu'il présente souvent dans un sens et sous un point de vue tout différents, sans égard même au caractère et au rang de la personne avec laquelle il s'est entretenu, m'obligent à rapporter exactement à V. M. la teneur de notre conversation et à lui demander la permission d'en agir de même à l'égard de celles que j'aurai dans la suite avec lui, afin d'attester et de constater la vérité à cet égard [1]).

Le général Beurnonville ne m'a parlé essentiellement que des provinces transrhénanes, et le résultat de ses discours a été la demande d'une nouvelle note sur ce sujet . . . Il a élevé vaguement la question s'il n'y aurait pas moyen de céder ces provinces à la Hollande ou à la France contre l'abandon que la première pourrait faire à V. M. du terrain jusqu'à l'Yssel? Mais, sur l'observation que je lui fis, que c'était là un objet qui ne pourrait être traité qu'à la paix générale, où il s'agirait de régler les intérêts des puissances concernées, l'affaire en est restée là, et il n'en a plus été question.

Ce n'est qu'en passant, et par manière d'acquit, qu'il a fait mention des bons offices de V. M. pour un rapprochement avec la Russie. Me doutant déjà alors qu'il visait à se mettre sur ce sujet en relations directes avec le baron de Krüdener et à traiter avec lui, j'en ai été d'autant plus empressé à lui rappeler que V. M. avait déjà fait envers ce ministre des démarches pour porter à sa cour des paroles conciliatoires de la part de la France, et qu'il fallait avant toutes choses en attendre le résultat, et je me suis aperçu avec surprise qu'il paraissait avoir complètement oublié la communication que je lui avais déjà faite précédemment sur ce sujet. V. M. est informée que mes soupçons sur les tentatives directes du général Beurnonville envers le baron de Krüdener étaient très fondés, mais que ce dernier a décidément repoussé ses avances [2]) . . .

---

1) La manière d'être du nouveau ministre de France ne répond pas, tant s'en faut, aux espérances que j'en avais conçues. Les propos vagues et décousus, l'inconséquence qu'on y découvre, mais surtout l'indiscrétion avec laquelle il les répand dans le public dans un sens et sous un point de vue tout différent, rendraient toute négociation avec lui très difficile, sinon impossible, et autorisent l'appréhension que ses rapports au Premier Consul ne sont rien moins que fidèles et conformes à l'exacte vérité. Erlaß an Sandoz, 3. März.

2) König Friedrich Wilhelm erwiderte hierauf am 8. März: J'ai reçu votre rapport du 3 sur la conférence tant annoncée du général Beurnonville, et je vois que les résultats sont toujours les mêmes ou plutôt que ces éternelles jactances n'en auront aucun . . .

Hierauf folgt das Gesuch Napoleon's betreffend die Büste Friedrich's des Großen[1]). 1800 März 3.

Berichte von Sandoz-Rollin aus Paris.

324. Unterredung mit Talleyrand.

Talleyrand macht Mittheilungen über die Verhandlung mit England. März 2. »Nous voulons la paix«, continua-t-il, »et nous l'aurons; tout dépendra seulement de savoir si la Prusse et la Russie, appelées par leur rang et par leurs forces à y intervenir, nous laisseront à la merci de la vaste ambition de la cour de Vienne. Nous ne demandons au roi de Prusse ni armée ni alliance; nous ne lui demandons que l'emploi de ses bons offices pour nous réconcilier avec la Russie et sauver l'Italie. Mais le temps presse, et je ne puis assez vous le répéter: . . . les opérations militaires commenceront vraisemblablement en Allemagne du 15 au 20 de ce mois. Notre armée, devenue supérieure aujourd'hui à celle de l'Autriche, aura nécessairement les plus grands succès. C'est le moment que choisira le baron de Thugut pour reprendre ses pourparlers et pour diminuer peut-être ses prétentions, mais jamais assez pour maintenir l'équilibre en Italie« . . .

325. Unterredung mit Napoleon. Lucian Bonaparte.

[Nicht chiffrirt] Ma dernière et très humble dépêche rendait compte März 5. à V. M. des instances du ministre Talleyrand d'intervenir à ce que le gouvernement français ne fût pas dans ses négociations de paix à la merci de l'Autriche et de maintenir l'équilibre de l'Europe en sauvant une partie de l'Italie.

Celle-ci rend compte présentement d'un entretien que j'ai eu avec le Premier Consul, et qui roulait sur le même objet; entretien qui a été provoqué de sa part. Le ministre Talleyrand était présent. Son début fut de me dire: »Je suis dans des termes de politesse avec la cour de Vienne et je serai bientôt peut-être en mesure de renouer des pourparlers avec ladite cour, ce qui dépendra des événements très prochains. Ma reconnaissance pour le système de neutralité du roi votre maître et pour les marques d'amitié qu'il m'a témoignées m'obligent de ne rien déterminer à cet égard sans l'avoir prévenu de nos dispositions futures. Je vais vous parler en militaire et nullement en politique. Convient-il aux intérêts de la Prusse de sacrifier l'Italie à la vaste ambition de l'Autriche, et de lui procurer un agrandissement de 18 millions d'hommes dans cette partie de l'Europe? car la cession de Venise, de la Lombardie, de la Toscane, de Rome et des trois légations, emportera nécessairement cette augmentation de forces et de puissance. Le peuple

1) Vergl. Häusser 2, 282.

1800 März 5. français veut la paix, en a besoin, et se mettra peu en peine qu'elle se fasse aux dépens de l'Italie; de mon côté j'ai pris l'engagement de la lui procurer, et je dois le tenir. Si le sort de cette Italie est indifférent au roi de Prusse et qu'il ne le considère pas comme dangereux pour sa propre puissance, tout est dit; nous n'avons dès ce moment qu'à nous résigner, qu'à traiter et à conclure. Si au contraire un semblable accroissement déplaît au roi de Prusse, quels sont ses moyens d'y remédier? Voudrait-il opérer une réconciliation utile entre la France et la Russie, et engager cette puissance à rappeler ses troupes des îles de Jersey et de Guernsey? Ou bien voudrait-il retirer l'électeur de Bavière de la coalition, le remettre à son simple contingent en neutralité et en paix? Nous trouverions dans l'une et l'autre de ces mesures une assistance très utile de sa part et qui ne l'engagerait à rien, notre intérêt n'étant pas de l'entraîner en aucune manière dans la guerre présente. Si l'un ou l'autre de ces moyens de préparer une pacification limitée et modérée entre dans les intérêts du roi de Prusse, je m'engagerais alors de ne faire la paix avec l'Autriche que sous les conditions qui seront jugées les plus convenables au maintien de l'équilibre général, et de ne traverser la Bavière qu'en ami, en observant la plus exacte discipline et en évitant surtout de passer par sa capitale Munich; autant d'articles qui feraient l'objet d'une transaction particulière.

»En Allemagne, continua le Premier Consul, je tiens à la ligne du Rhin, dans le sens déterminé par le traité de Campo Formio, mettant de côté tout ce qui a été dérogé par l'ancien Directoire, telles que les demandes de Kehl, de Cassel, d'Ehrenbreitstein, et de quelques autres localités, s'il en était besoin. Je laisserai encore au roi de Prusse le choix de rentrer à la paix en possession de ses provinces transrhénanes, s'il préférait de les conserver à les échanger. Voilà ce que j'entends, ajouta-t-il, par la ligne du Rhin. D'après cet exposé, je vous déclare ici que je ne mettrai jamais ma signature à un traité de paix, sans la cession de la Belgique et sans celle de ladite ligne. L'opinion est fixée en France à cet égard, et je ne puis plus m'en séparer sans déshonorer mon consulat et sans ruiner ma considération.

»J'ai une armée de 180 mille hommes effectifs sur le Rhin, et je puis m'en promettre sans forfanterie des succès certains. J'aurai, indépendamment de l'armée d'Italie, un camp de 80 mille hommes rassemblé aux environs de Dijon et que j'inspecterai moi-même peut-être. Je destinerai ces troupes à agir selon les occurrences soit en Suisse, soit en Italie. Au reste j'abandonne le rétablissement du système républicain dans cette partie de l'Europe; les hommes qui s'y trouvent n'ont ni l'intelligence, ni les mœurs, ni le caractère propres à ce régime; tout y est dégradé et bas.

»Malte est ravitaillée pour six mois, et je viens d'en recevoir la nouvelle. Nous aurons plus à cœur de la rendre à l'ordre de ce nom, qu'à vouloir la conserver. Les Anglais rusent et trompent les projets des Russes sur ladite île. 1800 März 5.

»Si vous m'avez bien compris, interrompit ici le Premier Consul, la question qui fait le sujet de cet entretien se réduit à savoir s'il est de l'intérêt du roi de Prusse de sacrifier l'Italie à l'ambition de l'Autriche, ou si S. M. a des moyens de pouvoir y remédier. La campagne va s'ouvrir et il me serait infiniment intéressant de connaître sa réponse avant la fin de ce mois de mars. Je vous presse donc d'expédier en diligence un courrier à Berlin pour le rendre porteur de cet exposé. J'ai préféré de vous en rendre dépositaire, pour éviter les mésentendus«[1]).

[Chiffrirt] Il est à remarquer que dans la durée de cet entretien le sieur Talleyrand n'a ouvert la bouche que pour replacer la Belgique dans les conditions absolues de la paix. Ma réponse fut de dire au Premier Consul que je céderais à ses désirs en faisant passer par courrier ce qui venait de m'être confié. Quelques observations de ma part suivirent d'abord. Je ne voyais pas, d'après l'énumération des forces actuelles des armées françaises, que l'Autriche pût dicter et commander les conditions de la paix; ensuite il serait bien plus préjudiciable encore à la France qu'à la Prusse de laisser agrandir à ce point l'Autriche, et enfin que la paix qui s'ensuivrait ne serait que plâtrée et peu durable. Assouvir l'ambition d'une puissance n'est pas l'éteindre; c'est au contraire l'alimenter fortement et lui acquérir de nouvelles forces. Quel que fût le lot de la France dans ces arrangements futurs, je voyais l'Italie tombée entièrement sous la domination de l'Empereur. Ici le Premier Consul m'interrompit pour me dire que si les forces actuelles de la France étaient suffisantes pour déjouer toutes les entreprises de l'ennemi, elles ne l'étaient pas néanmoins pour prolonger et porter la guerre dans les provinces héréditaires de l'Autriche et forcer cette puissance à la paix. Le besoin de celle-ci était tel, que le gouvernement consulaire devait en tirer sa prospérité et sa force . . .

Je replace ici que le Premier Consul envisageait la régence civile comme une misère qui ne souffrirait pas de difficulté et qui était subordonnée aux grands intérêts dont il venait de me faire part.

---

1) Les propositions incomplètes et insidieuses du consul Bonaparte sont bien loin de mériter une grande attention et de pouvoir conduire à quelque but d'utilité réelle. Elles tendent principalement à compromettre V. M. avec les cours coalisées et passent sous silence et ne touchent qu'imparfaitement et d'une manière peu satisfaisante les objets qui l'intéressent directement et de près. Haugwitz an Friedrich Wilhelm III., März 7.

1800 März 5. La nomination des préfets a occupé depuis quelques jours la curiosité du public, et on en a blâmé généralement les choix comme reproduisant des personnes qui ne sympathisent pas avec le gouvernement actuel. Dans mon opinion, tout cela importe peu. Les préfets n'auront d'autre tendance que celle qui leur sera imprimée. Ainsi Charles Delacroix, Jacobin sous le gouvernement qui l'était, deviendra soumis sous celui-ci[1]. Tels sont les hommes lorsqu'ils sont mus, comme en France, par le besoin de la faveur et de la fortune. »Il n'y a plus de Jacobins«, m'a répété plusieurs fois le Premier Consul. Il avait raison. Le gouvernement acquiert chaque jour plus de considération et de force, et l'armée lui est entièrement dévouée. La fermeté de Bonaparte s'étend même envers sa famille. Son frère Lucien Bonaparte, ministre de l'intérieur, irrité de ce qu'on avait rejeté plusieurs préfets qu'il avait proposés, lui a dit dans le fort de la colère; »si vous n'avez pas les talents d'un Cromwell, vous ne ferez pas de moi un Richard Cromwell. Il faut nommer ceux que j'ai désignés, autrement je vous abandonne ainsi que les miens«. »Qui sont les vôtres en France«, a repris le Premier Consul. »Ce sont tous les patriotes«. »Je vous donne vingt-quatre heures pour quitter votre ministère ou le continuer«, a répliqué le consul. Lucien Bonaparte a cédé et s'est soumis . . .

326. Audienz bei Napoleon Bonaparte.

März 9. . . . [Nicht chiffrirt] Hier était le jour d'audience du Premier Consul au Corps diplomatique. Je m'y rendis avec les conseillers de légation Roux et de Bohm, qui y furent présentés. Après quelques paroles indifférentes, ce chef de la République me dit: »on ne veut pas croire en Allemagne, à ce que j'apprends, au désarmement et à la pacification de la Vendée. Cependant il faudra bien qu'on y ajoute foi quand on saura que de tous ceux qui en étaient les chefs quelques-uns sont en fuite, d'autres sont à Paris et d'autres ont été fusillés, et quand on saura que la tranquillité règne tellement dans les contrées ci-devant insurgées, que les contributions s'y perçoivent avec beaucoup de facilité. C'est ainsi . . . qu'on envisage en Allemagne la République française épuisée et hors d'état de soutenir la guerre. Je prouverai le contraire« . . .

[In Chiffern] La voix générale du peuple de Paris et de la France est celle-ci dans ce jour: le gouvernement actuel est le meilleur de tous ceux qui ont passé, et il ne peut que prospérer encore; nous ne saurions mieux faire que de nous y attacher . . .

---

1) Delacroix wurde am 3. März zum Präfekten des Departements der Rhone-Mündungen ernannt.

327. Ansehen Napoleon Bonaparte's in den Departements.

. . . Ce dont on parle avec éloge dans les départements, c'est de l'énergie et de la justice de l'administration du Premier Consul. Il a su se faire aimer et respecter. On dit: que ne doit-on pas attendre du bien qu'il fera en temps de paix, puisqu'il trouve le moyen d'en faire en temps de guerre? Toutes les divisions semblent être étouffées, et toutes les autorités semblent tendre à un seul et même but, celui de fortifier le gouvernement. Un mot du Premier Consul mérite d'être rapporté ici, parce qu'il donne la mesure de son caractère et de ses principes de gouvernement. Il disait, il y a quelques jours, en présence de vingt personnes: »je ferai ce que n'a fait encore aucun gouvernement passé et présent; je terminerai les dix années de ma magistrature sans révoquer ni un général, ni un conseiller d'État et un ministre, ni un préfet. Mes instructions seront précises, et il n'y aura pas moyen de s'en écarter« . . . 1800 März 16.

328. Unterredung mit Talleyrand. Kriegsplan gegen Österreich.

. . . Les avances dérobées et maladroites du général Beurnonville März 20.
au baron de Krüdener[1]) sont entièrement à lui et ne doivent point être imputées au gouvernement français, qui y est entièrement étranger. J'en ai la preuve dans la communication même que le sieur Talleyrand m'a faite de sa lettre expédiée par courrier. Instruit par Beurnonville de cette inconcevable inconséquence, il l'a blâmé hautement, observant que la diplomatie avait ses principes et ses règles, et que la conduite à y tenir était une science plus difficile qu'on ne le pensait en France. Un des articles de cette lettre que j'ai retenu était celui-ci: le Premier Consul mettant sa confiance dans la sagesse et la loyauté du roi de Prusse, le laisse absolument l'arbitre de déterminer le mode et les conditions du rapprochement de la République avec la Russie; tout ce qui aura été fait sera ratifié avec une vive reconnaissance . . .

L'armée de 80 mille hommes rassemblée au camp de Dijon est destinée uniquement . . . à se porter précipitamment en Italie et à se rendre maître de Milan. Traversant en effet le pays de Vaud et le Saint-Gothard, elle tombera en Italie, avant que les Autrichiens occupés du côté de Gênes et de Nice puissent rétrograder; ils se trouveront de cette manière coupés sur leurs derrières[2]) . . .

---

1) Vergl. S. 368.

2) Man sieht, wie wenig das Geheimniß des napoleonischen Kriegsplans, von dem Thiers, Histoire du Consulat et de l'Empire I, 196, so viele Worte macht, verborgen blieb.

329. Audienz bei Napoleon.

1800 März 23. ... Hier le Premier Consul, à l'audience du Corps diplomatique, ... m'a dit: »je ne m'attendais pas d'avoir réveillé tant d'enthousiasme dans cette nation. On ne saurait s'en faire une idée. Les demandes de ceux qui s'offrent volontairement à servir dans l'armée de Dijon sont innombrables, et cela de tous les partis de la République. Cette armée, si j'en avais présentement le désir, pourrait être portée à 150 mille hommes. Il n'y a que cette nation au monde susceptible de passer de l'abattement le plus profond à l'élan le plus extraordinaire. On ignore cela dans l'étranger, et par conséquent ses moyens et sa puissance. On n'y saura jamais également les causes secrètes qui font mouvoir la plupart des événements; par ex. le comte d'Artois a eu beaucoup de part à la pacification de la Vendée; ses lettres témoignent qu'il aurait été désespéré, dans la haine qu'il porte à son frère le prétendant, de le reconnaître pour roi et pour maître. Ainsi un Bourbon a désorganisé sous main l'insurrection que l'Angleterre organisait avec tant d'effet et d'argent dans l'Ouest de la France«. A la suite de cette particularité, le Premier Consul m'apprit qu'il comptait partir vers le 10 ou le 12 avril pour Dijon; que son absence ne serait que de 11 jours au plus, et que d'après cela ni le ministre des relations extérieures ni le Corps diplomatique ne serait dans la nécessité de se déplacer ...

330. Erlaß an Sandoz-Rollin in Paris. Berlin 1800 März 28.
Unterredung zwischen Haugwitz und Beurnonville.

März 28. ... [Nicht in Chiffern] L'objet principal de celle-ci est de vous faire part d'une explication que mon ministre du cabinet, le comte de Haugwitz, vient d'avoir avec le général Beurnonville, au sujet de la future pacification avec l'Empire. Cet envoyé lui a parlé d'une ligne de la Meuse et de la Moselle qui, selon l'idée du Premier Consul, pourrait servir de base à l'arrangement des nouvelles frontières entre les deux États ... Il a déclaré que les ordres de son gouvernement l'autorisaient à s'en ouvrir. On est entré dès lors en explication avec lui sur le sens que ce gouvernement y attache, et l'on a compris que son idée serait de prendre le Rhin pour frontière de la France jusqu'à son confluent avec la Moselle, c'est-à-dire jusqu'au point de Coblence; de remonter ensuite ce fleuve jusqu'à un point qu'il s'agirait de déterminer encore et de tirer de là une ligne jusqu'à tel point donné du cours de la Meuse, de manière que le terrain entre cette ligne, la Moselle, la Meuse et le Rhin resterait à l'Empire ... J'ai fait témoigner en réponse au général Beurnonville

qu'à la vérité cette proposition, comme en général tout ce qui touchait 1800
d'une manière directe les intérêts de la Prusse, pourrait être un objet März 28.
d'examen et de discussion entre celle-ci et la France, et que sous ce point de vue j'étais loin de vouloir m'y refuser aux pourparlers qui s'y rapportent; mais que dans les circonstances présentes, où le but et le désir de la République était de frayer les voies au rétablissement de la tranquillité générale, il semblait être beaucoup moins question de ce point de vue isolé que de me mettre, conjointement avec la Russie, en état de porter des paroles de paix et d'en articuler les bases fondamentales envers la cour de Vienne aussi bien qu'envers l'Empire, et que pour cet effet l'essentiel était d'abord d'engager le cabinet de Saint-Pétersbourg à entrer dans les vues conciliatoires de la France et de les seconder; qu'il fallait donc avant toutes choses voir la réponse probablement très prochaine de ce cabinet; ... que d'ailleurs je priais le Premier Consul de considérer que, quelle que fût ma façon de penser particulière et mon désir d'amener une conciliation, il était impossible cependant qu'en qualité d'État prépondérant de l'Empire germanique, je fusse le premier organe d'une proposition qui ne tendait à rien moins qu'à détacher une partie très considérable et infiniment précieuse de son territoire et à le priver en particulier de la forteresse de Mayence comme de son boulevard principal, et qu'il me paraissait à d'autant plus forte raison essentiel de connaître avant tout les dispositions de la Russie, dans l'attente desquelles j'abandonnais au gouvernement français de se consulter de plus en plus sur les bases qu'il pourrait articuler pour jeter les fondements de la pacification générale ...

Berichte von Sandoz-Rollin aus Paris.

331. Unterredung mit Napoleon Bonaparte.

... Avant-hier le Premier Consul m'a dit: »la rupture avec l'Au- April 24.
triche est inévitable, et les hostilités vont commencer; les ordres viennent d'être envoyés en conséquence aux armées. Jusqu'à cette heure, j'avais trouvé dans la correspondance du cabinet de Vienne des indices de dispositions pacifiques, mais les intrigues de l'Angleterre, ou plutôt son argent l'ont emporté. Ses propositions sont devenues dès lors si déraisonnables, qu'il ne m'a plus été possible de les écouter. Je ferai donc la guerre, puisqu'on m'y force. On s'est abusé à Vienne et en Europe peut-être sur mes offres pressantes de paix; on les a attribuées à des sentiments de crainte, à la pénurie de nos ressources et à l'instabilité du gouvernement actuel; erreur funeste, dont on ne tardera pas à être détrompé. Certainement je ne crois pas être présomptueux en présageant

1800 que la chance tournera absolument dans cette guerre contre l'Autriche.
April 24. Nos armées sont complètes, animées du même esprit et commandées par des généraux expérimentés et habiles; toutes nos forces sont concentrées, et de quelque côté que l'ennemi veuille nous attaquer, il trouvera un front d'airain inexpugnable«. Le Premier Consul ajouta ensuite cette réflexion: »si le Directoire exécutif a commis une faute énorme en refusant la paix à Rastatt sur les bases du traité de Campo Formio, le cabinet de Vienne en commet une plus grande encore en refusant d'admettre des propositions qui l'amélioraient encore; il aura bientôt lieu de s'en repentir« . . .

Je lui témoignai . . . le désir de lui communiquer un extrait des ordres de V. M. du 4 de ce mois relativement à la Russie et à la rive gauche[1]. L'ayant agréé, je lui en fis lecture dans la soirée du même jour. Il y prêta beaucoup d'attention et me dit: »certainement la médiation du roi de Prusse pour la paix continentale eût été utile dans un autre temps; mais aujourd'hui elle resterait sans effet. La guerre est prête à éclater; l'Autriche n'est pas une puissance avec laquelle on traite avec facilité, et pour peu que j'eusse fait confidence à Berlin et à Madrid de mes pourparlers avec cette puissance, tout accès et tout moyen de correspondance m'eût été fermé aussitôt. Il faudra donc combattre et attendre l'issue des événements, avant de profiter des bonnes dispositions conciliatoires du roi de Prusse. Je tiens à la ligne du Rhin pour la France, parce que nos revers n'ont pas été de nature à y faire renoncer, parce que la considération du nouveau gouvernement y est attaché, et enfin parce que nous croyons avoir les forces suffisantes pour maintenir la cession qui en a été faite à Rastatt. En effet, quoiqu'on s'étudie à les rabaisser dans l'étranger, je les estime suffisantes pour déconcerter non seulement les efforts des Autrichiens, mais encore pour remporter des avantages considérables et vivre aux dépens de l'ennemi. On ne voudra pas contester au moins au gouvernement français quelque expérience en tactique militaire; ce serait trop s'abuser. La mauvaise issue de l'expédition d'Égypte offre même une chance favorable à la concentration de nos forces. Nous retrouverons dans le courant du mois de mai prochain un corps de 18 mille hommes composé de troupes aguerries et de généraux habiles propres à se réunir à l'armée d'Italie. Mon départ précipité de l'Égypte a fait commettre des fautes et a porté de plus un découragement que rien n'a pu arrêter. Le soldat a envisagé ce départ

1) In dem Erlaß vom 4. April schrieb der König, daß der Verzicht Frankreichs auf die Rheingrenze »me mettrait en état de tenir, conjointement avec la cour de Russie, un langage propre à remplir le but proposé à l'égard de l'Autriche« (Österreich zum Frieden zu zwingen).

comme un signe certain de ce que j'avais reconnu l'impossibilité de me soutenir en Égypte, ce qui était loin de ma pensée; dès lors il n'a plus été possible de le guérir de ses craintes et de son abattement«. »Que deviendra la Bavière au milieu du choc des armées?« interrompit ici le général Bonaparte. »Elle vient de consacrer son attachement pour l'Autriche et son inimitié pour la France au moyen du traité de subsides conclu avec l'Angleterre. Que deviendra-t-elle, la Bavière, si, forçant les Autrichiens de rentrer dans les provinces héréditaires, nous parvenons à occuper cet électorat? Le roi de Prusse ne voudra pas exiger alors de nous que nous ne mettions pas ce pays à contribution, et que nous ne le fassions repentir de l'infidélité de l'électeur. Pourquoi cet excès de contingent? pourquoi ce traité de subsides, et pourquoi ces preuves publiques d'attachement et de confiance pour notre ennemi le plus acharné, l'Angleterre?« . . . 1800 April 24.

Passant de là aux soins que V. M. prend pour ménager un rapprochement entre la Russie et la France, il me chargea d'être l'interprète de sa reconnaissance à cet égard. Il ajouta que, connaissant l'esprit de droiture et d'ordre que V. M. mettait dans toutes les affaires, il n'avait aucune impatience sur le retard de la réponse attendue de Pétersbourg . . .

332. Nachtrag zu der Unterredung mit Napoleon Bonaparte.

. . . Un autre objet sur lequel je me suis entretenu avec le Premier April 27.
Consul était celui de la régence civile des provinces transrhénanes. Je le replace ici, le temps m'ayant manqué l'ordinaire dernier pour en faire mention. »Tout impose«, ai-je dit, »la nécessité d'adhérer à la juste demande de V. M. à cet égard, l'observation exacte du traité de Bâle et le maintien de la [Lücke] dans lesdites provinces, troublée sans cesse par les agents français«. La réponse du Premier Consul a été au moins énoncée avec franchise. »Mon opinion sur cette discussion«, m'a-t-il dit, »a été que la France possède l'usufruit de ces pays aussi longtemps qu'il y conserve l'occupation militaire, et cette opinion a été appuyée encore du suffrage de ceux-mêmes qui ont participé au traité de Bâle, tels que Cambacérès et Carnot; mais avant de prendre une décision définitive sur cet objet, j'attends un rapport de Talleyrand, que sa maladie a interrompu«. »L'occupation militaire n'entraîne pas l'usufruit«, opposai-je; »mille exemples peuvent servir à le prouver. La France a déjà fait droit sur cette vérité lorsqu'à la ratification du traité de Bâle, elle souscrivit à la réintégration des autorités prussiennes dans lesdites provinces; réintégration dont elles ne furent déchues qu'après un certain temps et par la malveillance de quelques agents intéressés« . . .

Erlasse aus Berlin an Sandoz-Rollin in Paris.

333. Frankreich und Österreich.

1800 Mai 1. . . . Dans ce moment encore, il dépendrait peut-être de la France de s'assurer, par une déclaration franche de vouloir restituer la rive gauche à l'Empire et rendre, par la retraite de ses troupes, une indépendance réelle à la Hollande et à la Suisse, de s'assurer, dis-je, de la concurrence de la Prusse et de la Russie pour brider l'ambition de l'Autriche en Italie; mais ce moment passé, et la rive gauche arrachée aux Français par les armes de cette puissance, il sera infiniment plus difficile de la retenir dans de justes bornes . . .

334. Verständigung zwischen Preußen und Rußland.

Mai 5. . . . Je dois vous dire à cette occasion que le courrier si longtemps attendu de Pétersbourg est enfin arrivé. Les démarches que j'avais faites envers l'Empereur, relativement au désir de la France de s'arranger séparément avec lui, n'ont pas eu, à la vérité, tout l'effet que celle-ci en attendait; mais ce monarque ne s'en est pas moins fortement rapproché des principes que j'ai suivis moi-même en dernier lieu, et c'est comme un effet de ce retour à mon système, qu'il faut regarder la retraite de ses troupes de l'Allemagne, et en particulier le rappel nouvellement résolu de celles qui se trouvaient aux îles de Jersey et Guernsey. L'Empereur se montre prêt surtout, d'après les relations intimes d'harmonie et de bonne intelligence qui subsistent plus que jamais entre nous, à se concerter avec moi sur les objets de la pacification générale, lorsque les circonstances y seront favorables. Je vous fais part de ce que ci-dessus . . . pour que vous vous expliquiez verbalement en conséquence, envers le sieur Talleyrand et envers le Premier Consul lui-même, sur l'arrivée du courrier, sur les dispositions manifestées par l'Empereur pour un concert ultérieur avec moi et sur le rappel des troupes russes, qui tient de très près à ces dispositions. Mais je dois y ajouter, pour vous seul, que suivant les dernières explications du Premier Consul envers vous, le moment d'y donner une suite ultérieure n'est pas venu encore. Mon intention avait été de faire connaître à la France, après m'en être concerté avec la Russie, mes idées sur cette ligne de la Moselle et de la Meuse par elle mise en avant; mais la déclaration que le Premier Consul vous a faite [1]) doit m'arrêter tout court, et puisqu'une explication de ce genre ne mènerait actuellement à rien du tout, il ne me reste qu'à attendre et

---

1) Vergl. den vorhergehenden Bericht vom 24. April, S. 376.

vous-même serez attentif à saisir et à m'indiquer le moment où les circonstances paraîtront seconder mieux le désir qui m'anime toujours de pouvoir rendre la paix à l'Allemagne sur des bases solides et contribuer à la pacification générale, et où je pourrais, conjointement avec la Russie, travailler avec espérance de succès à ce grand but . . . 1800 Mai 5.

335. Unterredung zwischen Haugwitz und Beurnonville.

Haugwitz macht dem französischen Gesandten von den in dem Bericht vom 24. April enthaltenen Erklärungen Napoleon's Mittheilung, und fügt hinzu »que cela étant, il ne dépendait pas de moi de donner pour le moment de la suite à mes bons offices et qu'il ne me restait par conséquent qu'à attendre que la France crût le moment favorable pour y revenir«. Le général Beurnonville a répliqué . . . »qu'il pouvait me garantir que le penchant du Premier Consul pour la paix était constamment le même et qu'il attachait toujours le plus grand prix à ce que je voulusse me concerter avec la Russie pour consacrer nos bons offices à ce but, aussitôt que Bonaparte croirait les circonstances propres à les seconder«. Finalement le comte de Haugwitz l'a assuré que d'après ce qu'il venait de lui dire, je m'emploierais sans discontinuer à tenir la voie ouverte en Russie pour pouvoir, dès que la France voudrait en effet recourir de nouveau à mes bons offices et continuer ainsi ses ouvertures précédentes, me concerter avec l'empereur Paul pour l'emploi de nos bons offices communs. Vous déclarerez la même chose tant au sieur Talleyrand qu'au Premier Consul même, . . . et en leur témoignant ma persévérance dans les mêmes dispositions conciliatoires manifestées précédemment, vous leur donnerez à connaître que pour y donner suite et reprendre le concert proposé, je n'attendais que les explications ultérieures qu'ils me feraient passer lorsqu'ils en jugeraient le moment convenable . . . Mai 19.

Berichte von Sandoz-Rollin aus Paris.

336. Gegensätze im französischen Ministerium.

. . . Tout marche ici comme si le Premier Consul était présent, et on n'entend plus parler des intrigues et des complots des Jacobins que du Grand-Turc . . . Il est à remarquer au reste que la composition des divers ministères en France est absolument discordante. Carnot ne peut pas souffrir Talleyrand et le déclare hautement; Lucien Bonaparte ne peut pas souffrir le ministre de la police et ne s'en cache point, et Fouché de Nantes cherche toutes les occasions de décrier le ministre des re- Mai 9.

1800 Mai 9. lations extérieures et de lui nuire. Cette discordance, qui eût été fâcheuse sous l'ancien Directoire, ne cause aucun inconvénient sous le général Bonaparte; il a rallié tout à lui . . .

337. Äußerung Napoleon Bonaparte's zu Josephine. Beurnonville.

Juni 1. . . . Le Premier Consul a dit à sa femme: »on me croit assez léger et assez inconséquent dans l'étranger pour me soupçonner d'arrière-pensées en faveur d'un prince de la maison de Bourbon[1]). On ignore donc que si même un prince pouvait entrer en engagements avec moi sur cette matière, j'aurais aussi peu de foi à ses promesses qu'à ses engagements. Je suis persuadé que je ne tarderais pas à être traité comme un réprouvé, si je ne l'étais pas comme un rebelle« . . .

Le général Beurnonville a demandé 50 mille francs pour les dépenses secrètes. On en a ri et on lui a répondu que le sieur Sieyès n'en avait porté en compte que 260 livres. Il a rempli ses dépêches de plans de campagne, blâmant Moreau et avertissant Masséna des dangers qu'il éprouverait. On en a ri encore, et on l'a prié de se rappeler qu'il est ministre à Berlin et nullement général. C'est Talleyrand même qui m'a confié ces particularités.

338. Massena wird der Bestechlichkeit beschuldigt.

Juni 14. . . . Dans les événements de la guerre les moindres échecs ternissent les meilleures réputations. La belle défense du général Masséna est oubliée déjà depuis la capitulation[2]). On le soupçonne présentement d'une connivence coupable avec les Autrichiens; on dit qu'il a livré la place pour une somme d'argent et pour sauver celle qu'il y avait déposée à force de réquisitions et qu'on évalue à deux millions 800 mille francs. Ces soupçons transpirent ici dans le public et ont pris leur origine dans les rapports qu'a faits un officier de son armée, arrivé à Paris il y a six semaines . . .

339. Erlaß an Sandoz-Rollin in Paris. Berlin 1800 Juni 26.

Die preußische Friedens-Vermittelung.

Juni 26. . . . Que le gouvernement français articule d'une manière précise et complète les bases sur lesquelles il voudrait élever l'édifice de la paix; qu'il me les communique avec confiance et franchise; que surtout elles

1) Davon ist u. A. in einem Erlasse an Sandoz vom 28. April die Rede.

2) Capitulation von Genua, 4. Juni.

soient dictées par la modération et l'équité, et qu'il me fasse la confidence entière des objets sur lesquels il croirait encore pouvoir se relâcher: voilà la vraie marche que l'affaire doit tenir pour arriver au but et toute votre application doit être consacrée à la mettre dans cette voie. Dès lors, si la sagesse et la modération ont effectivement présidé aux propositions qu'on m'aura fait connaître, rien ne m'empêchera, en me concertant à ce sujet avec la Russie, d'employer nos bons offices communs à leur procurer un accueil favorable et à établir la négociation sur un pied solide, pour arrêter promptement et prévenir pour longtemps l'effusion du sang humain, et de soutenir lesdites propositions par tous les moyens que cette voie de la conciliation et d'une entremise pacifique peut offrir. 1800 Juni 26.

Berichte von Sandoz-Rollin aus Paris.

340. Unterredung mit Talleyrand.

Gespräch mit Talleyrand. Ce ministre . . . était bien éloigné d'envisager l'Angleterre comme revenue à des principes de modération et de paix. Il prétendait être informé de bonne source que si elle consentait d'un côté à restituer une partie des possessions françaises aux Antilles, elle persisterait de l'autre à conserver la majeure partie de celles faites sur la Hollande dans les deux Indes. Mais ce serait, selon lui, s'abuser étrangement si on considérait la restitution en question comme une compensation des conquêtes importantes qu'elle avait faites aux Indes orientales, et qui la rendaient maîtresse de toutes les richesses de cette partie du monde; réflexion qui semblait avoir échappé à la plupart des cabinets de l'Europe. Le sieur Talleyrand me dit à la suite de ces considérations: »nous tenons fortement et essentiellement à deux objets: l'un de faire la paix, et l'autre de former une ligue dans le Nord pour anéantir l'acte de navigation de l'Angleterre et pour rétablir l'équilibre du commerce de l'Europe et du monde. La France veut la paix. Dans les temps passés les puissances amies interposaient leurs bons offices pour conjurer la guerre et y mettre un terme; dans les temps présents il n'en est pas de même, l'égoïsme politique a prévalu: les puissances amies attendent les événements, bornent leurs démarches à des souhaits inutiles, et craignent de se compromettre. Qui empêche la Prusse par ex. de sonder les dispositions des cours de Londres et de Vienne, et d'y tenir un langage propre à les décider à la paix? Laisser prolonger la guerre, est un mal qui tend à ébranler et à troubler l'équilibre existant aujourd'hui en Europe«[1]) . . . Juni 19.

---

1) Über Talleyrand schreibt Sandoz damals: On dirait que ce ministre ne sait

341. Unterredung mit Lebrun.

1800 Juni 22. Nachricht von der Schlacht bei Marengo. Les consuls Cambacérès et Lebrun me parlèrent de cette victoire dans le même sens, comme étant trop décisive pour ne pas opérer le grand résultat de la paix. Ils y croyaient fortement. Lebrun entrant plus particulièrement en matière, me dit d'un ton aussi amical que confidentiel: »nos alliés et nos amis doivent se réjouir de nos avantages. Le gouvernement actuel est composé de manière à offrir aux puissances étrangères la garantie que nous n'abuserons pas de nos succès. Nous ne demanderons que des dédommagements proportionnés à nos efforts et aux dépenses qu'ils ont occasionnées; ce qui est dans une exacte justice.

»Nous avons voulu la paix, et on nous a fait une guerre à outrance... La Prusse doit être particulièrement satisfaite de notre fortune, ajouta Lebrun; car en dernière analyse, les deux puissances sont appelées, pour leurs intérêts de commerce et pour leur existence politique, à être unies, amies et alliées [1]. Cette opinion est depuis longtemps dans mon suffrage, et je ne doute pas qu'elle ne soit également dans celui du Premier Consul«. C'était la première fois que Lebrun s'expliquait de la sorte envers moi...

342. Note des Grafen Haugwitz an General Beurnonville. Berlin 1800 Juni 30.

Concept von J. W. Lombard, gez. Haugwitz.

Preußen erbietet sich, zur Herstellung des Friedens vermittelnd einzuwirken.

Juni 30. ... La secousse qu'a essuyée l'Europe depuis huit ans l'a ébranlée presque entière. Toutes ses parties s'en ressentent, et le remède qui ne s'appliquerait qu'à l'une d'elles n'attaquerait pas le mal dans sa source. La paix doit ou fonder pour longtemps un ordre de choses sage, calculé sur tous les intérêts sans exception, ou ne ramener qu'un repos précaire, cruellement payé tôt ou tard par une explosion plus terrible. Celle des puissances belligérantes qui la première voudra que l'humanité lui doive, non pas les angoisses de ce dernier état, mais le bienfait du premier,

---

rien ou n'ose rien avancer depuis l'absence du Premier Consul... Talleyrand s'est dévoué entièrement au Premier Consul, et il n'aura point d'opinion sur un objet quand il ne connaîtra pas celle de ce chef de la République. (Juni 29.)

1) In Bezug hierauf heißt es in dem Erlaß vom 30. Juni: le rétablissement de l'équilibre du commerce... forme entre nous un point de réunion, dont la poursuite et le succès pourra même servir à resserrer nos relations et à les rendre plus intimes.

doit-elle, en se choisissant un organe, donner à demi sa confiance et, en expliquant ses intérêts, ses intentions et ses vœux relativement à une moitié de l'Europe, laisser dans les ténèbres le sort de l'autre moitié? ou bien, le tableau général de sa politique, complet dans toutes ses parties, tracé par la main de la sagesse, de la modération et de l'équité, ne serat-il pas plutôt entre celles d'un médiateur plein des mêmes sentiments le plus sûr moyen d'atteindre enfin le but désiré? Si le Roi, au lieu de connaître la façon de penser de la République sur tel objet, important, essentiel sans doute, mais isolé, mais difficile à juger hors de l'ensemble des grands intérêts, la connaissait sur chacun d'eux, si la confiance du Premier Consul l'invitait à devenir l'interprète d'un système de pacification qui les embrassât tous, le soussigné a ordre de déclarer au ministre de la République, en réponse surtout à ses dernières invitations, que S. M. serait prête à répondre à l'attente qui les dicta, et lors même que l'obstacle des distances, des intérêts divers ou des événements contraires à ce premier vœu, en retarderait l'entier accomplissement, et que l'aurore d'une nouvelle existence ne pourrait luire d'abord que pour une partie de l'Europe, le Roi, avec moins de conviction, mais non moins d'empressement, s'offrirait encore au même concours, consolé par l'espoir du second pas et par l'attente des suites d'un premier succès. 1800 Juni 30.

Entre les motifs de s'en flatter, le Roi range, non sans quelque raison peut-être, le souvenir du passé et l'expérience de son système. Il y range une autre relation que la République aussi n'a pas méconnue. S. M. compte au rang de ses alliés les plus chers un souverain qui, soit les armes à la main, soit spectateur de la lutte, n'a jamais eu qu'un objet politique, le retour de la paix et la sûreté future de l'Europe, un souverain que sa puissance, son désintéressement, la position même de ses États, dernier gage, s'il en fallait encore, dernier gage de son impartialité, appellent à mettre un poids respectable dans la balance . . .

343. Bericht von Sandoz-Rollin aus Paris.

Unterredung mit Napoleon Bonaparte.

. . . »Après la victoire de Marengo«, me disait le Premier Consul, »et après la convention de l'armistice, j'ai voulu la paix comme auparavant; j'en ai fait de nouveau l'aveu à la cour de Vienne, moins par des propositions particulières de paix, que par des propositions générales. Elle ne saurait vouloir ratifier l'armistice et rejeter la négociation; cela est incompatible. Difficilement pourra-t-elle soutenir et continuer la guerre contre des troupes victorieuses, elle y exposerait la sûreté de ses propres États. Les généraux et les troupes autrichiens sont extrême- Juli 6.

1800 Juli 6. ment découragés et en sont presque révolutionnaires. Le général Melas même m'a fait dire que, sachant mes dispositions pacifiques et croyant connaître également celles de l'Empereur, il ignorait pour quel sujet on se battait encore. Il déplorait l'égarement de Thugut, qui faisait verser sans nécessité des torrents de sang et qui entraînait le malheur et la ruine de la patrie«. Le Premier Consul ajouta à ceci: »si contre toute attente l'Autriche était livrée à l'Angleterre de manière à ne plus séparer ses intérêts de ceux de cette puissance, et si contre toute attente elle persistait à prolonger la guerre, mon parti alors est pris: je rassemblerai des forces plus considérables qu'elle ne peut le supposer, et je l'attaquerai au mois d'octobre prochain dans Vienne même; rien n'y mettra obstacle. J'exécuterai ce projet avec moins de difficultés que je n'en ai mis à entrer en Italie en présence d'une armée supérieure à la mienne. Alors Venise est ravie à l'Autriche et sera rétablie dans son ancienne forme de gouvernement. Le baron de Thugut n'ignore pas qu'il existe un parti puissant dans cette république, qui n'attend, pour se déclarer, que la présence des troupes françaises, et le baron de Thugut doit redouter et éloigner ce moment que la continuation de la guerre amènera nécessairement. Quelle que soit la résolution de Vienne, je m'attends que la Bavière fera encore l'objet de sa convoitise politique. Ses scrupules politiques sont nuls. Il est inoui de penser que l'électeur actuel ait contracté au delà des bornes requises des liaisons avec une puissance qui n'a été occupée depuis quarante ans qu'à s'approprier ses États. Ce prince en sera bien puni par la suite de nos conquêtes en Allemagne«.

»Dans mes idées«, reprit encore le général Bonaparte, »la paix devient chaque jour plus nécessaire à l'Europe. On ne songe pas assez que la révolution française n'est pas finie tant que le fléau de la guerre durera, et que cette révolution peut encore troubler, ébranler et renverser bien des États dans sa marche. Je désire la paix, autant pour fonder le gouvernement français actuel, que pour sauver le monde du chaos«.

Cette conversation du Premier Consul fut assez longue; je n'en transmets ici que les principaux traits. Cependant son air était soucieux et tel que je ne l'avais jamais vu. Douterait-il de la paix? ou ne serait-il pas content de ce qui s'est passé ici pendant son absence? . . .

344. Erlaß an Sandoz-Rollin in Paris. Berlin 1800 Juli 18.

Preußen und der Friede.

Juli 18. . . . En vous parlant de la nécessité de la paix, le Premier Consul a allégué le double motif de prévenir les troubles et les bouleversements dont l'Europe serait encore menacée tant que cette guerre durerait et de

fonder d'une manière solide le gouvernement français actuel. L'une et 1800
l'autre de ces observations est de la plus grande vérité et parfaitement Juli 18.
d'accord avec mes idées. Je désire la paix pour épargner l'effusion du sang humain; je la désire pour rétablir dans la société civile de l'Europe l'ordre et la stabilité qui seuls peuvent faire son bonheur; mais je ne la désire pas moins pour que le gouvernement plus sage et mieux réglé que l'autorité du Premier Consul a fait prévaloir en France puisse s'y fixer sur des bases solides, la mettre à l'abri de nouvelles convulsions et ramener le calme, l'industrie et le commerce[1]). Ce n'est effectivement que par la paix que cette autorité pourra se consolider, et pour qu'elle opère cet effet si conforme aux vœux de toute la nation, pour que la sûreté que le régime actuel en recevra soit permanente, il faut nécessairement que la paix soit conclue sous une intervention et une garantie respectables, telles que peut seule l'offrir une puissance neutre et impartiale comme la Prusse, intéressée elle-même à ce que la France reprenne son ancienne place en Europe et les moyens de la maintenir . . .

Berichte von Sandoz-Rollin aus Paris.

345. Unterredung mit Talleyrand über die Mediation Preußens und Rußlands. Lebrun. Scene zwischen Napoleon und Cambacérès.

[Nicht chiffrirt] Peu d'heures après le départ de ma très humble dé- Juli 13.
pêche du 10 de ce mois, j'ai vu le ministre Talleyrand, qui sortait de son entretien avec le Premier Consul[2]).

»Les offres de médiation du roi de Prusse«, m'a-t-il dit, »ont été accueillies de ce chef de la République avec reconnaissance et confiance. Vous pouvez en assurer ce monarque. Avant d'en profiter, comme il en a le désir, une seule considération l'arrête et qui est assez importante pour avoir besoin d'être levée. C'est celle que la réunion de la Russie à ladite médiation devient incompatible aussi longtemps que cette puissance n'est pas en paix avec la France. Comment en effet compter sur un médiateur qui n'est pas censé avoir posé les armes et qui peut les reprendre au premier jour, et comment compter de plus sur une juste impartialité de sa part«?

»Les dispositions et la facilité que le roi de Prusse nous a montrées de rétablir la bonne intelligence et la paix avec la Russie nous autorisent à le requérir de nouveau de l'effectuer. Celle-ci conclue, le Premier Consul acceptera avec reconnaissance une médiation qui, par la masse

1) Zusatz von Haugwitz.

2) Am 10. Juli hatte Sandoz einen Erlaß vom 1. Juli erhalten und sofort die damit überschickte Note vom 30. Juni dem Minister Talleyrand mitgetheilt.

1800 Juli 13. de sa puissance, peut non seulement rétablir la paix, mais l'affermir d'une manière durable« . . . Sandoz bekämpft vergebens diese Ansicht.

Après une infinité de réflexions sur le même sujet, . . . je me résumai à demander une réponse par écrit sur l'offre de médiation de V. M.; Talleyrand allégua qu'il ne pourrait y satisfaire sans une note de ma part . . . J'y consentis pour écarter tout retard et toute difficulté [1]) . . .

Juli 15. [Chiffrirt] On veut ici la médiation de la Prusse et même de la Russie quand on perd toute espérance de traiter séparément avec la cour de Vienne; on n'en veut plus au contraire quand cette espérance renaît, ainsi que dans la circonstance présente . . . Conversant, il y a peu de jours, sur cette matière avec le sieur Talleyrand, il lui échappa de dire dans la chaleur du discours: »ce ne sera pas de bon gré qu'on disposera Vienne à accepter une médiation, mais de force; elle s'est montrée bien contraire à celle de la Prusse« . . .

Der erste Consul wiederholt, in einer Unterredung mit Sandoz, die von Talleyrand gegebene Erklärung. Son air était soucieux et montrait de l'humeur . . .

Le consul Cambacérès, avec lequel je me suis entretenu de la médiation, ne m'a manifesté que des vœux pour la paix et nulle opinion sur son acceptation. Il n'en a pas été de même du consul Lebrun. Selon lui, la France n'a pas besoin d'interposition pour sa paix particulière avec l'Autriche, mais en a besoin pour concerter les arrangements qui doivent garantir la durée de cette paix. Le roi de Prusse est appelé formellement et nécessairement à y intervenir en sa qualité de puissance impartiale protectrice de l'Allemagne et de l'humanité. C'était au moins son opinion et qu'il avait professée hautement dans le consulat lorsque la lecture de la note de V. M. y avait été faite, note rédigée dans les termes les plus propres à inspirer la meilleure confiance . . .

L'humeur du Premier Consul est bien apparente; elle s'exhale quelquefois. Le sieur Cambacérès ayant soupçonné de la malignité dans l'article du Publiciste où il est désigné comme chef des mécontents, en a porté des plaintes au Premier Consul et a demandé que le rédacteur fût puni corporellement. On se souviendra que cet article était tiré des papiers anglais. Alors le Premier Consul l'a tancé très durement. Il lui a reproché d'avoir voulu sortir des bornes de sa place, s'attribuer les prérogatives du Premier Consul, d'avoir eu la prétention de donner audience au Corps diplomatique, et enfin d'avoir agité avec plusieurs membres du Sénat le remplacement de lui, Bonaparte, dans le cas où il aurait le malheur d'être tué et de s'être désigné pour lui succéder. Pen-

1) Die Note Sandoz' (dd. 12. Juli) ist ein kurzer Auszug der Note vom 30. Juni.

dant cette scène, le second consul n'a montré que de l'embarras et de la crainte. Ceux qui ambitionnaient sa place ont répandu artificieusement le bruit qu'il avait donné sa démission, mais il n'en est rien jusqu'à présent . . . 1800 Juli 15.

346. Graf St. Julien.

Conferenzen zwischen Talleyrand und St. Julien; undurchdringliches Geheimniß derselben. Ce n'est pas que le négociateur autrichien soit fort discret et mesuré dans ses paroles, rien moins que cela; ses questions à l'aide de camp Duroc et au général Murat ne le prouveraient pas. »Serait-il vrai«, leur a-t-il dit, »que la Prusse et la Russie eussent offert leur médiation à la France? Je ne puis pas le croire. Les intermédiaires en négociation sont embarrassants et souvent envieux«. Je tiens cette particularité de Duroc et de Murat mêmes. Ceux-ci ont ajouté à cette confiance celle de me dire que le Premier Consul s'exprimant sur le compte du chevalier de Saint-Julien, l'avait taxé de grand bavard . . . Juli 27.

Je me confirme chaque jour davantage dans l'idée qu'on ne prolonge la réponse en question [à la note du 30 juin] que pour s'assurer auparavant du dénouement des pourparlers [avec la cour] de Vienne, [et pour s'en servir utilement en menaçant le cabinet de Vienne de recourir à ladite médiation si elle montrait trop de longueur et d'opposition . . .

347. Talleyrand. Napoleon Bonaparte.

Unterzeichnung der Friedens-Präliminarien zwischen Talleyrand und St. Julien. [Nicht chiffrirt] Au premier éveil que j'ai eu de ce qui se passait ici, je me suis rendu . . . le 31 chez Talleyrand. A mon grand étonnement, ce ministre n'a voulu convenir de rien, me disant qu'on prenait pour des préliminaires des propositions vagues et indéterminées; que ce n'était pas une œuvre facile que de fixer les bases de la paix prochaine. Mais sa physionomie démentait ses discours et semblait affirmer ce qu'il voulait nier. D'ailleurs les personnes qui vivent dans son intimité, telles que Sainte-Foy et Mme Grant, son épouse future, ne gardent pas le même silence. L'un et l'autre m'ont dit confidentiellement: »il ne saurait convenir de rien avec vous. Le Premier Consul, qui a tout fait et tout rédigé, lui a prescrit le secret; mais il n'en est pas moins vrai que lui et Saint-Julien ont signé des préliminaires à la Malmaison le 30 à une heure du matin . . . Juli 31.

[Chiffrirt] Le Premier Consul traite les affaires politiques comme il traite les affaires militaires. Il veut que tout finisse et que tout cède à

25*

1800 Juli 31. son impatience et à sa volonté. Ses talents sont grands et rares sans doute, mais les idées et la raison ont besoin de temps pour être mûries... S'il n'hésite pas dans ses résolutions, il varie extrêmement dans les objets de sa confiance; aujourd'hui c'est un conseiller d'État, demain c'est un autre. Le sieur Talleyrand qui avait d'abord été consulté sur le plan de pacification, a fait place à Roederer et à Regnaud. Ce ministre n'a été appelé que pour signer et c'était l'affaire de sa place. Le Premier Consul a voulu faire du chevalier de Saint-Julien un négociateur, quoique ses pleins pouvoirs ne fussent pas en règle, et quoiqu'il se fût exprimé à son sujet, après deux entrevues, d'une manière très défavorable, mais l'impatience de finir l'a fait passer sur toutes ces considérations...

348. Unterredung mit Napoleon Bonaparte.

Aug. 7. ... [Nicht chiffrirt] Avant-hier, j'ai dîné aux Tuileries. A l'issue du dîner, le Premier Consul, dont je ne saurais assez louer l'affabilité, m'a pris à part et m'a dit avec un ton de franchise et d'humeur: »Ce n'était pas après la bataille de Marengo que la cour de Berlin devait faire à la République l'offre de sa médiation; c'était ne se montrer qu'après les événements; elle devait sentir que nous n'avions plus besoin alors d'intermédiaires et que le cabinet de Vienne se trouverait forcé de rompre le silence et de traiter directement avec la France; ce qui est arrivé. L'offre de cette médiation effectuée six mois plus tôt aurait acquis et mérité toute la reconnaissance du nouveau gouvernement français. Ce n'était pas non plus de la Russie que le roi de Prusse devait nous parler dans cette même médiation, comme pouvant être liée à la sienne. Cela devenait incompatible avec l'état de guerre qui existe encore dans ce moment entre la France et cette puissance, et puis c'était en quelque sorte ne pas apprécier la dignité et l'état de puissance de la République. Aujourd'hui je négocie avec Vienne, ajouta-t-il, de manière à me faire espérer une fin prochaine aux maux de l'humanité et à la guerre. Sa réponse est attendue dans dix-sept jours au plus tard. La cession de la ligne du Rhin à la France fait partie des bases de la paix convenues déjà entre les deux puissances, et je ne pense pas que la cour de Berlin veuille retirer aujourd'hui le suffrage qu'elle a émis à cet égard à Rastatt. [Chiffrirt] Ce serait montrer au nouveau gouvernement français de l'indifférence et peu d'intérêt, et ce serait le jeter dans une alliance offensive et défensive avec Vienne, qu'il répugnera de contracter sans cela. De toute manière, j'ai besoin de la cession en question pour ne pas avoir le reproche d'avoir fait la paix à des conditions moindres que le Directoire, bien que mes succès fussent plus décidés« . . .

»Vous le dirai-je enfin«, reprit le Premier Consul en terminant cette conversation, »les lenteurs de la cour de Berlin à négocier notre paix avec celle de Pétersbourg, ses lenteurs à offrir sa médiation et enfin les lenteurs de la Russie même à se rapprocher de la France, tout faisait soupçonner que ces deux puissances cherchaient bien plus à prolonger la guerre qu'à y mettre un terme; aussi cela n'a pas échappé à l'attention de Vienne comme à la mienne, et n'a pas peu contribué à nous rapprocher et à écarter les difficultés qui pouvaient nous tenir en inimitié et en guerre«. «Vous le dirai-je enfin«, ajouta le général Bonaparte, »j'ai été chagrin de voir qu'on se fût mépris à Berlin sur les cessions éventuelles faites à la République batave d'Huyssen et de quelques autres districts[1]), au point de les prendre pour un projet formé d'aliéner ce qui n'était pas de notre dépendance, tandis que ces cessions n'étaient que l'effet d'un mésentendu et de l'ignorance du sieur Talleyrand« . . . 1800 Aug. 7.

349. Note von Talleyrand an Sandoz-Rollin. Paris, 19. Thermidor VIII[2]).

Original; gez. Ch. Max. Talleyrand.

Der Erste Consul nimmt die preußische Vermittelung nur in sehr beschränktem Maße an. Freigebung der russischen Gefangenen.

. . . L'estime toute particulière que le Premier Consul avait conçue depuis longtemps pour les qualités personnelles de S. M. [Prussienne], lui avait fait désirer son intervention dès le commencement de l'hiver; mais S. M. ayant cru qu'au préalable il convenait d'opérer un rapprochement entre la France et la Russie et s'étant chargée de cette négociation, qui a éprouvé des lenteurs sur lesquelles on n'avait pas compté, . . . la guerre a été de nouveau chargée d'amener la paix. Après deux mois de combats, les puissances belligérantes ont senti le besoin de mettre un terme à cette lutte déjà si longue et un armistice général ayant paru nécessaire pour parvenir à s'entendre, cet armistice a été conclu et il peut être regardé comme un présage probable de la paix. Mais si, dans les circonstances présentes, l'intervention de S. M. le roi de Prusse ne devient pas d'une nécessité indispensable pour le rétablissement de la paix avec l'Empereur, elle est toujours extrêmement précieuse au Premier Consul, soit pour traiter avec la Russie, soit pour donner suite aux arrangements dont le principe a été posé dans la convention de Berlin du 18 thermidor an IV [5 août 1796]. Ainsi le Premier Consul se persuade Aug. 7.

1) In dem Vertrage zwischen Frankreich und der batavischen Republik vom 5. Januar 1800.

2) Am selben Tage von Sandoz nach Berlin geschickt.

1800 Aug. 7. que S. M. Pr. voudra bien persévérer dans les dispositions qu'elle a témoignées; pour en faciliter l'effet vis-à-vis l'empereur de Russie, le Premier Consul s'est décidé à renvoyer sans échange 6 mille Russes qui étaient prisonniers en France[1]) . . . Le Premier Consul désire la paix générale, . . . et il se persuade que S. M. Pr. . . . n'a besoin que d'en avoir fortement la volonté pour concourir efficacement à une conclusion si désirée en Europe . . .

Berichte von Sandoz-Rollin aus Paris.

350. England und Dänemark.

Aug. 24. . . . On ne saurait se faire une idée des éloges qu'on a donnés ici à la conduite du capitaine danois, qui a combattu contre une escadre anglaise plutôt que de se laisser visiter. Le Premier Consul y a imaginé l'origine d'une ligue du Nord contre l'Angleterre et en a témoigné toute sa satisfaction au ministre de Danemark. Il en conclut en effet que l'Angleterre achèvera de révolter les neutres par la violence de ses procédés. Le ministre de Danemark m'a confié que sa cour avait informé sans perte de temps l'empereur de Russie de cet acte d'hostilité, et qu'elle ne ferait de réponse à l'Angleterre qu'après avoir pris la décision de ce prince à cet égard . . .

351. Zorn Napoleon's gegen England. Sein Hochmuth und Despotismus.

Sept. 4. . . . Hier, 4 [sic], . . . je dînai chez le Premier Consul. Au moment où tous les convives étaient rassemblés, un courrier, venant d'Altona, lui a apporté des dépêches de Danemark. Elles lui apprenaient le siége de Copenhague par les Anglais et la sortie du prince royal à la tête de plusieurs chaloupes canonnières pour s'y opposer. On ne saurait se faire une idée de l'agitation et de la colère où cette nouvelle l'a mis. Oubliant bientôt toute retenue et toute discrétion, il s'est abandonné à accabler l'Angleterre d'imprécations déplacées et à l'accuser du despotisme maritime le plus usurpateur; puis s'adressant à moi, il m'a dit: »De quel œil le roi de Prusse pourra-t-il envisager de pareilles injustices et de pareils excès? On vient de lui prendre six bâtiments sortant du Texel[2]); mais s'il n'y prend garde, l'audacieuse Angleterre finira par bloquer ses

1) Am 23. Juni wurde Sandoz beauftragt, die Freilassung der russischen Kriegsgefangenen in Anregung zu bringen; am 15. Juli berichtet er, der erste Consul habe ihm am 13. erklärt, er könne die Gefangenen nicht ohne weiteres freigeben, da er ihrer zum Eintausch der französischen Gefangenen in Böhmen und Ungarn bedürfe.

2) Alle diese Nachrichten erwiesen sich gleich nachher als falsch.

ports de Stettin et d'Emden. Pourquoi le roi de Prusse ne réprimerait-il 1800
pas des violations si manifestes du droit des nations par l'occupation de Sept. 4.
l'électorat de Hanovre? on ne peut atteindre et contenir cette puissance que de cette manière. C'est en Hanovre seul qu'il faut chercher à l'humilier et à la punir« . . .

Avant de me quitter, il [le Premier Consul] me dit: »Ma vivacité me fait manquer quelquefois aux bienséances, mais jamais à la vérité. Je parle et j'agis quelquefois en soldat, et cette manière d'être ne déplaira pas à un militaire comme le roi de Prusse«. Je dois le dire: ce n'est pas cette vivacité de Bonaparte qui choque et blesse ceux qui sont sous ses ordres, c'est au contraire une certaine hauteur et un certain despotisme de volonté qu'il affecte dans ses discours comme dans ses décisions. Les conseillers d'État, comme les ministres, en ressentent souvent les effets, et s'en plaignent amèrement . . .

352. Volksstimmung in Frankreich.

. . . Le peuple de Paris et des départements est consterné de la Sept. 7.
continuation de la guerre; on lui avait donné tellement l'espérance de la paix, qu'il se regardait comme parvenu au terme de ses souffrances et de ses malheurs. Cependant ce même peuple doit à sa légèreté de pouvoir supporter mieux et plus longtemps qu'un autre les calamités de la guerre: il murmure, obéit, prend les armes et paye . . .

353. Rücksichten der französischen Regierung gegen Österreich und England.

. . . Les journaux officiels et autres observent une réticence remar- Sept. 11.
quable à l'égard de la cour de Vienne; pas un mot de ressentiment, pas un mot de reproche, et surtout pas un mot de la rupture de l'armistice. Ces ménagements portent un indice non équivoque qu'on attend et qu'on espère une réponse favorable de l'Autriche. J'en dirai autant des ménagements qu'on montre à l'Angleterre et qui contrastent bien singulièrement avec le cri d'indignation que son agression contre le Danemark avait occasionné. Un article devait être imprimé dans le Publiciste contre cette puissance, et c'était à-peu-près un extrait de la note remise au ministre de Danemark [1]). Tout à coup le gouvernement français a fait retirer cet article, sous prétexte de vouloir y donner une autre forme,

1) Am 3. September 1800 richtete Talleyrand an den dänischen Gesandten in Paris, Dreyer, eine Note, worin er französische Hülfe gegen England anbot.

1800 Sept. 11. mais dans le vrai pour le supprimer entièrement. Le ministre de Danemark m'a paru vivement affecté de ce changement subit de dispositions à l'égard de sa cour . . .

354. Unterredung mit Talleyrand.

Sept. 25. . . . Talleyrand m'informa . . . de la nature du congrès et des ministres qui y seraient admis. Lunéville était un choix de l'Empereur, qui l'avait préféré à Paris. On n'y admettrait d'abord que les ministres des puissances belligérantes pour négocier la paix séparée de l'Autriche ou la générale avec l'Angleterre, si la trêve maritime avait lieu. Cette paix conclue, on inviterait ensuite celles des puissances qui avaient une grande prépondérance dans l'Empire ou une grande considération en Europe d'y envoyer leurs ministres. Mais le nombre n'en serait pas étendu aux princes de l'Empire, comme cela s'était pratiqué à Rastatt [1]. . .

355. Napoleon über Carnot.

Okt. 9. . . . Le sieur Carnot a donné sa démission, c'est pour la troisième fois . . . Me parlant de Carnot, le Premier Consul m'a dit: »C'est un homme probe, mais c'est une mauvaise tête, minutieuse et bien au-dessous de sa réputation. Étant à la tête des armées, je n'ai jamais effectué un seul de ses plans«. La cause principale de sa démission provenait de ce qu'il n'a jamais voulu s'astreindre à prendre l'avis du conseil d'État dans ses opérations administratives; cela lui a paru au-dessous de sa place . . .

1) Diese Nachrichten veranlaßten den Grafen Haugwitz, am 5. Oktober die Sendung Lucchesini's nach Frankreich zu beantragen. Vergl. Bd. II.

Erster Anhang.

Schreiben und Aufzeichnungen des preußischen Geh. Legationsraths Gervinus in Paris.

1795.

Briefe von Gervinus an Hardenberg [1]).

1. Ankunft in Paris. Erste Eindrücke. Politische Lage.

Me voilà à la fin ici! après bien des retards et des désagréments que 1795
m'ont donnés les postes par leur mauvaise volonté de servir les voyageurs. Mai 29.
L'insurrection qui venait d'éclater contre la Convention et que j'appris en route [2]), me fit ralentir un peu ma marche à mesure que j'approchais de cette capitale, et à mon entrée, le 25 vers le soir, le premier objet qui se présentait à mes yeux, furent 2—3 guillotines, et une heure après, 19 gensd'armes sur trois charrettes, pour être exécutés à l'instant même. On est actuellement ici comme dans une ville de siège; partout des troupes, des hommes armés, des canons et caissons, et un camp militaire au milieu des Tuileries, composé des troupes de ligne qu'on a fait venir sous main des armées, et on en fait entrer encore tous les jours . . .

Je viens maintenant au but de ma mission qui, en ces circonstances, sera ralentie de beaucoup par la multiplicité des affaires importantes intérieures qui occupent les Comités jour et nuit. A mon arrivée, j'ai annoncé au représentant Merlin de Douai que j'avais une lettre à lui de son collègue Merlin de Thionville et des dépêches au Comité de salut public, et que, sachant ses grandes et importantes occupations, je le priais de vouloir bien m'indiquer une heure où je pourrais le voir. Le lendemain, il me donna réponse dont je joins la copie, et ce sera ce soir que j'aurai audience au Comité de salut public [3]). Je savais d'avance qu'il ne me recevrait pas chez lui, les membres du Comité étant très circonspects et n'admettant guère d'étrangers chez eux en leur particulier. Il est actuellement dans ces circonstances très difficile de

---

1) Über Friedrich Gervinus vergl. Ranke, Hardenberg 1, 14 und 303. Er hatte in Folge der Eroberung Hollands durch die Franzosen eine von dort bezogene Pension eingebüßt, war dann durch Vermittelung Hardenberg's in den preußischen Dienst getreten und am 4. März 1795 zum Geh. Legationsrath ernannt. Seine Schreiben, wo nicht anders bemerkt, nach den Originalen in Hardenberg's Nachlaß.

2) Aufstand vom 1. Prairial.

3) Den Bericht über diese Audienz s. bei Ranke, Hardenberg 5, 94 flg.

1795 Mai 29. voir un député et de lui parler; il faut avoir une grande patience pour se mettre en relation avec eux et épier le moment favorable. Les Comités s'assemblent et travaillent principalement la nuit et s'en retournent le matin pour se coucher. Nos soupçons d'une paix prochaine avec une certaine puissance [1]) et de la prise de possession d'un certain pays [2]) me paraissent très fondés. On ne dissimule pas qu'on veut la paix sur le continent; mais il y a à croire que le parti contraire à cette prise de possession est infiniment plus fort que l'autre qui est disposé à y consentir. D'un autre côté on tient encore fortement aux grandes limites, et les idées sont encore très exaltées relativement à ce point, qui trouve des fauteurs dans les différentes parties de la Convention opposées les unes aux autres sur bien d'autres objets, et les grandes limites sont soutenues singulièrement par nos antagonistes, qui se donnent encore journellement la peine de répandre partout que notre paix n'était pas encore véritablement conclue, et effectivement, en route et ici, tout le monde me témoignait des doutes là-dessus; je n'y comprenais rien, et je fis tout ce qui dépendait de moi pour les détruire. Le peuple et tous les départements se prononcent hautement pour la paix, et quoique un certain parti de la Convention semble tenir fortement à ses idées de gloire et de conquêtes, il est à croire qu'il sera obligé à se prêter au cri de paix qui se manifeste de tous côtés. On témoignait ici et dans toute ma route beaucoup de joie que j'étais au service du roi de Prusse, et on commence maintenant à croire à notre paix . . .

Beilage.

Merlin von Douai an Gervinus.

Monsieur. Le genre de vie que je mène forcément ne me laissant de libre aucun terme fixe dont je puisse disposer chez moi, ce n'est qu'au Comité de salut public que je puisse avoir l'honneur de vous recevoir. Ce qui m'a été écrit à votre sujet me présage que ce sera pour mes collègues et pour moi une véritable satisfaction de vous voir et de vous entendre. Vous pouvez vous présenter au Comité ce soir à 9 heures; j'en préviendrai mes collègues, qui d'ailleurs à cette heure-là sont toujours réunis.

Agréez, monsieur, l'assurance de mon dévouement sincère et sans réserve.

Merlin (de Douai).

2. Nothwendigkeit der Schickung eines Gesandten nach Paris.

Juni 1. V. E. aura vu par ma lettre du 29 mai, que l'état politique où nous nous trouvons avec la France est très compliqué encore, et que les manœuvres d'une certaine cour existent et font des progrès de plus en plus. Il faut se presser et les contrecarrer, tenir une exacte surveillance sur tout ce qui se passe, employer des moyens pour découvrir la mine, moyens qui sont ici absolument nécessaires et à leur place. C'est pourquoi la mission prompte d'un ministre est indispensable, et encore faut-il bien choisir; il faut pour le poste un sujet

1) Österreich. 2) Bayern.

d'une grande activité, doué d'une forte dose de patience, de sang-froid et de fermeté et sourtout de probité, et qui n'ait devant les yeux que le bien de son maître et de son gouvernement, et qui puisse jour et nuit suivre la marche des affaires et les menées de la société. Celui à Madrid [1]) serait bon à plusieurs égards, si sa santé fût moins usée et s'il fût plus jeune; cependant un bon secrétaire d'ambassade, jeune, actif, fin et d'une probité reconnue, pourrait y suppléer; il doit se répandre partout et fréquenter les sociétés des femmes où plusieurs députés vont, car encore dans ce gouvernement, on ne peut bien savoir les choses sans les femmes . . .

1795 Juni 1.

3. Gespräch mit Graf Carletti und Baron Staël.

Juni 3.

. . . Mon dîner d'hier chez l'ambassadeur de Suède fut très intéressant: j'y ai fait la connaissance du comte Carletti, qui m'a parlé avec une franchise, apparente du moins, sur les affaires du temps, et qui me laissait remarquer de loin que la paix avec l'Autriche rencontrait encore quelques difficultés, et qu'elle ne se souciait nullement du retour des Pays-Bas, ce qui se fondait aussi sur la difficulté de ramener les esprits au gouvernement autrichien, et sur ce que les engagements solennellement pris entre la Convention et les chefs brabançons paraissaient un obstacle presque invincible à la restitution, qui compromettrait trop de personnes. Il m'a dit qu'il se réjouirait de trouver ici le marquis de Lucchesini, qu'il connaissait beaucoup, en qualité de ministre de notre cour; je lui répondis que je n'en savais rien encore; que le choix du Roi n'était pas encore connu, mais qu'il se pourrait qu'il tombât sur lui. Le baron de Stael m'a témoigné son empressement de prouver, en tout ce qui se pourrait, son dévouement aux intérêts de la Prusse, qui ne pouvaient qu'être les mêmes entre notre cour, la sienne et la République française [2]). Je ne fis rien échapper du but de ma mission, quoiqu'il soit trop bien informé pour l'ignorer, m'étant contenté de lui faire remarquer la nécessité de conserver l'intégrité de la constitution germanique et l'état actuel de ses possessions, et de poser la base d'une paix stable et permanente sur le continent, qui ne laissât pas de germe d'une nouvelle guerre. Il témoignait son empressement de contribuer à disposer les membres du gouvernement français à la modération, et que, sans cela, on ne pourrait pas se flatter de faire une paix durable; que d'ailleurs la France avait un besoin impérieux de faire sa paix, du moins sur le continent, pour rétablir ses finances et donner un air d'aplomb au gouvernement . . .

4. Gespräch mit Cambacérès. Diner bei Carletti. Mißtrauen gegen Preußen. Staël und Carletti. Schwierigkeiten einer Unterhandlung mit den Franzosen.

Juni 5.

. . . Le jour de la cérémonie funèbre pour le député assassiné Féraud [3]),

1) Sandoz-Rollin.

2) Baron Staël hat sich nicht immer so freundschaftlich über Preußen geäußert. Vergl. den Bericht Barthélemy's über eine Unterredung mit Staël bei Sorel, la paix de Bâle, Revue historique VI, 78.

3) Die Leichenfeier für den am 20. Mai ermordeten Féraud fand am 2. Juni statt.

1795 Juni 14. bracht und das Unmögliche und Gefährliche des Plans gezeigt habe ... Unser Friede war übereilt; er ist alles für Frankreich und nichts für uns und bringt uns in eine böse Lage [1]. Nun bleibt beinahe nichts übrig, als eine Allianz mit Frankreich, der Pforte und den andern nordischen Höfen ohne Verzug zu machen. Wenn man nur Holland nicht verloren hätte, dann wären unendliche Schwierigkeiten weniger für Deutschland und für uns wegen Cleve ...

6. Gesinnungen der Mitglieder des Convents. Sieyès. Tod des Dauphin. Besetzung der Gesandtschaft in Berlin. Carletti. Eindruck der Gesellschaft. Boissy d'Anglas. Diner bei Perregaux; Tallien, Fréron. Rheingrenze [2].

Juni 15. (Datum der Absendung) ... Ich habe einige Glieder des Comité und mehrere des Convents bei Carletti kennen lernen; allein es ist ein unsicheres Wesen mit Menschen zu handeln, die ohne wahre diplomatische Kenntnisse und ohne alle Moral sind, die sich alle wechselweise verfolgen und die Hälse brechen wollen, voller Argwohn gegen die ganze Welt sind, und ihrem Dünkel und Stolze Alles, sich selbst und ihre ganze Nation aufopfern. Es sind einige wenige Ausnahmen, aber im Ganzen ist das Gemälde richtig. Diese Convention kann sich nicht durch Vertrauen, sondern durch neue Strenge und den Anhang der Armee erhalten, und die Meisten haben sich am Ende, wenn sie einmal abtreten muß, ein schlechtes Ende zu versprechen. Das fühlen, das wissen die Meisten, und aus diesem Grunde, dieser Furcht, suchen sie zu bleiben, so lange es möglich, und den Frieden auf mäßige Bedingungen zu verhindern, weil alsdann ihr Ansehen und Macht schleunig ein Ende hat. Sieyès hat mich mit Ungestüm und großer Abneigung gegen Preußen und Barthélemy behandelt; gegen letzteren ist er aus einem besonderen Grunde — man geht damit um, ein conseil exécutif zu machen, wobei ein beständiger Präsident sein soll, wozu drei Personen in Vorschlag sind, Barthélemy, der die meisten Stimmen hat, Boissy d'Anglas und Sieyès. Letzterer fürchtet die Konkurrenz von Barthélemy, sucht ihn deswegen herunterzusetzen und seinen Einfluß zu vermindern und ihn in Verdacht zu bringen, er wäre kein wahrer Republikaner und zu gut für uns gesinnt. Allein wenn er wüßte, was Richard [3] weiß, dann könnte dieser gallsüchtige Metaphysiker alle diese menées sich ersparen. Barthélemy wird nie eine solche Stelle annehmen, und seine Freunde würden Alles anwenden, um ihn davon abzuhalten. Doch war Alles, was Sieyès sagte, eben nicht seine wahre Meinung — Holland steckt hinter all diesen Dingen, dem hat man eine Entschädigung versprochen an dem Rhein, und das soll ewig eine Art Provinz von Frankreich bleiben und Sieyès will noch eine neue Republik am Niederrhein errichten. Sie können kaum glauben, mit welcher Unhöflichkeit in den Unterredungen die fremden Minister behandelt werden, wenn sie nur etwas vorbringen,

1) Am 29. Juli schreibt Gervinus in seinem Journal: On a tout gâté par la précipitation et les fausses notions qu'on avait sur les affaires de France. Barthélemy même n'était pas toujours bien informé. Bacher lui faisait peur et c'était l'ami des terroristes.

2) G. hat mehrere Tage an diesem Briefe geschrieben.

3) Ein Mitglied des Convents und bis Anfang Juni Mitglied des Comité de salut public.

das nicht nach dem Geschmacke der Glieder der Comités und Deputirten ist; ich habe einige Antworten mit Erstaunen angehört, so ein Glied des Comité de salut public dem schwedischen Gesandten gab, der doch sonst ihr Mann ist und Alles gethan hat, um sich ihnen angenehm zu machen. Nur mit Muth und Festigkeit kann man mit solchen Menschen auskommen, und ob ich gleich glaubte, daß Sandoz sich zu dem hiesigen Posten schicken würde, so muß ich doch meine Meinung abändern, nachdem ich mehrere kluge Menschen, selbst einen unsrer besten Freunde in der Convention, über die Wahl eines Ministers habe urtheilen lassen. Ein Mann von höhrem Stande, der Verstand und Muth hat, die Wahrheit zu sagen, zu behaupten und sie abführt, wie sie [Sie?] es öfters thun, macht Eindruck bei diesem Gouvernement. Sandoz ist zu kränklich und macht zu wenig Eindruck, weil er hier lange in geringen und dürftigen Umständen lebte und auch als halber Gelehrter bei den Gliedern des Convents, so von diesem Stande sind, sich kein Ansehen geben kann noch darf. Die Eitelkeit dieser Leute bleibt bei den Franzosen vorzüglich, und noch jetzt macht ein Minister von höhrem Stande, wenn es kein Dumm- noch Schwachkopf ist, Eindruck. Graf Carletti, der freilich ein Republikaner aus eignen Grundsätzen ist, weiß ihnen derbe Wahrheiten zu sagen, und so äußerst populär im Umgange er ist, so läßt er sich doch nicht leicht etwas Unangenehmes sagen. Selbst der Baron Staël, der kein Kopf ist, macht doch blos durch seinen eignen Stand einigen Eindruck; es fehlt ihm nur an Stärke des Charakters. Für uns ist es ein Unglück, daß unsre Anhänger in zwei starke Parteien sich theilen; die eine nimmt unsre Vorschläge, die deutschen Lande zurückzugeben, gern an; die andre, so für diesen Theil mit den starken Republikanern und den österreichisch Gesinnten gleichförmig denkt, will nichts davon hören und uns dagegen große Entschädigungen in Deutschland verschaffen, wozu wir mitwirken und die Hände bieten, gleich enge Allianzen schließen sollen. Es ist unglaublich, daß bei dem äußersten Verfall der Finanzen, bei der äußersten Noth des Gouvernements, Geld sich zu verschaffen, bei der allgemeinen Unzufriedenheit über die Fortsetzung des Kriegs und der gefahrvollen, unsichern Lage des gegenwärtigen Convents doch solche Dinge angehört und mit Heftigkeit vertheidigt und wohl gar durchgesetzt werden. Sie verlassen sich auf die Schwäche der andern sowohl feindlichen als freundschaftlichen Mächte. Wagen ist ihre Sache. Wir haben in der Convention alle heimlichen Aristokraten, alle heimlichen Royalisten, sehr viele Generale in der Armee, so es auch sind, zu Feinden. Die Convention, welche aus sehr vielen poltrons größtentheils besteht, hat jetzt ihre vertrautesten Generale, so die Deputirten arretirten und wegbrachten, unter den Aristokraten und heimlichen Royalisten; weil selbige große Feinde der Terroristen sind, meistens in den Gefängnissen unter Robespierre saßen, so hat sie diese gewählt, theils um sich populär zu machen, theils um diese Leute zu gewinnen, welches auch dem äußern Anscheine nach gelungen ist... Man redet jetzt mit einer erstaunlichen Freiheit von der Convention und in der That wenig zu ihrem Vortheil ... Der gemeine Soldat und manche Generale sind für die Republik ... Das ganze Gouvernement ist eine Kette von Intriguen, und es erlaubt sich Alles auch gegen die auswärtigen freundschaftlichen Mächte, wenn es nur für den Augenblick zu seinem Zweck gelangt. Auch selbst die rechtschaffensten Leute im Convent sind es nur relativisch, und fehlen durch Mangel an Kenntniß oder

1795 Juni 15. (Datum der Absendung)

1795 Juni 15. (Datum der Absendung) Energie, und ohne eine starke Dosis von Dünkel und Eitelkeit ist Keiner von ihnen, und herrschen wollen sie Alle und auf ihrer Stelle bleiben so lange als möglich.

Der Tod des Dauphin, den viele Menschen vergiftet glauben, hat bei dem Volke für den Convent keine gute Wirkung gehabt; nach Allem, was ich von der Sache weiß, glaube ich nicht, daß er jetzt ist vergiftet worden, ob es aber nicht früher, ehe die Terroristen fielen, geschehen ist, ist eine andere Frage. Der Convent hat Unrecht, nichts vorher von seiner Krankheit gesagt zu haben; er hätte Bulletins von seinem Befinden geben sollen; er wollte aber weder das Eine noch das Andre, um kein Mitleiden und neues Interesse für diesen unglücklichen Prinzen zu erregen, der freilich auch ohne Gift sterben konnte, da er keine Bewegung hatte und in schlechter feuchter Luft leben mußte und allerdings einen Ansatz von der englischen Krankheit mit auf die Welt brachte. Es entspinnt sich in der Stille eine Partei für den ältesten Sohn des Orléans, oder nunmehrigen Herzog von Orléans, so aber schwerlich von großer Bedeutung werden dürfte.

Was die Stelle eines Ministers zu Berlin betrifft, so wird Bacher schwerlich dazu kommen; man hatte einige Absicht auf Colchen, den commissaire des relations extérieures, ein sehr höflicher, stiller und, wie man sagt, moralischer Mann; er hat einige Ähnlichkeit mit Barthélemy von Gestalt und Wesen, ist auch sehr passiv und hat, wie es scheint, wenig eigene Kraft; er war in vorigen Zeiten commis in einem kleinen Bureau. Er nimmt aber die Stelle nicht an, wie ich durch ihn selbst es weiß, und ohnehin hat man wieder einen ganz Andern im Sinne, einen gewissen Caillard, der sehr lange Zeit als secrétaire und chargé d'affaires in Holland war, ein erzfeiner Intrigant, der sich aber wohl einzuschmeicheln weiß, aber in vorigen Zeiten als ein großer Widersacher der statthalterischen Familie bekannt war und es auch noch sein wird . . .

Jetzt ist das Comité wieder verändert, Merlin de Douai ist heraus, der ist zwar unser großer Freund, aber sein Ansehen nimmt etwas ab aus persönlichen Ursachen, weil er mit einigen Terroristen in vorigen Zeiten zu gut stand, und dann hat er die überspannte Idee durch den Merlin von Thionville mit dem Rheinstrom im Kopfe. Diese Leute wollen uns halb Deutschland geben, so gar ist noch öfters die Frage von Hannover uns zu geben, wozu selbst Siepès noch Neigung bezeigt. Doch weiß man selten, was und wohin eigentlich die wahre Absicht dieses Mannes geht; von Natur ist er mit aller seiner Härte ein sehr furchtsamer Mann und wenn er Gefahr sieht, auch in der Politik, dann giebt er mehr nach, als man bei einem solchen Charakter vermuthen sollte.

Mit dem Grafen Carletti stehe ich in gutem Verhältniß; er ist fein, hat aber viel Lebhaftigkeit und etwas sehr Freimüthiges in seinem Wesen, daß man nicht so leicht von ihm hintergangen wird, wenn man nur ein wenig auf seiner Hut ist. Er ist ein Mann von Jahren, älter als ich, trägt einen grünen Schirm vor den Augen, den er nie ablegt weder in noch außer dem Hause, ob auf immer, oder nur eine Zeitlang für die Schwäche seines Gesichts, weiß ich nicht. Seine Absicht ist allerdings, Friede für Österreich zu machen; allein als Philosoph und Begünstiger der Freiheit wünscht er Ruhe und Friede bei allen Mächten und keine Vergrößerung von keiner Macht.

Heute speise ich bei dem Banquier Perregaux, der ein Neuchâtelais und sehr

bekannter Mann ist, mit der Dame Tallien, so aber schon ein wenig von ihrem 1795
Ansehen verloren hat, so wie auch ihr Mann, der eine Partei in dem Convent Juni 15.
gegen sich hat, die ihn und Legendre ausstoßen möchte. Das wäre undankbar in (Datum der Absendung)
einem hohen Grade, weil ersterer unstreitig die Veranlassung und Mittel zu Robespierre's Sturze an die Hand gab und mit Gefahr seines Lebens sich ihm widersetzte und auch bei der Ausführung den größten Muth bezeigte ... Es ist ein trauriges Gefühl, wenn man in eine Gesellschaft kommt, so viele Menschen zu sehen, welche in den Kerkern waren und noch öfters die Spuren ihrer Leiden auf dem Gesichte und an dem ganzen Körper tragen. Carletti sucht die Menschen wieder zusammenzubringen und er ist es, der neulich die erste assemblée gab und Alles von Damen und Herren von höhern Ständen nebst Gelehrten und einigen Deputirten zusammenbrachte, was sich noch auffinden und auftreiben ließ. Von allen Seiten sah man Menschen, welche theils in den Gefängnissen saßen und täglich den Tod erwarten mußten, oder die ihre Freunde und Verwandte durch die Guillotine verloren haben; einige junge Weiber, so ihre Männer, Töchter, so ihre Eltern [verloren haben], ein Vater, der noch der einzige Überrest der Familie ist, waren zugegen, und die ausgestandenen Leiden übersteigen alle Vorstellung.

Noch ein Wort über die Glieder des Convents und Gouvernements. Mit 100,000 Thaler baares Geld, so jetzt 4—5 Millionen Livres in Assignaten ausmachen, könnten wir unsre Partei so verstärken, daß wir wahrscheinlich unsre Pläne und Vorschläge gänzlich durchsetzen könnten gegen Österreich, das im Grunde noch wenig Freunde hat. Auf Wiederherstellung von Polen arbeiten Viele von dem hiesigen Gouvernement, selbst die preußisch Gesinnten, nicht um uns zur Herausgabe zu bewegen, sondern gegen Rußland, und daß wir in keine neue Theilung treten sollen. Sie wissen, daß nach meiner geringen Meinung ich immer ein Polen für Preußen nützlich hielt, um einen État intermédiaire zwischen uns und Rußland zu haben ... Alles, was ich gegenwärtig gethan habe und täglich thue, ist, daß ich unsre Freunde in ihrer Anhänglichkeit bestärke, vielen eine bessere Idee von dem Zustande der auswärtigen Sachen in Deutschland beibringe und die Mäßigung predige, auch die Nothwendigkeit zeige, uns zu schonen und unser Ansehen nicht zu schwächen in Deutschland durch zu harte Forderungen von Seiten der Republik bei einem Frieden mit dem Reich. Gestern speiste ich mit drei Deputirten, wovon der Eine Barras heißt und ein Mann von Einfluß und von Charakter ist, der sich gern unterrichten ließ, für Mäßigung und Frieden auf dem festen Lande stimmt — und nur nur gegen England noch den Krieg mit äußerster Kraft fortgesetzt haben will... Alles ist voll List und Ränke, ein flux und reflux d'opinions et de mesures ...

So eben, Morgens 8 Uhr, komme ich von Boissy d'Anglas, mit dem ich endlich nach vieler Mühe ein rendez-vous gehabt habe, von dem ich ziemlich zufrieden zurückkam. Es ist ein verständiger Mann, ohne große vues oder tiefe Einsichten zu haben, und seine Physiognomie hat etwas Gutes und Aufrichtiges. Er äußerte große Besorgnisse über das Gerücht, daß Lucchesini als Minister hieher kommen sollte, und wünscht für das gemeinschaftliche Beste, daß es nicht geschehen möge. Ich bezeigte ihm meine Unwissenheit über diese Bestimmung und glaubte, es wäre blos ein bruit, indem ich bisher nicht das Mindeste von einer solchen Mission gehört hätte. Er wünschte, daß allenfalls Sandoz, von dem er

1795 Juni 15. (Datum der Absendung) auch so etwas gehört hätte, kommen möchte, der ohnehin als Schweizer eine gute présomption für sich hätte . . .

Den 14. Abends 9 Uhr.

. . . So eben komme ich von einer Mittagsmahlzeit, so Perregaux mit vieler Weisheit und Güte für mich zusammengebracht hat . . . Tallien und seine Frau, Fréron, la comtesse de Beauharnais, dont le mari fut constituant et général de l'armée du haut Rhin et qui a péri par la guillotine, und einige andre wichtige Damen und Herren machten die Gesellschaft aus. Tallien ist ein sehr junger Mann, der eben keine großen Kenntnisse, aber viel Muth hat, ziemlich gut sich ausdrückt. Fréron hat mehr Genie und Kenntnisse und noch mehr Kraft in dem Charakter und gefällt besser wegen seiner Offenheit. Nach dem Essen ließ ich mich mit Beiden ein; sie sind, wenigstens Fréron, für uns; für den Andern stehe ich nicht; ob er gleich sich stark gegen Österreich äußerte, so glaube ich doch, daß er ein wenig dahin neigt . . . Preußen soll nach Tallien Alles jetzt thun, Österreich zum Frieden zwingen, ganz Deutschland umschaffen und Polen herstellen; solch unsinniges Zeug muß man täglich anhören, bestreiten und doch mit allen seinen Gründen nicht weit fortschreiten können . . . Friede will man, aber die meisten Länder behalten, und dazu sollen wir die Hände bieten. Sie haben keine Vorstellung von der Unwissenheit und zugleich Heftigkeit vieler dieser Leute, die im Grunde ganz gut für uns gesinnt sind, aber ihre stolzen Grillen für eitel Wahrheit halten und Alles in ihrem Kopfe für möglich halten, wozu freilich die Schwäche der andern Mächte ihnen die Veranlassung und den Maßstab giebt. Im Grunde ist es unmöglich für Frankreich länger auszuhalten, wenn man ihm mit einiger Kraft widerstehen wollte. Es waren einige Banquiers, vertraute Freunde von Fréron bei unserm Diner, die ihm und Tallien mit großem Nachdruck die Wahrheit sagten und die äußerste Nothwendigkeit Friede zu machen, es koste was es wolle, [hervorhoben]. Denn diese Deputirten wollen noch die halbe Welt erobern und dann Friede machen. Fréron läßt sich besser belehren und giebt der Wahrheit und Nothwendigkeit eher Huld als Tallien. Madame Tallien ist nicht mehr so sehr schön, sie ist eben aus den Wochen gekommen; allein angenehm ist sie und hat Verstand. Die drei wichtigsten Frauen, ausgenommen Frau von Staël, waren zugegen. Madame Tallien hat mich sehr ersucht, sie zu besuchen; sie erinnerte sich, mich zu Madrid bei der Krönung des Königs gesehen zu haben, und das machte gleich den Weg zur weitern Bekanntschaft.

Mit dem Rheinstrom sieht es noch immer mißlich aus; man will ihn behalten; wenn Österreich weicht oder wir nicht Muth haben, uns mit Nachdruck dagegen zu erklären, dann möchte es damit geschehen sein. Im ersten Anblick scheint die Sache uns gleichgültig und beinahe günstig zu sein, allein die Folgen könnten sehr bitter für uns werden . . .

7. Mangel an Gefühl und Moralität in Paris.

Juni 19. . . . Die Gleichgültigkeit, womit das hiesige Volk, zum Theil selbst der bessere, cultivirte Theil desselben dergleichen Hinrichtungen[1]) ansieht, ist unbe-

1) Am 17. Juni war die Hinrichtung der am Aufstande vom 20. Mai betheiligten Terroristen.

greiflich und sehr traurig für einen nachdenkenden Beobachter, der die Schwierigkeiten fühlt, Gefühl und Moralität in einem solchen Volke zu erwecken, Dinge, welche doch zur Erhaltung einer jeden Staatsverfassung und vorzüglich einer freien erforderlich sind . . . 1795 Juni 19.

8. Billigkeit des Lebensunterhalts. Bevorstehende Militär-Regierung.

. . . La nouvelle que la cour de Vienne contredit partout l'opinion d'avoir négocié avec la France, fait ici beaucoup de sensation, et on a de la peine à la croire véritable . . . Juni 25.

La dépense . . . n'est pas très considérable; j'ai un bel appartement, un domestique de place et une remise très belle et bonne, et vivant avec décence pour le reste, je ne crois pas que la dépense ira par mois au delà (en tout) de 500 florins en espèce, argent de Francfort. C'est peu de chose pour Paris autrefois, où l'équipage seul coûtait la moitié de cette somme, et même pour le mois prochain, ce sera peut-être moins que je viens de commencer . . .

Es sind ganz eigne und besondere Menschen, mit denen man zu thun hat; Alles weicht von den alten Formen und Art zu denken ab. An der innern Moralität fehlt es am Meisten. Ruhe ist noch nicht zu bald zu erwarten, es sei denn, daß durch eine Art von Militär-Gouvernement die Vorschläge der Convention durchgesetzt werden, wie es jetzt den Anschein hat . . .

Es sind viele und leichte Mittel hier, sich Freunde zu machen — nur muß man ein Haus machen, das ist der erste Punkt sich zusammenzufinden, gut essen und trinken, und Weiber — Mit dem Papier kann man großen Aufwand mit Geld machen — so lange es währt . . .

9. Unterredung mit Boissy d'Anglas.

. . . Je reviens en ce moment-ci de Boissy d'Anglas, membre du Comité de salut public, qui est à la tête de la section diplomatique qui regarde l'Allemagne et nos affaires. Il m'a montré beaucoup de bonne volonté pour nos intérêts et m'assurait qu'on ferait la paix avec l'Allemagne à des conditions très modérées, et même en faveur de la médiation de notre cour. C'est un des hommes les plus probes de la Convention; il m'a parlé avec franchise sur les menées qu'on emploie pour discréditer notre paix et la représenter comme peu stable et loyale. Je l'ai rassuré sur cet article sous tous les points de vue. Il m'a encore répété la nécessité d'envoyer promptement un ministre ici, et m'a fait quelques excuses de ce qu'on n'a pas auparavant sondé notre cour sur le choix du ministre qu'elle aurait peut-être pu désirer[1]), les circonstances ayant paru si pressantes au Comité, pour nommer sur-le-champ un ministre à Berlin, qu'on n'avait pu gagner du temps pour cela . . . Juli 17.

1) Am 11. Juli war Caillard zum Gesandten in Berlin ernannt.

26*

10. Gespräche mit Graf Carletti[1]).

1795 Juli 21. Ayant trouvé à la Convention le ministre de Toscane, comte Carletti, avec lequel je suis sur un pied assez amical, il me prit à part et témoigna beaucoup d'inquiétude sur l'état actuel de la France, vu qu'on n'avait point de nouvelles de la Vendée et qu'il n'était pas tranquille du tout sur cet article, sur la défiance qu'elle avait encore sur notre compte, et ajouta que nous devions nous prononcer rondement et du moins garder une très stricte neutralité à l'égard des puissances belligérantes; que si la République ne restait pas sur pied, toutes les cours qui avaient fait la paix, la nôtre, celle de Suède et de Toscane, seraient huées et bafouées aux yeux de toute l'Europe; qu'on soupçonnait la Prusse d'intelligences secrètes avec les puissances belligérantes et de menées sourdes en Hollande pour le stathouder; que je savais que lui, comte, pensait en philosophe et en amateur de la liberté. Il est aigri contre la cour de Vienne, contre les cours en général, parce que la première l'a compromis par ses déclarations, qui démentent sa négociation avec la France, et contre les autres, parce qu'il les croit trop acharnées contre l'établissement de la liberté française, dont il est un amateur zélé. Il s'attacha à prouver que nous avions un intérêt direct de secourir et appuyer la France dans son système républicain. Je répliquai que la France avait les moyens de le fortifier et de le consolider très sûrement en faisant la paix avec l'Empire et sur le continent, en adoptant des principes de modération, et en diminuant promptement ses dépenses, le seul remède de rétablir ses finances et de soulager le peuple; que nous avions fait la paix avec la France pour la paix et non pas pour prolonger ou répandre davantage la guerre; et que nous souhaitions de vivre en bonne intelligence avec tout le monde, et de procurer la paix avec et pour la France à l'Europe; qu'on y parviendrait probablement, si la France voulait écouter la voix de la modération, et surtout au sujet de l'Empire germanique, au démembrement duquel nous ne pouvions pas nous prêter. »J'en suis d'accord«, fut la réponse du comte, »mais il faut une paix stable et glorieuse à la France, qui ne peut pas rendre ses conquêtes, et pour les garder, si on ne veut pas y consentir de bonne grâce, il faut aller en avant avec les armées, passer le Rhin, prendre Mayence, et forcer l'Empire et l'Autriche à la paix à ces conditions«. »Comment«, régérai-je, »vous, monsieur, ami de l'humanité et de la France, vous qui m'avez souvent dit que la France devait se relâcher de ses prétentions et faire la paix le plus promptement possible, vous donnez dans leurs opinions exaltées; vous voulez la continuation de la guerre, et exposer la France plus longtemps à tous les maux dont elle se voit entourée, et qu'elle doit craindre encore pour l'avenir si la paix ne se fait pas bientôt? Croyez-vous sincèrement qu'elle trouvera son bonheur avec un pareil système, qu'elle puisse conserver ses conquêtes et même en faire d'autres en Allemagne pour garder les pays du Rhin« ? »Oui, je le crois sous deux conditions«, dit le comte, »1° si la Prusse reste au moins parfaitement neutre;

---

1) Nach der von Hardenberg am 13. August dem König und Ministerium überschickten Abschrift.

2° si la France peut seulement rétablir sa marine, pour tenir tant soit peu la marine anglaise en échec« . . . 1795 Juli 21.

Le comte Carletti voulait sans doute en partie sonder le terrain en me tenant ces propos; mais d'ailleurs il est véritablement irrité contre la cour de Vienne et très républicain de système, craignant pour la république et croyant qu'on pourrait forcer la paix, et que la France, pour sa sûreté et gloire, devait garder ses conquêtes, ou en faire des républiques intermédiaires.

Le 22 juillet, le comte de Carletti m'est venu voir, et me dit: »Je suis toujours comme vous pour la modération, et je sens très bien la force de vos arguments d'hier, et j'en ai fait aujourd'hui un bon usage envers plusieurs membres du gouvernement; mais il est difficile de ramener des têtes exaltées à des principes etc.« J'ai appris depuis que le comte en a parlé effectivement dans notre système à quelques membres de la Convention . . . Juli 22.

Hier, à l'occasion des nouvelles de la Vendée, qu'un député vint nous dire à la loge diplomatique où j'étais avec le ministre de Toscane, et que peu après un membre du Comité de salut public lisait de la tribune, ce ministre témoigna de nouveau ses inquiétudes sur le sort de la République française . . . »La paix, ai-je dit, avec l'Empire et quelques autres puissances de terre, devient de plus en plus indispensable à la France. Cette paix seule pourra affermir et consolider l'établissement de la République, et je crois qu'il ne tient qu'à elle de la conclure«. »Non, cela ne tient pas à elle, reprit le comte. Parlons franchement et en philosophes. Vous en Prussien, et votre cabinet, vous devez certainement souhaiter la paix avec l'Empire, et qu'elle se fasse sous votre médiation, cela est clair. L'Empereur par contre ne pourra s'y prêter, à moins qu'elle ne se fasse sous ses auspices, cela est encore clair. Mais qu'est-ce que la France gagnera au fond par cette paix, si elle ne peut pas l'avoir en même temps avec la maison d'Autriche? et comment y parvenir, sans rendre ou les Pays-Bas à l'Autriche dont cette maison se soucie très peu, et que la France d'ailleurs ne peut presque pas rendre sans se déshonorer, ayant promis depuis peu encore de la manière la plus sacrée de ne pas les abandonner à l'Autriche, ou de donner un autre dédommagement quelconque à l'Autriche, pour l'engager à faire la paix. Si on ne veut ou ne peut pas venir à un pareil arrangement, il ne reste à la France que la force des armes pour avoir la paix, remède qui de jour en jour devient plus critique et pourra traîner la guerre en longueur . . . A mesure que les difficultés dans les finances et dans les esprits augmentent ici, la cour de Vienne et l'Angleterre deviennent plus difficiles. Je vous parle franchement, continua le comte, je ne vois pas la paix si prochaine avec l'Empire. La cour de Vienne est actuellement gouvernée par celle de Londres. Il y a 5 à 6 mois, que le cas était différent, et que l'Angleterre avait peu de crédit à celle de Vienne et fut sur le point de le perdre entièrement. Ce temps n'est plus. Je ne vois qu'une grande vigueur dans les mesures de la Convention, soit pour l'intérieur de la France, soit pour les affaires de l'extérieur, qui puissent la sauver et conserver la république. Je suis intéressé de toutes manières à favoriser le système républicain, comme ministre de Toscane, comme philosophe, et comme particulier; mes opinions sont connues; je ne les ai jamais cachées et je les dis à qui voudra les en- Juli 25.

1795 Juli 25. tendre. Si la république ne se soutient pas, je ne saurai où aller reposer ma tête, excepté en Amérique. Si les comités, qui n'entendent rien aux affaires et auxquels j'ai souvent dit des duretés, avaient voulu m'écouter, la France ne se trouverait pas si embarrassée, comme elle l'est actuellement. Il est temps encore, mais l'insouciance, l'ignorance, la défiance et la sécurité du gouvernement rendent l'exécution des bons conseils extrêmement difficile«. Pour sonder davantage le comte, je lui ai dit que notre cour était bien éloignée d'ôter à l'Empereur la gloire de procurer, conjointement avec la Prusse, la paix à l'Empire, et qu'on s'entendrait facilement sur ce point, d'autant plus que le principe de la pacification, la restitution des pays d'outre-Rhin, était aussi celui de l'Empereur. »Il faudrait, répondit le comte, aborder la question de la paix courageusement, et que chacune de ces puissances, la Prusse, l'Autriche et la France, se prononçassent clairement sur les dédommagements à accorder à l'Autriche, et même, si on veut, à la Prusse«. »Où les trouver, monsieur«? »Dans le clergé, fut sa réponse. La France a attendu trop longtemps avec son projet de changer la constitution germanique et de contribuer à un arrondissement salutaire pour l'Autriche, la Prusse et elle-même. Si la paix ne peut pas se faire de la manière susmentionnée, il faudra des alliances entre la France, la Prusse, la Suède, le Danemark et la Porte, car sans cela il sera difficile que la république subsiste longtemps, et vous autres Prussiens serez les premiers perdus si le royalisme revient, qui est votre ennemi, de même que tous les aristocrates«[1].

Le comte Carletti est un grand ennemi du clergé, . . . et il en veut absolument aux évêchés en Allemagne. D'ailleurs on m'a déjà donné à entendre qu'on pourrait offrir Salzbourg et Passau à l'Autriche, et je crois que les idées se tournent maintenant dans le Comité de salut public sur ce pivot. Le comte Carletti est sans contredit révolutionnaire ou républicain par principe, mais en même temps obligé par sa cour de favoriser les intentions de celle de Vienne, et sans être directement chargé par la dernière, il a cependant négocié ou cherché à trouver les moyens de concilier les intérêts de la France avec ceux de l'Autriche, et a parlé plus d'une fois de l'échange de la Bavière.

La pacification de l'Empire et la restitution des pays du Rhin s'accroche principalement à la peur de ne pas parvenir en même temps à une paix avec l'Autriche, si on l'accordait à l'Empire par la médiation de la Prusse. Je le remarque par tout ce que le comte Carletti me fait sentir, et je le sais par les membres du Comité qui sont pour nous et qui regardent la paix sur le continent indispensablement nécessaire à la France; ils ne voient pas jour d'y parvenir sans accorder des avantages à l'Autriche ou faire encore une guerre à mort et sacrifier son dernier denier . . .

---

1) In gleichem Sinne bemerkt Caillard am 19. September 1797, der Staatsstreich vom 18. Fructidor habe in Berlin sehr gefallen, denn der wiederhergestellte König würde ein Feind Preußens sein, das zuerst von der Coalition zurückgetreten sei.

11. Auszüge aus dem Journal von Gervinus.

Gespräch mit Boissy d'Anglas. Parteien im Convent und im Comité. Die Royalisten.

. . . On ne peut rien dire sur le succès de la nouvelle constitution. La 1795
lassitude de la nation la servira, et c'est le seul et meilleur appui de la Con- Juli 21.
vention . . .

J'ai été ce matin chez Boissy, l'homme probe du Comité . . . Il m'a dit avec franchise que Caillard n'était pas son choix, et que lui avait proposé de nous envoyer un militaire distingué, un général, pour ministre; mais qu'on n'en avait pu trouver qui réunît les connaissances politiques et militaires nécessaires à la mission. Il me dit que leur gouvernement manquait absolument de sujets habiles pour les missions, parce qu'on ne pouvait pas encore employer les ci-devant, auxquels on ne pourrait pas avoir confiance aussi longtemps que la république ou la nouvelle constitution ne fût bien établie . . .

La Convention et le Comité de salut public sont de nouveau divisés en deux partis, qui s'agitent en secret pour se renforcer et se prononcer ouvertement. Les uns sont les modérés par excellence, la plupart partisans de la Prusse et de la paix à des conditions très modérées dont les chefs sont Boissy d'Anglas et Cambacérès; Fréron et Tallien en sont aussi de quelque manière, mais avec la différence que Tallien n'est pas Prussien, et on peut le regarder comme le chef du parti autrichien, qui cependant perd du terrain de jour en jour, à ce qu'il me paraît. Fréron n'est pas dans le Comité, il espérait d'y entrer, mais il a manqué son coup, son parti ayant succombé et Jean Debry l'ayant emporté sur lui, que Sieyès y a porté pour y avoir une personne affidée. Jean Debry, quoiqu'ami de lui, ne pense cependant, à ce qu'on prétend, pas tout à fait conforme au système de Sieyès depuis son entrée au Comité. L'autre parti est nommé le Brissotin, composé de la majorité des membres des 73 qui furent incarcérés par Robespierre et sont rentrés depuis au sein de la Convention. Ils veulent encore la paix sur le continent, mais en conservant les conquêtes, pour en former du moins des républiques intermédiaires entre la France et l'Allemagne; plusieurs sont du parti autrichien; les chefs en sont Sieyès, Louvet et Chenier. Mais le grand but de ce parti est celui de se venger contre tous les membres de la Convention qui ont pris part à leur proscription, soit par leur activité, soit par leur silence et faiblesse. Ce sont les républicains par excellence et qui redoutent le retour du royalisme bien plus que l'autre parti.

La peur d'un prompt retour du royalisme me paraît assez mal fondée. La lassitude de la nation de toute révolution nouvelle, le désir du repos de tous les honnêtes gens, les déchirements d'une guerre civile et les vengeances redoutées des royalistes, sont des barrières presque insurmontables aux derniers, et la Convention, quelque méprisée qu'elle soit en sa totalité, est et sera soutenue comme la seule autorité à laquelle on puisse se rallier pour ne pas devenir la proie de l'anarchie ou la victime d'une autre espèce de terrorisme. Il est vrai que les royalistes se servent de tous les moyens imaginables pour ramener l'opinion à leur système, qui est favorisé sous main par les spectacles, qui penchent

1795 Juli 21. généralement pour eux. On a donné hier à la grande opéra le ballet »le déserteur«, et celui-ci et tous les soldats qui paraissent en ce ballet furent dans l'ancien costume, habillés en blancs et revers et parements rouges, excepté le roi qui fut en habit bleu. Quelques spectateurs commençaient à applaudir à l'apparition de ces soldats de l'ancien régime, mais d'autres en murmuraient, et j'ai observé moi-même qu'on fut réservé dans les applaudissements à cet égard. On a voulu me prouver depuis que c'était plutôt la peur que les sentiments républicains qui avaient rendu les spectateurs si économes dans les témoignages de leur approbation de ce costume . . .

Diner bei Baron Staël. Gespräch über das Schicksal der bei Quiberon gefangenen Emigranten.

Juli 27. Feier des 9. Thermidor; Bericht Tallien's über die Niederlage der Emigranten in Quiberon, 20. und 21. Juli; großer Jubel darüber in Paris. 1500—1800 ont été faits prisonniers, qu'on veut tous fusiller . . . J'ai hier dîné chez le baron de Stael avec quelques députés et le comte de Carletti. Mme de Stael a employé tous ses talents pour fléchir les députés et leur montrer l'odieux qui résulterait pour la Convention en faisant exécuter à la rigueur la loi de mort contre tous les prisonniers, et quelques autres personnes furent du même avis; j'opinais moi de punir les chefs de mort et de déporter ou enfermer le reste. Mais rien ne pouvait influencer les députés à la clémence; »la loi existe, les émigrés la connaissent, ils sont venus pour nous égorger, il est juste qu'ils subissent le sort que leur conduite mérite«. Le ministre de Toscane était du parti des députés et approuvait toutes les rigueurs, et M. de Stael, par faiblesse et peur, non pas par sentiment, se conformait assez à la même opinion . . .

12. Schreiben von Gervinus an Hardenberg.

Mißtrauen gegen Preußen. Unannehmlichkeiten seiner persönlichen Stellung. Gespräch mit Boissy d'Anglas.

Aug. 2. . . . Nos affaires s'embrouillent ici par la défiance de nos amis et ennemis qui se servent mutuellement, et c'est surtout depuis qu'on a appris que la nouvelle de la nomination d'un ministre de notre part fut prématurée [1]). Ma situation commence à devenir désagréable, et le gouvernement ne me dit ni ne me communique plus rien; il ne me traite plus avec la même considération comme auparavant lorsqu'il croyait que nous nommerions incessamment un ministre, ou qu'à son défaut, vu la prolongation de mon séjour, je prendrais moi un caractère public [2]). On prend de l'humeur contre nous, on nourrit des soupçons de toute espèce, et on donne à entendre que je n'avais aucune auto-

1) Es hatte sich das Gerücht verbreitet, daß Baron Rohde, der als Gesandter Preußens in Lissabon durch Frankreich reiste, zum Gesandten in Paris bestimmt sei.

2) Auf Verwendung Hardenberg's wurde dann Gervinus unter dem 25. August bei dem Comité officiell beglaubigt.

risation de traiter avec le gouvernement, ma mission n'ayant été que personnelle de votre part et sans suite, et que je n'étais donc chargé de rien. Il est vrai qu'on se garde bien de dire cela au public vulgaire, que l'on a intérêt de tenir dans l'idée que la Prusse a ici un ministre en ma personne. Je ne vois plus le Comité de salut public, n'ayant rien à lui communiquer de votre part, et sachant qu'on ne me dira rien. Je vois cependant assez souvent Boissy d'Anglas chez lui de grand matin,. il est homme probe et honnête, voulant le bien de bon cœur et étant bien disposé pour nous. Si j'avais pu croire que mon séjour serait si long, on aurait pu trouver un moyen de m'épargner ces désagréments, lorsque vous étiez encore à Berlin. Vous n'aviez qu'à me procurer une espèce de lettre de créance du Roi ou ministère au gouvernement français pour communiquer ou traiter avec lui (il s'entend sur et par vos notes), sans me donner un autre caractère public que celui que je porte actuellement au service du Roi . . .

1795 Aug. 2.

13. Immoralität des Convents. Die Republik wird nur kurze Dauer haben.

Aug. 3.

. . . Mit Gelde kann man immer viel ausrichten, aber gegenwärtig hier mehr als jemals, wo man mit einem Haufen unglücklicher und unmoralischer Menschen zu thun hat [1] . . .

Ich muß Ihnen sagen, edler bester Freund, daß der ganze Convent eine höchst verdorbene Masse von Menschen ist, und die wenigen Guten in demselben sind es nur im Vergleich mit den Böseren. Betrug, List und Verstellung ist selbst den Bessern zur andern Natur geworden, und Menschen unsrer Denkungsart leiden täglich bei dem Anblick der unmoralischen Art, die größten Angelegenheiten des Staates und der andern Mächte zu behandeln. Keine Achtung kann man für solche Gesetzgeber haben, die jede Härte und Ungerechtigkeit für erlaubt und nothwendig halten, wenn sie nur ihren Leidenschaften und Privat-Meinungen dienlich sind. Alles gelingt diesen Menschen: ohne den Sieg zu Quiberon, der aber nicht so groß war, als ihn Tallien ausschrie, ohne den Frieden mit Spanien [2], wo auch Verrätherei, Feigheit und Unwissenheit der spanischen Generale der französischen Armee Siege und Städte, Vittoria und Bilbao verschafften, war der Convent verloren und andre, vermuthlich etwas bessere Menschen an seiner Stelle . . . Obgleich sich Alles nach dem Sinne der Convention zu schicken scheint, so ist die Sache doch noch lange nicht gethan, und der Erfolg der Constitution muß abgewartet werden, der vielleicht einige Ruhe giebt. Allein in der Convention selbst ist die Uneinigkeit wieder sehr groß, und nichts als eine neue kann Ordnung und Festigkeit geben und doch wird Frankreich nicht sehr lange eine Republik bleiben [3] . . .

---

1) Gleichzeitig überschickt Gervinus eine Sieyès zugeschriebene Denkschrift; vergl. Häusser 2, 22. Sybel 3, 497.

2) Zu Basel, 22. Juli.

3) Alvensleben, dem ein Auszug aus diesem Schreiben übersendet wurde, bemerkt zu dieser Stelle: c'était toujours mon opinion.

14. Sieyès. Madame Staël.

1795 Aug. 18. . . . Les deux ambassadeurs extraordinaires de Hollande qui sont retournés dans leurs pays, ont eu une conversation très vive avec Sieyès, au sujet de la somme d'argent stipulée dans le traité de paix et à payer à la France. Elle s'est terminée par des reproches sanglants faits à ce député pacificateur; l'un lui disait: »comment vous, citoyen, qui avez fait la déclaration des droits de l'homme, vous allez nous dépouiller et nous imposer d'une manière si dure«? Sa réponse fut: »les principes sont pour les écoles, l'intérêt est pour l'État« . . .

On disait à Mme de Stael que Legendre l'avait comparée à Circée; »je le crois«, répondit-elle, »je l'ai changé en bête« . . .

15. Theuerung.

Aug. 30. . . . La cherté augmente de jour en jour, et bientôt le bon marché sera fini pour l'étranger comme pour le Français. On ne fait plus de repas chez les bons restaurateurs à moins de 160 sans et de 200 livres avec le vin, dont la bouteille de bon Bordeaux coûte chez le restaurateur de 80—100 livres. On m'a augmenté hier mon quartier d'un tiers, et c'est déjà la seconde augmentation. La voiture coûte le double de ce qu'elle m'a coûté le premier mois. Cependant il ne fait pas encore tout à fait si cher pour l'étranger, dans quelques articles, comme du temps de l'ancien régime.

16. Stellung der Parteien zu der neuen Verfassung. Terrorismus und Royalismus.

Sept. 4. . . . Tout est ici en mouvement pour intriguer dans les assemblées primaires, les uns pour et les autres contre la Convention nationale. L'acceptation de la constitution est dans la volonté de tous les partis, quoique dans des intentions bien différentes. Les républicains l'acceptent parce qu'elle établit la république; les indifférents, parce qu'ils sont las et veulent du repos; les riches, parce qu'ils aiment leurs biens et craignent de les perdre par une nouvelle révolution; et enfin les royalistes, parce qu'ils se flattent de l'espoir qu'elle ne pourra pas vivre ni marcher longtemps, à cause de la faiblesse du pouvoir exécutif, et de cette opinion sont encore les montagnards de la Convention, qui voudraient remettre la constitution de l'an 1793 sur le tapis. Les constitutionnels se montrent pour la nouvelle constitution, il n'y a pas de doute; mais on pourra cependant soupçonner la sincérité de leurs sentiments et croire qu'ils tiennent au fond de leurs âmes avec ceux qui l'acceptent parce qu'on lui présage l'extinction par la mort de la langueur et qu'on sera forcé, si on veut la soutenir, de faire des changements au pouvoir exécutif, qui prêtent à l'idée d'un président, qui gagne de jour en jour des partisans . . .

On a relâché un grand nombre de terroristes incarcérés pour les faire rentrer dans les assemblées primaires, et la lutte de ces gens, des troupes et des autres citoyens, y compris la garde nationale, qui tient avec le bon bourgeois, pourrait facilement s'engager et occasionner des troubles. La Con-

vention républicaine se rapproche et se raccommode avec ses collègues mon- 1795
tagnards et les terroristes en dehors pour détruire le royalisme qu'elle craint Sept. 4.
plus que le terrorisme. La majorité des bons citoyens craint plus le dernier que le premier, qui est, on ne peut pas se faire illusion, l'opinion de plus de la moitié des habitants de la France; mais la Convention, le gouvernement et presque tous les administrateurs de la République étant républicains et ayant tous les moyens et même l'armée à leur disposition, les royalistes, sans grand moyens, sans point de réunion, auront beau faire: ils ne réussiront pas à présent. Le grand mal qui pourra résulter de cet état des choses est celui, que la rigueur extrême des mesures et un gouvernement militaire approchant du despotisme seront nécessaires pour soutenir la république, dont la nation à la fin pourra se lasser et passer à une autre extrémité[1] . . .

17. Nothwendigkeit einer festen Haltung gegen Frankreich, von dem Preußen seiner Schwäche wegen getäuscht und verachtet wird.

. . . Tenez vous pour dit: que nous avons été et serons encore longtemps Sept. 24.
la dupe du gouvernement français. Sans un grand caractère de fermeté et un langage fort et même menaçant, nous ne ferons ni n'obtiendrons rien de ces messieurs qui se moquent de nous et de notre faiblesse[2]. Rohde, le pauvre sire, m'a à la fin dit la même chose, et quelque enragé qu'il soit pour le gouvernement français, il a avoué qu'il voyait qu'on nous trompait et méprisait à la fois. Voilà la clef de l'énigme! Nous aurions dû laisser la très grande partie de notre armée en Westphalie et parler haut, et on aurait eu tout ce que nous avions droit d'attendre d'une nation avec laquelle nous avons fait les premiers la paix, et que nous avons ménagée et caressée même pendant la guerre. J'aurais bien voulu être ici en de pareilles circonstances sous feu le roi, et je réponds que nos affaires auraient une tout autre tournure en peu de jours.

18. Die Rheingrenze.

. . . Un bourgmestre de Cologne, qui est ici depuis quelque temps, Okt. 14.
vient de manifester son opinion contraire à la réunion des pays du Rhin à la France. On n'a point d'idées combien il y a de membres de la Convention

---

1) Am 12. September schreibt Gervinus: es ist ein tolles Volk; panem et circenses — und dann kann man Alles aus ihm machen. Il n'y aura de repos dans ce pays jusqu'à ce qu'un gouvernement despotique quelconque est rétabli, soit conventionnel, militaire ou monarchique, ce sera égal; il faut un miracle pour éviter tôt ou tard la guerre civile.

2) Ähnlich schreibt Hardenberg am 26. November: Il me semble que pour ravoir nos provinces d'outre-Rhin et pour nous tirer en général d'affaire dans cette crise, pour pouvoir enfin profiter encore des événements qui peuvent arriver, le ton ferme et même, s'il le faut, menaçant est le seul qui convienne. — Übrigens kehren die Klagen über die Schwäche der Minister in Berlin und die Empfehlung größerer Energie gegen Frankreich in den meisten Schreiben von Gervinus wieder.

1795 Okt. 14. qui croient bonnement que ces pays demandent la réunion, tandis que tout le monde sait le contraire en Allemagne. Ils se fondent sur les réclamations et instances des Allemands émigrés qui sont ici, et qui donnent leurs voix et leurs vœux pour ceux de ces habitants. C'est à peu près comme si on voulait faire passer la voix et vœux des émigrés pour la voix de la nation française, qui souhaitent aussi non seulement de rentrer mais de renverser la constitution actuelle de leur patrie . . .

19. Rapport sur l'insurrection des sections de Paris les 13 et 14 vendémiaire an IV, ou les 5 et 6 octobre 1795. Paris 1795 Oktober 23[1]).

Okt. 23. Le mécontentement contre la Convention devenant de jour en jour plus prononcé dans le public, et le décret du 5 fructidor pour la réélection forcée des 2/3 de ses membres à la nouvelle législature lui donnant un nouvel accroissement, on prévoyait qu'une explosion ouverte en serait tôt ou tard le résultat final.

Tous les partis dans la ville de Paris, il est vrai, par des motifs différents, s'accordèrent à rejeter le décret, qui au sein de la Convention fut tacitement désapprouvé par plusieurs membres, mais qui de crainte de jeter une pomme de discorde dans la Convention et de donner occasion à la guerre civile à Paris, n'osèrent prononcer publiquement leur opinion, au seul Saladin près, qui l'a fait imprimer. Quelque louables que ces sentiments soient, il faut dire que la faiblesse et des craintes personnelles y eurent leur part, qualités qui sont propres aux modérés de la Convention, et qui par cette conduite ont perdu depuis un mois leur influence au point qu'ils furent presque totalement opprimés et désertés de plusieurs membres qui, accoutumés de se ranger toujours du parti des gros canons et gros bataillons, allèrent renforcer la Montagne et ses nouveaux amis Legendre, Tallien, Fréron, Louvet et autres Thermidoriens, les derniers commençant à craindre les modérés autant et plus que la Montagne, qui fut bien aise de faire une coalition simulée avec une partie des Thermidoriens et de porter la discorde dans le côté droit. La Montagne fut avant ce temps muette et nulle, et sans le dessein des modérés d'empêcher à la future législature la rentrée de Legendre, Tallien et Fréron, elle aurait dû rester dans sa nullité, avec tous les Jacobins incarcérés, dans la République.

C'est une faute de caractère des modérés d'avoir été très insouciants quand ils ont eu le vent en poupe pendant quelque temps, d'avoir été trop confiants dans leur cause et leurs lumières, de ne s'être doutés guère de la possibilité d'un revirement de système, d'avoir trop aimé la bonne société et les plaisirs du bon ton. La Montagne par contre est d'une tout autre trempe. Dure et active, elle méprise la bonne société et les plaisirs raffinés. Elle a bien quelque peu de membres qui rivalisent avec les modérés pour le bon ton.

1) Nach der von Hardenberg am 14. November 1795 dem König eingeschickten Abschrift.

et qui, en se mêlant de la société, n'y vont que pour épier les modérés et empêcher qu'ils n'accaparent tous les suffrages dans les bonnes maisons. 1795 Okt. 23.

La Montagne voyait donc avec plaisir que, par le décret du 5 fructidor, la lutte s'engageait; elle soufflait le feu tant qu'elle pouvait. Le décret aliénait beaucoup de monde de la Convention; il portait trop évidemment la marque de l'intérêt personnel de ceux qui l'avaient fait donner, et il heurtait autant les principes de la nouvelle constitution que l'amour-propre des assemblées primaires . . . La Montagne avait grand intérêt de fomenter les troubles dans la Convention et dans la ville, n'ayant rien à perdre et beaucoup à gagner, de quelque manière qu'ils se terminassent. Pénétrante, systématique et persévérante, elle a trouvé un excellent levier dans le mot royaliste, successeur bénévole à celui d'aristocrate, pour rendre suspects et odieux tous ceux qui n'aimaient pas les terroristes. Les républicains outrés et les Thermidoriens tarés, tels que Tallien, Legendre et autres, y trouvèrent également leur compte pour désigner comme royalistes tous ceux qui ne voulaient point du décret du 5 fructidor, et qu'ils regardaient comme leurs ennemis personnels, parce qu'ils étaient sûrs d'être exclus de la nouvelle législature, si le décret fût rejeté par la majorité de la nation. Je dirai un mot sur cette majorité proclamée par la Convention. C'était un tour de force et de gibecière; car en supposant même que la Convention avait lors de la proclamation la majorité relative, c'est-à-dire la majorité des assemblées primaires dont les procès-verbaux ont été envoyés à la Convention, elle n'avait certainement pas la majorité absolue, parce qu'elle avouait elle-même que deux mille assemblées primaires n'avaient pas encore envoyé leurs procès-verbaux, et se hâta en conséquence de frapper son coup, prévoyant bien que, d'après le rejet du décret par la ville de Paris, elle n'aurait jamais véritablement la majorité pour son décret, et que si elle tardait un instant, on lui aurait donné, aux assemblées des corps électoraux dans toute la République, un démenti légal et compulsif, de sorte qu'elle aurait été obligée de rapporter le décret et de céder à la véritable majorité. Même la majorité relative ne fut obtenue du gouvernement que par tous les moyens que l'argent, la force, la crainte, les promesses et la ruse peuvent fournir. La Convention disposant du trésor, était sûre de gagner pour quelque temps du moins les troupes, et ayant tout ce qu'il faut pour battre les Parisiens, qui, ayant rendu après la révolte de prairial tous leurs canons à la Convention, n'avaient ou peu ou point de moyens de résistance, elle était bien sûre que, quelques assemblées primaires ayant eu la bêtise de donner dans le panneau des anarchistes et de prendre des arrêtés illégaux contre la Convention, qui l'autoriseraient à des mesures militaires et à déclarer une guerre ouverte à ces sections et à envelopper dans la même punition la ville entière, de soutenir par cette explosion son décret et d'intimider toute la France par la force armée et le relâchement des terroristes.

On a beau dire qu'on voulait égorger toute la Convention, qui doit tenir et soutenir ce langage à la face de l'univers pour justifier la rigueur de ses mesures prises et à prendre encore; mais le fait est que plusieurs partis voulurent un mouvement; la Montagne, les anarchistes et les royalistes outrés s'accordèrent en ce point, et chaque parti croyait y trouver son compte, bien

1795 Okt. 23. que le but final fût différent. La masse armée des bons citoyens de Paris n'avait d'autre but réel que de demander à la Convention le désarmement des terroristes, et ou le rappel du décret du 5 fructidor, ou d'attendre seulement jusqu'à ce que la majorité de la nation fût legalement constatée, soit pour, soit contre le décret. J'ai moi-même entendu de ma fenêtre les raisonnements des sections qui marchèrent contre la Convention.

Il est probable que si la Convention avait eu le dessous le jour du combat, on se serait porté à des excès contre plusieurs de ses membres, et des arrestations et des massacres en auraient été les suites. Mais la Convention était assez sûre de sa victoire, et n'avait pas grande chose à craindre ce jour-là d'après toutes les sottises faites par les sections et les pitoyables arrangements faits pour s'opposer au gouvernement. Le danger aurait pu devenir très grand pour la Convention, et il l'était bien quelques jours avant le jour du combat, si les sections s'étaient mieux entendues, mieux concertées, et s'étaient premièrement pourvues de canons et de munitions aux communes aux environs de Paris, qui étaient toutes bien disposées pour la ville. Pour prévenir ceci, de certains meneurs, probablement payés et établis par la Montagne, ont dû accélérer la levée de bouclier des sections, sous prétexte que si on attendait plus longtemps, on serait désarmé par la Convention, qui faisant arriver beaucoup de troupes, serait en quelques jours invincible. Un homme en particulier, jadis grand montagnard et dont les membres jacobins se sont autrefois servis, est venu la veille du jour de l'attaque à la section Lepelletier, l'a tellement montée et influencée pour frapper le coup, qu'il l'a fait changer de délibérations, qui roulaient le soir sur une déclaration à donner, moyennant quoi on garantissait à toute la Convention et à tous ses membres le respect et l'obéissance des sections de Paris, pourvu qu'on désarmât de nouveau les terroristes réarmés par la Convention, qui donnaient l'alarme et répandaient la terreur parmi les habitants de Paris. Le même homme fut incarcéré pour la forme, après la victoire de la Convention, par le Comité de sûreté générale quelques heures, et relâché de suite, jouissant d'une grande influence et intimité près du gouvernement. Il était du nombre des électeurs de la ville de Paris, contre lesquels on procède actuellement avec tant de sévérité et d'injustice.

Le jour de l'attaque étant arrivé, l'opinion de la majorité de la ville fut, que la Convention serait obligée de céder et de laisser désarmer les terroristes, argument dont les royalistes et anarchistes se servaient pour faire marcher quelques sections au plutôt. Les sections furent tellement bercées et fortement imbues de l'opinion que la Convention n'oserait pas tirer le canon sur elles, et que les troupes de ligne resteraient inactives, qu'elles allèrent comme des imbéciles sans canons, qu'elles auraient pu se procurer dans le voisinage, et laissant d'ailleurs échapper, pendant qu'elles étaient le matin sous les armes, beaucoup de moyens, sous prétexte de modération, qui leur auraient donné de la force et du courage contre la Convention. Il est vrai que le nombre des sectionnaires qui ont marché, n'allait peut-être pas à 15 mille. Toutes les autres sections furent sous les armes, mais ne marchèrent pas, et n'étaient pas assemblées en bataillons, ni en corps quelconques, à celles des faubourgs St.

Antoine et de Marceau près, qui s'étaient déclarées en faveur de la Convention, 1795
ou une autre section encore. Okt. 23.

Un général, nommé Danican[1]), s'était déclaré pour les sections, ayant abandonné la cause de la Convention et pris le commandement de quelques bataillons. Mais c'est probablement lui qui par ses conseils a perdu la journée pour les sections, et s'il n'est pas passé avec le consentement de la Convention, comme tout le monde le suppose et le croit maintenant, il doit être regardé comme un grand sot. L'émigré rentré Maulevrier, ancien maréchal-de-camp, vint avec 800 à 1000 hommes seulement de l'autre côté de la Seine attaquer le Pont-Neuf avec violence, et s'empara de 4 canons, qu'il voulait emmener pour s'en servir dans sa marche ultérieure à l'attaque des Tuileries. Danican l'empêcha, sous prétexte que cela retarderait l'attaque et qu'on était assez fort sans canons. On obéit et on fait l'attaque au coin rue Dauphine avec peu de monde, et on a le dessous par les canons qui y furent placés et foudroyèrent les gardes nationales, qui soutinrent pourtant bravement deux terribles décharges à bout portant, mais à la troisième elles se retirèrent en assez bon ordre, ayant perdu $^{2}/_{3}$ de leur monde, et les canons du pont furent bientôt repris par les troupes de la Convention. Le général Carteaux, qui avant l'attaque du Pont-Neuf fut envoyé avec 3 à 4 cents hommes d'infanterie, 60 dragons et un canon de l'autre côté du pont, se vit tout d'un coup enveloppé par les gardes nationales, qui débouchèrent à sa droite et à sa gauche sur lui. Il se croyait perdu déjà, mais voyant qu'on ne l'attaquait pas sur-le-champ, il fit bonne contenance, comme s'il voulait lui même attaquer, et en même temps il se retira à pas grave et regagna le pont, où peu après il trouva du renfort. Les gardes nationales lui reprochèrent sa retraite comme une lâcheté, tandis qu'elles auraient pu et dû lui tomber sur le corps et le détruire, ce qui aurait été pour leur parti un coup presque décisif, d'autant plus que les dragons montrèrent peu ou point d'envie de tirer sur les gardes nationales. Il est très certain que malgré les louis et les écus en espèces que le gouvernement donnait dans ces jours aux troupes de ligne, elles témoignèrent peu d'envie de combattre les bourgeois, et si le succès de la journée avait été tant soit peu douteux, une partie se serait probablement réunie aux gardes nationales. Ce furent les canonniers et les grenadiers de la Convention qui furent mis en avant et décidèrent l'affaire, et après les premiers succès seulement, les troupes de ligne agirent de bonne volonté, à qui d'ailleurs, dans le courant du jour, on avait tué un dragon mal à propos, qui portait un ordre de la Convention. Ce procédé faisant une mauvaise impression sur leurs camarades, ils commencèrent à s'irriter et à prendre la chose très sérieusement.

Les gardes nationales restèrent en vue des troupes et canons de la Convention, sans commettre d'hostilité depuis onze heures jusqu'à quatre heures et demie, et alors on entendit partir quelques coups de fusil, à ce qu'on dit, de la part des Parisiens, qui, rue Dauphine, virent 10 ou 12 terroristes vis-à-vis d'eux, qui faisaient leur dîner dans un appartement au coin de la rue

---

1) Vergl. hiezu und zu diesem Bericht überhaupt L. Blanc, Histoire de la Révolution française, 10, 559 flg.

1795 où ils avaient leur poste. On dit qu'irritées de l'aspect de ces gens, quelques
Oct. 23. gardes nationales ne purent retenir leur indignation et tirèrent contre le gré de leur chef de bataillon. D'autres assurent que c'étaient des hommes derrière elles dans une maison, placés à dessein par les terroristes et la Montagne pour tirer et commencer le combat. Quoi qu'il en soit, il est certain que les chefs militaires de la Convention sentirent le danger si le combat ne s'engageait bientôt, et ceux de la Convention qui voulaient l'explosion, n'avaient d'autre moyen de commencer le combat, tandis qu'ils voyaient la plus haute probabilité de vaincre, et par tout retard, si la nuit ou le lendemain étaient survenus sans qu'on se serait battu, les sections auraient pris de nouvelles forces, et auraient rassemblé des moyens d'attaque et de défense, qui auraient pu devenir funestes à la Convention. Les premières attaques se firent avec courage de la part des gardes nationales, quoique mal commandées et délaissées en grande partie par leurs chefs de bataillon. Le succès de la Convention étant consigné dans tous les papiers, je ne m'y arrête pas.

J'eus moi à peine le temps et moyen de gagner ma maison, où ma présence fut d'autant plus nécessaire, que le combat a dû se continuer principalement dans mon quartier[1]), et qu'un pillage aurait facilement pu avoir lieu. J'ai dû veiller à mes papiers et hardes en personne, et les protéger par mon caractère; bien que, dans un pareil moment, on ne soit à l'abri de rien. Le canon et le feu de mousqueterie ronflait à ma porte, et le dernier dura toute la nuit; quelques boulets et grenades touchèrent la maison et la porte cochère.

Heureusement que les soldats tinrent très bon ordre après leur victoire. Il est vrai qu'on leur donnait à boire et à manger tant qu'ils voulurent, et que la Convention avait d'ailleurs donné des ordres très sévères à cet égard, et les troupes de ligne, excepté les grenadiers, la nouvelle garde de la Convention, ne furent pas excessivement animées contre le bourgeois. La perte est plus grande de la part des gardes nationales qu'on n'avait cru. On l'a cachée de part et d'autre, et on prétend qu'elle va au moins à quelques milliers. Le peu de chefs qui étaient restés avec les gardes nationales dans le combat, se sont sauvés, et il n'y a que quelques subalternes qui ont conduit des colonnes, comme Lafond, ancien garde de corps, très bel homme, qui fut pris et guillotiné. On dit que la Commission militaire lui a prêté des moyens de défense, mais dont il n'a jamais voulu tirer parti, ayant déclaré que s'il avait à recommencer, il agirait de même comme il avait fait. J'ai parlé à deux personnes, auxquelles il a dit tout haut et avec un grand sangfroid lorsqu'il fut conduit à l'échafaud: je meurs volontiers, et je meurs pour la plus belle cause. On voit bien que la guillotine peut couper des têtes, mais non pas changer les opinions. Le président Dubois d'une section, ancien président du tribunal criminel du département de Paris, est mort de même, après s'être donné auparavant inutilement plusieurs coups de canif, dont il fut misérablement blessé sans mourir, et il a fini sur l'échafaud par la guillotine.

La suite de toute cette affaire est que les Jacobins de la Convention et dans la République ont repris beaucoup de crédit, et que les chefs de la Mon-

1) Gervinus wohnte in der Rue de la Loi (Rue Richelieu).

tagne sont tous réélus et resteront dans la nouvelle législature, et ayant du 1795
nerf, du caractère et point de scrupule sur les moyens de parvenir à leur but, Oct. 23.
il est très possible qu'ils deviennent de nouveau les maîtres du gouvernement et de la République, surtout s'ils parvenaient, ce à quoi ils travaillent avec persévérance, de placer leurs amis dans le Directoire exécutif, sinon, ils feront tout pour renverser le dernier, qui est d'ailleurs d'une composition peu propre à procurer le bien qu'on s'en promet . . .

20. Schreiben von Gervinus an Hardenberg.

Elend vornehmer Familien.

. . . Alles ist in diesem Lande unbegreiflich verstimmt und in einem wider- Dec. 3.
sinnigen Zustande, der keiner wahren Regierung einen richtigen Gang erlaubt. Das Volk ist des Gehorsams entwöhnt und noch mehr der Ausgaben . . .

Das Elend vieler der ersten und vormals reichsten Familien steigt über alle Vorstellung. Die maréchale et duchesse de Duras geht en sabots auf den Markt, um ihr Brod und andre geringe Bedürfnisse zu kaufen. Ihr Mittagsmahl sind Äpfel, so sie selbst am Camine bratet; und das thun und müssen gar viele Männer und Weiber dieser Classe thun. In den größten Häusern, welche gelassen oder nach Robespierre's Fall sind restituirt worden, sehen Sie ein Stümpschen Talg oder höchstens Wachslicht in dem ganzen Hause zur Beleuchtung. Der Prinzessin Beaufremont, einer sehr alten respectablen Frau, mit der der König correspondirte, hat man ihr Hotel und viele meubles gelassen, und Abends, wenn man bei selbiger mit mehreren Personen ist, brennt ein kleines Wachslichtchen, und wenn man weggeht, geht ihre Tochter oder der Graf Taxis, ihr gendre, mit diesem Lichte an die Treppe, wo dann noch ein einziger alter Bedienter mit einem Talglichte weiter leuchtet. Alles bis auf die Kleider müssen diese Leute verkaufen, um nur kümmerlich gegen Mangel und Hunger zu kämpfen. Einige Wenige sind noch ziemlich reich, sie müssen aber mit Vielen theilen, oder hart sein, um nicht selbst in Noth zu kommen. Dagegen sieht man großes Vermögen und schwelgerisches Leben bei ganz neuen Menschen, Kaufleuten, entrepreneurs, agioteurs u. s. w., deren Namen nie vorher gehört wurden, so sich auf Kosten des Landes und andrer ehrlichen Menschen bereichert haben. Allgemeines Murren von einem Ende Frankreichs bis zum andern gegen das Gouvernement. Keine Ruhe ist in diesem Reich auf mehrere Jahre zu hoffen; man will eigentlich keine Regierung, und ein König kann ebenso wenig aufkommen; sein Leben würde in täglicher Gefahr sein . . .

Große Diebstähle werden jetzt ausgeübt. Ein ansehnlicher Laden in meiner Nachbarschaft wurde zwischen 6 und 7 Uhr gänzlich ausgeleert. Die Besitzerin, eine Gräfin der ersten Familie, was nun eine gewöhnliche Sache hier ist, hat mit unsäglicher Mühe und Arbeit sich durch dieses métier ernährt und ihre Umstände sehr reichlich verbessert, und nun ist sie aufs Neue zu Grunde gerichtet... Sie stand von dem frühen Morgen bis in die Nacht in ihrer boutique und verkaufte und schnitt aus; ihre Ladendiener sind junge Leute der ersten Familien. Alles ist hier Käufer und Verkäufer, agioteurs und Betrüger, um nur zu leben; die ehrlichen Kaufleute muß man mit der Diogenes-Laterne aufsuchen. Le commerce est devenu un brigandage à Paris . . .

21. Bevorstehende Militär-Dictatur. Friedensaussichten.

1795 Dec. 4. . . . Rien que de la fermeté et des menaces peuvent nous faire respecter ici et nous faire restituer nos provinces au bas Rhin. On n'a ici aucun système, on vit du jour au lendemain avec la politique extérieure qui dépend maintenant entièrement des affaires intérieures et des armées. On ne prévoit que désordre et anarchie, et on ne finira jamais que par un despotisme militaire, et le général qui aura du talent et le plus de crédit sur les troupes, sera le maître tôt ou tard. Il est certain que le système de paix paraît prévaloir dans le Directoire depuis quelques jours; mais l'orgueil et la violence s'y opposent encore trop à des conditions équitables. La prétention de garder le Rhin est abandonné tacitement et presque ouvertement. Mais la Belgique, la Hollande et le Liégeois sont des pierres d'achoppement, et je sais que les Français, si cela dépendait d'eux seulement, donneraient à l'Autriche la moitié de l'Allemagne, et de ce côté-ci on nous trompera tant qu'on pourra [1]) . . .

---

1) Gervinus, dem bereits am 20. Oktober ein Abberufungsschreiben zugeschickt wurde, blieb gleichwohl in Paris, bis die französische Regierung seine Abreise veranlaßte (vergl. Sandoz, Bericht vom 24. März 1796). Er hatte am 30. April 1796 seine Abschiedsaudienz und verließ Ende Mai Paris.

Zweiter Anhang.

Schreiben des preußischen Legationsraths Peter Roux aus Paris[1]).

1799.

1. Treilhard. Ramel.

On demandait au sieur Treilhard où irait le grand-duc de Toscane? »En 1799
Sardaigne; cette île sera l'Oléron des rois«. On sait que l'île d'Oléron est le April 13.
tombeau assigné par le Directoire à ceux qu'il condamne à la déportation. Le mot est remarquable. Un Treilhard, un ci-devant légiste excessivement médiocre! Le temps, les circonstances, les plus grandes affaires, rien ne lui a profité. L'évidence où le met sa place le tue. Comment y sauverait-il sa nullité?

Le département de la Seine, chargé de l'assiette des contributions mobiliaires, somptuaires et personnelles, a député son président aux directeurs et aux ministres de la République pour avoir la déclaration de leurs biens et les imposer en conséquence. Ramel, ministre des finances depuis trois ans, *lui* a dit sérieusement: »citoyen président, je possède un champ qui me rapporte 72 livres, mon traitement est de 60 mille francs, — imposez-moi«.

2. Vorgänge in der Schweiz.

Je ne désespère pas de voir incessamment quelques directeurs ambulants, April 14.
vrais hôpitaux ambulants, mais d'incurables! La proclamation de l'archiduc aux Suisses est très adroite et ne pouvait pas être faite plus à propos. La fermentation est extrême dans le pays, et l'esprit de vengeance contre les Français et leurs adhérents s'y manifeste d'une manière effrayante. Des paysans ayant surpris un officier français, l'ont conduit de plusieurs lieues à l'endroit où le général Erlach a été tué[2]). Là, ils l'ont massacré, en jurant de faire éprouver le même traitement à tous les Français qui tomberaient entre leurs mains . . .

---

1) Peter Roux war seit 1791 als Geheim-Sekretär in der Kanzlei des Kabinets-Ministeriums beschäftigt. Im Jahre 1795 wurde er als Legations-Sekretär nach Paris geschickt, am 22. März 1797 zum Legationsrath ernannt. Er kehrte nach dem Frieden von Tilsit nach Paris zurück, wurde aber durch Napoleon ausgewiesen. — Die hier veröffentlichten Schreiben sind theils an den Kriegsrath Paul Ludwig Le Coq gerichtet, theils als Bülletins den Berichten von Sandoz-Rollin beigegeben.

2) Bei dem Dorfe Nieder-Wichtrach, 5. März 1798.

27*

3. Massena.

1799 April 18. Le Directoire vient de donner définitivement le commandement des armées d'Allemagne et d'Helvétie à Masséna, le plus déterminé bandit des armées françaises, qui, à la reprise de Toulon, se livra au pillage comme le dernier goujat de la troupe, qui à Rome fut destitué par ses propres soldats à cause de ses brigandages, Masséna odieux à l'armée, détesté par les officiers, méprisé par les généraux, dont la plupart refuseront de servir sous ses ordres; choix inconcevable, si ce n'est la peur qui a aliéné l'esprit aux directeurs.

4. Unordnung in den Finanzen.

April 20. . . . Le prétendu trésor du Directoire est un rêve[1]). Que chaque directeur en possède un, je ne dis pas le contraire; mais il est certain aussi que chaque directeur se ferait pendre plutôt que d'aider la République de sa bourse. Il faudra donc trouver de l'argent, et c'est là où l'attendent ses ennemis de l'intérieur, et c'est là où doivent l'attendre les puissances belligérantes. Imaginerait-on qu'aucune forteresse n'est en état de défense? que Mayence même n'est pas approvisionnée pour quinze jours? qu'aucun cadre des armées n'est complet? que nombre de recrues de la première conscription ne sont pas partis parce qu'on manquait d'argent pour les équiper? Dans l'espérance qu'il dicterait la paix à l'Empereur, le Directoire a laissé Schérer désorganiser l'armée, et le ministre a partagé avec les directeurs les riches fonds de son département. Ces honteuses déprédations s'étendent à toutes les branches de l'administration . . .

5. Das Directorium und die Jakobiner.

Mai 3. . . . Je me trompe fort ou le mois de prairial ne se passera pas sans quelque secousse dans l'intérieur. Le Corps législatif confirme toutes les élections sans s'embarrasser de l'humeur du Directoire. Il est vraisemblable que celui-ci aura les premiers avantages dans la bagarre, si elle a lieu; mais je ne lui garantirais pas une réaction toute différente. Jamais les Jacobins n'ont paru si déterminés, et jamais le Directoire ne s'est trouvé aussi près de la nécessité de se jeter dans leurs bras, et ces bras pourraient bien l'étouffer.

6. Barras. Der Gesandtenmord. Das Directorium des Cisalpina auf der Flucht.

Mai 23. Le sieur Barras a invité à un dîner les chefs de la réunion jacobine de la Bibliothèque. »Ce n'est pas sans dessein«, leur a-t-il dit après le repas, »que j'ai voulu vous avoir chez moi. Il m'importait de vous apprendre que votre existence m'est acquise. Sachez que le Directoire avait résolu contre

1) In einem Berichte vom 14. April hatte Sandoz von einem geheimen Schatze des Directoriums gesprochen.

vous les mesures les plus sévères. Sachez qu'elles eussent été infailliblement 1799
exécutées, si je ne m'y étais opposé. J'ai refusé d'y adhérer parce que je Mai 23.
suis l'ami des républicains et que pour être exagérés dans ce moment, je ne vous en crois pas moins excellents patriotes. Mais prenez-y garde: vos personnalités tendent à renverser le système, il faut les abandonner ou renoncer à mon amitié. Attaquez les ministres, attaquez le Directoire; je saurai monter à cheval pour les défendre. Ce n'est pas que je prétende excuser Schérer; mais à son salut est attaché celui de la République. Désistez-vous donc de l'accusation dont vous le menacez; sacrifiez vos ressentiments à la patrie, je vous le conseille en ami«. Cette harangue dont je garantis l'authenticité a un peu abatourdi l'audience. Le sieur Barras s'est retiré sans attendre de réponse. On est sorti de chez le directeur, intimidé, outré, chancelant ou plus déterminé, selon les divers caractères. On a résolu d'attendre l'arrivée de Sieyès.

Je reviens ici à l'assassinat des plénipotentiaires français à Rastatt pour relever l'opinion qui semble s'être répandue dans l'étranger, comme si cet événement avait fait ici une très grande sensation. J'ai suivi le cortége chargé de la proclamation au peuple, et je n'ai rien vu qui annonçât une grande colère. J'ai vu au contraire tantôt la plus grande indifférence, tantôt l'expression du doute, le plus souvent la conviction que cette cérémonie était une comédie jouée par le gouvernement pour berner le peuple souverain et lui soutirer de l'argent. Dans le Corps législatif, dans le Directoire même, on n'a pas eu la constance d'en paraître affligé deux jours de suite. Il est échappé à cette occasion à Barras une naïveté que je ne rapporte que pour sa singularité et pour donner une idée du ton actuel de la conversation. Il avait demandé au sieur Cetto [1]) s'il pensait que les princes de l'Empire ressentiraient cet attentat. Celui-ci lui disant qu'à son avis la Diète de l'Empire ne pourrait pas se dispenser d'en témoigner son indignation et d'en demander justice à l'Empereur, »oui, interrompit le directeur, mais il s'en f . . . . ., car il est fort«.

J'ai vu une lettre de Marescalchi, dans laquelle cet ex-directeur rend compte de la fuite du Directoire de Milan. La veille, une patrouille autrichienne jette l'alarme dans un village voisin. Le Directoire écrit à Schérer pour savoir au juste l'état des choses. Ce général se rend au palais, rassurant les directeurs, mais leur déclare toutefois que pour les protéger plus efficacement, il a besoin de ressources extraordinaires; qu'ils doivent en conséquence lui remettre tout leur argent et celui des caisses publiques. On le lui délivre, et, à minuit, il part emportant le magot avec lui. Vers trois heures du matin, nouvelle alarme. Le commissaire français, Rivaud, apprenant que le général s'est sauvé, perd la tête, écrit au Directoire qu'il quitte Milan, et lui conseille de le suivre à Novare. Grande frayeur! On décampe à la hâte. On oublie d'avertir Marescalchi, qui se trouve seul à son réveil. Il se met à la piste de ses collègues et les joint à Novare, moins Adelasio, qui avait disparu. Le sieur Rivaud avait laissé à Novare l'ordre d'aller à Verceil et Turin. Ils y

1) Bayerischer Gesandter.

1799 Mai 23. sont très mal reçus par le commissaire Mussot, qui les tance d'avoir déserté leurs postes et, pour s'en débarrasser, les envoie à Chambéry. Ils y arrivent sans argent, sans habits, sans linge, dans le plus affreux dénuement; et c'est de Chambéry que Marescalchi écrit sa déplorable histoire. On plaisante ici sur cette déconfiture, et l'on paye le pauvre Serbelloni[1]) en mauvais calembours: »de quoi vous plaignez-vous? La République cisalpine est rajeunie, on lui a ôté Milan«.

7. Talleyrand. Rewbell. Scherer.

Mai 31. On m'a voulu assurer que le ministre des relations extérieures avait dans ses poches un bon et valable passeport, dont il ne s'agit que de remplir la date, et que, si les choses allaient mal, il décamperait dans la bagarre et irait rejoindre son cher — Ce prêtre adroit n'a pas acquis un pouce de terre; mais il est possesseur d'un riche portefeuille, et il a déposé près de trois millions soit à Hambourg, soit à Londres. Le seul traité d'alliance avec la Suisse lui a valu 500 mille francs. Il avait promis dans le temps qu'il le ferait suivre d'un traité de commerce, mais quand il eut touché cette somme, il ne s'est plus souvenu de sa promesse. Talleyrand seul aurait-il tant d'esprit? . . .

Il paraît que le Corps législatif persistera dans son projet d'accusation contre les déprédateurs des deniers publics et particulièrement contre Schérer. Dans cette cause, qui est celle du Directoire et surtout celle de l'ex-directeur Rewbell, ce dernier fait sottise sur sottise, au point que ceux de ses collègues du Conseil des Anciens qui ne s'étaient point ouvertement prononcés contre lui commencent à l'éviter et qu'il ne lui reste d'autre appui dans les deux Conseils que celui de la faction des portiers. C'est l'épithète dont on vient d'honorer les partisans du Directoire . . .

8. Widerstand der Bevölkerung gegen die Conscription. Der Gesandtenmord.

Juni 2. Un homme dont je ne saurais soupçonner la vérité parcourt dans ce moment les provinces méridionales de la France. Il m'écrit que sur toute sa route, depuis Tours à Bayonne et de là à Montpellier, il a eu lieu de se convaincre par ses propres yeux des difficultés qu'éprouve l'exécution de la loi sur la conscription militaire. Dans beaucoup d'endroits, le peuple est en révolution ouverte contre les délégués du gouvernement. Ailleurs les conscrits se dérobent à l'enrôlement par la fuite; partout on est obligé d'employer la ruse ou la violence pour se procurer des recrues, et la force, pour les garder et les transporter aux chefs-lieux des rassemblements. On les conduit par petits pelotons de 50 à 80 sous l'escorte d'autant de gendarmes ou soldats, qui marchent la mèche allumée; très souvent on les enchaîne. On n'ose pas les loger la nuit dans les villages. On campe, ou bien si l'on trouve quelque grande maison commune, une caserne ou une prison, on les y tient soigneusement renfermés.

---

1) Gesandter der Cisalpina in Paris.

Il est échappé à Jean Debry de dire que le Directoire pouvait se féliciter 1799
d'avoir été délivré de Bonnier et Roberjot; que ces deux plénipotentiaires Juni 2.
étaient ses plus grands ennemis; que le premier surtout ne cachait plus, vers la fin du congrès, l'indignation qu'il ressentait de la conduite du Directoire; qu'ils paraissaient convaincus l'un et l'autre qu'il ne voulait pas la paix, et prétendaient que sa mauvaise volonté à cet égard avait seule pu les empêcher de signer; qu'ils auraient apporté ces sentiments à Paris et que Bonnier était décidé à se porter l'accusateur du Directoire [1]). Un mois environ avant sa mort, le sieur Bonnier a dit au ministre de Gênes à Rastatt [Boccardi], son intime ami, qu'il avait acquis la presque certitude que la catastrophe de Bernadotte à Vienne était l'ouvrage du Directoire, qui à tout prix voulait la guerre; qu'il n'osait confier cet horrible soupçon à personne qu'à lui, mais qu'il avait de trop fortes données pour se défendre d'y croire . . .

9. Joseph Bonaparte. Das Directorium und die Jakobiner.

Le discours de Jean Debry que j'ai rapporté dernièrement, a été adressé Juni 7.
à Joseph Bonaparte. Le choix d'un tel confident pour un tel mystère est étrange. Ce Bonaparte est l'ennemi déclaré du Directoire, et un ennemi redoutable. C'est lui qui, lors du départ de son frère pour l'Égypte, le mit en garde contre les secrètes trames du gouvernement à l'égard de sa personne, et l'avertit de ne pas se fier aux perfides caresses de Talleyrand, ni à l'apparente bonne foi de Merlin, qui lui confiait son fils . . .

Je me suis trompé lorsque j'ai annoncé que les Jacobins voulaient la guerre: ils ne la voudraient que dans le cas où ils ne pourraient régner que par elle. Les principaux d'entre eux ont déclaré que s'ils obtenaient quelque influence, ils ne s'opposeraient point à la paix, et on peut ici les en croire sur parole. En effet, le retour des armées dans l'intérieur n'a rien qui doive les effrayer; le fond des armées est imbu de leurs principes, ainsi ils y trouveraient de puissants auxiliaires. Mais ils veulent régner! La question entre eux et le Directoire n'est donc pas celle de la paix ou de la guerre, mais de savoir qui dominera. Ce dernier espère qu'il contiendra les Jacobins sans beaucoup de peine, tant qu'il pourra tenir l'armée loin des frontières. Mais la guerre menace de tout renverser. On soupçonne, et non sans apparence, que le Directoire s'est arrêté au projet de faire périr l'ancien fond des armées et de ne faire rentrer en France que les derniers réquisitionnaires et les conscrits dont l'esprit est bien différent de celui des vieilles troupes. Ce but atteint, il assurerait sa domination par la paix . . .

10. Madame Roberjot. Jean Debry.

Mme Roberjot a rejeté avec indignation l'invitation que le Directoire lui Juni 12.

1) Die bei Häffer 3, 338, 339 und Helfert, Rastatter Gesandtenmord S. 323 u. 325 angeführten Stellen sind nicht, wie dort angegeben, den Berichten von Sandoz-Rollin entnommen. Über die Sache vgl. Sybel, histor. Zeitschrift Bd. 32 und 39.

1799 avait adressée, qu'elle assistât à la pompe funèbre célébrée le 20 prairial
Juni 12. [8 juin]. Elle ne veut pas voir Jean Debry, qu'elle accuse d'avoir servi d'instrument à l'exécution du complot tramé contre son mari et Bonnier. Elle parle si haut et avec si peu de ménagement de la haine des directeurs contre les deux plénipotentiaires assassinés, que ses amis en sont dans une peine extrême. Le parti directorial voudrait la faire passer pour folle, mais il convaincra difficilement le public de cette prétendue folie. Je n'ai rien aperçu dans Jean Debry qui annonçât l'homme aux quarante blessures. Il porte à la vérité, mais avec beaucoup de grâce, son bras en écharpe. Une légère égratignure au nez — voilà le seul échec qu'il ait souffert ou qu'il a consenti d'essuyer . . .

11. Barras.

Juni 17. . . . Le Directoire est en danger, il est divisé. Le sieur Barras est le seul qui soit bien avec Sieyès. Il a dit, le jour même de son installation[1]: »je serai toujours de son avis, il me croira ainsi presque autant d'esprit qu'à lui-même, et nous vivrons parfaitement ensemble«. Ce mot peint à la fois la légèreté insouciante de l'un et le présomptueux égoisme de l'autre. Barras tient fortement à sa place, non par ambition ou par vanité, mais par l'avarice des prodigues. Mais s'il vole sans remords, il prodigue sans regret; c'est un besoin pour lui de jeter l'argent par les fenêtres. Il y jetterait la République dès demain, si elle n'entretenait pas ses chiens, ses chevaux, ses maîtresses, sa table et son jeu . . .

12. Gerüchte von einem Plan zur Wiederherstellung der Monarchie.

Juni 18. . . . Une opinion généralement répandue dans Paris et caressée par tous les partis, excepté les anarchistes, c'est que Sieyès a rapporté de Berlin un plan concerté avec la Russie et consenti par la coalition, en vertu duquel ce nouveau directeur se serait engagé de préparer les voies au rétablissement de la monarchie. On est si fatigué de la République, qu'on se résignerait à repasser encore par le régime de la Terreur, s'il le fallait absolument pour hâter le retour à la royauté. On regarde ce qui arrive aujourd'hui comme un préalable nécessaire à ce résultat; c'est à Sieyès qu'on en fait les honneurs. Voilà sans doute des visions, mais aussi je ne les donne que pour servir de texte contre ceux qui prétendaient établir en fait le républicanisme de la soidisante grande nation.

13. Gohier.

Juni 21. . . . Le pauvre Gohier a été si extasié de se voir sur le dos le manteau de pourpre, qu'il appelait »citoyen directeur« toutes les personnes qui venaient lui faire compliment de son exaltation; il ne voyait que des directeurs . . .

1) 8. Juni.

14. Moulins.

D'abord valet de pied chez Mme du Barry, puis marchand de chandelles, 1799
ensuite adjudant du général Santerre, enfin général lui-même — voilà l'histoire Juli 1.
du directeur Moulins. La médiocrité de ce personnage est extrême et n'est égalée que par celle de ses deux collègues Ducos et Gohier. Le ressentiment de son humiliation au 18 fructidor a porté le Corps législatif à avilir ainsi à son tour le Directoire, mais cette vengeance a tourné contre lui, ces choix l'ont couvert d'ignominie aux yeux de la partie saine de la nation . . .

15. Talleyrand. Die Jakobiner.

Talleyrand ne dit jamais ce qu'il fait, et ne fait jamais ce qu'il dit. Or- Juli 7.
gueilleux comme un paon et vénal comme un laquais, il est d'une morgue insultante lorsqu'il l'ose impunément, et de la plus vile bassesse lorsque son intérêt l'exige. Il brigue la mission de Berlin. Ce serait faire au Roi un cadeau détestable que de l'y envoyer. Il n'a heureusement aucun espoir de réussir, du moins dans la constellation actuelle des choses . . .

Dans la révolution du 30 prairial, comme dans toutes celles qui l'ont précédée, le salut public n'a été qu'un vain prétexte; il ne s'agissait au fond que de la domination. La séquelle jacobine est arrivée aux places et à l'autorité qu'elle ambitionnait. Est-il probable qu'elle en abusera moins que la faction à qui elle a succédé? Sieyès est-il assez fort pour la contenir? . . ,

16. Gleichgiltigkeit des Volkes bei den Proklamationen des Direktoriums.

. . . Depuis quelques jours, il pleut des proclamations et des adresses du Juli 14.
Directoire et du Corps législatif au peuple français. Toutes portent l'empreinte de l'exagération révolutionnaire. J'ai toujours été dans les rues et dans tous les quartiers et dans tous les groupes, je n'ai pas aperçu que ces provocations eussent produit l'effet qu'on s'en est promis sans doute. J'ai vu beaucoup d'indifférence, beaucoup d'abattement, et souvent des marques d'humeur, d'indignation et de mécontentement . . .

17. Geldmangel. Bernadotte.

. . . Rien n'égale la consternation de la place de Paris. L'argent n'a Aug. 1.
jamais été si rare; il l'était moins lors même de la fermeture de la caisse des comptes courants. La plus ancienne et la plus forte maison de l'épicerie a cessé ses payements et a entraîné plus de trente faillites. Cependant on craint des mesures coërcitives de la part du gouvernement. Le fougueux Bernadotte est là qui l'excite à la violence. Il a déclaré qu'il lui fallait de l'argent sans délai; c'était dans son style énergique l'unique et seul moyen de rendre vigoureuse la République et de terrasser la coalition.

18. Die Haltung Preußens.

1799 Aug. 11. ... Des représentants témoignaient à Talleyrand leurs appréhensions que le roi de Prusse ne se joignît aux puissances coalisées. »Bannissez cette crainte«, leur dit-il en plein cercle, »ce prince est plus disposé à s'allier avec nous qu'à nous attaquer«. L'opinion générale est que la simple démonstration que ferait une armée prussienne de vouloir entrer en Hollande, y opérerait le renversement du régime actuel, ferait révolter la Belgique et exposerait la République française aux plus imminents dangers . . .

19. Geldmangel.

Aug. 13. On a fait hier une battue dans toutes les caisses publiques. Cette belle opération a produit 50 mille livres en décimes (pièces de cuivre valant deux sous). Les invalides mouraient de faim. On leur a envoyé sur-le-champ 4 mille francs.

20. Geldnoth.

Aug. 21. [Nicht chiffrirt] Hier a été un jour de jeûne pour les chevaux de remonte au dépôt de Versailles; le ministre de la guerre a dû suspendre le payement d'une fourniture de petits équipements de campagne pour acheter des fourages et empêcher ses chevaux de crever . . .

21. Wirkungen der Zwangsanleihe.

Aug. 25. . . . [Nicht chiffrirt] Les malheureuses suites des deux lois de l'emprunt et des otages sont incalculables: la première arrête, anéantit toutes espèces d'affaires et ruine l'État, la seconde menace la société entière d'une dissolution prochaine. Un bureau d'enregistrement de Paris qui faisait régulièrement mille écus de recette par jour, en est réduit à recevoir quatre francs et jamais plus de douze . . . Colland, fournisseur, qui avait été taxé à 200 mille, est parti sans payer. Tout son bien est en portefeuille [1]. Il avait offert 50 mille livres: le département a refusé. Il lui a écrit ces quatre mots: vous n'aurez rien, adieu . . .

22. Feier des 18. Fructidor. Finanzielles. Planlosigkeit des Direktoriums.

Sept. 8. A la fête du 18 fructidor, le champ de Mars présentait le spectacle du Directoire et de son escorte au milieu de la plus entière solitude. Aux manœuvres militaires exécutées à cette occasion, on n'a point tiré comme d'ordinaire, ce qui a été malignement attribué à la peur. On avait eu besoin, pour

1) »La manie et le besoin du jour est d'avoir sa fortune dans son portefeuille«. (Aug. 19.)

les préparatifs de la fête et pour quelques autres dépenses, d'une somme de 1799
100 mille francs. Le ministre des finances a imaginé de les prendre dans les Sept. 8.
bureaux de la loterie nationale, et bien heureusement le tirage du 16 fructidor
a été très défavorable aux joueurs. Ce ministre est aux abois. Il tourne des
regards d'anxiété vers la Hollande, où les Anglais le menacent de faire faire
banqueroute aux rescriptions bataves. Celles-ci ne laissaient pas que d'être
d'une certaine utilité pour nombre d'opérations financières. Avant-hier le produit de l'emprunt des cent millions s'élevait pour Paris et pour le département de la Seine à 33 mille francs. C'était le dixième jour depuis l'ouverture du bureau de perception. Le sieur Perregaux était le seul jusqu'alors qui eût acquitté volontairement et sans invitation préalable le sixième de son imposition. Les administrateurs du département l'en ont remercié par une lettre où sa conduite est proposée comme un modèle à suivre par ses concitoyens. Cette lettre insérée dans les papiers publics lui a fait beaucoup d'ennemis . . .

On ne saurait imaginer combien le Directoire est loin d'un plan politique quelconque, et combien il serait loin aussi de savoir en imposer à la foule de ceux qui veulent toujours conquérir pour révolutionner. Si la guerre, plus heureuse, lui rendait l'occasion d'être modéré, il n'y a toujours ni confiance ni ensemble dans le Directoire ; aussi voit-on des opérations contradictoires, des actes contre les Jacobins et des actes dans leur sens. Aucun changement n'a encore été opéré dans les ministères ; d'où il résulte qu'après avoir irrité les clubistes, le Directoire reste entouré de plusieurs ministres, et ce qui est plus dangereux, d'une multitude d'agents de la police, tous à la dévotion des Jacobins.

23. Haltung Preußens. Bernadotte.

Le marquis de Muzquiz prétend que la France aurait tort de s'alarmer le Sept. 20.
moins du monde sur les dispositions de la Prusse. »Elle est, dit-il, et sera inébranlable dans sa neutralité, rien ne pourra l'en faire départir, ni le refus de lui rendre ses provinces d'outre-Rhin, ni même celui de la dédommager de leur perte. Les demonstrations qu'elle pourrait faire à ce sujet ne seront jamais que des démonstrations«. Ces propos ne manqueront pas de faire impression et détermineront peut-être le Directoire à donner une réponse négative ou du moins évasive et dilatoire sur la note remise par le ministre du Roi [1]. En attendant le Directoire a pris un arrêté portant qu'il sera formé une armée sous la dénomination du Nord dans les environs de Mastricht, ce qui a l'air d'un paroli au camp que les troupes prussiennes forment, à ce qu'on dit, au-dessus de Wesel.

Ce qui suit est très authentique. »Tiens, le voilà«, a dit Bernadotte à Sept. 21.
Roger Ducos, en lui jetant à la tête le portefeuille de son ministère, que ce directeur lui redemandait. Lorsque le général Lefebvre est venu apporter à l'ex-ministre la lettre par laquelle le Directoire accepte sa démission, il l'interpella ainsi : »comment est-il possible que toi, mon brave frère d'armes, que

1) Note vom 13. September; vergl. S. 337.

1799 Sept. 21. Macdonald, que Beurnonville, vous vous chargiez des commissions de ces c . . . . . s, plutôt que de leur couper les oreilles«? Le lendemain, il envoie aux directeurs une lettre dérisoire, demande et obtient le traitement de réforme de général divisionnaire, quoiqu'il eût fait insérer sa lettre dans les papiers publics. Le même jour, douze à quinze employés des bureaux de la guerre se démettent de leurs places et écrivent des lettres insolentes. Marchant entre autres termine la sienne par ces mots: recevez ma démission, car je ne vous estime pas. Le Directoire avale ces outrages et justifie pour ainsi dire l'épithète dont Bernadotte l'a gratifié.

24. Die Jakobiner. Geldnoth. Politik des Directoriums gegen Preußen.

Sept. 23. [Nicht chiffrirt] Les Jacobins sont plus audacieux que jamais. Forts des calamités publiques, ils saisissent avidement le mauvais côté des opérations tant législatives qu'administratives, pour y exercer leur censure, et ils s'en acquittent avec une amertume, une méchanceté, une constance, bien faites pour désoler leurs adversaires. Rien n'égale leur insolence à cet égard, si ce n'est la débonnaireté ou plutôt la faiblesse de ceux qui, ayant les moyens de la châtier, n'osent en avoir la volonté.

Au milieu des tracasseries que les Jacobins ne cessent de susciter au Directoire, celui-ci voit croître tous les jours ses embarras pécuniaires; il porte dans ce moment la peine de son extravagante administration financière. Sans argent, sans crédit, il n'a absolument d'autres ressources que celles révolutionnaires . . .

. . . Il me semble évident que l'arrière-pensée du Directoire, en donnant sa réponse [1]), est celle-ci: le roi de Prusse trouvera notre refus mauvais, à la bonne heure; mais nous fera-t-il la guerre pour cela? non, au moins nous l'espérons. S'il était décidé à entrer dans la coalition, lui accorder sa demande, ne nous eût sauvé qu'une attaque subite, mais ne nous eût pas garanti la continuation de sa neutralité. S'il n'y était pas décidé, notre refus ne l'y déterminera pas. Nous gardons les provinces, si nous le pouvons; si nous y sommes attaqués par les Autrichiens et les Russes, nous les défendrons faiblement, et force sera à la Prusse de se joindre à nous pour se les conserver, et alors nous gagnons un allié; ou bien si la Prusse reste tranquille spectatrice du combat, nous gagnerons encore à ce que les coalisés s'emparent d'un pays dont la possession ou la restitution feront immanquablement naître des difficultés, qui peut-être brouilleront la cour de Berlin avec celles de Vienne et de Pétersbourg, et dans cette hypothèse encore la Prusse sera notre alliée . . .

1) Vergl. S. 339.

Dritter Anhang.

Berichte von Caillard aus Berlin.

1795—1798.

1. Empfang bei dem König, der Königin, den Prinzen Heinrich und Ferdinand[1]).

Citoyens. Je viens de remplir enfin les formalités qu'exigeait mon admission. Le 6 du courant [brumaire, 28 octobre], le roi se rendit de Potsdam à Berlin vers la nuit. M. de Finckenstein m'avait indiqué le lendemain et l'heure de midi pour le moment de ma présentation. Je ne sais comment toute la ville en avait été instruite; mais dès les 10 heures du matin, il se formait déjà à ma porte un rassemblement d'hommes amenés par la curiosité et le désir de voir un ministre de la République française. Ils étaient au reste parfaitement calmes et leurs physionomies annonçaient même la bienveillance plus que tout autre sentiment. A midi, je sortis de chez moi au milieu de cette foule, et j'en trouvai une beaucoup plus considérable encore en arrivant au palais, où elle encombrait la cour et les degrés, au point de me laisser à peine l'espace nécessaire pour passer. Des gens de pied à grande livrée étaient venus me recevoir à la descente de ma voiture. J'arrivai au salon où le comte de Finckenstein m'attendait. Il était seul et en très grande parure. Après quelques minutes d'entretien, les portes de l'appartement du roi s'ouvrirent. Nous nous avançâmes. Le comte de Finckenstein me présenta et se retira sur-le-champ, me laissant ainsi seul et tête à tête avec le roi. Je débutai par un discours composé de trois périodes tout au plus, que le roi parut écouter avec attention et intérêt. Il prit ensuite la parole et me répondit avec un grand air de douceur et de bonté, en s'exprimant d'une manière parfaitement convenable sur la République française, sur son attachement pour elle et son désir que la bonne intelligence et l'harmonie la plus parfaite subsistât éternellement entre les deux nations. Il voulut bien ajouter à la fin qu'il était très satisfait en particulier que le choix du ministre que la République destinait à résider auprès de lui fût tombé sur moi. La conversation se particularisa ensuite, il se rappela de m'avoir déjà vu à Potsdam il y a onze ans, lorsqu'il n'était encore que prince royal. Après un quart d'heure d'audience, je lui présentai mes

1795 Nov. 1.

1) Sämmtliche Berichte Caillard's nach den Abschriften in Manuscript 98 des Geh. Staats-Archivs. Von den Berichten ist der erste an das Comité de salut public, die folgenden sind an den Minister des Auswärtigen gerichtet.

1795 Nov. 1. lettres de créance qu'il accepta, et je me retirai dans le salon où M. le comte de Finckenstein m'attendait. Je lui fis mes remerciements, et je regagnai ma voiture à travers la même foule, qui me prodiguait de profondes révérences de tous les côtés.

J'allai de là au palais de la reine, où S. M. m'a reçu avec un grand ton de franchise et de cordialité. Ici la conversation n'a rien eu de politique, mais je n'ai pu qu'être extrêmement satisfait de l'accueil poli et prévenant que j'ai reçu.

L'après-midi à cinq heures, je me suis rendu chez le prince Henri, qui était venu de Rheinsberg à Berlin pour la cérémonie du baptême[1]. J'ai trouvé ce prince au milieu de Berlin tel que nous l'avons vu au milieu de Paris, doux, affable, spirituel, poli, manifestant toujours le penchant le plus décidé pour la France et les Français, tel enfin que nous pouvons le désirer, car la révolution n'a pu altérer en rien ses sentiments à notre égard. Il m'a témoigné combien il avait été affligé de cette malheureuse guerre de la Prusse contre la France, combien il avait désiré d'en voir le terme, et combien il s'applaudissait d'avoir contribué au rétablissement de la paix. On ne peut rien ajouter aux prévenances dont il m'a comblé. Il paraît s'intéresser à nos succès autant que nous-mêmes, et j'ai eu lieu de m'en convaincre par la satisfaction avec laquelle il m'a annoncé la prise du convoi entier et des vaisseaux de guerre que la marine de la République vient de faire sur les Anglais à la hauteur du cap Saint-Vincent. Ce n'est qu'après une grande heure de conversation que je me suis retiré, bien affligé que son séjour habituel à Rheinsberg, éloigné de Berlin de 20 lieues, ne me laisse pas l'espérance de le voir aussi souvent que je le désirerais.

Hier j'ai été présenté au prince Ferdinand, frère du prince Henri. Ce n'est pas la même vivacité, le même enthousiasme pour la nation française, mais le fond des sentiments m'a paru le même, et il m'a semblé que les deux frères ne différaient guère que dans leur manière de s'exprimer . . .

Quant à ma tenue extérieure, j'ai tâché d'allier la simplicité avec les convenances et les égards dus à un grand prince et à l'étiquette de sa cour, et il m'a paru qu'on pouvait y être très bien accueilli sans y apporter la magnificence de l'ancien régime.

2. Stellung Preußens zwischen Frankreich und Rußland. Gesinnung des Königs. Neigung der Minister und Prinzen zu Frankreich. Gedanken über eine Allianz.

Dec. 5. Citoyen . . . Lorsque je suis arrivé à Berlin, j'ai été accueilli avec un empressement sans exemple; je n'ai trouvé personne qui ne prétendît qu'il avait dès le commencement désapprouvé la guerre contre la France. C'est qu'ici, comme ailleurs, personne ne veut avouer ses torts; mais le fait est qu'à l'exception du prince Henri et peut-être du général Möllendorff, tout le monde à Berlin participait plus ou moins à la frénésie de la coalition. Le roi surtout

1) Am 28. Oktober 1795 wurde der spätere König Friedrich Wilhelm IV. getauft.

était l'ennemi déterminé de la révolution française, en sorte que si la nécessité 1795
de la paix ne s'était pas fait sentir impérieusement en Prusse, le ministère de Dec. 5.
Berlin ne serait encore aujourd'hui pas plus notre ami que celui de Vienne ou de Londres. Mais un trésor épuisé, une guerre à soutenir en Pologne, des rapports politiques entièrement nouveaux amenés par le voisinage immédiat de la Russie et qui appelaient la majeure partie des forces militaires de la Prusse à son extrémité la plus éloignée de la France, toutes ces raisons ne permettaient pas de continuer plus longtemps la guerre contre nous. La paix fut donc faite, mais ce ne fut certainement pas pour l'amour de la France.

Lorsque cette grande opération fut consommée et que les liens qui attachaient la Prusse à la coalition furent entièrement rompus, les idées politiques prirent à Berlin une direction toute différente; il fallait trouver des torts à la coalition, ce qui n'était pas difficile; on sentit combien, en suivant son impulsion, on s'était écarté de son véritable intérêt, combien il était important de se rattacher à la France pour acquérir dans l'Empire une influence capable de balancer et même de surmonter celle de la maison d'Autriche; en un mot, on en revint aux véritables principes dont il aurait été bien important au salut de la Prusse de ne jamais s'écarter. Ces vérités sont aujourd'hui tellement connues et senties de tout le monde, que si les rapports politiques de la Prusse ne s'étaient pas compliqués et embrouillés de nouveau pendant la guerre même, je ne doute pas que le ministre de la République à Berlin ne jouât aujourd'hui le rôle absolument dominant dans cette résidence.

Mais ce malheureux esprit d'envahissement qui avait déterminé le roi de Prusse à manquer à ses engagements les plus solennels envers les Polonais; l'invasion des palatinats en 1793; l'impossibilité où la guerre contre la France l'avait mis de résister aux progrès des Russes; la nécessité qui en résulta de les favoriser même et d'accéder au partage général de ce qui restait de la Pologne; la position topographique où la Prusse se trouva par le contact immédiat avec la Russie et la maison d'Autriche; toutes ces circonstances amenèrent des éléments nouveaux dans le système prussien et introduisirent à Berlin une influence étrangère qui n'y avait pas été connue jusqu'à présent. La considération publique se partage donc entre le ministre de la République et celui de la Russie; et la politique prussienne, lorsqu'elle est obligée d'obéir à la fois à deux impulsions aussi différentes, ne peut guère que suivre une direction moyenne, qui exprime les ménagements qu'elle veut avoir pour l'un et pour l'autre.

C'est sur cette combinaison d'impulsions différentes qu'il faut calculer désormais les mouvements du cabinet de Berlin. Si elles agissaient à la fois dans un sens absolument contraire, le ministère se trouverait étrangement comprimé; mais il se déciderait à la fin en faveur de celle qui lui ferait craindre un péril plus prochain, et je crois que la saine politique exige qu'on s'abstienne, aussi longtemps qu'il sera possible, de lui faire subir une aussi rude épreuve. Rien n'est plus propre à déceler un grand état de faiblesse qu'une pareille disposition. Le ministère sent très bien cette faiblesse. Il la dissimule de son mieux par des formes d'une grande dignité; mais il n'est pas nécessaire d'être bien clairvoyant pour pénétrer un voile aussi léger.

1795 Dec. 5. En sondant plus avant les dispositions générales, voici ce que j'ai trouvé et dont jusqu'à présent je n'ai pas la moindre raison de douter.

1° Un grand attachement aux acquisitions polonaises de la part du ministère, mais surtout de la part du roi. Ce prince, comme tous les hommes faibles et médiocres, est fort entêté et très irascible. Malheur au ministre qui hasarderait quelques représentations sur ce point. Il ne fait rien, mais il veut paraître tout faire. Bischoffwerder, qui a très bien saisi son caractère et qui sait accommoder sa souplesse à toutes les formes, est le seul qui oserait se charger d'une tâche aussi difficile; encore n'est-il pas sûr qu'il voulût l'entreprendre. Quant aux ministres, on peut leur en parler sans crainte, et je m'en suis entretenu fort au long avec M. de Haugwitz. Il sent parfaitement le péril de la position et n'a contredit aucune des réflexions que je lui ai présentées; mais j'ai trouvé avec étonnement qu'en dernière analyse il ne mesure la durée du péril que sur celle de la vie de l'impératrice.

2° J'ai trouvé en second lieu un grand fond de haine contre les Russes. Je n'en suis point étonné. Il y a du personnel entre le roi et l'impératrice, et je me rappelle d'avoir vu naître ce sentiment à Pétersbourg, où j'étais alors quand Frédéric-Guillaume y vint comme prince royal de Prusse. L'amour-propre n'oublie guère les offenses qui lui ont été faites publiquement.

3° Enfin je trouve que le véritable penchant dans la nation, dans le ministère et chez tous les princes, est entièrement pour nous. On nous pardonne notre révolution, c'est une affaire faite. On fait les vœux les plus sincères pour nos succès au dehors et pour notre tranquillité au dedans. La haine qui est ici portée au comble contre les Autrichiens, l'espérance de gagner une grande influence en Allemagne lorsqu'on sera soutenu par la République, celle de jouer un rôle distingué à la pacification générale, toutes ces circonstances influent beaucoup sans doute sur ces sentiments favorables, mais je puis assurer qu'il y a quelque chose de plus pur chez les princes, excepté le roi, et particulièrement chez le prince Henri, chez tous les jeunes princes sans exception, et, ce qui mérite d'être observé, chez le prince héritier du trône.

On pourrait donc fonder de grandes espérances sur ce pays-ci; mais la faiblesse de ses moyens actuels et la dépendance où il se met de la Russie à beaucoup d'égards, mérite de notre part une très sérieuse attention. Sur ce que M. de Haugwitz, dès la première conversation, m'avait dit, que les liens d'amitié qui subsistaient entre les deux nations en demandaient de plus étroits encore, je l'ai mis plusieurs fois, mais inutilement, sur la voie de s'expliquer plus clairement. Je me suis abstenu de faire aucune proposition directe, non seulement parce que la dignité de la République exige qu'on recherche son alliance, et ne permet pas qu'elle l'offre la première, mais encore parce que je me suis demandé 1° si, dans le cas même où elle serait offerte, on ne la déclinerait pas ici pour ne pas offenser l'impératrice, et 2° si l'alliance de la Prusse, dans l'état de faiblesse où elle se trouve, ne nous serait pas encore plus onéreuse qu'utile. Or ces deux questions sont encore bien loin d'être résolues dans mon esprit, à moins que vous n'ayez dans le vôtre, citoyen, quelque plan que j'ignore et qui tranche la difficulté.

En paraissant craindre qu'on ne déclinât ici une proposition d'alliance,

je ne veux point dire qu'on ne la désire pas infiniment; je crois être sûr au 1795
contraire qu'elle est dans le cœur de tous les Prussiens. Je veux dire seule- Dec. 5.
ment que je doute qu'ils osassent se livrer en ce moment à leur désir, et je pense que ce sentiment durera jusqu'à ce que leurs affaires avec la Russie en Pologne aient reçu leur dernière forme . . .

3. Unterredung mit Haugwitz.

. . . Le ministre me dit: »Mais enfin, il faudra tôt ou tard en venir à la 1796
paix générale, et je n'en vois pas encore la base. Vous désirez augmenter Jan. 16.
l'influence de la Prusse en Allemagne, et le moyen le plus sûr pour cela serait que vous rétablissiez les princes dans leurs États sur la rive gauche du Rhin«. »Monsieur le comte«, répondis-je, »il ne m'est pas possible de raisonner sur la paix dans une autre supposition que celle qui nous conserve le Rhin pour limite, et je crois que cette supposition même nous fournira assez de moyens pour augmenter considérablement votre influence dans l'Empire«. Je lui demandai alors s'il était bien sincèrement attaché à la constitution germanique; s'il lui importait beaucoup qu'il y eût ou non trois électeurs ecclésiastiques, que l'on conservât tant d'évêques, d'abbés, de chapitres en Allemagne? Il me répondit que rien de tout cela ne l'intéressait en aucune manière. Alors je lui ai fait la première ouverture sur la grande sécularisation, en lui faisant voir (ce qu'il sentit au premier mot), que cette opération offrait des dédommagements pour tous ceux que les opérations de la guerre auraient déplacés, sans oublier le prince d'Orange, auquel le roi de Prusse s'intéressait si fort. »Et remarquez«, lui dis-je, »que la constitution germanique ne serait pas pour cela altérée dans son principe; car il importe peu que les électeurs soient dans un lieu ou dans un autre; vous remplaceriez les catholiques par les protestants, voilà la seule différence«. Je puis vous assurer, citoyen ministre, que M. de Haugwitz a goûté cette ouverture. Je vous avouerai cependant qu'il préférerait que le roi de Prusse gagnât la faveur des princes d'Allemagne en leur procurant leur rétablissement sur la rive gauche du Rhin . . .

4. Hardenberg. Hohenlohe. Schulenburg. Gründe für die Neutralität Preußens.

. . . Le ministre Hardenberg est depuis environ quinze jours à Berlin, Jan. 23.
et tout ce que j'en apprends ne me permet pas de le regarder autrement que comme un homme pour le moins très injuste et très prévenu contre notre gouvernement. Son opinion particulière importerait fort peu si elle n'avait aucune influence ultérieure. Mais le roi l'accueille parfaitement et l'écoute avec plaisir; vous savez d'ailleurs qu'il a beaucoup d'esprit et qu'il est fort insinuant; je le vois en grande liaison avec les ministres d'Angleterre, de Russie et d'Autriche, et avec tous les Prussiens connus par leurs sentiments contre la France. Voilà donc un véritable ennemi, et même un ennemi dangereux. Ce n'est pas tout. Le prince de Hohenlohe est aussi arrivé à Berlin depuis peu [1]). Vous

1) 14. Januar.

1796 Jan. 23. n'ignorez sûrement pas que ce prince, servilement dévoué à la maison d'Autriche, porte jusqu'à la démence sa haine contre la République française. Le roi lui montre aussi beaucoup de confiance. Enfin M. de Schulenbourg reparaît; il est fort considéré du roi, et bien des gens croient qu'il va rentrer au ministère. Or il convient de vous dire que M. de Schulenbourg est un de ceux qui ont travaillé avec le plus d'ardeur à engager la Prusse dans la guerre contre la France. Je ne puis douter que ces trois personnages ne travaillent l'esprit du roi dans tous les sens pour l'égarer une seconde fois. Malheureusement ce prince ne nous aime point du tout, ainsi que je l'ai marqué dans ma dépêche du 13 nivôse [2 janvier], depuis laquelle j'ai acquis la preuve irréfragable de ce fait. Je dois croire que cette disposition n'a point échappé au ministre autrichien et qu'il en aura informé sa cour; car on m'assure qu'à Vienne on ne parle plus aujourd'hui du roi de Prusse qu'avec la plus grande décence, tandis qu'on le traitait sans ménagement il n'y a pas plus de six semaines; mais cette différence peut tenir aussi aux nouveaux rapports des deux cours en Pologne. Quoi qu'il en soit, l'intrigue est si forte autour du roi, que le prince Henri, sous prétexte de venir le remercier de quelques présents qu'il en a reçus, doit quitter sa retraite et venir après-demain à Berlin pour lui faire entendre la voix de la raison et le replacer sur la ligne du véritable intérêt prussien. Voilà l'état des choses au moment où j'écris . . .

Cependant je pense que ces dispositions, quelque peu favorables qu'elles paraissent, ne sont point de nature encore à nous alarmer véritablement. 1° Ce ne sont que les dispositions personnelles du roi, et le ministère, M. de Haugwitz en particulier, en montre de très différentes. M. de Haugwitz même m'avait déjà fait des confidences très franches sur le caractère et les opinions de M. de Hardenberg à notre égard. 2° La nation en général, sans en excepter le militaire, est tout à fait de notre côté et répugnerait prodigieusement à une guerre contre la France. Je crois même avoir des raisons de douter que le respectable Möllendorff voulût s'en charger, comme je doute aussi que le roi osât exciter un mécontentement aussi général dans son pays. Je sais bien qu'on pourrait déguiser cette guerre sous la simple apparence d'une guerre contre la Hollande, mais j'ai déjà déclaré si péremptoirement notre résolution de soutenir notre alliée par les armes contre ses agresseurs quelconques, j'ai pris tant de soins pour que cette résolution ne restât point ensevelie dans le cabinet des ministres et pour qu'elle eût à Berlin le degré de publicité nécessaire, qu'il serait difficile actuellement de faire prendre le change à la nation sur ce point. 3° La masse des forces militaires doit, par la nature des nouveaux rapports, se porter nécessairement vers la Pologne et la Silésie, et Varsovie seule doit avoir 12 mille hommes de garnison. Il est très difficile, suivant moi, que ces vastes frontières soient suffisamment garnies, et qu'il reste encore à la Prusse assez de forces pour nous faire une guerre qui ne serait pas ridicule. De plus on va s'occuper, et cela est instant, d'élever des forts sur les points qui présenteront une défense plus sûre et plus facile, ce qui n'est pas l'affaire d'un moment. Penserait-on que la Russie pourrait persuader au roi de Prusse d'amener contre nous les forces qu'il destine à la Pologne, en lui promettant de lui conserver elle-même ses possessions, et que le ministère prussien consentirait à un pareil arrangement? Je ne puis le croire. 4⁰ Enfin il est notoire que la Prusse n'a plus d'argent. M. de Haugwitz en convient même avec moi; je ne sais même si le courant est exactement soldé, et le roi, accoutumé à un train de plaisirs assez dispendieux, n'est pas d'humeur à se rien retrancher de ce côté. Cette raison paraît décisive et ne pourrait être combattue que par l'espérance du renouvellement des subsides de l'Angleterre; mais cette difficulté vaincue laisserait encore subsister les autres . . .

1796 Jan. 23.

5. Unterredungen mit dem Prinzen Heinrich und Graf Haugwitz.

Jan. 30.

. . . Je n'ai pas manqué d'éclaircir l'affaire qui me causait les inquiétudes dont je vous ai fait part dans ma dernière dépêche. Ces inquiétudes avaient un fondement réel; mais je m'empresse de vous dire avant tout que je n'ai aujourd'hui que des résultats satisfaisants à vous communiquer. J'ai puisé mes explications dans trois sources qui varient dans les détails, mais s'accordent dans la conclusion.

La première est celle du prince Henri, qui, à son arrivée, m'a fait prévenir secrètement qu'il voulait absolument me voir. Je me suis rendu chez lui à l'heure indiquée. Il m'a exprimé son indignation sur les détestables intrigues par lesquelles on cherchait à égarer le roi de son véritable intérêt et à le remettre dans les chaînes de l'Angleterre et de la Russie. Il ma confié qu'il avait reçu de ce prince un accueil si distingué, si amical, si peu ordinaire, que lui-même en avait été surpris et avait craint au premier moment que ces caresses ne cachassent quelque piége; qu'il s'était trompé sur cela; que le roi avait entamé de lui-même la conversation sur les affaires et lui avait dit que le ministre d'Angleterre, lord Elgin, dès sa première audience, et en lui remettant ses lettres de créance, lui avait fait des propositions et offert le renouvellement des subsides; mais qu'il l'avait éconduit, et qu'il avait résisté depuis à tous les efforts qu'on avait faits auprès de lui pour ébranler sa résolution; qu'il était décidé à se renfermer dans l'observation religieuse du traité de Bâle et à rester en bonne et sincère intelligence avec la France. Le prince Henri m'a ajouté que dans le cours de la conversation le roi lui avait demandé son sentiment sur les moyens d'arriver à une paix générale et de satisfaire les princes que la guerre avait privés de leurs possessions en tout ou en partie; que lui, prince Henri, avait répondu qu'il ne lui paraissait pas possible d'y arriver autrement qu'aux dépens du clergé, et que le roi avait paru goûter cet expédient. Au reste le prince Henri a cru pouvoir m'assurer que nous devions être entièrement tranquilles; que le roi ayant une fois pris son parti, l'intrigue ne le ferait pas revenir; que M. de Hardenberg et le prince de Hohenlohe ne resteraient pas longtemps ici, et que M. de Schulenbourg n'obtiendrait probablement rien.

J'ai obtenu à peu près les mêmes résultats par une autre voie, avec cette seule différence qu'on m'a assuré que les propositions avaient été faites par le chevalier Liston, ambassadeur d'Angleterre à Constantinople, qui se trouvait ici il y a quelques jours, propositions dans lesquelles il avait échoué, quoiqu'il

1796 Jan 30. ait été soutenu par le nouveau ministre de Russie[1]), qui même avait voulu prendre une espèce de ton comminatoire, auquel on n'avait fait aucune attention.

Enfin M. de Haugwitz s'est expliqué avec moi sur ces mêmes faits. Il a mis dans cette explication moins d'abandon que le prince Henri; il n'est pas même convenu que les propositions aient été faites, soit qu'il n'ait pas jugé à propos de me mettre si avant dans la confidence, soit qu'il les ignore véritablement. Il m'a dit seulement qu'il croyait le ministre anglais dans l'intention d'en faire, mais qu'il attendait pour cela le retour d'un courrier qui devait arriver dans quelques jours. Mais il m'a fortement assuré que je devais être tranquille sur la manière dont ces propositions seraient reçues et n'élever aucun doute sur la fidélité du roi à remplir ses engagements[2]) . . .

6. Unterredung mit Bischoffwerder.

Febr. 2. J'ai eu, comme je vous l'ai annoncé, une conférence avec M. Bischoffwerder[3]). Il m'a parfaitement accueilli et aurait achevé de dissiper mes inquiétudes sur les dispositions de Frédéric-Guillaume, s'il m'en était resté quelques-unes après tout ce qui m'avait été dit pour me rassurer. Il m'a confirmé le récit du prince Henri. Lord Elgin, dans sa première audience, a fait au roi des propositions, et même, ajouta M. Bischoffwerder, d'une manière assez gauche. Le roi les a écoutées et lui a répondu froidement: que les circonstances qui l'avaient déterminé à faire sa paix avec la République n'étaient pas changées, et que les Français ne lui avaient donné aucune raison pour manquer aux engagements qu'il avait contractés avec eux. Il ne paraît pas que le ministre anglais ait insisté davantage, ni que l'appui de M. de Hardenberg et de M. le prince de Hohenlohe ait avancé ses affaires. M. Bischoffwerder a épuisé dans cette conférence toutes les raisons pour me convaincre que nous devions être entièrement tranquilles du côté du roi, tant par rapport à sa probité personnelle, que parce que la cour de Berlin avait très bien senti sa faute en nous déclarant la guerre; qu'elle connaissait mieux que jamais la nécessité de s'unir à la République française par des liens plus étroits que ceux qui existent par le traité de Bâle; et que nous aurions lieu d'être convaincus de la vérité de ce qu'il me disait par l'empressement avec lequel la Prusse rechercherait cette alliance aussitôt que les circonstances le permettraient etc.

---

1) Kalytschew, der am 6. Januar in Berlin ankam.

2) Reuß schreibt am 27. Februar: So viel liegt am Tag, daß der König und der Fürst von Hohenlohe den Schild gern wieder erheben möchten, und daß die Gegenpartei genug zu thun hat, diese Lust zu mäßigen. Am 1. März berichtet er von einem Besuche des Fürsten von Hohenlohe; derselbe spricht „mit vielem Eifer von der geheimen Neigung des Königs, bei dem mindesten von den Franzosen gegebenen Anlasse, aus der Neutralität in feindliche Demonstrationen überzugehen. Er verbarg mir nicht, wie sehr er selbst dieses wünsche, obgleich das Ministerium ganz entgegengesetzte Grundsätze hege".

3) Caillard berichtet am 30. Januar, Bischoffwerder habe ihn um eine Unterredung gebeten.

Après ce qui s'était passé entre M. de Haugwitz et moi, je ne devais pas balancer à faire les mêmes ouvertures à M. Bischoffwerder, que d'ailleurs je devais nécessairement supposer instruit de ma conversation avec le ministre [1]. Je l'ai trouvé dans les mêmes dispositions. L'idée de la grande sécularisation, loin de lui paraître extraordinaire, lui semble au contraire le dénouement naturel de toutes les difficultés. Il m'a promis qu'il l'appuierait de tout son pouvoir auprès du roi. Je ne doute pas que ce prince n'en soit instruit depuis longtemps, car je m'en étais expliqué confidentiellement avec M. de Haugwitz il y a plus d'un mois, et je ne puis croire qu'il eût gardé cette notion pour lui seul sans la communiquer au monarque; je dois en conclure que le roi l'approuve aussi, car autrement son favori, le confident de ses pensées, ne s'en serait pas montré aussi satisfait. Voilà donc la glace rompue . . . 1796 Febr. 2.

7. Unterredung mit Graf Haugwitz über die Demarkationslinie.

. . . En poursuivant la conversation avec M. de Haugwitz, je lui ai dit: »Maintenant, monsieur le comte, pour envisager la question qui nous occupe sous tous ses rapports sans exception, si par des raisons que j'ignore, il devenait impossible de nous entendre sur une ligne quelconque de neutralité, je vous le demande franchement et sans détour: nous déclareriez-vous la guerre«? »Non, me dit-il, soyez sûr que non; mais votre refus nous chagrinerait infiniment par toutes les raisons que je vous ai déjà détaillées. Vous rendriez aux manœuvres de l'Angleterre et de la Russie plus de force qu'elles n'en ont perdu par notre traité de paix; nous ne comprendrions plus les principes de votre système politique envers nous; nous serions dans une méfiance continuelle sur la nature de vos projets; et dans cet état, la prudence nous ordonnerait de nous mettre en état de défense et de rassembler en Westphalie de nombreux corps de troupes pour couvrir notre propre pays et même les pays qui nous avoisinent, afin de vous empêcher de prendre des positions militaires qui pourraient nous inquiéter par la suite. Tout cela ne serait point la guerre; je puis vous assurer même que nous continuerions de résister également aux offres pécuniaires de l'Angleterre dont la politique nous est trop bien connue; ce serait simplement des armements de précaution qui nous mettraient en état de vous voir tranquillement venir et de régler notre conduite ultérieure sur la vôtre« . . . Febr. 27.

8. Unterredung mit Graf Haugwitz über die Neutralitätslinie.

J'ai eu le 3 de ce mois [germinal, 23 mars] avec M. de Haugwitz la conférence que je vous ai annoncée dans ma dernière dépêche. Il m'a confirmé dans les craintes qu'il m'avait témoignées de voir manquer la négociation que M. Sandoz est chargé de suivre auprès de vous relativement à la nouvelle ligne de neutralité, et je ne puis vous dire combien il en est affligé. Il m'en a parlé fort März 26.

---

1) Vergl. den Bericht vom 16. Januar, S. 433.

1796 au long, sans humeur, sans aigreur, franchement et loyalement, mais d'un ton
März 26. pénétré des inconvénients qui suivraient nécessairement un refus absolu de la part du Directoire de s'entendre à l'amiable avec le roi de Prusse sur ce point. Il m'a confié que le rapport de M. Sandoz avait été mis sous les yeux du roi dans un conseil tenu exprès [1]; qu'on y avait examiné la question sous ses rapports, et le parti que la Prusse devait prendre dans chacun des cas possibles. »Ces cas, m'a-t-il dit, se réduisent à trois: ou la République consent à assurer la paix au Nord de l'Allemagne par une ligne convenue de neutralité, ou elle veut bien la tranquillité de cette partie, mais rejette la ligne, ou enfin elle ne veut ni la ligne ni le repos de ces contrées.

»Dans le premier cas la Prusse obtient ce qu'elle demande à la République; la confiance réciproque est parfaitement rétablie, et on peut entamer en toute sûreté les opérations relatives aux paix partielles. Il n'est pas nécessaire que la Prusse fasse aucun armement pour protéger la ligne qui laissera toute la latitude désirable pour les opérations militaires, sur laquelle d'ailleurs le gouvernement prussien est prêt à s'entendre avec le Directoire, si celui-ci demande quelque changement dans sa direction, attendu que la Prusse ne veut en tout ceci qu'une ligne quelconque qui assure le Nord de l'Allemagne. Le conseil entier pense que cet arrangement est sans contredit le meilleur de tous.

»Le second cas entraîne la nécessité de faire un armement sur les frontières des États prussiens; ces corps armés s'avanceront même un peu au delà des frontières, partout où les localités exigeront qu'ils empêchent les républicains de prendre des positions d'où ils pourraient dominer les Prussiens. Cette circonstance entraînera des explications entre les généraux des deux nations, qui finiront par convenir d'une démarcation pour la commodité des uns et des autres. Or cette ligne, ne vaudrait-il pas mieux en convenir dès à présent?

»Enfin le troisième cas, beaucoup plus grave, plus embarrassant pour la Prusse que les autres, et qui pourrait conduire à des conséquences beaucoup plus importantes, a été examiné avec toute la réflexion qu'il mérite, et tout bien considéré, voici le parti auquel le gouvernement s'est arrêté. On assemblera une armée d'observation composée non seulement de troupes prussiennes, mais encore de celles des princes intéressés à la chose. Ce rassemblement ne pouvant se faire sans exciter une très grande sensation en Europe, le roi publiera un manifeste dans lequel il expliquera ses vues. Il prendra pour base le texte du traité de Bâle et annoncera qu'en rassemblant une armée, son dessein n'est pas de manquer de fidélité à ses engagements qu'il est au contraire résolu d'observer religieusement suivant la lettre de ce traité; mais que lorsqu'il avait fait la paix avec la République, un de ses principaux motifs avait été de l'assurer aussi au Nord de l'Allemagne, comme il était facile de le voir par les articles additionnels au traité; que la ligne tracée dans ces articles n'ayant peut-être pas été calculée assez juste sur les circonstances et la position des armées, on avait été obligé de l'abandonner; que cependant il ne s'en croyait pas moins obligé d'empêcher que le théâtre de la guerre s'étendît au Nord de l'Allemagne; que pour cet effet il avait fait proposer à la France

1) Wahrscheinlich der Bericht vom 7. März. Vergl. S. 57.

une ligne qui ne présentait aucun des inconvénients de la première; que ses instances auprès du gouvernement français pour la lui faire accepter ayant été sans succès, il ne lui restait pour remplir ses devoirs envers les princes et états du Nord de l'Allemagne dont il s'était engagé à assurer la tranquillité, d'autre parti que celui d'armer pour les mettre par sa protection à l'abri des malheurs de la guerre« [1]) etc. . . .

1796 März 26.

9. Haugwitz und Bischoffwerder. Fürst Hohenlohe. Haugwitz und die Neutralitäts-Linie.

April 2.

. . . Vous avez dû voir par la série de mes dépêches que M. de Haugwitz est véritablement celui qui gouverne le département des affaires étrangères [2]). M. de Finckenstein et M. d'Alvensleben sont à peu près hors d'activité, l'un par son âge, l'autre par sa paresse et sa médiocrité. C'est donc l'opinion de M. de Haugwitz qu'il importe de se concilier, parce que c'est elle qui à la longue doit toujours l'emporter au conseil. Il ne pourrait être traversé que par M. de Bischoffwerder; mais il a eu l'art de le mettre de son côté, et ils agissent aujourd'hui d'un commun accord [3]). C'est le ministre qui a amené le favori dans le parti de la France, ce qui donne à M. de Haugwitz une nouvelle importance; car il n'adopterait sûrement pas d'autres principes sans entraîner l'autre dans son changement. M. de Hardenberg et le prince de Hohenlohe, malgré la bataille qu'ils ont perdue contre le ministère, conservent cependant encore quelque crédit auprès du roi, le premier par un esprit très souple et très insinuant, l'autre comme ancien compagnon de plaisirs du roi lorsqu'il était prince royal. Il est aujourd'hui à Potsdam, mais il ne tardera pas à partir; ne pouvant obtenir que le roi rentrât dans la coalition, il a obtenu du moins d'être conservé lui personnellement sur le pied de guerre, ce qui lui donne par mois un surplus de traitement de huit cents écus . . . Il doit donc être content. Au reste, ne le fût-il pas, il ne deviendra jamais à craindre pour nous tant que nous conserverons M. de Haugwitz et M. Bischoffwerder de notre côté.

Vous avez vu par mes dépêches quel prix ce ministre attache à la ligne de neutralité qu'il vous a proposée. Rien n'est plus naturel. D'abord c'est un plan dont il est l'auteur, et il est assez simple qu'un ministre défende son propre ouvrage; ensuite c'est ce même plan qui lui a fourni les armes avec lesquelles

---

1) In demselben Sinne ist ein Erlaß an Sandoz vom 21. März abgefaßt.

2) Am 4. August schreibt Caillard: M. de Haugwitz est le seul qui travaille, le seul qui fasse les grandes affaires, et sur la raison et la loyauté duquel je puis compter, quoi que puissent en avoir dit bien des gens qui ne l'aiment pas. Am 19. September 1797 bezeichnet er ihn als »ministre doué d'une justesse d'esprit et d'une sagacité exercée«.

3) Bischoffwerder an Hardenberg, 24. Oktober 1795: „Das Einverständniß zwischen Graf Haugwitz, Zastrow und mir ist so vollkommen, daß wir mit Verbannung aller Eigenheit lediglich nach anerkannten Wahrheiten handeln, daher uns stets auf demselben Wege begegnen, uns ohne Zurückhaltung expliciren und zu Beförderung der Geschäfte die Hände reichen. Wie manches Übel würde nicht sein vermieden worden, wenn dieses eher geschehen wäre“!

1796 April 2. il a détruit toute l'intrigue du parti anglais. Sur les espérances peut-être trop promptes que M. Sandoz lui avait données de son succès auprès du Directoire, il s'était flatté de faire jouer un rôle brillant à son roi, que les princes d'Allemagne ses voisins auraient regardé alors comme le monarque auquel ils étaient redevables de leur tranquillité; peut-être même avait-il déjà répandu ces idées au dehors. Maintenant, si ce plan dont il se croyait sûr est remis en problème, et plus encore, s'il est rejeté par le Directoire, vous jugerez dans quel embarras il doit se trouver auprès du roi qui se trouvera trompé dans ses espérances, auprès des princes d'Allemagne auxquels il ne peut plus répondre de rien, auprès des ennemis de la République qui gagneront un grand avantage sur lui, reviendront à leurs intrigues et ne renonceront point à l'espérance de les faire réussir . . .

10. Verhandlung mit Haugwitz über die Neutralitätslinie und den geheimen Vertrag.

April 23. . . . J'ai donné lecture à M. de Haugwitz des deux projets de traité et même de la dépêche que vous m'avez écrite, qui en est une espèce de commentaire. Cette lecture a été écoutée avec attention et intérêt, et suivie d'une discussion assez étendue sur les différents points qui forment la substance du traité; cependant vous comprenez d'avance qu'il n'a rien été prononcé de décisif dans ce premier entretien.

Sur la ligne de neutralisation on paraît disposé à faire ce qui convient au Directoire. M. de Haugwitz n'oppose aucune difficulté sur l'évêché de Münster comme il m'en avait déjà prévenu, mais il fait des observations sur le duché de Westphalie, non pour contrarier les intentions du gouvernement, mais parce qu'il croit que la ligne telle qu'il l'avait tracée d'abord en coupant ce duché par une ligne droite en deux parties était plus avantageuse aux armées françaises qui se trouvaient plus à l'abri du danger d'être tournées. Ensuite vous continuez la ligne jusqu'aux frontières de Bohême, en sorte que vous y renfermez tout l'électorat de Saxe. Mais cette disposition suppose la solution d'une grande question, savoir l'accession actuelle de l'électeur de Saxe au plan du Directoire. Or vous n'ignorez pas que le contingent de ce prince est déjà à Francfort; on croit bien qu'il n'agira guère, et même qu'il sera tout à fait retiré, aussitôt que les Autrichiens auront été contraints de repasser le Rhin; mais on doit être persuadé que l'électeur ne reviendra pas brusquement sur ses pas, à moins que les événements ne lui en fournissent une raison plausible qui puisse accorder son propre intérêt avec son zèle pour la constitution germanique, et si on l'accuse de timidité, il est toujours prêt à justifier sa conduite par la position géographique de ses États et de ceux de l'Empereur. Il paraît qu'on désire vivement ici de l'amener à la neutralité, et sans doute cela n'est pas impossible pour la suite; quant au moment présent, c'est une de ces choses qu'on souhaite plus qu'on ne l'espère, et par cette raison M. de Haugwitz pense que la ligne doit s'arrêter là où il l'avait proposé, sauf à l'étendre aussitôt que l'électeur marquera la volonté d'entrer dans le plan du Directoire. J'aurais bien à vous rendre compte de quelques autres observations

d'une moindre conséquence; mais je me réserve à vous en parler lorsque 1796
M. de Haugwitz me les reproduira officiellement, car ce qu'il m'a dit est de April 23.
pure confidence, et il a eu soin de me répéter plusieurs fois que ces remarques n'avaient pour objet que le plus grand avantage de la République.

Quant aux articles séparés, le ministre m'a paru, je dirais presque ébloui des grands avantages qui sont offerts au roi de Prusse et à la maison d'Orange. Il a très bien observé que la médiation offerte par l'article 5 implique la médiation entre la République et l'Empereur, et vous pouvez être assuré que cette idée est accueillie de la manière la plus distinguée. Il m'a répété ce qu'il m'avait déjà dit plusieurs fois sur la limite du Rhin et la nécessité des sécularisations, la difficulté sur cela ne viendra jamais de la Prusse. Il m'a fait ensuite l'observation générale qu'il ne voyait pas trop comment réduire ces articles en traité, lorsqu'ils ne portaient encore que sur de futurs contingents; à quoi j'ai répondu que c'était précisément pour cela que ces articles devaient rester secrets; que si nous étions actuellement maîtres de toute la rive gauche du Rhin sans aucune crainte d'en être dépossédés, le gouvernement français pourrait annoncer ses intentions avec autant de publicité qu'il le fait par rapport à la Belgique; que par rapport aux autres points qui en dépendent, il fallait bien convenir de quelques mesures si on voulait arriver à la paix, et que je ne voyais pas comment on pouvait en convenir autrement que par un traité; que je sentais fort bien où tendait son observation qui embrassait le cas où les chances de la guerre nous seraient contraires; que je voulais m'y prêter pour un instant; que ce qui pouvait arriver de pis était que le traité tombât par le fait et qu'alors le secret couvrait tout et ne laissait à la Prusse aucun inconvénient à craindre. Il trouvait aussi que le roi pouvait difficilement transiger pour le stathouder sans la participation de celui-ci; mais il a eu en quelque sorte honte de cette réflexion, et il est convenu que le Directoire offrait un établissement si brillant à la maison d'Orange, si préférable en tout à celui qu'elle avait en Hollande, qu'il faudrait avoir perdu la raison pour s'y refuser.

Quant aux princes qui sont couverts par la nouvelle ligne, il m'a fait sur l'inutilité de traiter expressément de paix avec eux la même réflexion dont j'ai déjà rendu compte dans ma dépêche du 26 ventôse [16 mars] nº 41 [1]), et j'y ai répondu de la même manière; mais il l'a fortifiée par une nouvelle considération qui peut mériter quelque attention. Est-il de la dignité de la République de faire autant de traités particuliers de paix qu'il y a de petits états compris sous la ligne? J'ai répondu que ceci n'était qu'une difficulté de forme, qui ne paraissait pas arrêter le Directoire, puisque mes instructions étaient claires sur ce point; qu'au surplus nous pourrions arriver au même but par une simple accession de ces états au traité de paix conclu avec la Prusse; que l'essentiel était qu'il fût parfaitement notoire en France et en Allemagne que tels et tels princes et états étaient liés par un traité de paix soit général soit

1) Haugwitz hatte bemerkt, daß Frankreich von besonderen Friedensschlüssen mit den innerhalb der Demarkationslinie gelegenen Reichsständen keinen Vortheil habe, da dieselben ohnedies ihr Reichs-Contingent zurückberufen müßten.

1796 April 23. particulier avec la République pour la force de l'exemple en Allemagne et la consolidation de l'esprit public en France, et qu'ici le fond l'emportait considérablement sur la forme. Il en est convenu.

Il m'a également répété le reproche qu'il m'a fait plus d'une fois de ce que nous avions refusé les propositions de Bade, Wurtemberg etc. après la conclusion du traité de Bâle, et la difficulté qu'il y aura de les décider avant que les premiers événements de la campagne n'aient donné lieu à des conjectures probables sur l'avenir. Mais voici le point qui le touche le plus. Il paraît persuadé que le Directoire est encore en négociation avec la cour de Vienne sur la paix continentale[1], et il voit en cela un manque de confiance de sa part envers la cour de Berlin. Car si la paix se fait directement avec l'Empereur, que devient la médiation prussienne, que devient le plan des paix particulières? Je ne puis combattre cette objection que d'une manière négative. Je le prie d'observer la date de ma dépêche, dans laquelle vous gardez un silence absolu sur ces négociations. Cependant cette circonstance aurait dû nécessairement apporter quelque modification à mes instructions, qui sont positives et ne me laissent pas même entrevoir l'imminence de la paix avec l'Autriche, d'où je conclus que son inquiétude à cet égard n'est pas fondée. M. de Haugwitz est assez porté à adopter ce raisonnement, et il revient sur ce que vous ne lui fournissez pas des bases suffisantes pour appuyer la médiation prussienne envers l'Empereur. »Mais, monsieur le comte, lui dis-je, la ligne du Rhin et les sécularisations, ne sont-ce pas là les fondements de l'édifice«? »Fort bien, mais que donnez-vous à l'Empereur? voilà ce que vous avez tort de nous laisser ignorer«. Alors je me suis rappelé un paragraphe d'instruction et je lui ai dit: »mais, monsieur le comte, vous connaissez aussi bien que moi l'éternel objet de l'ambition autrichienne; vous savez qu'avec la Bavière on aplanirait beaucoup de difficultés; reste à savoir jusqu'à quel point la Prusse voudrait se prêter à un pareil arrangement«. J'ai été surpris de voir que le ministre ne s'armait pas d'une grande sévérité à cette proposition, et qu'il était seulement embarrassé de l'indemnité à donner à la maison de Bavière, et je lui ai fait sentir que si la question pouvait se réduire à ce point, on ne manquerait pas de moyens de la résoudre; cependant vous devinez aisément que les réflexions sont venues en abondance sur la nécessité de l'équilibre en Allemagne, ce qui voulait dire la nécessité d'augmenter la force de la Prusse dans une proportion propre à garantir les libertés germaniques. Je me suis abstenu d'entrer dans des détails aussi délicats, et je me suis borné à l'assurer que la République était trop intéressée à la prospérité de la Prusse, à lui assurer des moyens puissants d'opposition contre la maison d'Autriche, pour négliger de lui procurer l'augmentation de puissance nécessaire non seulement pour sa propre conservation, mais aussi pour la protection dont les autres états de l'Empire auraient besoin dans ce nouvel ordre de choses . . .

---

1) Eine Reise Lehrbach's nach München gab diesen Gerüchten damals neue Nahrung. Vergl. außerdem Häusser II, 70.

11. Gespräch mit Haugwitz über die Neutralitätslinie und den geheimen Vertrag.

. . . J'ai rappelé successivement toutes les objections qui m'avaient été faites; j'ai tout réfuté et sans réplique. »Vous parlez, ai-je dit, de futurs contingents! mais qui vous répond qu'ils ne sont pas au moment de se réaliser? qui vous répond que la paix ne sera pas conclue d'ici à un ou deux mois? oubliez-vous que peut-être la première bataille va décider la question? et si l'Empereur comme le roi de Sardaigne se trouve dans la nécessité de conclure avec nous à tout prix, voyez ce que devient votre position à notre égard. Vous avez marqué de l'hésitation sur notre plan dans un temps où vous auriez pu vous faire auprès du Directoire un mérite de la promptitude de votre acceptation, et vous nous l'offrirez vous-mêmes dans un moment où elle aura perdu toute sa grâce et où peut-être à notre tour nous ferons difficulté de la recevoir. En politique, ainsi qu'à la guerre, monsieur le comte, l'occasion fait tout, et il est rare de la retrouver lorsqu'on l'a laissé échapper. Voyez donc s'il ne vous convient pas infiniment de conclure avec nous dans un moment où l'avenir laisse encore sur les événements ce juste degré d'incertitude qui peut rendre votre accession à nos principes agréable au Directoire. Plus tard vous paraîtrez ne vous être décidés que sur l'événement, et nous ne pourrons vous en savoir aucun gré. Si même j'ose vous dire franchement ce que je pense, il me semble que vous ne devriez pas vous laisser presser autant que je le fais« . . . 1796 Mai 24.

J'ai surmonté l'esprit de timidité en répétant que la convention ne devant recevoir son effet que dans des circonstances déterminées, elle n'était qu'éventuelle au moment où on la signerait; j'ai consenti même qu'on insérât dans le préambule quelques mots qui indiquassent la nature du traité. Sur l'objection tirée de la difficulté d'assigner d'avance tels et tels dédommagements pour quelques-unes des parties intéressées, j'ai répondu que la désignation n'était pas telle qu'elle ne fût susceptible de modifications suivant les circonstances, et que l'essentiel était de bien fixer les deux principes fondamentaux, le Rhin pour limite de la République et les sécularisations pour servir d'indemnités aux princes qui en auront à réclamer . . .

M. de Haugwitz vaincu par toutes ces raisons, m'a parlé d'un ton extrêmement affectueux et amical . . . Il m'a prié de vous mander qu'il désirait que l'affaire fût traitée et terminée entre lui et moi; qu'il allait s'occuper de rédiger les deux traités, et qu'il espérait que son travail ne serait pas long . . . Au reste, citoyen ministre, si on était tenté de me faire quelque honneur de ce succès, il ne faut pas oublier que le canon d'Italie a fait les trois quarts de la besogne.

12. Einfluß der schlechten Finanzlage auf die preußische Politik.

. . . En ne perdant jamais de vue la situation gênée des finances de la Prusse, vous aurez la clé presque universelle des détails de sa conduite. M. de Haugwitz a effectivement beaucoup trop d'esprit, pour ne pas être entièrement convaincu que le moment est arrivé où la Prusse, appuyée par la République, Mai 31.

1796 Mai 31. doit prendre un très grand essor et gagner un ascendant irrésistible sur la maison d'Autriche, et il n'est pas douteux qu'il ne se hâtât de profiter de la circonstance en marchant vers ce but avec toute la célérité possible sans s'arrêter aux petites considérations d'égards particuliers aux préjugés pour une constitution qui croule de tous les côtés, ni à la crainte de se compromettre, si un trésor bien fourni mettait la Prusse en état de déployer tous ses moyens militaires. Mais on se trouve ici arrêté à chaque pas par ces considérations de finances. Elles fournissent au courant et rien de plus. Voilà comment il arrive que des idées majeures auxquelles tout devrait être sacrifié, ne se suivent que par les moyens d'une politique étroite, par des voies obliques, par la ruse et les détours de l'ancienne diplomatie. Cet état de gêne ne peut s'améliorer qu'avec le temps, et il est question du moment présent. Forcer les ressorts sur lesquels roule actuellement cette machine, ce serait vouloir la briser, et on ne peut exiger aujourd'hui de la Prusse la conduite hardie et déterminée qu'on aurait pu attendre du grand Frédéric. Je crois donc que si on veut s'en servir, il faut la prendre telle qu'elle est, avec les moyens qui lui restent, et que je crois pouvoir assurer qu'elle emploie de bonne foi au succès du plan du Directoire[1] . . .

13. Der Beitritt Sachsens zur preußischen Neutralität.

Sept. 17. . . . Dans une conversation fort intéressante que j'ai eue hier avec M. de Haugwitz, ce ministre m'a remis une note officielle que vous trouverez ci-jointe, et dont l'objet est de presser le Directoire de conclure sans délai l'arrangement avec l'électeur de Saxe. Cet objet de la plus haute importance en lui-même, vous le paraîtra bien davantage encore lorsque vous saurez par quelle réunion d'efforts sont combattues à Dresde les intentions conciliatrices de l'électeur envers la République. Ce ne sont pas des ennemis obscurs que nous avons à cette cour; c'est l'archiduchesse Christine, la princesse Antoine, l'électeur de Cologne et celui de Trèves, c'est-à-dire des personnages qui vivent dans la familiarité de l'électeur de Saxe, l'entourent et l'obsèdent tous les jours, et renouvellent sans cesse leurs efforts pour le convaincre de la nécessité de revenir à la coalition, tandis qu'aucun engagement ne le lie encore irrévocablement avec la France, car l'armistice convenu entre les généraux n'est obligatoire qu'autant qu'il le voudra. Dans cet état précaire des affaires à Dresde, cette dangereuse intrigue a tiré une nouvelle force de la retraite du général Jourdan. Dès le premier instant, l'archiduc Charles a envoyé à l'électeur courrier sur courrier pour le supplier de mettre en mouvement les trente mille hommes qu'il a sur les frontières de la Saxe, et de les faire marcher, ou vers

---

1) In demselben Sinne schreibt Caillard am 17. Mai: Vous n'êtes pas à vous apercevoir que le gouvernement prussien montre partout ce déplorable esprit de pusillanimité qui tient à l'épuisement des finances, en vertu duquel on n'ose se livrer à aucune idée grande, parce qu'on se défie de ses moyens pour la soutenir: de là cette crainte excessive de se compromettre et ces égards extrêmes pour les puissances dont on craindrait de choquer l'opinion.

Francfort, ou vers tout autre lieu où le général Jourdan dût se trouver entre deux feux et coupé dans sa retraite. L'électeur a résisté loyalement à ces pressantes sollicitations soutenues par tous les efforts de la cabale, et Jourdan est heureusement et sans obstacle arrivé sur la Lahn. Mais l'archiduc ne se rebute pas, il donne seulement un autre objet à ses sollicitations, et il demande que puisque Jourdan a effectué sa retraite, l'électeur au moins envoie ses troupes pour le tenir en respect sur la rive droite de la Lahn, tandis que lui archiduc, libre désormais, se mettra à la tête d'une grande partie de son armée pour aller prendre à dos le général Moreau. 1796 Sept. 17.

Voilà, citoyen ministre, ce qui se passe à Dresde en ce moment. Le cabinet de Berlin nous sert dans cette occasion loyalement et de tous ses moyens; l'électeur tient bon par son extrême considération pour le roi de Prusse, envers lequel il se croit engagé; mais vous sentez que ce fil rompra nécessairement si, par des retards trop prolongés, le Directoire paraît ne pas attacher une grande importance à sa neutralité.

Citoyen ministre, je dirai librement ce que je pense. Je suis loin de m'effrayer de la retraite du général Jourdan; j'espère au contraire que les secours qui lui sont envoyés par le Directoire le mettront bientôt en état de regagner tous les avantages qu'il a perdus. Mais soit que vous envisagiez l'accession de la Saxe à la neutralité par rapport au plan du Directoire sur la paix continentale, soit que vous la considériez dans son rapport avec les opérations de la guerre, il me paraît souverainement intéressant de ranger l'électeur de notre côté.

Sous le rapport de la paix continentale, l'intention du Directoire est de gagner à la France le plus grand nombre de voix qu'il sera possible; c'est donc ici une affaire de calcul. Vous avez la Prusse, les princes et les états compris dans la ligne de neutralité, le landgrave de Cassel, tous les princes qui viennent de faire leur paix particulière avec la République, ce qui compose déjà un nombre considérable, mais si vous y ajoutez encore la Saxe et tous les princes et états dont les voix sont à sa disposition, vous trouverez que nous aurons acquis à peu près les trois quarts de l'Allemagne; et si vous observez que toutes les voix gagnées à la République non seulement sont perdues pour l'Autriche, mais servent même contre elle, vous verrez que notre avantage relatif s'augmente dans une progression très rapide, et qu'il diminuerait de même par des opérations contraires [1]).

Il entre également dans les vues du Directoire que la Prusse, par le moyen de laquelle il compte opérer ses grands changements en Allemagne, acquière dans l'Empire une influence devant laquelle disparaisse entièrement celle de l'Autriche. Un des moyens les plus puissants est que la Saxe lui soit redevable de la paix dont elle jouira lorsque son arrangement sera conclu avec le Directoire; alors sera terminée pour toujours cette indécision qui jusqu'à présent avait donné au cabinet saxon une politique équivoque, en le laissant perpétuellement flotter entre la Prusse et l'Autriche. Le gouvernement prussien

1) Am 4. August bezeichnet Caillard als Inhalt seiner Instruktion: isoler l'Empereur autant qu'il sera possible.

1796 Sept. 17. sent très bien l'avantage qui lui en restera. C'est pour lui une raison de plus pour désirer ardemment la conciliation de la Saxe avec la République, et vous ne devez pas douter un instant de la sincérité de ses efforts pour y parvenir.

Sous le rapport des opérations de la guerre, la neutralité de la Saxe ne me paraît pas moins précieuse. Elle est d'ailleurs parfaitement conforme au système adopté par le Directoire d'isoler l'Autriche autant qu'il est possible. Mais vous pouvez être sûr que, malgré les efforts de la cour de Berlin, la Saxe vous échappera, si vous lui imposez quelque condition dont l'électeur puisse croire sa dignité blessée, car vous donneriez à l'intrigue autrichienne une force nouvelle, contre laquelle le zèle de la Prusse viendrait indubitablement échouer. Il me paraissait très naturel, il y a deux mois, d'exiger une forte contribution de la Saxe; aujourd'hui je le crois impraticable; ce n'est pas moi, ce sont les circonstances qui ont changé. A cette époque, les armées de la République étaient presque aux frontières de la Saxe, qui se trouvait alors tellement sans défense, que rien ne pouvait la mettre à l'abri d'une invasion; c'était le moment de lui faire acheter la paix par une contribution. Aujourd'hui la Saxe a trente mille hommes aux frontières, et peut facilement porter son armement jusqu'à quarante mille, et cette force est actuellement disponible. Voyez, citoyen ministre, si le prince qui a de tels moyens dans sa main souscrira volontiers à la condition d'une contribution, lorsque les armées de la République ne sont pas sur son territoire, ou s'il n'est pas plus vraisemblable qu'il cédera plutôt aux suggestions qu'un parti puissant fait sans cesse retentir à son oreille, et ajoutera enfin ses forces à celles de notre ennemi, en faisant au roi de Prusse cette excuse naturelle que si l'intervention de S. M. se trouve sans effet, la faute en est au Directoire seul qui lui propose des conditions que sa dignité ne lui permet pas d'accepter.

Je voudrais, citoyen ministre, pouvoir vous écrire des choses plus agréables; car je sens parfaitement combien, dans la gêne où se trouvent les finances de la République, il est essentiel que la guerre nourrisse la guerre, et je vous prie de croire que j'ai retourné cette raison de mille manières, ainsi que la justice dont il est que nous trouvions une indemnité chez ceux qui ont contribué à la guerre atroce qu'on nous fait essuyer en haine de la liberté. M. de Haugwitz en est témoin. Mais je trahirais mes devoirs envers la patrie si, au lieu de vous dire une vérité fâcheuse et cependant utile, je vous entretenais d'illusions qui seraient bientôt dissipées et dont le résultat serait de conserver à l'Autriche un auxiliaire plus puissant qu'auparavant, et qu'on est le maître en ce moment d'écarter pour toujours. Si j'étais capable de mettre une pareille mollesse dans ma conduite à votre égard, le Directoire me rendrait à juste titre responsable des événements, et moi-même je ne me trouverais plus digne de servir la République [1]).

1) Dieser Bericht hatte die Wirkung, daß schon am 30. September die Ermächtigung zur Annahme der Neutralität Sachsens in Aussicht gestellt und am 4. Oktober wirklich von Paris an Caillard geschickt wurde. Am 22. November erfolgte dann in Berlin der Beitritt Sachsens zur Neutralität, worüber am 29. November ein article additionnel zur Convention vom 5. August zwischen Haugwitz und Caillard unterzeichnet wurde.

14. Unterredung mit Graf Haugwitz über eine Allianz Preußens und Frankreichs.

. . . Dans une conversation de trois heures et dont le texte était la nécessité que la Prusse se prononçât enfin de la manière la plus décidée en faveur de la République, j'ai appuyé cette proposition par de grands développements et par tous les arguments que me fournissaient les engagements que nous venions de contracter, l'intérêt des princes d'Allemagne, la nécessité de profiter de l'occasion pour se les attacher et ne pas se laisser gagner de vitesse etc. Il serait fort inutile que j'entrasse aujourd'hui dans le détail de tout ce que j'ai dit à M. de Haugwitz dans cette conférence. Quoique ces idées ne soient point nouvelles pour lui, parce que je n'ai jamais manqué l'occasion de les lui présenter, cependant comme je les exposais alors sous la forme ministérielle, il s'est contenté de m'écouter avec une extrême attention et ne m'a interrompu que par des réflexions fort courtes. Ainsi lorsque je lui disais que le moment était arrivé de lier les deux puissances par une alliance solide, il m'a répondu par une observation à laquelle je m'étais attendu, savoir qu'une alliance formée au milieu d'une guerre ne pouvait avoir son application dans cette guerre même. Je lui ai cité l'exemple de l'Espagne. »Mais, m'a-t-il dit, l'Espagne a des griefs contre l'Angleterre, et nous n'en avons point contre l'Empereur«. Je lui ai fait sentir qu'il y avait une autre manière et même fort noble d'entrer sur la scène. »Ralliez les princes d'Allemagne autour de vous, prenez-les sous votre protection, et déclarez à la cour de Vienne que l'Empire fatigué d'une guerre qui n'a plus d'autre motif que les vues personnelles de l'Empereur veut absolument mettre un terme aux dévastations auxquelles il est continuellement exposé; que le bien général de l'Allemagne exige de vous le développement de tous vos efforts pour lui rendre le repos qui lui devient si nécessaire etc. Voilà le thème que je me borne à vous indiquer et que vous saurez mieux que moi rédiger de la manière la plus convenable. Alors vous paraîtriez, non pas l'allié de la République, mais l'ami naturel et le défenseur du repos de l'Allemagne, et nous arriverions également au but que nous nous sommes proposé«. »Fort bien, me dit-il, mais ne commencez donc pas par écarter de nous l'électeur de Saxe. Cette ligue de princes sous la bannière de la Prusse est déjà fort avancée par la neutralité que nous avons procurée à ceux qui se trouvent en dedans de la ligne; mais elle sera toujours incomplète sans l'électeur de Saxe, le premier entre les princes du second ordre«. A cela vous jugez que je n'ai pu répondre que par le mot: »attendons«. Du reste M. de Haugwitz, en politique habile, a évité dans tout le cours de la conversation de laisser rien échapper qui pût me donner ni m'ôter l'espérance de réussir . . .

1796 Okt. 4.

15. Unterredung mit Graf Haugwitz über eine Allianz Preußens mit Sachsen und Hessen. Die letzte Theilung Polens. Die Emigranten.

La signature de l'article additionnel que je vous envoie[1]) m'offrait, pour parler plus sérieusement à M. de Haugwitz de l'extrême convenance d'unir par une alliance commune la Hesse, la Saxe et la Prusse, une occasion trop na-

Dec. 9.

1) Beitritt Sachsens zur Neutralität.

1796 Dec. 9. turelle pour la laisser échapper. Je n'ai pas eu besoin de m'épuiser en raisonnements pour convaincre ce ministre des avantages qui résulteraient en général d'un pareil arrangement pour les trois puissances et de ceux que la Prusse en retirerait en son particulier. Je puis dire que j'ai été écouté avec complaisance, et je me suis bien aperçu que j'avais touché une corde qui retentissait fort agréablement à l'oreille et au cœur de M. de Haugwitz. Aussi n'a-t-il fait aucune difficulté de convenir du principe; le temps et le mode peuvent seuls être l'objet d'une discussion. Le premier moyen qui se présente à l'esprit serait que la Prusse en fît dans l'instant même la proposition à la Saxe, qui fortement occupée de la négociation qu'elle vient de terminer pour assurer sa neutralité, pourrait regarder comme un moyen de la consolider davantage une alliance positive avec la cour de Berlin. Il est possible en effet qu'en brusquant ainsi l'affaire, on l'emportât pour ainsi dire d'assaut. Mais aussi cette méthode a contre elle des chances qu'il est très prudent d'écarter. Après toutes les sollicitations de l'Autriche auprès de la cour de Dresde, et dans les rapports de voisinage des deux nations entre elles, l'électeur est sûrement persuadé qu'il a fait un pas très hardi en persévérant dans le dessein de se retirer entièrement de la coalition. Contracter dans ces circonstances une alliance avec la Prusse lui paraîtrait peut-être aller plus loin que le besoin ne le demande; il sentirait que cette remarque ne pourrait échapper à la cour de Vienne, qui dès lors ne verrait dans cette conduite qu'une offense gratuite et méditée depuis longtemps et ne manquerait pas d'envelopper la cour de Dresde dans les mêmes sentiments de haine qu'elle a voués à celle de Berlin. Il serait donc très possible, il me paraît même vraisemblable que l'électeur jugerait prématurée la proposition d'alliance, si on la lui présentait dans le moment actuel; il ne la rejetterait pas, mais il la renverrait à d'autres circonstances; le projet resterait ainsi suspendu et peut-être trop longtemps, et je pense qu'il est bon de ne pas en courir les risques . . .

Il n'y a pas à Berlin un homme de sens qui ne convienne aujourd'hui que le dernier partage de la Pologne a été une opération désastreuse pour la Prusse, et on se rappelle avec amertume la maxime connue du grand Frédéric que l'existence d'une Pologne quelconque était nécessaire à son repos. J'ai vu les larmes rouler dans les yeux du respectable Möllendorff, toutes les fois qu'il m'a parlé de ce sujet. M. Bischoffwerder, M. de Haugwitz, tous les ministres, et, je crois, le roi lui-même conviennent que la situation de la Prusse est devenue beaucoup plus critique par ces malheureuses acquisitions [1]). Le prince Henri, le prince Ferdinand son frère, tous les jeunes princes condamnent ouvertement cette opération, et on peut dire que la nation entière n'a qu'une opinion à son égard. Les ministres et M. Bischoffwerder ne la justifient que par la nécessité. L'opération, disent-ils, est très mauvaise, mais si le roi se fût refusé au partage, les deux cours impériales auraient tout pris, et la Prusse ne s'en serait pas moins trouvée en contact immédiat avec elles. Ce n'était donc pas ici une affaire de choix . . .

Pendant son séjour à Pyrmont, le roi a été obsédé, assiégé par les émi-

---

1) Vergl. den Erlaß des Königs an Hardenberg, 25. August 1795, Ranke 1, 326.

grés, dont il n'a pu se débarrasser qu'à force d'argent. Le maréchal de Bro- 1796
glie lui a coûté mille louis [1]). Les autres ont obtenu à proportion de leur grade Dec. 9.
et de leur importunité, mais voici un trait qui mérite d'être cité, parce qu'il est caractéristique. Un de ces gens-là (dont j'ai oublié le nom, je sais seulement qu'il est père de cinq enfants), avait persécuté le roi dans sa promenade toute la matinée. Le monarque entre dans une boutique, l'émigré l'y suit. Le roi fatigué dit à son chambellan de le défaire de cet homme en lui donnant cinquante ducats, ce qui fut exécuté sur-le-champ, et l'émigré d'un air fort gai quitta enfin la partie. Le soir, le roi entra dans la salle de jeu, et s'approchant de la table de Pharaon, se fixa derrière la chaise de l'un des pontes et regarda jouer. Ce ponte avait quelque argent devant lui, qu'il perdit entièrement, et se leva lorsqu'il ne lui resta plus rien. Qui croiriez-vous qu'était ce ponte qui perdait si noblement son argent? c'était ce même émigré qui le matin même avait reçu l'aumône du roi, qui était venu se donner les airs de l'opulence à une banque de Pharaon, et qui avait perdu jusqu'au dernier ses cinquante ducats sans s'embarrasser s'il avait à la maison du pain pour sa femme et ses enfants.

De Moustier, ci-devant comte et ministre de France à Berlin, ne sachant plus où donner de la tête, est venu à Potsdam avec Mme de Bréhan [2]). Le roi, qui l'avait aimé, l'a fort bien accueilli, et après quelque temps lui a donné une petite campagne avec quelques arpents de terrain où il a été s'établir. Huit ou quinze jours après, le roi a pensé qu'il achèverait de mettre de la grâce à son bienfait s'il envoyait à M. De Moustier de quoi fournir sa maison des meubles les plus indispensables; il ordonne donc qu'on lui porte deux mille écus. Vous croyez que cette marque de bonté sera reçue avec tous les témoignages de la plus vive reconnaissance? point du tout. Monsieur le comte reçoit les deux mille écus d'un air fort étonné, presque dédaigneux, ne conçoit rien à cet envoi, demande si c'est une mauvaise plaisanterie que le roi veut lui faire. On lui répond que cela est très sérieux; et il accepte parce qu'on ne refuse jamais les dons d'une tête couronnée. J'ai connu De Moustier, et je l'ai connu passablement orgueilleux; mais ce trait est d'une telle insolence, que je me serais refusé à le croire, s'il ne m'avait pas été raconté par un homme de la cour même et qui le tenait de source.

Le roi est las des émigrés, aussi a-t-il défendu qu'il en entrât davantage dans ses états. Vous jugez bien qu'ils n'ont aucun crédit. Cependant cette force d'inertie qui ne lui permet pas de revenir sur ce qui est fait une fois l'empêchera de les renvoyer . . .

16. Einfluß des Regierungswechsels in Rußland auf die Politik Preußens und Frankreichs.

. . . Tant que l'impératrice a vécu, le peu d'espoir d'arriver à une récon- 1797
Jan. 20.

1) Ein Prinz Moritz von Broglie erhielt damals vom König ein Canonicat am Collegiat-Stift zu Gnesen.

2) De Moustier kam mit der Marquise de Brehan, seiner Schwägerin, im November 1796 nach Potsdam. Er war vom Ende des Jahres 1790—1791 Gesandter in Berlin gewesen.

1797 ciliation sincère avec cette princesse après la paix de Bâle, le peu d'apparence
Jan. 20. même d'éviter longtemps une guerre avec elle, n'ont pas permis au roi de songer à se fortifier par un autre appui que celui de la République française, et le moment serait bientôt arrivé peut-être où la cour de Berlin non seulement se serait montrée disposée à nous seconder de tous ses efforts, mais nous aurait sollicités elle-même d'unir les deux nations par des liens plus étroits.

Si le nouvel empereur ne s'écarte pas d'une manière très marquée des dispositions générales de sa mère, s'il conserve quelque attachement à la coalition et quelque ressentiment contre les princes qui l'ont affaiblie par leur défection, il n'est pas douteux que le péril restant à peu près le même, les dispositions prussiennes à notre égard resteront aussi et le système français ne recevra aucune atteinte sensible.

Mais pour peu que la Russie paraisse se radoucir envers la Prusse et laisse entrevoir quelque espérance de revenir à l'ancien système du comte Panin, je m'attends à voir la cour de Berlin s'occuper par-dessus tout du soin de renouveler son alliance avec la Russie; ce sera là sa première affaire, et toutes les autres lui seront plus ou moins subordonnées. L'importance qu'on attache ici à la Pologne et le désir de rester en possession de ces nouvelles provinces sans être obligés d'essuyer une guerre dont la dépense serait aussi certaine que le succès le serait peu; ces raisons l'emporteront sur toute autre considération, et il importe que vous soyez bien convaincu de cette vérité. Tel est le dilemme inquiétant dont nous attendons la solution et sur les conséquences duquel je vous dois compte de mon opinion.

Dans le cas d'une alliance avec la Russie, que devient le système français à Berlin? telle est la première question qui se présente. Si l'on peut espérer de réconcilier l'empereur russe avec notre révolution, le système reste dans son intégrité, cela est évident. Dans le cas contraire, le système reste encore, mais dépouillé en grande partie des avantages que nous nous en étions jusqu'à présent promis, et le ministère prussien n'osera se livrer à aucune démarche en notre faveur sans s'être auparavant assuré qu'il ne déplaira point à son nouvel allié. Peut-être même cherchera-t-on à se faire un mérite auprès de lui de tout ce qu'on nous aura refusé; mais très certainement cette crainte de déplaire viendra nous traverser sans cesse dans toutes les demandes que nous aurons à former et enchaînera même la bonne volonté des princes d'Allemagne, qui n'oseraient rien entreprendre sans en avoir reçu le signal de la cour de Berlin. Ainsi nous tomberons tout à fait en seconde ligne, et on croira ici avoir satisfait à tout en persévérant dans une exacte neutralité. Voilà le danger d'une alliance actuelle entre la Russie et la Prusse, et je crois pouvoir vous assurer que celle-ci recherchera cette alliance avec ardeur, quelles que puissent être les dispositions de Paul Ier à notre égard.

Cependant en accordant à ses provinces polonaises une prééminence d'intérêt sur tout le reste, la Prusse n'oubliera certainement pas ses autres intérêts en Allemagne et les avantages que lui assurent ses liaisons avec la République, et c'est ce rapport essentiel qui la conservera dans son attachement à notre cause; mais sa politique alors aura deux pivots au lieu d'un seul; la machine

devenue plus compliquée en multipliant les ressorts, s'embarrassera souvent 1797
dans ses mouvements, mais la grande impulsion viendra toujours du Nord. Jan. 20.

Autant donc cette alliance contrariera nos intérêts si l'empereur russe est mal disposé envers nous, autant elle nous deviendrait favorable si ses sentiments s'élevaient seulement à l'indifférence. Mais on n'a pas encore la moindre donnée qui manifeste sa politique sur ce point comme sur bien d'autres. S'il a d'un côté révoqué l'ukase sur les levées, de l'autre il n'a pas renoncé à la triple-alliance, et en accueillant le ministre prussien d'une manière distinguée, il n'en a pas moins assuré l'ambassadeur autrichien et le ministre d'Angleterre qu'il resterait fidèle aux engagements déjà contractés par sa mère avec leurs cours; et si, dans ses sentiments personnels, on pouvait juger l'empereur par le grand-duc, nous n'aurions pas fort à nous applaudir de ses opinions. Heureusement ce n'est que sa politique générale dont il est question ici, et le roi de Prusse, aristocrate déterminé, ne nous en serait pas moins utile si rien ne venait à la traverse.

Vous voyez, citoyen ministre, quelles sont mes craintes et la crise qui nous menace. Cependant en mettant les choses au pire, je suis encore fort loin de perdre l'espoir, mais il faudrait alors donner aux négociations à Berlin une direction telle que l'alliance devînt un instrument propre à opérer la réconciliation de la Russie avec la République. C'est le travail que je m'imposerai et auquel je me livrerai avec une ardeur égale au désir que j'aurai de réussir . . .

17. Unterredung mit Graf Haugwitz über die Vermittelung Preußens.

. . . M. de Haugwitz m'a donné hier une heure de conférence. Je lui ai Febr. 18.
répété ce que je lui avais dit précédemment; je lui ai même lu tout ce que je pouvais lui lire de votre dépêche. Il a senti la justice de ne pas nous départir des pays réunis à la République soit par les lois, soit par les traités, et il convient que le Directoire consentant à mettre en discussion le reste de nos conquêtes [1]), le roi peut, sans manquer à ses convenances comme prince de l'Empire, se livrer auprès de la cour de Vienne aux démarches nécessaires pour amener la paix. Dans la crainte qu'il ne donnât à cette disposition du Directoire plus de latitude qu'il ne convient, je lui ai rappelé le texte même de votre dépêche, savoir que le gouvernement n'abandonnera de ses conquêtes que ce qu'il voudra sacrifier à l'exécution de ses vues pacifiques. Après avoir bien circonscrit et déterminé les idées sur ce point, il m'a prié à son tour de lui citer nominalement les pays que nous voulions absolument garder. J'ai répondu : la Savoie et le comté de Nice; tout ce qui a jusqu'à présent été connu sous la dénomination de Pays-Bas autrichiens; la partie de la Flandre hollandaise qui nous a été cédée par le traité avec la Hollande, et l'évêché de Liége

1) Nach Empfang zweier Erlasse vom 24. und 26. Januar schreibt Caillard: je vois que les pays adjacents à la rive gauche du Rhin sont regardés comme pouvant faire un objet de négociation, et que leur cession à la République ne sera plus un préliminaire indispensable à tout traité. (Febr. 7.)

1797 Febr. 18. comme faisant partie de la Belgique. Il m'a observé qu'il faisait aussi partie de l'Empire, et j'ai vu qu'il aurait désiré qu'il n'en fût pas question; mais j'ai été inflexible, et j'en ai appelé à sa propre raison sur l'impossibilité de nous en détacher, car du moment que nous posons en principe la conservation de tous les pays réunis, se relâcher sur l'un, serait évidemment ouvrir la discussion sur les autres et détruire le principe. Au reste M. de Haugwitz n'a aucunement insisté sur ce point.

Après nous être ainsi éclaircis sur le véritable état de la question, nous avons passé aux moyens d'en faire usage auprès de la cour de Vienne. Le ministre m'a dit qu'il s'agirait d'abord de faire à l'Autriche une communication amicale des dispositions pacifiques du Directoire et des bases qu'il offrait pour la conciliation; qu'on ferait en même temps la démarche collatérale auprès de la cour de Londres. Ici je me suis récrié en observant au ministre que ce que nous demandions était au contraire une démarche propre à opérer en résultat la séparation de l'Autriche et de l'Angleterre, afin d'amener immédiatement la paix continentale; dans quel dédale n'allions-nous pas nous jeter si nous appelions l'Angleterre à cette négociation, l'Angleterre qui pose en condition sine qua non la renonciation aux Pays-Bas autrichiens, lorsque la République pose leur conservation en principe? quel moyen de conciliation pouvait-il se présenter entre deux volontés aussi diamétralement opposées? M. de Haugwitz sentait bien tout le poids de cette réflexion; mais il reprit en me disant que si l'on se bornait à agir exclusivement auprès de l'Autriche, nous pouvions être assurés que la cour de Vienne répondrait qu'il lui est impossible de traiter sans l'Angleterre; qu'ainsi il faudrait toujours en venir à faire des communications à la cour de Londres, et qu'en les faisant simultanément aux deux cours, on économisait le temps qui est la chose précieuse dans les circonstances actuelles. Je paraissais plus fâché que je ne l'étais en effet, car je sentais fort bien que la Prusse, en essayant une démarche auprès du ministère britannique, ne s'éloignait aucunement des intentions pacifiques du Directoire; mais en supposant même que l'Angleterre cédât sur la Belgique, le système des compensations se reproduirait avec plus de force encore, et la difficulté d'établir une balance juste et convenable à toutes les parties intéressées entraînerait une négociation longue et épineuse. Or le Directoire demande à la Prusse la paix continentale; il la demande honorable et prompte. J'ai d'ailleurs été constamment persuadé que le moyen le plus sûr d'arriver à la paix d'Allemagne était d'en écarter l'Angleterre, je m'en suis déjà expliqué avec vous il y a longtemps, et vous avez approuvé mes idées sur ce point. J'ai présenté toutes ces réflexions à M. de Haugwitz et avec force. Je lui ai répété ce que je lui avais dit si souvent, que nous attendions de la Prusse une démarche éclatante, qui fortement combinée avec la Saxe et la Hesse, inspirât assez de crainte à l'Empereur pour le déterminer à en venir à un accommodement sans attendre le bon plaisir de l'Angleterre.

Il m'a répondu qu'il fallait commencer par quelque chose; qu'il n'était pas naturel d'ouvrir la voie aux négociations par une démarche comminatoire, sans avoir au moins essayé la voie douce de la persuasion; qu'en communiquant immédiatement avec la cour de Londres, on prévenait la première et in-

faillible objection de l'Autriche; que si l'Angleterre persistait dans ses con- 1797
ditions, et que l'Empereur refusât de son côté de traiter sans elle, il serait Febr. 18.
évident alors que ce prince ne voulait pas la paix, et qu'on verrait à Berlin ce qu'il y aurait à faire dans ce cas. Il m'était aisé de voir que je ne tirerais pas M. de Haugwitz de ce cercle d'idées, et d'ailleurs je compris que cette marche ne devait pas causer beaucoup de retard, si, comme on doit s'y attendre, l'Angleterre persévère dans ses principes. Je me renfermai donc dans la demande si, lorsqu'on aurait épuisé tous les bons procédés exigés par les égards que les nations se doivent réciproquement, je pouvais enfin être assuré que la Prusse prendrait auprès de la cour de Vienne un langage digne d'une grande puissance et empêcherait l'Empereur de fatiguer plus longtemps l'Empire par une guerre devenue absolument sans objet? M. de Haugwitz répondit à cette interpellation qu'il ne lui était pas possible de dire dès aujourd'hui ce qu'on ferait alors; qu'une démarche en amènerait une autre, dont la nature serait déterminée par les circonstances, mais qu'il n'était pas naturel qu'il se liât ainsi les mains d'avance avec moi; que nous devions avoir de la confiance dans le ministère du roi et compter qu'on ferait tout pour y répondre d'une manière dont nous pussions être satisfaits . . .

18. Überreichung der Note betreffend die Vermittelung Preußens zwischen Frankreich und Österreich.

. . . Avant de remettre la note du 10 ventôse [28 février][1]), la manière März 4.
dont je suis traité par M. de Haugwitz exigeait que je lui en fisse une communication confidentielle, et il m'a paru très sensible à cette marque d'attention. Il n'a rien trouvé ni à y changer ni à en retrancher, et je l'ai envoyée avant-hier telle que vous l'avez. Le Directoire la trouvera peut-être un peu longue; mais j'ai travaillé pour le conseil du roi; j'ai donc dû me livrer à de grands développements et me charger moi-même de détailler toutes les raisons qui motivent la demande, de peur que personne n'en prît la peine au conseil, et que la note n'éveillât pas l'attention aussi fortement qu'elle le mérite. Vous verrez aussi que je n'ai pas demandé explicitement qu'on prît les armes contre l'Empereur. C'est que je suis sûr que cette expression dans sa crudité aurait déplu, et j'ai cru nécessaire d'écarter tout ce qui pouvait effaroucher l'oreille du roi pour lui concilier un plus grand degré de faveur. Au reste, sans dire le mot, j'ai exprimé la chose, et le ministère ne s'y méprendra sûrement pas. M. de Haugwitz me paraît toujours attaché à faire une communication à l'Angleterre. Quoique dans le fond je n'y trouve pas grand inconvénient, puisque un refus du ministère britannique fournirait à la Prusse une raison de plus contre l'Autriche, cependant j'ai combattu cette disposition, à laquelle il sera toujours temps d'accéder si le roi et son conseil se trouvent unanimes dans cet avis . . .

---

1) Einen Auszug aus dieser Note, durch welche die Vermittelung Preußens zwischen Frankreich und Österreich angerufen wurde, s. bei Hüffer 1, 318; Häusser 2, 100.

19. Prinz Heinrich.

1797 März 11. Antwort auf ein Bulletin aus Berlin, welches Delacroix ihm zur Begutachtung zugeschickt hatte. Le prince Henri est arrivé, comme on vous l'avait annoncé. Celui qui vous écrit paraît avoir des liaisons particulières avec ce prince; je dois donc être extrêmement surpris qu'il le connaisse aussi peu et qu'il vous donne une mesure aussi inexacte du crédit et de la sphère d'action de S. A. R. Certes personne ne désirerait plus que moi de voir ce prince entrer pour beaucoup dans la direction des affaires générales et dominer M. de Haugwitz et le ministère du roi; j'aurais alors à ma disposition un puissant levier, à la force duquel l'éternelle indécision du cabinet, sa circonspection timide, ses craintes chimériques n'auraient pas résisté si longtemps. Malheureusement tout ce qu'on vous a dit sur cela n'a pas le moindre fondement[1]). Le voyage du prince à Berlin est approuvé, mais nullement provoqué par le roi. La vanité de l'oncle et du neveu sont en opposition l'une avec l'autre: le prince s'indigne avec raison de n'être pas consulté, et le roi serait désespéré qu'on pût croire qu'il a besoin du prince, parce que sur toutes choses il ne veut pas passer pour être gouverné. Ajoutez à cela la jalousie des ministres, et jugez si, au milieu de ces dispositions, il est possible que le prince Henri s'établisse un crédit solide et permanent auprès du roi! Le prince royal peut l'estimer beaucoup, parce que les passions n'arrêtent point en lui les sentiments de la nature et celui de l'équité; mais c'est là un suffrage absolument stérile, parce que le prince royal lui-même n'est compté pour rien dans les grandes affaires. Il est plus étrange encore qu'on vous parle du pouvoir absolu du prince Henri sur M. de Haugwitz, qui est précisément de tous les ministres celui contre lequel on a le plus de préventions à la cour, dont on craint le plus d'éveiller la jalousie, et, puisque je dois tout vous dire, contre lequel on montre le plus d'animosité.

Le prince lui-même connaît infiniment mieux que celui qui vous écrit sa propre position, dont il ne fait pas mystère. Le jour de son arrivée, il m'a envoyé le citoyen Royer, son homme de confiance. Il m'a fait dire que les circonstances actuelles lui avaient paru assez graves pour le déterminer à faire le voyage de Berlin; qu'il savait que nous étions en négociation pour opérer une réconciliation avec la Russie d'une part, et pour déterminer de l'autre la cour de Berlin à une grande démarche relative à la paix; qu'il voudrait savoir s'il ne pourrait pas nous être utile par quelque tentative particulière auprès de Paul Ier, sur l'estime duquel il croyait avoir quelques droits, et de l'autre côté auprès du roi pour la démarche que nous lui demandons de faire auprès de la cour de Vienne; qu'il désirerait de s'entretenir avec moi sur ces affaires, et que dans la persuasion qu'il devait éviter de donner le moindre ombrage au ministère de Berlin, il m'assurait d'avance qu'il ne ferait rien que ce dont nous serions convenus.

Je lui ai fait faire les remerciements les plus étendus et assurément les

1) Schon am 9. Dec. 1796 schreibt Caillard: c'est une erreur de supposer quelque influence au prince Henri, surtout dans les grandes opérations.

plus sincères. J'ai répondu que j'étais entièrement à ses ordres; que s'il vou- 1797
lait bien m'indiquer son heure, je me rendrais chez S. A. R.; que je lui par- März 11.
lerais avec une confiance sans bornes; que je lui apporterais les deux dernières notes que j'ai remises ici [1]) pour lui faire connaître avec la plus grande exactitude le point où nous en sommes tant par rapport avec la Russie qu'avec la cour de Vienne; et que nous nous entendrions sur la nature des services que nous attendons de ses bontés; tout cela accompagné de toutes les marques possibles de reconnaissance et de sensibilité tant de la part de la République française en général, que de la mienne en particulier . . .

20. Unterredung mit Prinz Heinrich.

Depuis que je vous ai écrit ma dernière dépêche, j'ai eu une audience März 14.
particulière du prince Henri. La conférence a duré à peu près une heure et demie et s'est passée d'une manière tout autre que je ne m'y étais attendu. Persuadé que le prince n'aurait rien de plus pressé que de recevoir de ma bouche les détails les plus circonstanciés sur ce qui s'est passé jusqu'à présent entre les ministres et moi, je m'étais disposé à lui rendre un compte exact et fort étendu, pour le mettre en état d'apprécier au juste la position des choses, et j'avais apporté, comme je l'en avais fait prévenir, la minute de mes deux dernières notes pour lui en faire la lecture. L'accueil a été on ne peut pas plus amical. Il m'a fait passer dans sa chambre à coucher pour que rien ne pût nous interrompre, et nous nous sommes assis. Alors il a pris la parole et a entamé un très long discours dont vous me demanderiez en vain un compte détaillé, parce qu'il a été si fréquemment entrecoupé par des digressions qui n'avaient qu'un rapport fort éloigné au sujet principal, que j'ai souvent perdu le fil de ses idées. Il parle avec beaucoup d'esprit, avec grâce et facilité, et je voyais bien qu'il parlait aussi avec beaucoup de plaisir. Par cette raison même je craignais de l'interrompre; mais à la fin je fus obligé d'en venir là, parce qu'il était essentiel d'établir de l'ordre dans la conversation et de la circonscrire dans les deux points sur lesquels il m'importait le plus d'avoir son avis. Il me pria de lui lire la note que j'avais donnée sur l'affaire de Russie, ce que je fis avec beaucoup de peine, car il était tard, et il n'osait pas demander des bougies pour n'être pas trop remarqué par ses gens. Il arriva de là qu'après avoir parlé quelque temps sur l'objet de cette note, lorsque je voulus lui faire connaître l'autre, le jour manquait tout à fait, et il était impossible de lire. Il fallut donc me borner à lui en faire l'analyse de mémoire; encore ai-je été extrêmement gêné dans mon récit, parce qu'à chaque instant j'étais interrompu par une question, et lorsque j'y avais satisfait, par une excursion nouvelle qui nous écartait du sujet; et c'est ainsi qu'après une conversation très longue et très décousue, nous nous sommes séparés à sept heures du soir sans avoir recueilli de cet entretien toute l'instruction que j'en avais

1) Die beiden Noten (vom 25. und 28. Februar) betrafen die Vermittelung Preußens zwischen Frankreich und Rußland und Frankreich und Österreich. Damit berichtigen sich die Angaben bei Hüffer 3, 29 und Häusser 2, 99.

1797 März 14. espérée. Voilà un tableau sur la fidélité duquel vous ne devez élever aucun doute.

Revenu chez moi, je recueillis mes idées pour chercher au moins un résultat à tout ce que j'avais entendu, séparer tout l'accessoire et mettre de l'ensemble dans le reste. Je vais vous en rendre compte historiquement.

Le prince Henri est à notre égard dans les dispositions où je l'ai toujours trouvé; c'est un ami véritable que nous avons en lui, et je n'ai pas manqué d'échauffer ce sentiment par tout ce que j'ai imaginé de plus convenable pour flatter son amour-propre, corde qui retentit puissamment à son oreille et à son cœur. Il a déjà eu plusieurs entretiens avec le roi sur la démarche à faire à Vienne; et comme il a craint que son avis ne fût affaibli auprès du monarque par le reproche qu'on lui fait de sa partialité envers la France, il a su donner une tournure très heureuse à ce sentiment. »Vous voyez bien, a-t-il dit au roi, que cette France que j'aimais, était celle d'autrefois, où j'ai été comblé de politesses et de bons procédés du roi et de toute la cour; mais la France d'aujourd'hui n'est pour moi qu'une puissance étrangère, où je ne connais plus qui que ce soit. Elle ne peut donc plus m'intéresser que sous le rapport de la politique générale; ce n'est donc plus par un sentiment personnel que je continue à lui être favorable, mais seulement parce que je vois clairement que la Prusse est intéressée à la seconder«. Ce raisonnement a produit son effet et le prince m'a dit que le roi était dans les meilleures dispositions. Il a fait venir M. de Haugwitz chez lui avant-hier. Le soir même il m'en a fait informer, en ajoutant qu'il en avait été parfaitement content. Il a voulu causer avec ce ministre, parce qu'il voulait, comme il m'en a prévenu, éviter de lui donner de la jalousie, ce qui serait infailliblement arrivé, s'il s'était borné à en parler au roi, car alors il aurait paru affecter de travailler à part et de négliger le cabinet, et les affaires en auraient sûrement souffert. Par la même raison il s'est aussi expliqué avec Bischoffwerder, et il a trouvé celui-ci beaucoup moins timide que M. de Haugwitz. C'est ce que je vous ai déjà mandé. Au reste il me donne de grandes espérances sur le succès général, pourvu seulement, dit-il, que je ne presse pas avec trop d'ardeur, et que je permette au ministère de faire à sa propre manière ce que nous demandons de lui.

Quant à la Russie, il ne croit pas utile d'écrire en particulier à l'empereur, parce que les sentiments de ce prince ne lui sont pas assez connus, et qu'il craindrait de compromettre notre cause, si sa recommandation arrivait dans un moment qui ne serait pas favorable. Il approuve donc entièrement la résolution du cabinet d'envoyer la note au ministre prussien à Pétersbourg avec une bonne instruction pour l'appuyer, mais de ne faire usage de l'une et de l'autre qu'en temps opportun.

Dans la foule d'objets qu'il a passés en revue en me parlant, ses idées se sont portées sur ce que nous donnerions à la Prusse en indemnité de ses provinces d'outre-Rhin, et il m'a questionné sur cela. »Münster«, ai-je répondu. »Mais alors je suis inquiet du voisinage de la Prusse et de la Hollande«. »Monseigneur, on peut y pourvoir en donnant Münster et ce qui conviendra à la maison de Mécklenbourg, qui alors cédera son pays à la Prusse«. Excellente idée, a-t-il repris, qu'il a eue depuis longtemps, qu'il a même communiquée au roi, qui ne s'en éloigne point du tout . . .

21. Stellung der Emigranten am preußischen Hofe.

...Il est très vrai que les émigrés jouent à Berlin un rôle dont je suis 1797
choqué, et personne ne peut désirer plus que moi d'en voir bientôt la fin; je März 28.
les avais trouvés déjà établis sur ce pied à mon arrivée ici, et dès lors la conduite que j'avais à tenir avec le ministre à leur égard, était devenue l'objet de mes plus sérieuses réflexions. Rien n'était plus difficile que ma position. Un ministre républicain était une chose entièrement nouvelle à Berlin, et un faux-pas au commencement de la carrière eût été d'une conséquence infinie pour l'avenir. Si j'avais attaqué les émigrés avant d'avoir établi ma réputation personnelle, j'aurais mis indubitablement tout le monde contre moi; la lutte aurait été trop inégale, et les grands intérêts de la République auraient été compromis. Je crus donc qu'il était beaucoup plus sage de les regarder d'abord comme des inconnus, de m'occuper exclusivement des négociations importantes qui m'étaient confiées, de ne point quitter le tronc pour les branches et de m'attacher particulièrement à gagner la confiance du cabinet prussien. Ce plan de conduite ne me permettait cependant pas de perdre de vue les émigrés; car pour le suivre, il fallait savoir si j'avais quelque obstacle à craindre de la part de ces gens là, et si leur esprit d'intrigue pouvait influer sur les grandes affaires. Je ne tardai pas à me convaincre que la leur se réduisait à intriguer pour tâcher d'arracher au roi quelque pension, quelque clef de chambellan (qui ne donne aucun accès auprès de la personne de S. M.), les ecclésiastiques quelque bénéfice en Silésie ou en Pologne, et les militaires quelque grade au service; que le roi, qui dans le fond ne les aime pas, ne les admet aucunement dans sa société intérieure, excepté le seul Saint-Patern qui lui était utile dans ses parties de plaisir, hors desquelles cette espèce de confident ne signifiait plus rien, et qui perd beaucoup de son importance depuis que S. M. est au régime; que le cabinet jaloux de son crédit saurait bien les empêcher d'acquérir la moindre influence dans les affaires; que M. de Haugwitz entre autres avait dit qu'il avait chez eux des espions sûrs, et qu'au moment où ils voudraient intriguer, il les écraserait.

Toutes ces notions, et l'intérêt évident des ministres, de M. de Bischoffwerder, de M. de Zastrow etc., de les arrêter au moment où ils paraîtraient gagner du terrain me confirmèrent de plus en plus dans le plan de conduite que je m'étais fait, et je crus ne pouvoir mieux les combattre qu'en cherchant par beaucoup de droiture, de décence, de franchise et de simplicité, à obtenir la confiance du roi et de ses ministres, et la considération publique qui devait en être la suite. Si j'ai gagné le premier point, c'est ce que vous pouvez savoir tant par mes travaux que par les rapports de M. Sandoz à mon égard; et quant à l'estime publique, vous êtes le maître, citoyen ministre, de vous en informer, car il ne m'appartient pas de prononcer sur ce point.

Si donc il est vrai que les émigrés ont à Berlin une existence honorable, s'ils sont admis à la cour avec toute la noblesse du pays, s'il est vrai que ce spectacle doive frapper singulièrement les yeux de tout étranger qui arrive ici, il n'est pas moins vrai que leur crédit est entièrement nul dans les affaires politiques. S'ils en avaient eu, ils l'auraient montré particulièrement à mon

1797 März 28. arrivée, dans un moment où la Prusse, agitée par M. le prince de Hohenlohe et M. de Hardenberg, paraissait flottante entre les deux partis, et où, malgré le peu de force que j'avais alors, je réussis cependant par des soins continus à fixer le ministère du côté de la République; ils l'auraient montré à l'apparition de M. Morris, à celle de M. Hammond, et lorsque l'impératrice faisait tant d'efforts pour rappeler le roi de Prusse à la coalition; et lorsque seul et sans appui quelconque, excepté la bonté de ma cause et vos sages instructions, je suis parvenu à surmonter ces grandes intrigues, il est clair que les émigrés ne forment pas un parti aussi redoutable qu'on vous l'a mandé.

Je conviens cependant que leur existence à Berlin est tout à fait inconvenante, et j'ai dit en commençant cette dépêche que j'en étais vraiment choqué. Ne pensez pas, citoyen ministre, qu'en paraissant n'y pas faire grande attention, j'aie négligé d'en parler à M. de Haugwitz. Je l'ai fait aussitôt que je me suis senti assez fort sur cela, de manière cependant à ne pas donner à cet objet le pas sur les matières importantes qui nous ont occupés jusqu'à présent. Demander le renvoi eût été une faute capitale, et on m'aurait répondu sèchement que le roi était le maître chez lui. On m'a fait sentir qu'il n'était pas praticable de les écarter de la cour où se trouvent de droit tous les étrangers qui ont été une fois présentés au roi, et assurément on n'est pas difficile sur ces présentations. Le mal est que cette cérémonie leur ouvre la porte des grandes maisons de Berlin; le mal est qu'ils sont soigneusement accueillis par les ministres de Russie, d'Angleterre etc. Voilà ce qui fait croire aux étrangers qui ne connaissent pas le fond des choses qu'ils forment un parti puissant.

Au reste le mot de cette énigme politique n'est pas difficile à trouver. Si le roi de Prusse eût renvoyé les émigrés de ses états, comme a fait le landgrave de Cassel, il se serait montré en notre faveur d'une manière qui aurait été remarquée à Londres et surtout à Pétersbourg, ce qui ne s'accordait point avec les éternels ménagements qu'on croyait devoir à l'impératrice. On voulait rester en état de prouver à cette princesse par le fait des émigrés qu'on se bornait envers nous à la simple neutralité du traité de Bâle, et détourner les soupçons sur ce qui se traitait entre la République et la Prusse. C'est cette condescendance, ou si vous l'aimez mieux, cette faiblesse qui a fait jusqu'à présent la force des émigrés, et je suis persuadé qu'aussitôt que le roi aura publiquement pris un parti décidé, les raisons qui conservaient leur existence n'ayant plus lieu, ils tomberont d'eux-mêmes . . .

22. Stellung der Emigranten am preußischen Hofe.

April 1. . . . M. de Haugwitz m'a répété tout ce que je vous ai déjà mandé au sujet des émigrés; qu'il fallait être d'une profonde ignorance de la manière dont se traitent les affaires à Berlin, pour supposer que les émigrés ou même un étranger quelconque puisse y gagner la moindre influence; que s'il en voyait lui-même de temps en temps quelques-uns, c'est qu'il était curieux de les faire parler; qu'il ne lui était pas indifférent de connaître les intrigues de Blankenburg, et qu'il ne pouvait en avoir de meilleures notions que par eux; mais qu'au surplus si jamais ils s'avisaient de s'immiscer dans les affaires réservées au cabinet, ils n'auraient pas pour huit jours d'existence à Berlin . . .

Pour achever de vous mettre en état d'apprécier ... ce qu'on vous a dit de la figure que font les émigrés à la cour, il ne me reste qu'à vous donner une idée de cette cour. En général il n'y a point de rang excepté pour la famille royale, et le pêle-mêle est établi pour tout le reste. A la cérémonie du mariage[1], je touchais presque la jeune épouse, et le premier venu pouvait se trouver à cette place aussi bien que moi. Chacun se range comme il peut, et cela sans conséquence. Le seul jour de distinction pour les ministres étrangers est la cour du dimanche matin chez le roi. On se rassemble dans la salle du trône confondus les uns avec les autres. Aussitôt que le maréchal annonce que le roi va paraître, les ministres étrangers forment un demi-cercle sur l'avant, et tout le reste se retire sur l'arrière. Le roi entre; on lui présente les étrangers s'il s'en trouve; après quoi le roi s'avance vers le corps diplomatique, fait un moment de conversation avec un chacun de nous en particulier, et quand le tour est achevé, le roi salue et se retire. Il est très rare qu'il adresse la parole à personne autre, et jamais à un émigré. Le soir chez la reine, les ministres étrangers sont invités à son jeu chacun à leur tour, jamais les émigrés, quoique S. M. y admette aussi d'autres personnes choisies dans les charges de la cour . . .

1797 April 1.

23. Der Kronprinz Friedrich Wilhelm.

Juli 1.

. . . Dans l'état critique où se trouve la santé du roi, il est important d'acquérir des notions certaines sur le personnel du successeur, sur son caractère en général et sur ses inclinations politiques en particulier. M. de Haugwitz est dans des relations fort suivies avec ce prince, auquel il m'a dit qu'il communiquait toutes les affaires sans réserve, et cela de l'aveu et avec l'entière approbation du roi; en sorte que si le prince royal n'est pas admis au conseil, du moins on lui donne connaissance de tout ce qui s'y traite et de toutes les décisions qu'on y prend, ainsi que des raisons sur lesquelles sont motivées les résolutions, et cette partie de son instruction est exclusivement confiée à M. de Haugwitz, qui par conséquent gagne nécessairement une certaine influence sur son esprit.

Le prince Henri jouit aussi ou du moins paraît jouir d'une très grande considération auprès de lui, mais par des raisons tout à fait différentes et des sentiments d'un tout autre genre. Le prince royal, ainsi que son père extrêmement attaché à sa famille, en regarde le prince Henri comme le membre principal, voit en lui le compagnon d'armes et l'émule du grand Frédéric, respecte ses talents, son esprit, son expérience, et témoigne beaucoup d'attachement à sa personne et de déférence pour ses avis.

Je ne pouvais donc obtenir des notions plus sûres qu'en les puisant dans ces deux sources. M. de Haugwitz m'a constamment parlé du prince royal d'une manière avantageuse. Mais les éloges d'un prince appelé à monter bientôt sur le trône sont toujours plus ou moins suspects dans la bouche d'un

1) Am 13. Februar vermählte sich Prinzessin Auguste, Tochter des Königs, mit dem Erbprinzen von Hessen-Cassel, später Kurfürst Wilhelm II.

1797 Juli 1. ministre en place qui désire de s'y conserver. Mais ils acquièrent un plus grand degré de confiance lorsqu'ils sont confirmés par des témoignages entièrement désintéressés, et c'est ce qui arrive dans le cas présent. »Le prince royal, m'a dit le prince Henri, n'a pas les formes entièrement pour lui; il est un peu sauvage, ne s'énonce point avec grâce et facilité et manque d'instruction dans presque tout ce qui est étranger à l'art militaire. Il a dans le caractère une certaine sévérité que vous seriez quelque fois tenté de prendre pour de la rudesse et de la brusquerie; mais dans un homme destiné à gouverner les autres, les formes extérieures ne sont rien quand l'intérieur est vraiment bon, et chez le prince royal il est excellent. Le brillant de l'esprit est remplacé chez lui par beaucoup de bon sens. Son apparence de sévérité tient à un grand esprit de justice, d'ordre et d'économie. Il a le bonheur de connaître qu'il pèche du côté de l'instruction et ne se fait aucune illusion sur ce point. Ne croyez pas cependant qu'il se livre inconsidérément à l'opinion de ceux qui l'entourent; il veut être éclairé auparavant et persuadé, et ne se décide que sur de bonnes raisons et après avoir épuisé toutes les objections qui se présentent à son esprit.

»C'est ainsi, continua le prince Henri, que j'ai fixé son opinion qui flottait entre la France et la Russie et paraissait même dans les commencements incliner plutôt vers la dernière. Il a fallu l'attaquer dans toutes les règles, balancer les avantages et les inconvénients, prévoir les cas et indiquer dans tous les ressources et les moyens, et ce n'est qu'après des raisonnements clairs et démonstratifs qu'enfin il m'a dit: »à présent, mon cher oncle, je vois que vous avez entièrement raison; je vous remercie de m'avoir éclairé, et me voilà convaincu avec vous que rien ne peut être plus avantageux à la Prusse que l'alliance avec la France«.

»Vous voyez donc qu'il est important qu'il soit bien entouré; j'espère qu'il continuera de m'accorder sa confiance, et je crains moins Haugwitz depuis que je vois ce ministre entièrement décidé pour le parti français. Son aide de camp Köckritz, qu'il met dans tous ses secrets, est heureusement un homme honnête et même vertueux. Sa femme est un ange, un modèle de douceur et de raison; j'espère donc avec ces secours que la maligne influence des courtisans parviendra plus difficilement à le gâter qu'aucun autre. Ne craignez rien des illuminés; c'est une race qu'il déteste et qui jamais n'aura d'accès auprès de lui. Soyez certain d'ailleurs que le prince royal est un très honnête homme; et comme il a beaucoup de fermeté, s'il ne se décide pas facilement, du moins lorsqu'une fois il aura pris un parti, on peut compter irrévocablement sur lui«.

Voilà ce que m'a dit le prince Henri sur son neveu, et il ne voit pour la Prusse comme pour la République que beaucoup à gagner dans un changement de règne . . .

24. Unterredung mit Graf Haugwitz. Wahre Gründe der Zurückhaltung Preußens.

Okt. 11. . . . Je commençai . . . par faire lecture de la réponse à la note [1]) et, dans

1) Die preußische Antwort vom 27. September; vergl. S. 154. Die obige Unterredung mit Haugwitz fand am 30. September statt.

le cours de cette lecture même, je la réfutai dans tous ses détails. Je fis observer à M. de Haugwitz que cette réponse ne répondait point du tout, puisque chacune des raisons sur lesquelles le Directoire fondait sa demande y était entièrement mise de côté, lorsqu'au contraire il aurait fallu peser chacune en particulier et montrer comment et pourquoi elle n'était pas acceptable. A la demande, si c'est en accumulant des matières combustibles qu'on éteint un incendie, je répondis: »oui, monsieur le comte, c'est le vrai moyen, le plus court du moins, de l'éteindre et même d'en prévenir un beaucoup plus grand dans la suite«. Je fus très fâché de trouver l'allégation d'un moyen aussi faible que celui de l'alliance avec l'Autriche, et je demandai si la paix de Bâle n'avait pas rompu cette alliance, puisqu'elle n'avait pour objet que la guerre contre la République? Il me répondit que j'étais dans l'erreur; que la guerre contre la France n'était entrée pour rien dans cette alliance; qu'en général la coalition ne s'était formée sur aucun traité exprès; que surtout il ne s'en était point conclu à Pillnitz malgré les bruits qui s'en étaient répandus dans toutes les parties de l'Europe; qu'il n'y avait eu d'autres négociations à ce sujet que celles de l'Angleterre auprès de chaque cour en particulier pour les exciter à armer contre la République et régler les subsides. Ainsi l'alliance des cours de Vienne et Berlin ne portait que sur le partage de la Pologne et la garantie réciproque de leurs lots. Il est facile de voir qu'une alliance de cette nature n'a rien de commun avec les affaires de France, ni même avec celles de l'Empire germanique; mais j'expliquerai bientôt son influence secrète sur la détermination du cabinet prussien. 1797 Okt. 11.

Je m'élevai avec beaucoup de force contre la proposition d'un congrès et après avoir achevé dans le même esprit la lecture de la note, je passai à celle de ma lettre[1]). Je la lus d'abord en entier, puis je revins sur chaque point en particulier. J'insistai surtout sur le danger qui pouvait résulter pour la Prusse de se refuser à nos propositions, car c'était nous autoriser à faire à l'Empereur des conditions de paix qui peut-être deviendraient incommodes à la Prusse sans qu'elle pût nous en faire le moindre reproche; puisqu'enfin, lorsque l'Empereur nous accordera ce que nous demandons, le gouvernement prussien qui refuse aujourd'hui de se joindre à nous ne pourra nous blâmer d'accepter ce qui nous sera offert; il n'aura donc à s'en prendre qu'à lui-même si la puissance de l'Autriche se concentre et s'accroît d'une manière inquiétante; et lorsqu'il sollicitera notre alliance qu'il refuse aujourd'hui, il ne pourra trouver mauvais que nous consultions nos convenances comme il croit consulter les siennes dans le moment actuel.

Lorsque nous en fûmes à l'article de la lettre qui concerne le congrès, la discussion se renouvela et devint plus animée encore. Je m'expliquai très péremptoirement, comme vous le verrez par ma lettre; puis raisonnant dans son hypothèse, je lui demandai quel poids il croyait qu'un plénipotentiaire prussien mettrait dans la balance contre ceux de l'Autriche et de la Russie? Il me répondit immédiatement: »mais il y aura 200 mille hommes derrière ce

1) Vom 29. September, beantwortet durch eine preußische Note vom 3. October. Hüffer 1, 375.

1797 Okt. 11. plénipotentiaire là.» »Mais, monsieur le comte, montrez-moi donc, montrez au Directoire ces 200 mille hommes, car votre réponse ne nous montre pas un seul régiment«. »Eh bien, dit-il, je répondrai à votre lettre, et je vous les ferai voir«. Il a effectivement répondu à ma lettre, mais si les 200 mille hommes s'y trouvent, c'est dans un si grand lointain, qu'à moins d'en être prévenu, on les devinerait difficilement. C'est ce qu'il a cru sans doute exprimer en parlant du poids que la position respectable de la Prusse ajouterait à l'intervention du Roi dans le congrès.

J'aurais inutilement allongé cette dépêche si j'étais entré dans le détail des réponses de M. de Haugwitz, qui toutes n'ont été que le développement plus ou moins étendu des principes établis dans les deux pièces que je mets aujourd'hui sous vos yeux. Mais c'est particulièrement ce qu'il ne m'a pas dit que je dois vous dire, car c'est là que se trouve la vérité qu'on a écartée dans la réponse pour ne lui substituer que des sophismes diplomatiques.

1° La santé du Roi (dont je vous rendrai compte à part) est telle, et sa tête si affaissée, que le ministre le plus intrépide n'oserait lui proposer d'entrer dans une guerre quelconque. Tant qu'il respire, le prince royal ne manifeste aucun avis; et lorsqu'il sera sur le trône, il est pour le moins très douteux qu'il veuille ouvrir son règne par une opération aussi vigoureuse. Ce n'est pas qu'il ne soit très brave, mais il gémit depuis longtemps sur les dilapidations qui ont ruiné son pays, et ses premières pensées seront des pensées d'ordre et d'économie. Si nous avions à traiter avec le prince Louis Ferdinand, ce serait tout autre chose [1]).

2° L'article des finances est un autre obstacle capital. Le génie fiscal épuise toutes ses ressources pour augmenter le revenu et soutenir le niveau de la récette et de la dépense ordinaire. On rétablit la ferme du tabac abolie au commencement du présent règne et remplacée alors par quelques impôts qui donnaient à peu près le même revenu; on rétablit cette ferme, mais on conserve les impôts et le peuple est extrêmement mécontent dans la capitale et dans les provinces. Il y a eu des représentations très énergiques des négociants de Danzig; à Berlin même il y a eu des mouvements insignifiants à la vérité, mais suffisants pour caractériser l'opinion publique et donner de l'inquiétude à un gouvernement qui s'alarme très aisément. Ainsi on ne veut point la guerre faute de fonds et dans la crainte que les mécontents ne profitent de l'éloignement des forces militaires pour exciter des troubles intérieurs.

3° On craint la Russie; car quoique Paul Ier ne soit pas guerrier, quoique ses ressources soient fort resserrées, cependant il a des corps de troupes assez nombreux en Pologne et dans le voisinage immédiat des Prussiens, en sorte

---

1) Über Prinz Louis Ferdinand, den Candidaten Frankreichs für den Thron des wiederherzustellenden Polens, schreibt Caillard bei einer anderen Gelegenheit folgendermaßen: Le prince Louis Ferdinand est un jeune homme qui semble avoir été fait exprès pour la nation polonaise, bouillant d'ardeur et de courage, plein d'esprit et de franchise, affable et généreux, d'ailleurs grand, bien fait, d'une belle figure, dans la fleur de la jeunesse, réunissant enfin cet ensemble de qualités extérieures qui influent beaucoup plus qu'on ne pense sur les déterminations des hommes lorsqu'ils sont rassemblés pour discuter leurs plus grandes affaires. (1796 Aug. 4.)

que le cabinet de Berlin craindrait, en attaquant l'Autriche et rompant son alliance, d'éprouver sur-le-champ une diversion importante de la part des Russes. Cette idée doit agir assez fortement sur l'esprit du ministère, qui ne peut pas se dissimuler qu'il a établi une administration horriblement despotique dans la partie de la Pologne qui lui est échue en partage; que le mécontentement des Polonais de ces contrées est à son comble, et que les Russes sauraient bien tourner ces dispositions à leur profit. 1797 Oft. 11.

4° Dans le cas d'une guerre contre l'Autriche, la Prusse ne peut absolument compter sur la Saxe, de qui on ne peut attendre tout au plus qu'une exacte neutralité qu'elle garderait jusqu'à ce qu'elle fût mise dans la nécessité de prendre parti pour ou contre. Le ministère de Dresde est bon, autant que je puisse le connaître par ce que m'en a toujours dit M. de Haugwitz. L'électeur est attaché personnellement au Roi de Prusse, mais ce prince est faible et entouré par une intrigue autrichienne extrêmement forte, à la tête de laquelle se trouve naturellement la princesse Antoine fille du feu empereur Léopold, qui a gagné de l'ascendant sur l'esprit de l'électeur. J'ai eu souvent occasion de vous parler aussi de son attachement religieux à la constitution germanique, et ce préjugé offrirait une difficulté d'autant plus grande à vaincre qu'il favoriserait beaucoup son inertie et l'amour de son repos personnel. Ce n'est pas que l'électeur ne consentît comme un autre à une légère violation de cette constitution s'il y trouvait son propre avantage; je ne doute même pas que lorsqu'il se trouvera un partage, il ne prétende aussi y être admis; mais ce ne sera sûrement pas lui qui donnera le signal ou qui entrera l'un des premiers en lice.

Voilà, citoyen ministre, les véritables raisons qui déterminent la cour de Berlin . . .

25. Krankheit des Königs.

Citoyen ministre. Il y a environ un mois que je ne vous ai parlé de la santé du roi, et les nouvelles que je vous en donnai alors n'étaient pas rassurantes. Depuis ce temps elle a toujours été en déclinant, et se trouve aujourd'hui dans un état qui fait regarder le péril comme très imminent. Oft. 11.

Depuis son retour de Pyrmont, S. M. n'est venue qu'une seule fois à Berlin, pour assister à une petite fête que la reine lui donnait à l'occasion de son jour de naissance[1]). Quoique M. de Haugwitz m'eût prévenu sur l'état de changement où je le trouverais, mon étonnement, en voyant ce malheureux prince, passa de beaucoup l'idée que je m'en étais formée. La maigreur me parut au dernier degré, la respiration très fréquente, la voix presque éteinte et la parole à peine intelligible; la jambe gauche très gonflée depuis le bas jusqu'au genou, et la droite depuis le bas jusqu'au milieu. Il paraissait marcher avec peine et s'arrêter à chaque pas sur la jambe droite, pour mettre en mouvement la gauche dont le poids semblait le gêner.

Cependant il resta debout fort longtemps, en quoi je pense qu'il se con-

1) 25. September.

1797 Okt. 11. traignait. Il retourna le soir même à Potsdam, et depuis ce temps les nouvelles sont devenues de plus en plus fâcheuses. Elles sont actuellement au point que les calculs sur la probabilité de son existence se resserrent de plus en plus. Il peut finir dans quinze jours, peut-être un peu plus tard, peut-être aussi dès demain. Il éprouve assez souvent des attaques de nerfs, qui lui font perdre connaissance plus ou moins longtemps, et des assoupissements contre nature très fréquents.

On a fait venir à Potsdam M. Hermbstädt, célèbre chimiste de Berlin, pour lui faire de l'oxygène (air vital, ci-devant air déphlogistique), qu'on lui fait respirer. Vous voyez que c'est là une de ces ressources des médecins qui n'en ont plus et qui indiquent que le terme fatal n'est pas éloigné. Tout Berlin est dans l'attente du grand événement [1]. Le prince royal se conduit dans cette occasion avec une décence incomparable; il y a bien longtemps qu'il a témoigné qu'il était très peu flatté par l'espérance prochaine de monter sur le trône, pour lequel il se sentait encore trop jeune et trop peu expérimenté, et ces assurances sont sincères dans un prince d'un caractère tel que le sien. D'ailleurs l'union des princes qui composent la maison de Prusse est un modèle à citer: le roi aime prodigieusement ses enfants, qui à leur tour ont un attachement sans bornes pour leur père. L'histoire appréciera Frédéric-Guillaume comme roi; comme homme privé, il n'y a parmi tous ceux qui l'ont approché qu'une seule voix sur sa probité, sa bonté et ses vertus domestiques.

26. Plan, den Grafen von Provence in Blankenburg aufzuheben.

Dec. 2. . . . L'idée que vous me communiquez par postscriptum [2] est extrêmement hardie et présente de grandes et nombreuses difficultés. Cependant, avec des gens bien déterminés et d'une discrétion profonde, on vient à bout de tout. Le grand obstacle que j'y vois, c'est que Blankenbourg est bien avant dans les terres. Quand on aura saisi l'homme, l'ouvrage sera encore loin d'être achevé, car il restera une grande étendue de pays à traverser, de quelque côté qu'on tourne ses pas, et comme le succès entier dépendrait de la rapidité de la marche, il faudrait avoir auparavant disposé ses propres relais de distance en distance pour ne pas arrêter un instant et échapper à ceux qu'on mettrait à la poursuite. Cette précaution serait indispensable, car on ne pourrait pas compter sur les chevaux de poste. Tout le monde sait qu'on ne voyage pas en Allemagne comme en France, et qu'à chaque poste on est retenu à peu près une heure, quelque fois deux. Il faudrait dans la marche éviter le territoire prussien, pour ne pas indisposer le jeune roi, qui craindrait sûrement de se trouver compromis en Allemagne lorsqu'il serait constaté que l'enlèvement aurait été fait à travers le pays prussien sans obstacle quelconque. Il craindrait l'accusation de complicité, et je le connais assez pour être assuré

1) Am 8. Oktober war in Berlin bereits das Gerücht vom Tode des Königs verbreitet (Bericht Schraut's, Okt. 10.), was diesen Bericht veranlaßt haben mag.
2) Nachschrift zum Erlasse Talleyrand's vom 17. November.

que cette idée le tourmenterait horriblement et peut-être même entraînerait des suites qu'il faut éviter, si nous voulons bien vivre et resserrer nos liens avec lui. Il faudrait donc abandonner ce plan de marche et se diriger droit sur le pays de Hanovre, où nous n'avons rien à ménager, et entrer sur le territoire de Brême pour arriver aux bouches du Weser, où le prisonnier serait embarqué sur un bâtiment léger. Tout cela au reste ferait un éclat prodigieux en Allemagne, on crierait au scandale, à la violence etc., et nous perdrions beaucoup dans l'opinion publique, qui commence à signifier quelque chose en Allemagne, deviendra tous les jours plus importante et mérite d'être ménagée dans les circonstances présentes. 1797 Dec. 2.

Voulez-vous éviter presque tous ces inconvénients? Laissez votre homme arriver à Jever[1]. On l'enlèvera là tout aussi facilement qu'à Blankenbourg; on n'a que quelques lieues à faire pour le conduire au bord de la mer; là on l'embarque sur un bâtiment très léger et tirant très peu d'eau, pour pouvoir le conduire en toute sûreté par ce qu'on appelle les Waters jusque sur la côte de Groningue, par exemple à Delfzyl. On appelle Waters les eaux de la mer qui se trouvent entre la côte d'Allemagne et une multitude de bancs de sable parallèles à cette côte dont ils sont peu éloignés, et qui sont presque contigus les uns aux autres, en sorte que cette navigation est à l'abri de tous corsaires, parce que leurs bâtiments n'y trouveraient jamais assez d'eau. Celui qu'on emploierait à cette expédition serait sans doute un bâtiment hollandais qui se trouverait là à point nommé, et les marins seraient aussi des Hollandais, parce qu'ils connaissent parfaitement cette navigation. Les moyens d'exécution sont infiniment simplifiés dans ce second plan, et l'éclat sera beaucoup moindre, au moins pour le moment, parce que c'est une extrémité reculée de l'Allemagne qui sera le lieu de la scène, et que ce lieu même n'appartient pas à un prince allemand. Mais vous aurez soin de calculer l'effet que produira cet événement à Pétersbourg auprès d'un prince violent qui se croira méprisé, insulté, qui remplira l'Allemagne de ses clameurs, s'en prendra à la Prusse d'avoir laissé violer la ligne de neutralité etc., et lorsque vous aurez bien pesé toutes ces considérations, vous verrez dans votre sagesse si cet homme vaut la peine que le gouvernement brave les chances défavorables de l'événement.

27. Unterredung mit Prinz Heinrich über König Friedrich Wilhelm III.

... J'ai vu le prince Henri plusieurs fois[2]. Il m'a dit qu'il avait vu et Dec. 9.
entretenu le roi fort souvent; qu'il en était content au delà de l'expression; qu'il lui trouvait des connaissances et même un esprit qu'il ne lui avait pas soupçonné; qu'il s'occupait prodigieusement tous les jours, mais avec ordre et méthode, sans vouloir traiter cent choses à la fois comme le fait l'Empereur de Russie, ce qui est le vrai moyen de ne rien faire du tout ou de tout faire de travers; que S. M. n'avait pas voulu aller en avant sans avoir pris une

1) Es war damals die Rede davon, daß der Graf von Provence von Blankenburg nach Jever übersiedeln werde.

2) Prinz Heinrich war am 24. November nach Berlin gekommen.

1797 connaissance exacte de l'arriéré et s'être mis au courant; qu'elle lui avait té-
Dec. 9. moigné une grande confiance sur mille choses de l'intérieur, mais que lorsqu'il avait voulu lui parler de la politique extérieure, il l'avait trouvée silencieuse et réservée, qu'il n'en avait obtenu que de ces réponses vagues qui sont une espèce d'invitation à ne pas insister plus longtemps; qu'il avait su parfaitement interpréter ce silence et avait aussitôt changé de propos; que cependant il pouvait m'assurer, par beaucoup d'autres choses qu'il savait d'ailleurs, que S. M. était entièrement dans le système français, et que sa grande probité, ses mœurs pures, sa justice, son âme neuve et exempte de préjugés, devaient nous assurer que nous serions incomparablement plus contents de lui que de son père.

Je le crois fermement, et je m'en aperçois déjà à la différence du ton de M. de Haugwitz. Ce ministre était obligé, pour ainsi dire, de louvoyer en mille occasions avec nous, soit lorsque la matière était nouvelle et qu'il ne savait pas comment le roi recevrait son rapport, soit lorsque l'affaire proposée était déjà connue et qu'il savait que le roi avait des préjugés contre. Car ce prince, malgré sa faiblesse, peut-être même à cause de sa faiblesse, était très peu gouvernable. Il résultait de là quelquefois dans la conduite apparente de M. de Haugwitz quelque chose de louche qui n'était dans le fond que l'effet de la difficulté des circonstances relatives au roi et à ses entours. Aujourd'hui je trouve à ce ministre une expression plus nette et plus décidée; il est beaucoup plus bref parce qu'il n'a plus besoin de s'envelopper dans des discours équivoques pour gagner du temps et pour pallier la mauvaise volonté du monarque.

Mais il en résulte clairement que les grandes affaires se feront sans le prince Henri, comme auparavant. Il ne m'en a pas tellement caché son mécontentement que je ne l'aie très bien aperçu; mais je crois qu'il se pliera aux circonstances. Cependant il m'a paru disposé à voir et à bien traiter M. de Haugwitz. Tant il a de peine à s'accoutumer à ne jouer aucun rôle! . . .

28. König Friedrich Wilhelm III.

1798 Citoyen ministre. Les deux dépêches qui précèdent [1]), amènent pour
Jan. 31. vous parler du roi et de la nouvelle cour de Berlin une occasion que je ne veux pas laisser passer.

Je dis la nouvelle cour, car rien ne ressemble moins à l'ancienne que celle-ci, à commencer par le roi. Rien ne ressemble moins en effet à Frédéric-Guillaume II que Frédéric-Guillaume III. Autant le premier était inattentif, inappliqué, autant celui-ci est actif et laborieux; autant le père détestait les affaires, autant le fils y apporte de suite et d'ardeur; mais le trait le plus essentiel et le plus distinctif, c'est la règle sévère qui donne tout à la justice et rien à l'arbitraire. Le règne des maîtresses et des valets de chambre est passé [2]); rien ne s'obtient par faveur, tout s'accorde au mérite, et ceux qui

1) Die beiden ersten Berichte vom 31. Januar enthalten Nachrichten über die Erkrankung des Königs an den Masern, preußische Klagen über die Behandlung der linksrheinischen Lande u. s. w.

2) Am 18. November 1797 schreibt Caillard: »le règne de la justice, de l'ordre

ont cru arracher quelque emploi par l'intrigue ont été reçus de manière à se guérir de leur confiance dans ce moyen. Vous savez déjà que Bischoffwerder est éloigné avec douze cents écus de pension. Des aides-de-camp que le feu roi distinguait, le colonel Zastrow est le seul qui ait été conservé; aussi sa probité est-elle universellement connue, et sans doute elle a dû être à l'épreuve pour résister à la corruption de l'ancienne cour. La comtesse Lichtenau est toujours détenue et vient de subir un interrogatoire qui a duré trois jours, et tel est le respect du roi pour la justice que lorsqu'il s'élève contre cette femme un cri d'indignation universel de toutes les parties de la monarchie prussienne, son affaire s'instruit dans toute la régularité des formes; on ne veut pas la priver d'un seul moyen de justification, et si elle doit être punie, elle ne le sera certainement que lorsque son délit aura reçu le dernier degré d'évidence. Elle est traitée d'ailleurs avec toute l'indulgence et toute l'humanité due à une coupable qui n'a contre elle que des certitudes morales sans que la preuve juridique soit encore acquise . . .

1798 Jan. 31.

On a taxé le roi d'avarice. Voici ce que c'est que cette avarice. Ce prince considère le revenu de l'État comme un dépôt sacré remis entre ses mains et auquel il ne se permet de toucher que pour l'usage auquel il est destiné. Je citerai deux anecdotes qui développeront mieux la nature de ses sentiments. La reine sa mère lui fit au commencement parvenir une pétition pour l'engager à payer les dettes qu'elle avait contractées. Il lui répondit: l'argent de l'État ne m'appartient pas. Les besoins sont immenses, et je ne puis encore les remplir; je ne puis donc disposer du revenu public pour payer vos dettes; mais si les épargnes que j'ai faites lorsque j'étais prince royal peuvent vous donner quelques facilités, je vous les offre avec grand plaisir; ces épargnes formaient un objet de cent mille écus qu'il lui envoya. Son frère Henri, entré dans sa dix-huitième année [1]), s'avisa un jour de le prier de lui faire un état comme c'est l'usage dans la maison de Prusse quand les fils cadets ont atteint cet âge. Il n'accueillit pas cette demande aussi favorablement que celle de la reine-mère. »Mon frère«, lui dit-il, »l'État a de grands besoins auxquels je ne puis suffire, je vous refuse donc votre demande; mais si vous avez besoin d'argent pour votre instruction et pour payer vos maîtres, je vous promets que je les payerai très volontiers de ma poche.«

La reine son épouse n'a point son établissement à part. Le roi dit qu'il aime à vivre en famille, et en conséquence il n'y a qu'une seule table. Rien n'est changé dans son régime de prince royal; il habite la même maison et n'entend la quitter pour passer au château que lorsqu'il aura achevé de payer les dettes de son père, ce qui, dit-on, doit durer trois ans.

Sans ce grand esprit d'économie, jamais les finances de la Prusse ne pourraient se rétablir, car dans l'examen de toutes les caisses et des comptes

---

et de l'économie va commencer«. Diese Äußerung wurde sogleich in Paris verbreitet; am 30. November berichtet Sandoz-Rollin: »dès le moment où la nouvelle de votre avènement au trône a été répandue ici, Sire, il n'y a plus eu qu'une voix pour dire et répéter que le règne de l'ordre, de l'économie et de l'énergie allait commencer«.

1) Prinz Heinrich stand damals erst in seinem 17. Jahre.

1798 Jan. 31. justificatifs des dépenses, on découvre chaque jour de nouveaux effets de l'esprit de gaspillage qui a caractérisé le feu roi jusqu'au dernier moment de sa vie. Toutes ces plaies se fermeront avec le temps, et il ne faut pas douter que le trésor sous le jeune roi ne revienne au point d'abondance dans lequel le grand Frédéric l'avait transmis à son successeur.

Il se lève tous les jours de grand matin, travaille beaucoup par lui-même et avec ses ministres; et il ne faut pas croire que ce soit par simple esprit d'imitation de Frédéric II; son régime, sa méthode lui appartient, et l'exemple d'autrui n'y entre pour rien; ce qu'il fait, il le fait parce qu'il se croit obligé de faire son métier de roi par lui-même, au lieu de l'abandonner aux autres, et qu'il ne pense pas pouvoir le faire autrement. Il le fait surtout parce qu'il a une volonté qui est la sienne et non celle d'un autre, un caractère qui lui est propre. Le grand Frédéric l'avait deviné lorsqu'il n'était encore qu'un enfant et avait tiré son horoscope d'une manière bien plaisante que je hasarde de rappeler ici, parce que vous ignorez peut-être l'anecdote. Il était à jouer avec une balle dans la chambre même où Frédéric travaillait sans faire attention à lui. La balle tomba sur la table, et Frédéric, que ce jeu commençait à gêner, s'en empara. L'enfant redemande sa balle que Frédéric ne veut pas rendre. Il se fâche, se jette sur la main du vieux roi, et veut la lui arracher. Cette scène amusa quelque temps Frédéric, qui à la fin le prit dans ses bras, en lui disant: »viens, mon enfant, viens que je t'embrasse; je vois bien à présent que l'Empereur ne te reprendra pas ta Silésie«.

Il est adoré de sa nation, qui fonde les plus grandes espérances sur son règne. Ce sentiment de bienveillance universelle a éclaté dès le commencement lorsque le roi a refusé de rétablir la ferme de tabac et détruit tout ce qui s'était fait à cet égard sur la fin du dernier règne, et il a redoublé lorsqu'on a vu qu'il songeait à porter la lumière dans les déprédations des favoris et surtout de la comtesse Lichtenau. Ennemi déclaré du faste et de toute superfluité, il vit avec la plus grande simplicité, se promène au Parc seul ou accompagné d'un aide-de-camp, et accueille avec une égale affabilité et sans distinction de classe ni de rang quiconque veut lui parler . . .

Il me reste à vous le présenter sous le point de vue politique. Vous voyez déjà qu'on peut le regarder comme un très honnête homme, juste et qui montre de la fermeté. Il suit de là que si ce prince promet et s'engage, on pourra compter sur ses promesses et ses engagements; mais il demandera certainement que sa confiance et sa franchise soient payées par la franchise et la confiance, et que sa propre dignité (plutôt encore celle de l'homme que celle du roi) ne reçoive d'atteinte en aucun cas. Son inclination le porte décidément vers la République, et si je vous mandais autrefois: »le ministère prussien est bon, le roi ne vaut rien«; je puis vous dire aujourd'hui: »le ministère est bon et le roi vaut encore mieux«. C'est que cette idée d'égalité que les vieux ministres ont encore plus ou moins de peine à digérer, effarouche infiniment moins cette âme jeune et presque neuve, qui n'a pas eu le temps de se corrompre sous la croûte des préjugés. Lorsque je lui ai remis mes lettres de créance, les ministres m'avaient déjà prévenu que je recevrais de S. M. un accueil distingué, mais mon espérance a encore été surpassée; et ce n'est pas

dans un cérémonial particulier ou d'autres misères de cette espèce que j'ai 1798
trouvé cet accueil distingué: je l'ai trouvé dans la candeur, la bonne foi, le Jan. 31.
ton affectueux avec lequel il m'a parlé de la République française, dans la conviction intérieure que les intérêts des deux nations ne devaient jamais se séparer; dans l'assurance qu'il n'épargnerait rien pour entretenir la meilleure et la plus inaltérable harmonie avec nous; et il ne faut pas croire que ce soit ici de vaines phrases de compliment. La vérité, le sentiment portent un caractère particulier auquel on ne se méprend guère, pour peu qu'on soit exercé à observer, et je me flatte de ne m'être pas mépris; je me suis rappelé l'embarras du père, et les deux ou trois phrases de compliment qu'il m'ânonna à ma première audience, et j'ai bien su en sentir et en apprécier la différence. Je juge aussi que les dispositions personnelles du roi à notre égard sont plus ou moins connues dans le public par le ton humble des émigrés et le redoublement de ferveur dans les égards que je reçois moi-même à la cour et dans les sociétés[1]) . . .

29. Preußen und die Frage der Säcularisationen.

. . . L'Autriche et la Prusse se regardent et s'attendent mutuellement. März 6.
Qui des deux dira la première: il faut tout séculariser? L'Autriche voudrait que la Prusse ouvrît cet avis pour s'en prévaloir contre elle. La Prusse qui voit le piége évite d'y tomber. L'Empereur prétend que ce n'est pas au chef de l'Empire à poser ce principe; le roi de Prusse ne veut pas sacrifier à cette considération son crédit auprès des princes d'Allemagne, en quoi je pense qu'il se trompe, car aussitôt que ce mot sera prononcé, il n'est pas, je crois, un seul prince séculier en Empire qui n'y applaudisse avec empressement, et quelque temps après, peu importera qui l'aura prononcé. Mais on est ici au commencement d'un nouveau règne, on craint de débuter par une démarche fausse; le roi, plein de bonne volonté et d'intentions excellentes, connaît son inexpérience et n'ose se confier à ses propres lumières. Le rôle du ministre dirigeant est donc extrêmement délicat, car il est responsable envers toute la nation prussienne de chacun des pas dans lesquels il engagera son monarque. Dans une pareille circonstance, il serait peut-être un peu sévère de ne point pardonner à M. de Haugwitz sa circonspection et même un peu d'indécision . . .

30. Mittel und Wege, die Allianz mit Preußen zu gewinnen.

J'ai reçu votre dépêche du 3 de ce mois [22 avril], n° 9. Vous avez vu Mai 5.
dans ma dernière que j'ai senti l'influence que les circonstances devaient avoir sur la conduite de la cour de Berlin, et que j'ai déjà parlé à M. de Haugwitz de manière à amener très naturellement les ouvertures dont vous me chargez auprès de lui. J'ai conféré encore hier avec ce ministre, et comme vous le pensez

1) Als Gegenstücke hierzu dienen folgende Äußerungen des Prinzen Reuß: »je tiens par une très bonne source de la maison de Caillard que le Directoire est fort bien informé des dispositions peu favorables du roi vis-à-vis de lui« (Jan. 15). und „der verschmitzte Caillard scheint den Grafen Haugwitz dergestalt umstrickt zu haben, daß ihn nur der nachdrückliche Ernst des Königs wieder auf rechte Wege bringen kann" (Jan. 31).

1798 bien, sans lui rien laisser connaître des ordres que vous me transmettez; car
Mai 5. je crois devoir préparer le sol qui doit recevoir ces idées pour qu'elles puissent fructifier plus aisément. Si je demandais, comme je l'ai fait l'année dernière, l'alliance des deux nations pour faire ensemble la guerre sur-le-champ, je ne réussirais probablement pas, car cette proposition contrarierait beaucoup les plans actuels du roi, qui ne s'occupe que du rétablissement des finances et de celui de la discipline dans son armée que son prédécesseur avait laissé tomber dans un grand relâchement. Si donc j'ai quelque succès à me promettre, c'est en présentant l'alliance de la République comme le moyen le plus sûr et peut-être le seul d'empêcher les Autrichiens de rompre la paix. C'est dans ce sens que je travaillerai, et le mieux sans doute serait de donner aux conférences une direction telle qu'en établissant la nécessité de la paix et cherchant ensuite les moyens de la conserver, le ministère prussien fût insensiblement amené à proposer lui-même l'alliance comme le seul moyen de parvenir à ce but. Soyez certain qu'on ne montre à Berlin si peu d'empressement pour notre alliance que parce qu'on craint la guerre. On désire beaucoup que l'affaire de notre ambassadeur soit de nature à pouvoir s'arranger; mais je démêle déjà dans les discours de M. de Haugwitz que si la rupture en était la suite, et que la guerre qui en résulterait se concentrât dans la seule Italie, cette guerre pourrait être regardée comme étrangère à l'Empire, et je vois que dans ce cas la Prusse ne trouverait aucune raison pour sortir de son état passif . . .

J'ai . . . acquis la preuve de l'éloignement du gouvernement prussien pour la guerre et de la nécessité de lui présenter l'alliance sous un point de vue tout à fait différent. Si elle doit être acceptée, peu importe le motif, car lorsqu'elle sera conclue, il faudra bien que les stipulations en soient observées. Rappelez-vous, je vous prie, ce que je vous ai mandé dernièrement. La Prusse n'est pas touchée du tout par les idées d'agrandissement. Elle redoute si fort celui de la maison d'Autriche, qu'elle est prête à sacrifier à cette considération puissante les intérêts même de la maison d'Orange. M. de Haugwitz me parlait bien différemment l'année dernière lorsqu' il affectait une si grande indifférence sur le sort de la Bavière; mais alors le danger paraissait éloigné. Aujourd'hui qu'il est imminent, il faut bien que le langage change et que la vérité éclate; l'espérance de gagner pour longtemps l'influence majeure en Empire en défendant l'inviolabilité des États héréditaires, le dédommage de la nécessité de renoncer aux agrandissements qu'il pouvait se promettre dans les commencements. Les circonstances étant entièrement différentes de ce qu'elles paraissaient devoir être au moment de notre convention, la Prusse a dû modifier ses idées en conséquence, et si un agrandissement pouvait la flatter encore (ce que dans le fond je ne révoque pas en doute), au moins ce ne serait pas dans le moment actuel son motif premier, son motif déterminant pour contracter l'alliance.

La conséquence naturelle de ces notions est que je dois entrer dans toutes ces idées et n'attaquer le ministère prussien que là où il laisse apercevoir quelque jour; car lui parler dans un système lorsqu'il est dans un autre, serait le vrai moyen de ne point avancer d'un pas. Je reste donc, et je resterai encore à ma première conférence, dans les simples dispositions préparatoires sans risquer

une proposition qui serait d'ailleurs écartée sur-le-champ par la considération 1798
qu'on doit avant tout connaître la manière dont le Directoire envisagera l'affaire Mai 5.
de notre ambassadeur à Vienne . . .

31. Antwort des Grafen Haugwitz auf den Allianz-Antrag.

Voici les deux pièces que je vous ai annoncées dans ma dernière dé- Mai 22.
pêche[1]). Vous trouverez dans la réponse de M. de Haugwitz la constance du gouvernement prussien à ne point s'écarter de la ligne qu'il s'est une fois tracée. Vous trouverez aussi que ce ministre ne saisissant pas ou plutôt feignant de ne pas saisir l'ensemble des raisons sur lesquelles je fondais particulièrement ma proposition et qui se réduisaient en résultat à ce que l'alliance dans le moment présent était le plus sûr moyen de rendre le renouvellement de la guerre absolument impossible, ce ministre, dis-je, s'est attaché à cette expression de ma lettre que l'alliance avait pour objet la paix et rien que la paix; il l'a isolée de tout le reste et l'a combattue comme si mon intention avait été d'offrir l'alliance actuelle de la république pour accélérer la paix. Sans doute l'accélération de la paix en aurait été la suite; mais comment? Parce que le premier effet de l'alliance, ai-je dit, aurait été de rendre la guerre impossible, et qu'alors il n'existait plus d'obstacle qui pût arrêter longtemps la conclusion de la paix. Le ministre aurait donc dû prouver d'abord que la guerre était encore possible même après l'alliance, et alors il m'eût répondu directement, mais cela n'était pas facile à prouver, et il a mieux aimé rester à côté de la question.

Ainsi voilà encore une réponse dilatoire . . .

32. Preußen und Österreich gegenüber dem deutschen Reiche.

[Empfang des Abberufungsschreibens]. Je m'occupe actuellement avec Mai 29.
zèle à préparer des succès au citoyen Sieyès. Il les obtiendra indubitablement après la paix de l'Empire; mais s'il m'est permis encore de dire mon avis, je doute beaucoup qu'il puisse avant ce temps déterminer le gouvernement prussien à l'alliance avec la République; je pense même qu'il ne serait peut-être pas sans inconvénient de paraître vouloir lui arracher actuellement un consentement qui viendra de lui-même aussitôt que le débrouillement des intérêts de l'Empire à Rastatt aura rendu sa situation un peu moins compliquée qu'elle ne l'est en ce moment. Vous êtes témoin de mes efforts constants pour déterminer le ministère prussien à s'arrêter moins aux considérations tirées des obligations du roi comme prince de l'Empire, en prouvant que ces obligations ne sont aucunement incompatibles avec notre alliance. J'ai parlé, j'ai pressé sans fruit. Voici le raisonnement du ministère. Il est impossible que le roi fasse abstraction de sa qualité de prince d'Empire. Sous ce rapport il fait partie intégrante du Corps germanique, et puisque ses intérêts sont jusqu' à

1) Schreiben Caillard's vom 10. und preußische Antwort vom 15. Mai. Vgl. S. 193 fg.

1798 Mai 29. un certain point communs avec ceux du Corps dont il fait partie, il y aurait une sorte de contradiction et surtout lésion des convenances s'il concluait l'alliance avec nous, tandis que ses intérêts sont encore en litige.

Ce raisonnement dont vous trouvez le germe dans la réponse que je viens de vous envoyer de M. de Haugwitz a été fort développé dans nos conférences, et ne serait pas sans réplique. Mais il a conduit la Prusse à un plan de conduite, dans lequel on se confirme de plus en plus depuis l'ouverture des négociations directes entre les cours de Vienne et de Berlin, et cette correspondance forme aujourd'hui une difficulté que nous n'avions pas prévue. L'Autriche, comme je vous l'ai mandé, n'ose s'expliquer ouvertement ni dire crûment à la Prusse: laissez-moi prendre la Bavière et prenez de votre côté tout ce qui vous conviendra; car elle craindrait que le cabinet prussien n'abusât contre elle d'une invitation aussi franche. Mais son plan est d'arriver à l'envahissement par le chemin de la plus extrême modération. Persuadée que cette modération provoquera celle de la Prusse et que les deux cours auront alors un langage entièrement contraire à leurs désirs secrets, elle pense qu'en introduisant un intermédiaire, celui-ci se chargera de faire les propositions, lever les scrupules et mettre les deux cabinets parfaitement d'accord. Cet intermédiaire, c'est la Russie. Mais le prince Repnine échouera, parce que les deux cours ont des principes, non pas différents, mais opposés. Autant la modération de l'Autriche est fausse, autant celle de la Prusse est sincère, et j'en ai déjà dit la raison dans d'autres dépêches. La Prusse ne serait sûrement pas plus éloignée que d'autres puissances du système d'agrandissement, mais elle est trop éveillée sur son intérêt pour ne pas sentir que rien de ce qui lui serait offert ne pourrait balancer le danger de mettre la Bavière entre les mains de l'Empereur. Tous les bénéfices qui seraient sécularisés en sa faveur ne lui donneraient jamais une frontière militaire, et en étendant la monarchie prussienne, ils la rendraient d'une défense encore plus difficile contre un ennemi dont la force réelle serait augmentée dans une proportion effrayante. La modération de la Prusse est donc l'affaire d'un calcul très réfléchi, et c'est une grande raison pour croire à sa sincérité.

Dans cette situation respective des deux cabinets c'est à qui se montrera le plus constitutionnel, et le Corps germanique se trouve entre eux comme une maîtresse entre deux rivaux, avec cette différence que les caresses de l'un sont fausses, et celles de l'autre intéressées peut-être, mais sincères.

Voilà au juste la position de la Prusse au moment où j'écris . . .

Vierter Anhang.

Schriftwechsel der französischen Regierung mit ihrer Gesandtschaft in Berlin. 1798—1800.

1. Mémoire pour servir d'instruction au Citoyen Sieyès, ambassadeur extraordinaire de la République française près Sa Majesté le Roi de Prusse[1]). Paris 4 Prairial an VI.

Archiv im Ministerium des Auswärtigen zu Paris. Prusse 188.

Verhandlungen zwischen Frankreich und Preußen seit dem Frieden von Basel. Anzeichen einer neuen Coalition. Zweifelhafte Stellung Preußens. Zweck der Sendung von Sieyès ist: Abschluß einer Offensiv- und Defensiv-Allianz zwischen Frankreich und Preußen. Vortheile dieser Allianz für Preußen. Der Berliner Hof.

Afin de mettre l'ambassadeur extraordinaire que le Directoire exécutif 1798
envoie près la cour de Berlin à même d'apprécier l'importance des motifs qui Mai 23.
ont rendu la mission nécessaire et d'en saisir toute l'étendue, il conviendrait de placer sous ses yeux le résumé complet des négociations qui ont eu lieu depuis la fin de 1794 entre la République française et la Prusse.

Mais comme le citoyen Sieyès a été un des principaux coopérateurs du traité de Bâle, comme il en connaît particulièrement les préalables, l'esprit et le texte, il suffira de lui présenter aujourd'hui le tableau des négociations postérieures à ce traité, qui ont eu pour objet soit de donner à notre alliance les développements dont elle paraissait susceptible, soit d'assurer la neutralité du Nord de l'Allemagne, pendant que le centre et le Midi continuaient d'être livrés à toutes les calamités de la guerre.

Le citoyen Caillard était parti au mois de vendémiaire an IV ayant reçu du Comité de salut public pour instruction générale de ne pas négliger un moyen d'attacher la Prusse à notre système fédératif, de prouver à ce gouvernement que sa gloire, sa prépondérance et sa prospérité dépendaient de son alliance avec nous; de jeter en avant le principe d'une vaste sécularisation en Allemagne comme le seul moyen d'opérer la paix définitive à l'avantage commun de la République, de la Prusse et de tous les membres du Corps germanique qui prendraient parti autour de l'une et de l'autre.

---

1) Das Concept dieser Instruction ist ebenso wie die der folgenden Erlasse und Denkschriften von Durant de Mareuil. Vergl. über ihn Masson, le Département des Affaires étrangères pendant la Révolution, S. 369.

1798 Mai 23. Aussitôt que le gouvernement constitutionnel eut été organisé, le Directoire exécutif, en confirmant les premières instructions de son ministre à Berlin, lui en fit passer de plus particulières, et dans lesquelles, après avoir exposé en détail les bases qui devaient servir aux négociations, il ajoutait qu'elles devaient avoir pour but: 1° d'assurer à la France une paix solide et le Rhin pour frontière, comme fruit de ses conquêtes, comme augmentation de forces nécessaire à l'effet de rétablir l'équilibre détruit en Europe par le dernier partage de la Pologne; 2° à la République batave, la paix au dehors, la prospérité au dedans; 3° à la maison d'Orange un dédommagement qui ne lui laissât plus de prétexte pour troubler le pays qui l'a rejetée; 4° au Roi de Prusse, l'indemnité de ce qu'il perdait en deçà du Rhin, des échanges avantageux, la réunion de ses domaines, la concentration de ses forces; 5° aux autres princes séculiers d'Allemagne, une augmentation de puissance et de nouveaux moyens de résister à la prépondérance de l'Autriche; 6° à la Suède, au Danemark, à la Porte ottomane, la garantie de leur existence politique, fortement, immédiatement menacée par la Russie.

Les instructions ne demeurèrent point infructueuses dans leur totalité, et tandis que les ouvertures du citoyen Caillard paraissaient accueillies à Berlin, le Roi de Prusse chargeait M. de Sandoz d'en faire à Paris, qui étaient purement relatives à l'établissement d'une nouvelle ligne de neutralisation.

Le Directoire avait eu un trop juste sujet de se plaindre de la manière dont celle stipulée à Bâle avait été violée, pour se prêter volontiers à la formation d'une autre; et il ne fallut pas moins que les instances itératives de la cour de Berlin et l'intérêt que mettait dès lors le gouvernement français à l'associer à sa cause, pour qu'il consentît à ce que la convention éventuelle et secrète qui fut conclue à Berlin le 28 thermidor an IV et qui était relative aux arrangements de la paix d'Allemagne, fût accompagnée d'une convention de neutralité, dont le bénéfice pour le Nord de l'Allemagne s'étendit encore par l'accession de l'électeur de Saxe qui eut lieu le 9 frimaire an V.

Il est à remarquer que dans la première de ces conventions, la République s'était montrée facile dans la stipulation des dédommagements de la Prusse, à laquelle on accordait l'évêché de Münster (Haut et Bas) avec le pays de Recklinghausen, et plus généreuse encore envers le prince d'Orange, auquel on promettait en quelque façon les beaux évêchés de Würzbourg et de Bamberg avec la dignité électorale, mais le Directoire qui n'était point alors dans le cas de prévoir un terme prochain à la guerre qu'il poursuivait contre l'Autriche et qui avait un intérêt immense à décider la Prusse, dut se montrer disposé à favoriser ses projets d'agrandissement. Il espérait que la franchise et l'importance des ouvertures qu'il avait chargé son ministre de faire amèneraient de prompts et heureux résultats. La conduite de M. de Haugwitz, ses discours, l'espèce d'assentiment qu'il paraissait donner à tout ce qui lui était proposé, étaient autant d'indices favorables des déterminations du cabinet de Berlin.

Mais sur ces entrefaites Catherine II mourut. Cet évènement donna à toute l'Europe et particulièrement à la cour de Prusse une impulsion qui pendant quelque temps absorba presque sans partage tous les calculs de sa

politique. Aussi longtemps que l'impératrice avait vécu, ses liaisons intimes 1798
avec la cour de Vienne, le ressentiment non dissimulé qu'elle nourrissait contre Mai 23.
la Prusse, avait été pour celle-ci un motif toujours agissant d'attacher sa cause à celle de la République française. L'avènement de Paul Ier suggéra des idées nouvelles, et comme elles étaient mieux d'accord avec les affections du prince et de sa cour, on s'y abandonna volontiers. On crut qu'il était possible de prendre sur l'esprit du nouvel empereur un tel ascendant, qu'en le détachant de l'Autriche et en prenant la place de celle-ci, on se mettrait à même de n'être plus si dépendant de l'alliance française. Ce calcul exista; il fut trompé parce que la Russie, après quelques jours de déviation, se montra promptement revenue au système de l'impératrice, mais il eut toujours cet effet funeste qu'il mit de la part de la cour de Berlin un refroidissement sensible dans la négociation que nous suivions avec elle et que nos ouvertures les plus pressantes n'obtinrent que des réponses dilatoires et peu satisfaisantes.

Les choses en étaient à ce point lorsque des lettres[1]) interceptées à l'armée d'Italie nous mirent dans le cas de renouveler nos stimulations vis-à-vis du gouvernement prussien et de leur donner une nouvelle énergie. Ces lettres écrites de Pétersbourg par le duc de Serra-Capriola et par le commandeur de Litta témoignaient d'une manière évidente l'accord des deux empereurs et la malveillance des dispositions qu'ils concertaient contre la Prusse. Un courrier fut expédié à Berlin: le citoyen Caillard reçut ordre de profiter de ces communications importantes pour porter des coups décisifs et provoquer des mesures d'après lesquelles il ne fût plus possible de reculer. La négociation fut ouverte et déjà M. de Haugwitz paraissait convaincu, déjà il parlait des moyens de se procurer l'argent nécessaire pour l'expédition commune qui était proposée, et le citoyen Caillard, en l'invitant à faire reconnaître sans de plus longs délais le gouvernement actuel de la République batave, lui indiqua comme une ressource précieuse la facilité d'un emprunt en Hollande. Cette insinuation n'avait point été repoussée; toutes les pièces communiquées avaient été mises sous les yeux du Roi qui se trouvait à Potsdam; on attendait la décision, lorsqu'arriva de Francfort la nouvelle de l'armistice général qui venait d'être conclu entre les armées de la République et celles de l'Empereur.

Dès ce moment la négociation tomba d'elle-même ou plutôt elle se réduisit à s'occuper des moyens d'agir en commun dans le congrès qui devait avoir lieu conformément aux préliminaires de Léoben, pour la pacification définitive de l'Allemagne.

Cependant les conférences pour le traité particulier avec l'Empereur s'ouvrirent à Montobello, et la Prusse commença à s'inquiéter d'un rapprochement direct entre deux puissances qu'il lui agréait de voir sans cesse opposée l'une à l'autre.

De son côté le Directoire exécutif s'apercevant que les dispositions de l'Autriche devenaient plus équivoques à mesure que la mésintelligence s'établissait en France entre les premières autorités de la République, n'eut pas

1) Vergl. hierüber Hüffer 1, 321.

1798 Mai 23. plutôt triomphé dans la journée du 18 fructidor qu'il s'empressa de faire un nouveau pas vis-à-vis du gouvernement prussien.

Cette fois les ouvertures du Directoire furent plus complètes et plus pressantes qu'elles n'avaient jamais été, mais Frédéric-Guillaume vivait encore, et il fut impossible d'amener ce Roi languissant à une volonté forte. Sa réponse fut négative. Le courrier qui la rapporta était de retour à Paris vers la fin de vendémiaire. Dans les premiers jours du mois suivant on apprit que la paix avec l'Empereur avait été signée à Campo Formio. Il n'y eut plus lieu à regretter que nos excitations eussent manqué leur effet à Berlin.

Telle était notre position avec la cour de Prusse lorsque le Roi mourut et que le congrès s'ouvrit à Rastatt pour la paix de l'Empire. Les dispositions du nouveau monarque se montrèrent bientôt d'une manière assez favorable. M. de Haugwitz ayant conservé le ministère parut se rattacher davantage au parti français. La crainte que le rapprochement qui venait d'avoir lieu entre la France et l'Autriche ne fût suivi d'une alliance plus étroite parut dominer ce cabinet, et le silence qui fut gardé avec lui sur les stipulations secrètes du traité de Campo Formio ne contribua point à le rassurer. Son inquiétude le rendit affectueux, elle avait pour premier fruit l'espèce de reconnaisance à laquelle consentit la Prusse vis-à-vis du gouvernement batave en ordonnant à son agent à la Haye de reprendre ses communications officielles; elle eut pour effet plus utile de la disposer à beaucoup de condescendance pour les arrangements que nous devions proposer au congrès.

Effectivement, et en résultat général, nous avons vu que dans les deux grandes questions qui ont été agitées au congrès de Rastatt, savoir la limite du Rhin et la sécularisation des domaines sacerdotaux, les plénipotentiaires prussiens n'ont jamais contrarié nos vues, les ont souvent servies. De la part de l'Autriche nous avons éprouvé une conduite différente, et les derniers événements ont prouvé que ce n'était pas seulement le chef de l'Empire qui répugnait aux arrangements que nous avons provoqués, mais que le cabinet autrichien voyait aussi son intérêt à résister aux désirs de la République, à prolonger la négociation, peut-être à rallumer la guerre. Du moins il n'est plus douteux que telle était l'intention d'une partie du ministère de Vienne, et en même temps qu'on y trouve l'explication de ce qui a eu lieu, on y reconnaît l'effet des intrigues, de l'acharnement des cours de Londres et de Pétersbourg. Il est sensible que la première, voyant que la pacification du continent nous permettait de diriger contre elle toute la puissance de nos efforts et ne s'aveuglant point sur les résultats possibles de cette lutte individuelle, a dû mettre tous ses soins à réunir une seconde fois contre nous la coalition que nous avions vaincue et dissoute.

On peut apprécier les moyens dont elle se sera servie pour atteindre son but. Si d'une part notre puissance et notre gloire en imposent à l'Europe, il n'est point douteux qu'à cette admiration ne se joignent la crainte et l'envie, deux sentiments qui dominent les nations comme les individus, et qui souvent ont suffi pour liguer des peuples entiers contre la puissance qui se trouvait prépondérante. Combien d'autres ressorts l'Angleterre a pu faire jouer dans cette circonstance et par rapport à nous! La paix conclue avec les Rois de

l'Europe n'empêche point que leur pensée secrète ne soit toujours contre la République ; et quand ils auront vu briser à Rome le trône autour duquel tant de prestige avait été réuni, quand ils auront vu la Suisse affranchie de son régime oligarchique, quand il aura été facile de les inquiéter sur le sort de Naples, de Turin et de leur prédire les extensions prochaines du système représentatif, on aura eu l'espoir de les précipiter vers un nouveau concert de mesures et d'hostilités. 1798 Mai 23.

Que ces suggestions de l'Angleterre, qui ont promptement entraîné la lourde Russie, aient aussi prévalu à Vienne, ce n'est plus la matière d'un doute. La disgrâce de M. de Thugut, si elle est réelle, prouve seulement que ces vues inamicales ont cessé d'exister; si elle n'est qu'apparente, elle laisse craindre qu'elle existe encore.

Mais la question importante c'est de savoir jusqu'à quel point les insinuations réunies de Londres, Pétersbourg et Vienne ont influé à Berlin.

L'Europe est pleine du bruit que cette cour n'est point étrangère aux arrangements qui ont été pris entre les trois autres, et que quelque traité spécial déjà signé ou prêt à l'être, renferme tous les éléments d'une nouvelle coalition qu'on va voir éclater contre la France et les républiques alliées.

Cependant le citoyen Caillard est resté dans une sécurité complète; le caractère particulier du jeune Roi, celui du ministre principal, lui paraissent une garantie suffisante de leur sincérité. Il affirme que les communications plus fréquentes qui ont eu lieu entre Vienne et Berlin, les relations directes établies entre les deux monarques ne sont relatives qu'aux arrangements intérieurs de l'Allemagne, sur lesquels on est encore loin d'être d'accord . . . Mais d'une autre part, il résulterait de la conduite actuelle des plénipotentaires prussiens au congrès de Rastatt, de quelques mots échappés à M. de Jacobi et de la déclaration embarrassée qu'ils viennent de faire relativement à la dernière note des plénipotentaires français, qu'effectivement quelque intrigue secrète est sur le point d'entraîner le cabinet de Berlin vers un autre système.

Ainsi la question reste indécise, et cependant sa décision importe essentiellement aux intérêts de la République.

C'est dans ces entrefaites que le Directoire exécutif a jugé convenable d'envoyer à Berlin le citoyen Sieyès en qualité d'ambassadeur extraordinaire. Il connait à présent toute l'importance de la mission qui lui est confiée. Il saura la remplir. Ses travaux, ses talents, sa réputation sont autant de garants du succès qui lui est réservé.

Il s'agit de conduire à terme un ouvrage si souvent ébauché et qui est toujours demeuré imparfait, il s'agit de lier la Prusse à notre système par la conclusion d'un traité d'alliance offensive et défensive, auquel puissent accéder ensuite la Suède, le Danemark, quelques puissances d'Allemagne, et qui devienne le garant véritable de la paix du continent contre les éternelles intrigues de l'Angleterre, les emportements de la Russie et les ressentiments de l'Autriche.

C'est assez dire que si ce but important ne pouvait être obtenu, il s'agirait d'empêcher au moins que la cour de Prusse, séduite, entraînée, allât grossir le nombre de nos ennemis publics et secrets.

Mais on ne craint point de s'attacher à la première hypothèse, parce que

1798 Mai 23. tant de motifs puissants militent en sa faveur, qu'on ne peut se refuser à croire qu'ils prévandront à la fin.

Déjà par une sorte de pressentiment qui était fondé sur la marche des négociations au congrès et sur la conduite de l'Autriche, quelques jours avant d'être instruit de l'insulte faite à Vienne à l'ambassadeur de la République, le Directoire avait chargé le citoyen Caillard de présenter de nouveau au gouvernement prussien la proposition formelle d'une alliance offensive et défensive.

Ce qui est arrivé depuis a rendu cette détermination plus profonde, cet intérêt plus puissant.

Le citoyen Caillard a porté les premières paroles, le ministre est prévenu, le Roi doit l'être à présent, il aura énoncé une opinion quelconque. C'est au citoyen Sieyès à en profiter si elle est favorable, à la faire changer si elle est contraire.

Le Directoire ne compte pas peu sur les efforts de son zèle et sur son habilité, car il ne se dissimule point les obstacles de tout genre qui vont affluer sur sa route. Peut-être ne sont-ils pas plus grands dans la supposition que la Prusse aurait déjà pris des engagements avec l'Autriche, que dans celle où pour échapper aux propositions qui lui auraient été faites, elle se serait renfermée dans l'assurance d'une neutralité absolue.

Ce qu'on connaît de la position intérieure de la Prusse et des moyens actuels de son gouvernement atteste que l'une et l'autre ont en effet besoin de repos.

Ce qu'on connaît des dispositions du jeune monarque témoigne qu'il est plus animé du désir de réparer le funeste effet des dérèglements de son père, que de celui d'embrasser trop tôt les idées politiques et belliqueuses qu'il pouvait avoir héritées de son grand-oncle. Ce n'est donc point par les illusions de la gloire qu'il faut attirer ce prince. Une guerre précoce pourrait l'effrayer. Son ministère veut aussi la paix, parce que ceux qui sont en place craignent de s'exposer aux chances résultantes de la guerre.

C'est en prouvant au contraire à la cour de Berlin que l'intérêt même de son repos actuel et de son agrandissement futur exigent qu'elle s'unisse à la République par l'alliance la plus étroite qui puisse exister entre deux États qu'on peut espérer de la décider. Cette preuve s'acquiert et se donne de mille manières, que l'ambassadeur de la République saura bien développer et dont il suffit d'indiquer les principales.

Il est impossible que la Prusse puisse jamais croire à des dispositions sincèrement amicales de la part de l'Autriche. L'une ne voit dans l'autre qu'une maison parvenue, usurpatrice, dont elle médite sans cesse le châtiment et la ruine. Ce qu'elle appelle sa défection dans la guerre des Rois est un grief dont le souvenir sera longtemps présent et qu'une nouvelle condescendance de la part de la Prusse ne pourrait expier, parce qu'elle ne serait pas maîtresse de réparer le tort que sa séparation a fait à la coalition. Si la Prusse veut obtenir des témoignages plus sensibles de la constante animosité de la maison d'Autriche, on les lui montrera un jour déposés dans le traité secret de Campo Formio. Ce n'est point la République qui a provoqué cette exclusion de la Prusse de tous dédommagements; si elle a laissé introduire des clauses pareilles, c'est qu'elle savait bien qu'en dernier ressort elle serait maîtresse d'en annuler l'effet, et qu'il lui était précieux de recueillir ce monument de l'animosité autrichienne. De quelque espèce que soient les liens que la cour de Vienne proposerait à celle de Berlin, s'il s'agit de les cimenter par des acquisitions communes, croit-on qu'elle n'aurait pas soin cette fois de rendre sa part tellement supérieure, qu'elle réparât le détriment qu'elle a réellement éprouvé dans le partage de la Pologne et que l'équilibre en Allemagne ne fût détruit de plus en plus au désavantage de la maison de Brandebourg? 1798 Mai 23.

Ces conjectures ne sont point vaines. Si c'est par le concours de l'Autriche que la Prusse veut étendre sa domination, elle ne le fera qu'en voyant celle-ci obtenir une extension plus grande. Avec la République au contraire, la Prusse peut acquérir, arrondir ses possessions, concentrer ses forces, sans que l'Autriche s'accroisse ou se fortifie dans une proportion plus grande, et pour opérer de si grands résultats, il ne s'agit point de prendre aujourd'hui les armes, il faut seulement associer sa cause et ses moyens.

Le but sera obtenu quand on aura montré à l'Europe par cette alliance principale, qui sera inévitablement fortifiée de l'accession d'un grand nombre de puissances du second rang, une telle masse de volonté et de forces, qu'il suffira de proclamer des intentions communes pour en voir le succès assuré.

Tout se réduit à ceci: examinez l'effet que produirait en Europe, si elle était tout à coup divulguée, l'alliance formidable de la France, de la Prusse, de l'Espagne, des Républiques batave et helvétique, des Républiques d'Italie, des Rois de Suède et de Danemark, et d'une grande partie des membres les plus influents du Corps germanique.

Voilà ce qui tient à un traité unique, à celui qui peut être conclu dans l'espace de quelques jours entre la République et la Prusse, et auquel seront facilement rapportés tous ceux qui lient déjà la République. Voyez les conséquences et calculez les résultats: à la fois l'agrandissement de la Prusse et la paix du continent. L'une ne sera point troublée par l'autre. Le principe des sécularisations est reconnu; avec son secours et par des échanges habilement combinés, la Prusse peut transporter sa puissance à l'Est et au Nord de l'Allemagne en s'éloignant de nos frontières et en se rapprochant de la Pologne destinée peut-être à reformer un jour un corps de nation sous la domination prussienne.

Ces vastes changements peuvent être opérés sans qu'il y ait du mécontentement que de la part des membres de la triple-alliance, l'Angleterre, la Russie, l'Autriche, dont l'impuissante colère viendrait se briser contre la masse fédérative dont la France et la Prusse formeraient la base.

On s'abstient de donner ici aucuns développements à ces vues générales. Il est urgent que l'ambassadeur extraordinaire de la République se rende à sa destination. Il trouvera à Berlin quelques hommes sincèrement attachés au parti français, et à la tête desquels il faut placer le prince Henri, qui dans toutes les circonstances a témoigné hautement son opinion contre les intrigues qui tendaient à désunir la Prusse et la République. Malheureusement il est connu que son crédit n'est point au niveau de sa bonne volonté et que lui-même il compromet souvent son influence ou par ses bouderies ou par ses indis-

1798 Mai 23. crétions; néanmoins l'ambassadeur de la République aura soin de réitérer à ce prince les assurances d'estime et d'intérêt que le Directoire exécutif lui a constamment fait transmettre, et il saura faire concourir au succès des vues dont l'exécution lui est confiée ce qui reste de crédit et de poids au frère du grand Frédéric. On a déjà dit que le comte de Haugwitz, ministre des affaires étrangères, paraissait s'être de plus en plus rapproché de la France; on sait que cet attachement est le motif des efforts que fait la faction opposée pour le renverser. Le maréchal de Möllendorff, qui est toujours un homme influent par son rang et son crédit dans l'armée, paraît être resté fidèle aux principes qui l'ont porté dans le temps à tenter les premières ouvertures de paix vis-à-vis de la République. On répugne à croire que M. de Schulenburg, qui fut éloigné au commencement de la guerre par suite de l'opposition qu'il manifesta contre elle, soit rentré au ministère avec des dispositions différentes de celles qu'il avait alors.

Il serait superflu d'énumérer ici les hommes qui jouent un rôle en Prusse.

Dans le pays où l'autorité administrative est plus divisée que dans aucune autre monarchie, on ne remarque dans le moment ni favori, ni premier ministre. L'influence des femmes paraît nulle aujourd'hui. La Reine a toute l'affection de son époux, mais elle se tient très écartée des affaires. Ce n'est point dans le début d'un règne qu'on peut connaître encore l'esprit et les ressorts du gouvernement. Ce qui est certain, c'est qu'en Prusse la nation et l'armée sont d'autant mieux disposées pour la République, que le sentiment qui les domine, c'est la haine de l'Autriche.

Pour ajouter à cette donnée précieuse, la première tâche de l'ambassadeur de la République sera de se procurer sur les lieux les notions locales qui lui sont nécessaires. Une grande part lui sera fournie par son prédécesseur, ainsi que par le citoyen Parandier que le Directoire exécutif avait placé comme observateur à Berlin et que le citoyen Sieyès sera autorisé à employer dans tel point qu'il jugera le plus utile. La correspondance ministérielle lui transmettra dans le plus bref délai les instructions particulières relatives au matériel du traité d'alliance qu'il s'agit de conclure avec la cour de Berlin . . .

Approuvé par le Directoire exécutif, 4 prairial an VI.

Merlin. Larevellière-Lepeaux. Barras. Treilhard. Reubell.

2. Bericht von Sieyès an Talleyrand. Berlin 19 messidor an III.

Prusse 188.

Audienz bei König Friedrich Wilhelm III. und Prinz Heinrich.

Juli 7. . . . J'ai prononcé au Roi le discours que voici [1]) . . . Vous ne trouverez pas mauvais que j'y aie parlé de moi beaucoup plus qu'il n'eût été décent de le faire en toute autre circonstance. L'opinion est extrêmement remuée ici sur

---

1) Vergl. Nr. 182, S. 214. Das Direktorium veranlaßte die Veröffentlichung dieser Ansprache, um wie Talleyrand am 20. Juli schreibt, den übrigen französischen Agenten zu zeigen »dans quel style il était convenable de parler aux puissances près desquelles ils sont envoyés.«

mon compte depuis mon arrivée, et si j'ai négligé longtemps l'individu, il entre aujourd'hui dans mon devoir de ne pas présenter l'envoyé avec désavantage. 1798 Juli 7.

Le Roi m'a adressé plusieurs questions en lieux communs; il a parlé assez longtemps; je ne l'entendais pas plus que s'il eût parlé allemand. Enfin les mots »politique d'Europe« échappés de sa bouche m'ont permis de lui répliquer que s'il y avait des doutes, il était réservé à S. M. d'acquérir beaucoup de gloire en concourant avec nous à les éclaircir et à les fixer d'une manière favorable à une bonne paix générale. Dans toutes mes conversations je me présente comme un ministre de paix, mais en prouvant, ce que je pense, que la République n'a pas à redouter l'état de guerre . . .

J'ai montré tant d'empressement à voir le prince Henri, qui tout malade qu'il est, m'a donné une audience dont j'ai été fort content. J'ai admiré la netteté de ses idées dans un âge si avancé et la pureté de son langage. Du reste, pour la pensée, j'ai cru causer avec un Français. Quelle différence d'avec tout ce que j'ai vu! Mais, vous le savez, il est nul dans les affaires . . .

3. Bericht von Sieyès an Talleyrand. Berlin 26 messidor an VI.

Prusse 188.

Die französische Politik und die deutschen Mittelstaaten. Gedanke einer Schließung der Häfen gegen England.

. . . La politique de la France ne peut pas être de laisser disparaître ni même de laisser trop s'affaiblir ce tiers-parti de l'Allemagne, ces états indépendants qui doivent être ses futurs alliés les plus intéressants, ses protégés nécessaires. Avec eux, la République tiendra sous son influence les côtes occidentales de l'Allemagne, la portion du globe la plus importante pour nous, quand on songe que par ce moyen le Directoire pourra à son gré fermer au commerce anglais tous les marchés, tous les ports du continent depuis Gibraltar jusqu'au Holstein ou même jusqu'au Cap-Nord. Il est impossible que nous laissions établir sur cette mer une grande puissance militaire susceptible d'échapper à notre protection et capable de s'allier un jour à la Grande-Bretagne. Quand nous avons ôté à cette dernière les leviers de la Belgique et de la Hollande avec lesquels elle a si longtemps troublé la paix de l'Europe, commettrons-nous la faute capitale de lui rendre un pied-à-terre sur le continent? . . . Juli 14.

4. Bericht von Sieyès an Talleyrand. Berlin 6 thermidor an VI.

Prusse 188.

Frankreichs Politik in Deutschland muß die Zurückdrängung Preußens über die Elbe zum Ziele haben.

. . . Je ne saurais trop vous remettre sous les yeux, citoyen ministre, que les embouchures du Weser et de l'Elbe ne doivent pas être confiées à une puissance du premier ou même du second ordre. Il faut que ces ports du continent soient gardés par des protégés, des amis essentiels, invariables de la Juli 24.

1798 République française. Je ne crois pas à la paix continentale, si je ne vois
Juli 24. pas entre l'Angleterre et les grands États d'Allemagne une masse interposée comme une barrière insurmontable qui coupe à jamais la communication électrique directe entre l'Orient et l'Occident de l'Europe. Certes, ce serait un assez beau sort pour la monarchie prussienne que d'occuper sur la Mer Baltique, si l'on veut, depuis Lübeck jusqu'à Memel, sans compter les chances futures contre la Russie. Les ministres prussiens semblent quelquefois disposés à nous abandonner et Wesel et Embden, enfin tout ce qu'ils ont en Westphalie, en se retranchant, disent-ils, derrière le Weser. Cette disposition les rendrait maîtres des côtes maritimes entre ce fleuve et l'Elbe. C'est derrière l'Elbe qu'ils doivent être contenus en tirant une ligne à peu près droite des frontières occidentales du Mecklenbourg sur ce fleuve. Puisqu'on me paraît déjà sentir la nécessité d'établir un État intermédiaire entre le Rhin et la Prusse, on finira par concevoir également la nécessité d'un intermédiaire entre la Prusse et l'Angleterre. Alors véritablement l'Europe occidentale sera en paix. Je vois venir toutes les combinaisons. Il est de notre intérêt de les laisser se former et s'avancer jusqu'à un certain point; mais le Directoire exécutif, quand il sera temps, y prendra part et saura les diriger aux fins les plus utiles pour la prospérité française et le repos général de l'Europe[1]) . . .

5. Erlaß von Talleyrand an Sieyès. Paris 6 thermidor an VI.

Prusse 188.

Weisungen für die Anknüpfung vertraulicher Unterhandlungen mit Preußen.

Juli 24. . . . L'impatience du Directoire est telle, pour mettre un terme à cette espèce d'incertitude dont l'Europe entière pâtit relativement à la paix ou à la guerre, que je ne puis attendre que vous m'ayez fait connaître le résultat de vos premières conférences avec M. de Haugwitz pour vous transmettre les instructions du gouvernement . . . Il faut que vous pressiez votre ouvrage et que vous obteniez une décision. Nous la voulons prompte et positive. Tous les intérêts de la République sont compromis par cet état de choses et il est temps qu'il cesse.

Que la Prusse fasse un choix! Veut-elle opérer avec nous au Congrès? Veut-elle entrer de bonne foi dans nos vues? Nous favoriserons les siennes. Si Ehrenbreitstein lui tient si fort à cœur, en exigeant que cette forteresse soit démolie parce que son existence est vraiment incompatible avec celle de Coblenz, nous ne nous opposerons pas à ce que la rive droite du Rhin soit défendue de ce côté par la construction d'une nouvelle place, pourvu qu'elle soit plus éloignée du fleuve et que ses feux ne puissent inquiéter ni notre rive ni nos îles.

---

1) Talleyrand hat hierauf geantwortet (6. August): Vous savez à quel point je partage votre opinion sur ce qui est relatif à la puissance prussienne. Je pense avec vous que nous ne saurions trop l'éloigner de nos frontières, trop l'éliminer des côtes de l'Océan pour la porter tout entière au Nord et à l'Est de l'Allemagne. Je ne perds pas une occasion de faire prévaloir des maximes que je crois saines et que j'ai souvent développées dans mes divers rapports.

Que la Prusse devienne un allié sincère, actif, et ses intérêts ne nous seront moins chers que les nôtres, mais si pour la quatrième fois, nos excitations n'aboutissent qu'à prolonger sa léthargie, peut-être sa mauvaise volonté, si nos ouvertures n'obtiennent qu'une réponse toujours dilatoire, évasive, je vous le dis, fatigués de notre inutile persévérance, nous mettrons alors tous nos soins à nous passer d'elle; vous ne doutez pas que nous n'en trouvions les moyens, et si la Prusse bien avertie recueille des fruits amers de sa résistance à nos vues, de sa confiance dans celles de l'Autriche, elle n'aura point à nous reprocher de l'avoir trompée ou trahie. 1798 Juli 24.

Je n'imagine point de vous fournir des arguments pour décider la cour de Berlin. Tous ceux qui y sont propres sont présents à votre esprit. Vous saurez combattre et réfuter avec l'objection qu'on met en avant celle qu'on dissimule. Vous vous attacherez à détruire cette terreur secrète qui entretient à Berlin comme ailleurs une méfiance de nous qui nuit sans cesse à nos ouvertures, parce qu'on ne nous croit occupés que du projet de révolutionner l'Allemagne. Vous saurez faire entendre que les chances de révolution sont toutes dans la reprise des hostilités et que la paix générale est pour les gouvernements monarchiques de l'Europe une sauvegarde beaucoup meilleure que l'espèce de ligue vers laquelle on les excite et qu'on prétend opposer ostensiblement à celle qu'on suppose les républiques disposées à former contre les couronnes . . .

6. Bericht von Sieyès an Talleyrand. Berlin 10 thermidor an VI.

Prusse 188.

Graf Haugwitz.

Je dois vous donner une idée juste de ma position politique prise au matériel et au moral; car il faut que vous puissiez juger de la nécessité où je suis de me frayer une nouvelle route pour atteindre au but de ma mission. Juli 28.

Les nombreux ministres d'État qui régissent l'administration intérieure me sont étrangers, ainsi qu'aux autres agents politiques, comme s'ils servaient la monarchie chinoise. Point de liaison personnelle avec aucun de nous; jamais de conversations sur les affaires politiques; ils n'oseraient, surtout avec l'envoyé de France; ils ne veulent pas se rendre suspects. Lorsque nous avons des affaires à traiter de leur ressort, il faut passer par les ministres du cabinet qui nous servent d'intermédiaires. Ceux-ci sont au nombre de trois; mais il est reconnu par expérience qu'inutilement on s'adresserait à tout autre que M. de Haugwitz, excepté pour les pièces écrites qui doivent être ostensiblement remises au doyen des trois pour revenir de même à M. de Haugwitz.

J'ai donc à vous faire connaître M. de Haugwitz, comme je le juge. Avec lui les affaires particulières vont comme ailleurs quoique plus lentement; les affaires diplomatiques ne vont point, et cette inertie, on la décore du nom de système de conduite. Mirabeau aurait appelé cet homme: le ministre des ajournements[1]). Il croit gagner toutes les causes qu'il évite de traiter. Plu-

1) In einem andern Bericht (4. Sept.) charakterisirt Sieyès die Stellung des Grafen Haugwitz mit folgenden Worten: Haugwitz est beaucoup moins le ministre des affaires

31*

1798 Juli 28. sieurs de mes confrères sont assez contents de lui; ce sont ceux qui n'ont rien à négocier. Ils disent, en le comparant aux autres, qu'au moins celui-là fait la conversation; ils ont raison; mais du moment qu'on veut parler sérieusement, on ne trouve plus qu'un finassier à formes germaniques, douces. Il finasse pour éviter d'entendre, il finasse pour éviter de répondre. Il s'accroche au premier mot pour vous égarer dans des anecdotes insignifiantes. Jamais il ne raisonne que hors de la question; toujours attentif à se défendre d'une demande directe, d'une proposition catégorique, il les détourne comme un escrimeur adroit pare les coups directs de son adversaire. Les Russes, les Anglais, les Autrichiens, les émigrés ne l'aiment point. Il y a de leur part une intrigue sans cesse renaissante pour faire mettre à sa place un homme plus actif et qui leur soit dévoué. Ils l'accusent d'avoir des sentiments français, ce qui ne veut dire autre chose, si ce n'est qu'ils regardent cette inculpation comme la plus propre à lui faire du tort. Non, M. de Haugwitz n'est pas du parti français. Il est du parti de ne rien faire. Il n'est point étonnant qu'il déplaise aux Anglo-Russes qui voudraient du mouvement. Par la même raison, mais dans des vues diamétralement opposées, je n'aime pas non plus le plan d'inertie dans lequel il s'est retranché. Je conçois comment un Prussien honnête-homme a pu vouloir jouer le rôle de temporiseur depuis le traité de Bâle jusqu'aux approches de celui de Campo Formio. Mais à cette dernière époque, lorsque le Directoire exécutif fit proposer une alliance au Roi de Prusse, il m'est démontré que le ministre qui n'a pas voulu sortir de tout système d'inertie a blessé évidemment les intérêts de son pays. Certes, le traité de Campo Formio en vaudrait mieux, si la Prusse n'avait pas refusé de se concerter avec la France, et qui est-ce qui était le plus intéressé à ce que la paix avec l'Autriche fût bonne et solide et ne rompît pas trop l'équilibre entre les puissances d'Allemagne? Dans mon opinion, le moment actuel n'est pas moins important. L'état de l'Europe, et une impatience bien juste de la part du Directoire, exige impérieusement que la Prusse adopte enfin une marche franche et prononcée . . .

7. Erlaß von Talleyrand an Sieyès. Paris 26 thermidor an VI.

Prusse 188.

Das Ziel der französischen Politik in Deutschland ist Stärkung der Mittelstaaten und Zurückdrängung Österreichs und Preußens.

August 13. . . . Il y a longtemps que nous connaissons son désir [de l'Empereur] de renoncer à son extension en Allemagne pour s'accroître en Italie. M. de Cobenzl en avait fait à Rastatt les premières ouvertures; il les a renouvelées à Selz, mais nous sommes restés muets, parce que nous voulons que l'Empereur renonce à ses dédommagements d'Allemagne sans en acquérir en Italie, où sa puissance est déjà trop forte. Si, à l'aide du cabinet prussien, vous remplissez ce double but, vous aurez fait ce qu'il y a de mieux, surtout si l'Autriche et la Prusse exceptées, vous assurez aux dépens de la puissance sacerdotale, l'indemnité des princes séculiers, afin de former et de fortifier au cœur de l'Allemagne cet État inter-

étrangères qu'une sentinelle placée à la porte avec la consigne d'empêcher les affaires d'entrer.

médiare, cette fédération de puissances que vous regardez comme essentielles et qui doivent être assez robustes pour devenir les alliés naturels de la République française et des alliés efficaces. Votre principe est le mien, je l'ai toujours professé. Reculer l'Autriche, parce qu'elle est ennemie et qu'elle doit longtemps l'être; reculer la Prusse, parce qu'elle est amie et qu'elle le deviendra davantage si sa puissance reçoit les modifications dont elle est susceptible . . . 1798 August 13.

8. **Bericht von Sieyès an Talleyrand.** Berlin 8 fructidor an VI.

Prusse 188.

Aussichtslosigkeit der Verhandlungen mit Preußen. Frankreich muß sich den Mittelstaaten zuwenden und in Deutschland einen Nord- und Südbund gründen.

. . . Je suis chargé par mes instructions de maintenir la neutralité prussienne contre les instances de la coalition, et cela fait, de proposer une alliance. Nous en sommes à ce point. Or je vous déclare que si je propose l'alliance nettement, catégoriquement, j'aurais une réponse négative, et ce sera pour la quatrième fois que la République sera refusée, ou ce qui serait plus misérable encore, on me répondra par un bavardage douteux et de mauvaise foi, dont l'unique intention sera de vous empêcher de prendre votre parti. Plus je réfléchis à notre ennuyeuse position vis-à-vis de la Prusse, plus je me confirme dans l'idée qu'elle sera sourde aux bonnes paroles, qu'elle restera couchée mollement dans sa neutralité jusqu'à ce qu'elle s'aperçoive que vous agissez pour vous passer d'elle. Vous avez deux moyens de la réveiller en excitant ses inquiétudes. Faites entendre qu'aucun sacrifice ne vous coûtera pour appaiser l'Autriche à la seule condition que la Souabe, la Suisse et la Cisalpine sépareront à jamais vos intérêts des siens; que dans cette supposition le trésor de Vienne s'accroîtrait de cent millions, si l'on veut, sans que ce fût la République, assise sur des bases de puissance infiniment plus fortes, qui pût s'en effrayer. D'un autre côté, agissez directement sur les États de l'Empire; c'est leur intérêt à l'avenir de s'attacher à nous. C'est notre rôle de les soutenir, de les protéger, et surtout de leur révéler leur force et leur puissance en les unissant par un lien fédéral quelconque, autre que celui du grand Corps germanique. Votre projet jusqu'à présent paraît avoir été de les donner à la Prusse; prenez-les pour vous. Envoyons des hommes capables près de chacun d'eux, sondons principalement Hesse-Cassel, qui a de justes sujets de plaintes contre la Prusse et contre qui j'ai surpris dans le cabinet de Berlin des sentiments de jalousie très réels quoique très ridicules[1]). August 25.

---

1) In der That erging am 26. September folgender Erlaß von Talleyrand an Rivals, den französischen Gesandten in Cassel:

. . . Pendant que l'envoyé extraordinaire de la République suit à Berlin une négociation dont vous concevez que le but est de conduire à l'achèvement et au maintien de la paix, il serait utile que vous excitiez un peu le landgrave à sortir de l'immobilité dans laquelle il se renferme, soit pour marcher avec la Prusse, si elle sait prendre l'attitude qui lui convient, soit pour agir indépendant d'elle et remplir peut-être un rôle beaucoup plus important en devenant le pivot et le chef d'une ligue intermédiaire qui se formerait des princes intérieurs de l'Alle-

1798 Aug. 25. Distinguons en ce genre deux unions en Allemagne. Celle du Sud nous sépare de l'Autriche et sera garantie contre elle; celle du Nord nous séparera de la Prusse avec laquelle nous resterons simplement dans les termes de la paix, et qui défendra l'Allemagne contre le commerce anglais. Ces deux fédérations se ligneront entre elles et avec nous. La Prusse maintenue dans son existence secondaire à l'égard des cours impériales en sera d'autant plus obligée, non pas de vous accueillir, mais de vous demander vos bons offices, soit directement contre ses grands ennemis, soit indirectement pour vivre en bonne harmonie avec les deux unions germaniques du Nord et du Sud, qui seront le véritable gage de la paix européenne occidentale. En un mot, si vous voulez vous attacher la Prusse, montrez que vous pouvez vous passer d'elle et que vous consultiez plus ses intérêts que les vôtres quand vous ne cessiez de lui offrir un surcroît de considération, d'influence et d'agrandissement topographique, qui ne serait propre au fond qu'à la soustraire bientôt à la nécessité de respecter et de chérir l'amitié de la République . . .

9. Privatschreiben von Sieyès an Talleyrand. Berlin 12 fructidor an VII.

Eigenhändig. Prusse 188.

Scheitern der Verhandlungen mit Preußen.

Aug. 29. . . . J'ai reçu une pièce authentique de Naples qui me prouve ce que je pensais avec une sorte d'opiniâtreté de réflexion, c'est qu'on a eu tort de ne pas en finir avec toutes ces monarchies italiennes. Nous gâterons les affaires tant que nous mettrons quelque prix à mériter l'approbation de nos ennemis[1]) . . .

S'il y avait un homme ici, avec quelle facilité nous signerions trois conventions: 1° pour déterminer la paix de Rastatt, 2° pour la garantie contre ceux ou celui qui n'aurait pas voté avec la majorité, 3° enfin pour contenir à jamais l'Autriche dans telles limites convenues. Mais H . . . ne veut pas de suppositions. Les deux dernières se seraient renforcées de l'accession des états d'Empire survivants. Dans la première, la séparation éternelle de l'Autriche par la Souabe, la Bavière, la Franconie aurait été stipulée. Par une 4° convention, un État intermédiaire entre le Rhin et la Prusse et des indemnités dans le Nord. Enfin un appel de la Suède, du Danemark etc. pour le liberum mare et une police générale maritime. Mais le roi veut thésauriser, et le ministre ne rien innover. Le premier s'était rendu aux propositions transmises par ses favoris. Toute l'aristocratie en masse a fini par se soulever.

---

magne, qui pourrait se subdiviser en ligue du Nord et ligue du Sud et qui, appuyée par nous, deviendrait la véritable garantie du Corps germanique tel qu'il se trouvera organisé par les résultats de la pacification . . . Le landgrave, par sa position, par ses moyens militaires et par ses richesses, est appelé à de hautes destinées. Il connaît les dispositions que nous avons toujours montrées pour favoriser son agrandissement; qu'il travaille lui-même à sa grandeur. La chance est superbe. S'il la laisse échapper, qui sait si elle se retrouvera jamais . . .

1) Unter Bezugnahme auf diese und ähnliche Äußerungen schreibt Otto, 29. Oktober 1799: Nous ne pouvons nous maintenir que par la force; il serait absurde de compter sur des amis volontaires; le citoyen Sieyès l'a dit bien souvent.

Ha ... s'est vu plus fort. Les lettres de Paris leur ont fourni de nouvelles armes, et décidément on veut rester en paix et vivre à nos dépens, parce qu'on regarde la reprise des hostilités en Italie comme certaine. Il y a trois à quatre mois, je vous aurais dit: envoyez-moi à Vienne, mais à présent je sais qu'on ne raisonne plus dans ce pays-là, c'est de la rage. Les passions aristocratiques les plus violentes se sont emparées des rois comme de leurs instruments naturels. Depuis une décade environ, l'aristocratie prussienne donne un spectacle semblable. On dirait que Cobenzl court l'Europe pour donner le mot d'ordre des héréditaires. Cependant, en me rappelant bien tout ce que j'ai vu, je ne puis fixer l'époque de ce singulier mouvement qu'à trois jours après son départ[1] ... 1798 Aug. 29.

Si la guerre recommence, vous ne la finirez que pour la voir recommencer encore, ainsi de suite, à moins d'adopter et d'amalgamer avec les opérations militaires un plan de républicanisation différent de celui qu'on a suivi. Adieu, mon cher ami, vous savez que je vous aime invariablement.

10. Talleyrand. Rapport au Directoire. Sur les négociations de Berlin[2]. Paris 23 fructidor an VI.

Prusse 188.

Scheitern der Allianzverhandlungen mit Preußen. Talleyrand empfiehlt Wiederaufnahme der Verhandlungen auf Grund einer gemeinsamen Garantie der territorialen Verhältnisse Deutschlands und Italiens durch Frankreich, Preußen, Spanien und die Schweiz.

Ce qui avait été prévu dans les instructions du citoyen Sieyès paraît aujourd'hui confirmé par toutes les notions qui nous sont parvenues et par les dépêches que nous a rapportées le courrier qui avait été expédié à Berlin le 26 du mois dernier. Sept. 9.

La cour de Prusse, obsédée des instances de celles de Saint-Pétersbourg et de Vienne, n'a pu se soustraire au concours d'action qu'on réclamait d'elle qu'en promettant de repousser toutes les propositions d'alliance qui lui seraient faites par la République française, et quand on pense que cette neutralité absolue, système chéri du ministre de Haugwitz, est aussi d'accord avec les dispositions thésaurisantes du jeune Roi, on est peu surpris que les efforts du citoyen Sieyès n'aient point encore obtenu de succès, malgré la voie plus directe qu'il avait choisie pour faire parvenir au monarque ses dispositions et malgré l'espèce de chaleur avec laquelle le favori Zastrow avait paru les saisir.

L'opinion du ministre a prévalu. On voit qu'il met sa gloire et sa politique à combattre successivement les ouvertures de la Russie et celles de la France. Naguères il était en butte à toute la colère du prince Repnine et de son parti parce qu'il rendait nulles toutes leurs excitations. Aujourd'hui c'est pour eux et par eux qu'il repousse les nôtres. Les écrits ont démenti les discours. Au lieu de la réponse qu'on avait droit d'attendre et qui devait faire

1) Am 7. August berichtet Sieyès: »Du moment où Cobenzl a mis pied à terre, tous les salons parlaient dans le sens de la guerre contre la République, tous les propos étaient devenus autrichiens.«

2) Vergl. hierzu den Bericht von Sandoz-Rollin von demselben Tage S. 237.

1798 Sept. 9. suite à la conversation qui avait eu lieu entre le citoyen Sieyès et M. de Zastrow, une note froide, insignifiante a été remise par le ministre du cabinet à l'envoyé de la République et dans laquelle on affecte de parler de difficultés existantes entre la France et l'Autriche dont il n'avait point été question et d'offrir des bons offices qui n'avaient point été demandés.

Le citoyen Sieyès a eu soin de relever ces inconvenances et de faire sentir qu'il attendait autre chose d'après les conférences dans lesquelles on avait paru si bien d'accord sur la nécessité de s'occuper en commun des moyens d'assurer la paix continentale.

En même temps ayant acquis la preuve qu'on ne tenait rien avec le ministère quand on n'avait que la parole, il s'est déterminé à commencer par écrit une nouvelle attaque.

Il avait été souvent question de la part du ministre prussien d'une sorte d'engagement mutuel, d'après lequel l'Autriche et la Prusse se seraient réciproquement promis de ne rechercher aucun agrandissement en Empire, de renoncer même à toute nouvelle indemnité. Le citoyen Sieyès a senti qu'on pouvait tirer un parti fort utile de cette commune résolution si elle était sincère et qu'elle acquît de la publicité. En conséquence, par un office en date du 10 fructidor[1]), il a demandé la notification de ce fait comme un moyen évident de faciliter la conclusion de la paix. Cet office est encore sans réponse.

Si je crois ce qui m'a été dit par M. de Sandoz, sa cour ne répugnera point à faire connaître officiellement l'engagement qu'elle a pu prendre avec la cour de Vienne et leur renonciation mutuelle à toute indemnité ultérieure en Empire. Il assure que son gouvernement veut la paix; son gouvernement ne cesse de tenir ce même langage. Cependant il résulte des renseignements que le citoyen Sieyès a obtenus de deux sources intéressantes que si le cabinet de Berlin veut la paix, c'est pour lui, pour les États d'Allemagne qui l'environnent et dont il s'est déclaré le protecteur, mais qu'il verrait sans chagrin, même avec plaisir, que la guerre recommençât en Italie entre l'Autriche et nous.

On recueille aussi des conversations intimes de M. de Haugwitz, que la raison principale qui tient son gouvernement éloigné du nôtre, c'est la méfiance, toujours la méfiance.

En même temps qu'on nous suppose des projets de révolution, qu'on aperçoit jusque dans nos opérations sur les poids et mesures[2]), on témoigne

---

1) Vergl. Nr. 201. S. 234.

2) Am 17. Juli hatte Sieyès das preußische Ministerium zur Absendung von Gelehrten »chargés de concourir avec les savants français à la fixation de l'unité fondamentale des poids et mesures« eingeladen. Das Ministerium begründet seine ablehnende Antwort damit, daß der König sich nicht für befugt halte »de permettre soit à l'égard des poids et mesures établis dans ses états, soit par rapport à tel autre objet que ce puisse être, une altération quelconque des principes fondamentaux qui y sont admis et dont l'ensemble et la liaison étroite entre eux forme la constitution de ces mêmes états ... Les sujets prussiens ont trouvé jusqu'à présent dans cette constitution la tranquillité et le bonheur, et le corps de l'État, sa force et sa sûreté, au point que S. M. croirait manquer essentiellement à ce qu'elle leur doit en touchant à cet édifice même dans ses parties en apparence les moins importantes« (16. August).

des doutes sur le sort de la nôtre, et sans désirer formellement une contrerévolution en France, on ne peut perdre l'idée que d'un moment à l'autre elle peut, elle doit arriver, et on trouve que le plus sûr est de ne pas s'exposer à attirer sur soi dans le cas d'une contrerévolution la vengeance des autres gouvernements et celle de la France elle-même. 1798 Sept. 9.

Ainsi aux considérations misérables qu'on oppose à toutes nos ouvertures, il faut joindre encore ces idées, ces terreurs secrètes, et le citoyen Sieyès a raison de penser que dans ce moment la proposition formelle de l'alliance, si elle était faite, ou serait déclinée, on ne recevrait encore que des réponses dilatoires et un bavardage douteux.

Frappé de la position singulière dans laquelle nous nous trouvons, voyant qu'à travers les projets haineux de l'Autriche, et l'oisive amitié de la Prusse, nous cheminons cependant à Rastatt, mais sans apercevoir encore le moyen sûr d'arriver au but, j'ai cherché ce que nous pouvions faire sans changer la base sur laquelle nous avons travaillé et sans employer encore le dernier et plus dangereux moyen de négociations, qui est de traiter directement avec l'Autriche.

Je vais soumettre au Directoire le résultat de mes réflexions fortifiées de ce que je tire de mes entretiens avec les ministres de Prusse et d'Espagne.

Notre position à Rastatt n'est point mauvaise. Le dernier conclusum transmis sans retard et sans difficulté par le ministre impérial accorde la démolition d'Ehrenbreitstein, et n'insiste plus qu'avec tiédeur sur la restitution par la France des points fortifiés à la droite du Rhin, encore avec le consentement qu'ils ne retournent à l'Empire que démolis et sans pouvoir jamais être rétablis.

Sur le transport des dettes, la conservation des propriétés particulières et la non-application des lois sur l'émigration aux habitants de la rive gauche, la députation réclame encore des réponses favorables. Nos plénipotentiaires sont autorisés à les donner, au moins sur les deux derniers points; ils emporteront le premier, ainsi on peut regarder déjà cette partie du traité comme conclue, et si la Prusse met un si grand intérêt à ce que nous ne conservions point Cassel, on peut encore la satisfaire, mais ceci supposé que, faisant tout pour elle, elle ferait quelque chose pour nous.

Ce n'est point une alliance que nous lui demandons, c'est un acte simple, d'accord avec la modération qu'elle met en avant, d'accord avec les engagements auxquels l'Empereur lui-même a consenti (nous dit-on).

Aux bases de traité qui ont été discutées jusqu'ici à Rastatt et qui dans quelques jours peuvent être définitivement posées, qu'on ajoute un seul principe, savoir que la Prusse et l'Autriche renoncent à toute indemnité ultérieure, et que parmi les autres princes ci-devant possessionnés à la rive gauche du Rhin les princes héréditaires seuls ont droit à être indemnisés, il en résulte un véritable traité, dont l'existence peut être supposée et qui sera signé du jour où la France et la Prusse auront annoncé qu'elles le garantissent.

Mais ce serait un ouvrage bien imparfait que celui qui n'embrasserait que

1798 Sept. 9. la paix d'Allemagne; en ôtant à l'Autriche tout espoir d'agrandissement en Empire, gardons de lui laisser celui de s'étendre en Italie.

C'est là que cette puissance dirige tous ses efforts, et tandis qu'elle accumule ses moyens d'attaque, les républiques que nous avons créées, livrées déjà à des dissensions intérieures, ne présentent malheureusement que trop de chances favorables à leur ennemi. Naples est armé sur tous les points. Sa position appuyée de celle de Venise est à la fois bonne pour la défense, heureuse pour l'attaque. Les Anglais sont en force dans la Méditerranée; Turin, Parme et Florence existent encore, le Tyrol est garni de troupes, et la superstition fournit à Milan et à Rome de nombreux et secrets auxiliaires aux ennemis de la liberté.

On se le dissimulerait en vain: l'aspect de l'Italie devient chaque jour plus effrayant. Si la guerre recommence, ses chances sont terribles, et peut-être, après avoir manqué l'occasion que nous avaient donnée nos victoires pour révolutionner toute l'Italie, serait-il dangereux de brusquer en ce moment des mutations que le temps doit amener tôt ou tard, et qu'un échec peut reculer à l'infini.

Non, ce n'est point à la République à provoquer en ce moment des changements en Italie. Ce qui y est suffit pour assurer le triomphe de la liberté, et c'est à garantir momentanément cet état de choses contre les entreprises réunies de Vienne et de Naples, qu'il faut mettre tous ses soins. Cette garantie se lie naturellement à celle qui doit avoir lieu pour la paix d'Allemagne. Les garants naturels sont, avec la France, l'Espagne et la République helvétique. Ce ne sont pas les gouvernements qu'il s'agit de garantir, ce sont les limites et le territoire des États. Cette garantie existe déjà pour Parme et pour Turin; qu'importe qu'elle soit renouvelée. Son effet est présent et redoutable contre l'Autriche, il sera nul contre les efforts des peuples et les progrès de la liberté.

Telle est donc ma pensée. Réunir dans un seul acte, souscrit par la Prusse, l'Espagne, la République helvétique et nous, deux garanties, la première pour l'Allemagne, la seconde pour l'Italie, la première portant sur les bases déjà arrêtées du traité définitif, sur celles qui devront l'être dans quelques jours, sur celle enfin qui le sera aussitôt que la Prusse aura fait connaître l'engagement pris entre elle et l'Autriche. La seconde portant sur l'état actuel de l'Italie, sur l'impossibilité pour l'Empereur de franchir les limites qui sont tracées par le traité de Campo Formio, sur la conservation de Naples, de Florence, de Parme et de Turin, sur la séparation des trois Républiques romaine, cisalpine et ligurienne, enfin sur leur reconnaissance; car il est à observer qu'un des plus graves inconvénients de l'incertitude qui règne sur le sort de l'Italie, c'est que les États monarchiques en profitent pour ne point reconnaître, ou ne reconnaître que très imparfaitement les trois Républiques.

J'ai dit au Directoire que ces considérations s'étaient fortifiées dans mon esprit par mes conférences avec M. de Sandoz et M. Azara.

En effet M. de Sandoz se montre persuadé que sa cour, qui naguères nous faisait présenter une sorte d'intercession officielle en faveur du Roi de Sardaigne, ne se refusera ni aux moyens qui hâteraient la paix d'Empire sans que l'Empereur pût en profiter, ni aux moyens qui tendent à l'empêcher de conquérir en Italie plus que l'équivalent de ce qu'il avait pu obtenir en Allemagne. M. Azara répond des dispositions de son cabinet; sa cour sera fière de jouer un rôle dans les affaires d'Empire, et surtout elle mettra un grand prix à ressaisir en Italie un peu de l'influence qu'elle y a perdue, par la protection qui naîtra de sa garantie. Considérée sous tous les rapports, celle de la République helvétique est d'un poids réel, et si la guerre devait recommencer par suite des efforts mêmes qui auraient eu lieu pour amener la paix, il saute aux yeux que les Helvétiens pourraient, en s'étendant dans le Tyrol, devenir pour la Cisalpine un voisinage sûr et un appui constant. 1798 Sept. 9.

Je demande au Directoire qu'il m'autorise à écrire dans le sens de ce rapport au citoyen Sieyès. J'ajoute que la double garantie que je propose, si elle peut avoir lieu, rentre à merveille dans les propositions que fait le citoyen Sieyès dans sa lettre particulière [1]), qu'il regarde comme souverainement utiles et comme exécutables, si le Cabinet de Berlin était mu par des vues grandes et raisonnables.

Le Directoire peut se rappeler combien de fois j'ai insisté moi-même pour qu'en reléguant l'Autriche au Midi de l'Allemagne, la Prusse au Nord, on plaçât entre elles et nous une ou deux fédérations assez puissantes pour ne point former une interposition inutile et un mauvais garant de la paix.

Je regarde que le premier pas à faire pour arriver à cet important résultat, c'est de faire la paix en forçant l'Empereur de restreindre ses prétentions à la jouissance de ce qu'il a; que pour amener ce prince à une semblable résolution, il faut le concours de la Prusse, et que pour obtenir le concours de la Prusse, il faut recourir à des moyens qui ne la tirent pas trop violemment de cet état de repos dans lequel elle se complaît.

Je n'en ai point aperçu d'autre que celui que j'ai proposé [2]).

Approuvé les vues du rapport [3]). Treilhard. Larevellière-Lepeaux. Barras.

11. Bericht von Sieyès an Talleyrand. Berlin 11 vendémiaire an VII.

Prusse 180.

Gegensatz der französischen und preußischen Politik in Deutschland. Frankreich ist im Stande, den allgemeinen Kampf aufzunehmen.

. . . Comment caractériser la politique d'un ministère qui s'est opposé, de son aveu même, aux dernières cessions, gage nécessaire de votre consentement à la paix, et qui désire vous faire déclarer à la face de l'Europe que c'est principalement à sa recommendation que cette paix va être accordée? Cette demande indiscrète échappe à ses plénipotentiaires au Congrès tout comme ici. Le cabinet de Berlin vous somme en quelque sorte d'accroître de plus en plus la considération que vous lui avez déjà donnée parmi les états de l'Allemagne, et il ne prétend se servir de cette supériorité de crédit, en partie Oct. 2.

1) Vergl. das vorhergehende Schreiben.
2) In diesem Sinne erging unter demselben Datum ein Erlaß an Sieyès.
3) Von Treilhard's Hand.

1798 Okt. 2. votre ouvrage que pour la tourner contre vos intérêts. Déjà, il ose tenir ce langage: »C'est à la Prusse que la France doit la partie gauche du Rhin, et ce sera également à la Prusse que l'Empire devra l'intégrité de la rive droite.« Elle veut se donner l'air de tout mener, de tout faire en ne voulant prendre part à rien. L'affectation que M. de Haugwitz a mise à me soutenir que si la députation de l'Empire l'avait écouté jusqu'au bout, vous n'auriez jamais eu la démolition d'Ehrenbreitstein, de Cassel etc. pas plus que la cession de l'île de Saint-Pierre, ne prouve autre chose que son dessein de persuader à l'Empire qu'il en est le sauveur, que sans la Prusse les prétentions de la République n'eussent pas connu de bornes, et que c'est autour de la Prusse que tous les états secondaires doivent se rallier contre l'ambition de la République. Ainsi bientôt vos projets d'influence sur cette partie de l'Allemagne et ceux de la cour de Berlin se mettront en opposition évidente . . . Je parierais que les deux cabinets de Vienne et de Berlin sont d'accord sur la punition à infliger aux princes que la peur et l'espérance ont rendus plus souples envers la République, ce qui ne manquerait pas d'achever notre crédit en Allemagne. Ce malheureux pays serait destiné à partager un jour le sort de la Pologne. Il me semble que si ces considérations ne s'éloignent pas trop de votre manière de voir, il importe que vous trouviez le moyen d'éclairer les états secondaires sur les spéculations probables des deux cours . . .

Après tout, songez que dans tous les cas, excepté celui de la pusillanimité si elle pouvait avoir lieu de la part de la République, la Prusse restera neutre et que les Français doivent s'accoutumer à se passer d'elle.

Je finis par une observation sûre et importante qui me vient de gens à portée de bien voir dans l'armée de Joubert. »La temporisation est très nuisible à nos intérêts, à nos moyens même. Nous en avons tant actuellement que nous ne craignons pas d'entreprendre la lutte générale.« Les mots soulignés le sont aussi dans la lettre que je tiens entre les mains et dont je connais l'auteur . . .

12. Bericht von Sieyès an Talleyrand. Berlin 18 vendémiaire an VII.

Prusse 189.

Frankreich und die deutschen Mittelstaaten.

Okt. 9. . . . On m'a confié un propos remarquable de M. de Haugwitz à un agent d'un prince allemand qui le pressait de ne point s'opposer aux indemnisations auxquelles son prince avait tant de droits, »ce qui m'embarrasse, dit-il, n'est pas de vous donner des indemnités, mais de vous conserver ce qui reste contre les projets révolutionnaires de vos voisins« etc. A cet égard, citoyen ministre, j'ai rassuré celui qui m'a fait cette confidence; j'ai jeté quelque lumière sur le motif qui faisait tenir de semblables discours, et j'ai cherché à lui faire entendre qu'il était de la dignité des états secondaires comme de leur intérêt de quitter enfin l'antichambre de Berlin et de Vienne et de se tourner vers la République française, leur protecteur véritable et désintéressé. Je lui ai dit un mot sur un projet de concert à établir entre eux. On m'a répondu que cela ne se pouvait qu'avec le secours de la France. J'ai répondu

que la République ne pouvait protéger une chose avant qu'elle existât au moins 1798
en projet. J'ai nommé tous ceux qui dans le Sud pouvaient s'interroger mu- Oct. 9.
tuellement à cet égard . . .

13. Erlaß von Talleyrand an Sieyès. Paris 19 vendémiare an VII.

Prusse 189.

Vertheidigt seine zurückhaltende Politik in Italien. Die Freiheit bedarf des Friedens.

. . . Permettez que je soutienne, relativement aux affaires d'Italie, mon Oct. 10.
opinion contre la vôtre [1]. Ce que vous appelez la force des choses, cette tendance vers le régime républicain que vous supposez que nous combattons dans cette contrée, y existe-t-elle en effet? Nous avons de toute part la preuve du contraire. A Milan, à Rome, la liberté a jeté de bien faibles racines, et les Français sont chaque jour exposés à de nouveaux attentats. Si à Naples et surtout à Turin il existe un parti qui appelle la révolution, il est malheureusement trop vrai qu'un parti bien plus nombreux et qui se montre, travaille dans les Républiques déjà formées au profit de la tyrannie. Garat me disait à son retour qu'on ne saurait prévoir les crimes affreux dont cette contrée était menacée de devenir le théâtre. Il y a plus: Supposez l'Italie entière libre et réunie sous un gouvernement unique; croyez-vous que nous n'eussions rien à craindre d'une nation livrée encore à tant de préjugés et tellement exaspérée contre nous que nos armées sont sans cesse en péril au milieu de ceux qui nous doivent leur existence politique? Je persiste à le croire: nous gagnerions beaucoup si nous obtenions la garantie du statu quo actuel en Italie. Dans les chances de mutation possible, il y a plus à craindre qu'à profiter pour la cause de la liberté, qui a besoin de repos pour se faire aimer et pour étendre ses progrès sur tout ce qui l'environne . . . Songez-vous que nous n'avons encore que 60 mille hommes en Italie et que les forces de l'Empereur surpassent seules celles que nous pouvons y opposer . . .

14. Denkschrift von Sieyès über die preußische Note vom 13. October [2]. Berlin 22 vendémiaire an VII.

Prusse 189.

Il paraît difficile de faire valoir cette communication ouverte et Oct. 13.
franche près du gouvernement contre lequel elle est dirigée. On conçoit encore plus difficilement pourquoi une mesure tendante à accélérer la paix devait être préalablement communiquée à un cabinet qui se croit intéressé à en empêcher l'exécution ou à la rendre illusoire. Mais quand même cette communication atteindrait le but désiré, le ministre prussien pouvait-il la faire

1) In seinem Bericht vom 25. September hatte Sieyès die zurückhaltende Politik Talleyrand's in Italien angegriffen: »Vous me paraissez vous être mis en opposition avec le cours naturel des événements; vous y combattez cette force des choses qui commande dans l'ordre politique comme la loi de gravitation dans l'ordre physique.«

2) Vergl. Nr. 230. S. 252.

1798 Okt. 13. sans l'assentiment préalable du Directoire qui lui avait proposé confidentiellement la mesure dont il s'agit? et peut-il compter d'après cela sur des témoignages ultérieurs de la confiance du gouvernement français? Au reste le ministre ne répond pas à la demande réitérée du citoyen Sieyès de faire proposer à Rastatt ce qu'il a déjà communiqué à Vienne comme si le consentement de la députation de l'Empire n'était pas aussi nécessaire que celui de l'Empereur, et ne devait pas conséquemment répondre au désir si souvent manifesté par le Roi de contribuer à la conclusion de la paix.

Ce n'est pas sur les objets de la pacification, mais sur les moyens d'accélérer et de consolider la paix que le citoyen Sieyès a été chargé de négocier avec le ministre prussien. C'est sans doute de la République française que dépend la paix, si elle veut renoncer à ses avantages, si elle veut compter pour rien et les sacrifices incalculables qu'elle a faits depuis huit années pour repousser une agression injuste et la sûreté future des territoires que ses efforts ont conquis. Mais si la paix dépend d'une garantie assurée pour l'avenir, certes ce n'est pas à elle qu'il faut attribuer les délais qu'éprouve la pacification. On a d'ailleurs déclaré au citoyen Sieyès que le gouvernement français n'aurait jamais obtenu à Berlin les concessions successivement arrachées aux négociateurs allemands à Rastatt — peut-on s'étonner d'après cela que les articles de la paix n'aient pas été discutés à Berlin?

Si le citoyen Sieyès eût proposé au ministre de consentir aux demandes qui ont été ou qui pourraient être faites à Rastatt par la légation française, il eût été de toute justice d'exiger la communication de ces demandes. Mais comme sa négociation était entièrement indépendante des articles du traité et qu'en établissant le concert qu'il avait proposé, le ministre était toujours maître d'accéder ou de s'opposer aux demandes de la légation française; il était également contraire à ses instructions et à l'intérêt de son gouvernement de faire des communications dans lesquelles le ministre aurait pu se borner à prendre les objets favorables à l'Empire et à laisser de côté ceux qui sont analogues aux vues de la France.

Le citoyen Sieyès a déclaré positivement dans sa dernière note que dans ses entretiens confidentiels il avait présenté un ensemble de vues qui lui paraissaient embrasser les relations politiques et nécessaires entre les deux États. Il n'a donc pas semblé insinuer qu'il donnerait une exposition complète des demandes de son gouvernement sur les stipulations de la paix. Cette interprétation s'écarte tellement de sa manière de voir et d'agir, que pendant son séjour ici il a été constamment occupé de moyens de repousser les insinuations de ce genre. Il ne conçoit pas d'après cela comment le ministre a pu prendre le change sur ses explications très claires, très précises qu'il a cru devoir donner à cet égard dans sa dernière note.

Ce mémoire[1]) avait été annoncé au citoyen Sieyès comme le résumé de l'opinion du ministre sur le concert de mesures propres à accélérer et à consolider la paix, dont il avait été uniquement question dans ses entretiens con-

1) Bezieht sich auf S. 254, Zeile 8. Die Denkschrift (3. August) vergl. Nr. 191.

fidentiels. Il se trouva ne renfermer qu'une série de demandes étrangères à l'objet dont il s'agissait. Il fut remis confidentiellement au citoyen Sieyès, qui déclara sur-le-champ n'avoir aucune réponse à y faire et ne pouvoir pas se charger d'en donner connaissance à son gouvernement. Le ministre en reconnut bien lui-même l'insuffisance, qu'il s'empressa de lui substituer bientôt après une autre note. Cette seconde note étant réellement officielle, fut accueillie par le citoyen Sieyès avec les égards qu'il aura toujours pour les communications de ce genre, mais comme elle renfermait des propositions entièrement nouvelles auxquelles il n'était nullement autorisé à répondre, il s'est borné à en accuser la réception et à la transmettre au Directoire. Le citoyen Sieyès pouvait d'autant moins se permettre de répondre à cette note, qu'elle supposait une mésintelligence entre la République et l'Empereur, dont il n'avait aucunement été question dans ses entretiens avec le ministère comme d'un fait, mais tout au plus en supposition éventuelle et qu'ainsi les bons offices du Roi qui lui étaient offerts en conséquence de cette supposition n'avaient réellement aucun objet déterminé. 1798 Okt. 13.

Lorsque le citoyen Sieyès a dit que dans le cas où le ministère se prêterait à faire adopter à Rastatt la clause proposée, il était prêt à entrer dans des explications suffisantes touchant la condition que le ministre veut y mettre, il entendait parler de la renonciation au territoire de Kehl et de Cassel; c'est une affaire finie au congrès. D'ailleurs comme le ministre ne veut agir que d'après l'impulsion de la cour de Vienne, le citoyen Sieyès peut-il réitérer par écrit des communications dont on a déjà fait un usage étrange? N'a-t-il pas plutôt tout lieu de croire que si son gouvernement veut faire passer des propositions à Vienne, il pourra le faire sans l'intervention d'un autre cabinet?

Non seulement la condition[1]) dont il s'agit est expressément énoncée dans la première note des ministres, mais elle est répétée à la fin de cette même note dans laquelle on nie de l'avoir ajoutée à la clause proposée, puisqu'on dit positivement que le Roi renonce à toute indemnité pourvu que la paix soit conclue sur la base stricte de la limite du Rhin. Sur quoi il est bon de remarquer que le ministre regarde la cession de l'île de Saint-Pierre et la démolition des forts d'Ehrenbreitstein et de Cassel comme contraires à la base stricte de la rive gauche du Rhin.

15. Bericht von Sieyès an Talleyrand. Berlin 29 vendémiaire an VII.

Prusse 199.

Äußerungen des österreichischen Legationssekretärs Hudelist. Sieyès empfiehlt Verständigung mit Österreich.

Le secrétaire de légation de Vienne causant de confiance avec une personne sensée et qui est connu pour nous être attachée, lui a dit: »Nous avons des preuves multipliées que la Prusse ne désire que la guerre entre l'Empereur et la France. Ce cabinet-ci n'a cessé d'employer des moyens détournés pour Okt. 20.

---

1) Bezieht sich auf die Stelle S. 255, Zeile 3.

1798 la souffler entre nous. Nous savons avec certitude que toutes les nouvelles
Okt. 20. qui sembleraient favorables à la paix, sont reçues à la cour avec une humeur caractérisée.« Il est convenu ensuite que ce qui se passe à Constantinople mérite de sérieuses réflexions de la part du ministère de Vienne. »Enfin, a-t-il ajouté, l'Empereur a eu raison de répondre à l'offre des bons offices du Roi qu'il n'en a pas besoin. Si la France était disposée véritablement à s'accommoder avec nous, est-ce qu'elle ne nous parlerait pas directement, et si elle ne l'est pas, à quoi serviront les prétendus bons offices du roi de Prusse?« J'ai engagé cette personne à répondre par la question suivante qu'elle m'a bien promis de porter à son adresse: »connaissez-vous sur le globe une puissance qui puisse faire à la maison d'Autriche plus de mal ou plus de bien que la République, et dans ce cas, est-il raisonnable de forcer les Français à des hostilités lors qu'ils se montrent si bien disposés à la paix et même à la bienveillance?« Mais, citoyen ministre, en proférant ces mots, j'avais l'esprit plus frappé encore d'une autre pensée tout aussi vraie et que je ne pouvais pas communiquer; souffrez que je l'écrive ici dans toute sa simplicité: Nous voulons la paix; la Prusse, lors même qu'elle serait de bonne volonté, ce qui n'est pas, ne peut vous la donner[1]); l'Autriche le peut, lors même qu'elle ne serait pas de bonne volonté. Sans doute, il y a de furieuses passions à Vienne, mais la circonstance du crédit nouveau et si effrayant des Russes sur le Divan peut tempérer quelques volontés et en éveiller quelques autres. La paix avec Vienne ne tient qu'à Thugut fortement soutenu par la Russie, mais si l'on a peur des Russes, on pourrait finir par avoir peur de Thugut[2]) . . .

16. Bericht von Sieyès an Talleyrand. Berlin 19 nivôse an VII.

Prusse 189.

Preußen ist das Hinderniß für die Verwirklichung der französischen Pläne in Deutschland.

1799 . . . Quand je jette les yeux sur le passé, je ne puis m'empêcher de
Jan. 8. croire que la République pouvait être depuis longtemps en paix avec l'Angleterre et par conséquent avec le continent, si elle avait mis la main sur les importantes possessions du roi d'Angleterre en Allemagne. Qui nous en a empêchés? La Prusse. Je regarde dans l'avenir et je m'assure par les raisonnements les plus certains que nous ne pourrons contenir l'Angleterre, que nous ne pourrons nous garantir une paix solide même sur le continent, que nous

1) Talleyrand hat hierauf erwidert: »C'est au contraire parce qu'on était convaincu qu'il suffisait de l'association franche et complète de la Prusse aux vues de la République pour donner au continent une paix prompte et solide, que depuis trois ans on n'a cherché qu'à exciter cette cour vers une coopération dont les résultats avantageux paraissaient incontestables. Le mauvais succès de nos démarches prouve que la Prusse manque de bonne volonté, mais ne prouve pas qu'elle manquât des moyens que nous lui supposions.« (6. November).

2) Hierauf erwidert Talleyrand: Quel moyen avons-nous de détruire l'influence de Thugut, après avoir employé dans le temps ceux qui paraissaient certains, en dévoilant sa vénalité et sa corruption? (6. November).

ne pourrons obtenir une bonne influence politique et commerciale dans le Nord, que par une habile disposition des petits états qui couvrent l'Ems, l'Elbe et le Weser. Or qui voudra nous empêcher d'effectuer à cet égard le plan qui convient aux intérêts de la République, et j'ose dire, de l'Europe? La Prusse. . . . 1799 Jan. 9.

17. Bericht von Sieyès an Talleyrand. Berlin 7 pluviôse an VII.
Prusse 189.

Zukünftige allgemeine Politik. Gründung eines Bundes in Nordwestdeutschland gegen England.

. . . Je ne puis, citoyen ministre, éloigner de mon esprit la pensée que la politique de l'Europe est destinée à éprouver sous peu de temps des changements considérables. Les différents gouvernements obéiront plus ou moins promptement à cette tendance naturelle qui porte les malades à se placer dans une position moins douloureuse, et vous verrez que chacun finira par s'asseoir tout doucement dans son centre de gravitation. Il faut peu de choses actuellement à la République française pour rencontrer son véritable aplomb. Donnez-lui en Italie un allié qui ne soit pas à sa charge, un allié assez puissant pour lui servir d'auxiliaire utile, et elle sera en paix sur le continent. En même temps, osez fonder au Nord-Ouest de l'Allemagne depuis l'Yssel ou l'Ems jusqu'à la Baltique une ligue ou confédération la plus représentative possible et faisant alors à la Grande-Bretagne une guerre contre laquelle ses flottes deviendront impuissantes, vous aurez la paix sur mer, la véritable paix, solide et permanente, pour vous et pour toute l'Europe occidentale. Vos agents dans l'étranger pourront alors se montrer républicains, sans crainte de nuire aux affaires, et pour dire la vérité, la République sera reconnue politiquement, moralement et civilement . . . Jan. 26.

18. Bericht von Sieyès an Talleyrand. Berlin 1er ventôse an VII.
Prusse 190.

Nachricht vom Tode des Kurfürsten von Bayern. Vortheile einer Verständigung mit Österreich über Bayern.

. . . Je désirerais que l'Empereur eût l'idée de nous faire des propositions convenables et qu'il nous demandât notre consentement et notre appui pour garder la Bavière. Que de bonnes conséquences à tirer de là! 1° Plus d'Allemands en Italie, car sans doute ils abandonneraient la Vénétie et le Tyrol italien. 2° Ces deux pays gagnés au système représentatif sans équivalent pour le système monarchique, puisque la Bavière appartient déjà à ce système. 3° Avantage illusoire pour l'Empereur dans l'acquisition de la Bavière, puisqu'il n'en serait pas tranquille possesseur, et guerre inévitable avec la Prusse et la Russie. 4° Pendant ce temps, paix et surcroît de crédit en Europe et bonnes affaires pour la République. 5° Chances les plus heureuses pour le progrès ultérieur du système représentatif à commencer par la Bavière elle-même, et sans que nous eussions à nous en mêler . . . Febr. 19.

19. Erlaß von Talleyrand an den französischen Geschäftsträger Alquier in München. Paris 27 ventôse an VII.

Bavière 176.

Anknüpfung von Unterhandlungen mit Bayern über die Gründung eines süddeutschen Bundes.

1799 März 17. Citoyen. Depuis plus d'un siècle, à mesure que la puissance autrichienne au Midi de l'Allemagne et celle de la maison de Brandebourg au Nord acquéraient de nouveaux développements, l'Allemagne intérieure s'affaiblissait et la fédération germanique, dépouillée de force et d'éclat, paraissait décliner vers sa dissolution. Cette guerre a prouvé combien l'Empire avait par lui-même peu de volonté et d'action. Entraîné contre son intérêt et même contre son gré dans une querelle qui lui était étrangère, supportant seul le poids des hostilités, c'est en vain qu'il témoigne le désir de les voir cesser. Son chef rallume la guerre, et il s'efforce d'y faire participer de nouveau l'Empire, tandis que le Roi de Prusse s'isolant du reste de l'Allemagne ne cherche qu'à étendre son influence dans la partie septentrionale en la préservant des hostilités. A cet état de choses qui menace les Cercles intérieurs d'un déchirement continuel, on n'avait aperçu qu'un remède: c'était qu'il se formât au cœur de l'Allemagne une fédération particulière de tous les princes qui s'y trouvent placés, et qu'avec l'appui direct de la République française, ils essayassent de former en Empire une opposition redoutable aux vues ambitieuses dont le foyer est à Vienne et à Berlin. Voulant donner à cette ligue un centre et un chef, le Directoire, qui ne pouvait y faire entrer l'ancien électeur de Bavière, avait longtemps pensé au landgrave de Hesse-Cassel; mais une observation plus approfondie et quelques insinuations demeurées sans effet lui ont prouvé que ce prince pusillanime et parcimonieux était au-dessous du rôle qu'on voulait lui faire jouer. Le duc de Württemberg et le margrave de Baden n'étaient point assez puissants; le premier d'ailleurs avait des dispositions équivoques. L'électeur Palatin n'était encore que duc de Deux-Ponts que déjà on avait jeté les yeux sur lui; mais quoiqu'on fût porté à prendre confiance en sa bonne volonté, les embarras de sa position empêchèrent qu'on ne s'ouvrit à lui. Mais aujourd'hui, si cette réunion devait avoir lieu, c'est par ses soins qu'elle doit être formée, il en est le chef naturel, comme le plus intéressé à sa formation et le plus propre à garantir son intégrité.

C'est donc vers ce but qu'il faut appeler l'électeur et quel moment est plus favorable pour une pareille entreprise? La République fait la guerre à l'Empereur, mais elle se montre disposée à respecter l'Empire, si l'Empire témoigne au moins la volonté de conclure et conserver la paix. Quelles que soient à Ratisbonne les déterminations de la Diète qui se trouve par sa composition trop livrée à l'influence autrichienne, la députation qui est à Rastatt ne peut-elle point dans une circonstance aussi grave se tracer une marche indépendante et prendre une salutaire initiative dans les affaires de l'Empire, et s'il arrivait même que l'Empereur et la Diète osassent de concert révoquer la députation et opérer la dissolution du Congrès, la République n'est-elle pas prête, ainsi qu'elle l'a plusieurs fois déclaré, à accueillir toutes les propositions particu-

lières qui lui seraient faites pour des arrangements séparés? Qui pourrait 1799
donc empêcher que les princes et états germaniques qui ont à s'occuper du März 17.
soin de leur conservation ou de leur agrandissement, ralliés autour d'elle et entre eux, ne formassent ce tiers parti dont l'influence en Empire pourrait si utilement balancer celle des deux cours qui maîtrisent aujourd'hui l'Allemagne?

Je ne fais, citoyen, qu'indiquer le principe et le but sans m'étendre sur les conséquences. Je ne doute pas qu'elles ne soient saisies par le cabinet de Munich et par vous. En communiquant à l'électeur les vues du gouvernement français, vous pouvez parler en même temps à sa raison et à son ambition, à sa raison, en lui prouvant que son existence entière tient aujourd'hui à sa plus intime union avec la République, et que l'appui intéressé de la Prusse, soumis d'ailleurs aux calculs déjà pressentis d'une ambition commune et d'un accord possible entre elle et l'Autriche, ne présente qu'une sécurité fausse et incomplète, tandis que celui de la République repose sur l'intérêt le plus évident des deux États; à son ambition, en lui mettant sous les yeux qu'une guerre heureuse contre l'Autriche dont il aurait mérité de partager le succès, peut rendre à la maison palatine tout ce qu'elle a perdu par les traités antérieurs, et donner à ses possessions au delà de l'Inn et vers le haut-Palatinat de si belles frontières, qu'elle n'aura rien à regretter de ce que sa participation à la guerre contre la République lui a fait perdre à la gauche du Rhin.

Si vos propositions sont accueillies à Munich, citoyen, vous vous occuperez sans relâche et de concert avec les ministres palatins à former cette utile association des états de l'Allemagne intérieure. Vous arrêterez les bases sur lesquelles elle devra poser; vous conviendrez de tous ceux qu'il sera utile d'y admettre, et après ce premier travail, pour en assurer le succès, le Directoire vous autorise à vous transporter auprès de chaque prince ou état dont il faudra déterminer la volonté et l'action. C'est une mission que le Directoire ne croit pas pouvoir confier à de meilleures mains. La satisfaction qu'il a eue de toute votre correspondance lui donne le juste espoir que vous obtiendrez des succès dans cette délicate entreprise, et il ne vous laissera manquer d'aucune des directions qui pourront vous être utiles . . .

Approuvé: Barras. Treilhard. Larevellière-Lepeaux.

20. Erlaß von Talleyrand an Siéyès. Paris 29 ventôse an VII.

Prusse 190.

Anknüpfung von Verhandlungen mit dem neuen Kurfürsten von Bayern zur Gründung eines Bundes in Süddeutschland.

. . . L'intention du Directoire exécutif est . . . de laisser au Corps ger- März 19.
manique le temps et la facilité de séparer sa cause de celle de l'Autriche . . . Le Directoire ne combat comme ennemis que ceux qui veulent l'être: l'Autriche, la Russie, l'Angleterre. C'est contre leur coalition que sont dirigés tous les efforts de la République, et c'est pour leur porter des coups plus certains que le Directoire, frappé des mêmes considérations qui vous ont si souvent porté à désirer qu'on plaçât en Allemagne une espèce d'État intermédiaire, s'occupe en ce moment de sa formation. Vous savez qu'il avait quelque temps pensé

32*

1799 März 19. au landgrave de Hesse-Cassel pour le mettre à la tête de cette ligue; mais la malveillance que ce prince a témoignée, la petitesse de ses vues et sa parcimonie mettant obstacle à ce qu'il soit appelé à un pareil rôle, le Directoire exécutif a profité volontiers de la circonstance de l'avénement du duc des Deux-Ponts au trône électoral et des excellentes dispositions que ce prince a manifestées pour reporter à Munich et confier au citoyen Alquier le soin de cette importante négociation.

L'électeur a un intérêt tellement direct au succès d'une mesure qui peut le préserver d'une destruction prochaine, qui peut même non seulement consolider son existence actuelle, mais lui rendre les destinées brillantes ravies à sa maison, qu'il est permis de penser qu'il saisira volontiers des ouvertures aussi favorables à sa cause; et par sa position autant que par sa puissance actuelle et par celle qu'il peut acquérir, il se trouve le chef naturel d'une fédération qui serait composée des trois Cercles de Bavière, de Franconie et de Souabe, et qui se trouverait alors assez forte, avec l'appui des Républiques française et helvétique, pour contenir de ce côté toutes les entreprises de l'Autriche. Qu'on fasse ensuite vers le Nord ce qui aura été opéré au Midi et l'intervalle qui se trouvera entre les États prussiens d'une part et la France et la Batavie de l'autre se trouvera aussi rempli par des puissances qui échapperont à l'influence exclusive qu'exerce aujourd'hui sur elles la cour de Berlin.

Mais en s'occupant ainsi d'une meilleure organisation de l'Allemagne, le Directoire n'a point la pensée de s'immiscer en rien aux changements intérieurs que chaque État de cette contrée pourrait éprouver.

21. Bericht von Sieyès an Talleyrand. Berlin 5 prairial an VII.

Prusse 190.

Abschied vom Könige.

Mai 24. Le courrier chargé de m'annoncer ma nomination à la place vacante du Directoire exécutif est arrivé hier matin. J'étais à Potsdam, et mon premier mouvement en recevant cette nouvelle était de partir sur-le-champ, avant que le public en fût instruit et que les ennemis de la France pussent préparer un complot pareil à celui de Rastatt. Mais les considérations touchant ma considération personnelle ont dû céder à des réflexions bien plus importantes, puisqu'elles ont pour objet l'intérêt du service public. Vous avez pu voir, citoyen ministre, par mes dépêches précédentes combien les dispositions du ministère prussien sont équivoques et que le véritable système de la neutralité ne paraît plus appartenir qu'au Roi et au colonel Köckritz. Mon départ précipité et même clandestin, sans prendre congé, aurait été représenté par les fauteurs nombreux de la coalition, non comme un moyen d'épargner à nos ennemis un nouveau crime, mais comme une démarche ordonnée par le gouvernement et presque comme une déclaration de guerre tacite. J'ai donc pris le parti de revenir sur-le-champ à Berlin pour remplir toutes les formalités d'usage et surtout profiter d'un dernier moment, soit pour répandre soit pour recueillir quelques bonnes assurances d'amitié et de bon vouloir. J'ai trouvé M. de Haugwitz aussi réservé et tatillonneur qu'auparavant, quoique un peu prodigue en civilités insignifiantes. Lui ayant prononcé le désir que j'avais de voir le Roi dans la journée même sans aucun appareil d'autant plus qu'il devait partir le lendemain, il m'a renvoyé à M. de Finckenstein, chargé du cérémonial diplomatique en sa qualité de doyen du cabinet. Ce dernier m'a dit qu'il prendrait les ordres du Roi, et m'a assuré d'avance que S. M. serait elle-même très aise de prendre congé sans cérémonie au milieu du bal qui se donnait à la cour le soir même. Je m'y suis rendu à sept heures. M. le comte de Finckenstein m'a reçu dans l'antichambre et m'a conduit au milieu de la foule vers le côté où le Roi se trouvait. Dès que le Roi m'a aperçu, il est venu à moi, et dans une conversation d'environ dix minutes, il m'a confirmé dans l'opinion que j'ai toujours eue de ses dispositions personnelles. Il m'a parlé de l'assassinat de Rastatt avec le sentiment de la plus vive indignation, de son désir de voir le rétablissement de la paix, et du plaisir qu'il aurait de pouvoir y contribuer. J'ai donné en réponse les assurances convenables, et je me suis retiré de bonne heure pour faire les préparatifs de mon voyage[1]) . . . 1799 Mai 24.

22. Bericht von Otto an Talleyrand. Berlin 10 prairial an VII.

Prasse 190.

Graf Haugwitz und seine antifranzösische Politik.

. . . Il n'y a que cinq jours que Haugwitz a dit à un agent allemand qui nous est dévoué: »J'avoue que j'ai été pendant très longtemps dans le système français; mais le Directoire ne veut rien faire pour nous; on ne peut compter sur rien de sa part; j'ai complètement changé d'avis« . . . Mai 29.

Ein Vertrauter des Königs hat zu einem der französischen Gesandtschaft befreundeten Agenten gesagt: »Le Roi a son système à lui entièrement différent de celui de M. de Haugwitz. Il écoute tout le monde, mais il cache ses véritables intentions. Il y a plus de 15 jours que les rapports de ce ministre sont restés sur la table du Roi sans décision. Au reste le Roi est tellement réservé qu'il est impossible de connaître même les personnes qui ont de l'influence sur lui.«

Zu dem spanischen Gesandten hat Haugwitz gesagt: que la France ne serait tranquille qu'après être rentrée dans ses anciennes limites. Zu Otto selbst sagt Haugwitz: »La France n'est pas encore entamée, et il est vraisemblable qu'elle ne le sera pas. Pourquoi ne ferait-elle pas aujourd'hui ce qu'elle a voulu faire il y a quelques années? Qu'elle se renferme dans ses limites, qu'elle manifeste son intention de ne pas en sortir, et elle sera forte.«

Voilà donc, citoyen ministre, le système favori de M. de Haugwitz; il se rattache le mieux du monde à ses vues sur la restauration de la Hollande et sur le département de la Roer, de même qu'au langage qu'il tient aux agents allemands qui sollicitent sa protection. Je puis vous répondre du propos suivant tenu par le ministre à un des ces agents: »Vous êtes patriote allemand, pourriez-vous consentir à détacher de l'Empire les belles provinces de la gauche du Rhin? Non, il faut que ces pays nous soient rendus. Quant à

1) Sieyès reiste noch am 24. Mai ab.

1799 Mai 29. votre prince, il y gagnera de toutes les manières. Nous adopterons à son égard le système de la France, mais en sens inverse. Le Directoire a voulu agrandir les états séculiers pour s'en faire une barrière contre l'Empire; nous les agrandirions aussi soit par des sécularisations, soit autrement, pour faire une barrière contre la France. Jusque-là nous ne pouvons nous charger que de la protection du Nord de l'Allemagne[1])« . .

23. Bericht von Otto an Talleyrand. Berlin 2 thermidor an VII.

Prusse 190.

Unterredung mit Graf Haugwitz[2]). Gegensätze zwischen der Politik des Cabinets und des Ministeriums.

Juli 20. . . . »Je vous avouerai franchement, [m'a dit M. de Haugwitz], le sort de la Hollande ne nous est pas indifférent; nous ne voulons pas qu'elle reste sous une influence étrangère, et tant que la France y exercera celle que les événements de la guerre lui ont donnée, il est impossible qu'il y ait un concert entre elle et la Prusse. Vous savez que depuis trois ans, il est question d'une alliance à conclure entre nous. Nous pensons toujours que cette alliance ne doit se faire qu'après la paix; mais à cette époque même, nous ne pourrons nous entendre qu'autant que la Hollande sera rendue à son ancienne indépendance. C'est pour cela même que le Roi entend toujours que ses provinces transrhénanes lui soient rendues, puisque c'est là que se trouvera le foyer de la protection qu'il veut accorder à la Hollande. Certes, la France n'a aucune raison de craindre notre voisinage, nos principales forces seront toujours employées sur la Vistule et sur l'Oder. Il est donc de son intérêt de cimenter une alliance éventuelle avec nous en renonçant à toute prétention sur la Hollande et de couvrir en même temps sa frontière du Nord par un territoire neutre qui lui épargnera une armée. Nous nous engagerons à maintenir l'indépendance de la Hollande et à fermer le passage à toute puissance étrangère qui voudrait la troubler.«

Pour mieux connaître les intentions de M. de Haugwitz, j'ai feint de goûter son plan, et je lui ai observé, avec l'air de la confiance la plus entière, qu'il n'y avait qu'un inconvénient à craindre, savoir le renversement de la con-

---

1) In demselben Sinne berichtet Otto, 4. Juni: »Heureusement, m'a dit un homme de la cour très instruit, le Roi voit mieux que la plupart de ses ministres; il se montrerait davantage, s'il était mieux entouré, et s'il aimait moins sa femme, qui penche pour la coalition« . . . Parmi tous les hommes influents, M. de Haugwitz est le moins disposé à favoriser les vrais intérêts de la France et de la Prusse, et nous n'avons pour nous que le bon sens et les dispositions vraiment sages du Roi . . . Und noch am 30. November: Le Roi, ses deux favoris, et M. de Struensée sont capables de concevoir et d'exécuter un plan généreux, mais ils sont en minorité. Jusqu'au dernier moment les Prussiens travailleront contre la limite du Rhin. M. de Haugwitz ne manque jamais de me faire le tableau le plus effrayant d'une paix qui aurait cette limite pour base. Suivant lui, toute l'Europe, convaincue de la prépondérance de la France, se combinerait en peu d'années pour nous attaquer de nouveau . . .

2) Vergl. die preußische Version dieser Unterredung in dem Erlaß an Sandoz-Rollin No. 271, S. 319.

stitution batave et le rétablissement du stathouder . . . Voici la réponse très remarquable de M. de Haugwitz: »Tout est compris dans le mot indépendance. Si le peuple hollandais veut rétablir le stathouder, vous concevez bien que le Roi, son parent, ne pourra pas décemment s'y opposer. D'ailleurs, les relations de famille entre les deux princes consolideront encore davantage notre alliance avec la France. Le caractère personnel du Roi serait le sûr garant des dispositions amicales du prince d'Orange pour la République française.« 1799 Juli 20.

Le rôle que j'ai joué, citoyen ministre, dans toute cette conférence, était pénible, puisque je m'étais fait la loi d'accueillir toutes les propositions du ministre pour savoir enfin ce qu'il fallait penser de ses plans et de ceux de M. Grenville qui est plus assidu que jamais. A mesure que je m'approchais de ses idées, il devenait plus aimable, plus confiant . . . Le cabinet prussien partage les inquiétudes de l'Angleterre touchant la conclusion de la paix avec l'Autriche. Il a le double objet de nous égarer et de servir indirectement la coalition par une démarche en apparence généreuse et favorable à la France. Il est convaincu que le principal effort des coalisés se fera sur la Belgique. Dans ce cas, il lui importe de neutraliser la Hollande pour ne pas mettre l'armée anglo-russe entre deux feux. La Belgique étant conquise, il sera facile de donner à la Hollande la constitution qu'il plaira aux coalisés . . . Si d'un autre côté les armements actuels des coalisés étaient réellement dirigés contre la Hollande, il est évident que la neutralisation de ce pays épargnerait les frais de l'expédition et la ferait tourner directement contre la Belgique. La coalition n'y perdrait rien . . .

Mais je puis vous assurer, citoyen ministre, d'après les renseignements les plus positifs que le Roi et ses deux confidents, Köckritz et Zastrow envisagent ce projet sous un autre point de vue. Ils sont effrayés des progrès des Russes, il craignent le rétablissement de l'influence anglaise en Hollande . . . Le Roi et ses deux confidents ne sont pas disposés à servir la coalition, et les deux aides de camp ne se bornent pas à m'en faire renouveler les assurances par des intermédiaires, mais ils me font inviter à les voir pour causer sur les intérêts respectifs des deux pays. C'est demain matin que j'irai pour cet effet à Charlottenbourg. Il est toujours vrai qu'il y a en Prusse deux systèmes, celui du Roi et celui du ministre. Cette bizarrerie embarrasse beaucoup la marche des affaires et déroute continuellement les observateurs les plus attentifs. Les deux partis désirent également de nouer des négociations avec nous, l'un pour nous tromper, l'autre pour nous être utile; ils sont également ennemis de la guerre; mais l'un voudrait servir la coalition par des ruses diplomatiques, l'autre est franchement et loyalement neutre, et si depuis nos revers il montre quelquefois de la partialité, c'est plutôt contre que pour la coalition . . .

24. Bericht von Otto an Talleyrand. Berlin 6 thermidor an VII.

Prusse 190.

Unterredung mit Zastrow.

1799 Juli 24. Je vous ai présenté dans mon dernier n⁰ un aperçu des plans insidieux de M. de Haugwitz, autant que j'ai pu les entrevoir dans le brouillard diplomatique qui enveloppe ses conversations. Je vous rendrai compte aujourd'hui des projets de ceux qui ont la confiance du Roi.

M. de Zastrow m'ayant fait invité à le voir, j'ai été hier à Charlottenbourg, et j'ai causé longtemps franchement et très amicalement avec cet officier. »Nous avons, m'a-t-il dit, la plus haute opinion de la loyauté et des talents du Directoire exécutif; nous y voyons les meilleures intentions, mais nous ne voyons pas ses moyens. La situation de la France nous paraît extrêmement critique . . . Il nous semble que . . . vous ne sauriez vous occuper trop tôt des moyens de faire la paix; mais en cherchant ces moyens, gardez-vous d'agir d'après des suppositions. Vous avez supposé jusqu'ici que l'Angleterre ne voulait pas la paix; cependant c'est elle seule qui a la faculté de la faire quand bon lui semblera. L'Autriche est bridée par les Russes dont elle doit craindre le ressentiment; les Russes sont entièrement aux ordres de l'Angleterre. Il y a un moyen de satisfaire cette dernière et ce moyen conviendrait en même temps aux intérêts du Roi. Ce serait de rétablir l'indépendance absolue de la Hollande et de donner à cette république des limites plus analogues au nouvel ordre des choses. Croyez que l'Angleterre n'insistera pas même sur la restitution de la Belgique, et nous la désirons encore moins que le cabinet de Londres. Mais nous sommes pénétrés de la nécessité d'établir entre nous et la France une puissance intermédiaire pour empêcher les tracasseries que le voisinage pourrait faire naître. Voici donc ce que nous proposerions. Le Roi ne met aucun prix à ses provinces d'outre-Rhin; mais il est juste qu'il reçoive une indemnité, et il lui serait agréable de la prendre dans le comté de Zutphen et dans l'Over-Yssel pour arrondir ses provinces de Westphalie. Dans ce cas on donnerait pour dédommagement à la République batave le département de la Roer; le gouvernement batave actuel serait garanti par le Roi et la France, et cette dernière retirerait ses troupes du territoire hollandais, qui dès lors se trouverait compris dans la ligne de démarcation . . .«

M. de Zastrow m'a répété plusieurs fois: »si la France prend la consistance qu'elle doit avoir et que nous désirons fortement qu'elle ait, soyez sûr que nous marcherons avec elle et que notre cabinet ne sera pas assez absurde pour servir la coalition. Rétablissez la Suisse et acheminez la négociation dont je vous ai parlé et vous aurez la paix avant l'hiver. Vous connaissez les dispositions du Roi, il est jeune, il peut vivre longtemps; vous ne devez donc pas craindre de si tôt un changement de système si vous parvenez à nous faire concourir au même but«[1]) . . .

---

1) Das Directorium erwiderte auf diese Anträge betreffend Holland: Le Directoire est étonné que le ministre et le favori s'attachent également à invoquer l'indépendance de la Hollande comme devant être le préalable et le lien de tous les rapports intimes. Où remarque-t-on que l'indépendance de la Batavie ne soit

25. Bericht von Otto an Talleyrand. Berlin 26 thermidor an VII.
Prusse 190.

Unterredung mit Struensee. Reformatorische Bestrebungen König Friedrich Wilhelm's III.

. . . Quant à M. de Haugwitz, tout ce que je vous ai dit jusqu'ici sur ses plans m'a été confirmé hier par le membre le plus estimable, le plus clairvoyant et le mieux disposé du ministère. »M. de Haugwitz, m'a-t-il dit, a depuis quelque temps un système bizarre dont il est impossible de le tirer. En voyant les grands progrès de l'Autriche, il s'est imaginé qu'il en résulterait une paix avantageuse pour l'Empereur et qu'il fallait en conséquence se rapprocher de l'Angleterre. Le Roi ne partage pas ce sentiment. Il paraît convaincu qu'il n'y a rien à gagner avec les Anglais. Mais vous voyez d'après cela que nous avons réellement deux systèmes; de là les contradictions que l'on remarque dans notre conduite surtout à l'égard du stathouder, dont le Roi ne se soucie pas, mais que M. de Haugwitz voudrait rétablir. Croyez néanmoins que jusqu'ici il n'y a rien à craindre. Le travail que j'ai fait avec le Roi, il y a huit jours, me donne la conviction qu'il n'a pas envie de guerroyer. Vous avez en votre faveur l'intérêt évident du pays et les dispositions pacifiques du monarque. Il dépend de vous d'utiliser ces dispositions et de les faire concourir à la conclusion d'une paix générale où le Roi serait très flatté de jouer un rôle. Je crois être bien sûr qu'on n'insistera ici que sur la garantie de l'indépendance de la Hollande et de la Suisse et sur une indemnité du pays de Clèves. Vous garderez la Belgique dont l'Empereur lui-même ne paraît pas se soucier. Mais à tout événement, hâtez-vous d'empêcher, par des négociations bien entamées, que M. de Haugwitz ne s'engage pas trop fortement avec les Anglais qui l'obsèdent du matin au soir. Quant à Paul, je m'étonne que vous n'ayez pas encore cherché à le gagner. C'est une espèce de Don Quichote très inconséquent, très entêté, qui ne veut que satisfaire sa vanité . . .«

1799 Aug. 13.

Je ne crois pas devoir omettre, citoyen ministre, une observation singulière qui a terminé cet entretien. »Vous n'avez contre vous que les aristocrates; le Roi et le peuple sont décidément pour la France. La révolution très utile que vous avez faite du bas en haut se fera lentement en Prusse du haut en bas. Le Roi est démocrate à sa manière; il travaille sans relâche à réduire les privilèges de la noblesse, et il suivra à cet égard le plan de Joseph II, mais par des moyens lents. Sous peu d'années il n'y aura plus de classe privilégiée en Prusse. On laissera aux nobles leurs rubans qui souvent tiennent lieu de pension et soulagent nos finances; mais le besoin de vivre dans l'aisance les engagera à se jeter dans une carrière plus lucrative, celle

---

pas entière? Depuis que cette contrée jouit d'un gouvernement définitif, serait-il possible de citer aucune atteinte portée à sa souveraineté, à ses droits? L'indépendance d'un État ne peut être lésée par l'exécution des arrangements qui ont eu sa sanction volontaire etc. (Erlaß an Otto, 14. August). Damit vergleiche man dann das eigene Geständniß Talleyrand's (in dem Bericht an Napoleon, unter Nr. 36, S. 520) über die »atteintes trop évidemment portées à l'indépendance de la Batavie.«

1799 Aug. 13. du commerce et de l'industrie. Comme c'est précisément dans la révolution française qu'il a puisé ces principes, nos aristocrates vous détestent, et ils ne s'en cachent pas.»

Voilà les propres paroles d'un ministre très éclairé et ami de la France[1]) . . .

Voici un nouvel échantillon de la politique de M. de Haugwitz. Un ministre de nos amis fut accosté hier par le chargé d'affaires d'Autriche, qui lui dit: «Il paraît enfin que la Prusse veut jouer un rôle prononcé. M. de Haugwitz m'assura avoir déclaré au citoyen Otto que le Roi insistait sur la restitution immédiate de ses provinces du Rhin et qu'il regarderait le refus du Directoire exécutif comme le signal d'une rupture.» Notre ami a répondu qu'il doutait très fort de cette déclaration. »J'en doute aussi, et c'est pour cela que je vous en parle«, reprit le chargé d'affaires.

Vous remarquerez, citoyen ministre, que l'on s'entretient beaucoup depuis plusieurs jours de quelques ouvertures de paix entre la France et l'Autriche, et que pour traverser charitablement cette négociation éventuelle, M. de Haugwitz a cru sans doute devoir faire un bon mensonge propre à ranimer les espérances des coalisés . . .

26. Erlaß von Talleyrand an Otto[2]. Paris 9 fructidor an VII.

Prusse 190.

Eröffnungen an Haugwitz und Zastrow.

Aug. 26. . . . Profitez du courrier que je vous expédie pour revoir M. de Haugwitz et M. de Zastrow.

Le ministre vous parlera de la Hollande; suivant son usage, il en réclamera l'indépendance. Faites-lui voir qu'elle existe, que si l'influence française y a été quelque temps trop exercée, il est manifeste que volontairement nous la laissons décliner chaque jour et que les 20 mille Français qui sont en Batavie ne sont réellement plus que des auxiliaires dont la présence en ce moment est indispensable pour repousser l'attaque instante des Anglais et des Russes.

Avec M. de Zastrow, comme vous trouverez plus de bienveillance, vous serez plus expansif. Vous lui direz que nous ne pouvons pas croire que le Roi de Prusse n'ait pas formé quelque plan, et pour sa propre sécurité, et pour l'arrangement des affaires d'Allemagne; que nous sommes toujours prêts à agir avec lui et pour lui; que son intervention nous sera chère; que nous sommes

1) Ich füge noch einige Stellen über Struensee aus den Berichten Otto's bei. 12. November: M. de Struensée et tous les autres roturiers en place me comblent d'honnêtetés et se réjouissent des succès de la République. Am 19. November berichtet er, Struensee habe ihm gesagt: »Le Roi seul nous a épargné une guerre absurde. Comptez sur lui et sur M. de Köckritz. Quant au ministère du cabinet, il n'a jamais été franc envers vous, et il ne le sera pas de si tôt. Il ne sera vraiment Prussien que lorsqu'il cessera d'être noble . . . . De tous les ministres du Roi, M. de Struensée est le seul qui juge sainement des hommes et des choses« . . .

2) Talleyrand war bereits am 20. Juli durch Reinhard ersetzt, führte indeß noch eine Zeit lang die Geschäfte weiter.

prêts à répondre aux ouvertures qui nous seraient faites de sa part et qui 1799
auraient pour objet de chercher à rendre la paix à l'Europe. Présentez un Aug. 26.
champ vaste aux combinaisons de la Prusse à cet égard. Si son affaire principale est d'empêcher que les deux cours impériales ne culbutent l'Allemagne et ne la disposent à leur profit, qu'elle comprenne que ce résultat particulier se lie à des résultats généraux, qu'il lui convient et dans les affaires du Levant et dans celles mêmes de l'Angleterre; que si elle veut une fois et en toute sincérité, s'entendre avec la République, sa médiation peut terminer toutes les querelles du continent.

Travaillez donc sur cette base, citoyen, sans rien spécifier, sans rien écrire; excitez la Prusse à prendre un parti, et que ce parti nous soit favorable ... Si la Prusse a le sentiment de ses vrais intérêts, il ne doit pas lui suffire de faire des vœux pour que nous ne soyons pas écrasés. Les efforts de sa politique doivent tendre à nous fortifier contre une coalition qui la menace moins directement sans doute, mais aussi sûrement que nous.

Eigenhändige Nachschrift von Talleyrand: Vous sentirez sûrement que tous les objets contenus dans cette lettre ne peuvent être traités que de vive voix et dans la conversation.

27. Bericht von Otto an Talleyrand. Berlin 10 fructidor an VII.

Prusse 190.

Unterredung mit Graf Haugwitz über Holland und die linksrheinischen Besitzungen Preußens. Zastrow. Köckritz. Zwiespalt zwischen Cabinet und Ministerium.

Empfang des Erlasses vom 14. August[1]). J'ai envoyé un ami commun chez Aug. 27.
M. de Köckritz. Le moment n'était pas favorable; le Roi venait de recevoir des plaintes des habitants de Clèves touchant la rigueur avec laquelle on introduisait dans leur pays la conscription militaire et l'emprunt forcé. M. Köckritz était en colère. »Que voulez-vous, s'est-il écrié, que je dise au Roi? Les Français ont-ils donc oublié les traités? Savent-ils que ce pays ne leur appartient pas encore?« ...

Après cette première insinuation, j'ai demandé une audience à M. de Haugwitz[2]). J'ai prévu qu'elle serait orageuse, et je me suis muni de tout mon sangfroid. Je lui ai exposé toutes les raisons qui s'opposent à l'accomplissement des vues du Roi touchant la Batavie, et combien la dignité et la bonne foi du Directoire exécutif se trouveraient compromises, s'il abandonnait nos alliés au moment même d'une invasion ennemie. Il a paru étonné, et m'a prié de répéter mes observations, ce que j'ai fait avec plus de force encore en lui disant que rien ne pourrait justifier la mesure proposée, puisqu'il est notoire que l'expédition contre la Hollande est déjà commencée, et que peut-être dans le moment le débarquement est consommé. Il a gardé le silence; mais voyant que je ne disais rien touchant les provinces du Rhin, il s'est écrié: »C'est donc un refus net ... Il me semble que S. M. a mérité plus d'égards et de confiance de la part du Directoire exécutif; assez longtemps elle a lutté contre

1) Vergl. No. 278, S. 331.
2) Die Unterredung fand am 26. August statt.

1799 Aug. 27. les importunités de la coalition; plusieurs fois elle a manqué de se compromettre pour ne pas rompre avec la France. Depuis quatre ans, nous réclamons inutilement contre les mesures arbitraires de votre gouvernement dans nos provinces; nous n'avons pas même obtenu une réponse. Nous avons entre le Weser et le Rhin assez de troupes pour nous remettre en possession, et je vous avoue que c'est le seul parti qui nous reste à prendre« . . .

Pour mettre fin à cette tirade, je l'ai assuré, comme vous m'y avez autorisé, que la République se prêterait volontiers à tout arrangement qui ne blesserait pas ses intérêts, ni sa dignité. Il m'a répondu que le Directoire exécutif ayant refusé d'accueillir les dernières ouvertures, il n'avait plus rien à proposer. J'aurais pu provoquer une déclaration plus positive et qui dans le moment aurait été hostile, mais il m'a semblé qu'il fallait laisser au ministre le temps de se calmer. J'ai fait semblant de ne pas sentir toute la force de ses menaces . . .

La personne que j'ai chargé de sonder M. de Zastrow est de retour; elle me dit que ce favori envisage notre discussion sur les provinces du Rhin avec beaucoup plus de modération que le ministre. »Si on ne veut pas nous rendre nos provinces, qu'on nous fasse au moins une convention éventuelle, d'après laquelle nous serons autorisés à y envoyer un nombre déterminé de troupes pour assurer la possession de ces provinces dans le cas où elles seraient menacées d'une invasion russe. Il est évident que sans cette précaution les alliés les considéreraient comme une conquête faite sur les Français et nous ne pourrions les reprendre qu'en faisant la guerre.« Voilà ses propres paroles, et il me fait prier de vous les transmettre. Au reste M. de Zastrow a paru étonné quand on lui a dit que M. de Haugwitz m'avait parlé de l'occupation du pays de Juliers comme d'une mesure nécessaire pour couvrir les provinces prussiennes. Vous remarquerez, citoyen ministre, qu'il y a toujours une forte nuance entre la politique du cabinet et celle de la cour[1]).

28. Bericht von Otto an Reinhard. Berlin 18 fructidor an VII.

Prusse 190.

Unterredung mit Haugwitz über die linksrheinischen Besitzungen Preußens.

Sept. 4. . . . M. de Haugwitz m'a dit: »J'ai rendu compte à S. M. de la réponse que vous m'avez faite au nom du Directoire; je ne vous cacherai pas qu'elle

1) Am 31. August berichtet Otto: »L'opinion de M. de Köckritz s'accorde avec celle de M. de Zastrow . . . Il désire qu'une convention éventuelle autorise le Roi à reprendre ses provinces dans le cas où les Anglo-Russes fissent des progrès en Hollande. Les deux partis sont déterminés à employer la force, si le Directoire refuse de s'arranger à l'amiable, avec cette différence, que la cour ne veut prendre ce parti qu'à la dernière extrémité, et que le ministère demande que les ordres soient donnés sur-le-champ.« Derselbe 5. September: »M. de Köckritz m'a fait dire lui-même que pour ne pas déplaire au ministre, je ferais bien de ne plus aller à Charlottenbourg.« Derselbe 5 Oktober: »Je vous exhorte, citoyen ministre, à ne pas perdre de vue qu'il y a ici deux partis bien prononcés, celui du Roi et celui du ministre; que plus il importe de repousser les prétentions injustes, les demandes insidieuses de ce dernier, plus aussi il est de notre intérêt d'entretenir les dispositions amicales du Roi en lui donnant personnellement quelques marques de bienveillance.«

en a été très surprise et même très peinée . . . Le Roi me charge de vous 1799 déclarer qu'il a donné l'ordre à son ministre à Paris de demander formelle- Sept. 4. ment l'évacuation des provinces cédées, et qu'en attendant la réponse du Directoire, l'armée de démarcation a également reçu l'ordre d'avancer vers le Rhin« . . .

Je me suis borné à protester contre l'interprétation donnée par M. de Haugwitz au silence du Directoire touchant les provinces [transrhénanes]. Je lui ai rappelé qu'il n'avait jamais présenté cette proposition comme une demande isolée, mais comme une conséquence, un corollaire de la première touchant la Batavie . . . Je vous ai dit dans le temps, citoyen ministre, que je m'apercevais bien que la restitution des provinces était l'objet principal de la politique de M. de Haugwitz; mais cette demande était tellement obscurcie par la proposition ostensible touchant la Hollande, que les ruses de M. de Haugwitz ont évidemment abouti à nous autoriser à garder le silence sur les provinces et à gagner environ cinq décades sans rien décider. Il me semble que c'était là l'intention du Directoire, et elle a été parfaitement remplie. J'ai donc insisté très particulièrement sur cette différence essentielle entre les deux propositions, dont l'une était principale, et l'autre accessoire; j'en ai appelé à la bonne foi du ministre, qui s'est tiré de ce mauvais pas en divaguant à sa manière, mais sans pouvoir me donner un démenti . . .

29. Bericht Reinhard's an das Directorium. Paris 27 fructidor an VII.

Prusse 190.

Unterredung mit Sandoz-Rollin. Frankreich muß Zeit zu gewinnen suchen.

Le ministre de Prusse, après m'avoir annoncé par un billet qu'il avait Sept. 13. reçu un courrier de Wesel qui lui avait apporté des objets de la dernière importance à me communiquer, est venu hier me porter une note, dont voici la substance [1]) . . .

En l'assurant que je la remettrai incessamment sous les yeux du Directoire, je lui ai témoigné quelque étonnement de ce qu'on parlait de refus de notre part avant même qu'on ne nous eût fait une proposition précise, et de ce qu'on avait donné ordre de faire avancer les troupes avant qu'il n'existât la moindre apparence d'approche de ces troupes russes dont on semblait craindre l'invasion. J'ai ajouté que le citoyen Otto avait reçu, depuis, par un courrier, l'autorisation de discuter les propositions qui pourraient lui être faites à ce sujet. M. de Sandoz a pris sur-le-champ occasion de ce que je venais de dire pour m'offrir de reprendre sa note et d'en ajourner la remise jusqu'au retour de notre courrier de Berlin. J'y ai consenti parce qu'il m'a paru que cela convenait dans nos négociations, où il nous importait de gagner du temps.

Dans l'état où sont les choses, il importe que le Directoire exécutif décide si cette négociation doit être conduite de préférence par notre chargé d'affaires à Berlin ou par M. de Sandoz ici? La proposition du cabinet de Berlin n'a pas besoin d'être discutée ici où les avis ne sont pas partagés.

1) Vergl S. 337, No. 283.

1799 Sept. 13. Comme il s'agit ou d'en empêcher ou d'en retarder l'exécution, il semble que le lieu de la négociation doit d'autant plus être placé à Berlin, que c'est là où l'on peut profiter de la différence d'opinion qui existe entre les ministres et les favoris et que c'est de là que partirait l'ordre de faire avancer les troupes[1]) . . .

30. Bericht von Otto an Reinhard. Berlin 4e jour complémentaire de l'an VII.

Prusse 190.

Unterredung mit Lombard.

Sept. 20. Citoyen Ministre. Je n'ai pas voulu vous expédier le courrier le Comte sans pouvoir vous donner quelques renseignements positifs sur les intentions du Roi touchant le pays de Clèves. Ne pouvant approcher MM. Köckritz et Zastrow à cause du mouvement occasionné par les manœuvres militaires de Potsdam, je leur ai envoyé une personne sûre pour savoir enfin ce qu'on avait envie de faire; ils ont nié tous deux qu'il ait jamais été question d'envoyer une armée de l'autre côté du Rhin, comme M. de Haugwitz l'avait assuré. »Le Roi, disent-ils, demande seulement le rétablissement de notre régence et l'éloignement des troupes françaises. Les dispositions de S. M. pour la neutralité sont toujours les mêmes etc.« . . .

On a observé à M. Köckritz qu'il serait utile qu'il me parlât lui-même; il a répondu que les circonstances ne le lui permettaient pas, mais que le ministre étant absent, M. Lombard secrétaire intime du Roi serait autorisé à me faire connaître les véritables intentions de S. M. J'ai fait en conséquence le voyage de Potsdam, et j'ai eu avec M. Lombard une longue conversation, qui me confirme toujours dans l'opinion qu'il y a ici deux manières de voir et d'agir.

M. Lombard, que j'ai vu à cette occasion pour la première fois, paraissait s'être préparé à cette entrevue, il avait plutôt l'air de lire une note diplomatique que de causer. Il a exposé avec beaucoup d'art les nombreuses raisons que le Roi avait eues de se plaindre du dernier Directoire, qui avec une morgue sans exemple n'avait répondu ni à Paris ni à Rastatt à aucune demande faite par le cabinet prussien, qui avait traité avec le plus profond mépris les nombreuses réclamations faites en faveur des habitants du pays de Clèves et qui, au moment même où le Roi essuyait de la part des coalisés des attaques injurieuses pour le forcer à se déclarer contre la France, avait l'air de joindre ses efforts à ceux des ennemis de la République pour l'entraîner dans la guerre.

»Vous savez que nous avons été bien importunés depuis deux ans, mais vous ignorez les moyens innombrables qu'on a employés pour circonvenir S. M. Les intrigues des coalisés ont pénétré jusque dans les relations les plus intimes du Roi, et pendant quelque temps on n'a pas même épargné les injures les

1) Gleichzeitig schrieb Reinhard an Otto: »Il résulte de votre correspondance que si nous avons des succès, on se désistera des demandes, et que si nous n'en avions pas, nous risquerions de les accorder à nos ennemis.«

plus grossières pour piquer son amour-propre. Mais vous savez aussi que le 1799
Roi a été inébranlable et il s'en est félicité depuis le changement qui s'est opéré Sept. 20.
dans votre gouvernement. Je puis vous le dire aujourd'hui: en recevant les premières dépêches de M. de Sandoz touchant les dispositions franches et amicales du nouveau Directoire, le Roi est venu à moi d'un air satisfait, et en me montrant les dépêches, il m'a dit: Voilà enfin un gouvernement; le nouveau Directoire est conséquent, je vous l'avais bien dit.«

M. Lombard s'est beaucoup étendu sur les petites tracasseries qui ont empêché l'année dernière la conclusion de la paix, le péage d'Elsfleth, la libre navigation de l'intérieur de l'Allemagne et d'autres questions oiseuses qui ont inutilement retardé le traité définitif, mais venant enfin aux provinces transrhénanes, il a répété avec énergie tout ce qui a déjà été dit relativement au danger de les voir tomber entre les mains des coalisés; que dans ce cas la dignité du Roi se trouverait compromise; qu'on lui dirait avec raison: »Vous avez permis aux Français d'occuper ces provinces pendant plusieurs années, pourquoi n'aurions-nous pas la même faculté?« — qu'alors il faudrait faire la guerre pour ravoir ces provinces, et c'est précisément ce que le Roi veut empêcher. »S. M., a-t-il continué, est bien éloignée de rien exiger qui soit contraire à ses engagements ou à la dignité du gouvernement français. Le dernier Directoire n'a eu aucun droit d'abolir la régence prussienne, ni d'exiger des impositions autres que celles qui ont été consenties par la convention de Hoche; le Directoire actuel, beaucoup plus calme et plus éclairé sur les véritables intérêts, fera donc simplement un acte de justice, et non de faiblesse, en rétablissant notre régence. Quant à vos troupes, leur présence ne servira qu'à attirer les coalisés dans ce pays, elles vous seront plus utiles ailleurs, et il dépend sans doute du Directoire de donner à l'armée la direction qui lui paraît la plus avantageuse. D'un autre côté je vous réponds que nos troupes ne passeront le Rhin que lorsque nos provinces seront dans un danger imminent d'être envahies par les coalisés. Vous savez que dans aucun temps la Prusse n'a eu des troupes de l'autre côté du Rhin et certes dans un moment comme celui-ci le Roi est bien éloigné de vouloir donner de l'ombrage en faisant passer le Rhin à notre armée de démarcation. Je vous conjure donc au nom de la paix de contribuer de tous vos moyens à un arrangement amical sur cet objet, qui est extrêmement urgent; sous peu de jours il ne sera plus temps d'arrêter les mesures qui pourront être prises.

»Le second objet que je vous recommande très instamment, c'est d'avoir une confiance entière dans la franchise et le caractère loyal du Roi. Lorsque vous voudrez faire la paix, communiquez-lui sans aucun détour vos propositions, il les fera valoir, et certes, son interposition ne sera pas sans effet. Croyez que le Roi gouverne tout seul; quelles que soient les dispositions de M. de Haugwitz, le ministre est obligé de rendre compte au Roi de tout ce que vous lui confierez, et il ne saurait en faire un mauvais usage. Avec nous, vous gagnerez tout par la franchise. Le Roi ne partage en aucune manière l'opinion des exagérés qui voient la France à deux doigts de la perte. Vos armées font des miracles, vous avez des ressources inépui-

1799 sables, tâchez enfin de faire ce que le dernier Directoire n'a jamais essayé,
Sept. 20. tâchez d'avoir des amis en Europe.«

Ces ouvertures, citoyen ministre, m'ont été faites avec l'accent de la sensibilité et d'un vif intérêt, et il m'est impossible d'y méconnaître l'esprit du monarque, ses ordres immédiats et le ton d'un homme qui travaille tous les jours avec le Roi[1], qui est près de lui le rapporteur des affaires étrangères, et qui le connaît trop bien pour ne pas le peindre avec vérité.

En finissant la conversation, il a répété avec plus de force encore qu'auparavant: »Souvenez-vous bien que je vous recommande trois choses: 1° l'urgence d'une décision du Directoire; 2° la nécessité de s'arranger à l'amiable en rétablissant la régence prussienne à Clèves; 3° une confiance entière et illimitée dans la bonne foi du Roi, qui est bien résolu de ne donner aucun ombrage à la République et qui est prêt à coopérer loyalement au rétablissement de la paix aussitôt que le Directoire lui en aura communiqué franchement les bases« . . .

31. Erlaß von Reinhard an Otto. Paris 5e jour complémentaire de l'an VII.

Prusse 190.

Otto wird ermächtigt in der Frage der linksrheinischen Besitzungen Preußens Nachgiebigkeit von Frankreich in Aussicht zu stellen.

Sept. 21. Übersendung des Notenwechsels mit Sandoz-Rollin. Vous remarquerez qu'en conséquence du principe que le Directoire a admis, et qui fait la base de ma réponse, la négociation ne pouvant être établie que sur des pièces écrites, elle n'a véritablement commencé que par la remise de la note de M. de Sandoz, et que c'est à Paris qu'elle doit se suivre. Cependant si l'échange des notes officielles se continue ici, il n'est pas moins évident que vous demeurez chargé de la véritable négociation qui est celle des conversations . . .

Pressé sans doute par le ministre ou par les favoris d'aborder la question principale, vous répondrez qu'elle doit être traitée à Paris; mais en même temps vous pourrez faire entendre que pour faire cesser une bonne fois toutes les contestations auxquelles l'administration des provinces transrhénanes a donné lieu, on ne refuserait pas de faire un nouvel arrangement et de concerter avec la Prusse le mode d'administration de ce pays.

Telle est la marche des événements militaires, qu'il faut prévoir les chances les plus défavorables, et s'il devenait impossible de se refuser à ce que les troupes prussiennes occupassent les provinces transrhénanes, comme il n'est pas probable que le cabinet de Berlin accepte l'offre que nous avons faite de les occuper en commun, il faudrait au moins écarter les dangers qui pourraient naître du retour d'une armée prussienne à la gauche du Rhin en exigeant une garantie solennelle des intentions de la Prusse et de ses opérations ultérieures, garantie qui ne pourrait être refusée et à laquelle le caractère personnel du Roi permettrait de donner quelque confiance.

Si dans le cours de vos communications verbales, et le sort de la Batavie n'étant pas encore décidé, vous receviez quelques propositions éventuelles

touchant la neutralité de ce pays dans le cas où nous parviendrions à en 1799
chasser les Anglais, vous ferez bien de les accueillir et de nous les trans- Sept. 21.
mettre, parce que tout ce qui tend à prolonger une négociation dont le profit ne peut qu'être pour nous est bon à employer, de même que si la chance des armes devenait plus favorable, nous ne manquerions pas de jeter de nouveau dans la discussion le projet d'une convention d'échange pour les provinces transrhénanes . . .

32. Bericht von Otto an Reinhard. Berlin 3 vendémiaire an VIII.

Prusse 191.

König Friedrich Wilhelm III. und seine Umgebung. Köckritz, Zastrow, Haugwitz, Lombard.

. . . Voici des renseignements très exacts que je me suis procurés sur l'inté- Sept. 25.
rieur du château. Le Roi a une confiance entière et illimitée en M. de Köckritz, dont la droiture et les sentiments personnels s'accordent avec ceux du monarque. M. de Zastrow est très estimé et devenu nécessaire par son assiduité et ses talents, mais il n'est pas aimé, et il règne entre les deux favoris une petite jalousie qui pourra avoir des suites désagréables. M. de Haugwitz, ami de M. de Zastrow, craint l'influence de M. de Köckritz et le ménage beaucoup; il n'est pas aimé du Roi, mais on estime ses talents, son expérience, et il n'y a pas dans la carrière diplomatique un homme assez fort pour le remplacer. M. Lombard, secrétaire intime du Roi fait des progrès rapides dans l'opinion du monarque, et sans pouvoir aspirer à la place de ministre, il pourra devenir sous peu un personnage plus important qu'aucun des membres du cabinet. Il joint à beaucoup de talents une grande assiduité et une simplicité de mœurs qui plaisent au Roi[1]). Le monarque lui-même est ferme dans ses résolutions et très jaloux de son pouvoir. Les mécontents appellent sa fermeté entêtement, mais l'observateur impartial doit rendre justice à sa pénétration, à son bon sens et à une sorte d'instinct qui l'a toujours fait marcher dans la bonne route, malgré les intrigues de toute espèce que l'on fait jouer autour de lui. Sa persévérance est d'autant plus louable, qu'elle le met constamment en opposition avec la Reine, pour laquelle il a d'ailleurs la plus grande affection.

33. Schreiben Duroc's an Napoleon Bonaparte. Berlin 14 frimaire an VIII.

Eigenhändig. Paris, Archives Nationales AF. IV 1690.
Empfang bei dem Könige und den Ministern. Stimmung in Berlin.

Mon Général. Le Roi est arrivé ici de Potsdam le 11 au soir. Le 13 Dez. 5.
au matin, j'ai eu l'honneur de lui être présenté par son premier aide de camp. Je lui ai remis la lettre des Consuls, il m'a reçu et m'a répondu avec beaucoup de bonté et d'honnêteté. Il m'a parlé de la révolution du 18 brumaire, il pense

1) Am 25. Februar 1800 schreibt Beurnonville: Le Roi travaille habituellement avec Lombard; il travaille quelquefois avec ses aides de camp, très rarement avec ses ministres.

1799 Dez. 5. aussi qu'elle donnera la paix à l'Europe, et il désire beaucoup d'y coopérer. Mon arrivée ici a beaucoup intrigué les ministres étrangers qui ont aussitôt expédié des courriers. L'accueil que j'ai reçu ne peut qu'être favorable à la nation.

Les ministres ont un peu réclamé en faveur de l'étiquette; ils craignaient que la lettre ne renfermât des plaintes contre eux, cependant tout s'est parfaitement arrangé. Tous, et particulièrement M. de Haugwitz que j'ai vu le plus souvent, m'ont fait beaucoup de politesses. J'ai aussi été présenté à la Reine et à toute la famille royale; partout je suis vu avec plaisir et reçu avec distinction. J'ai eu l'honneur de dîner chez le Roi avec la Reine, plusieurs de ses généraux et ministres. Tous les deux m'ont beaucoup questionné sur l'Égypte. Tout le monde ici est enthousiasmé de cette expédition, chacun voudrait l'avoir faite et en demande des détails avec intérêt.

J'espère, mon général, que vous serez content de la manière dont j'ai rempli cette mission, pour laquelle je vous remercie de m'avoir désigné. J'ai fait en sorte de me rendre digne d'elle et de vous.

On est très content de la révolution du 18 brumaire. La Prusse a besoin de la paix générale et la désire, le commerce de la Westphalie particulièrement est tout à fait interrompu.

Nous n'avons ici contre nous que la haute noblesse. Le Roi, son armée et le peuple aime et estime les Français. L'armée est contente de nos succès et des revers de nos ennemis, particulièrement de ceux des Russes et des Autrichiens.

La Russie, après avoir tant menacé, est actuellement aux pieds de la Prusse.

Le Roi est militaire, économe, populaire et très aimé. Ses finances et les différentes parties de l'administration de ses états sont sur un très bon pied[1]).

Je resterai encore quelques jours à Berlin pour assister à quelques exercices et répondre à plusieurs invitations qui m'ont été faites.

Salut et respect. Votre aide de camp
Duroc.

34. Instructions pour le Général Beurnonville[2]). Paris frimaire an VIII.

Nach einer Abschrift in Prusse, Mémoires et Documents 9.

Die Beziehungen zwischen Preußen und Frankreich. Preußens Politik in der holländischen Frage und in der Angelegenheit der linksrheinischen Provinzen. Gründe der Zurückhaltung Preußens gegen Frankreich. Aufgabe Beurnonville's.

[Anfang Dezember]. Les rapports généraux de la Prusse avec tous les États de l'Europe sont trop connus pour qu'il soit besoin de les exposer dans des instructions. Les

1) In einem andern Schreiben von demselben Tage sagt Duroc: Le Roi aime beaucoup le militaire, sa seule passion est de faire exercer ses troupes qui sont très bien composées. Je crois que le soldat a plutôt de l'apparence et qu'il manque tout à fait de nerf et d'intelligence.

2) Der gegen Preußen höchst feindselige und gehässige Geist dieser Instruktion geht aller Wahrscheinlichkeit nach auf den Einfluß von Sieyès zurück.

rapports particuliers avec la France ont peu varié depuis quarante ans. La France monarchique, la France républicaine a toujours été pour elle un objet d'inquiétude, de défiance et de jalousie. Seulement on peut dire que la monarchie avait tout fait pour justifier ces sentiments et que c'est en vain que la République a tout fait pour les changer. 1799 [Anfang Dezember.]

Le général Beurnonville trouvera dans le traité de Bâle la base des rapports qui nous lient à la Prusse. Les instructions données au citoyen Sieyès son prédécesseur lui montreront le tableau historique des efforts qui ont été faits de la part de la France pour cultiver, pour améliorer ces rapports et en étendre les bases, et celui de la résistance que le ministère prussien n'a cessé d'apporter à ces efforts. Il trouvera dans la correspondance du citoyen Sieyès la succession des mêmes tentatives soutenue de tous les moyens de persuasion et d'influence qui semblaient devoir en assurer le succès. Enfin les instructions envoyées au citoyen Otto chargé d'affaires de la République, en fructidor dernier, lui présenteront la situation où étaient nos rapports diplomatiques à cette époque. Il ne reste plus qu'à tracer un précis des incidents qui ont fait subir quelques changements à cette situation.

En prairial an VII, des espérances insensées agitaient les cours qui s'étaient coalisées pour asservir la France, et des inquiétudes non moins exagérées égaraient les vues des gouvernements qui n'avaient pas pris part à la coalition. La Prusse cependant, avant la nomination du citoyen Otto à la place de chargé d'affaires, s'était fixée à une détermination positive de résistance contre tout ce qu'on avait fait pour l'engager dans la guerre. Le citoyen Sieyès avait obtenu tout ce qu'il avait annoncé qu'on obtiendrait de la Prusse, tout ce qu'il était en effet possible d'obtenir.

Sa neutralité était irrévocablement arrêtée, mais le Roi, à qui cette résolution de justice et de sagesse devait être attribuée, était en butte à toutes les attaques directes et secrètes des ministres et des fauteurs de la coalition. On désespérait de le porter à une rupture, mais des événements militaires d'une haute importance se préparaient, et on espérait qu'en faisant naître entre la légation française et les ministres prussiens des sujets d'altercation, l'aigreur mutuelle qui en résulterait secondant les frayeurs qui devaient naître de tous les résultats possibles des grandes entreprises de la coalition, entraînerait le Roi comme malgré lui à une détermination conforme aux espérances des cours coalisées et aux vues serviles de leurs partisans.

Les préparatifs de l'Angleterre pour subjuguer la Hollande étaient inconnus en Europe, mais la conduite de la Prusse depuis le milieu de l'an VII ne permet pas de supposer qu'ils fussent un secret pour elle. Dès lors elle commença à manifester le plus vif intérêt pour la paix et l'indépendance de la République batave. Le stathouder eut à Berlin des défenseurs zélés, ses partisans en Hollande parlaient hautement de l'espoir qu'ils fondaient sur le patronage le la Prusse. Et comment n'auraient-ils pas compté sur cet appui? Le comte de Haugwitz ne cessait de se récrier contre l'influence de la France en Batavie, contre la présence d'une armée française. Les événements qui ont suivi semblent faire croire qu'il eût voulu dès lors préparer aux Anglo-Russes un abord sans résistance et une invasion sans danger.

33*

1799 [Anfang Dezember.] Cependant toutes les communications entre le ministre prussien et la légation française se passaient en conversation. Souvent, il est vrai, le comte de Haugwitz présentait ses inquiétudes et ses vues pour la Hollande comme des objets de négociation et d'une négociation instante: il parlait des ordres donnés à M. de Sandoz pour l'entamer à Paris. On s'attendait tous les jours à recevoir des notes officielles sur ce sujet, ainsi que sur celui de la longue contestation relative à l'occupation des provinces transrhénanes, mais la négociation était toujours annoncée et ne s'ouvrit jamais. Cette bizarrerie a besoin d'être expliquée.

Il faut partir du fait que le projet de l'invasion de la Hollande était connu de la Prusse et que le gouvernement français l'ignorait. Ces deux points de vue donnent la clef de la conduite inconvenante et fausse du cabinet prussien. Sous ce dernier aspect, il proposait à la France de neutraliser la Hollande; sous le premier aspect il ne voulait pas faire d'une manière formelle cette proposition dans un temps où elle eût pu empêcher l'invasion. De là sont résultées les insinuations verbales si souvent répétées au citoyen Otto sur la neutralisation de la Hollande, et le délai de la négociation qui ne s'est ouverte sur ce point qu'au moment où l'invasion commencée rendait la proposition tellement impraticable, que les ministres prussiens n'ont pu s'en dissimuler le redicule et ont été honteux de la naïveté avec laquelle M. de Sandoz la été forcé d'exposer leur duplicité.

Il en a été de même de la négociation sur la possession des provinces transrhénanes. La conservation du droit d'occupation de ces provinces est certainement d'un grand intérêt pour la France, en ce qu'elle préjuge pour elle ses titres à la fixation définitive des limites du Rhin. Elle est certainement encore de peu d'intérêt pour la Prusse, en ce qu'elle ne sépare d'elle que des pays qui accoutumés aux lois françaises ne rentreraient pas sans danger pour les principes monarchiques dans la masse des états qui sont soumis à la domination du Roi. Mais nos revers en Italie, les progrès du prince Charles en Suisse et les préparatifs de l'invasion de Hollande réveillaient d'autres idées dans l'esprit des ministres prussiens. Ils crurent la Suisse, la Hollande, la Belgique déjà conquises, et ils craignirent que l'occupation française dans les provinces prussiennes ne fût pour les coalisés victorieux un titre plausible d'envahissement. Cependant, la France sans ascendant militaire, les armées républicaines chassées de toutes leurs conquêtes et repoussées sur le territoire français, étaient une perspective si nouvelle qu'avec quelque ardeur qu'on se portât vers elle, on ne pouvait guère l'embrasser sans défiance et sans inquiétude. De là l'hésitation de la marche du cabinet prussien.

Une négociation fut annoncée avec tout l'éclat d'une exigeance mal séante. Des troupes s'avancèrent sur le Rhin dès le début de la discussion. Cette discussion s'épuisa en préludes. Elle n'était pas entamée et déjà les résultats allaient en être déterminés par les voies de fait, quand la nouvelle simultanée des victoires de l'Égypte, de la Suisse et de la Batavie mirent un terme et donnerènt un caractère vraiment ridicule aux réclamations prussiennes et aux communications officielles qui devaient en être l'objet. Cette affaire est presque entièrement tombée, mais les détails ont besoin d'en être conservés et étudiés parce qu'ils sont extrêmement propres à faire connaître l'esprit diplomatique des ministres du Roi de Prusse et celui des seuls rapports politiques sur lesquels nous devions compter dans les combinaisons particulières de notre système fédératif à l'égard de ce gouvernement. 1799 [Anfang Dezember].

En général les traités, ou ce qui est la même chose, le droit politique n'est rien quand il n'est pas une déclaration et une sanction publique de ce qui est en fait. Inutilement la France formerait-elle un traité d'alliance avec la Prusse ou telle autre puissance si la communauté d'intérêts entre les deux États n'était pas également sentie par elles. Les volontés des gouvernements ne se trouvant pas d'accord, c'est en vain qu'on s'imaginerait les avoir liées. L'alliance serait en théorie et la politique resterait désunie après comme avant la promulgation du lien fédératif. Aujourd'hui la Prusse, quoique engagée par les mêmes intérêts à marcher d'accord avec la France, n'est pas liée de volonté au système d'union et de concert qu'elle devrait suivre.

Plusieurs causes concourent à cette aberration de principes qui l'éloigne de la ligne que lui tracent tout à la fois et la véritable gloire et qui devrait être sa véritable ambition.

La première est la passion aristocratique qui dans les gouvernements les plus soumis à l'influence de la France donne à la correspondance de leurs mesures avec les nôtres l'air de la résignation et de la contrainte plutôt que celui du consentement. Toutes les cours sont plus ou moins atteintes d'une espérance plus ou moins prochaine de l'abolition et de l'entier oubli des institutions qui font l'objet de leurs haines et de leurs alarmes, et les plus claires perceptions de l'intérêt de l'avenir y sont obombrées par les prétentions de l'esprit d'hérédité.

La deuxième cause en Prusse est le caractère des hommes qui gouvernent. L'amour de l'argent y est héréditaire et à côté du trésor qui se forme, le souvenir de celui que le règne précédent a dissipé, fait naître une ardeur immodérée de le remplacer, et en attendant ce terme des vœux les plus passionnés, la parcimonie la plus rigoureuse éloignera des conseils tout projet qui exposerait ou retarderait le succès d'une aussi précieuse accumulation[1].

La troisième enfin est l'absence de toute idée grande, de tout sentiment élevé dans tout ce qui a quelque ascendant dans le gouvernement de Prusse. Personne, et le prince moins encore que ses entours, n'est capable d'embrasser l'ensemble d'un système fondé sur des intérêts plus vastes que ceux du passé. A cet égard, l'idée de nouveauté suffira toujours pour effaroucher des esprits timides que quelques misérables souvenirs de vanité empêcheront à jamais de se porter vers des objets dignes d'une grande ambition.

---

1) Am 1. Dezember 1798 berichtet Sieyès: La Prusse soupire après le moment où ayant amassé les 30 millions qui lui sont nécessaires pour mobiliser son armée, elle se verra en état de mettre la main sur tout ce qui sera à sa convenance. . . . 30 millions d'écus, dans 2 ou 3 ans ils pourront être dans le coffre qui en recèle déjà 5. Alors le cabinet prussien se montrera. Mais alors, comme aujourd'hui, la République française ne souffrira pas que le Nord de l'Allemagne sera réuni sous la domination d'un Roi qui, donnant bientôt la main à l'Angleterre, ruinerait notre crédit et nous obligerait à remettre en question les limites du Rhin et de l'Escaut.

1799 [Anfang Dezember]. Tant que cet état de choses durera en Prusse et ailleurs, la France ne négociera ses alliances qu'avec un grand désavantage. Elle s'engagera avec toute sa franchise et les autres gouvernements ne se tiendront pas engagés. Elle calculera les chances de l'avenir avec des aveugles dont la sagacité ne s'étendra pas au delà des tâtonnements du présent. Elle imaginera enfin un système fédératif et ne trouvera des matériaux pour l'édifier que dans son courage, dans l'emploi de ses forces, et dans la volonté trop généreuse d'être seule à en faire les frais et à en supporter le fardeau.

La mission diplomatique de Berlin doit donc se borner aujourd'hui à attendre, à observer, à transmettre des renseignements locaux et à faire connaître au gouvernement prussien les vues constamment libérales du gouvernement de la République.

Le ministre plénipotentiaire de la République surveillera avec le plus grand soin les rapports de la Prusse avec les cours ennemies et avec plus de soin encore les rapports de cette puissance avec les gouvernements qui n'ont pas adhéré à la coalition. Par son caractère d'indécision et de faiblesse, autant que par sa prépondérance politique dans le Nord, la Prusse attache au système de ses mesures et de ses projets toutes les puissances de l'Empire que leur dépendance place plus immédiatement sous l'empire des circonstances et expose par tous les incidents de la fortune à toutes les vicissitudes du temps présent. Étudier les rapports de ces états avec la Prusse, c'est entrer dans le secret de toutes les impulsions qu'ils peuvent en recevoir, de tous les mouvements irréguliers auxquels ils peuvent s'abandonner. Par le traité de démarcation la Prusse exerce dans le Nord de l'Allemagne une influence consentie par la France. Ce consentement donne à la France le droit d'en surveiller la direction. L'influence de la Prusse doit être tout à la fois préservatrice pour la République et pour les états neutralisés. Les obligations que la neutralité impose deviennent pour les nations belligérantes des droits dont la violation emporterait pour la France la décharge de toute espèce d'obligation.

Auprès d'une cour telle que celle de Berlin, le premier emploi qui doive être fait de l'activité diplomatique est celui de surveiller; le second est celui d'empêcher; et le troisième est de ne rien proposer ou accepter sans avoir eu un ordre précis du gouvernement. Les circonstances recommandent encore cette règle de conduite qui, par le caractère inhérent de la politique prussienne, peut être regardée comme la maxime fondamentale du système diplomatique de la France à l'égard de ce gouvernement.

Quant au caractère personnel des hommes qui gouvernent, le général Beurnonville sera privé de toute ressource de tradition par le départ du citoyen Otto, mais il en trouvera d'abondantes dans la lecture de la correspondance des dernières années de la légation.

Il y verra que deux systèmes parallèles de communications y présentent sans cesse aux ministres de la République le gouvernement prussien sous deux aspects divers. Le système d'une partie des entours intimes du Roi sous un point de vue de bon accord et quelquefois de libéralité, le système des ministres et de leurs entours sous un point de vue versatile comme la fortune des armes. Nos revers exaltent leur malveillance secrète; nos succès ne font qu'en

déguiser les apparences. Le ministre plénipotentiaire n'aura pas de peine de 1799
s'apercevoir que dans les temps prospères les déclarations ministérielles ex- [Anfang
priment assez fidèlement les intentions du prince et sont plus d'accord avec Dezember].
les véritables intérêts du gouvernement prussien; et que dans les temps difficiles, il faut chercher à connaître les dispositions du Roi par d'autres intermédiaires que celui de ses ministres. La correspondance lui indiquera les noms de ces intermédiaires . . .

35. Beurnonville an Hauterive[1]). Berlin 12 pluviôse an VIII.

Prusse 191.

Die Königliche Familie.

Je suis arrivé à Berlin, mon cher d'Hauterive, sans accidents fâcheux, 1800
comme vous avez dû le voir par mes lettres au ministre, et j'ai reçu de cette Febr. 1.
cour aimable l'accueil le plus gracieux, le plus flatteur comme le plus distingué; cet accueil, mon cher d'Hauterive, a été partagé par la légation et mes aides de camp qui composent ma famille, douce, unie et vraiment charmante.

J'ai voulu en arrivant ici ne succéder aux préjugés ni aux opinions de personne, j'ai voulu y dater de moi-même. Les circonstances avaient dû changer les dispositions par le fait de notre régénération. J'ai mis et recommandé à toute ma famille la plus grande politesse envers tout le monde, même envers nos ennemis . . .

Il ne s'est pas encore écoulé un seul jour que nous n'ayons reçu du Roi, de la Reine, de la famille royale et de toute la cour des marques d'une bonté vraiment touchante . . . Le Roi est un fort bel homme d'une extrême modestie et d'une affabilité rare; je l'ai vu tous les jours et entretenu. Notre campagne de Champagne, ma manière franche et loyale de l'aborder a établi entre le Roi et moi des rapports qui me procureront son estime et sa confiance; il se loue beaucoup de notre Premier Consul, qu'il aime et qu'il admire; le Roi est vraiment notre ami[2]).

La Reine, belle, charmante, est pleine de grâce; il est impossible de mieux recevoir; la famille royale en agit avec les mêmes bontés . . .

Le chef de brigade Duroc a mérité à cette cour, par sa modestie, par sa réserve, et par sa conduite, l'estime de tout le monde, le Roi et la Reine m'en ont parlé avec un véritable intérêt.

Pour vous donner une idée définitive du Roi et de la Reine, c'est un ménage charmant et le modèle des ménages de l'Europe, la famille royale jointe. Il en résulte à cette cour un ton de bonté, de simplicité et d'affabilité, qui ne peut rendre que très agréable la vie à ceux qui en approchent . . .

---

1) Über Hauterive vergl. Masson, Département des affaires étrangères S. 409 fg.

2) Ich füge noch einige Äußerungen Beurnonville's über Friedrich Wilhelm III. hinzu: 23. Januar (nach der ersten Audienz): J'ai cru remarquer en même temps que le Roi est essentiellement honnête homme et plein de loyauté; que sa bonne foi est égale à la simplicité de ses mœurs et de ses manières; qu'à travers les craintes et les dangers dont on assiège son imagination, il a dans certains cas une volonté très positive et claire, celle d'être notre ami. 1. März: Je respecte beaucoup le Roi, parce qu'il est notre ami.

[Anfang 1800].

36. Bericht Talleyrand's an Napoleon Bonaparte. Paris an VIII.

Prusse 192.

Empfiehlt Anknüpfung neuer Verhandlungen mit Preußen; das Scheitern der früheren war wesentlich durch die Politik des Directoriums verschuldet.

Lorsque le Premier Consul m'a demandé s'il ne serait pas possible de tirer parti de la Prusse, pour accélérer la paix soit générale, soit partielle, et de quelle manière on pourrait la décider à se placer à la tête d'une ligue puissante dans le Nord pour mettre un frein à l'ambition des coalisés[1]), ma première réponse a été: que je ne croyais pas que la proposition formelle d'une alliance pût être accueillie en ce moment à Berlin mieux qu'elle ne l'a été à des époques précédentes . . .

Cependant en réfléchissant aux premières idées du Consul, j'ai considéré que s'il ne fallait pas s'attendre que la Prusse fût disposée même aujourd'hui à associer sans réserve sa cause et ses efforts aux nôtres par une alliance offensive et défensive, on pouvait croire au moins qu'elle avait apprécié les avantages de notre position présente, et que prévoyant pour la République de nouvelles chances de puissance et de gloire, elle mettrait quelque soin, sinon à se lier entièrement, du moins à se rapprocher plus qu'elle n'a fait jusqu'à présent.

Sous ce rapport, j'ai conçu qu'il pouvait être utile d'aller au-devant des déterminations de ce gouvernement et de le provoquer à quelques discussions communes sur les grands objets qui se lient à la pacification générale . . .

Je pense donc qu'il conviendra . . . de provoquer la Prusse à un examen approfondi des intérêts réciproques et des vues qui doivent être communes aux deux États par rapport à la pacification de l'Europe.

Le mauvais succès des ouvertures du même genre qui ont été faites à diverses époques du gouvernement directorial, n'est pas un argument sans réplique contre ce qui serait tenté aujourd'hui. Il est trop vrai que la conduite du Directoire envers les puissances armées et neutres avait été, surtout après le 18 fructidor, pleine de maladresse et d'irritation.

La Prusse, quoique plus ménagée, avait perdu toute confiance dans le gouvernement et dans la stabilité de sa politique. L'expulsion du Roi de Sardaigne, l'invasion de la Suisse, les atteintes trop évidemment portées à l'indépendance de la Batavie, avaient été particulièrement sensibles à la cour de Berlin, qui mécontente encore de l'organisation définitive donnée aux provinces transrhénanes et entourée d'ailleurs de toutes les suggestions des coalisés, était parvenue à ce point d'exaspération qu'il faut savoir peut-être quelque gré au jeune monarque d'être resté fidèle à la neutralité, quand son ministère était à peu près livré au parti de la guerre et quand les disgrâces de la République donnaient un poids si formidable aux excitations de ses ennemis.

Mais à présent les principes et la forme du gouvernement français n'ont plus rien qui effarouche. Les premiers magistrats de la République jouissent personnellement d'une considération qui fait naître la confiance, et après l'avoir acquise, ils sauront la conserver.

---

1) Vergl. Correspondance de Napoléon Ier, 21. Januar 1880.

La Prusse, qui hait l'Autriche et redoute la Russie, a toujours conservé dans son sein un parti nombreux et attaché à la France comme puissance par conviction et par intérêts. Les torts de notre conduite antérieure, la versatilité ou l'extravagance de notre conduite politique avaient seuls paralysé l'opinion qui nous est favorable. Il n'est pas impossible de la relever, c'est l'ouvrage d'un peu de temps, de sagesse, de constance et de force. [Anfang 1800].

Jusqu'ici on s'est imaginé qu'il suffisait de dire à la cour de Berlin que nos intérêts et les siens étaient communs, que l'alliance des deux pays était naturelle, pour la décider en effet à s'unir avec nous. Jamais le cabinet prussien n'a réfuté la vérité de cette assertion, mais toujours il nous a fait comprendre par des refus, auxquels les prétextes n'ont pas manqué, que s'il était d'accord sur le principe, il ne pouvait s'entendre sur les conséquences avec une nation dont les gouvernants n'inspiraient que de la défiance.

Ce à quoi il faut donc s'attacher aujourd'hui, c'est à détruire les mauvaises opinions qui ont prévalu sur notre compte. La restauration de notre crédit extérieur a commencé avec l'établissement de notre nouvelle constitution, il faut l'accélérer par tout moyen, et c'est particulièrement à Berlin qu'il importe d'agir efficacement pour ramener ce cabinet à notre système.

Le général Beurnonville est parti avec des instructions formelles à cet égard. Sans doute il ne négligera rien pour établir entre les deux gouvernements de France et de Prusse une confiance parfaite et des rapports d'étroite amitié. Mais je serais d'avis que dans ce moment, pour accélérer un pareil accord et pour donner jour peut-être aux résultats les plus importants, le Premier Consul se décidât à provoquer quelque franche et grande explication sur les affaires de l'Europe.

Cette discussion pourrait avoir lieu soit à Paris entre M. de Sandoz et moi, soit à Berlin entre le ministère et les agents de la République; comme c'est à Berlin que les préventions, les résistances ont existé et subsistent encore, il paraît convenable que la discussion s'engage d'abord sur ce terrain, dût-elle ensuite être transportée à Paris, si elle devait mener à des résultats décisifs.

Mais pour ouvrir à Berlin une discussion générale sur tous les points qui tiennent à la pacification de l'Europe, à la médiation de la Prusse, à son alliance avec la République, pour préparer un ouvrage aussi vaste, pour écarter les reproches anciens, pour aplanir les difficultés récentes, pour combattre pied à pied les objections du cabinet, pour triompher des irrésolutions du monarque, enfin pour amener le prince au rôle que la République est intéressée à lui voir prendre, je ne crois pas qu'il suffise du général Beurnonville, ou du moins il paraissait convenable d'envoyer d'abord à Berlin un agent spécial particulièrement instruit des rapports anciens et présents de la République, ainsi que des intentions du Premier Consul, et qui sans titre public, sans caractère officiel, aurait pour mission de provoquer la Prusse à une explication catégorique sur ses sentiments et ses vues.

Cet agent serait porteur d'une lettre du Premier Consul pour S. M. Pr. Dans cette lettre, le Premier Consul, sans prononcer le mot d'alliance, sans exciter à une association de guerre s'attacherait à ouvrir une carrière vaste aux discussions . . .

[Anfang 1800]. C'est toujours se mettre dans une bonne position au commencement d'une campagne que de se montrer animé du désir de la paix et de tout tenter pour la rétablir. Si la campagne est heureuse, on acquiert le droit de se montrer sévère. Si elle est funeste, on n'a point à supporter le reproche de l'avoir provoquée.

Je ne puis douter que celle-ci ne promette à la République de nouveaux triomphes, mais pour rendre la victoire utile, il faut en préparer le prix, et le prix c'est la paix; et pour que la paix soit honorable et solide, il faut qu'elle soit basée sur des négociations préparées de longue main, et qu'elle se fortifie d'un système d'alliance capable de rendre à l'Europe l'équilibre qu'elle a perdu par huit années d'agitation et de bouleversement.

37. Erlaß von Talleyrand an Beurnonville. Paris 26 pluviôse an VIII.

Prusse 191.

Anknüpfung neuer Allianz-Verhandlungen mit Preußen. Gefahren der fortdauernden Neutralität für Preußen.

Febr. 15. ... Dans le cas où il n'y aurait aucun espoir d'amener les cours coalisées à une conciliation raisonnable, serait-il donc impossible d'exciter enfin la Prusse à quelques résolutions décisives et qui s'accordassent avec celles du Premier Consul, pour obtenir de la force des armes ce qui aurait été refusé à la raison et au bien de l'humanité? Le moment actuel ne ressemble en rien à ceux où la Prusse fut déjà sollicitée par la République. Si cette puissance s'est fortifiée dans le repos, un repos trop long pourrait aussi devenir funeste à sa considération politique et militaire. Il est temps qu'elle reparaisse comme partie principale dans les affaires de l'Europe, sans quoi, ce qui jusqu'ici a été prudence, pourrait bientôt ne paraître plus qu'indécision; et si le gouvernement prussien ne saisit pas le rôle de pacificateur et d'arbitre, d'après des plans convenus avec son allié naturel, tout équilibre en Allemagne, en Europe, peut être détruit sans retour, et la Prusse, froissée entre des voisins jaloux, aura, pour ne s'être pas décidée à temps, perdu à la fois et les avantages d'une neutralité de cinq ans et ceux que lui promettait un concert entier d'action et d'efforts avec la République pour la pacification générale ...

38. Bericht von Beurnonville an Talleyrand. Berlin 7 ventôse an VIII.

Prusse 191.

Unterredung mit König Friedrich Wilhelm III. Die Frage der linksrheinischen Besitzungen Preußens.

Febr. 26. J'ai saisi hier, citoyen ministre, l'occasion d'un bal donné par le prince Radziwill pour entretenir le Roi sur les diverses questions contenues dans vos 3 dépêches du 26 pluviôse[1]) ... Je puis vous assurer que le Roi, dans cette

1) Diese drei Erlasse betrafen die Statue Friedrichs des Großen (vergl. S. 369), die linksrheinischen Besitzungen Preußens und die Anknüpfung von Allianz-Verhandlungen (vergl. das vorhergehende Aktenstück.)

occasion comme dans toutes les précédentes, m'a répondu naturellement, sans 1800
faire et sans ruse. Je ne le crois vraiment capable que de bons procédés pour Febr. 26.
nous, tant qu'il suivra les mouvements de son cœur juste et bon . . . Je lui ai fait part du projet que nous avons de réunir dans la galerie du Louvre les statues ou les bustes des grands hommes de tous les pays. Je lui ai exprimé le désir qu'a le Premier Consul de tenir de S. M. le buste du grand Frédéric destiné à en devenir un des principaux ornements. »Je suis on ne peut plus sensible, m'a répondu le Roi, à cette preuve particulière de l'estime du Premier Consul pour le grand Frédéric. Je vous prie de lui en témoigner toute ma gratitude. J'ai regret de n'avoir ni statue ni buste de Frédéric II, mais je me ferai un plaisir de vous faciliter les moyens de vous en procurer.« Vous savez, citoyen ministre, qu'on est essentiellement économe dans cette cour, et que c'est là le caractère particulier du Roi. Je crois donc devoir m'attendre à acheter ce buste, lorsqu'on l'aura trouvé . . . . Au reste le Roi m'a paru extrêmement flatté de cet hommage rendu à la mémoire d'un grand homme qu'il prend pour modèle, au moins dans sa conduite administrative.

A cette première question succéda celle des provinces transrhénanes . . . Le Roi s'étendit . . . sur les griefs et concussions de tout genre qu'on nous reproche et qu'on ne manque jamais d'exagérer à ses yeux . . . »Ce sont mes sujets, dit-il, au moins jusqu'à une cession definitive qui ne peut être arrêtée qu'à la paix. Je leur dois jusque là mes soins paternels. Je ne puis pas dissimuler que le gouvernement français n'ait agi avec aigreur et injustice à mon égard, tandis que je lui donnais des témoignages de bonne volonté qu'on n'a pas toujours appréciés« . . . Je répondis que l'occupation par nos troupes, qui nous était assurée par le traité de Bâle, entraînait évidemment en notre faveur la faculté de régir et d'administrer, . . . qu'enfin la Prusse avait consenti de fait à l'organisation française, et qu'en la laissant établir elle avait reconnu la faculté précise que nous en donne le traité de Bâle.

Le Roi, après m'avoir écouté attentivement, me fit cette réponse que je tâche de vous rendre le plus littéralement possible. »La preuve, me dit-il, que mon père n'a point entendu que l'occupation volontaire dût entraîner de fait un changement dans le gouvernement civil qu'il n'a jamais eu intention de céder, c'est que ce même et ancien gouvernement a existé depuis le traité de Bâle jusqu'en 1797. Il ne s'éleva jusqu' alors aucune contestation, parce que vos généraux pleins d'honneur et de délicatesse, s'entendirent parfaitement avec ma régence . . . Vous concluez mal à propos que le fait de l'établissement de l'administration française en prouve le droit. Le Roi mon père n'y a jamais donné son consentement et j'ai toujours réclamé comme lui, mais sans succès . . . Cependant j'ai été pressé par la coalition de me venger. On a employé envers moi jusqu'à la menace. Ai-je varié dans ma conduite avec la France? Quoiqu'elle m'eût dépouillé du gouvernement civil de mes provinces transrhénanes dans un temps où elle faisait trembler l'Europe, n'ai-je pas toujours cherché à entretenir avec elle la meilleure intelligence dans le temps même de ses malheurs? On a pu un moment suspecter mes intentions, lorsque j'ai fait marcher mes troupes du côté de ces provinces: je voulais seulement les garantir des horreurs de la guerre. Je voulais prévenir de la part des

1800 Febr. 26. coalisés qui avaient de l'humeur contre moi cette conquête alors très possible et ses suites malheureuses pour ce pays. Tel a été mon seul but, et je ne suis pas fait pour en imposer . . . Mes intérêts sont liés à ceux de la France par la nature, par nos relations. Je les apprécie, et la République n'aura qu'à se louer de mes procédés; mais je désire, je l'avoue, avoir également à me louer des siens; il faut que tout soit réciproque pour que cette bonne intelligence se soutienne et se resserre encore. C'est le cas de laisser subsister les choses telles qu'elles étaient depuis le traité de Bâle jusqu'en 1797 . . . Je compte sur les bonnes dispositions du Premier Consul. Dès lors il me trouvera prêt à seconder de tous mes moyens la paix qu'il désire. Personne ne la veut plus ardemment que moi. Mais vous sentirez aisément que je n'avais pu rien faire jusqu'ici« . . .

März 4. Beurnonville empfiehlt der preußischen Forderung nachzugeben. Si l'anticipation de l'ancien Directoire fut une injustice, si seulement c'est un acte douteux dont on peut respectivement soutenir le droit et l'illégalité, le pas rétrograde que nous ferions en cette circonstance n'aurait rien d'humiliant pour nous. Ce serait la rectification d'une erreur et dans tous les cas un témoignage de bonne volonté dont le Premier Consul serait fondé à se faire un mérite auprès du gouvernement prussien. Je ne me permets ces réflexions, citoyen ministre, que par suite des observations que je fais sur les lieux. Le Roi, ses ministres, ses aides de camp, son secrétaire, tous sont d'accord sur ce point, et il est bien vraisemblable que tant que cette difficulté ne sera pas aplanie, on ne voudra entendre à aucune proposition de notre part[1]) . . .

39. Bericht von Beurnonville an Talleyrand. Berlin 11 prairial an VIII.

Prusse 192.

Unterredung mit Graf Haugwitz.

Mai 31. . . . Il serait superflu, citoyen ministre, de vous rendre dans tous ses détails cet entretien que la stérile fécondité de M. de Haugwitz a prolongé pendant trois grandes heures. C'est une admiration sans bornes pour les talents extraordinaires du Premier Consul; un attachement sincère à la République française, alliée naturelle de la Prusse, et une amitié toute cordiale pour moi. C'est une méfiance raisonnée du caractère changeant de Paul Ier, qu'on veut

1) In einem Privatschreiben an Talleyrand bemerkt Beurnonville: Je ne vois aucun inconvénient au rétablissement du gouvernement civil prussien dans les provinces transrhénanes sur le pied de 1796, et j'en trouve un très grand dans un refus puisque ce serait enchaîner la bonne volonté du Roi . . . D'ailleurs vous refuseriez le plus positivement possible, que le cabinet ne se déterminerait point à nous faire la guerre; il est neutre par essence; il ne vise qu'à remplir ses coffres; il a bien de l'amour-propre, mais point d'ambition, et si même il en avait, je le crois dépourvu des moyens de génie propres à la satisfaire grandement. Il méconnait le brillant et l'avantageux de sa position, il n'a pas le sentiment de ses forces (6. März).

lier solidement avant de s'engager avec lui dans des opérations communes; 1800
c'est du côté du Roi une délicatesse scrupuleuse qu'aucune considération ne Mai 31.
peut déterminer à proposer le démembrement de l'Empire; c'est une volonté décidée de nous soutenir si nous éprouvions des revers en Italie où l'on ne veut pas que l'Empereur s'agrandisse; c'est encore le projet d'une ligue du Nord qui tendrait à limiter la navigation britannique et à faire restituer par cette puissance les colonies qu'elle a conquises sur la France et ses alliés; c'est enfin le rétablissement en Europe du juste équilibre qu'il convient à la Russie et à la Prusse d'opérer en y faisant concourir le Danemark et la Suède, ouvrage dont le résultat tournerait surtout à l'avantage de la France, de l'Espagne et de la Hollande. Tels sont les textes principaux des longues dissertations de M. de Haugwitz, mais en définitif, il ne pose aucun fait, et il s'est excusé sur la déclaration faite par le Premier Consul qu'il remettrait à un temps plus opportun de profiter des bons offices de S. M. Prussienne[1]). On n'a pas encore fait cet aveu à la Russie, de peur de la dégoûter et de changer ses bonnes dispositions qu'il importe de ménager pour en tirer parti lorsque le moment opportun sera venu . . .

40. Bericht von Beurnonville an Talleyrand. Berlin 24 prairial an VIII.

Prusse 192.

Unterredung mit Prinz Heinrich.

. . . Le prince Henri est ici depuis quelques jours. Ce voyage à Berlin Juni 13.
est comme un tribut annuel que ce prince paye à un reste d'ambition toujours sans effet, mais toujours subsistant. Il serait au reste à désirer pour nous qu'il parvînt à obtenir quelque influence et que ses vues fussent adoptées. Ses sentiments pour la France sont dès longtemps connus, mais l'état actuel de nos affaires n'a pu que les fortifier encore. Avant-hier il dînait chez le Roi à Charlottenbourg. Le soir, il se rendit chez le prince Ferdinand, où étaient réunies les légations d'Espagne et de France. Nos premiers entretiens se portèrent naturellement sur la marche victorieuse de l'armée du Rhin et sur l'étonnante diversion exécutée par le général Bonaparte. Ce n'est pas sans quelque plaisir, citoyen ministre, que j'ai entendu les deux frères de Frédéric II exprimer leur admiration pour le Premier Consul et leurs vœux pour le triomphe de la République. Les personnes qui entourent ces deux princes sont pour la plupart dans les mêmes sentiments, et nous ne voyons guère à leurs cours que des amis de la nation française.

Le prince Henri me dit qu'il n'était venu que pour faire connaître au Roi son opinion sur les circonstances actuelles; qu'il ne lui avait pas dissimulé que la conduite de son cabinet ne tendait à rien moins qu'à changer l'ordre de la saine politique et à mettre l'Autriche à la place de la Prusse; qu'il pouvait en résulter des conséquences d'autant plus funestes que les deux cours impériales ne seraient jamais de bonne foi avec le gouvernement prussien, et que

1) Vergl. S. 376.

1798 Juni 13. celui-ci finirait par perdre son allié puissant et naturel, la France, pour qui il ne voulait pas se décider. Le prince Henri pense encore qu'il serait d'un intérêt majeur de former sous les auspices de la Prusse une ligue des princes du Midi de l'Allemagne, tels que Cassel, Darmstadt, Bade, Württemberg etc.; il voudrait par l'association de ces petits états assurer leur indépendance contre le despotisme autrichien.

Non content de sa démarche auprès du Roi, le prince Henri a fait aussi une tentative auprès de M. de Haugwitz. Il a envoyé auprès de ce ministre son aide de camp Laroche-Aymon pour lui communiquer ses idées. Celui-ci me disait avant-hier soir que M. de Haugwitz ne rejetait point les vues du prince et qu'il semble même y adhérer. Mais il est facile de prévoir que cette apparente condescendance de M. de Haugwitz n'a rien de solide et de réel. Le prince Henri retourne à Rheinsberg, et bien probablement son apparition ici n'aura apporté aucun changement dans la politique de ce cabinet . . .

41. Bericht von Beurnonville an Talleyrand. Berlin 3 thermidor an VIII.

Prusse 192.

Unterredung mit Lombard über die Note vom 30. Juni[1]).

Juli 22. . . . Je me trouvais avant-hier à dîner avec M. Lombard, que je n'avais pas vu depuis assez longtemps. Il débuta par me demander comment j'avais trouvé la note qui m'a été remise par le cabinet. Le ton avec lequel il me fit cette question annonçait que le gouvernement prussien croit avoir fait un grand pas et qu'on attache une haute importance à cette démarche. Je ne dissimulai pas à M. Lombard que cette note, dans laquelle je n'avais pu voir qu'avec plaisir les sentiments humains et généreux qui animent S. M., ne m'avait point paru d'ailleurs très satisfaisante, puisqu'après avoir négligé de donner suite à nos ouvertures précédentes, on se borne aujourd'hui à nous demander des communications nouvelles, sans nous promettre même encore d'une manière positive ce concours de la Russie qu'on nous fait espérer depuis cinq mois. La réponse de M. Lombard se réduisit à des protestations du désir du Roi de concourir de toutes ses forces à la pacification générale . . .

1) Vergl. Nr. 342, S. 382.

Fünfter Anhang.

Berichte von österreichischen Gesandten aus Berlin.

1796—1800.

Berichte des Fürsten Reuß aus Berlin[1]).

1. Versuche, Preußen wieder zum Beitritt zur Coalition zu bestimmen. Elgin. Kalytschew. Unterredung mit Graf Haugwitz.

Ob es sich zwar, was den Gang anbetrifft, dem sich der hiesige Hof in 1796
der jetzigen Lage der Dinge zu folgen vorgenommen haben mag, noch nichts Febr. 18.
weniger als klar sehen läßt, so ergreife ich doch diese sichere Gelegenheit, um wenigstens dem erleuchteten Ermessen E. E. dasjenige zu unterlegen, was diese Zeit her meine Aufmerksamkeit beschäftiget hat, und zwar demnach mit der kürzlichen Darstellung der Thatsachen anzufangen.

Gleich in den ersten Tagen des Hierseins des Milord Elgin vertraute mir derselbe, wie sehr zwar das englische Ministerium wünsche, den König von Preußen wieder dahin zu bringen, daß er neuen thätigen Antheil an dem Krieg gegen Frankreich nehmen möge, und zu dem Ende auch Höchstdenselben mit Gelde zu unterstützen geneigt sei, wie aber zugleich das in England gegen Preußen entstandene Mißtrauen zu allgemein geworden sei, als daß ein englischer Minister es jetzt wagen dürfe, im Parlament von Subsidien an Preußen zu sprechen; dieser Vorschlag müsse also von Rußland an beide Mächte gemacht werden, um sich auf einigen Erfolg Hoffnung machen zu können. Da es mir an Verhaltungsbefehlen für diesen Umstand gebrach, ich auch mit diesem neuen Minister, so feierliche Protestationen er mir auch von der Aufrichtigkeit und Wärme Englands in seinen Gesinnungen gegen S. Kaiserl. M. sowohl, als von seiner persönlichen Anhänglichkeit an dieses System sprach, und sich auf unsere individuelle Bekanntschaft berief, vorsichtig zu Werke gehen zu sollen glaubte[2]), so beschränkte ich mich, als er mein Urtheil über die hiesige Lage der Dinge, und über die Möglichkeit, seinen Wunsch in Gang zu bringen, zu wissen wünschte, in meinen Äußerungen auf Generalia.

Hierzu kam, daß nun auch der Herr v. Kalytschew mit den bestimmten und E. E. gewiß bekannten Weisungen dahier eintraf, welche er dem Milord Elgin mündlich, mir aber in Originali mittheilte, und deren darin enthaltene Aufträge

---

1) Die Berichte sind sämmtlich an Baron Thugut gerichtet.

2) So hatte Thugut selbst anempfohlen, da Elgin in Wien für preußisch gesinnt galt. (Erlaß an Reuß, 1795 Sept. 9.)

1796 Febr. 18. derselbe auch, wenige Tage nach seiner Ankunft, an den Herrn Grafen v. Haugwitz sich erledigte, so wie er auch in Betreff derselben mit dem Herrn General v. Bischoffwerder eine Unterredung verlangte und erhielt. Während dieser Zeit langten der Freiherr v. Hardenberg und der Erbprinz v. Hohenlohe hier an, ersterer wahrscheinlich — letzterer aber, wie ich aus mehreren Unterredungen mit ihm nicht zweifeln kann, gewiß in der Absicht, in den friedlichen Gesinnungen des hiesigen Ministeriums eine Veränderung hervorzubringen. Ob nun schon der General v. Bischoffwerder sowohl als der Erbprinz v. Hohenlohe dem Herrn v. Kalytschew, aus ihren ersten Rückäußerungen zu schließen, Anlaß gegeben haben, daß des Königs von Preußen Majestät, mit dem Betragen der französischen Regierung unzufrieden, nicht abgeneigt wären, wenn auch nicht offensive, doch wieder gewaffnet sich auf das Theater zu stellen; Bischoffwerder aber zugleich merken ließ, es würde dem König lieber sein, wenn die Anträge von der Seite des Kaisers Majestät herkämen (dieses versicherte mich Herr v. Kalytschew wenigstens), so gab doch Graf Haugwitz diesem Minister zu erkennen: der König werde dieser Monarchin Vorschläge in reife Überlegung ziehen; er könne aber in diesem Augenblicke, in welchem er über mehrere Punkte eine kategorische Antwort von Frankreich erwarte, keinen Entschluß fassen, werde aber alsdann über das, was ihm die Umstände vorschrieben, sich in vollem Vertrauen gegen die Kaiserin erklären.

In der Zwischenzeit war ein von dem Minister v. Struensee wegen eines seit mehreren Jahren fehlgeschlagenen Versuches, sich im Auslande oder im Staate Geld zu verschaffen, um die während des Krieges zu Frankfurt am Main aufgenommenen Capitalien zu decken, entworfener Finanzplan zum Vortrage fertig geworden, und ward von einer aus dem Herrn Grafen v. Schulenburg, dem Herrn v. Struensee, und dem General v. Bischoffwerder bestehenden Commission dem König in einer Conferenz vorgelegt, und von Höchstdenenselben angenommen und bestätiget, dessen Ausführung wahrscheinlich als sich nicht mit einem neuen thätigen Antheil an dem Kriege reimend vorgestellt worden sein mag, da seit dieser Zeit diejenigen, welche bis dahin nicht allein für eine neue levée de bouclier stimmten, sondern auch an dem König einige Neigung hierzu zu bemerken glaubten, ihre Sprache verändert haben.

Da nun dessen ungeachtet von Verständigen und Unverständigen, von unterrichtet sein könnenden und solchen, die sich für unterrichtet ausgeben, mit eben so viel Gewißheit von einer nahen Wiederrüstung, und von dem angenommenen Grundsatze gesprochen wurde, daß man sich gegen Frankreich nicht anders sicher stellen könne, als wenn man mit den Waffen in der Hand sprechen könne, als von der andern Seite erwiesen wurde, die beträchtlichsten Subsidien müßten den hiesigen Hof keineswegs bewegen, wieder mit Truppen auf dem Theater zu erscheinen, so glaubte ich, das wiederholte Anerbieten des Herrn Grafen v. Haugwitz, in jeder Sache, welche Aufklärung bedürfe, dieselbe bei ihm zu suchen, jetzo vornehmlich nützen zu sollen, um eine donnée mehr zu erhalten, und sie mit der gegen den Herrn v. Kalytschew geäußerten Auskunft vergleichen zu können. Ich brachte also die Sache in einer freundschaftlichen Unterredung auf die Bahn, und erhielt in einem auf alle Weise gefälligen Tone zur Erläuterung: daß der Kaiserin von Rußland Majestät den König fürs erste in einem eigenhändigen

Briefe zu einer neuen Theilnahme an dem Kriege aufgemuntert, später aber durch den Herrn v. Kalytschew diesen Aufruf ministériellement habe wiederholen lassen, und sich nicht nur anheischig gemacht, England zu vermögen, daß diese Macht neue Subsidien an Preußen zahlen würde, sondern zu verstehen gegeben, daß Höchstdieselbe zu glauben alle Ursache habe, England würde sich vollkommen bereit dazu finden lassen. Hierauf habe der Herr Graf Haugwitz dem Herrn v. Kalytschew im Namen des Königs geantwortet, man erwarte hiesigerseits auf eine ernsthafte Anfrage an die französische Regierung über drei Gegenstände Antwort, und sehe sich daher für diesen Augenblick außer Stande, sich gegen der Kaiserin Majestät auf eine bestimmte Art zu erklären; der König werde aber nach eingetroffenen Nachrichten aus Paris nicht versäumen, die Lage der Dinge und seine davon abhängenden Entschließungen dem Ermessen der Kaiserin zu unterlegen. Diese drei Gegenstände beständen in dem Betragen der französischen Truppen in den von ihnen noch besetzten preußischen Provinzen, in dem Schicksale der Republik Holland und der Oranischen Familie, und in der Neutralität für das nördliche Deutschland, um welcher Willen Preußen vorzüglich Frieden mit Frankreich gemacht habe. Über diese Neutralität aber, welche dem König am meisten am Herzen liege, und von welcher Er unter keiner Bedingung das mindeste nachzugeben fest entschlossen sei, suche die französische Regierung jede bestimmte Erklärung zu eludiren; deswegen habe man sich bei Kurbraunschweig, bei dem Herzog von Braunschweig, Hessen-Cassel, Oldenburg u. s. w. bemühet, diese Fürsten zu bewegen, daß sie ihr Militär auf solchem Fuß erhalten möchten, daß man im Stande bleibe, einer ernsthaften Sprache Nachdruck zu geben, so wie auch die königl. preußischen Truppen sich im gleichen Stande befänden; welche Partei aber ergriffen werden würde, könne man noch auf keine Weise angeben. An mich fügte der Herr Graf Haugwitz hinzu: der König werde es sich zur Pflicht machen, dasjenige, wozu die Umstände ihn bestimmen würden, vor Allem S. M. dem Kaiser im vollkommensten Vertrauen vorlegen zu lassen. Es sei zwar vor einigen Tagen ein von dem Herrn v. Sandoz abgeschickter Courier hier angekommen, welcher aber nur einen Bericht über die Lage der Dinge, so wie er sie in den ersten Tagen seines Aufenthaltes habe beurtheilen können, die Nachricht der ernsthaften Zurüstungen auf den bevorstehenden Feldzug, und auch dieses mitgebracht habe, daß die Mitglieder des Directoriums sich im Discurse gerühmt hätten, es sei mit Österreich und England in Friedensunterhandlungen begriffen, welchem aber hier nicht der mindeste Glauben beigemessen werde. Hiernächst sei dieser Tage ein Courier bei Caillard angekommen, von dessen wahrscheinlich mitgebrachter Instruction oder Nachrichten er sich aber das geringste nicht habe verlauten lassen, es lasse sich auch nicht conjecturiren, was der Inhalt wohl sein möge.

1796 Febr. 18.

Aus dem Gegeneinanderhalten dieser kürzlich dargestellten Beobachtungen und verschiedenen Äußerungen möchte sich daher ergeben, daß die Eröffnungen des Grafen Haugwitz, umsomehr, da sie mit dem, was er dem Herrn v. Kalytschew gesagt hat, übereinstimmen, am vorzüglichsten zum Leitfaden zu wählen sein möchten, an dem es sich am wahrscheinlichsten fortschließen lassen könnte, wie viel man von dem hiesigen Hofe in den vorliegenden Umständen zu erwarten haben mag, und dabei hoffen lasse, daß derselbe wenigstens den coalisirten Mächten in den beschlossenen Maßregeln kein Hinderniß in den Weg legen werde, weswegen

1796 Febr. 18. noch überdies der Herr Graf Haugwitz, so oft über diese Gegenstände es zwischen uns zur Sprache kommt, mir jedesmal die feierlichsten Versicherungen giebt.

Hiernächst soll ich noch hinzufügen, daß mir noch durch andere Canäle zugekommen ist, daß ein solcher Plan von einem aufzustellenden Neutralitäts-Corps wirklich bei dem hiesigen Cabinete auf dem Tapet sei, und daß man, wenn auch das französische Directorium versprechen sollte, die Neutralität des nördlichen Deutschlands zu respectiren, dessenungeachtet hier nicht geneigt sei, der Zusage eines solchen Gouvernements zu trauen. Was über diesen wichtigen Gegenstand nun etwa ferner transspiriren sollte, werde ich nicht anstehen lassen, E. E. ohne Verzug ganz gehorsamst einzuberichten. Von ziemlich guter Hand habe ich indessen noch vernommen, obwohl ich es nicht ganz verbürgen kann, man habe die Idee dahier, im Falle es zur wirklichen Formirung des oberwähnten Neutralitäts-Corps kommen sollte, auch den Herrn Kurfürsten von Sachsen anzugehen, daß er zu demselben ebenfalls Truppen stellen solle; es ist daher zu hoffen, daß man nicht den Einfall haben möge, auf das nunmehr wieder zu Felde gehende sächsische Reichscontingent zu diesem Ende Anspruch machen zu wollen . . .

2. Fürst Hohenlohe und Hardenberg. Graf Haugwitz.

März 30. Um der in einem meiner letzten ganz gehorsamsten Berichte enthaltenen Zusage Genug zu thun, versäume ich nicht, Ew. E. erleuchteten Einsicht dasjenige Bild zu unterlegen, was ich aus mehreren vertrauten Unterredungen mit dem Fürsten v. Hohenlohe, welcher mir sowohl vieles Zutrauen erwiesen, als auch mir immer aufrichtigere und redlichere Gesinnungen zu hegen geschienen hat, als gewöhnlich hier anzutreffen sind, und aus manchen Äußerungen des Herrn Grafen v. Haugwitz entwerfen zu können veranlaßt worden bin, in welchem alle Gegenstände von dem Kampfe des Königs zwischen seinem inneren Triebe, sich um Waffen- und politischen Ruhm zu bewerben, und zwischen dem Wunsche, seiner Staaten Ruhe zu erhalten, getheilte Neigung, wie auch von der daraus fließenden Unschlüssigkeit ihre Gestalt erhalten.

Unter die Einfluß habenden Personen gehören nebst dem General Bischoffwerder und dem Grafen Haugwitz jetzt auch der Fürst Hohenlohe, und, obwohl weniger als sonst, auch der Freiherr von Hardenberg; deren die beiden Ersten Eines Schrittes in allem sehr vorsichtig zu Werke gehen und das Zutrauen des Königs gegen den Fürsten Hohenlohe, welcher sein Urtheil dem König mit aller Freimüthigkeit vorträgt, nicht gerne zu sehen scheinen, dennoch aber ihn möglichst bei gutem Willen zu erhalten suchen [1]). Hohenlohe hatte anfänglich dem König geradezu gerathen, wieder in die Coalition zu treten, wohin auch die Meinung des Freiherrn von Hardenberg ging; später aber bewog ihn der begegnete Widerstand, der Idee eines bewaffneten Neutralitäts-Systems beizutreten, von dem er in seinem Inneren hoffte, daß es doch wieder zum Ernste führen würde. Eine, Gott weiß durch wen, erdachte Insinuation aber, daß Hohenlohe's Absicht sei, den Freiherrn von Hardenberg statt des Grafen Haugwitz in das Ministerium zu bringen [2]), machte, daß man eine ganze Zeit hindurch den Freiherrn von Harden-

1) Vergl. Caillard's Bericht vom 2. April 1796, S. 439.

2) Vergl. das Schreiben Hardenberg's an Bischoffwerder, S. 56.

berg sehr kalt behandelte, und daß man so viel als möglich vor dem Fürsten 1796
Hohenlohe versteckte, was eigentlich vor war; seit welcher Zeit auch der Freiherr März 30.
v. Hardenberg aus dem Spiel geblieben zu sein scheint. Indessen konnte man nicht verhindern, daß der König dem Fürsten Hohenlohe überhaupt sehr vorzüglich begegnete, seine Meinung anhörte und über die vorliegenden Geschäfte vertraulich mit ihm sprach. Auf der andern Seite aber veranlaßt der Umstand, daß der König jeden Gegenstand mit dem Grafen Haugwitz überlegt und die Behutsamkeit, mit welcher der General Bischoffwerder es vermeidet, gegen die Meinung des Grafen Haugwitz anzustoßen, daß letzterer dennoch jede Sache nach seiner Weise zu leiten im Stande bleibt.

Diese Weise nun scheint mir vorzüglich darin zu bestehen, daß der hiesige Hof durch die vorliegenden kritischen Umstände sich dergestalt durchzuwinden suchen müsse, daß er hierbei weder gegen diese noch jene Macht sich zu etwas verbindlich mache, wodurch er in größere Verlegenheit kommen könnte; welches jetzt um so mehr zu thun giebt, als Graf Haugwitz noch immer den größten Werth auf die Neutralität des nördlichen Deutschlands zu setzen scheint, bis jetzt vergebens auf eine befriedigende, schon so lange erwartete Antwort der französischen Regierung wartet und sich nicht bergen kann, daß Preußen in jedem Falle gar leicht ins Gedränge kommen könne. Hiernächst glaube ich zwar den Versicherungen des Grafen Haugwitz und des Generals Bischoffwerder, daß sie ein gutes Einvernehmen mit des Kaisers Majestät wirklich wünschen, den Glauben nicht absprechen zu sollen; es scheint aber zu den Eigenheiten der hiesigen Geschäftsführer zu gehören, daß sie ein solches Einvernehmen in der Annahme ihrer für andere Staaten für nützlich gehaltenen Vorschläge mit vorgefaßter Meinung bestehen machen wollen.

Da auch der Fürst Hohenlohe, welcher aus den mit dem Lord Elgin gepflogenen Unterredungen die Idee schöpfen zu können geglaubt hat, England wünsche den Frieden und sei nicht gegen eine preußische Mediation, sich überredet, es werde für die österreichischen Staaten ersprießlich sein, wenn Preußen der Auftrag gegeben werde, Frankreich den Frieden im Namen der coalisirten Mächte anzutragen, und diesen Antrag an der Spitze einer formidabeln Armee zur Sprache brächte, so findet diese seine Meinung, so viel ich mit Grunde aus mehreren Bemerkungen folgern zu können glaube, bei dem Grafen Haugwitz und dem General Bischoffwerder keinen Beifall und wird also auch schwerlich stattfinden, obgleich beide wünschen, daß wenn es nicht zum Frieden kommen sollte, Österreich und England den König zu ihrem Vermittler wählen möchten, ohne daß er jedoch hiebei in irgend eine Gefahr gesetzt werde.

Aus dieser kurzen Darstellung scheint also abgezogen werden zu können, daß durch keinen Nebenweg (welcher zwar sorgfältig und soviel möglich offen zu halten sein dürfte) etwas Festes und Zuverlässiges zu erhalten sein werde; daß man aber in jeder Sache, welche dem allerhöchsten Hofe nützlich scheinen wird, blos auf den Grafen Haugwitz zu wirken und ihn bei dem Glauben zu erhalten suchen müsse, daß man sich blos an ihn halte, dem man im Ganzen die Gerechtigkeit widerfahren zu lassen nicht umhin kann, daß in seinen Grundsätzen keine Gehässigkeit gegen unsern Hof herrsche, und überhaupt, daß vielmehr Gutmüthigkeit den Grundzug seines Charakters ausmache . . .

3. Die Mission Hammond's nach Berlin und die Anträge Englands an Preußen.

1796 Aug. 23. Aus meinem letzten ganz gehorsamsten Berichte vom 19. d. geruhen Ew. E. hochgeneigt zu ersehen, wie ich noch vor Empfang Hochdero unterm 13ten an mich erlassenen gezifferten Weisung alle meine Aufmerksamkeit auf die Absicht der Anherkunft des Herrn Hammond gerichtet hatte, und worin die ersten Eröffnungen der englischen Herrn Minister bestanden. In Folgendem eile ich, sowohl das, was der Lord Elgin und der Herr Hammond seitdem mir vertraut haben, als auch jene Vermuthungen nachzutragen, welche dieser ganze Hergang veranlassen möchte.

Erstgedachter Minister (nachdem beide, wie ich in meinem Schreiben vom 19. No. 72 anzuzeigen die Ehre hatte, mich mit dem Endzwecke des englischen Cabinets kürzlich bekannt gemacht hatten, und obgleich der Herr Hammond den ganzen Verlauf seiner Unterhandlung dem Chevalier Eden [1]) durch den gestrigen Curier in der Absicht mittheilte, damit dieser Ew. E. ausführliche Eröffnung hievon gebe) vertraute mir gestern Abend: die Sendung des Herrn Hammond sei eigentlich an des Königs Maj. in Pyrmont gerichtet gewesen, und habe den Zweck gehabt, im Falle er bei S. M. die gehörige Einsicht der Gefahr entdecken sollte, welche aus den nunmehr am Tage liegenden Vergrößerungs-Absichten Frankreichs für alle übrigen Reiche nur zu deutlich erwiesen sei, den König zu sondiren, ob S. M. sich zu einer Übereinkunft mit des Kaisers Majestät und dem König von England verstehen wollten, wonach der französischen Regierung unter Bedingungen, bei welchen das Ansehen und die Vortheile der drei Höfe das Hauptaugenmerk sein müßten, Friedens-Unterhandlungen vorgeschlagen werden könnten, und ob der König, wenn er von der Nothwendigkeit überzeugt sein werde, daß den französischen Fortschritten Grenze gesetzt werden müßte, diese an Frankreich gelangen zu lassenden Friedensvorschläge, wenn sie abgewiesen würden, selbe mit gewaffneter Hand zu unterstützen sich verpflichten wolle? Da nun aber der König in Pyrmont nicht mehr zu erreichen gewesen sei [2]), und folglich das Ministerium dahier nicht habe umgangen werden können, so habe man dem Grafen Haugwitz den ganzen Auftrag in extenso vorgetragen, und denselben gebeten, ihnen beiden englischen Bevollmächtigten eine Audienz bei des Königs Majestät zu erbitten. Dieser Minister habe auch durch eigene Wiederholung jedes Punktes die richtige Fassung des Sinnes derselben bestätiget, jedoch über ihren Eindruck auf ihn selbst sich nicht geäußert, wohl aber in Beziehung auf die vorliegenden Umstände überhaupt data eingeflochten, deren vollkommenen Ungrund ihm zu beweisen der Herr Hammond ebenso sehr im Stande, als beflissen gewesen sei. Des Königs Majestät hätten in der ertheilten Audienz den in dem Antrage aufgestellten Sätzen nicht allein vollkommen beigepflichtet, sondern hätten auch die Idee, den französischen Absichten Einhalt zu thun, zur Herstellung der Ordnung mitzuwirken, und hierzu im Falle der Noth die Macht der Waffen zu gebrauchen, mit außerordentlichem Wohlgefallen ergriffen, und sich im Ganzen sehr nach Wunsche, hiernächst aber dahin geäußert: Sie würden dem Ministerium auftragen, das Weitere mit Lord Elgin und Herrn Hammond abzureden.

---

1) Englischer Gesandter in Wien.

2) Am 7. August war der König nach Potsdam zurückgekehrt, am 15. kam Hammond in Berlin an, am 18. hatte er Audienz beim König in Sanssouci.

Nach der Zurückkunft des Tages darauf nach Potsdam berufenen Grafen Haugwitz hätten sie um eine fernere Unterredung mit demselben gebeten, und hätten endlich auf ein deswegen an ihn gerichtetes Billet eine in Form eines Particular-Schreibens abgefaßte Rückantwort erhalten (Lord Elgin las sie mir vor, bewilligte mir aber keine Abschrift), durch welche der Herr Graf Haugwitz gewähnt haben möchte, den Herrn Hammond abgefertiget zu haben. In dieser Antwort wiederhole der Graf Haugwitz zum Scheine die Auftrags-Punkte des Herrn Hammond, ohne irgend welcher angetragenen Vortheile zu erwähnen, so wie auch die von dem König in der Audienz ertheilte Antwort, aber zur größten Verwunderung beider ganz verdreht, und schließe damit: der König werde sich unendlich geschmeichelt fühlen, wenn Österreich und England Ihn mit ihren Verabredungen bekannt machen wollten, und Er werde alsdann mit außerordentlichem Vergnügen zur Friedstiftung im Wege der Negoziation beitragen, welches aber auch das einzige Mittel sei que lui permettaient ses relations actuelles. Hierauf nun habe man dem Grafen Haugwitz ungesäumt erwiedert: aus seiner Antwort erhelle, daß er dem Sinne der Aufträge des englischen Cabinets eine ganz entgegengesetzte Auslegung gebe, es sei daher eine zweite Unterredung zur Verbesserung dieser Mißverständnisse nothwendig. Es sei demnach die gestrige Conferenz erfolgt, in welcher man dem Grafen Haugwitz so bestimmt als möglich wiederholt habe: es existire noch keine Verabredung zwischen England und Österreich; man habe nicht des Königs Mediation begehrt, sondern dem König vorgeschlagen, unter gehöriger Erwägung der höchst gefährlichen Lage der Dinge in ein Concert mit Österreich und England zur Entwerfung eines Planes zu treten, nach welchem der Friede hergestellet und der Vortheil der drei Mächte befördert werden möchte, in dieser Voraussetzung sodann vom König erwartet, daß Er, der bei der gewagten Stellung der feindlichen Armeen zu derselben gänzlichen Überwältigung ohne große Anstrengung mitwirken könne, die von den drei Mächten vorgeschriebenen Friedensbedingnisse mit gewaffneter Hand durchsetzen helfen würde. Alles dessen ungeachtet sei aber der Graf Haugwitz bei seinen Äußerungen geblieben, und da er zuletzt bestimmt erklärt habe: der König werde auf keine Weise bewogen werden können, wieder mit den Waffen in der Hand zur Coalition zu treten, so habe der Herr Hammond die Unterhandlung als abgebrochen angesehen, und keine Silbe schriftlich von sich gegeben. Auf die sehr nachdrücklich an den Grafen Haugwitz gerichtete Frage: was er in seinem Schreiben durch die relations actuelles du Roi sagen wolle, habe derselbe hoch und theuer versichert, diese Worte bedeuteten nichts anders, als das durch den Basler Frieden hervorgebrachte Verhältniß, außer welchem kein einziges Wort anderweitiger Verabredungen mit Frankreich weder bestehe, noch im Werke sei. 1796 Aug. 23.

Wenn nun auch den vollständigeren Bericht des Herrn Hammond der Chevalier Eden Ew. E. ebenso vollständig mittheilen sollte, so erachte ich es dennoch meiner Pflicht, Hochdero erleuchteten Einsicht alles mir Mitgetheilte hier offen zu legen, und ebenfalls anzudeuten, welche wesentliche Dinge meiner Mitwissenschaft vorenthalten worden sind. Es ist nämlich aller angewendeten Mühe und Mittel unerachtet mir nicht gelungen, weder von dem Lord Elgin, noch weniger von dem ungleich verschlosseneren Herrn Hammond zu erforschen, worin die Vortheile bestehen, welche England dem hiesigen Hofe angeboten hat; Herr

1796 Hammond sprach nur von dem, was erst angeboten werden sollte, aus des Lords
Aug. 23. Elgin Erwähnungen hingegen habe ich alle Ursache zu vermuthen, daß die Anerbietungen dem Grafen Haugwitz wirklich artikulirt worden sind. Da ich diesfalls näher in ihn drang, glaubte er mich mit der feierlichen Versicherung zu befriedigen, daß alle Haupt- und geheimen Punkte der Hammond'schen Aufträge Ew. E. durch den Herrn Grafen von Starhemberg[1]), auch von dem Lord Grenville im Duplicate an den Herrn Eden zugekommen seien. Dadurch wird aber mein Zweifel nicht gehoben, ob nicht entweder unter dieser Sendung solche Absichten verhüllet liegen, die man so lange möglich dem Blicke unseres Hofes entziehen will, oder ob etwa Elgin und Hammond nur besorgten, daß ich den Herrn v. Kalytschew mit ins Vertrauen ziehen möchte; diesen scheinen sie aber von dem Vertrauen ausgeschlossen wissen zu wollen; oder endlich ob sie diesen letzten Grund nur zum Schein wählten, um sich meiner dringenden Erkundigungen zu entledigen. Ich werde keine Mühe sparen, um auf irgend einem anderen Wege die Sache dennoch ins Helle zu bringen. So viel ist mir unterdessen außer Zweifel, daß Herr Hammond über die sehr armselig vorgebrachten Ausflüchte, über die unwahren Angaben, und noch mehr über eine vorsätzliche Verdrehung der englischen Anträge, am höchsten aber über die mit der eigenen mündlichen Äußerung des Königs im vollen Widerspruche stehende Antwort des Grafen Haugwitz aufgebracht ist. Die Ursache zu der trockenen Ablehnung seiner Anträge scheint Herr Hammond in wirklichen Verabredungen zu suchen, welche Preußen, seiner Vermuthung nach, mit Frankreich über die Vortheile getroffen hat, welche der hiesige Hof von dem Schluß des künftigen Friedens hofft. Übrigens fand ich den Herrn Hammond in einer Stimmung, als wollte er versuchen, den König noch einmal über seinen Gegenstand zu sprechen, um womöglich Höchstdemselben (wie er sich ausdrückte) die Augen zu öffnen, wobei denn des Grafen Haugwitz nothwendig würde gedacht werden müssen.

Da weder Lord Elgin noch Herr Hammond über die Wesenheit der angetragenen Vortheile sich herausließen, so ist mir unmöglich zu beurtheilen, ob das hiesige Ablehnen der Vorschläge daher rühre, weil man größere Vortheile und Subsidien erwartete, oder ob es an der Bestimmtheit der Versprechungen gefehlt habe, oder ob man mit Frankreich wirklich schon eine reichere Beute sich ausersehen habe. Soviel darf man unterdessen immer für gewiß annehmen, daß der hiesige Hof den Plan seiner Entschädigung für die auf dem linken Rheinufer an Frankreich oder Holland abzugebenden Besitzungen und der Vergeltung aller seiner Frankreich zum Nachtheil so vieler anderer Staaten erwiesenen Gefälligkeiten längst festgesetzt habe, und selbe nunmehr mit Gewißheit des Erfolges erwarte . . .

4. Krankheit des Königs. Allgemeine Theilnahme.

1797 . . . Ceux qui n'avaient pas vu le Roi depuis son départ pour Pots-
Juni 6. dam, furent frappés sans exception de sa mine et du délabrement prodigieux de ses forces. Lorsque, la veille de la revue, Sa Majesté vint ici assister au spectacle, très peu de personnes de cette capitale furent à même de se con-

1) Kaiserlicher Gesandter in London.

vaincre de ce changement, parce que le Roi se tint dans une loge grillée; mais avant-hier il se trouva en vue de toute la cour et d'un public nombreux de toutes les classes, qui remplit la salle de spectacle et les galeries du château; par conséquent l'opinion sur l'état de S. M. est aujourd'hui aussi générale et prononcée qu'elle peut l'être. On désire plus qu'on n'ose espérer sa guérison. Le voyage de Pyrmont est résolu contre l'avis des médecins, le Roi lui-même n'en attend d'autre chose qu'une diversion passagère à ses maux, et quelques-unes de ses propres paroles indiquent qu'il est devenu indifférent au secours de l'art, persuadé comme il est de son impuissance; sa conduite le prouve encore mieux, puisqu'il écarte tous les conseils pour ne vivre qu'à sa volonté. Une maigreur subite a succédé à l'embonpoint, et l'une des jambes commence à s'enfler. Dans une position si désolante le Roi conserve cette tranquillité, ce calme parfaits qui ont toujours distingué son courage; il n'a rien perdu de son affabilité et cette circonstance ajoute à l'intérêt que le public prend à sa situation . . .

1797 Juni 6.

5. Prinz Heinrich.

Juni 20.

. . . Le prince Henri, toujours actif et ne faisant jamais rien, toujours occupé à se faire valoir et condamné toujours à la même nullité par le souverain et par les ministres, qu'il accable de ses mémoires que personne ne lit, est venu ici dans le dessein évident de constater l'état du roi et d'essayer son crédit sur l'esprit du prince royal, dont il voudrait devenir le Mentor; malheureusement que tous deux, le voyant du même œil, lui ont fait le même accueil, de façon qu'il s'en retournera bientôt avec la conviction que son règne qu'il croyait voir approcher ne viendra jamais . . .

6. Kronprinz Friedrich Wilhelm.

Nov. 8.

. . . Dans les entretiens que Votre Excellence eut la bonté de m'accorder pendant mon séjour à Vienne [1]), j'eus l'honneur de lui avouer mon insuffisance à porter un jugement sur le caractère que prendrait le nouveau règne, et j'eus en même temps celui de lui en exposer les raisons. La difficulté est toujours la même. Je crois néanmoins ne devoir terminer le présent rapport, sans lui offrir un assemblage de traits épars, qu'on pourrait regarder comme éléments d'un portrait à faire du Roi futur. Toujours un peu gêné dans sa contenance, très réservé de tout temps, son extérieur n'a rien de bien prononcé; ceux qui l'approchent de plus près, prétendent qu'il est indécis. Cette supposition paraît fondée et parmi plusieurs causes auxquelles on peut attribuer également cette indécision, la plus probable me paraît être celle-ci: que le prince, doué d'un assez bon sens naturel, sent et sentira tous les jours davantage le défaut d'instruction. Son éducation, de ce côté, a été négligé au delà de tout ce qu'on peut croire d'un père qui aimait tendrement ses enfants, et d'un fils né pour de si hautes destinées. Lorsqu'on la crut à peu près finie, cette éducation, on

1) Vom 27. Juni bis 10. October war Fürst Reuß von Berlin entfernt und theils in Karlsbad, theils in Wien gewesen.

1797 le fit assister successivement aux séances des différents départements; il s'y
Nov. 8. ennuya de son mieux et ne laissa nulle part le moindre vestige, la plus petite marque d'un intérêt quelconque pris aux affaires qui s'y traitaient; tout le monde eût dit merveilles de lui, si lui y eût dit quelque chose au monde. Suivant le Roi à la guerre, il y fut matériellement, il ne marqua aucune envie de s'y distinguer, quelquefois il se lamenta des maux que la plus juste des guerres entraînait inévitablement, un éclair de bravour eût infiniment ennobli ce sentiment. Il la vit finir avec plaisir; ses plus grands soins dans cette partie se bornaient depuis à bien exercer son régiment, et il y réussit. De temps en temps il lui échappe quelque trait de dureté passagère, qu'on peut mettre sur le compte de l'inconsidération de l'âge. Ennemi de la représentation et du faste, il aime la vie retirée; économe, il plaça dans les fonds du commerce maritime des épargnes prises sur les 100 mille écus annuels que lors de la formation de sa maison le Roi lui assigna, trop libéralement à son avis. Il tient la main à la discipline, il aime l'armée qu'il voudrait augmenter encore. Ses mœurs sont pures, sa maison est bien réglée, ses gens bien traités. Les deux aides de camp que le Roi lui donna, MM. de Köckritz et de Jagow, se louent de ses procédés; ce dernier est insignifiant, M. de Köckritz de son côté semble avoir part à la confiance du prince, qu'il mérite sous le rapport de l'honneur et de la droiture; c'est un bon militaire et ne rien de plus. M. le comte de Brühl, quoique son ancien gouverneur, passait jusqu'ici pour n'avoir aucune influence sur lui; s'il figure dans ce rapport-ci comme l'intermédiaire des paroles portées entre le prince royal et M. le comte de Panine, on n'en peut inférer grand' chose pour la suite, parce que dans cette occasion sa mission récente à Pétersbourg[1]) et le désir du prince d'être bien avec la Russie, lui servent de créance . . .

Quant aux affections politiques du prince royal (car ici le nom de système serait prématuré), il en existe quelques données assez prononcées: d'un côté, son aversion pour les Français de toutes les nuances et sa haine très cordiale vouée aux démocrates; de l'autre, sa pleine conviction que le premier moyen conservateur est dans l'amitié de la Russie. Il n'ignore pas l'opinion que l'on a de sa façon de penser à l'égard de l'Autriche; c'est pourquoi il a fait dire à M. le comte de Panine par le comte de Brühl, et à moi par M. le comte de Tauentzien, que loin de nourrir aucun sentiment haineux contre nous, il ne demandait qu'à vivre en bon voisin et dans la plus parfaite intelligence avec S. M. l'Empereur et Roi, que toute prévention céderait aux faits. Et puis, condamnant en masse les opérations, sauts et bonds du cabinet du Roi pendant ces derniers dix ans, »ce n'est pas, dit-il, par de vaines paroles, par des protestations creuses, par des promesses cent fois violées, qu'on parvient à se raccréditer dans le monde et à corriger le vice des actions, il faut racheter un fait par un autre, et c'est ainsi que je compte rappeler la confiance qui nous fuit«.

---

1) Brühl war nach Petersburg geschickt worden, um den Kaiser Paul zu beglückwünschen. — Reuß berichtet ebenfalls am 8. November, Brühl habe, von Panin unterrichtet, dem Kronprinzen wegen der preußischen Politik Vorstellungen gemacht.

V. E. s'assurera bien elle-même de la sincérité de cette profession de foi, 1797
si j'ai l'honneur de lui observer avec ce respect qu'on doit à la vérité, surtout Nov. 8.
lorsqu'il s'agit de préjuger l'avenir d'un jeune prince dont on ne peut pas encore avoir à se plaindre, que longtemps avant que le Roi ne commença à décliner et avant toute apparence d'une succession si précoce, S. A. Royale sur ce dernier chapitre s'est expliquée de même quant au fond, quoique en termes plus mesurés, non seulement vis-à-vis le prince héréditaire d'Orange qu'il aime, mais vis-à-vis d'autres personnes encore auxquelles il crut pouvoir s'ouvrir . . .

7. Audienz des Grafen Panin bei König Friedrich Wilhelm II.

. . . La difficulté qu'avait faite M. le comte de Panine de remettre la lettre Nov. 8.
de son maître à autre qu'au Roi même, lui procura une audience que probablement nul autre ministre étranger n'eût obtenu sous les mêmes circonstances[1]. Il trouva Sa Majesté, reposant dans un fauteuil, les jambes et la main gauche couvertes à cause de l'enflure hydropique, qui s'était manifestée dans ces parties. Ce ne fut pas sans peine que M. le comte de Panine surmonta l'émotion que lui causa l'aspect désolant du Roi. Il fut le plus concis possible dans son discours, ne disant à S. M. que des choses qui pouvaient la flatter, et écartant avec soin tout ce qui, dans la lettre ou dans ses instructions, portait un caractère plus sérieux. Le Roi s'efforça d'y répondre, ce furent des sons la plupart inarticulés; de tout ce que S. M. voulut dire, il ne comprit que ces mots: *pardonnez, pauvre convalescent*, et un peu plus loin: *amitié—concert—intelligence* . . .

8. König Friedrich Wilhelm III.

. . . Tout ce que j'ai pu recueillir dans plusieurs conversations que je me Decbr. 7.
suis ménagées avec le comte de Brühl, à qui le Roi s'est ouvert et auquel il a permis dans les dernières semaines de la maladie du Roi son père de parler avec franchise, concourt à tirer un horoscope favorable du nouveau règne quant aux vues politiques de ce prince, dans lesquelles il se propose d'obliger ses ministres à marcher droit, aussi bien que quant à la sensibilité de son cœur et ses maximes de probité, qui le porteront à cultiver l'amitié des cours dans lesquelles il croira découvrir des dispositions favorables pour lui, et à être fidèle aux engagements qu'il aura pris avec elles. Sa conduite publique et domestique depuis qu'il est sur le trône paraît faire prévoir une grande prudence, du calme, un grand désir de s'instruire des objets avant de se décider, de l'assiduité au travail, une bonté de cœur et de la simplicité marquées dans ses actions et de la fermeté dans le caractère (mais sur quoi l'expérience seule pourra nous éclairer). Ce que le Roi semblerait avoir conservé de ce que l'on a pu observer jusqu'ici, c'est une grande réserve à donner lieu à pouvoir présumer avant le temps quelle pourrait être sa décision sur des objets sur lesquels on voudrait le sonder. La contenance noble et visée avec laquelle il a paru les

1) 30. October.

1797 Decbr. 7. premières fois dans des occasions publiques a surpris tout le monde, ne l'ayant vu jusqu'ici dans de pareilles occasions que réservé et presque timide. L'intérieur de la cour est, me dit-on, le tableau d'un bon ménage. Il ne veut pas d'état séparé d'avec la Reine, qui avait été en usage dans ce pays-ci, disant ne pas vouloir se priver de sa société plus que ses occupations royales ne lui rendaient nécessaire. Il a été prévenant envers les princes Henri et Ferdinand, ses grand-oncles, mais sans donner au premier de la marge à s'immiscer dans les affaires, à quoi il vise toujours, et laissant tomber les propos vraiment plus qu'indécents contre le duc de Brunswick et prônant les républicains pour lesquels le Roi se sent le plus grand éloignement, ne se sentant généralement aucune inclination pour la nation française . . .

9. Unterredung mit Graf Haugwitz.

1798 März 31. . . . In einer Unterredung, zu welcher ich von dem Herrn Cabinets-Minister Grafen Haugwitz eingeladen worden, hat mir derselbe zu erkennen gegeben, daß das am 21. nach Wien abgegangene königl. Antwortschreiben [1]) dasjenige wirklich enthalte, was mir schon vorhero bekannt gemacht worden sei, und mit welchem Verlangen nunmehro des Königs Majestät der Ausfertigung von Seiten Ihrer Kaiserl. Majestät der Vollmachten zu den Unterhandlungen entgegen sähen. Je deutlicher und furchtbarer Ihnen das Bild der von Frankreich her drohenden Gefahren, und je tröstlicher die Zuversicht auf ein aufrichtiges Einverständniß zwischen den drei benachbarten Höfen als das einzige aber wirksame Rettungs-Mittel vor Augen schwebe, desto fester sei Ihr Vorsatz, S. K. M. durch die That zu beweisen, wie ernstlich Sie wünschten, diese Vereinigung in dem möglichst kürzesten Zeitraum zu stande gebracht zu sehen, um der französischen Regierung, welche alle Nationen des übrigen Europa nunmehr ohnleugbar für ihren gemeinsamen Feind anerkennen müßten, nicht Zeit zu lassen, zerstörende Gegen-Maßregeln ins Werk setzen zu können, und um den vielleicht jetzt noch günstigeren Zeitpunkt zu nützen, in welchem dieselbe ihre zu den zerstörenden Planen in der Schweiz und in Italien verwendete militärische Macht noch zerstreut habe.

Eine ganz gleiche Sprache hat dieser Herr Cabinets-Minister in einer späteren Unterredung mit dem Herrn Grafen v. Panin gegen denselben geführt, und hat nur der Äußerung: „daß, so erwünscht S. M. des Kaisers Vorschlag, S. Rußisch Kaiserl. M. um Ihre Intervention zu dieser vorhabenden Übereinkunft anzugehen, dem Könige gewesen wären, Höchstderselbe sich eben so zuversichtlich der willfährigen und baldigsten Unterziehung von Seiten S. Russisch K. M. dieses Vermittlungs-Geschäftes schmeichelten", die Erläuterung hinzugefügt, daß des Königs Majestät Wunsch sich auf die russische Vermittlung zu den vorliegenden gesammten Reichs-Angelegenheiten erstrecke; welches von dem, was der Herr Graf von Haugwitz mir eröffnet hat, mir sehr abzuweichen scheint . . .

10. Audienz bei König Friedrich Wilhelm III. Unterredung mit Graf Haugwitz. Diner in Potsdam. Graf Lusi. Minister Schulenburg.

April 17. Votre Excellence. Je m'empresse d'avoir l'honneur de mettre sous les

1) Vergl. Hüffer 2, 226.

yeux de V. Exc. le résultat de l'office dont, muni d'instructions aussi éclairées 1798
et des pièces y appartenantes qu'elle a daigné me faire parvenir[1]), je me suis April 17.
acquitté auprès de Sa Majesté Prussienne et de ses ministres, en tâchant d'influer sur M. de Haugwitz, qui malheureusement sait toujours conserver son crédit auprès du monarque par les artifices que j'ai eu l'honneur de développer antérieurement.

Après avoir écouté avec attention ce que j'osais porter à sa connaissance du contenu de la lettre que j'avais à remettre aussi bien qu'en détail de ce que V. Exc. m'a ordonné d'exposer au ministère, S. M. me répondit que, extrêmement sensible à la précieuse confiance que S. M. l'Empereur voulait accorder à ses sentiments pour elle et à ses intentions pour ce dont il s'agissait, elle n'avait rien de plus précieux à cœur que d'en convaincre S. M. Impériale et de lui donner des preuves de son éloignement de toute vue d'agrandissement; qu'en se conformant aux considérations énoncées, en ce qu'il ne serait point donné de suite aux propositions faites à M. de Goertz à Rastatt avant l'ouverture des négociations qui devaient avoir lieu ici sous l'intervention de la Russie, S. M. ordonnerait de nouveau à ses ministres à Rastatt de se concerter avec les plénipotentiaires impériaux sur toutes les démarches à faire par des voies de négociations, pour obtenir de la France une prompte et solide paix sur la base de la renonciation à toute idée de possession et d'entreprises sur la rive droite du Rhin, ne voulant cependant pas cacher à S. M. I. qu'elle croyait d'autant plus se borner aux voies de la négociation, en évitant ce qui pourrait amener de nouvelles hostilités, que ce principe répondait aux observations éclairées de S. M. l'Empereur; que cependant S. M. Prussienne restait résolue de repousser vigoureusement toute infraction intentée de la part de la France à la neutralité du Nord de l'Allemagne. (C'est là le cheval de bataille de M. de Haugwitz dont il est si glorieux). Lorsqu'alors j'osais observer à S. M. que comme les vœux de S. M. l'Empereur s'étendraient non à une partie, mais à toute l'Allemagne, et comme S. M. Pr. avait déclaré partager ces vœux magnanimes, non seulement j'osais réclamer au nom de mon souverain le concours d'un langage énergique vis-à-vis de la France vers ce but, mais aussi, solennellement autorisé par ma cour, supplier S. M. Pr. de vouloir confier à S. M. I. ses avis sur le principe de ce langage le plus propre pour sauver l'Empire du danger dont il était si éminemment menacé, S. M. me répondit qu'une fois les bases posées ici pour le concert dont elle désirait si ardemment la plus prompte confection, elle ne doutait aucunement que l'on ne pût convenir alors des mesures à prendre pour atteindre à ce but conservateur, pour lequel la réunion des deux cours était si nécessaire, et qu'elle me chargeait surtout d'assurer S. M. I. qu'il n'y avait rien qu'elle puisse plus ardemment désirer que cette réunion cordiale et prompte qu'elle était bien éloignée de vouloir fonder sur aucune vue d'agrandissement, qui en général n'entrait pas dans ses principes et qui lui paraissait,

1) Am 3. April hatte Thugut dem Fürsten Reuß geschrieben: die Hauptgrundlage für eine Verständigung bilde gemeinsamer Widerstand gegen die Ansprüche der Franzosen auf Stücke vom rechten Rheinufer und gegen ihre Absichten auf gewisse Festungen, namentlich Ehrenbreitstein. Über das gleichzeitige Schreiben des Kaisers an den König von Preußen vergl. Hüffer 2, 227.

1798 à cette époque-ci surtout, devoir être mise plus encore hors de ligne de compte.
April 17. Après avoir réitéré les protestations de son sincère dévouement et de son amitié inaltérable pour S. M. l'Empereur, S. M. Pr. me congédia gracieusement.

Demeurant à Potsdam, S. M. m'y avait fait venir et M. de Haugwitz m'introduisait à l'audience, vis-à-vis duquel j'étais entré la veille dans un grand détail sur les objets que V. Exc. m'a ordonné de tâcher de faire adopter de nos intentions à cette cour; mais quoiqu'il parût à la fin vouloir s'y rendre, il ne fit que prendre ad referendum jusqu'à ce qu'il aurait pris les ordres du Roi, après avoir fait toute sorte de tentatives pour obtenir de commencer d'abord les négociations sur ce qu'il appelle la base du concert ultérieur (c'est-à-dire l'article des dédommagements), en cachant ses sentiments réels sur l'empressement joué de voir les deux cours réunies, et ajoutant que l'on prierait la cour de Russie d'y accéder dès que les pleins pouvoirs seraient arrivés, cédant cependant à la fin à mon opposition motivée sur les ordres dont V. Exc. m'avait honoré. Et ce fut le lendemain de l'audience que M. de Haugwitz me dit au nom du Roi que quoique S. M. fût empressée de commencer les négociations le plutôt possible, qui devront faire la base de la réunion des deux cours, elle consentait à en différer l'ouverture jusqu'à ce que la Russie pourrait y participer; qu'en attendant MM. de Goertz et de Jacobi recevraient sans délai des ordres réitérés de se concerter avec les plénipotentiaires impériaux sur les moyens d'obtenir, par toutes les voies de la négociation, de la France les deux points que le Roi regardait comme S. M. l'Empereur comme les plus urgents: 1° la renonciation de la part de la France à toute possession sur la rive droite du Rhin et 2° la cessation de tentatives sur les forteresses situées sur cette rive; que tout pénétré qu'était le Roi du désir de sauver de la rive gauche ce qui pourrait l'être, il avouait, ayant perdu tout espoir de l'obtenir de l'opiniâtreté trop prononcée des Français, être d'avis que sans leur accorder cette injuste prétention, on n'obtiendrait jamais le point aussi essentiel dont le Roi sentait toute l'importance, d'évacuer la rive droite. S. M. ne se cachait point combien il sera difficile de porter le gouvernement français à consentir à cette aussi juste condition, et que ce point lui paraissait être le plus essentiel à considérer, après que les deux cours se seraient entendues sur les articles sur lesquels elles étaient convenues de traiter sous l'intervention de la Russie, dans le cas — que trop à prévoir — que les moyens des représentations (Vorstellungen était le mot) que les ministres du Roi mettraient en œuvre à Rastatt devraient ne point avoir eu de succès, et par lesquelles ils tâcheraient nommément d'obtenir la retraite des armées françaises; mais comme le Roi n'avait que trop lieu de craindre que les Français n'y consentiront point avant la signature de la paix et qu'ils ne la signeront point avant le consentement formel de la cession de la rive gauche entière, il lui paraissait indispensable, pour les écarter de nos arrangements de l'intérieur, d'être auparavant d'accord sur ces points avec S. M. l'Empereur, et que c'était surtout dans ces vues que le Roi désirait si ardemment la confection des négociations concertées entre les trois cours, durant lesquelles S. M. I. se convaincrait du désintéressement du Roi et de son désir sincère d'établir entre les deux cours l'union la plus cordiale.

En consentant à transmettre fidèlement à ma cour cette réponse, je ne

cachais pas à M. de Haugwitz qu'en y découvrant toujours le même principe 1798
de méfiance certainement si injuste et nuisible, je ne pouvais regarder ceci April 17.
que comme une ouverture fort imparfaite et que craindre à ma cour une impression égale et peu encourageante; qu'en appelant aux assurances qu'il m'avait faites si souvent de ses sentiments et de ses intentions, je le priais de peser les sensations qui naîtraient certainement en lui, si un jour il aurait à se reprocher d'avoir fait manquer par des soupçons aussi mal fondés, ou peut-être par des considérations de ménagements relativement à la France, le seul moment qui s'offrait encore de pouvoir sauver de l'Europe ce qui en est encore à sauver; sur quoi M. de Haugwitz reprit, en se peignant des plus avantageuses couleurs, qu'il n'hésitait point de me confier préalablement que le Roi n'attendrait que l'ouverture des négociations pour déclarer qu'il se contenterait pour tout dédommagement de l'évêché de Hildesheim, quoique très inférieur à ce qu'il perdait de l'autre côté du Rhin; qu'il ne désirait pour la maison d'Orange d'autre avantage que celui que le prince lui avait fait connaître depuis peu (c'est-à-dire l'idée de M. de Stamford, dont j'ai déjà eu l'honneur de faire mention) comme M. Tollius à M. de Goertz; que l'on s'ouvrirait alors sans détour sur tous les autres objets relatifs à l'arrangement général des affaires; que la condition de se garder le silence mutuellement sur tous les sujets dont il serait question s'entendait de soi-même, mais que le Roi s'y engageait solennellement; mais que ceci s'entendrait surtout pour le concert des moyens qui seront nécessaires pour nous délivrer des Français et de leur influence, comme aussi ceux qui devront nous assurer la sûreté de la puissance et de l'indépendance de nos États respectifs. Lui adressant la question ce qu'il répondrait à Caillard si peut-être il osait s'informer auprès de lui sur l'objet des conférences qui auraient lieu, le comte Haugwitz me répondit qu'il dirait sans hésiter que l'intérêt de l'Allemagne touchait de trop près la part que devaient y prendre l'Empereur et le Roi, pour qu'ils ne concertent ensemble les arrangements que les suites des négociations à Rastatt rendaient nécessaires; qu'au reste il n'était question de rien qui puisse causer de l'ombrage au gouvernement français. Le comte Haugwitz me dit que je pouvais compter là-dessus.

Tout ceci était accompagné des assurances les plus fortes de sincérité, qui, malheureusement, dans la bouche de ce ministre signifieraient, vu une affligeante expérience, comme jusqu'ici le contraire, si des notions que le respectable comte Panine et moi avons été à même de recueillir d'autres sources sur quelque changement dans la façon de voir du comte Haugwitz, amené par les événements et par les vues de la France, dont il commence à reconnaître tout le danger, et par la magnaminité de notre cour, reconnaissant que la Prusse ne pourra pas se soustraire au danger général qu'en se liant étroitement à notre cour; si ces notions, dis-je, ne nous portaient à espérer mieux de la conduite à venir de ce ministre, qui, à ce qu'il semble, paraît venir à l'épreuve par les transactions que le comte Panine vient d'entamer par ordre de sa cour . . .

Pour ce qui concerne les ordres dont V. Exc. m'a honoré . . relativement aux décorations de chevalerie de la couronne de France [1]), le comte

1) Die französische Regierung hatte von der preußischen Regierung die Zusicherung

1798 April 17. Haugwitz m'a répondu que . . le Roi avait cru devoir condescendre à cette réquisition du Directoire de moindre importance pour ce qui regarde les émigrés reçus dans ses états ou à son service; mais qu'il avait déclaré en même temps ne jamais penser à étendre cette complaisance jusqu'à ceux qui, dans un autre service ou sous une protection étrangère, viendraient dans ce pays-ci, et qu'au reste on avait évité la peine à tous les émigrés décorés d'un ordre émané en les priant personnellement de tirer le Roi d'embarras en quittant d'eux-mêmes les ordres etc. Comme V. Exc. m'ordonne de me borner aux représentations amicales à ce sujet, et comme cette cour a malheureusement déjà cédé sur ce point en exceptant cependant le cas cité ci-dessus, je me flatte d'avoir rencontré les intentions éclairées de V. Exc. en témoignant seulement mes sensibles regrets de cette complaisance pour des réclamations qui compromettaient la dignité des cours et mes vœux que dans des occasions futures l'on convaincrait le gouvernement républicain et arrogant que l'on aura assez d'énergie pour ne pas céder à tout ce qui lui passerait par la tête pour nous humilier. M. de Haugwitz parut prendre tout ceci fort bien, et assura que sûrement l'on se conduirait avec dignité dans des objets plus graves.

Comme d'après les ordres de V. Exc. je n'ai non seulement conféré avec mon bien digne collègue, le comte Panine, sur toutes mes démarches vis-à-vis de cette cour, après lui avoir communiqué toutes les pièces dont V. Exc. me permet de lui faire part, je me suis trouvé trop heureux d'avoir rencontré dans le respectable général Stamford (dont je connais depuis longtemps les principes honorables et le zèle à les faire fructifier) pour ne pas l'avoir soigneusement cultivé, autant qu'il m'était permis sans autorisation, comme aussi le brave comte Panine, à qui je l'ai fait connaître pendant son séjour ici, et ce n'est qu'avec bien de la peine, que nous l'avons vu partir d'ici, comme j'ai eu l'honneur de le mander à V. Exc.[1]).

J'ajouterai ici ce que je dois encore avoir l'honneur de rapporter, au sujet du général Lusi, qui se dit jaloux de l'honneur d'être connu à V. Exc., le récit du dîner qui eut lieu à Potsdam après l'audience, que le Roi fit servir à l'auberge où j'étais descendu, dont M. de Haugwitz fit les honneurs, et pour lequel étaient invités le général [général-major] Rüchel, M. de Zastrow, de Köckritz, le général Lusi et le maréchal de la cour de Massow. La conversation fut animée et dirigée principalement sur les dangers toujours plus approchants, sur la réalité desquels on ne devait plus se faire illusion, sur la fermeté du gouvernement anglais, sur la part que l'on prenait au bonheur de ce que l'explosion de la révolte tramée en Irlande avait avorté, et à l'espoir que l'expédition contre l'Angleterre échouerait par cet événement, ce qui amena, après que nous nous étions levés de table, de la part de MM. de Zastrow et de Köckritz l'application de cette conversation, qu'ils m'adressèrent retirés dans l'em-

---

erhalten, daß die Emigranten die alten königlich-französischen Orden in Preußen nicht mehr würden tragen dürfen.

1) General Stamford war am 8. März in Berlin angekommen, um auf Veranlassung des Herzogs von Braunschweig eine Verbindung zwischen England und Preußen zu vermitteln. Nach einer Audienz beim Könige, die zu keinem bestimmten Ergebniß führte, reiste er nach Petersburg.

brasure d'une fenêtre, tendant à me donner les plus fortes assurances non seulement de la droiture des sentiments du Roi envers S. M. l'Empereur et de son désir de s'unir à nous, mais de la vive part qu'ils prenaient eux à l'empressement de leur maître, protestant que le Roi, en renonçant aux projets antérieurs d'indemnisation pour lui et la maison d'Orange et étant prêt à se contenter de bien moins, n'avait principalement en vue qu'une union cordiale avec la maison d'Autriche. Mais si, dans cette conversation, j'ai cru découvrir, à travers une prévention caractérisant cette nation et difficile à supporter, une espèce de conviction de la nécessité de se prononcer pour la réunion avec nous, je ne me suis pas moins aperçu dans le fond de leur âme d'un manque de confiance dont je ne leur ai pas caché mon étonnement et mon juste ressentiment, finissant cependant par leur dire que si telles étaient les intentions du Roi, dont à la vérité quant aux renonciations des prétentions au moins le ministère ne s'était pas ouvert jusqu'ici, qu'au contraire etc., l'accomplissement d'une transaction aussi salutaire n'en serait que plus proche, comme surtout les principes magnanimes de ma cour devraient être hors de doute.

1798 April 17.

M. de Lusi m'ayant prié de prendre le thé chez lui, je m'y rendis, et c'est à cette occasion, qu'il me dit qu'ayant à présent souvent occasion de parler au Roi, il avait pu se convaincre de sa désapprobation de la politique du règne précédent, et de sa ferme résolution de réparer le mal par une marche droite, comme aussi non seulement de son éloignement de toute prévention contre nous, mais de son désir de se lier étroitement à nous, et que, pour bien affermir cette impression, M. de Lusi ne se lassait pas de lui dire (comme il le prêchait aussi sans cesse à ses alentours) qu'il n'existait plus pour lui de puissance rivale, que toutes les puissances ne devaient que fixer leurs regards sur un ennemi implacable et commun, qui était la France, et réunir leurs efforts pour opposer une barrière défensive à ses projets funestes et à découvert; que le principe qui devrait diriger son cabinet devrait être de gagner la confiance des autres pour prouver aux Français que tous leurs efforts de brouiller les Rois n'aboutiraient qu'à resserrer leur amitié; et il finit en assurant qu'une fois la confiance établie, le Roi trop pénétré de ces vérités, resterait fidèle à ses engagements et n'en souffrirait pas de déviation. Sur ce que je me plaignais vis-à-vis de M. de Lusi de ce que les duplicités suivies de M. de Haugwitz me paraissaient être un obstacle invincible aux vœux de tout homme de bien malgré les bonnes dispositions du Roi, et que je lui en fournissais plusieurs preuves, il en parut sérieusement affligé, disant cependant qu'il ne perdait pas l'espoir qu'une fois le rapprochement des deux cours entamé, le Roi serait jaloux de le cimenter et de faire suivre sa volonté par ses serviteurs. Ayant eu occasion d'apprendre à connaître à différentes occasions la façon de penser de M. de Lusi, et combien il a toujours désapprouvé la marche perfide de ce cabinet sous le règne passé et les infamies de Lucchesini, j'oserais concevoir quelque espérance que l'on pourrait peut-être profiter de ses bonnes intentions en cas de besoin.

M'étant trouvé ces jours-ci à un dîner à côté du ministre Schulenburg, et profitant de l'occasion qu'il me donna de parler des affaires du temps, pour exciter son amour-propre à mettre son crédit auprès du Roi en œuvre pour l'af-

1798 April 17. fermir dans les bons principes etc., il me dit: »vous pouvez être assuré que le Roi pense bien, qu'il sent ce qu'il doit faire et qu'il veut sincèrement s'unir à vous, qu'il est en chemin pour faire respecter sa volonté chez lui; mais suivez mon conseil: poursuivez la marche de la correspondance personnelle et des audiences, pour le porter à la decision; ce qui sera en mon pouvoir de faire pour le bien, je le ferai« . . .

11. Gallatin, Reede und der Herzog von Braunschweig. Lord Elgin.

Mai 4. Monsieur le Baron. La communication qui m'a été faite de la part du duc de Brunswick par un canal qu'il honore de sa confiance, me paraît être trop importante pour ne pas me hâter de la soummettre aux lumières de Votre Excellence par la voie usitée et sûre, pour qu'elle lui parvienne sans la connaissance de cette cour, et j'ose me flatter de l'approbation respectée de V. Exc.

Le séjour que le baron de Reede (autrefois ministre de Hollande ici) et le chevalier de Gallatin, Suisse de naissance, ont fait à Brunswick durant tout l'été dernier, les a fait connaître au duc sous un jour favorable, tant en égard de leurs principes, que de leurs facultés, de sorte que non seulement le duc leur parla souvent sur les affaires du temps avec confiance, mais qu'il est resté en connexion avec eux depuis que tous les deux se sont établis ici, et qu'il reçoit de leurs avis de cette ville.

Depuis quelque temps M. de Reede, informé par ses connexions des démarches faites par Leurs Majestés l'Empereur et le Roi de Prusse pour effectuer un rapprochement entre elles, chargé en secret, je crois, par le duc de tâcher d'apprendre la raison des retards et croyant que des ouvertures de ce côté-ci pourraient acheminer un accord entre les deux cours, mais ne pouvant pas influer sur le ministère même pour le porter à se corriger de sa réticence, a engagé M. de Gallatin, qui était allé à Brunswick pour y voir Mallet du Pan, à proposer au duc de coucher sur le papier les observations sur la situation des affaires et sur les moyens d'arrêter le torrent des principes et des progrès révolutionnaires, pour me les communiquer, dans le dessein de les soumettre au jugement de ma cour. Sur quoi le duc ne pouvant surmonter cette circonspection invincible, mais se prêtant cependant à s'ouvrir sur cette matière dont il sent toute l'importance, s'est prêté à confier ses idées à M. de Gallatin et à lui permettre de me les transmettre par écrit par le canal de M. de Reede, en s'engageant de porter à la connaissance du Roi de Prusse sa façon d'envisager la situation menaçante de l'Europe et son plan des mesures pour la sauver dans toute leur étendue et avec l'ardeur dont il est animé, quand il viendra ici pour les revues (vers la fin du mois de mai), d'après l'invitation qu'il a reçue du roi.

Si les opinions du Roi et de ceux qui l'entourent, comme d'un grand nombre des personnes d'ici, sur la presque impossibilité de maintenir l'indépendance de son royaume sans une nouvelle reprise des armes et dont nos notions de Potsdam nous assurent, ne peuvent qu'acquérir plus de fondement de jour en jour, elles pourront changer en conviction par l'appui des repré-

sentations venant de la part du duc de Brunswick et produire peut-être 1798
(pourvu que l'influence coupable du comte de Haugwitz ne parvienne à en Mai 4.
affaiblir l'impression) l'accession aux propositions d'alliance, qui ont été faites de la cour de Russie et à quel but lord Elgin a reçu de très amples instructions et un plein pouvoir ministériel il y a peu de jours. Quoique milord Elgin ne m'ait pas communiqué in extenso ses instructions, il m'a assuré y avoir trouvé une grande latitude pour aplanir les difficultés qui pourraient arrêter la confection de l'alliance projetée, et qu'il ne s'y trouvait aucune prétention ou objet de demande qui puisse embarrasser les puissances dans la négociation . . .

12. Chevalier Gallatin an Baron Reede. 1798 April 30.

(Beilage zu No. 11.)

Übersendung der Ideen des Herzogs von Braunschweig.

Vous connaissez, mon cher baron, la grande circonspection de celui dont April 30.
vous aviez désiré connaître les opinions sur le moment critique où nous nous trouvons. Peut-être n'est-ce pas un des traits les plus remarquables qu'il en donne que de se refuser à dresser un mémoire sur un objet éventuel et aussi délicat. Le seul tempérament que j'aie su imaginer était d'engager le duc à me confier ses idées et d'obtenir sa permission de vous les transmettre, avec la faculté d'en faire part à M. le prince Reuss. Le caractère personnel de ce ministre et l'estime que le duc lui porte a beaucoup contribué à ce consentement que j'ai obtenu. Quant à vous, mon cher ami, la confiance qu'il vous accorde est telle que vous la méritez, c'est tout dire. Il reste à déplorer que les idées d'un grand homme aient dû être transmises par un apprentif tel que moi; j'ai tâché du moins d'être exact, et si j'ai omis quelque chose, je suis sûr de n'avoir rien ajouté de mon chef. Dans le cas où l'idée sur la Suisse serait goûtée à Vienne, il y aurait divers moyens de sonder le terrain et le brave avoyer Steiger serait de toute manière l'homme auquel il faudrait s'adresser . . .

Observations

confiées de la part du Duc de Brunswick au chevalier de Gallatin sur la crise actuelle, pour les faire parvenir à la cour impériale.

L'on ne perd pas le temps à discuter la nécessité de s'opposer avec efficacité au torrent dévastateur qui menace de tout envahir. Il paraît aujourd'hui que le bandeau est tombé de dessus les yeux de tous ceux qui ont eu longtemps la faiblesse de croire soit à la loyauté, soit à la modération du gouvernement français. Les dangers dont il menace l'Europe entière, les moyens qu'il emploie pour parvenir à ses fins, et l'état actuel de ses ressources ont paru fort énergiquement développés dans un mémoire rédigé par Mallet du Pan, et joint à ces considérations.

L'avis de celui d'après les opinions duquel on l'a dressé, est d'abord qu'on doit essentiellement établir d'une manière positive le but de l'alliance qu'il s'agit de former. Il pense que les souverains qui la composent ne sauraient trop clairement prouver à leurs peuples, à l'Europe, et à la nation

1798 April 30. française, que cette ligue nouvelle a pour objet de forcer le Directoire à une paix qu'il éloigne sans cesse.

Pour remplir cette condition, la même personne avait pensé qu'une déclaration faite en commun par les cours de Vienne et de Berlin aux plénipotentiaires français à Rastatt devrait précéder toute autre démarche, qui pourrait contenir en substance: »que quelque grands que fussent les sacrifices faits déjà par la députation de l'Empire pour obtenir une paix si désirée, on les confirmait volontiers, s'ils amenaient ce bien précieux; que l'on irait même jusqu'à s'engager envers la France à faire jouir les princes d'Empire avec lesquels le Directoire avait fait des traités particuliers des avantages que ces traités leur assurent; mais qu'en même temps on se refuserait absolument à consentir que le gouvernement français intervînt dans la répartition des indemnités destinées aux princes dépossédés, objet qui devait regarder uniquement l'Empire, et auquel la France n'aurait rien à dire, ni droit ni prétexte de prendre part; que le Directoire devrait de plus retirer sans délai ses troupes de la rive droite du Rhin, et renoncer à toute espèce de prétentions sur cette partie de l'Allemagne«.

Si le gouvernement français était composé d'hommes attachés à leur patrie, de véritables administrateurs, nul doute qu'une déclaration de ce genre, faite par des puissances aussi respectables, ne dût produire l'effet désiré, mais dans l'état actuel des choses, il est à craindre que des hommes passionnés, entourés d'agents avides et ambitieux, intéressés à maintenir l'état de guerre qui leur est si favorable, il est à craindre, dis-je, que de tels hommes ne méconnussent les dangers de leur obstination et ne forçassent les puissances déclarantes à soutenir leur démarche par les armes; elle n'en aurait pas moins dans ce cas l'avantage mentionné ci-dessus, de prouver avec évidence le but de l'alliance contractée, et d'écarter toute idée d'intérêt et d'ambition; elle ferait de cette nouvelle guerre, s'il est permis de s'exprimer ainsi, une guerre de paix.

Si les cours de Vienne et de Berlin se voyaient forcées, par l'opiniâtreté et aveugle persévérance du Directoire dans son système de tout bouleverser, à reprendre les armes contre l'ennemi de tous les gouvernements, l'on pense que, malgré les conquêtes de celui-ci et les avantages que semblent lui assurer au premier coup d'œil cette ligne de places fortes dont il est en possession, il serait encore possible d'imaginer un plan de campagne qui lui ravît la plus grande partie de ces avantages et le forçât à y renoncer lui-même. Ce n'est point par une guerre de sièges qu'on croirait devoir débuter, comme elle présente le double inconvénient d'une grande dépense et d'une perte de temps considérable; l'on pense plutôt que le seul moyen d'attaquer avec succès cette ligne formidable qui s'étend de Huningue aux frontières de l'Over-Yssel, serait de la tourner par ses deux ailes, en se contentant de l'observer sur son front. Ce plan, qui demanderait à être expliqué fort en détail, rencontre par un heureux hasard des facilités locales particulières. Les deux extrémités de la ligne susmentionnée se trouvent dans les Provinces-Unies et dans la Suisse; deux pays soumis à la vérité à la domination française, mais l'un et l'autre, surtout le dernier, portant impatiemment ce joug étranger, et disposés à seconder les efforts de ceux qui se présenteraient pour les aider à les secouer. C'est une vérité reconnue qu'il existe dans les sept Provinces un parti nombreux attaché à l'ancien gouvernement, et les nouveaux excès du parti jacobin en Hollande ramènent à ce système ceux que l'on appelait des patriotes modérés; en Suisse, à quelques intrigants près, tout est ennemi des Français, tout serait prêt à prendre les armes contre eux et à favoriser les efforts d'un libérateur qui paraîtrait dans ces contrées. A ces circonstances politiques, il se joint des avantages locaux. On peut faire par la Suisse une heureuse diversion, en pénétrant par ce pays dans la Franche-Comté, dans la Bourgogne, dans la Champagne, et surtout dans le Lionnais et les provinces méridionales, où l'esprit public se soutient bon malgré tous les efforts du Directoire pour le comprimer.

1798 April 30.

L'on penserait d'après un premier aperçu que l'exécution de ce plan de campagne n'exigerait pas au delà de 200 mille hommes, sans compter les forces nécessaires en Italie. On évalue à 100 mille hommes le contingent que pourrait fournir le roi de Prusse, et à 40 mille celui des divers princes d'Empire sur lesquels on peut compter, d'où il résulterait que S. M. l'Empereur serait dans le cas d'en fournir 60 mille en Allemagne pour compléter le nombre cidessus marqué, indépendamment des 80 mille que l'on paraît regarder comme nécessaires pour conserver la supériorité en Italie. L'on pense que les Prussiens devraient se charger de l'expédition de la Hollande et de couvrir le Rhin jusqu'au-dessus de Mayence; que les troupes de S. M. l'Empereur seraient appelées à défendre la haute Allemagne et à l'expédition de la Suisse; on partagerait les contingents de l'Empire entre les deux armées autrichienne et prussienne selon les convenances de localité. On n'a point fait entrer dans ce calcul le secours d'une armée russe, parce que rien ne paraît indiquer assez positivement qu'on puisse y compter; mais si telle chose arrivait, nul doute que cette augmentation de forces ne contribuât à étendre et à assurer le plan cidessus ébauché.

D'après des états qu'on est en droit de croire exacts, les Français n'ont pas en ce moment plus de 300 mille hommes sur pied. Il faut de nécessité, même en renonçant à l'expédition contre l'Angleterre, qu'ils en conservent sur les côtes, et il en faut au Directoire, pour maintenir son autorité dans l'intérieur, un nombre assez considérable. On peut donc se flatter qu'avec 280 mille hommes effectifs on aurait sur l'ennemi une supériorité réelle en nombre.

Dans le cas où ces idées pourraient trouver leur application par la tournure que les négociations prendraient entre les deux cours, on pense que le seul moyen efficace, pour bien concerter les opérations militaires dont on n'a jeté ici que de légers aperçus, serait une entrevue de personnes du métier. On verrait avec plaisir, si la chose était possible, que le général Mack fût choisi pour cette commission, et l'on serait très disposé à traiter avec lui. On imagine qu'une course de ce genre pourrait se faire incognito et secrètement, aussitôt que l'on en apercevrait la convenance.

En général, on fait des vœux pour que la célérité, cette arme aussi puissante chez l'ennemi, s'introduise dans les négociations et dans les opéra-

1798 April 30. tions qui devront les suivre. On est loin de désespérer de la bonne cause, si les puissances s'entendent promptement et si les intérêts particuliers cèdent sans retard au grand intérêt commun qui doit tout réunir.

13. Bericht des Fürsten Reuß. Berlin 1798 October 24.

Übersendung eines Berichtes von Hudelist, betreffend geheime Anträge von Sieyès durch Vermittelung des spanischen Gesandten Muzquiz.

Oct. 24. Monsieur le Baron. Un incident aussi imprévu qu'il me paraît important pour ne pas devoir tarder à avoir l'honneur de le mettre sous les yeux de Votre Excellence dans l'exposé suivant, et qu'il ne serait pas prudent de confier à la voie de la poste quoique en chiffre, me fait espérer que V. Exc. voudra approuver que je l'expédie par le courrier de la mission jusqu'à Dresde.

La manière obligeante dont M. le marquis de Muzquiz a eu soin de rechercher la société de M. de Hudelist dans ses promenades et de s'ouvrir à lui dans de bons principes sur les affaires du temps, aussi bien que la confiance qu'inspire sa personne, ne m'a pas moins porté à engager M. de Hudelist de cultiver cette connaissance, que l'espoir de me procurer par ce moyen des lumières sur les vues de Sieyès, et j'ose me flatter d'avoir eu le bonheur de rencontrer en cela les intentions révérées de V. Exc. Quoique ses relations avec Sieyès, auxquelles il doit se prêter malgré lui, m'aient toujours retenu dans la plus grande circonspection vis-à-vis de lui, il n'a pas discontinué ses prévenances, et c'est par lui que me sont parvenues les notions de l'aigreur croissante entre Sieyès et Haugwitz, que je n'ai pas lieu de suspecter et que j'ai eu l'honneur de transmettre à V. Exc. dans plusieurs de mes rapports.

C'est dans une de ces promenades que le ministre d'Espagne a entamé la conversation dont j'ai l'honneur de soumettre ci-joint aux lumières de V. Exc. le rapport, lequel, pour plus d'exactitude, j'ai cru devoir faire mettre par écrit par M. de Hudelist, et dans laquelle il s'est expliqué sur les intentions de Sieyès, sur lesquelles Monsieur de Muzquiz m'a entretenu hier matin lui-même dans les mêmes termes dans une visite qu'il m'a faite, en appuyant itérativement sur le parti qu'avait pris Sieyès d'abandonner toute idée de compter sur la Prusse pour les vues de la France, et d'employer tous ses moyens pour en convaincre le Directoire, auquel il ne restait à présent que de s'arranger rondement avec l'Autriche s'il voulait avoir la paix et si la cour de Vienne la désirait encore; et que c'était dans le dessein d'ouvrir des voies de conciliation qu'il avait désiré causer relativement à cet objet avec quelqu'un de la mission impériale. M. de Muzquiz ajouta que, d'après ce que Sieyès lui avait dit et ce qu'il lui avait lu de ses rapports au Directoire, il devait y avoir eu des scènes très vives entre lui et M. de Haugwitz, et qu'il regardait les relations entre la France et la Prusse impossibles à rétablir.

J'ai répété vis-à-vis de M. de Muzquiz, dans des termes qui ne pouvaient blesser ni Sieyès ni ses commettants, ce dont j'avais chargé M. de Hudelist, en ajoutant que l'objet dont il m'entretenait était de trop haute importance pour ne pas en rendre un compte fidèle à ma cour, mais aussi d'autant plus délicat que Sieyès avouait lui-même attendre encore du Directoire le résultat des observations qu'il lui avait soumises, et que je ne connaissais autre chose des intentions de ma cour que la disposition générale de procurer à la monarchie une paix solide, qui assurerait réellement la tranquillité à ses états et l'honneur du trône. J'en ferais donc un rapport exact à ma cour, dont je devais attendre les ordres.

1798 Oct. 24.

Comme les notions successives que M. de Muzquiz a données de l'aigreur prononcée entre M. de Haugwitz et Sieyès coïncident avec ce qui m'est parvenu là-dessus par d'autres voies, je crois devoir considérer, dans cette communication de M. de Muzquiz, comme l'objet le plus important la confirmation de la mésintelligence entre la Prusse et la France, produite par la conduite et les prétentions de Sieyès, mésintelligence que V. Exc. a regardée comme utile et désirable dans la dépêche qu'elle m'a fait l'honneur de m'adresser sous la date du 21 juin. Car pour ce qui est des propositions de Sieyès, elles semblent se présenter plutôt sous des faces insidieuses que favorables. En examinant les principes qui dirigent le Directoire, le sujet de tous les discours publics dans les deux Conseils, la continuation de l'exécution des projets destructeurs, enfin le caractère de l'homme de la révolution, de Sieyès, je n'ai pas pu m'empêcher de me faire bien des questions à ce sujet sans pouvoir les résoudre, et j'ose en soummettre à V. Exc. quelques-unes, qui surtout m'ont mis en garde contre ce qui me paraît un piège de la part de Sieyès.

Quel pourrait être le motif qui ferait renoncer tout à coup au gouvernement français à ses principes de fonder son existence sur la désunion des monarchies? L'alliance de la Porte avec la Russie et l'Angleterre, qui ne peut qu'augmenter les embarras extérieurs et intérieurs de ce gouvernement, ne lui rend-elle pas cette désunion plus nécessaire? N'ayant pas réussi à se servir de la Prusse pour humilier la maison d'Autriche, en faisant marcher la première d'après sa volonté, ne paraît-il pas que la France pense à tramer une intrigue à l'inverse, espérant nous séparer en même temps de la Russie? En accordant même à Sieyès le désir personnel de voir reparaître la tranquillité en Europe, les cinq tyrans de la France seront-ils d'accord avec lui? Ne serait-il pas à craindre que Sieyès ait voulu exciter la jalousie de cette cour-ci, ne doutant point qu'au moment où l'Autriche aurait lieu de se croire près d'un arrangement avec la France, il sera aisé de faire accéder la Prusse à toute proposition que l'on appuierait alors d'offres acceptables, ayant en même temps empêché la réunion des puissances que la France craint peut-être en ce moment plus qu'autrefois, à cause de l'opposition qu'elle a rencontrée ici contre son attente? La condition que Sieyès demande, qu'il ne soit pas formé des prétentions à la charge des républiques appelées alliées de la France, semble outre cela viser à ce que l'on s'attend en France à une proposition à la charge de l'Empire, ce qui ne me paraît pas annoncer des dispositions pacifiques.

V. Exc. daignera juger dans sa sagesse ces observations qui se sont présentées à ma réflexion en objection aux témoignages que M. de Muzquiz a cru pouvoir donner aux intentions pacifiques de Sieyès, lequel apparemment reviendra à la charge si le Directoire entre dans ses vues sincères et [ou?] insidieuses, pour quel cas bien difficile j'ose avoir recours à la haute bienveillance et à la sagesse de V. Exc., en la suppliant de vouloir bien me guider par ses

1798 Oct. 24. lumières, pensant ne devoir pas passer sous silence l'observation que me fit M. le comte de Panine lorsque je lui ai confié l'état embarrassant des choses et les idées qu'il m'avait fait naître, si, dans le cas où V. Exc. m'ordonnerait d'éluder les tentatives subséquentes de Sieyès, elle ne daignerait pas juger à propos de déjouer cette trame (odieuse certainement si la proposition de négocier sous les yeux du cabinet de Berlin avait pour but de faire éclater la discorde entre celui-ci et la cour impériale), en démasquant Sieyès et ses commettants aux yeux de ce ministère, et en ajoutant par là un poids très fort à la mésintelligence entre la Prusse et la France amenée par un heureux hasard, et laquelle parviendrait à son comble par une preuve de confiance de cette nature[1] . . .

14. Bericht des Legations-Secretärs Hudelist an den Fürsten Reuß. Berlin 1798 October 24.

(Beilage zu No. 13.)

Oct. 24. M. le marquis de Muzquiz, ministre d'Espagne, m'ayant rencontré à la promenade dans la journée du 21 de ce mois, il m'aborda comme à son ordinaire, et me dit qu'il avait eu l'intention de venir me trouver exprès pour s'entendre avec moi sur une ouverture confidentielle de Sieyès, qui l'avait chargé de lui ménager comme par hasard en troisième lieu une entrevue avec quelqu'un de la légation d'Autriche; dans quelle entrevue, d'après ce qu'il avait annoncé en général, il serait beaucoup question de son mécontentement avec la cour de Berlin, de laquelle il n'attendait plus rien pour la paix continentale, et d'un nouveau projet de s'arranger pour cet effet, si cela était possible, avec la maison d'Autriche. J'ai remercié M. le marquis de Muzquiz de l'attention de m'en avoir prévenu, en l'assurant que je ne manquerais point d'en faire mon rapport au prince de Reuss et de lui en apprendre incessamment le résultat.

C'est avec l'autorisation expresse de Votre Altesse que j'ai fait observer en réponse à M. de Muzquiz que n'ayant aucune sorte d'instruction pour le cas dont il s'agissait, et une entrevue, soit secrète soit ouverte, ne pouvant en ce moment, et en cette ville, qu'exciter des conjectures de toute espèce, contraires peut-être même aux propres vues de Sieyès, V. A. était d'avis que celles-ci trouveraient bien moins d'obstacles, s'il voulait les communiquer par écrit, en se servant du canal confidentiel de M. de Muzquiz, de la bonté duquel V. A. oserait se flatter qu'il s'en chargerait avec plaisir. Ce ministre m'ayant là-dessus donné rendez-vous pour le lendemain, me dit que Sieyès, lequel paraissait n'avoir pas eu d'autre but en faisant sa démarche que de sonder

1) Thugut ist auf diese Eröffnungen von Sieyès nicht eingegangen. Reuß wurde angewiesen, weitere Erklärungen höflich abzulehnen. Preußen davon in Kenntniß zu setzen, verweigerte Thugut, einmal weil die Sache nichts mit den Reichsangelegenheiten zu thun habe, über die allein man verpflichtet sei Mittheilungen zu machen, dann weil dadurch vielleicht grade der augenblicklichen Entzweiung zwischen Preußen und Frankreich ein Ende gemacht werde, endlich weil Haugwitz mit derartigen Eröffnungen doch nur Mißbrauch treibe. (Erlaß vom 6. November.)

si la cour de Vienne se prêterait à un arrangement avec la France, avait paru piqué d'avoir vu éluder ses avances, et observé qu'il ne pouvait rien donner par écrit, puisqu'il ne s'agissait aucunement dans tout ceci de démarches officielles, ce qu'il pria M. de Muzquiz de bien expliquer à la légation d'Autriche pour ne pas le compromettre. Sur quoi les choses en restèrent là jusqu'au jour 23 où M. de Muzquiz vint lui-même faire visite à V. Altesse. 1798 Oct. 24.

Comme en attendant ce ministre, dans les entretiens que j'ai eu l'honneur d'avoir avec lui, est entré en des détails puisés dans ses relations journalières avec Sieyès, et dont la connaissance pourra peut-être contribuer à répandre du jour, j'ai cru de mon devoir de relever surtout de ce nombre les suivants: que, quoique Sieyès n'aurait pas en ce moment des ordres précis, ils ne pourront pas manquer de lui parvenir sous très peu, parce qu'il avait mandé rondement au Directoire que la Prusse, bien loin de contribuer à la paix, ne cherchait qu'à pêcher à l'eau trouble et de troubler même l'eau pour cet effet plus encore qu'elle l'était déjà, et que, rempli de cette idée, il avait voulu s'assurer d'avance des intentions de la cour de Vienne, pour savoir jusqu'à quel point il pourra espérer d'y réussir; que jusqu'à présent le parti dominant dans le Directoire avait compté sur la Prusse et sur les succès des négociations entamées à Berlin, parce que, disait Sieyès, moi-même j'ai eu à Paris une grande opinion de cette cour et du parti qu'on en pourrait tirer, mais que ses derniers rapports en auront tout à fait désabusé le Directoire, et qu'il avait lieu de se flatter que les principes de la nouvelle politique à adopter seront conformes aux bases qu'il avait proposées; que le genre de gloire auquel Sieyès paraissait absolument aspirer, était celui d'avoir contribué à pacifier le continent, et que de son côté il fera (à ce que croit M. de Muzquiz) de bonne foi tout ce qui pourra y conduire, parce que, d'après sa façon d'envisager les choses, il regarde la paix comme le plus sûr moyen de consolider son gouvernement; que c'est cet objet majeur qui uniquement a pu l'engager d'accepter la mission de Berlin, et qu'il croit, quelles que puissent être les intentions de Directoire, qu'il n'en chargera point un autre de cette honorable commission, après la confection de laquelle il comptait absolument de rentrer en France. Il paraît d'autant moins douter de la supposition que le Directoire reviendrait incessamment au projet de s'arranger avec l'Autriche, que d'après ce qu'il a dit à M. de Muzquiz, les ministres français à Rastatt, lesquels sont en correspondance suivie avec Sieyès et ont même l'air de le consulter, ont déjà commencé à écrire à Paris dans le même sens, s'étant aperçu de la duplicité des ministres prussiens, qui font tout sous main pour fair naître une nouvelle rupture, leur langage étant encore évidemment différent de celui que tient M. de Sandoz, de façon qu'à l'heure qu'il est, on aura eu tout le loisir à Paris de se pleinement convaincre des abominables projets de la cour de Berlin; que c'était très peu politique, si deux grandes puissances se déchirent mutuellement en nuisant par là à leurs propres intérêts, et que si sur ce chapitre on pensait à Vienne comme lui, on ne pourrait pas assez se hâter de s'entendre; que pour cet effet la France devait contenter l'Autriche et la mettre à son aise, même en faisant des sacrifices, et s'entendre ensuite avec elle sur l'intérêt général.

M. de Muzquiz prétend avoir plusieurs données qui prouvent que Sièyes

1798 Oct. 24. est parfaitement au courant des affaires les plus importantes de son gouvernement; qu'il est informé de l'état des négociations à Campo Formio et à Seltz, et qu'il continue de jouir auprès du Directoire d'un crédit et même d'une influence qui permettait de bien augurer de ses efforts et de donner quelque poids à ses assertions, dont il ne paraît point fort prodigue.

M. le ministre d'Espagne ayant fait visite le jour 23 à S. A. M. le prince de Reuss, pour lui confirmer tous ces détails, et ayant ensuite rendu compte de cette conversation à Sieyès, repassa le même jour chez moi pour me dire que Sieyès lui en avait témoigné sa satisfaction, ajoutant qu'il commençait à se persuader que S. A. avait mieux vu que lui la chose, en déclinant l'entrevue projetée. Sur quoi il a prié et particulièrement chargé M. de Muzquiz de lui dire que ce qu'il désirerait le plus, serait que l'Autriche, sans s'obliger à rien, lui fît connaître confidentiellement l'ultimatum de ses intentions, puisqu'il était dès à présent suffisamment autorisé par son gouvernement pour répondre en des termes précis à chaque article et faire connaître ainsi en même temps les dernières intentions du Directoire, ce qui abrégerait infiniment, selon lui, la marche de l'affaire et mettrait d'abord les deux gouvernements à même de prévoir ce qu'ils s'en pourront promettre; qu'il ne prétendait point que l'aperçu qui contiendrait les propositions de l'Autriche sortît des mains de celui qui serait chargé de le lui communiquer; et que le changement des circonstances survenu depuis son séjour à Berlin contribuerait à y mettre des facilités qui pourront conduire à un arrangement pacifique, si l'on se hâtait de profiter du moment; que si l'Autriche préférait d'envoyer son ultimatum à Dresde, à Leipzig, ou à Hambourg, il s'y rendrait avec plaisir sous un prétexte qui ne pourrait pas donner d'ombrage, pourvu qu'on lui indique le temps et le lieu où il devra se trouver pour cet effet. Parlant confidentiellement à M. de Muzquiz et en lui enjoignant de n'en faire point usage vis-à-vis de la légation d'Autriche, il lui a dit qu'il oserait presque répondre du succès si la cour de Vienne ne voulait pas former des prétentions à la charge des républiques alliées de la France. Sur quoi n'ayant pu m'empêcher de lui demander si c'était peut-être la base de l'ultimatum de Sieyès, M. de Muzquiz répondit que ce n'était pas à lui d'entrer en matière, ni de préciser quelque chose à ce sujet; que pourtant pour lui il ne croyait pas que cela devrait former un obstacle invincible à l'arrangement proposé.

15. Bericht des Geschäftsträgers Hudelist[1]). Berlin 1799 Februar 16.

Unterredung mit Graf Haugwitz.

Febr. 16. ... Ich habe vorgestern meiner Schuldigkeit gemäß den hiesigen drei Herrn Staats- und Cabinets-Ministern meine Aufwartung gemacht, um mich bis zu Erhaltung Ew. Excellenz weiteren gnädigen Weisungen derselben gütigem Wohlwollen zu empfehlen, und die Zufriedenheit gehabt, von selben sämmtlich auf eine für mich sehr schmeichelhafte Art und mit der Versicherung aufgenommen zu werden, daß sie immer sehr gerne das unterstützen, was ich bei ihnen anzubringen

1) Fürst Reuß (Heinrich XIV.) war am 12. Februar 1799 gestorben.

haben könnte. Seine des Herrn Grafen von Haugwitz Excellenz haben bei dieser 1799
Gelegenheit ihren Wunsch zu erkennen gegeben, daß sich die vier großen Mächte Febr. 16.
Europens vereinigen und dabei alle kleinen Rücksichten, alles Mißtrauen und Privat-Interesse gänzlich bei Seiten setzen möchten; weil, wie dieser Herr Minister hinzusetzte, eine solche wahre und dauerhaft gegründete Vereinigung allein schon hinreichend sein würde, Ehrfurcht zu gebieten und der allen Staaten ohne Unterschied und jedem öffentlichen und Privat-Eigenthum drohenden Gefahr Schranken zu setzen. Seine Excellenz äußerten sich, daß Sie wenigstens Ihrerseits ganz von der Wahrheit überzeugt wären, »que la Prusse peut ajourner, mais non pas éviter la guerre«, nur meinten Sie, daß eine Vereinigung der Mächte, welche nicht ganz die oben angeführten Eigenschaften hätte, wie es das Beispiel des Coalitions-Kriegs gelehrt habe, der vorgesetzten Absicht nicht entsprechen dürfte . . .

16. Bericht des Grafen Dietrichstein-Proskau. Berlin 1799 April 15.

. . . Le 12 avril, je rencontrais M. de Haugwitz à dîner chez M. Gren- April 15.
ville. Il me dit qu'il était arrivé tard de Potsdam, qu'il avait eu beaucoup d'affaires, qu'il n'avait pas encore pu voir le comte Finckenstein, mais que le lendemain, ou au plus tard le surlendemain, je serais certainement invité à une conférence, pour recevoir la réponse que j'avais demandée.

Dans le sens de mes instructions, je n'ai pas cessé, dans mes conversations officielles et particulières avec les ministres prussiens, de mettre la plus grande douceur dans mon langage[1]), pour les convaincre de l'amitié personnelle de Sa Majesté pour le Roi et de son désir sincère de s'entendre avec lui pour le bien de l'Allemagne et de l'Europe; mais en même temps j'ai cru ne devoir nullement les presser d'entrer dans la coalition, et tout en convenant toujours avec eux de l'énormité du danger commun, leur laisser soupçonner que nous étions par nos succès assez rassurés sur les événements futurs, persuadé, comme je l'étais, que cette opinion devrait faire le meilleur effet sur ce cabinet. D'un autre côté, pour ne point fortifier les justes [injustes?] soupçons du comte Panine sur nos intentions, qu'il aurait pu faire partager peut-être à M. Grenville, j'ai toujours rendu mot pour mot mes conversations à ces deux plénipotentiaires des cours alliées, et tous deux, surtout M. Grenville, ont paru persuadés que le meilleur moyen de finesse qu'on pût dans ce moment employer ici pour produire l'accession de la Prusse à la coalition était de lui laisser croire qu'on ne la désirait plus très fortement, et qu'on ne croyait pas en avoir un si pressant besoin. J'ai rempli par là le but prescrit, sans m'exposer à aucun des inconvénients qui eût pu en résulter.

M. de Haugwitz paraît avoir donné entièrement dans le piège; car dans la conversation mentionnée, il s'est attaché à me convaincre des dangers que nous courions malgré nos succès, et dont la coopération active de la Prusse pouvait seule nous garantir pendant l'espace des deux générations, ce qui de-

1) Dies machte ihm Thugut, auf ausdrücklichen Befehl des Kaisers, am 7. April zur Pflicht.

1799 April 15. vait nous engager tous deux, ou à renoncer pour toujours à toutes nos jalousies particulières, ou du moins à les ajourner jusqu'à la troisième génération. J'abondais toujours dans ce sens, mais je laissais tomber entièrement une phrase de son discours, où il avançait que ce motif majeur devait aussi nous faire passer sur les considérations qui nous donnaient à nous de l'éloignement pour un rapprochement plus contigu entre nos États, car il voulait sans doute parler de leurs vues sur la Franconie, où, tout comme en 1796, ils viennent d'essayer un nouvel empiétement sur le territoire de Nuremberg et de s'en désister depuis les succès de Mgr l'archiduc. M. de Haugwitz ayant avancé le principe que, dans une guerre où l'ennemi s'attachait principalement à dépouiller entièrement les pays où il la fait, et particulièrement ceux dont il se retire, ces mêmes pays ne doivent compter pour rien tous les sacrifices portés à leurs libérateurs, et que par conséquent ceux-ci étaient en droit d'en exiger tous ceux dont ils avaient besoin pour l'entretien de leurs troupes et le succès de leurs opérations, je ne pus qu'applaudir à ce principe, que, dans le cas d'une coopération active de la Prusse, il ne manquera pas d'appliquer aussi, comme de raison.

Je lui dois la justice d'ailleurs que dans ce cas supposé, il n'a pas paru vouloir aborder le moins du monde un projet d'agrandissement autre qu'aux dépens de l'ennemi; il a ajouté que rien n'était plus juste sinon que nous rentrions par la guerre dans nos anciennes possessions en Italie, et que par conséquent nous nous y agrandissions; mais qu'il ne voyait pas encore comment et de quelle manière la Prusse pourrait effectuer un semblable projet dans le Nord. »Le mieux serait assurément, me dit-il, que vous voulussiez reprendre les Pays-Bas, mais je crois que vous n'en avez guère envie, et je conviens que vous pouvez avoir raison, cette possession ayant toujours été précaire, et telle qu'elle était, difficile à soutenir«. »Eh bien, lui dis-je, prenez-les, si vous en avez envie«! Il trouva que cela aurait pour eux à peu près les mêmes inconvénients que pour nous (ce dont je ne pus pas convenir, à cause de la proximité de leurs provinces de Gueldres), et qu'il faudrait faire un furieux saut pour cela par-dessus la Hollande. »Mais, lui dis-je, au lieu de sauter, poussez, schieben Sie, dédommagez la Hollande aux dépens des Pays-Bas, et vous aux dépens de la Hollande«. Il convint que cela serait tout à fait de leur convenance, mais que je devais savoir que le projet des cours de Londres et de Pétersbourg avait été d'établir un boulevard formidable contre la France en fortifiant la Hollande par les Pays-Bas; mais il convint volontiers aussi que le même but serait atteint par ce que j'avais dit. Pour me donner bien bonne opinion de lui, il me dit que je ne pouvais croire combien le Roi était éloigné de tout projet d'agrandissement quelconque, et qu'en cela il était absolument le contraire du Roi son père, qui en avait été toujours trop avide. Je donnais des louanges à cette façon de penser, en ajoutant que certainement les projets d'agrandissement ne pouvaient plus être que la seconde pensée, tandis que la première devait être celle de se sauver et de se préserver, mais que je croyais bien aussi que si, après avoir adopté le système que celle-ci prescrivait, on se trouvait à même de réaliser facilement la seconde, on ne s'y refuserait probablement pas. Il ne put s'empêcher d'en convenir en riant. J'observais aussi que d'ailleurs les souverains devaient au temps présent de se déterminer moins par leurs inclinations particulières que par les indications impérieuses des événements. Comme il me dit qu'il était de mon avis, je crus devoir lui dire qu'il me paraissait que le Roi ferait mieux, en se conformant à ce principe, de ne pas laisser éclater sa façon de penser sur de pareils objets, notamment sur le dernier partage de la Pologne, auquel il avait pourtant incomparablement plus gagné que nous, attendu que cela ne pouvait que contribuer à faire fermenter les têtes polonaises, qui n'avaient pas encore abandonné tout espoir[1]. M. de Haugwitz parut un peu effrayé de ce que j'étais si bien informé, et me protesta avec toutes les assurances possibles que le Roi tiendrait toujours inviolablement et fermement aux engagements pris avec les deux cours impériales. 1799 April 15.

Il crut encore devoir me faire des protestations de son mépris et de sa haine contre les Français et contre leurs agents, et combien il souffrait de devoir encore leur parler, et il saisit cette occasion pour me raconter combien ils s'étaient donné de peine avec le prince Henri, oncle du Roi, qui croyait par là devoir jouer un rôle, pour engager le feu Roi dans les derniers temps de sa vie à s'allier avec eux et de nous attaquer. Il ajouta que l'état précaire de la santé du Roi l'avait engagé alors, lui Haugwitz, à mettre dans son langage une fermeté et un tranchant qu'il n'avait pas encore employé jusque-là, et que c'était dans ce ton qu'avait été conçue la réponse aux Français par le Roi, dans laquelle il disait: »qu'il se regardait toujours comme allié de Sa Majesté Impériale et Royale Apostolique, que jamais il n'écouterait de pareilles propositions, et qu'en s'en abstenant à l'avenir les Français lui prouveraient leur désir de rester en bonne harmonie avec lui«. Il me dit encore qu'à cette occasion il avait eu une prise assez vive avec le prince Henri, qui lui avait demandé: comment il avait pu donner une aussi sotte réponse aux Français? et que, piqué du terme, il avait répondu au prince Henri: »par une raison prépondérante que Votre Altesse Royale ne paraît pas connaître« — »laquelle?« — »l'honneur« . . .

Berichte des kaiserlichen Geschäftsträgers Hudelist aus Berlin.

17. Versuche, den König zum Beitritt zur Coalition zu bestimmen. Panin. Grenville. Stamford.

Monsieur le Baron. M. le comte de Panine et M. Grenville paraissent avoir réuni tous leurs moyens pour faire presser vivement Sa Majesté Prussienne dans sa tournée actuelle[2] de se déclarer pour la guerre, et ils comptent fortement cette fois-ci non seulement sur M. de Haugwitz, mais encore sur Mgr le duc de Brunswick, sur Mgr le landgrave de Hesse-Cassel et surtout sur la force des événements et des circonstances. Une députation de nombreux mécontents dans les provinces unies doit assurer à S. M. qu'elle n'a qu'à se Juni 5.

1) Am 21. Juni 1799 berichtet auch Hudelist, der König sei nicht sehr zufrieden mit seinen polnischen Landen und wünsche sie gegen deutsche auszutauschen.

2) Am 25. Mai hatte der König Potsdam verlassen, um seine westfälischen und fränkischen Provinzen zu bereisen.

1799 Juni 5. présenter avec son armée pour y être accueillie sans coup férir, et certainement, s'il y a quelque chose qui puisse faire impression sur l'esprit du Roi, c'est si l'on parvient à le persuader de la facilité de l'entreprise, ce motif étant si conforme au système adopté par la Prusse. Enfin on a renouvelé la promesse d'un corps auxiliaire russe et de subsides.

Sans oser l'avancer positivement, je ne serais point surpris si le zèle extraordinaire qui anime MM. les ministres de Russie et d'Angleterre les avait portés de mettre en avant encore deux autres considérations, dont j'ai entendu parler M. le comte de Panine; l'une, qu'il lui paraît très possible que l'Autriche, d'accord avec la Russie, fasse dans un moment favorable, que ses victoires pourront lui présenter, une paix avantageuse avec la France, par laquelle la Prusse perdrait à jamais l'occasion qu'elle a en ce moment pour le rétablissement et l'agrandissement du stathouder, sans lequel il n'y a pas de sûreté pour le Nord de l'Europe; l'autre, que l'Autriche malgré toutes les protestations du contraire, n'aimerait pas au fond que la Prusse prît une part active à la guerre. M. le comte de Panine me dit que c'est une personne qui ne saurait être suspecte au cabinet de Vienne, qui le lui a écrit, me faisant comprendre que c'est M. de Rasoumofski, et il est sûr que cela étant, ce serait un motif puissant pour la Prusse pour se déterminer.

Je n'ai rien omis pour le tirer de cette erreur, surtout lorsqu'il y a ajouté que l'agrandissement même de la Prusse au delà du Rhin ne serait pas vu de bon œil à Vienne. Je lui ai cité surtout la dépêche de V. Exc. au prince Reuss en date du 4 juin de l'année passée, dans laquelle il est dit exprès: »que notre façon de penser est bien différente de celle de la cour de Berlin, et que si, au lieu d'opprimer ses faibles coétats germaniques, la Prusse voulait bien, par des moyens dignes de l'énergie d'une grande puissance, se procurer quelque acquisition du côté de la Hollande, de la Belgique, ou de tout autre pays nouvellement travesti en république, bien loin de nous livrer à une jalousie déplacée, ou à des inquiétudes sur l'affaiblissement de la grande masse démagogique, nous regarderions toute conquête faite sur l'anarchie comme un avantage pour la cause générale des gouvernements légitimes et que nous applaudirions à tous les succès de la Prusse bien sincèrement et de bien bon cœur«. Mais n'ayant rien à répondre, il était bien loin pourtant d'être persuadé, et il persista à dire que nous préférions la neutralité de la Prusse. M. Grenville a l'air de partager cette opinion.

Le ministère prussien, tout en se familiarisant peu à peu avec l'idée de la nécessité de la reprise des armes, diffère pourtant jusqu'ici d'opinion avec les plénipotentiaires de Russie et d'Angleterre sur le moment, en croyant, comme je l'ai entendu dire ici, que deux mois plus tard on pourra le faire à moins de fraix, si les armées autrichiennes continuent d'avoir des succès, et qu'en cas contraire il aura été plus prudent de n'avoir point éclaté. Si M. le général de Stamford[1]) peut persuader S. M. l'Empereur de toutes les Russies de faire en son nom du rétablissement du stathouder un article de paix avec la France, il est encore probable que la Prusse se dispense de la guerre.

1) Über Stamford vergl. oben S. 542. Er war inzwischen wieder in Berlin gewesen und hatte es Mitte Mai 1799 verlassen, um sich abermals nach Petersburg zu begeben.

En tout cas il n'y a guère d'apparence qu'avant le retour du Roi on prenne un parti décisif, ne fût-ce que pour gagner du temps, et comme il en faudra après encore pour mettre l'armée en état de marcher, ce ne serait point avant la fin d'août, que la levée de bouclier aurait lieu, si toutefois on parvient à vaincre la répugnance du Roi, les sollicitations de la Reine, les représentations des médecins, et surtout du vieux Köckritz, qui craint qu'à la guerre d'autres officiers pourraient trouver occasion de s'insinuer auprès du Roi, et les menées secrètes de certains individus justement suspectés de partialité pour la France. 1799 Juni 5.

Ayant parlé des affaires d'Italie avec M. le comte de Panine, il s'est expliqué qu'il croit que la cour de Berlin, en obtenant d'une façon ou de l'autre le rétablissement du stathonder, est préparée et s'y attend même de voir la Lombardie autrichienne repasser sous la domination de l'Autriche; »mais, ajouta-t-il, il ne faut pas s'aviser de toucher au Piémont« . . .

18. Allgemeines System der preußischen Politik.

Monsieur le Baron. Le propos échappé à M. le Comte de Haugwitz dans un entretien que j'ai eu l'honneur d'avoir avec lui, que le Roi ne s'intéressait pas au sort de la France que lorsque elle sera rentrée dans ses anciennes limites, paraît dans les conjonctures actuelles donner occasion de se demander si Sa Majesté Prussienne se croira dans ce cas, si les alliés étaient assez heureux de pénétrer en France du côté de la Suisse ou du Piémont, tant que toute la rive gauche du Rhin serait encore au pouvoir des républicains? si les conquêtes qui pourraient être faites dans le Sud de la France ne pourraient pas avoir une autre destination que celle d'obtenir du Directoire la restitution de ladite rive? enfin si, mettant en avant l'idée du statu quo ante bellum, le cabinet de Potsdam est disposé de s'y conformer et de rendre ses possessions en Pologne en reprenant ses provinces d'outre-Rhin? Une réponse claire et nette fournirait — non pas certainement la mesure des intentions de la cour de Berlin, car comment cela serait-il possible tant que sa première maxime sera d'agir selon les circonstances? mais un puissant argument de plus pour prouver aux alliés la marche de sa politique tortueuse. Sept. 9.

On sait assez que son grand projet a été depuis l'année passée de profiter des négociations entamées à Berlin pour amener la Russie et l'Angleterre à ce qu'on appelle ici un concert de mesures défensives pour consolider la sûreté du Nord de l'Europe, qui aurait irrévocablement mis le sceau au schisme politique en Allemagne, et qu'il y a eu un moment où le ministère prussien s'était même flatté d'obtenir de l'Angleterre des moyens pécuniaires pour arriver à ce but. La reprise des armes de l'Autriche a dû faire ajourner l'exécution de ce projet, qu'on est bien loin d'avoir abandonné, s'étant borné en attendant à resserrer par tous les moyens possibles les liens entre les princes neutres, dont Potsdam est l'étoile polaire, et dont on espère que le mécontentement, la haine, la peur et la jalousie pourra augmenter le nombre au moment de la paix, surtout si cette paix devait être faite sans l'intervention de l'Angleterre.

Le ministère 'prussien s'est assez clairement et à plusieurs reprises ex-

1799 Sept. 9. pliqué qu'il ne croit point que l'Empire germanique, ébranlé dans toutes ses parties, puisse tel qu'il est aujourd'hui subsister plus longtemps. C'est sur cette supposition et sur la possibilité d'autres contingents futurs qu'est fondé le système de la ligne, laquelle a donné à l'Allemagne un anti-empereur, qui dans l'enceinte de son cercle enchanté s'est ménagé par la peur à peu près la même influence que le Directoire avait eue au commencement de cette année en Suisse et en Italie. Les puissances belligérantes et victorieuses ont-elles des vues d'agrandissement quelconques, elles seront, dit-on ici, trop épuisées et trop affaiblies par une guerre sanglante, pour concevoir le projet hardi de combiner avec la sûreté de leurs nouvelles acquisitions la conservation de l'intégrité de l'Empire germanique, par laquelle on s'imaginerait d'empêcher le Roi de Prusse d'en faire autant. Tout doit-il rentrer dans l'ancien ordre du statu quo ante bellum: la Prusse n'en aura pas moins recueilli des avantages précieux, et j'y compte qu'au milieu de l'orage elle est devenue le centre où des fortunes immenses de la France, des Pays-Bas, de la Hollande, d'une partie de l'Allemagne, de la Suisse même et de l'Italie ont été successivement déposées comme dans un lieu de sûreté, ce qui a tellement fait regorger de numéraire et d'or surtout les caisses publiques à Berlin que tandis que le taux de l'intérêt est partout de cinq et même six pour cent, elles ne donnent que trois pour les capitaux qu'on leur confie. J'y compte la richesse réelle que la Prusse a acquise par un commerce et plus encore par une contrebande extrêmement lucrative, par le perfectionnement de ses manufactures, et par la prospérité de la ville d'Embden, qui a su se rendre l'intermédiaire d'une partie du commerce de la ville de Hambourg.

Comme on a fait accroire au Roi qu'une bonne armée toute prête et des coffres remplis sont préférables, dans le moment actuel, aux chances les plus heureuses d'une guerre de coalition, et que le souverain, qui payera exactement ses serviteurs sans aggraver les sujets de nouveaux impôts, ayant pour lui la partie éclairée de la nation, est celui qui aura le moins à craindre des convulsions du siècle, il s'est prêté d'autant plus volontiers à cette doctrine, qu'elle est conforme à son indolence naturelle, à son penchant qui l'entraîne visiblement vers l'avarice, et à son aversion de jouer un rôle qui le forcerait à une vie publique.

En jetant les yeux sur les alliances actuellement subsistantes entre les différentes puissances, le ministère de Potsdam n'a point cru qu'on devra compter sur leur durée. C'est ainsi qu'on juge ici de celle conclue entre la Russie et la Porte Ottomane, à laquelle, quoique invitée, la Prusse pour de bonnes raisons n'a jamais voulu accéder. Les débats parlementaires ont appris à tout le monde que l'Angleterre est bien loin d'être tout à fait d'accord avec l'Autriche, et on en dit autant vis-à-vis de la Russie par rapport aux affaires du Levant et de la Méditerranée. Le sort des îles ci-devant vénitiennes ne pourra pas à la paix être indifférent à l'Autriche, aussi peu que le ton dictatorial, auquel on dit ici qu'on a eu l'imprudence d'accoutumer un souverain sur les affections duquel il n'est point permis de compter. Sans rien dire du statu quo, qui est devenu le grand pivot de la politique anglaise et russe, auquel la Prusse fait semblant d'adhérer et qui doit empêcher les puissances belligérantes de s'entendre. On sait que les véritables sentiments de la Suède et du Danemark, dont les convois continuent d'être confisqués par l'Angleterre, sont comprimés par la force des circonstances; que la Suisse et le Piémont sont et seront toujours méfiants envers leur libérateur voisin, et que ce n'est sûrement pas dans l'électeur de Bavière, qui a l'ambition de jouer un rôle, que l'Autriche pourra se flatter de trouver un prince docile à sa voix.

1799 Sept. 9.

Quelques coryphées des sociétés secrètes, dont l'influence obscure est bien loin d'être éteinte à la cour de Berlin, lui ont persuadé qu'elle est aujourd'hui en possession d'un avantage qui avait essentiellement contribué à préparer les triomphes de la France révolutionnaire, celui d'avoir pour elle le suffrage des lettrés et des gens à grands principes, dont les liaisons s'étendent sur toutes les parties de l'Europe où la doctrine du jour a pu pénétrer, qui par ce moyen ont beaucoup de fois fourni des renseignements précieux, et qui plus ou moins influent sur les opinions des peuples. Ces messieurs ne s'énoncent qu'avec horreur sur la guerre actuelle, laquelle, à les entendre, n'a pas pour but que de bannir de la terre le règne de la raison, et ils font comprendre que c'est à une conduite opposée, à la protection accordée aux lumières et à la réforme, que la Prusse doit sa grandeur, et que c'est indirectement à elle qu'on en veut en ramenant les ténèbres et la superstition en Europe.

C'est de là qu'il faut expliquer la liberté avec laquelle il est permis ici de s'énoncer sur la plupart des nouvelles opinions et sur ce qu'on appelle ici le perfectionnement du genre humain; liberté qui doit paraître inconvenable à ceux qui n'en connaissent pas les motifs secrets. On peut hasarder de dire qu'ici on ne donnerait qu'à regret la main à un projet qui tendrait à ramener le catholicisme en France. Les principes ecclésiastiques de l'Empire sont appelés hautement une monstruosité ridicule dans le siècle éclairé où nous vivons.

On a dit à la Prusse que sa sûreté pourra être compromise par les victoires et par les progrès des armes de l'Autriche. Mais on croit ici que c'est très souvent au moment de la victoire, surtout si elle a été aussi sanglante que le sont ordinairement celles qu'on remporte sur les Français, qu'on peut le plus espérer d'imposer au vainqueur, et on s'effarouche tout aussi peu de l'idée qu'une contre-révolution faite en Hollande pourrait tourner au profit d'autrui qui l'aurait dirigée; car on sait trop bien que le stathouder, malgré ses engagements quelconques, sera toujours obligé de revenir à ses liaisons avec la Prusse.

La cour de Berlin, à les entendre, profitera des conquêtes que ferait la coalition dans le Sud aussi bien que dans le Nord de l'Europe, si dans la crise actuelle où tant de passions humaines sont agitées dans le sens le plus opposé, elle parvient à faire respecter toujours sa neutralité, laquelle, étant en ce moment la source de sa prospérité nationale, ne pourra pas manquer de lui fournir dans la suite quelque chance favorable. Pour cet effet il lui est nécessaire: 1° de conserver toujours la plus entière liberté de pouvoir agir selon les circonstances; 2° de concentrer ses forces et d'augmenter par des négociations habiles et par la crainte le nombre de ses alliés ou plutôt de ses auxiliaires, et de devenir ainsi par l'accession de plusieurs petits princes le centre d'une

1799 Sept. 9. confédération respectable, dont les vues dirigées du cabinet de Potsdam pourront se développer en son temps; 3° de faire naître des défiances entre les puissances belligérantes et d'isoler le plus possible l'Autriche au moment de la paix; 4° de préparer par tous les moyens possibles les esprits à une nouvelle réforme dans l'Empire, laquelle, si l'on parvient à l'organiser sans convulsions, mettrait la Prusse à la tête des affaires, et fournira en cas contraire l'occasion de pêcher à l'eau trouble. Il ne faut point oublier qu'en même temps où le cabinet de Berlin a déclaré qu'il renoncerait à toute indemnité dans l'Empire si l'Autriche en faisait autant, ses ministres ont toujours parlé d'une frontière solide et sûre contre la France, objet pour lequel l'Autriche s'est exposée à une guerre sanglante, et que la Prusse se flatte d'obtenir sans tirer l'épée. La mesure de ses prétentions sera dans les acquisitions de l'Autriche en Italie ou ailleurs, dans les avantages de la Russie, et dans les dédommagements auxquels l'Angleterre aspire à la paix. Le Roi n'a sûrement pas des vues d'agrandissement dans ce moment, mais il sera de l'avis de son ministère quand on lui prouvera la nécessité de marcher de pair avec l'Autriche lorsqu'il s'agit de prendre, et qu'il pourra le faire sans risquer une guerre avec les autres puissances. Car il ne faut point s'en faire illusion, qu'une guerre de la Prusse contre l'Autriche est populaire, et que le gouvernement peut espérer d'y être secondé par les vœux et par les efforts de la nation entière, la haine contre nous étant le seul sentiment qui réunit tous les cœurs prussiens sous le titre spécieux de patriotisme, qui ne leur est guère connu que sous cette forme hideuse.

Sieyès, avant de quitter cette ville, a énoncé son opinion sur la conduite politique de la cour de Berlin dans une lettre confidentielle; qu'il importait à sa propre sûreté que le système de conquêtes révolutionnaires de la France fût arrêté dans ses progrès, mais elle doit sentir aussi que les triomphes non interrompus de l'Autriche ne seraient pas moins préjudiciables à sa tranquillité. Elle a également à redouter les succès complets des deux partis belligérants; son rôle est très difficile à jouer. Il était visiblement de son intérêt, il y a quelques mois, d'attaquer la France; aujourd'hui que la scène a changé, l'intérêt de la Prusse demande qu'elle assiste la République française.

19. Allgemeines System der preußischen Politik.

1800 März 31. Monsieur le Baron. La cour de Berlin sent vivement l'avantage d'avoir acquis par son système de neutralité une supériorité décisive dans les affaires de l'Allemagne, en soumettant à son influence immédiate la moitié de cet Empire intéressant, ce qui la met à même de pouvoir tranquillement attendre les événements, et d'entretenir en attendant aux frais d'autrui un corps d'armée gardien du cercle magique tiré pour sa sûreté présente, tout aussi bien que pour tous les contingents futurs possibles. Cet avantage essentiel et d'autant plus précieux qu'il ne coûte ni sang ni argent, vaut pour la Prusse une véritable conquête, laquelle cependant ne peut pas être consolidée que par un état de tranquillité illusoire, dont on fait jouir des princes pusillanimes, desquels on ne pourrait guère attendre quelque effort, puisqu'ils sont incapables de celui de sauver la constitution de leurs pères, qui seule pouvait garantir leur indépendance. 1800 März 31.

Une suite de cette manière de voir est que le cabinet de Potsdam, qui ne s'est point imaginé de calculer s'il pourra pour lui résulter quelque danger si l'état de guerre devient pour ainsi dire l'état habituel de ses voisins, en désire la continuation, surtout depuis qu'il ne craint plus le ressentiment des alliés divisés par des mésintelligences, dans lesquelles il se gardera bien d'intervenir autrement que pour les prolonger; se flattant d'atteindre par ces manœuvres au moment de la paix le double but d'une indemnité pour ses provinces d'outre-Rhin, et pour des prétendus frais de guerre, et d'établir ce qu'il appelle une frontière sûre et solide dans le Nord de l'Europe. Quoique, pour se rapprocher des cours de Londres et de Pétersbourg, on ait eu quelquefois et encore en dernier lieu très fortement l'air à Berlin de se prêter au projet du statu quo ante bellum, qui obligerait la Prusse de se contenter de la reprise de ses provinces d'outre-Rhin, on est persuadé ici qu'une telle idée est tout aussi impossible à exécuter, que ce serait une étroite union des alliés pour empêcher la Prusse de continuer son jeu. On n'a pas pu parvenir jusqu'à présent à savoir de M. le comte de Haugwitz ce qu'il entend par la phrase d'une frontière sûre dans le Nord. C'est le grand secret qu'il s'est bien gardé d'articuler pour ne pas anticiper sur les événements. On peut présumer en attendant que si les Français étaient restés ou pouvaient redevenir maîtres de la paix, la frontière sûre aurait signifié plus ou moins l'exécution de ce qui a été stipulé dans la convention secrète signée à Berlin le 5 août 1796 entre M. de Haugwitz et Caillard; aujourd'hui, où les apparences sont moins favorables, on se contentera de l'établissement du prince d'Orange, de quelques arrondissements, sécularisations, de quelques échanges peut-être, à condition qu'une espèce de ligne de démarcation continuera d'exister même après la paix générale.

M. de Jacobi doit avoir insinué à Londres que comme la maison d'Autriche verrait sans doute avec plaisir devenir le Nord de l'Allemagne le théâtre de la guerre, et que cette contrée est dépourvue de forteresses, des subsides pourront être indispensables pendant quelque temps pour l'entretien d'une armée sur le bas-Rhin. Mais l'Angleterre a répondu constamment jusqu'à présent que ce n'est que par la reprise des Pays-Bas et par l'affranchissement de la Hollande que l'on peut espérer d'atteindre le but proposé. M. le comte de Haugwitz est tout aussi convaincu de cette vérité que le peut être le ministère anglais, surtout de l'intérêt majeur que celui-ci doit prendre à l'affranchissement de la Hollande, mais il compte voir réaliser ce grand événement, non pas par la voie des armes, mais moyennant quelque sacrifice que l'Angleterre ou l'Autriche pourra faire ailleurs à la paix, et qu'ainsi le Nord sera rassuré sans avoir couru les chances de la guerre. Il sait que pour cela on n'aura pas moins besoin de la Prusse, pour maintenir et garantir l'ordre établi et empêcher de nouveaux envahissements de la part des Français.

En attendant M. le comte de Haugwitz prétend concourir au bien général par des négociations et par des bons offices, faisant comprendre aux missions anglaise et russe qu'il fait beaucoup en paralisant les efforts du parti français à la cour, et que ce n'est pas le moyen d'amener le Roi que de l'effaroucher,

1800 März 31. mais qu'on pourrait y parvenir par des ménagements, en lui montrant beaucoup de confiance et en commençant par fournir de l'argent pour étendre les mesures défensives déjà établies. Ce ministre demande à ceux qui lui ont fait la réflexion que tout cela pourrait fort bien encore aboutir à rien, s'ils en connaissent d'autres moyens? ou s'ils croient que l'on puisse se dispenser du concours de la Prusse?

Comme on croit s'apercevoir aujourd'hui que l'Empereur de Russie, en rappelant ses troupes, va se rapprocher dans le fait du système de la Prusse, les ministres du Roi reproduiront à la première occasion qu'on leur en donnera l'idée d'un concert de mesures défensives entre les trois cours, pour consolider la tranquillité du Nord de l'Europe; concert qui forcerait peut-être pour le moment la cour de Berlin de renoncer à des agrandissements considérables, mais lequel, en conservant la ligne de démarcation, imposerait assez, à ce que l'on s'imagine, à l'Autriche et à la France, pour les contenir dans ce que l'on appelle de justes bornes. Car telle est la complaisance des ministres prussiens que déjà ils ont découvert, d'après des données fournies par M. le baron de Krüdener, que réellement sous le rapport de l'avidité il y a beaucoup d'analogie entre nous et les nouveaux républicains; il ne s'agit aujourd'hui que de faire participer cette opinion à l'Angleterre et de l'en alarmer au point pour ses intérêts du continent, qu'elle se prête à solder la nouvelle neutralité armée. Mais outre le peu de probabilité qu'une pareille négociation pourra réussir à Londres, la grande méfiance qu'inspire le caractère personnel de Paul Ier, la ferme résolution de S. M. Prussienne de ne point se compromettre, mettraient des obstacles invincibles à la conclusion . . .

Zeitfracht Medien GmbH
Ferdinand-Jühlke-Straße 7
99095 Erfurt, Deutschland
produktsicherheit@kolibri360.de